Walter Schulz

Grundprobleme der Ethik

Verlag Günther Neske

Die Deutsche Bibliothek – CIP-Einheitsaufnahme
Schulz, Walter:
Grundprobleme der Ethik / Walter Schulz. – 2. Aufl. – Stuttgart :
Neske, 1993
ISBN 3-7885-0312-2

Verlag Günther Neske

Printed in Germany
Auf säure- und holzfreiem Werkdruckpapier gedruckt
und in Fadenheftung gebunden
von Wilhelm Röck, Weinsberg
Einbandstoff: Standard-Leinen
Zweite Auflage, 1993

Inhalt

Vorwort

Kant beginnt sein Werk »Die Religion innerhalb der Grenzen der bloßen Vernunft« mit der Erörterung der Frage, ob die Menschheit im Verlauf ihrer Entwicklung einen *Fortschritt zum Besseren oder Schlechteren* aufzuweisen habe. Gegen die Auffassung, daß die Menschheit vom »Verfall ins Böse« bestimmt sei, steht die Meinung, »daß die Welt gerade in umgekehrter Richtung, nämlich vom Schlechten zum Besseren, unaufhörlich (obgleich kaum merklich) fortrücke«.[1] Es läßt sich aber auch eine dritte Möglichkeit anführen, die besagt, daß die Menschen im Verlauf der Geschichte sich moralisch gesehen weder verbessert noch verschlechtert hätten. Der Mensch »sei beides zugleich, nämlich in einigen Stücken gut, in anderen böse. Die Erfahrung scheint sogar dieses Mittlere zwischen beiden Extremen zu bestätigen«.[2]

Die Frage nach dem moralischen Fortschritt ist schwer zu entscheiden. Es gibt kulturelle Verbesserungen – Sklaverei und Leibeigenschaft sind abgeschafft –, aber es geht in der Welt nach wie vor nicht friedlich zu. Der Freund-Feind-Bezug, als ein natürliches Erbe von den Tieren übernommen, wird von Thrasymachos in der platonischen »Politeia« auf die Formel gebracht, es sei angemessen, den Freunden Gutes und den Feinden Böses zu tun. Sicher: die Mittel des Kampfes haben sich geändert. Aber ist die Grundeinstellung nicht gleich geblieben? Wir lernten im Lateinunterricht die Formel »aequare urbem solo« – eine Stadt dem Erdboden gleichmachen, und es wäre doch zu fragen, ob die Römer, wenn sie die Atombombe besessen hätten, diese nicht angewandt hätten, um Catos Rat, Karthago sei zu zerstören, zu befolgen.

Solche Überlegungen, wie eben die Frage, ob der Mensch von Natur gut oder böse sei, werden in der *heutigen Ethik* ausgespart. Gut und böse sind keine eindeutig verifizierbare Begriffe; zudem hat sich ihre Bedeutung in der Geschichte gewandelt. Die moderne Ethik klammert überhaupt grundsätzliche Probleme, die die Natur des Menschen und seine Stellung in der Welt betreffen, aus. Sie beschränkt sich einerseits auf formale Analysen der Kommunikation und vertraut andererseits darauf, daß die Lebensweltressourcen weiterhin die Grundlage des gemeinschaftlichen Lebens bleiben. Zudem sind die heute anstehenden Fragen, insbesondere die sogenannten Weltprobleme, nicht spekulativ zu bewältigen. Unsere Welt ist durch die Wissenschaft und die Technik bestimmt; deren negative Folgen sind nicht moralisch, sondern eben nur mit Hilfe der Wissenschaft selbst zu lösen – man denke an die Fragen der Ökologie oder Gentechnologie. Philosophische Ethik kann hier allenfalls als Akzeptanzwissenschaft fungieren.

So offensichtlich es ist, daß wir in einem Zeitalter leben, das sich von der Tradition wesentlich unterscheidet, so angemessen ist es doch, einen *vergleichenden Bezug von Gegenwart und Vergangenheit* herzustellen, der zeigt, welche Wege der Tradition für uns verschlossen sind und welche für uns noch gangbar sind.

Die *traditionelle Ethik* ist ein vielfältiges und keineswegs auf einen Nenner zu bringendes Unternehmen. Gleichwohl lassen sich in ihr Grundansätze erkennen, die sich, zwar in modifizierter Form, bis zur Gegenwart als wirksam erweisen. Diese Ansätze sind weithin gegensätzlicher Art und stehen zueinander in Spannung. Es gibt die radikale Gegenposition zu aller Ethik: Ethik im Sinne des Gleichheitsprinzips ist ein sinnloses Unternehmen, der Mensch ist von Natur durch den *Machttrieb* bestimmt, das verkünden die griechischen Sophisten und am Ende der Neuzeit wiederholt Nietzsche diese These. Die Gegenmöglichkeit: die Lebenswelt zeigt sich zu allen Zeiten als ethisch bestimmt, *Brauch, Gewohnheit* und *Sitte* kennzeichnen das zwischenmenschliche Verhalten, so lehrt Aristoteles, und in der Gegenwart erfährt die Lebensweltethik eine Renaissance. Die *Sittlichkeit* eines Gemeinwesens steht gegen *Moralität*, die Sache des Einzelnen ist. In allen diesen Ansätzen spielen hintergründig oder bewußt bestimmte *Grundanschauungen über die Struktur der Welt und die Natur des Menschen* eine Rolle. Neigt die Lebensweltethik und die Sittlichkeit dazu, die Welt als einen Ordnungszusammenhang zu deuten, und den Menschen als ein soziales Wesen zu verstehen, so geht die Moral, wie Kant zeigt, davon aus, daß der Mensch von Jugend an böse sei, und daß nicht aus so krummem Holze etwas völlig Gerades gezimmert werden könne. Die Konzeptionen der Ethik sind immer abhängig vom Weltverständnis im Ganzen. Sie werden von diesem bedingt und bedingen es, wobei das Überwiegen des Faktors der Negativität oder der Positivität der Weltkonzeption sich für den Ansatz der Ethik als bestimmend erweist.

Die Ethik, die die *Negativität* der Welt herausstellt, hat es schwerer als die Lebensweltethik und die Sittlichkeit, ethisches Tun als sinnvolles Verhalten zu begründen. Hier wird ständig der Zweifel wach, ob ethisches Tun Erfolg hat. Dieser Zweifel schlägt aber immer wieder zurück auf die Frage nach der Natur des Menschen und seiner Stellung in der Welt. *Sokrates* erklärt am Anfang des platonischen »Phaidros«, als der Mitunterredner ihn auf die Schönheit der Natur hinweist und von den sie deutenden Mythen berichtet, er hätte für solche Geschichten keine Zeit, er müsse an sich selbst denken und sich fragen, »ob ich etwa ein Ungeheuer bin, noch verschlungener gebildet und ungetümer als Typhon, oder ein milderes und einfacheres Wesen, das sich eines göttlichen und edeln Teils von Natur erfreut«.[3]

Philosophische Ethik verdient ihren Namen nur, wenn sie sich eben den Grundfragen nach der Natur des Menschen und seiner Stellung in der Welt eröffnet. Eine solche Erörterung der Grundfragen darf sich nicht von der Praxis abschließen. Sie muß gerade die vorläufigen Lösungen, die der Praxis eigentümlich sind, bedenken. Die Zeiten der Metaphysik, in denen man das Verhalten von oben her ordnete und solchermaßen absicherte, liegen hinter uns. Aber es geht ja gar nicht darum, daß die Ethik Sicherheit gewährt, sondern darum, daß sie zum Nachdenken nötigt, indem sie, konkrete und allgemeine Erwägungen gegeneinander problematisierend, nach möglichen Lösungen für das Tun unter ethischem Aspekt fragt. Solches dialektisches Reflektieren entspricht der Stellung des Menschen zur Welt, denn der Weltbezug ist von Grund aus zweideutig.

Der Mensch ist nicht festgelegt. Er tendiert einerseits dazu, sich von der *Welt* her zu verstehen und sich in sie als eine Ordnung einzufügen – dies Denken bestimmt die Antike. Die Gegenmöglichkeit ist dadurch bestimmt, daß der Mensch die Welt durch *Freiheit* zu beherrschen sucht – dies ist der Grundansatz der Neuzeit. Heute sind beide Wege nicht mehr gangbar: die Welt erscheint uns nicht mehr als umgreifende Ordnung, und das Bewußtsein souveräner Freiheit ist kein Prinzip des Handelns mehr. Wir sind in ein Geschehen verflochten, das wir nicht zu übersehen, geschweige denn zu steuern vermögen. Lassen sich die Innovationsschübe der Entwicklung, durch Wissenschaft und Technik bedingt, überhaupt noch von der Ethik her deuten und beeinflussen? Hat Ethik heute nicht faktisch abgedankt?

Gerade in einer solchen Situation ist es angebracht, die anstehenden Probleme auf ihre *Hintergründe* hin zu durchleuchten, um zu begreifen, daß wir durch den Geschehensvollzug ebenso bedingt und vermittelt werden, wie wir ihn bedingen und vermitteln. –

Unsere Untersuchungen beginnen mit einer *Einleitung*, die auf die Grundbestimmung des menschlichen Weltbezuges hinweist. Daß dem Menschen ein *gebrochener Weltbezug* zukommt, hat die moderne Anthropologie dargelegt. Sie hat aber im Geist der Neuzeit daraus den Schluß gezogen, daß der Mensch sich seine Welt erst aufbauen müsse, und daß er dies auch zu leisten vermöge. Eben diese Zuversicht ist heute von Grund aus fraglich geworden. Dies bedeutet aber, daß die Strukturen des Weltbezuges in den differenten Formen ihrer vielseitigen Dialektik von uns in der Gegenwart neu zu bedenken sind.

Im *ersten Teil*, überschrieben »*Rekonstruktion ethischer Positionen von der Antike bis zur Gegenwart*«, wird eine Vergegenwärtigung der traditionellen Ethik durchgeführt. Hier soll gezeigt werden, wie die Orientierung an der Welt, die die Antike bestimmt, und die Herausstellung des Freiheitsprinzips, die die Neuzeit beherrscht, im 19. Jahrhundert problematisch werden und in eins damit die Möglichkeit, das Verhalten des Menschen eindeutig von ethischen Gesichtspunkten her zu lenken, ihre Bedeutung verliert.

Der *zweite Teil* sucht unter dem Titel »*Ethik unter dem Aspekt der dialektischen Wirklichkeit*« die Konstellationen zu erörtern, die heute das Selbstverständnis, den zwischenmenschlichen Bezug, das Verhältnis zur Natur und zur Geschichte bestimmen. Es werden keine absoluten Lösungen geboten, sondern die gegenwärtigen Möglichkeiten des ethischen Verhaltens ausgelotet. Wenn in bezug auf die konkreten Lösungen der Probleme heute die ethische Reflexion zwischen Resignation und Engagement hin und her schwankt, so ist dies aber durchaus legitim und entspricht der Grundstruktur des gebrochenen Weltbezuges.

Einleitung

Vorbemerkung

Der Mensch ist nicht wie das Tier eingepaßt und eingefügt in einen bestimmten Weltausschnitt, der Mensch ist nicht umweltgebunden. Er ist, mit Nietzsche geredet, das nicht festgestellte Tier. Seine Lage ist zweideutig.

Einerseits gilt: Der Mensch ist und bleibt *weltgebunden.* Sein leibliches Dasein beweist dies, das sich weitgehend von Merkmalen des tierischen Lebens her deuten läßt. Selbsterhaltung nicht nur des einzelnen, sondern der Gruppe ist das maßgebende Prinzip. Der Mensch ist andererseits durch *Freiheit* bestimmt, er besitzt nicht absolute Freiheit, aber er bewegt sich in Spielräumen, in denen er »anders handeln« kann. Ebenso ist der Mensch durch *Reflexion* bestimmt. Reflexion ist hier weit gefaßt und zu verstehen als Bedenken der mir offenstehenden Möglichkeiten, durch die mein Handeln sich verwirklichen kann.

Die Weisen des Bedenkens und des Handelns sind vielfältiger Art. Sie sind *technisch* orientiert als Herstellen von Werkzeugen und lebensdienlichen Dingen und als Herbeiführen von Situationen, durch die der Lebensstandard verbessert wird unter Nachahmung und Ausnützung der Natur. Die Weisen des Bedenkens und Handelns sind maßgebend *ethisch* orientiert, wenn sie sich auf das menschliche Miteinander beziehen: Man hat sich an Normen und Regeln des Verhaltens auszurichten, durch deren Befolgung für das Ganze einer Gruppe und den einzelnen innerhalb dieser Gruppe ein gutes Leben möglich erscheint.

Daß die Technik und vor allem die *Ethik* kein lebensfremder Luxus ist, sondern eine harte Notwendigkeit, daß insbesondere ohne normative Ausrichtung des Tuns im Blick auf das Verhalten der anderen und zu den anderen kein Mensch existieren kann, deutet auf die Grundstruktur des Menschen hin, die durch den gebrochenen Weltbezug bestimmt ist. Die Gebrochenheit kann und muß unter differenten Aspekten betrachtet werden, unter grundsätzlichem Gesichtspunkt als die *Dialektik von Selbst- und Weltbezug* – kein Weltbezug ist ohne Selbstbezug möglich und umgekehrt – und als die konkrete Vermittlung eines Einklanges von Welt und Mensch, der doch nie endgültig zu erreichen ist. Unter beiden Aspekten ist das Problem der Dialektik von Vermittlung und Unmittelbarkeit zu bedenken, wobei zu beachten ist, daß das Vermitteln des Menschen immer schon vermittelt und bedingt ist.

Die Gebrochenheit des menschlichen Weltbezuges weist auf die Notwendigkeit der Sicherung des menschlichen Lebens hin, insbesondere des menschlichen Zusammenlebens, mit Hilfe der Ethik. Deren Voraussetzungen seien zunächst ein wenig genauer charakterisiert.

I. Die Notwendigkeit der Sicherung des Menschen und die Voraussetzungen der Ethik

1. Weltangst und Weltvertrauen

Der Mensch, der sein Leben führen muß, bewegt sich zwischen den entgegengesetzten Polen der *Negativität* und der *Positivität*. Die Welt begegnet dem Menschen nicht nur und nicht einmal primär als Heimat, sondern als bedrängend und Schaden bringend. Sie verunsichert ihn, er muß sich in materieller, aber auch in ideeller Form absichern.

Der Mensch erfährt die Welt immer zweideutig als Stätte der Angst oder des Vertrauens. *Weltangst* und *Weltvertrauen* sind ständig bei allem Verhalten mitlaufende Grundbestimmungen und Grundstimmungen. Die dem Subjekt entgegenstehenden Gegenstände und die Welt – das Seiende im Ganzen – stehen in dialektischem Bezug. Die Welterfahrung ist immer konkret als Erfahrung mit und an Gegenständen, die in der Welt sind. In dieser Erfahrung geht es aber hintergründig nicht nur um diese einzelnen Gegenstände, sondern auch um die sich in ihnen meldende Gegen- und Widerständigkeit überhaupt. Man kann vom *Wirklichkeitsdruck* sprechen, der den Weltbezug von Grund aus durchwirkt. Es ist hier nicht möglich, nur annähernd die Fülle der Formen von Weltangst und Weltvertrauen darzulegen. Das Entscheidende ist, daß diese Grundbestimmungen immer schon deutend und gedeutet sind.

Eine ursprüngliche Möglichkeit, sich in der Welt zurechtzufinden und mit ihr ins reine zu kommen, ist dadurch bestimmt, daß die Erfahrungen vom *Freund-Feind-Verhältnis* her gedeutet werden. Die Mythen und Riten bezeugen dies. Es geht um die Herstellung des Einklangs durch Versöhnung und Opfer, um Wiedergutmachen und Umstimmen böser Mächte. Diese Sicherung des Weltvertrauens ist immer schon subjektiv gesteuert. Um Einklang herzustellen, legt der Mensch in die Natur hinein, was er selbst in seinem Verhalten zeigt. In dieser Interpretation geht es zugleich um Kommunikation mit der Natur und um deren Beherrschung. Der Bezug bleibt aber zweideutig. Das Leben ist von der Natur bedingt, Vorgänge wie Geschlechtlichkeit, Geburt und Tod zeigen die Einheit von Mensch und Natur. Aber zugleich gilt, daß auch diese Ereignisse befremdend sind. Das zeigt sich insbesondere am Phänomen des *Todes*. Die Deutung des Todes in dieser Frühzeit ist außerordentlich aufschlußreich. Der Tod ist kein biologisch bedingtes Ableben. Er wird soziologisch gedeutet, das heißt, er kommt von außen her, von Feinden oder Dämonen. Sodann: Der Tote ist nicht absolut nichts; er geht nur in eine neue soziale Ordnung über, etwa zu den Ahnen. Und schließlich: der Tod ist nicht für alle gleich, hochgestellte Tote sterben »gewichtiger«, ihr Tod muß gefeiert und unter Umständen gerächt werden. In bezug auf die Zurückbleibenden ist zu beachten, daß der Tote von ihnen angemessen behandelt werden muß; unterläßt man die ihm gebührenden Verpflichtungen, so kann der Tote zurückkommen und Schaden anrichten.[1]

Wenn das Leben mit den anderen Menschen und mit der Natur abgesichert werden soll, so ist dies ein wechselseitiges Verfahren. Die Stabilisierung der Natur soll ihrerseits den Menschen stabilisieren. Technik und Magie gehen zusammen mit dem Ziel, das Vertrauen in die Welt zu stärken.

In bezug auf das menschliche Miteinander konstituiert sich das Erwirken von Positivität und das Abbauen von Negativität als Erstellung und Konsolidierung von Ordnungen. *Ordnung* ist das Gute, das schon immer da ist, sonst könnte man nicht leben; und Ordnung ist doch immer wieder fraglich werdend, sie muß, wie auch immer, gesichert werden. Der Mensch lebt getragen von dieser Ordnung und bewegt sich innerhalb ihrer und er muß doch sein Verhalten innerhalb dieser Ordnungen und diese Ordnungen selbst stabilisieren. Das geschieht in der Frühzeit – die Mythen bezeugen dies – mit Hilfe übermenschlicher Kräfte. Der Mensch braucht diese Außenhalte, er faßt sich nur über ein Nichtmenschliches hinweg, indem er dieses nachahmt und es doch wieder von sich unterscheidet.[2] Der Mensch ist nicht mit diesen Mächten gleich, er ist ohnmächtiger. Er sucht sie zugleich zu beeinflussen, aber er ist ihrer nie gewiß. Grundsätzlich betrachtet: Der Mensch muß sich mit sich vermitteln über diese Mächte.

2. Indirekte Selbstvermittlung

Die *indirekte Selbstvermittlung* ist ein strukturelles Grundmerkmal des Verhaltens. Vom Subjekt her gesehen ist sie die Notwendigkeit, sich auf die welthaften Vorgegebenheiten und ihre Wandlungen einzustellen. Man muß diese in Rechnung stellen, wenn man sich in Ordnung bringen will. Es ist aber immer zu beachten: *wir werden vermittelt und wir vermitteln;* beides gilt. Die indirekte Vermittlung ist ein den Menschen und die Welt übergreifendes Geschehen, in dem wir aktiv und passiv sind.

Die indirekte Vermittlung ist vielfältiger Natur. Sie zeigt sich in der Technik als Angleichung an die Natur, um sie besser zu nutzen. Angleichung und Beherrschen gehören zusammen. Beides bringt Entlastung. Ich brauche als Mängelwesen die Außenwelt. Ich vermittle sie mit mir, indem ich sie begreife und sie mir nutzbar mache. Aber in gleichem Maße wird die Welt als Natur – das ist jedenfalls in der Neuzeit die vorwiegende Meinung – erst durch mich vermittelt und zwar in der Weise, daß die Naturvermittlung im Erkennen und in der Technik sich als solche erst in einem geschichtlichen Prozeß zeigt als zunehmende Kultivierung der Natur, die deren Ungeordnetheit in Ordnung verwandelt durch den geschichtlich sichtbaren Fortschritt.

Ebenso wesentlich, wenn nicht noch wesentlicher als die Vermittlung mit der Natur ist die indirekte Vermittlung in bezug auf die Menschenwelt. Der Mensch kommt nicht als Einzelner zu Rande ohne den Anderen. Es ist ein wechselseitiger Bezug: Die Anderen werden durch mich ebenso vermittelt wie ich durch sie. Die Menschenwelt ist nun das vorgängige Gebiet der Ethik.

3. Grundstrukturen der Menschenwelt

Die *Menschenwelt* ist eine Zwischensphäre, in der wir uns zunächst und zumeist bewegen in dem relativ engen und relativ abgeschlossenen Gesichtskreis, in dem ich in konkretem Umgang mit den anderen lebe. Das Verhalten im *Nahhorizont* spielt sich weitgehend auf den Grundlagen der Gegenseitigkeit ab. Verhalten ist hier wesentlich Antwortverhalten, und dieses wird primär in und durch den Umgang erlernt. Im *Fernhorizont* ist der unmittelbare Personenbezug nicht so entscheidend, und die Gesamtkonstellationen – man denke an die große Politik – erscheinen undurchsichtiger. Das Nichtdurchschauen ist selbstverständlich kein Indiz für die objektive Unwichtigkeit des Geschehens im Fernhorizont. Im Gegenteil: von den Ereignissen im Großen sind alle betroffen. Die Wandlungen der Welt-Geschichte sind die maßgebenden Konstituentien, wobei diese Wandlungen von vielerlei Faktoren bestimmt werden. Alles zwischenmenschliche Verhalten unterliegt gewissen ethischen Beurteilungen. Dieser Sachverhalt ist nicht leicht zu erfassen, weil er nicht durch Begriffe der Moral als einer expliziten Forderungsethik gelenkt werden kann, gleichwohl aber über das bloße Gewohnheitsverhalten hinausgeht. Es liegen zwar allgemeine Normen fest, die einzelne Beurteilung aber ist weitgehend sehr persönlich gefärbt. Wie sehr Wertungen das Miteinander bestimmen, zeigt die Analyse des sprachlichen Umgangs. Hier werden Urteile gefällt, in denen subjektive und objektive Momente kaum voneinander zu unterscheiden sind. Die Erwartungen, die man in bezug auf das Verhalten der anderen und das eigene Verhalten hat, werden ja zumeist nie *ganz* getroffen und nie *ganz* verfehlt. Gut und böse sind hier ständig angewandte, aber sehr subjektiv gefärbte Kriterien.

Daß sich zwischenmenschliches Verhalten in Horizonten vollzieht, und daß es von Wertungsmerkmalen her beurteilt wird: dieser Sachverhalt zeigt an, daß dies Verhalten von *Reflexion* durchsetzt ist. Auf die hohe Bedeutung der *alltäglichen* Reflexion wurde bereits oben hingewiesen. Unser Verhalten vollzieht sich nicht in eindeutig festgelegten Bahnen. Einstellungen wechseln. Auf rein affektive Verhaltensakte folgen unter Umständen Überlegungen, was eigentlich zu tun gewesen wäre, bezugsweise was jetzt noch zu tun sei. Zudem ist zu bedenken, daß das zwischenmenschliche Verhalten fast ständig von Sachbezügen durchsetzt ist und nur selten in rein personalen Bezügen aufgeht, wobei gerade in der technisch verwalteten Welt das Problem auftaucht, wie sachliche und personale Bezüge miteinander zu vereinen sind. Man fragt, in welchem Maße eine Versachlichung und Entpersönlichung des Umgangs angebracht und zu verantworten ist.

Wesentlich aber bleibt, daß ich selbst und die anderen Subjektivitäten, deren Vorstellungen zwar weithin durch berechenbare Vorannahmen bestimmt sind, darum wissen müssen, daß das Verhalten nie eindeutig festliegt. Dieses Wissen ist konkret als das mich begleitende reflektive Bewußtsein, daß die anderen und ich *»auch anders können«*.

Hier zeigt sich ein wesentlicher Sachverhalt: Es gibt *positive* und *negative* Bezüge des Verhaltens, die gegensätzlicher Natur sind. Der Sympathie steht die Antipathie, der Liebe der Haß, der Zuneigung die Abneigung gegenüber. Neid und Mißgunst, verbunden mit Machtgelüsten, bestimmen auch das Verhalten dem Nächsten gegenüber, sogar dem Bruder: Man denke an die Geschichte von Kain und Abel. Die Psychoanalyse hat die Ambivalenz im Bezug zu dem Anderen eindrücklich herausgearbeitet. In der Analyse des »Rattenmannes« erklärt Freud: »Es tobt in unserem Verliebten ein Kampf zwischen Liebe und Haß, die der gleichen Person gelten . . .«.[3]

Und hier ist noch einmal die *Negativität* in ihrer Vielfalt zu bedenken. Negativität kann mich von außen her, insbesondere von der Natur her überkommen. Gegen sie muß ich mich in materieller und ideeller Hinsicht schützen. Dies geschieht wesentlich mit Hilfe der Technik. Aber wohl noch bedeutsamer ist die Negation von innen her, d. h. die Negation, die aus und in der Menschenwelt entspringt. Die Möglichkeit, Negation zu inszenieren, gehört zum Menschen als ein in die Welt nicht eingepaßtes Wesen, das durch den gebrochenen Weltbezug bestimmt ist, unabdingbar dazu.

Ein Wissen um diesen Zustand begleitet den Menschen von jeher. Es sagt sich aus nach rückwärts im Bewußtsein des verlorenen *goldenen Zeitalters* und nach vorwärts im Entwerfen von *Utopien* als vollkommenen Ordnungen des Zusammenlebens.

Der Mensch ist vom Bewußtsein begleitet, daß es in der Welt nicht zum besten steht, und daß es nicht so zugeht, wie es sein könnte oder sein sollte. Nicht nur die Vorstellung vom anderen Zustand sagt dies aus, noch wesentlicher ist die Tatsache, daß der Mensch sich und andere ständig beurteilt und bewertet, kritisiert und tadelt. Wir geben ein einfaches Beispiel für die Reflexion, in der ich mein Verhalten bedenke.

Ich habe jemanden belogen, weil ich mich scheute, ihm die Wahrheit zu sagen. Das drückt mich, und nun wende ich in Gedanken mein Tun, das heißt, das Getane hin und her: ich entschuldige es unter einem bestimmten Aspekt, zweifle sodann diese Entschuldigung an, finde neue Argumente und komme von dem Sachverhalt nur sehr schwer los. Die entwickelten Gedanken knüpfen aneinander an, vor allem aber: es entsteht eine *Wechselwirkung* von beurteilendem und beurteiltem Ich, das urteilende Ich kann sich ja selbst als Urteilsinstanz in Frage stellen. Auf das gegebene Beispiel zurückgegriffen: »ich muß eigentlich zugeben bei näherem Nachdenken, daß ich mir doch nur etwas vormache, wenn ich meine, daß mein Verhalten entschuldbar ist«.

Die Vielfalt der alltäglichen Selbstreflexion ist erstaunlich. Es werden ja nicht nur Formen des getätigten Verhaltens, sondern Gedanken überhaupt, d. h. Phantasiegebilde, Wünsche, Pläne und Entschlüsse thematisiert. Kein Bezugsbereich wird ausgespart. Alles der Subjektivität Zugehörende ist reflektierbar, auch das Verdrängte; mit Hilfe der Psychoanalyse soll es ans Licht gebracht werden, damit es nicht mehr beunruhigt.

Vielfältig sind aber nicht nur die Bereiche, sondern auch die Grade der *Intensität* und *Energie* der Selbstreflexion. Es ist ein Unterschied, ob mich der Gedanke überkommt »Das habe ich falsch gemacht«, und ich nun nur »ganz kurz« über das Getane nachdenke und dann den Gedanken daran möglichst schnell wegschiebe, oder ob ich mir vornehme, so sachlich, wie es mir überhaupt möglich ist, vorzugehen, und genau zu überlegen, was ich mir »wirklich« bei dieser Tat gedacht habe.

Wir werden die Vielfalt der Reflexion, insofern sie unter ethischen Aspekten steht, gerade in ihrer Alltäglichkeit noch genauer zu untersuchen haben. Jetzt sei noch einmal vom Aspekt des gebrochenen Weltbezuges her auf die *Ambivalenz* der Erfahrung des eigenen und des fremden Verhaltens, das sich zwischen den Polen der Negativität und der Positivität bewegt, hingewiesen.

4. Gegensätzliche Aspekte der Beurteilung menschlichen Verhaltens

Die Ethik hat sich immer zwischen zwei Extremen bewegt. Das eine Extrem ist, wie schon angedeutet, das *Leitbild nach vorn:* »Es ist, als ob alles noch vor uns läge, es ist noch nicht aller Tage Abend« (Bloch). Das andere Extrem besagt: Der Mensch wird sich faktisch nicht ändern. Auch er untersteht den Gesetzen des Lebens, dem *Kampf ums Überleben.* Es bestehen zwischen beiden Wegen vielfältige Vermittlungen. Eine dieser Vermittlungen ist die *metaphysische Ethik,* durch die die traditionelle Ethik wesentlich bestimmt ist: Es gibt eine bessere Welt, die als eigentliche Welt über unserer Welt steht. Die Folgerungen dieses Ansatzes sind vieldeutig. Man kann die Frage nach der Verbesserung der Welt negativ bescheiden: Unsere Welt bleibt im argen, aber der Einzelne ist ja nicht von dieser Welt, er kann sie übersteigen; man kann aber auch versuchen, unsere Welt zu verbessern, wobei der Gedanke, daß die Ideen in ihr als Erscheinung anwesen, hilfreich ist und eine gewisse Garantie für die Verbesserung abgibt.

In gewissem Gegensatz zu allen Ansätzen, die die Welt eindeutig unter dem Signum der Negativität oder der Positivität bewerten, steht die Ethik, die von der *Lebenswelt* ausgeht. Die Lebenswelt ist zwar nicht das verlorene Paradies, aber sie ist die Stätte, in der wir uns im Alltag bewegen. Sicher: die Lebenswelt untersteht geschichtlichen Wandlungen, aber sie bleibt auch heute in unserer technischen und verwissenschaftlichten Welt die Ressource, aus der wir leben. Auf das Grundsätzliche hin betrachtet: zum Leben gehören Zeiten, in denen die Negativität in den Vordergrund tritt wie umgekehrt Zeiten, in denen das Leben intakt und glückhaft erscheint.

Der Gegenzug zu dieser Ethik ist der Weg ins Innere. Es ist die Möglichkeit der sich auf sich stellenden *Moralität*. Wenn die Welt im argen bleibt, kommt alles auf die reine Gesinnung an, der Erfolg und das Weltgeschehen stehen nicht in unserer Hand.

Und schließlich zeigt sich noch eine weitere Möglichkeit, der Negation zu begegnen. Man sucht grundsätzliche Aussagen über die Welt, insbesondere weltanschauliche Hintergrundaussagen zu vermeiden. Das zwischenmenschliche Verhalten soll, soweit möglich, durch *Rationalität* abgesichert werden. Von modernen Ansätzen her formuliert: es ist auf systemtheoretischer Basis, die jeden Innenbezug ausklammert, oder auf der Grundlage des kommunikativen Diskurses zu regulieren, wobei die erkenntnisleitenden Interessen und die verallgemeinerungsfähigen Bedürfnisse zu bedenken sind.

5. Die traditionelle Bestimmung des Menschen als animal rationale und ihre Modifikationen

Blicken wir noch einmal von den Aspekten der gegensätzlichen Beurteilung des Verhaltens auf die *metaphysische Ethik* der Tradition zurück. Der Sachverhalt der gebrochenen Weltstellung wird – das zeigt ihre Entwicklung – hier mehr oder weniger ausdrücklich anerkannt. Er wird aber zumeist ontologisch ausgedeutet. Der Mensch ist ein Zwischenwesen: ein *animal rationale*, ein Lebewesen, das den Logos hat. Gott und Tier sind auf ihre Wesensstruktur hin betrachtet in sich voll-endet. Für sie steht nichts aus, weil sie sich nicht verbessern oder verschlechtern können. Sie sind ohne »Fehl«. Das Tier sieht, wie Rilke sagt, ins Offene, es muß seine Vorstellungen nicht bewußt korrigieren. Und Gott ist ohne Angewiesenheit auf andere. Aristoteles hat diese Struktur Gottes klar dargelegt: Der Gott muß nicht handeln, er ruht in sich selbst in reinem Vernehmen seiner selbst.

Man kann Tier und Gott als un-mittelbare Größen bezeichnen. Die reine Unmittelbarkeit ist nur in Gott faßbar, insofern er unbedürftig über alle Animalität erhoben ist. Das Tier ist als Animalität durchaus bedürftig. Es muß sich um Selbsterhaltung bemühen, unter Umständen in und durch den Kampf, aber diese Vermittlung ist ohne Reflexion und Handlungsbewußtsein.

Der Mensch unterscheidet sich von beiden Wesen und hat doch zugleich mit ihnen Gemeinsames. Die Tradition hat diesen Sachverhalt dahin ausgedeutet, daß der Mensch mit den Tieren den Trieb und mit dem Gott den Geist teile. Er steht unter der Notwendigkeit, beides in Einklang zu bringen und zwar in der Weise, daß das Tier im Menschen zu beherrschen sei. Man hat metaphysisch gesprochen sich »nach oben hin« dem Gott anzugleichen.

Dieser Ansatz wird im 19. Jahrhundert unterlaufen und zwar in vielfältiger Form. Der Geist ist nicht die stärkste Macht, er ist schwächer als die Triebe. Vom späten Schelling und Schopenhauer zu Nietzsche und schließlich zur modernen Anthropologie und vor allem zur Psychoanalyse setzt sich in zunehmenden Maße diese Meinung durch. Sie führt nun zu einer Entwertung oder genauer: einer Umwertung der Ethik.

Wird der Mensch von Gott her bestimmt, so wird der Geist im metaphysischen Sinn als körperunabhängige und unsterbliche Größe gedeutet. Das ist aber, so behauptet der moderne Ansatz, ein spekulativer Irrtum, der dem faktischen Tatbestand widerspricht. Man kann und muß diesem Tatbestand angemessen den Geist im Sinn anthropologischer Natürlichkeit auslegen als die Möglichkeit von Rationalität und Technizität, die dem Trieb zur Selbsterhaltung dienen. Der Mensch hat den Geist als *Instinktersatz*, aber er untersteht den Lebensgesetzen wie das Tier.

6. Zum Problem der Weltanschauung

Die Wandlung der Grundeinstellung zeigt an, daß der Mensch in seinem Selbstverständnis ganz und gar nicht eindeutig festgelegt ist. Selbst wenn er historisch gesehen lange Zeit sich einem bestimmten Ideal unterwarf und von ihm leiten ließ, ist dies – eben dies macht der Umschwung deutlich – doch nicht in seiner Natur begründet. Daß dieser Wandel eintreten konnte, liegt daran, daß sich die äußeren und inneren Weltkonstellationen wandelten.

Wir stoßen hier auf einen Sachverhalt, der später genauer zu durchdenken ist, nämlich den Sachverhalt, daß menschliches Handeln immer schon von bestimmten Vor-urteilen geleitet ist. Diese Vor-urteile sind geschichtlich erwachsen; sie haben sich in bestimmten Normensystemen kristallisiert, die ihrerseits weltanschaulich ausgeformt sind. Den *Weltanschauungen* geht es darum, den Menschen mit seinem Tun und Lassen im Ganzen des Weltzusammenhanges zu orten, denn von der Weltstruktur hängt es wesentlich ab, wie das Handeln im Kontext des Gesamtgeschehens zu beurteilen ist. Diese Weltanschauungen leiten mehr oder weniger alles Verhalten des Menschen, auch das Verhalten im Alltag.

Das Wort »Weltanschauung« ist ebenso wie der damit gemeinte Sachverhalt heute in Verruf geraten. Es ist, so wird argumentiert, eine Erinnerung an Zeiten, in denen Religion und Metaphysik als maßgebende Mächte galten. Im Zeitalter der Posthistoire und der Postmoderne wird die Möglichkeit einheitlicher Sichten abgestritten, die Vielheit von Geschichten wird als sach- und zeitgemäß propagiert; das Ganze muß in der Schwebe gelassen werden – wir werden sehen, daß dies In-der-Schwebe-lassen und Nicht-klar-kommen gerade eine legitime Möglichkeit der gegenwärtigen Weltanschauung ist.

Daß die Epochen der *geschlossenen* Weltanschauungen heute ihre Macht verloren haben, sei nicht in Abrede gestellt. Aber das ändert nichts daran, daß bestimmte Horizonte und Hintergrundabstützungen auch heute das Tun und Lassen bestimmen; ob man sich diese Tatsache ausdrücklich macht oder nicht, ist sekundär. Die Fragen, ob die Welt ewig ist oder ein Faktum, das entstanden ist und vergehen wird, ob sie sich in ihren Grundstrukturen gleichbleibt oder verändert, ob es so etwas wie Fortschritt gibt: diese Fragen sind immer noch nicht erledigt, auch wenn und gerade wenn sie nicht zu beantworten sind.

Der Sinn der Weltanschauung ist es, in der Sprache der Metaphysik geredet, Weltvertrauen gegen Weltangst zu rechtfertigen. Weltangst und Weltvertrauen sind, wie wir sahen, bei allem Verhalten mitlaufende Grundbestimmungen. In ihnen manifestiert sich der Druck der Wirklichkeit. Dieser Druck ist eine Urerfahrung, er äußert sich zwar in sehr differierenden Formen, aber immer liegt in ihm die Aufforderung, die Auseinandersetzung mit dem Seienden zu leisten. Ob diese Auseinandersetzungen glücken oder nicht glücken, die Belastung, die sie darstellen, ist nie zu beheben. Diese Belastung sich verständlich zu machen und zugleich sie in Gedanken zu erleichtern, das ist Sache der Weltanschauungen.

Aber zunächst seien noch einige Erläuterungen zum Begriff der Weltanschauung gegeben. Es ist legitim, daß die Bestimmung Weltanschauung eigentümlich unbestimmt ist und unbestimmt bleiben muß. Die Weltanschauung ist vielfältig, ebenso wie der Begriff Welt. *Welt* kann als Inbegriff von Objekten und als deren Zusammenhang verstanden werden. Dieser Zusammenhang kann als Chaos oder als Ordnung gedeutet werden. Im zweiten Fall ist die Frage nach dem Ursprung der Ordnung unvermeidlich. Ordnung kann als Naturordnung verstanden werden, sie kann aber auch auf Gott als Schöpfer oder auf die transzendentale oder absolute Subjektivität zurückgeführt werden.

Dem Umfang und der Weite des Begriffes Weltanschauung entspricht die Unbestimmtheit und Weite des Begriffes *Anschauung* im Terminus Weltanschauung. Anschauung ist das Dahaben eines leibhaft in der Wahrnehmung gegebenen Gegenstandes, der innerhalb eines Horizontes mit anderen Gegenständen begegnet. Anschauung hat den Charakter der Unmittelbarkeit; sie ist nicht abstrakt. Es ist aber auch, so wird von Plato an in der Philosophie behauptet, möglich, von einer nicht sinnlichen Anschauung zu reden. Die unumstößliche Evidenz ist, von Husserl her gesehen, das Ideal alles Erkennens.

Andererseits gilt: Anschauung ist, wenn man die kantische Differenz von Anschauung und Begriff zugrunde legt, dem Begriff unterzuordnen. Das Wesentliche einer Sache gibt nicht die Anschauung, sondern der Begriff.

Fragt man, welche Bestimmung von Anschauung für den Terminus Weltanschauung prägend sei, so liegt offensichtlich diese kantische Bestimmung näher. Aber man muß eben zugleich die Paradoxie der Bestimmung Weltanschauung bedenken. Die Welt ist keine Gegebenheit, wie ein einzelner Gegenstand, als Totum ist sie unanschaulich. Welt kann aber auch nicht als ein Begriff, der viele Gegenstände umgreift, verstanden werden. Welt *übertrifft* jede Anschauung und jeden Begriff; das zeigen ja die kantischen Antinomien, in denen die Frage nach Anfang und Ende der Welt in zeitlicher und räumlicher Hinsicht ungelöst bleibt.

Gleichwohl: wir sind alle, auch wenn wir nicht wissen, was die Welt »eigentlich« ist und was sie eigentlich »im Innersten zusammenhält«, irgendwie immer mit der Welt verbunden. Welt ist doch, bildlich gesprochen, das uns bestimmende und nicht wegzudenkende Worin, in dem wir sind. Der naive Weltbegriff versteht die Welt als ein unendliches Gefäß, in dem »alles«, auch der Mensch, vorkommt. Die Verschiebung der Weltproblematik auf die Theorie der Entwicklung ändert an diesem Sinn des »In« nichts Entscheidendes. Im Weltgeschehen treten zu einer bestimmten Zeit Menschen auf. Vom Lebenslauf des Ich her gesehen bedeutet das zeitliche Bild der Welt: auf der unendlichen Ablaufstrecke kommt dem einzelnen Ich jeweilig ein winziges Stückchen zu.

Wir sind in der Welt mit ihr immer schon bekannt. Man erinnere sich an Heidegger, der das »In« der Formel, daß das Dasein In-der-Welt-sein sei, als Vertrautsein versteht. Und doch bleibt die Welt als das Umgreifende, das kein Gegenstand ist, der sich fassen läßt, seltsam *zwielichtig. Vertrautheit und Unvertrautheit gehen ineinander über.*

Es ist offensichtlich – davon gingen wir aus –, daß die Strukturen der Weltanschauung und der Welt und des Menschenbildes sich gegenseitig bedingen. Es bestehen hier Wechselwirkungen. Weltanschauung und Selbstverständnis unterstehen aber grundsätzlichen Wandlungen. Diese gilt es zu erfassen, wenn anders man den Wandel der *Ethik* verstehen will, und dies Verstehen ist die Voraussetzung dafür, Möglichkeit und Unmöglichkeit einer zeitgemäßen Ethik zu bedenken.

Um die Struktur dieses Verstehens zu deuten, sind einige grundsätzliche Bemerkungen in methodischer Hinsicht nötig.

7. Die doppelte Reflexion als Methode der philosophischen Betrachtung

Das Verstehen des Weltbezuges und seiner Wandlungen vollzieht sich in der Form einer *Reflexion*. Diese Reflexion ist ein mehrstufiges Verfahren. Der erste Schritt ist dadurch bestimmt, daß die Reflexion sich an das vorhandene Material hält. Es gilt, all dies in seiner Buntheit, Vielfalt und Widersprüchlichkeit zu analysieren, zu vergleichen und zusammenfassend möglichst auf einen Nenner zu bringen. Dieser Nenner ist seinerseits gewissermaßen als *hypothetische Theorie* in bezug auf die vorliegenden Daten im Zirkelverfahren zu bewähren. Der Nenner ist zwar von den Phänomenen her gewonnen, er geht aber über sie hinaus, insofern er doch Voraussetzungen heraushebt, die unter Umständen von ihren Schöpfern und ihren Deutern gar nicht gesehen werden oder als überflüssig zur Seite geschoben werden. Insofern diese Voraussetzungen durch den *Vergleich von Gegenwart und Vergangenheit* in den Blick zu bringen sind, müssen sie die Ansätze beider Epochen umgreifen.

Die Reflexion ist auf dieser Stufe, insofern sie nicht nur nach unten, sondern auch nach oben offen ist, ambivalent. Sie orientiert sich einerseits zwar an den geschichtlichen Bedingtheiten, weil sie den spezifischen Geist dieser bestimmten Epochen zu erfassen sucht. Andererseits muß sie aber einen Übergang zur Reflexion auf der höchsten Stufe vollziehen, die nun den Versuch unternimmt, die gegenwärtigen Ansätze und ihre wirklichen, bezugsweise virtuellen Gegensätze zur Vergangenheit und zur Zukunft gleichermaßen zurückzuführen auf die *grundgebenden Möglichkeiten, die für das Subjekt auf Grund seiner Struktur und im Rahmen seines Weltbezuges konstitutiv sind.*

Eine solche Reflexion, die ihrer Intention nach durchaus als *Totalphilosophie* zu bezeichnen ist, ist dialektisch. Der Ausgang von der Gegenwart ist maßgebend, aber eben in der Form, daß die Gegenwart sich selbst und ihre Gegensätze gleichermaßen schematisierend in ein System einzuordnen und zu begreifen sucht. Das bedeutet, daß der eigene Ansatz als die *Bezugsgröße* gefaßt wird, von der her alle Möglichkeiten erschließbar sind, aber die Gegenwart ist und bleibt eine bestimmte geschichtliche Position, und als solche steht sie in bezug zur Vergangenheit und zur Zukunft.

Der *Überstieg zum Allgemeinen* ist also nicht wie bei Hegel Aufhebung der Geschichte in den ihr vorgegebenen Zustand der Vollendung. Die Gegenwart erscheint durchaus nicht als positives Zeitalter, sondern als ein Zeitalter, das – dies wird der Vergleich zeigen – durch den Gedanken der Negativität weit mehr als die klassische Epoche der Metaphysik bestimmt ist.

Die *Potentialisierung* der Gegenwart und der Vergangenheit, die die Reflexion durch die Rückführung dieser Epochen auf die grundgebenden Weltbezüge durchführt, das heißt, der *Überschritt ins Grundsätzliche,* ist nicht empirisch abgestützt. Er gerät solchermaßen, wie angedeutet, nicht nur in die Nähe zur Totalphilosophie, sondern auch, wie zu zeigen sein wird, in die Nähe zur Metaphysik.

Zugleich gilt aber, daß sich diese Reflexion von oben her von der Metaphysik der Tradition unterscheidet. Es handelt sich nicht um eine konstitutive Ontologie, die das Seiende im Ganzen in eine Stufenordnung aufteilt. Gleichwohl tendiert die Reflexion von oben her doch darauf, nicht bei den Vielfältigkeiten stehen zu bleiben, sondern die Dialektik von Ich und Welt in ihren Möglichkeiten zu charakterisieren und sie als das Grundgefüge darzustellen, von dem her die geschichtlichen Ausführungen verständlich werden.

8. Zum Wandel der Grundstrukturen des Weltbezuges unter ethischem Aspekt

Wir wollen nun versuchen, zunächst nur im groben Umriß, den Ansatz der Ethik von den Grundstrukturen und deren Wandlungen her zu bedenken. Ausgangspunkt ist unser Hinweis auf die *gebrochene Weltstellung* des Menschen. Diese Weltstellung ist, wie schon wiederholt betont, dialektisch. Diese Dialektik bestimmt alle Bezüge, die zwischen Mensch und Welt walten. Sie beruht darauf, daß der Mensch sich in der Welt befindet, und daß er zugleich doch die welthaften Bestände relativ zu überschreiten vermag. Sein Selbstverständnis, nicht nur sein philosophisches, sondern auch sein alltägliches, schwankt zwischen beiden Möglichkeiten, einmal der Tendenz, *sich restlos in das Gegebene einzuordnen* und sich selbst als ein *Weltstück* zu verstehen, und der Gegentendenz, sich *problematisierend* von diesen Gegebenheiten abzulösen *in Richtung auf eine absolute Freiheit* hin. In und mit Hilfe beider Möglichkeiten bildet sich das aktive und das passive Weltverhalten aus. Die vorgegebene Welt zu begreifen und sie als solche darzustellen und sie zu verändern, gehört gleichermaßen zu diesem Verhalten, das in sich vielfältig ist.

Alle diese Verhaltensformen sind jedoch von zwei Grundstimmungen durchwaltet und umgriffen, die ebenso wie die beiden Grundtendenzen gegensätzlicher Art sind: *Weltvertrauen* steht gegen *Weltangst,* und zwar in der Form, daß der Mensch durch sein Verhalten und seine Produktionen versucht Weltangst zu bannen.

Es muß hier aber – und dies gilt für die ganzen folgenden Ausführungen – nachdrücklich betont werden, daß die Weltanschauungen ebenso wie die Grundstimmungen und die Grundtendenzen zunächst und zumeist gar nicht bewußt in Anschlag gebracht werden. Sie bleiben vielmehr verdeckt und *hintergründig,* weil sie ungegenständlich-allgemein umgreifen. Jeder kausale Motivationszusammenhang ist ausgeschlossen.

Will man den geschichtlichen Verlauf angemessen verstehen, so muß man auf die Komplexität der *Dialektik der Strukturverschiebung* im Verhältnis des Menschen zur Welt achten. Grundsätzlich gesehen kann die *Welt* oder das *Selbstbewußtsein* als allgemeiner, zumeist unthematisierter, jedoch umgreifender *Orientierungs- und Anhaltepunkt* für das Verhalten fungieren. Aber der Gegenpol verschwindet natürlich nicht, sondern bleibt immer modifiziert wirksam. Die Grundausrichtungen wirken nicht in kausaler Weise auf einzelne Verhaltensweisen ein, die weitgehend von sachlichen Belangen her strukturiert sind. Für sie alle gilt jedoch, daß Welt- und Selbstbezug immer verschränkt sind.

Jede Tätigkeit, die als solche Weltgebundenheit und Weltdistanzierung des Menschen bezeugt, unterliegt einem vorgreifenden und sie ausrichtenden Vorurteil, das sie tendenziell *vororientiert* und zwar in Hinsicht auf die herausgestellten Potentiale: Tendenz zur Weltbindung und Tendenz zur Weltdistanz einerseits und die mit diesen Tendenzen verschränkten Grundstimmungen des Weltvertrauens und der Weltangst andererseits. Es kann hier nicht unsere Aufgabe sein, die *Kombination* der fundierenden Grundbestimmungen in ihrem Miteinander und Gegeneinander schematisierend aufzuzählen – das ist kaum möglich, und wäre zudem auch wohl unfruchtbar. Wesentlich ist, daß diese »Raster« dazu beitragen können, die geschichtlich vorliegenden Konstellationen, ihre Konsolidierung und ihre Auflösung, zu *entschlüsseln*, wobei aber zu beachten ist, daß die Dialektik, die zwischen den Grund*stimmungen* und den Grund*tendenzen* waltet, nicht auf bestimmte Konstellationen festzulegen ist. So ist weder Welt noch Ich als *an sich* positiv oder negativ, das heißt als Weltvertrauen gründend oder aufhebend anzusetzen. Die Orientierung an der Welt ist nicht mit dem Glauben, daß sie Heimat sei, identisch. Welt kann Bezugspunkt sein *auch* in der Weise, daß ihre Struktur als sinnlos und zerstörend aufgefaßt wird und Angst erzeugt. In der Welt habt ihr Angst, heißt es im Johannesevangelium.

Es ist also nicht erlaubt, einen Faktor absolut zu setzen und von ihm her die Bezüge zu konstituieren. Diese sind und bleiben ihrer Struktur nach zweideutig, wie die gegenwärtige Situation zeigt.

Noch eine Schlußbemerkung erscheint angebracht. Um den geschichtlichen Gesamtprozeß zu verstehen, wie er sich auf die *Ethik* auswirkt, vor allem aber zu fragen, welche Möglichkeiten ihr heute noch offen stehen, genügt es keineswegs, sich mit der Auskunft zu begnügen, an die Stelle der Ordnung habe sich die Subjektivität voller Hybris und im Willen, Gott gleich sein zu wollen, zur bestimmenden Größe gesetzt. Diese Auskunft ist zu einfach. Sie verkennt, daß geschichtliche Wandlungen sich in Zusammenhängen vollziehen und vor allem Folgen heraufführen, die das Subjekt nicht in der Hand hat. Das Subjekt macht nicht die Geschichte, sondern ist in sie verflochten. Unser geschichtliches Wirken als Vermitteln wird immer schon von Vorgegebenheiten und dem Geschehen selbst vermittelt.

II. Die dialektische Vieldeutigkeit des gebrochenen Weltbezuges

Vorbemerkung

Die Bestimmung *gebrochener Weltbezug* verweist auf einen *ungebrochenen Bezug*, der dem ontologischen Stellenwert nach eindeutiger ist. Es ist wesentlich, diesen Verweis nicht aus den Augen zu verlieren, wenn man den gebrochenen Bezug adäquat auslegen will. Die Bestimmung ungebrochener Weltbezug ist zwar für den Menschen eine verschlossene Möglichkeit, wohl aber kann er sich an ihren Strukturen zu orientieren und auszurichten suchen. Es ist aber dabei zu beachten, daß der gebrochene Weltbezug in sich selbst eine eigenständige Möglichkeit ist, die nur der Mensch verwirklichen kann.

Der gebrochene Weltbezug ist durch Distanzbewußtsein bestimmt. Dies Distanzbewußtsein ist Belastung und Entlastung zugleich. Es aktualisiert sich in der Auseinandersetzung. Die Kategorie der *Aus-einander-setzung* ist wesentlich und tritt an die Stelle der metaphysisch bestimmten Kategorie der Setzung. Es geht darum sich auszusprechen, daß der Mensch als ein Ich sein Menschsein immer schon in der Auseinandersetzung mit dem Seienden zu vollziehen hat. Der Mensch ist es selbst, der als Ich sich vom Seienden unterscheidet, aber in und durch diese Unterscheidung ist das Ich schon immer auf die eine Seite getreten gegen das auf der anderen Seite stehende Nicht-Ich. Weder das Ich noch das nichtichhafte Seiende sind je für sich da außerhalb dieser Unterscheidung. Ich und Seiendes sind nur in der Unterscheidung als durch das Ich unterschiedene. Dies *Setzen der Differenz* ist also die einzige Weise, in der das Ich sich ergreift und bestimmt, und darum ist das Ich nie an ihm selbst, losgelöst vom Seienden, zu begreifen. Die idealistische Philosophie erklärt mit Recht, daß ich kein Seiendes ohne das Ich erfassen kann, vom Ich her betrachtet ist alles Seiende als Nicht-Ich zu bestimmen und insofern auf das Ich relativ. Es gilt aber ebenso das Umgekehrte anzuerkennen: kein Ich ist ohne den Bezug auf ein Nicht-Ich. Der Gedanke eines für sich gesetzten, d. h. absoluten Ich ist unvorstellbar und irreal.

Weil das Ich immer auf das Seiende bezogen ist, entfällt jede Möglichkeit, die Differenzsetzung als solche spekulativ von einem der Entzweiung vorausgehenden ursprünglichen Zustand als metaphysischem Uranfang her zu erklären. Setzt man als einen solchen ursprünglichen Zustand die *Indifferenz* an, in der Ich und Nicht-Ich noch ununterschieden seien, so ist zu sagen, daß dieser Urzustand immer schon verloren ist. Jede Schilderung, wie dieses Ursprüngliche in die Differenz überging, ist ebenso ein Gebilde der Phantasie wie die gedankliche Ausmalung eines Endzustandes, in dem alle Gegensätze überwunden wären. Die Indifferenz ist ein leerer Gedanke, sinnhaft nur als Grenzbestimmung, gegen die sich die Reflexion als die Bestimmung des Menschen abhebt. Wenn aber die Auseinandersetzung mit dem Seienden das Wesen des Menschen bestimmt, dann kann es prinzipiell für den Menschen nichts Unbedingtes geben. Es ist kein Verhältnis des Menschen zu sich selbst möglich, das nicht schon immer ein Verhältnis zum Seienden einschließt, und umgekehrt; jeder Bezug, in dem ich mich zum Seienden verhalte, betrifft mich selbst.

Der soeben dargelegte Sachverhalt läßt sich verdeutlichen durch den Rückgriff auf die Bestimmung *Verhalten*. Die heute übliche Bestimmung von Verhalten ist behavioristisch orientiert. Verhalten fungiert als eine äußere Beschreibungskategorie, die auf Mensch und Tier in der gleichen Weise angewandt werden kann. Im ursprünglichen Sinn verstanden bedeutet Verhalten »Ansichhalten«: Man stürzt nicht darauf los, sondern hält sich zurück und besinnt sich auf sich selbst.

In der Struktur der Auseinandersetzung gründet es, daß der Mensch sich über seine Lage Gedanken macht, und daß er sie, wie schon angedeutet, in Vergleich setzt zu Möglichkeiten des für ihn unerreichbaren ungebrochenen Weltbezuges. In der Tradition wurden diese Vergleiche durch das Stufenschema ausgelegt: *Der Mensch steht zwischen Gott und Tier*, für beide ist der Weltbezug unproblematisch. Von dem Bezug zu Gott und Tier her wurde der Mensch im Sinne der Vermögenspsychologie »aufgeteilt«: er ist halb Tier und halb Gott, d. h. Triebwesen und Geistwesen zugleich, wobei es der metaphysischen Tendenz zufolge geboten war, sich nach oben hin auszurichten. Der Geist sollte über die Triebe herrschen.

Diese durch die Metaphysik bestimmte Situation hat sich im 19. Jahrhundert gewandelt. Wir skizzieren die nachmetaphysische moderne Konzeption durch einen kurzen Hinweis auf den Grundansatz der Anthropologie, die die Bestimmung des gebrochenen Weltbezuges in das Zentrum ihrer Untersuchungen gestellt hat.

1. Die Einseitigkeit des anthropologischen Ansatzes. Gehlen und Plessner

Die *moderne Anthropologie* hat Gott als Bezugs- und Vergleichsgröße ausgeschaltet. Ineins damit wurde die metaphysische Vermögenspsychologie abgelöst durch eine empirisch vorgehende Verhaltenslehre, die – dies ist der Grundansatz – Mensch und Tier vergleicht. Diese Anthropologie hat aber die Probleme, die ein gebrochener Weltbezug aufgibt, durch die Ausschaltung der Metaphysik und die Wende zur Empirie nicht aus der Welt geschafft. Tier und Mensch werden undialektisch gegeneinander gestellt. Tiere haben Umwelt, das heißt spezifische Weltausschnitte; der Mensch ist »weltoffen«, das heißt, er ist in keiner Umwelt eingepaßt. Er erbaut sich seine Welt; die menschliche Welt ist Kulturwelt, das heißt Produkt von Tätigkeit. Der Mensch schafft seine Welt nicht aus dem Nichts. Er arbeitet aber selbständig die ihm gegenüberstehende Natur um. Hier zeigt sich eine gewisse Dialektik: die Möglichkeit der Umarbeitung bezeugt eine Lockerung der Vorgegebenheit der Naturbedingungen. Der Vorrang des Menschen über die Natur ist evident.

Die Zugehörigkeit zur Welt bleibt jedoch problemlos. Sehr deutlich tritt diese Dialektik bei *Gehlen* heraus.[4] Welt ist einerseits natura naturans. Die Welt als natura naturans hat Mensch *und* Tier hervorgebracht; Welt ist andererseits natura naturata: Mensch und Tiere sind besondere Arten als vorhandene Naturausprägungen. Freilich, hier zeigt sich ein Problem: Insofern der Mensch seine Welt erstellt, muß er als nichtnatürlich angesetzt werden und ist dem Naturzusammenhang entnommen; das heißt, wenn Natur und Welt geglichen werden: er ist eigentlich *weltlos*. So argumentiert *Plessner*, wenn er erklärt, daß der Mensch als exzentrisches Wesen im *Nirgendwo* stehe.[5] Aber auch Plessner will den Menschen biologisch als Weltwesen betrachten.

Im Gegensatz zu der Anthropologie geht Heidegger von einem unmittelbaren Vertrautsein des Daseins mit der Welt aus. Dies bedeutet: Welt ist ontologisch gesehen dem Dasein zugehörig, sie ist ein Existenzial. Heidegger wiederholt die idealistische Transzendentalphilosophie auf dem Boden der endlichen Subjektivität.[6]

Gehlen nennt seine Betrachtung »Anthropobiologie«, und Plessner erklärt, seine Betrachtung verbleibe strikt im Rahmen der äußeren Anschauung, »welche die Operation des Biologen und des Verhaltensforschers fundiert«. Diese Aussagen sind, wenn man die konkreten Ergebnisse beider Denker betrachtet, widersinnig, denn in ihren Analysen werden gerade eindeutig *nichtbiologische* Zusammenhänge herausgestellt. Gehlen erklärt den Menschen im ganzen von der Handlung als einem nicht tierischen Prinzip her. Plessner, der eine Scheidung zwischen den »oberen« und den »unteren« Möglichkeiten des Menschen durchführt, bestimmt den Menschen als exzentrisches Wesen, die Exzentrizität aber ist ein reines Selbstverhältnis und gar nicht äußerlich beschreibbar; die biologische Methode, die als solche nur organische Modale feststellen kann, ist hier überschritten.

Der Widerspruch, in den sich beide Denker verwickeln, zeigt eine Schwierigkeit an, die in der Sache liegt.

Man könnte das von den Anthropologen faktisch durchgeführte Verfahren als *hypothetisch-funktionale Konstruktion des Menschen* bezeichnen. Ausgegangen wird von biologischen Daten. Es werden zugleich aber höhere Verhaltensweisen konstruiert, die über die biologischen Data hinausgehen und solchermaßen hypothetisch bleiben, insofern sie nicht empirisch zu verifizieren sind. »Abgedeckt« werden diese höheren Möglichkeiten durch eine »funktionale Betrachtungsweise«, die auf das Gesamtverhalten des Menschen rekurriert, wie es sich in Analogie und Gegensatz zum Tier zeigt. Diese funktionale Betrachtung ist jedoch ihrerseits von nicht wissenschaftlich nachprüfbaren Vorgriffen bestimmt. Bei Gehlen ist die *Selbsterhaltung* von Tier und Mensch das maßgebende Prinzip, bei Plessner die *Positionalität*, auf Grund deren der Bezug des Menschen zur Welt gerade das Paradox einer Ortlosigkeit anzeigt, die alle Natürlichkeit transzendiert. Der Ansatz beider Denker bleibt solchermaßen zweideutig. Die biologische Außenbeschreibung, die als einzig angemessene Methode deklariert wird, deckt die Einsicht, daß der Mensch durch Handlung und Exzentrizität bestimmt ist, *nicht* ab.

Dies zeigt sich besonders an der Tatsache, daß der Mensch gegenbiologisch handeln kann. Es muß sich nicht dem Gesetz der Selbsterhaltung unterstellen. Der Selbstmord – das lehrt die Stoa – ist der höchste Akt der Freiheit, in dem dies Prinzip der Selbsterhaltung verneint wird. Der Mensch kann auch dem biologisch sinnvollen und zweckmäßigen Handeln gleichsam zu entrinnen versuchen, indem er – Spätkulturen zeigen dies – sich der unbeschränkten Reflexion hingibt. Dies wird in der modernen Kunst überaus deutlich. Diese Kunst entlastet, aber nicht im metaphysischen Sinn: sie zeigt keine Wesenswirklichkeit. Ihr Bewußtsein ist die »zuständlich gewordene Reflexion«. Kunst als Reflexionskunst vermittelt »Oberflächen-Spannung«, »Außen-Irritation«.[7]

Diese Darstellung der Reflexionskunst klingt noch positiv. In Wahrheit aber ist die heutige Reflexionskultur außerordentlich lebensfeindlich. Der Mensch der Spätkultur ist der Mensch, der der Innerlichkeit und der Subjektivität verfallen sich in Dauerreflexion erschöpft und nicht mehr handelt. Er geht »in subjektiver Benommenheit« auf. Die vom Äußeren sich isolierende Subjektivität wird zum Zuschauer ihrer permanenten Selbstauflösung.

In der Reflexionskultur werden, so Gehlen, die höheren Möglichkeiten des Menschen, die man früher dem Geist zuschrieb, pervertiert. Sinnvoll sind sie nur im Aufbau einer Welt als der Lebenswelt des Menschen, die auf seiner Tätigkeit beruht. Diese Tätigkeit ist eingebunden in die Funktion der Selbsterhaltung. Wenn sie freigesetzt wird, wirkt sie sich abträglich aus.

Aber hier meldet sich eben ein Problem. Gehlen erklärt nicht, inwiefern der *Geist* als *Naturprodukt* so negativ gegen die Naturordnung handeln kann. Ist es nicht angesichts dieses Sachverhalts geboten, den *Geist*, wie Plessner es tut, als *exzentrisch* zu bestimmen, als im »Nirgendwo« stehend? Aber wenn man so argumentiert, dann ist die empirische Grundlage überschritten.

Überdenkt man diese Argumentation der modernen Anthropologie, so fällt ein Zweifaches auf. Der Vergleich zwischen Mensch und Tier soll zur Bestimmung des Weltverhaltens des Menschen allein maßgebend sein. Er wird im Gegenzug zur Tradition verschärft. Weltoffenheit wird als das eindeutige Grundmerkmal des Menschen gegen die Weltgebundenheit des Tieres gestellt. Der Mensch schafft sich seine Welt. Aber als Schöpfer, so legt Plessner dar, geht er in keinem Werk auf; er kann an ihm keinen Halt finden. Deswegen ist alles Tun des Menschen dem Gesetz des utopischen Standortes unterstellt. Der Mensch sucht ein Endgültiges, das er doch nicht finden kann. Die menschliche Position ist strukturell so bestimmt, daß der Mensch keine befriedigende Unmittelbarkeit erlangen kann, insofern er sein Sein ständig vermitteln muß.

Hier meldet sich, so merkwürdig es erscheinen mag, der neuzeitliche Fortschrittsglaube, insbesondere in seiner idealistischen Ausführung. Die Anklänge an Vorstellungen des Handelns, wie *Fichte* sie entwickelt hat, sind im Werk Gehlens und Plessners nicht zu übersehen, auch wenn schließlich das absolute Ich Fichtes sich bei Gehlen zum biologischen Handlungsprinzip umkehrt und bei Plessner ins unbegreifbare Nirgendwo entweicht.

Plessners Position ist in dieser Hinsicht besonders aufschlußreich. Plessner prägt den Ausdruck »Selbsttranszendenz« des Menschen. Er stellt den Aspekt des Sichüberholens des Menschen heraus. Auch er setzt wie Fichte diese Möglichkeit undialektisch an und sieht nicht, wie Weltgebundenheit und Weltoffenheit sich ständig bedingen. Plessner erklärt: Es gibt für den Menschen keine Grenze, sondern nur Schranken, »die ihm aber transparent und damit verfügbar werden. Die Schrankenlosigkeit des menschlichen Wesens ... gibt das Recht vom *homo absconditus* zu sprechen, weil er die Grenzen seiner Schrankenlosigkeit kennt und sich damit unergründlich weiß. Sich und seiner Welt offen, weiß er um seine Verborgenheit«.[8]

Hier zeigt sich – durchaus konsequent – folgender Sachverhalt: wenn die obere Leitbestimmung »Gott« wegfällt – Gott war ja in sich durchaus voll-endet und mußte sich nicht ins Grenzenlose überschreiten –, dann bleibt eben nur die Tatsache des Nichtfestgestelltseins und des Nichtfestgestelltwerdenkönnens des Menschen.

Das Zweite, was auffällt, ist die Tatsache, daß dies Nichtfestgestelltsein vieldeutig ist. Einerseits wird es als Schöpfertum verstanden, als Erschaffen der künstlichen Welt des Menschen; andererseits gibt es dem Menschen die Möglichkeit vor, unnatürlich zu sein. Die *Reflexion* ist nicht nur biologisch unzweckmäßig, sondern bleibt als Gegenmacht zum Leben *unerklärlich.* Im Gegensatz zu diesen Ansätzen gilt es, die *unaufhebbare Dialektik von Weltgebundenheit und Weltoffenheit* als Grundansatz in allen Einzelanalysen festzuhalten, auch wenn diese sich als außerordentlich vielfältig erweisen.

2. Der gebrochene Weltbezug als Einheit von Vermittlung und Unmittelbarkeit

Der Begriff *Vermittlung* ist nicht eindeutig. Dies zeigt gerade seine hohe Bedeutung an. Vermittlung ist Trennen und Verbinden zugleich. Vermittlung ist eine Bewegung der Aufhebung; Aufhebung ist – wie Hegel es darlegt – im positiven und negativen Sinn zu verstehen: als Negieren und Aufbewahren. Wesentlich ist bei jeder Vermittlung aber die Bewegung des Übergehens, d. h. die Setzung von Gegensätzen und ihre gleichzeitige Verflüssigung.

Diese Bewegung wird aber – hier zeigt sich das Verhängnis der metaphysischen Spekulation – im *idealistischen Denken,* insbesondere bei *Hegel,* in ein Schema eingepaßt, das den Dreischritt von Unmittelbarkeit, Aufhebung von Unmittelbarkeit als Negation und vermittelter Unmittelbarkeit als durch Negation der Negation wieder hergestellte Vollendung begreift. Und hier hat sich strikter Widerspruch zu melden. Es ist weder unter systematischem noch unter geschichtlichem Aspekt möglich, dies Schema auf die Strukturen des gebrochenen Weltbezuges, die dem Menschen zukommen, anzuwenden. Der gebrochene Weltbezug stellt eine eigenständige Struktur der Vermittlung dar. Er ist als gebrochener eben nicht aufhebbar in reine Unmittelbarkeit, die durch Negation der Negation vermittelt wäre. Er umgreift relative Unmittelbarkeit und relative Vermittlung gleichermaßen, ohne zwischen ihnen ein Gleichgewicht, d. h. einen Abschluß herstellen zu können. Er ist mit Hegel gesprochen durch schlechte Unendlichkeit ausgezeichnet, nicht vollendet und nicht vollendbar.

Aber auch hier gilt es, dialektisch zu denken. Die Menschheitsgeschichte ist begleitet von dem Bewußtsein der Forderung, Unmittelbarkeit und Vermittlung zusammenbringen zu müssen in eine höhere Einheit, und zugleich von der Erfahrung, daß sie dies auf Grund ihrer Struktur nicht leisten kann. Gleichwohl mißt sie diese ihre Position am Nicht-mehr, an der Unmittelbarkeit des *Paradieses*, und dem Noch-nicht, an der *Utopie* der noch ausstehenden Unmittelbarkeit als der Vollendung.

Diese Zustände sind Idealprojektionen, sie sind unvermeidbar, aber es gilt, ihnen gegenüber daran festzuhalten, daß der gebrochene Weltbezug kein transitorischer Zustand ist.

Selbstverständlich gibt es empirisch gesehen im Haushalt der Subjektivität relativ unmittelbares und das heißt nicht reflexives Verhalten. Reflexbewegungen, Affekte und Triebhandlungen, das sogenannte Gewohnheitsverhalten, aber auch Bereiche anscheinend *vorreflexiver Gegebenheiten* wie Sexualität, Vitalität und Körpergefühl werden angeführt. Die angesprochenen Sachverhalte sind nicht zu leugnen. Die Subjektivität stellt als Ganzes ein *vieldeutiges Gebilde* durchaus verschiedenartiger Möglichkeiten dar.

Es wäre abwegig, die Schematik von Unmittelbarkeit und Reflexion durch eine Gebietsaufteilung untermauern zu wollen in der Weise, daß bestimmte Dimensionen eindeutig der Unmittelbarkeit und andere ebenso eindeutig der Reflexion zuzuordnen wären. Eine solche Zuteilung ist an sich nicht sinnlos. Zwischen Reflexion und Denkakt und Reflexbewegungen oder eingeübten Gewohnheitshandlungen bestehen Gebietsunterschiede. Aber diese Zuordnungen sind nicht als ausschließende Festlegung zu verstehen. So können sexuell motiviertes Verhalten oder Stimmungen selbstverständlich mit Reflexion sehr eng verbunden werden.

Wie schwierig die Zuweisung von Unmittelbarkeit und Vermittlung an bestimmte Vermögen ist, zeigt die sogenannte *Affekthandlung*. Man kann Trieb, Wille und Affekt voneinander unterscheiden, aber diese Unterscheidung wird im realen Leben problematisch. Wenn ich zum Beispiel aus Wut einen anderen zusammenschlage, dann kann es passieren, daß ich hinterher nicht zu Unrecht erkläre: »Ich weiß nicht, wie es über mich kam, ich konnte gar nicht anders, plötzlich hat es mich gepackt«. Das klare und vernünftige Denken war wie ausgeschaltet, und trotzdem: ich fühle mich, obwohl ich nicht vorsätzlich handelte, schuldig. *Ich* war es ja. Ich bereue es oder bedaure es: »Hätte ich mich doch zusammengenommen, aber es ging doch wirklich nicht mehr«. Beide Überlegungen erscheinen dem Sachverhalt angemessen: ich war es, der die Tat getan hat, und ich war es eigentlich doch nicht.

Daß die Reflexion oft hinterher eintritt, wurde schon dargelegt. Es ist dies auch unter moralischem Aspekt ein gewichtiges Phänomen. Man denke an das *»schlechte Gewissen«*. Wir haben oben das Hin und Her einer moralischen Reflexion aufgezeigt, um auf die Bedeutung der Reflexion für das menschliche Selbstverständnis hinzuführen.

3. Zur Problematik der »Feststellung« des Menschen

Es gibt nun aber im Menschen offensichtlich einen Hang sich festzustellen. Dieser Hang macht sich auch in bezug auf die Dialektik von Unmittelbarkeit und Vermittlung bemerkbar und läßt diese problematisch erscheinen. Er tritt besonders deutlich hervor, wenn man sich um grundsätzliche differenzierte Bestimmungen des Menschseins bemüht. Im Alltag dagegen werden solche Unterscheidungen zumeist zugedeckt.

Die grundsätzlichen Differenzierungen des Menschseins können nun aber von verschiedenen Aspekten her entworfen werden. Daß der Hang zur grundsätzlichen Festlegung sich insbesondere in der *Metaphysik* und der *Ontologie* und auf dieser aufbauend in der klassischen *Vermögenspsychologie* auswirkt, wurde schon dargelegt. Er bestimmt aber auch anthropologische Ansätze der Gegenwart, die nicht im Stil der metaphysischen und ontologischen Vermögenspsychologie vorgehen, d. h. nicht auf ruhende Vermögen zurückgreifen, sondern auf *Verhaltensmöglichkeiten*, in denen sich bestimmte Lebensbezüge konsolidieren. Dies sei kurz herausgestellt.

Wir werden begleitet von dem unmittelbaren, aber fundamentalen *Gewißheitsbewußtsein des Lebensvollzuges*, welches permanent ist und den Akten des Wollens und Denkens zugrunde liegt. Man erfährt sich in seiner Lebenseinheit im inneren Zeitbewußtsein trotz aller zeitlichen Veränderung. Es gibt natürlich die großen objektiven Bedingungen für unser zeitliches Dasein, die wir mit den Tieren gemeinsam haben: Geburt und Tod bezeugen unsere Vergänglichkeit. Aber in und während des Lebensganges erfahren wir das Sicherleben in der Weise einer passiven Zeitigung als kontinuierlich. Das Erleben hat Flußcharakter.

Diese Grundphänomene werden nun aber beim Menschen aufgehoben im *Ichbewußtsein*. Die passive Zeitigung wird aktiv gestaltet. Die Doppeltheit im *Ich-lebe* ist wesentlich als Spannung von Leben und Ich. Das Ich ist Operationsbasis im räumlichen und zeitlichen Sinne. »Wohin ich auch gehe, trage ich mein Koordinatensystem mit mir, das auf immer die sechs welterschließenden Richtungen angibt: oben und unten, links und rechts, vorn und hinten. Dem räumlichen Koordinatensystem wird die Ausrichtung der Zeit hinzugefügt – das Früher und Später, die drei zeitlichen Bereiche Gegenwart, Vergangenheit und Zukunft. Das Hier-und-jetzt-Sein des eignen Leibes ist der unverlierbare Bezugspunkt des Orientierungssystems«.[9]

Während das Ich-*lebe* sich dem Rhythmus des Werdens anvertraut, ist das *Ich*-lebe selbsthaft, erlebt sich selbst in allem Erleben und verhält sich als freie Kategorialität zu der ungebändigten Vielheit der Welt.[10]

Ich kann als Ich die Welt und mich, mein Verhalten zur Welt und zu mir bedenken. Und hier entstehen nun die Möglichkeiten, meine Weltgebundenheit in ihren verschiedenen Ausprägungen zu reflektieren.

Wir denken durch unser *Gehirn*. Das Gehirn ist die Grundlage unseres Denkens, aber wir wissen um diesen Sachverhalt. *Pascal* hat diesen Sachverhalt eindrücklich dargelegt. Er erklärt: »Der Mensch ist nur ein sehr schwaches Rohr der Natur; aber er ist ein denkendes Rohr. Das ganze Universum braucht sich nicht zu wappnen, ihn zu zermalmen. Etwas Dampf, ein Tropfen Wasser genügt, ihn zu töten. Aber wenn das Universum ihn zermalmt, der Mensch ist doch viel edler als das, was ihn tötet, denn er weiß, daß er stirbt; welchen Vorzug das Universum auch vor ihm hat, das Universum weiß nichts davon. Also besteht unsere ganze Würde in den Gedanken«.[11] Dialektisch formuliert: der Mensch kann nur denken aufgrund eines »intakten Gehirns«. Das ist eine Tatsache, die unabänderlich ist. Aber der Mensch ist eben in der Lage, diese materielle Bedingtheit seines Denkens zu bedenken und sie zu reflektieren. Darauf beruht die Möglichkeit der manipulierenden Umstrukturierung des Menschen. Dies sei ein wenig genauer dargelegt.

Das Bewußtsein der Bedingtheit des Menschen und seiner Determination ist heute vielfältig. Es gründet sich auf *wissenschaftliche Aussagen* verschiedener Forschungsbereiche, vor allem der Verhaltensforschung, der Soziologie, der Biologie und der Medizin.

Ein einziges Beispiel sei zur Verdeutlichung gegeben: die molekulare Biologie hat durch die Erforschung der Gen-Strukturen heute, auch wenn diese Erforschung in Einzelheiten dem Laien nicht bekannt und verstehbar ist, eine kaum zu überschätzende Wirkung auf das allgemeine Bewußtsein ausgeübt. Seit es durch eine genauere Untersuchung der physikalisch-chemischen Struktur der Gene möglich geworden ist, die genetische Information zu entziffern und damit eben den Gesetzen der Vererbung auf die Spur zu kommen, weiß man, daß die Mutationen der Gene durch genau definierbare chemische Reaktionen an den informationstragenden Bezirken der Nukleinsäure vor sich gehen. Und erst durch die Konstitution einer solchen spezifischen Einsicht wird – das soll dies Beispiel anzeigen – die vorher im allgemeinen bekannte und im allgemeinen auch anerkannte Tatsache der Vererbung zu einer zwingenden Einsicht, das heißt zu einer Einsicht, die den Begriff *»Determination durch Vererbung«* aus der philosophischen Spekulation in die Dimension der Beweisbarkeit überführt hat.

Aber gerade dies Beispiel zeigt auch die andere Seite: weil und insofern man diese Determination nun kennt, erhebt sich die Frage in vorher nicht bekannter Dringlichkeit, was man mit dieser Erkenntnis praktisch-pragmatisch anfangen *kann* und vor allem: anfangen *darf*. Es ist ja nun – wenigstens grundsätzlich – möglich geworden, durch Eingriffe in die Ei- und Samenzellen die Erbanlagen zu verändern. Diese Möglichkeit »verlockt«. Unter welchen Aspekten hat sie zu geschehen, und wieweit sind solche Eingriffe überhaupt erlaubt? Man dürfte doch zumindest, so wird argumentiert, krankhafte Anlagen ausschalten, aber vielleicht wäre es für die Menschheit im Ganzen doch »zweckhaft«, bessere Exemplare der Gattung Mensch heranzuzüchten. Aber was heißt hier »besser«? Wer gibt die Maßstäbe für die Beurteilung des möglichen Vorgehens?

Alle diese Fragen – das ist es, was es hier zu beachten gilt – weisen unmittelbar auf die Dimension der *Freiheit* hin. Weniger metaphysisch und zeitgemäßer gesprochen: die Einsicht in die Determiniertheit wird *sofort* mit der Frage der *Manipulierbarkeit* verknüpft, wobei die latente Voraussetzung ist, daß es vom Menschen abhängt, was er aus sich macht, das heißt, in welche Richtung er sich entwickeln soll. Dies Bewußtsein des *Bestimmens möglicher Richtungen* der Forschung ist das eigentliche, wenn auch zumeist unausdrücklich bleibende Grundgefühl. Daß hier ethische Probleme von höchster Aktualität auftreten, ist offensichtlich und wird uns später zu beschäftigen haben.

Um den Zusammenhang zu begreifen, daß und wie Freiheitsbewußtsein und Bedingtheitsbewußtsein ineinanderübergehen, ist es notwendig, auf die grundsätzliche Zweideutigkeit der menschlichen Situation zurückzugehen und die »Verzahnung von oben und unten« in ihrer vollen Dialektik zu begreifen. Nur dieser Blick auf die Dialektik läßt die einfache Stufenordnung problematisch erscheinen. Wenn sichtbar wird, wie das Ich sich in seiner Vielfalt selbst thematisiert, wird das räumliche Schichtenschema, insofern es die Stufen radikal voneinander abtrennt, in Frage gestellt. Zugleich aber bestätigt sich dies Schema indirekt: Das Obere wirkt auf das Untere ein, nicht in der traditionellen ethischen Konzeption, daß der Geist die Triebe bekämpfen solle, sondern in der Form wissenschaftlicher Überlegung: der rational vorgehende Forscher untersucht die Strukturbedingungen menschlichen Denkens, um sie unter Umständen zu verändern.

Es zeigt sich hier, daß das Möglichkeitsschema, von oben auf das Untere einzuwirken, in modifizierter Form erhalten bleibt. Das ist ein Sachverhalt, der von verschiedenen Aspekten her zu betrachten ist. Vom Prinzip des Handelns im Sinn der Verbesserung unseres Verhaltens her gesehen ist offensichtlich, daß hier der Tiervergleich relativ unwichtig wird. Man kann vom Tier für das eigene Verhalten keine Richtlinien entnehmen. Der Tiervergleich ist zwar biologisch sinnvoll, wenn es um die Destruktion der Geistmetaphysik geht – wir werden dies in bezug auf die Evolutionstheorie Darwins darlegen. Wenn es aber um uns als Wesen, die ihr Leben und ihren Weltbezug zu gestalten haben, geht, dann sind wir eben auf uns selbst angewiesen und müssen auf Rationalität setzen. In ihr wird der metaphysische Geistbegriff umgesetzt in wissenschaftliches Könnensbewußtsein, das sich kontrolliert und im Experiment verifiziert.

Gleichviel: die Möglichkeit, den Menschen von der Wissenschaft her auf den Begriff zu bringen, erinnert an die Metaphysik. Man geht auch hier zweistufig vor. Wissenschaftliches Handeln wird als obere Sphäre vom Leben als der unteren Sphäre abgetrennt, und nun geht es darum, ob, bezugsweise wieweit es auf dies Leben Einfluß nehmen kann. *Descartes* ist das große Beispiel für dies Verfahren. Er erklärt: Leben ist unsicher, hier gibt es keine absolute Gewißheit, Sicherheit wird nur in der Wissenschaft erlangt. Wissenschaft sucht eindeutige und endgültige Wahrheit.

4. Verunsicherung des Welt- und Selbstbezuges in der Gegenwart. Bescheidung der Ethik

Das Bewußtsein, daß Wissenschaft uns eindeutig absichert, ist heute in sein Gegenteil verkehrt worden. Wir glauben nicht mehr an die Endgültigkeit absoluter Welterkenntnis, und vor allem: wir glauben nicht mehr, daß Wissenschaft sich nur im positiven Sinn auf das Leben auswirkt. Der Ersatz der metaphysischen Sicherung und Feststellung des Menschen durch die Wissenschaft ist gescheitert.

Das besagt aber nun: Wir können und müssen erkennen, daß in gewisser Weise die *Lebenssituation des Alltags* und die grundsätzliche *durch Wissenschaft und Technik bedingte Zeitkonstellation* sich angleichen, nur wird im Alltag die Unsicherheit, insbesondere in der Form des Wechsels von relativer Unmittelbarkeit und relativer Vermittlung, zumeist nicht nur hingenommen, sondern gar nicht ausdrücklich thematisiert.

Es ist methodisch gesehen ein schwieriges Problem, wie der Bezug zwischen grundsätzlichen Konstellationen, insbesondere insofern sie sich zu Weltanschauungen ausformen, und alltäglicher Lebenspraxis zu deuten ist. Es ist aber ein Faktum, daß der Weltanschauungswandel sich auf das Alltagsbewußtsein auswirkt und daß das Alltagsbewußtsein seinerseits wiederum auf diese Grundbedingungen modifiziert zurückwirkt.

Das Alltagsbewußtsein zeigt heute eine gewisse Gleichgültigkeit gegenüber den »letzten Dingen« an. Die sich von der Metaphysik abwendende Wissenschaft ist ihm in dieser Hinsicht vorangegangen. Diese Gleichgültigkeit bestimmt heute die Grundstrukturen der Weltanschauungen. *»Reale Fragen«* sind an die Stelle einer metaphysisch begründeten Weltangst getreten. Überbevölkerung, Differenz von reichen und armen Völkern, die ökologische Frage, die sich erschöpfenden Rohstoffquellen und die Umweltverschmutzung, aber vor allem die Atomkriegsgefahr gelten heute als Grundprobleme.

Es zeigt sich im Ganzen eine *Verunsicherung*: man schwankt eigentümlich hin und her zwischen alternativen Zukunftssichten. Man hofft, daß alles gut gehen wird, aber diese

Hoffnung läßt sich kaum fundieren. Sie wird fraglich gemacht oder aufgehoben durch den sich radikalisierenden Zweifel an der Vernünftigkeit des Weltgeschehens.

Die geschichtlich vorgegebene Lage, die Entmachtung der Metaphysik und die Erkenntnis, daß Wissenschaft und Technik nicht den Menschen eindeutig absichern können, führt das Bewußtsein dazu, sein Welt- und Selbstverständnis zu revidieren. Diese Situation bedeutet in bezug auf die Ethik eine Umwandlung im Sinne der *Bescheidung*. Eine Ethik, die im Geiste der Tradition als verbindlich auftreten könnte, weil sie von allgemein anerkannten Grundvoraussetzungen getragen wird, ist heute wohl nicht mehr möglich. *Die Ethik kann heute keine zwingende Letztbegründung geben. Sie muß sich vielmehr mit der Reflexion vereinen.*

Reflexion ist, insofern sie ein Grundmerkmal des gebrochenen Weltbezuges ist, »von Natur aus« vieldeutig. Reflexion kann sich als zersetzendes Räsonnement konstituieren und problematisierend alles in Frage stellen. Gleichwohl ist sie der einzige Weg, in einer *aporetischen Situation* nach Möglichkeiten zu suchen, wie man sein Leben führen kann, wenn die überkommenen Leitlinien nicht mehr eindeutig verbindlich erscheinen. Wir werden am Schluß dieser Einleitung auf die Probleme, die sich ergeben, wenn Reflexion und Ethik miteinander vermittelt werden, genauer eingehen.

Auszugehen ist von dem Sachverhalt, daß für die Ethik die Tatsache des gebrochenen Weltbezuges mit der Erfahrung zusammengeht, daß die Welt, genauer das Weltverhalten des Menschen weithin durch *Negativität* bestimmt ist. *Dieser Negativität entgegenzutreten wird zur Aufgabe der Ethik.* Die Ethik bezieht sich wesentlich auf die Negativität im *zwischenmenschlichen* Bereich, die durch die Menschen verursacht ist, ob dies mit Bewußtsein geschieht oder unbeabsichtigt, sei zunächst dahingestellt.

Die philosophische Ethik muß nicht als Sonderdisziplin auftreten. Sie kann auch durch das Ganze eines philosophischen Ansatzes bestimmt werden. Um auf die sich hier eröffnende Problematik hinzuführen, sind einige historische Hinweise angebracht.

Die *Ethik als philosophische Sonderwissenschaft* ist durch *Aristoteles* konzipiert worden. Sie wird von anderen Disziplinen, so der Untersuchung der Natur, abgetrennt. Natur und Menschenwelt sind spezifische Regionen. Ethik und Physik sind beide von der Logik, der Ontologie und der Metaphysik abgesondert. Kant hat diese Unterscheidung in veränderter Form aufgenommen und ihre Konzeption belobt.

Ganz anders geht *Plato* vor, der das Grundkonzept seiner Ethik in einem Werk, das den Staatsaufbau thematisiert, darlegt. Hier wird die klassische Konzeption der *metaphysischen Ideenlehre* als Fundament der Ethik entwickelt. *Spinoza*, um ein Beispiel aus der Neuzeit anzuführen, setzt Ontologie, Metaphysik und Ethik in engen Zusammenhang; sein Hauptwerk ist das Grundbuch einer Metaphysik, die sich als System etabliert.

Der *Zusammenhang der Ethik mit der Gesamtsicht der Welt* ist für die klassische Tradition entscheidend. Auch wenn die Ethik als philosophische Sonderdisziplin auftritt, bleibt der Bezug zur Konzeption des Seins im Ganzen maßgebend. Dies sei ein wenig genauer dargelegt.

Bei *Aristoteles* ist der Ansatz seiner Grundkonzeption durch den Gedanken der *Ordnung* bestimmt, der, zwar regional differenziert, alle Gebiete durchwaltet, eben auch die Ethik, die doch gerade das Faktum der Negativität zu bedenken hat: Der Mensch kann von dem Ethos, das die allgemeine Ordnung darstellt, abweichen. Aber das ändert nichts daran, daß auf das Grundsätzliche hin betrachtet die Lebenswelt als menschliche Region für Aristoteles von dem Grundgedanken der Weltordnung bestimmt bleibt. Die

Orientierung an vorgegebenen Gefügen, die also nicht aus menschlicher Freiheit gesetzt sind, ist für alle Gebiete maßgebend.

Ganz anders *Kant*. Die Ethik wird von der Physik getrennt, diese betrifft die Gesetze der Natur, die Ethik das Gebiet der Freiheit. Die *Ethik* wird ihrerseits von der *Anthropologie* unterschieden. Beschreibt diese, wie die Menschen faktisch handeln, so zeigt die Ethik auf, wie die Menschen handeln *sollen*. Ihr Gebiet ist die *reine praktische Vernunft*. Das Prinzip der Ethik ist der freie Wille, der mit der Autonomie geglichen wird. Die Ethik steht unter der Bestimmung der Moralität als dem Prinzip des Handelns für den Einzelnen. Ob sich die Moralität in der Welt durchsetzt, ist kein primär ethisches Problem. Wie bei Aristoteles alle Gebiete vom Kosmos und der Weltordnung bestimmt waren, so sind bei Kant alle Gebiete von der *Subjektivität* bestimmt: die Gesetze der Natur sind als Gesetze von der transzendentalen Subjektivität abhängig, die reine theoretische Vernunft ist ebenso wie die reine praktische Vernunft von der empirischen Dimension radikal zu unterscheiden.

Aristoteles orientiert sich an der Welt, Kant am Subjekt. Dieser Gegensatz spielt auch dort eine Rolle, wo wie bei Plato, Spinoza, aber vor allem bei Hegel es keine Sonderdisziplin der Ethik gibt, sondern die Ethik im Zusammenhang mit der Metaphysik auftritt. Plato begründet die Metaphysik von der Ordnung der Ideenwelt her, Spinoza und Hegel dagegen von der Subjektivität, sei diese als Gott oder absoluter Geist bestimmt.

Aber genug der Beispiele. Es ist jedenfalls wesentlich zu sehen, daß die *totalphilosophischen Grundkonzeptionen*, die auch die Ethik bestimmen, dem geschichtlichen Wandel unterworfen sind. Die Idee einer vorgegebenen Weltordnung wird durch die Idee einer Freiheit, die der Welt vorgeordnet ist, verdrängt und aufgehoben. Diese Sachverhalte gilt es festzuhalten nicht aus historischem Interesse oder gar in spekulativer Absicht, um in die Ethik totalphilosophische Aspekte einzubringen, sondern aus praktischem Interesse an der *Gegenwart*. Es gibt nämlich – das ist das Ergebnis der Entwicklung – Konstitutionen, in denen das dialektische Grundgefüge von Freiheit und Ordnung, wie es die Tradition bestimmte, fraglich wird und zwar in vielfachem Sinne. Man kann dann nicht mehr vom Überwiegen des einen Faktors über den anderen reden, weder in dem Sinn, daß Ordnung als maßgebende Größe die Freiheit einschränkt, noch in dem Sinne, daß vernünftige Freiheit erst Ordnung setzt. Beide Begriffe verkehren sich ineinander und gegeneinander. *Unordnung* tritt an die Stelle der Ordnung und Freiheit schlägt in *Unfreiheit* um; man kann sich nicht mehr auf das Gegebene verlassen und man traut der Subjektivität auch nicht mehr zu, Ordnung zu setzen. In einem solchen Stadium der Orientierungslosigkeit und der Unsicherheit, die sich auf allen Gebieten zeigen, befinden wir uns *heute* offensichtlich.

5. Die Vieldeutigkeit des Begriffs der Freiheit

Hier eröffnet sich ein Feld schwerwiegender Fragen. Das sei kurz erläutert durch einen Hinweis auf die Bestimmung der *Freiheit*, die ja für jede Ethik wesentlich ist. Wodurch wird – so ist hier zunächst zu fragen – Ordnung aufgehoben? Die Antwort scheint klar: durch die Erweiterung der Freiheitsidee und die Vormachtstellung der Subjektivität. Das besagt natürlich nicht, daß die Herausstellung unbedingter Freiheit mit der Stiftung von Unordnung zu gleichen sei. Freiheit – man denke an Kant – soll ja gerade als vernünftige

Freiheit Ordnung herstellen und zwar eine Ordnung, die alles Gegebene übersteigt. Aber *Freiheit* ist und zwar in weit stärkerem Maße als die Idee der Ordnung eine *vieldeutige Kategorie*. Ordnung ist vom Verhalten her gesehen immer das Erste und Vorausgehende. Von ihr her habe ich mich zu verstehen und in sie habe ich mich einzufügen, ob es sich nun um Natur- oder Lebensweltordnung handelt. Tue ich dies nicht, dann setzt sich die Ordnung gegen mich durch – dies zeigt überaus eindrücklich die griechische Tragödie. Grundsätzlich gesehen: der Gedanke der Ordnung ist lebensnotwendig, in radikaler Unordnung kann ich nicht existieren weder unter biologischem noch unter ethischem Aspekt.

Es ist nun aber zu bedenken, daß Ordnung insbesondere in der Menschenwelt keine fraglos gültige Größe ist, wie manche Verfechter der Institutionenethik vermeinen. Ordnung kann zur Zwangsordnung umschlagen, die jede Freiheit im Kern vernichtet, dann gilt es, gegen sie anzugehen.

Freiheit tritt als Negation des Negativen auf. Aber durch die Möglichkeit, die Negation zu negieren, wird sich eben die Freiheit ihrer selbst bewußt. Freiheit kann offensichtlich Grund von Ordnung und Unordnung sein. Ob es um Schaffen oder Zerstören von Ordnung durch Freiheit geht, in beiden Fällen ist Freiheit mit dem Gedanken der Reflexion verbunden, und dies ist nun ein ganz entscheidender Sachverhalt; indem sich die Freiheit in der Gestalt des *Selbstbewußtseins* meldet, rückt die sich auf sich beziehende Subjektivität ins Zentrum.

Hier erhebt sich die Frage: kann man, wenn der Glaube an eine vorgegebene institutionalisierte Ordnung durch Reflexion und Räsonnement fraglich geworden ist, neue Ordnung auf Grund der Freiheit und der Subjektivität als verbindlich setzen? Ist es nicht eine verhängnisvolle Notwendigkeit, daß, wenn die Freiheit und die Subjektivität sich einmal ihrer bewußt geworden sind, *jede* Form von Ordnung durch Reflexion problematisiert werden kann? Es ist angebracht, die Weite der Reflexion zu beachten. Reflexion ist ja nicht nur auf das Handeln in der Menschenwelt beschränkt, auch in der Wissenschaft und in der Technik spielt sie eine wesentliche Rolle: Durch die hinterfragende Reflexion wird die vorgegebene Natur aufgehoben und eine künstliche Natur erstellt.

Im Verlauf der sich steigernden Entwicklung der Wissenschaft und der Technik entstehen nun kaum lösbare Probleme. Das zeigt sich in der Gegenwart. Ist man nicht in der Beherrschung der Natur zu weit gegangen? Ist es nicht notwendig einzuhalten angesichts der schädlichen und ja keineswegs beabsichtigten Nebenfolgen? Aber die Frage ist eben, ob man einhalten *kann*. Der Forschungsprozeß, von der Ethik abgekoppelt, treibt sich doch offensichtlich in sich selbst weiter voran. Die stetige Vervollkommnung der instrumentellen Mittel ist zweideutig. Man denke an die Atomforschung. Die Chance der Selbstzerstörung der Menschheit und der Naturwelt ist gegeben. Aber es ist nun eben ein Grundproblem, ob man überhaupt gegen diese Entwicklung noch angehen kann. *Freiheit scheint sich in Unfreiheit zu verkehren.* Wir sind nicht mehr Herr des Prozesses, durch den eine neue Ordnung, eine bessere Welt errichtet werden sollte.

Im Prozeß der *Verwissenschaftlichung* und *Technisierung* wird ein Faktor wach, der die Ethik eingrenzt und unter Umständen sogar als solche in Frage stellt. Es ist dies das Herausstellen des *objektivierenden wertneutralen Denkens*. Die reflektierende Subjektivität, die sich in der Wissenschaft konstituiert, räsoniert ja nicht nur, sie kontrolliert sich selbst und diszipliniert sich selbst, indem sie nur das Nachprüfbare und Verifizierbare als gültig angesehen wissen will. Ordnung wird nicht durch Willkür und Räsonnement unterlaufen, sondern durch objektivierende Rekonstruktion auf ihre Hintergründe hin überboten. Descartes entwirft die Grundlinien dieses Ansatzes und Kant radikalisiert ihn: Ordnungsbegriffe der Natur gründen in der transzendentalen Subjektivität.

Es ist klar, daß eine solche Konzeption der Natur nicht mehr dazu angetan ist, den Menschen im Sinne der antiken Philosophie zu umgreifen und zu bergen. Der Mensch als autonomer Vernunftträger muß die Natur übersteigen in das Reich der *reinen Freiheit*, den mundus intelligibilis. Ob der Überstieg in eine solche Überwelt in unserer Welt noch etwas für den realen Weltumgang ausrichten kann, ist auch bereits für Kant fraglich. Und diese Frage verschärft sich, wenn, wie dies in der Gegenwart geschieht, das menschliche Verhalten und der zwischenmenschliche Bezug selbst verwissenschaftlicht und technisiert wird. Dann wird der ethische Weltbezug, wie die Tradition ihn bestimmte, überhaupt zum Problem. Ethik wird ein Randphänomen.

III. Differente Grundkonzeptionen der abendländischen Ethik

Vorbemerkung

Daß die Struktur der gebrochenen Weltstellung durch eine Dialektik bestimmt ist, die von gegensätzlichen Leitbegriffen her aufzuschlüsseln ist, wurde oben dargelegt. Schlüsselbegriffe für die Weltanschauungen, die sich mit der Struktur der gebrochenen Weltstellung auseinandersetzen, sind einerseits die Grundstimmungen: wir unterschieden schematisierend *Weltvertrauen* gegen *Weltangst*, und andererseits die Orientierungstendenzen: wir hoben die Orientierung an der *Welt* und ihrer *Ordnung* von der Orientierung an der *Subjektivität*, deren Grundcharakter die *Freiheit* ist, ab.

Die Weltanschauungen – dies ist für die Ethik besonders wesentlich – sind zudem, abstrakt und allgemein formuliert, vom Gegensatz zwischen *Negativität* und *Positivität* geprägt. Beide Bestimmungen treten in vielfältigen Ausformungen auf, sie stehen zueinander in Spannung, aber gehen auch ineinander über.

Alle diese Leitbegriffe sind vereinfachende und schematisierende Bestimmungen. Sie fungieren als Hypothesen für eine totalphilosophische Orientierung. Die *geschichtliche Entwicklung* ist unter diesem Aspekt betrachtet durch die Aufhebung der Leitidee der Ordnung zugunsten der Subjektivität zu deuten. Aber im 19. Jahrhundert und in der Gegenwart tritt, wie wir bereits andeuteten, abermals eine Wandlung ein: die Leitidee der Freiheit verkehrt sich in das Bewußtsein der Unfreiheit und Unsicherheit. Das Gefühl einer Ohnmacht in bezug auf unsere Handlungsmöglichkeiten wird angesichts eines nicht mehr zu steuernden Prozesses, der durch die Superstrukturen bewirkt ist, zur Grundstimmung. Die Bestimmung dieser dritten Stufe erscheint im Blick auf ihre Struktur schwieriger als die Analyse der vorausgehenden Stufen. Es ist auch zu bedenken, daß heute im Zeitalter der Postmoderne oder der Posthistoire jede auf Einheitlichkeit abhebende Bestimmung unmöglich erscheint, die disparate Vielheit der Geschichten ist an die Stelle der Geschichte getreten.

Die Gesamtorientierung darf nicht dazu führen, daß man die Buntheit der in den einzelnen Epochen auftretenden ethischen Konzeptionen, die sich zum Teil durchaus widersprechen, unbeachtet läßt. Es ist aber zugleich zu bedenken, daß sich bestimmte

…ptionen in allen Epochen zu *wiederholen* scheinen, natürlich von den …dstrukturen des jeweiligen Zeitalters geprägt und solchermaßen vonein-…eden. Dieser Sachverhalt läßt die Frage aufkommen, ob nicht die … des gebrochenen Weltbezuges eine bestimmte und vielleicht sogar …zte Anzahl von Ausprägungen enthält, die diesseits des geschichtlichen Wandels …s eines Übergangs von Ordnung zur Freiheit fungieren und als solche die Vielheit der …ermittlungsmöglichkeiten einer Systematik unterstellen. Neben oder im Gegenzug zu …er geschichtlichen Betrachtung hätte also die strukturalistische Methode zu treten, die …iese Grundstrukturen untersucht. Wir wollen dieser Frage nach der Berechtigung einer …olchen Bestimmung aber jetzt nicht nachgehen, sondern suchen die *bedeutsamsten …rundmöglichkeiten* zu charakterisieren, in vorläufiger Form. Erst die konkreten …nalysen ihrer geschichtlichen Ausprägung können ein anschauliches Bild vermitteln. …n dieser Einleitung kommt es uns wesentlich nur darauf an, durch einige Hinweise die …ifferenzen ethischer Ansätze als Differenzen der Vermittlungsmöglichkeiten zu …ennzeichnen. Die so erstellte Übersicht erhebt natürlich keinen Anspruch auf unbe-…ingte Gültigkeit und Vollständigkeit, sie ist das Ergebnis historischer *Rekapitulation.*

1. Die Lebenswelt als Ort der Ethik

…ir beginnen mit der Schilderung der Ethik unter dem Aspekt der *Lebenswelt.* Die …ebenswelt scheint so etwas wie der Grund und Boden zu sein, auf dem eine Ethik …öglich ist, die unter dem Aspekt von Natürlichkeit, relativer Unmittelbarkeit und …ositiver Einstellung zur Welt steht. Die Bestimmung Lebenswelt ist durch *Husserls* …nalysen zum philosophischen Grundbegriff geworden.[12]

… Lebenswelt kennzeichnet für Husserl die Struktur einer relativ natürlichen und …nproblematischen Einstellung, die noch nicht durch Wissenschaft und Technik geformt …t, jedenfalls nicht durch Wissenschaft und Technik im modernen Sinn der Erstellung …iner künstlichen Welt. Vereinfacht gesagt: die Bestimmung Lebenswelt nimmt eine …wischenstellung zwischen der historischen Tatsache einer einmal wirklich gewesenen …ergangenheit und einer Konstruktion ein, wobei die Konstruktion einerseits auf einen …lealen Zustand hinweist, sozusagen eine Art Paradies oder eine Welt der Unmittelbar-…eit – das geschieht aber sehr vorsichtig und zögerlich, denn man will ja nicht …onstruieren im Sinn einer metaphysischen Spekulation –, andererseits aber steht bei …er Schilderung der Lebenswelt die *alltägliche Welt,* in der wir unmittelbar mit dem …Iitmenschen im Nahhorizont umgehen, im Blick.

Wie auch immer: diese Lebenswelt ist aufs Ganze gesehen »in Ordnung«. Von der …lternative Negativität und Positivität her gesehen wäre zu sagen, daß die Positivität …ich am Ende immer durchsetzt. Sicher: das Leben ist nicht eindeutig, es gibt gute und …chlechte Zeiten, vor allem aber: der Mensch in seinem Verhalten ist vom ethischen …spekt her gesehen ebenso vom Guten wie vom Bösen geprägt. Negativität als …ufhebung des Einklanges gehört zum Leben, aber sie behält eben nicht das letzte Wort. …Venn man das Gefüge metaphysisch charakterisieren wollte, so müßte man auf das …Vort Hegels hinweisen, daß das Leben als Identität die übergreifende Größe ist: *Leben …t Identität der Identität und der Nichtidentität.*

Aber – und das ist zu beachten – die Lebenswelt ist nicht von metaphysischen …pekulationen her aufgebaut. *Aristoteles,* der die Lebensweltethik konzipiert, grenzt die

Lebenswelt als menschliche Welt gegen die Naturwelt und die Sphäre des Göttlichen ab. Das besagt nicht, daß die Lebenswelt die Zone absoluter Willkürfreiheit wäre. Für Aristoteles ist die Ordnung das Leitprinzip aller Dimensionen. Von ihr her ist die Struktur der Lebenswelt zu deuten, insbesondere ist von ihr her das angemessene richtige Tun zu bestimmen.

Betrachtet man die verschiedenen Ausformungen der Lebenswelt in der geschichtlichen Entwicklung, so zeigt sich, daß die Bindung an übergreifende Theorien über das Ganze im geschichtlichen Verlauf problematisch wird; die *Beschränkung auf das Alltagsgeschehen im Nahhorizont* tritt immer stärker heraus, die Politik, die für Aristoteles fraglos zur Ethik gehört, scheidet aus der Thematisierung der Lebenswelt aus.

Bedeutsam ist, daß die Ethik der Lebenswelt *deskriptiv* vorgeht, nicht fordernd oder auf eine bessere Welt verweisend. Wenn die Lebenswelt in Ordnung ist, dann kann man die Grundstrukturen nur aufzeigen. In der späteren Zeit, in der innerhalb der Ethik Sittlichkeit von Moralität unterschieden wird, wird die Lebensweltethik mit der Sittlichkeit verbunden. Die *Sittlichkeit* ist, aristotelisch gedacht, das verbindende und verbindliche Ethos. Das Ethos hat sich herausgebildet und ist erwachsen aus dem geschichtlich bedingten Zusammenleben einer Gemeinschaft.

Wir stoßen hier auf einen Sachverhalt, der in methodischer Hinsicht sehr wichtig ist und bestimmte Ausprägungen der Ethik zusammenschließt und von anderen unterscheidet. Es ist dies die *Differenz von Seins- und Sollensethik*. Die *Seinsethik* steht der fordernden Sollensethik gegenüber: die maßgebenden Verhaltensweisen konstituieren den Zusammenhang einer Gemeinschaft und einer Gruppe. Von deren Handlungsregelungen ist das Tun des einzelnen umgriffen; auch wenn er abweichen kann, weiß er doch, was er eigentlich zu tun hat.

Sucht man die Lebensweltethik von den Grundbestimmungen des gebrochenen Weltbezuges her zu orten, dann ist offensichtlich, daß hier die Idee der Freiheit eingeschränkt ist. Freiheit ist wesentlich verstanden als Bewußtsein, anders handeln zu können *innerhalb einer maßgebenden Ordnung*. Dieser Ansatz bedeutet in bezug auf das Vermittlungsproblem: Ordnung ist die unmittelbare Basis, die bestimmend bleibt, selbst wenn man sie im Tun des Einzelnen in Frage stellt. Hier tritt der Grundansatz der Lebensweltethik klar heraus, dem Menschen fällt nicht die Aufgabe zu, die Welt durch das eigene Tun zu konstituieren.

2. Metaphysische Fundierungen der Ethik

Als zweiten Typus weisen wir auf die Ethik hin, die vom *metaphysischen Aspekt* her entworfen und fundiert wird. In dieser Ethik zeigt sich systematisch gesehen eine strikte Gegenmöglichkeit zur Lebensweltethik. Während diese totalphilosophische Theorien mehr oder weniger neutralisiert, jedenfalls nicht direkt auf ihnen aufbaut, ist dies bei der metaphysischen Ethik der Fall. Die Notwendigkeit, von einer Gesamtschau der Welt auszugehen, ergibt sich für diese Ethik aus der Einsicht, daß die Menschen in ihrem Verhalten erschreckende Merkmale von Negativität zeigen. Die Metaphysik hat die Aufgabe, die Negativität zu »vermitteln«, das heißt, sie soll sie erklären und sie soll vor allem nach Möglichkeiten fragen, wie die Negativität aufzuheben sei.

Man könnte einwenden, daß eine Darstellung einer solchen Position heute überflüssig sei, da das Zeitalter der Metaphysik überlebt und nicht wiederholbar sei. Daß wir gleichwohl diese Metaphysik thematisieren, geschieht nicht nur aus historischem Interesse an der Tatsache, daß die Metaphysik die längste Zeit die abendländische Geistesgeschichte bestimmt hat – von Plato bis Hegel –, sondern aus der Erwägung, daß in ihr bestimmte Sichten eröffnet wurden, die wir auch heute noch, wenn auch unter anderen Aspekten, zu bedenken haben.

In der metaphysischen Ethik, insbesondere in ihrer durch das *Christentum* ausgeprägten Ausformung, sind Kategorien maßgebend geworden, die das ethische Verhalten und seine Beurteilung unter den Aspekt der *Moral* stellten. Die Kategorien von Gut und Böse sollen nicht das faktische Ergebnis des Tuns beurteilen, sondern beziehen sich auf die Person. Die *Gesinnung* wird für die Beurteilung entscheidend. Was ihre Absicht war, das muß erwogen werden, insbesondere ist zu fragen, ob sie dem bösen Willen entsprang. Daß die moralische Bedeutung der Person betont wird, ist nicht das einzige Merkmal der metaphysischen Ethik. Ebenso wesentlich und sich schon bei Plato zeigend ist das Bewußtsein, daß es als Tatsache erwiesen ist, daß unsere Welt nicht in Ordnung ist. Die einzelnen sind durchaus nicht sittlich gefestigt und die Gemeinschaft ist dem Verderben preisgegeben. Es gibt keine verbindliche Ethik, die räsonnierende Aufklärung der Sophisten hat die substantielle Sittlichkeit aufgelöst.

Zur Grundaufgabe wird es, diese unsere Welt zu orten. Dies geschieht in und durch den *Aufblick zu einer höheren Welt*, in der sich die wahre Ordnung zeigt. Wie das Verhältnis dieser metaphysischen Hinterwelt zu unserer Welt zu verstehen ist, ob es ein schroffer und unüberbrückbarer Gegensatz ist oder ob unsere Welt die abbildhafte Erscheinung der oberen Welt ist: das wird verschieden ausgedeutet. Aber ganz fraglos gilt, daß der Mensch zu dieser oberen Welt *aufsteigen* muß, wenn er selbst in Ordnung kommen und in unserer Welt sinnvoll wirken will, gleichgültig wie der Erfolg ist. Der Aufstieg ist verschieden zu interpretieren. Wird die obere Welt in einem göttlichen Wesen personifiziert, dem man Gehorsam zu leisten hat, dann ist der Bezug zu ihr ebenfalls unter personalen Kategorien zu betrachten. Man ist Gott Gehorsam schuldig und hat seinen Geboten zu folgen. Die Einsicht in die göttlichen Gebote, auf denen die christliche Ethik aufbaut, kann säkularisiert werden. Die Gebote sind auf ihre Vernünftigkeit zu prüfen, als Bürger der oberen Welt, des mundus intelligibilis, ist man ein autonomes Vernunftwesen, das die Rechtmäßigkeit des Tuns zu bedenken hat.

Die Ausprägung der metaphysischen Ethik und die Bestimmung, die an das Handeln ergehen, differieren. Aber ob es sich nun um Moral im Sinne *Kants* oder Sittlichkeit im Sinne *Hegels* handelt, bei beiden Denkern spielt die Metaphysik eine wesentliche Rolle, auch wenn die Differenz ihres Ansatzes wesentlich ist. Für Kant bleibt ein unüberbrückbarer Graben zwischen dem mundus intelligibilis und dem mundus sensibilis, unsere Welt ist durch Negativität bestimmt und das wird so bleiben. Für Hegel ist die Metaphysik in der Lage, die Entwicklung der Welt im Ganzen auf den Begriff zu bringen und zu zeigen, daß sie vom Weltgeist geleitet ein Weg der Vernunft ist.

Für die metaphysische Ethik ist also der Blick auf das Ganze der Welt die Voraussetzung für die Bestimmung des ethischen Verhaltens. Der Gegensatz von Sittlichkeit und Moralität, von Sein und Sollen, kann nur von hieraus adäquat begriffen werden. Wenn es um die Möglichkeiten des Handelns geht, in grundsätzlicher Hinsicht, dann muß die Frage entschieden werden, ob die Chancen des Handelns in der Welt als Chancen zu einer Besserung gegeben sind oder ob dies nicht der Fall ist.

Man kann die Bedeutung solcher Ansätze nur erkennen, wenn man sie mit den *gegenwärtigen Ansätzen der Ethik* vergleicht. In diesen ist die Metaphysik so radikal verpönt, daß es bereits als unwissenschaftlich erscheint, wenn man auf die Differenz von gut und böse als Konstituentien des menschlichen Verhaltens zurückgeht und die Natur des Menschen in ihren widersprüchlichen Elementen aufzudecken sucht. Die moderne Ethik klammert solche Überlegungen aus. Entweder beruft sie sich auf die Lebenswelt, die sich immer wieder rekonstruiert, oder sie hebt auf rein formale Verständigungsmöglichkeiten ab. Demgegenüber gilt es, die Bedeutung der metaphysischen Fragestellung für die Besinnung auf die *Voraussetzungen* der Ethik herauszustellen, auch wenn und gerade wenn man die metaphysische Scheidung zweier Welten und die Fundierung unserer Welt in einer höheren und die aus diesem Ansatz entspringenden Forderungen nicht mehr als verbindlich anerkennt. In bezug auf die metaphysische Ethik ist also zu sagen, daß sich die Auseinandersetzung mit ihren Grundansätzen in der Form einer kritischen Prüfung zu vollziehen hat, die von der Frage ausgeht, wie und in welchem Maße diese Metaphysik zur Klärung und Bewältigung unserer Situation beitragen kann.

IV. Eingrenzungen und Ausgrenzungen der Ethik

Vorbemerkung

Wir suchen im folgenden *Eingrenzungen* und *Ausgrenzungen* der Ethik zu thematisieren, insofern diese für die Wesensbestimmung der Ethik und ihre Struktur bedeutsam sind. Es geht hier um einen sehr komplexen Sachverhalt. Es kann sich darum handeln, die Ethik von anderen Gebieten der philosophischen Betrachtung zu unterscheiden im Sinne einer einfachen methodischen Differenzierung, die von der ontologischen Verschiedenheit der Gebiete ausgeht: was in der Natur geschieht, hat mit der Menschenwelt nichts unmittelbar zu tun und muß mit anderen Methoden untersucht werden; wir haben oben schon auf diesen Sachverhalt hingewiesen. Es gibt aber auch die Möglichkeit, daß sich Gebiete überschneiden, und daß das eine das andere maßgebend beeinflußt auf Grund wesentlicher geschichtlicher Wandlung. Das ist insbesondere in der Neuzeit der Fall: die objektive Betrachtungsweise, die in der Wissenschaft und in der Technik sich als wirksam erweist, kann »ausgeweitet« werden: auch ethische Verhaltensweisen sind zu verwissenschaftlichen und zu technisieren. Die geschichtliche Entwicklung weist schließlich auch die Möglichkeit auf, daß bestimmte Gebiete aus der Ethik ausgegrenzt werden, die ihr ursprünglich zugehörten. Dies ist insbesondere in bezug auf das Verhältnis von Politik und Ethik der Fall. Die Ausgrenzung der Politik aus der Ethik ist ein Sachverhalt, der für die gesamte Ethik folgenreich ist. Dies sei im folgenden ein wenig genauer dargelegt.

1. Die Herausstellung der Eigenproblematik der Politik gegenüber der Ethik

Für Aristoteles und für Plato – also unabhängig davon, ob man wie Aristoteles von der Lebenswelt ausgeht oder, wie Plato es für notwendig erachtet, Ethik von der Metaphysik her begründet – ist der Bezug von Ethik und Politik selbstverständlich. In der Neuzeit ändert sich das in mehrfacher Hinsicht. *Ethik wird auf den Nahhorizont eingeschränkt, Politik bewegt sich im Fernhorizont.* Die Frage wird bis zur Gegenwart hin immer drängender: gelten in beiden Horizonten dieselben Gesetze; muß ich meinen politischen Feind nicht von meinem persönlichen Feind unterscheiden; ist das Gesetz der Feindesliebe nur im persönlichen Bereich und nicht im politischen verbindlich? Die Meinung setzt sich immer eindeutiger durch, daß der politische Bereich einer eigenen Gesetzlichkeit untersteht. Auch wenn man, um nur ein Beispiel zu erwähnen, Machiavellis düstere Schilderung nicht als Forderungen für den politisch Handelnden versteht, so ist sein Ansatz, Politik und Moral zu trennen, immer wieder insbesondere im 19. Jahrhundert aufgenommen worden. So hat Friedrich *Meinecke* in seinem berühmten Buch »Die Idee der Staatsraison in der neueren Geschichte« unter ausdrücklichem Rückgriff auf Machiavelli dargelegt, daß sich die Politik, die sich dem Begriff der Staatsraison unterstellt, nicht dem Gesetz der Moral unterwerfen könne.

Die Möglichkeit, politisches Verhalten zu regeln, insbesondere im zwischenstaatlichen Bereich, beruht, so wird nun argumentiert, nicht auf der Ethik, sondern muß durch Herausstellung der Rationalität konstituiert werden. Emotionalität ist auszuschalten zugunsten einer Berechnung, die den *eigenen Vorteil* und den *Vorteil des Gegners* zu vermitteln sucht.

Wesentlich aber ist, wie auch immer man das Problem eines möglichst friedlichen Miteinanders aufzulösen versucht, daß hier anthropologische Grundvorstellungen eine entscheidende Rolle spielen. Ob der Mensch für den anderen ein Wolf ist, der nur durch Strenge zu zähmen ist, oder ob er von Natur ein geselliges Wesen ist, das allein durch widrige Umstände und einseitige Betonung bestimmter Triebe bösartig wurde: diese Fragen zeigen deutlich, daß die Ausgrenzung der Politik aus der Ethik nicht dazu führt, von grundsätzlichen Problemen abzusehen, sondern daß auch in der Politik ethische Überlegungen zumindest indirekt wesentlich bleiben. Insbesondere spielt das Abwägen von Negativität und Positivität unter dem *Aspekt des Freund-Feind-Schemas* bis heute in der Politik eine wesentliche Rolle, selbst wenn man es vermeidet, ethische Vokabeln anzuwenden. Wir werden sehen, daß sich dieser Fragenkomplex in der Gegenwart verschärft auf Grund der Einsicht, daß heute die Möglichkeit besteht, eine Totalvernichtung von Freund *und* Feind zu inszenieren.

2. Die Verdrängung der Ethik durch die objektivierende Wissenschaft

Eine radikalere Eingrenzung und Ausgrenzung der Ethik zeigt sich in der grundsätzlichen methodischen Änderung der Einstellung dem menschlichen Tun gegenüber, die sich zu Beginn der Neuzeit durchsetzt. Die ethische Fragestellung wird zurückgedrängt, andere Untersuchungsmethoden gewinnen die Übermacht, weil sie offenbar menschliches Handeln besser zu erklären und zu lenken vermögen. Wissenschaft und Technik werden auf Grund ihrer *objektivierenden* Betrachtungsweise zum Maß. Wir werden diese Sachverhalte ausführlich zu erörtern haben und deuten die hier entstehende Problematik jetzt nur kurz an. Die objektivierende Betrachtungsweise, die in bezug auf die Erforschung der äußeren Natur erfolgreich war, weitet sich aus: man kann auch den Menschen und sein Verhalten nach objektiven Methoden untersuchen, wie sie in den Wissenschaften, der Psychologie, der Soziologie und Ökonomie oder der Biologie sich herausbilden. Man denke an *Freud, Darwin* und *Marx.* Es gibt keine besondere ethische

Betrachtungsweise, durch die der Mensch adäquat zu erfassen sei, vielmehr muß auch die Menschenwelt von wissenschaftlichen Gesetzen her erfaßt werden. Daß in diese wissenschaftliche Betrachtung weltanschauliche und totalphilosophische Konzeptionen eingehen, ist aber nicht abzustreiten. Um nur ein Beispiel zu geben: die Evolutionstheorie übergreift als Totaldeutung des Lebens Tier und Mensch und erklärt alles Verhalten von der Natur und dem natürlichen Vorgang des Kampfes um das Überleben her. Hier handelt es sich weitgehend um Sichtveränderungen, die sich aufgrund der Ablösung metaphysischer Fragestellung durch die Wissenschaft ergeben, und dieser Vorgang wirkt sich eben auch auf die Ethik aus.

3. Problematisierung und Destruktion der Ethik von seiten der Philosophie

Von der Möglichkeit, die ethische Fragestellung durch neue Sichtweisen, wie sie Wissenschaft und Technik heraufführen, zu verdrängen, ist nun der Ansatz zu unterscheiden, der sich mit der Ethik *direkt* auseinandersetzt und diese problematisiert oder zu negieren sucht. Beide Möglichkeiten, Ethik zu ersetzen durch wissenschaftliche Fragestellung und Ethik direkt zu problematisieren, gehen zwar ineinander über. Sie sind jedoch unter geschichtlichem und systematischem Aspekt voneinander zu unterscheiden. Ethik durch Wissenschaft und Technik zu verändern oder zu verdrängen, diese Möglichkeit setzt sich erst in der Neuzeit und insbesondere im 19. Jahrhundert durch. Die Möglichkeit, Ethik von Grund aus direkt zu problematisieren, ist dagegen eine *ursprüngliche* Möglichkeit des philosophischen Denkens. Sie begleitet die Ethik von Anfang an. Es geht hier darum, auf Grund einer sich radikalisierenden Reflexion, die sich von der Freiheit her versteht, alles Gegebene in Frage zu stellen.

Eines der frühesten und eindrucksvollsten Beispiele für die Möglichkeit einer Destruktion der Ethik ist die *griechische Aufklärung* und ihre Repräsentation durch die *Sophisten*, die sich gegen die Tradition stellen. Das sei ein wenig genauer erläutert.

Das Denken der *Vorsokratiker* geht auf die gegenständliche Welt der Natur, aber es denkt diese Natur als Zusammenhang. Im Begriff *Welt* ist hier beides gemeint: *Vorhandensein von naturhaften Dingen* und deren *Ordnungszusammenhang*. Die Ordnung ist *anschaulich* gegeben. Ordnung ist kein subjektiver Entwurf, Ordnung ist auch nicht von einem transzendenten Schöpfergott hervorgebracht. Ordnung und Geordnetes gehören wesenhaft zusammen in der Weise, daß die Ordnung in den Erscheinungen sichtbar wird. Im ursprünglichen vorsokratischen Denken erscheint der *Mensch* als von dieser Ordnung umgriffen, oder besser: er ist von ihr noch nicht getrennt. Das zeigen Begriffe wie die Bestimmung: *Dike*. Dike ist in der Natur und im Menschenbereich die »Regelung zum Maß hin«: wenn etwas in der Natur oder im Menschenbereich über den »Anteil« hinausgeht, wird es ohne Verzug zur Zahlung verurteilt, das heißt zur Buße. Die Ordnung stellt sich durch sich selbst wieder her. Die Begriffe sind dem menschlichen Bereich, die Leitvorstellung aber der Natur entnommen.

Die *Aufhebung* dieser den Menschen und die Natur zusammenschließenden Vorstellung einer Weltordnung zeigt sich in verschiedenen Ausprägungen, in der Sophistik, in Sokrates und in der Komödie. Wesentlich für alle diese Ansätze ist das Aufkommen des *Raisonnements*, durch das der Gedanke, daß es eine alles Seiende umgreifende an der Physis orientierte Gesamtordnung gibt, destruiert wird. Die Subjektivität tritt als

Individualität in den Vordergrund und lebt sich nach ihren Anlagen und ihren Bedürfnissen aus. Der Einzelne wird sich Selbstzweck. *Hegel* behandelt dieses Sichaufspielen in seiner »Phänomenologie des Geistes«. »Das Aufspreizen der allgemeinen Wesenheit ist an das Selbst verraten; es zeigt sich in einer Wirklichkeit gefangen und läßt die Maske fallen, eben indem es etwas Rechtes sein will. Das Selbst hier in seiner Bedeutung als Wirkliches auftretend, spielt es mit der Maske, die es einmal anlegt, um seine Person zu sein, – aber aus diesem Scheine tut es sich ebenso bald wieder in seiner eigenen Nacktheit und Gewöhnlichkeit hervor, die es von dem eigentlichen Selbst, dem Schauspieler sowie von dem Zuschauer, nicht unterschieden zu sein zeigt«.[13]

Die radikale Gegenmöglichkeit zur Tradition aber ist die *Sophistik*. Wenn die Gesamtordnung fraglich wird, ergibt sich die Notwendigkeit, nach einer ausdrücklichen Begründung der *Normen* zu suchen. Die Ausrichtung des Suchens scheint klar zu sein: Normen können als für den Menschen verbindlich nur auf den Menschen zurückgeführt werden, sei es auf seine Natur oder seine Fähigkeit zur Setzung. Thrasymachos, der Gegner des Sokrates im ersten Buch der »Politeia«, ist ein Beispiel. Thrasymachos weiß, daß man die Macht nur in institutionalisierten Formen ausüben kann. Aber dies ändert nichts daran, daß die Grundlage der Macht die Ungleichheit der Menschen ist. Ungleichheit ist eine naturale Urgegebenheit und als solche normativ. Das bedeutet, daß ein einzelner oder eine Gruppe andere beherrschen können durch Sanktionen bis zum physischen Zwang, das *Recht ist immer Recht des Stärkeren*.

Diese radikale Reflexion setzt die Ethik als verbindlich außer Kurs. *Verbindlichkeit* hat hier die doppelte Bedeutung: die Menschen sollen miteinander und untereinander von einem Bezug bestimmt werden, der das Leben aller und des Einzelnen verträglich macht und solchermaßen gut ist, Verbindlichkeit bedeutet aber zweitens, daß die Menschen, um so leben zu können, angehalten und gefordert sind, ihr Leben unter bestimmte Maßstäbe zu stellen.

Das Entscheidende ist nun in bezug auf den Grundansatz dieser Problematisierung, daß die Zersetzung in theoretischer und praktischer Hinsicht die Ethik ständig zu begleiten vermag. Sie kann sich in *verschiedenen Ausführungen* verfestigen. Sie kann zur Resignation führen, zum Rückzug auf sich selbst im Sinne einer einfachen naturalistisch getönten Lebensführung, wie sie der griechische Zynismus zeigt: man sucht sich aus allem herauszuhalten. Es ist aber auch möglich, an die Stelle der Ethik eine andere und, wie die Sophisten meinen, bessere Erklärung des menschlichen Verhaltens zu setzen, durch die die Ethik als verfehlt erscheint.

Um diesen Sachverhalt nur anzudeuten: hinter allem Verhalten steht der *Wille zur Macht*. Die Macht ist eben verschieden verteilt, die Menschen sind nicht gleich, die Ungleichheit ist aber natürlich. Die Geschichte verifiziert dies Verhalten in deutlicher Form. Zugleich erscheint es möglich, vom Machtprinzip her die Genesis der Ethik zu erklären: die Ethik ist Schutzmaßnahme der Schwachen, die sich zusammenschließen, um den Starken entgegenzutreten, die Ethik beruft sich, dabei ideologisch argumentierend, auf die angebliche Gleichheit aller Menschen. Diese Argumentation, die die *Sophistik* entwickelt, findet sich modernisiert, aber auf das Grundgefüge betrachtet fast unverändert bei *Nietzsche* wieder; man denke an sein Werk »Die Genealogie der Moral«.

Wie bereits im vorhergehenden Abschnitt gezeigt, geht es hier darum, die Ethik zu unterlaufen durch bessere Erklärungen. Diese Erklärungen rekurrieren auf die sogenannte wahre Natur des Menschen, diese aber ist nicht durch Vernunft und Geist, sondern durch Triebe bestimmt. Diese Entdeckung kann verschieden interpretiert werden. Sie kann anerkannt und bejaht und sogar gefeiert werden, wie Nietzsche es tut. Es ist aber auch möglich und angesichts der Gefährdung menschlichen Zusammenlebens eigentlich geboten, Wege zu suchen, auf denen man der destruktiven Tendenz entgehen kann. Dieser Ansatz bestimmt die neuzeitliche Vertragstheorie.

Man sieht – und nur dies sollte in diesem Abschnitt gezeigt werden –, daß die Ethik keine selbstverständliche und fraglos gültige Institution darstellt. Das ethische Argument ist ständig *gefährdet.* Dieser Sachverhalt läßt natürlich immer wieder die Frage nach der Möglichkeit und Notwendigkeit der Ethik wach werden. *Konstruktion und Destruktion der Ethik bedingen sich.* Das ist angesichts des gebrochenen Weltbezuges des Menschen auch nicht verwunderlich.

V. Ethik und reflektierende Subjektivität

Wir beschließen die vorläufige Charakterisierung der ethischen Fragestellung mit einem Hinweis, den wir unter die Überschrift stellen: Ethik und reflektierende Subjektivität. Die im folgenden zu entwickelnden Analysen überschneiden sich mit bestimmten Ansätzen, die im vorausgehenden geschildert wurden, insbesondere mit der zuletzt thematisierten Problematik der Ethik. Ihnen kommt jedoch ein besonderer Status zu: die jetzt zu thematisierende Problematisierung geschieht weder, um die Ethik außer Kraft zu setzen, noch, um eine neue und endgültige Form der Ethik zu finden. Es geht darum, nach den Möglichkeiten zu fragen, die sich in der *gegenwärtigen Situation* unter ethischem Aspekt als angemessen und legitim erweisen. Zunächst ist aber eine kurze Erörterung der *allgemeinen Möglichkeiten der Reflexion* in bezug auf die Ethik angebracht.

Vergleicht man die verschiedenen Ansätze der Ethik in ihrem Mit- und Gegeneinander und bedenkt man die Ausgrenzungen und Eingrenzungen der Ethik, so stößt man immer wieder auf die Tatsache, daß es dem Menschen möglich ist, genauer: daß er dazu genötigt ist, seine prekäre Weltstellung zu reflektieren. Die Reflexion ist an ihr selbst ein vieldeutiges Vermögen, sie ist Entlastung und Belastung zugleich.

Reflexion auch im ethischen Bereich ist zunächst und zumeist Überlegung der *Mittel* und der *Wege,* die zu gehen sind, wenn man ein Ziel erreichen will. Der ethische Bereich unterscheidet sich in dieser Hinsicht formal gesehen nicht grundsätzlich von anderen Bereichen, etwa dem technischen. Reflexion kann sodann – auch dies ist ein relativ häufiger Fall – im Blick auf eine *Entscheidung* stattfinden, die nicht nur zwischen Mitteln, sondern zwischen *Zwecken* und *Zielen* wählt, die in sich natürlich sehr different sein können, nicht nur in bezug auf ihre Inhalte, sondern auch in bezug auf die Grade der Wichtigkeit für mein Leben.

Die Entscheidungsreflexion ist im ethischen Bereich von hoher Bedeutung. Es ist aber nicht zu vergessen, daß das ethische Tun und Lassen sich weithin nach eingelebten und gar nicht problematischen Maßstäben ausrichtet. Im Sinne der Lebensweltethik spielt auch die impulsive Regung eine große Rolle. Typisch sind sodann nicht nur, aber auch für die Ethik, Reflexionen, die erst *im nachhinein* auftreten, so, wenn ich mich frage, ob ich richtig gehandelt habe. Eine solche Reflexion setzt ebenso wie die alltägliche Entscheidungsreflexion eine relativ intakte Gültigkeit der Ethik voraus, d. h. bestimmte

Maßstäbe, von denen her ich mich beurteile. Man kann von *substantieller Sittlichkeit* reden, die den Einzelnen trägt und sein Verhalten ausrichtet. Die Sittlichkeit kann fraglich werden und dieses Fraglichwerden ist nun weitgehend durch eine »höhere« Reflexion inszeniert.

Eine solche Reflexion bewegt sich, sich radikalisierend, nicht mehr innerhalb bestimmter Gegebenheiten, sondern problematisiert diese, und diese Problematisierung kann zur *Wandlung* der bisher gültigen ethischen Anschauungen führen. Natürlich ist nicht jede Wandlung der Ethik durch Reflexion bestimmt. Es kann sich auch um Änderungen handeln, die durch politische oder allgemeine kulturelle Konstellationen bedingt sind. Um nur ein Beispiel zu nennen: das Phänomen der *Ausweitung*, das heißt die relative oder absolute Aufhebung regionaler Begrenztheit von Normengeltung, ist auch für die Ethik von hoher Bedeutung. Die Allgemeinheitsformel der Ethik – bestimmte Gebote gelten für alle Menschen – geht wesentlich mit einer Entpolitisierung zusammen, wie sie sich in unserer Geschichte erstmalig in Stoa und Christentum vollzieht.

Die problematisierende Reflexion – um wieder auf sie zurückzukommen – ist aber keineswegs auf die Intention, eine bessere Ethik zu erstellen, festgelegt. Sie kann sich, wie wir sahen, *radikalisieren* zu der Frage, ob die Ethik in der Geschichte je eine erfolgreiche Wirksamkeit ausgeübt hat und ob sie nicht ein *vergebliches* und *sinnloses*, d. h. der Menschennatur nicht entsprechendes Unternehmen ist.

Es zeigt sich: Reflexion in bezug auf die Ethik ist vielfältig und doch offenbar unvermeidbar. Diese Tatsache muß gerade dann anerkannt werden, wenn die Frage nach einer Konstruktion der Ethik aufgenommen wird. Es geht nicht an, die Konstruktion der Ethik gegen ihre Destruktion in der Weise anzusetzen, daß die Reflexion ausgeschaltet wird, sondern es ist erfordert, bei dieser Konstruktion auf die Subjektivität zurückzugehen, die der Träger der Reflexion in ihrer Vieldeutigkeit ist.

Die Tatsache der *grundsätzlichen Ungebundenheit der Reflexion*, in der sich die Zweideutigkeit und das Nichtfestgelegtsein des menschlichen Weltbezuges manifestiert, schließt es aus, eine endgültige Ethik finden zu können. Dies muß man sich gerade in der *gegenwärtigen Situation* aussprechen, in der die Ethik nicht mehr eindeutig von der Tradition her zu begründen ist. Wenn die Welt weder als stabiler Zusammenhang zu verstehen ist noch als ein Geschehensprozeß, den man aus Freiheit steuern kann, dann gilt es, sich zu bescheiden. Es ist angebracht, daß man sich die Grenzen der Reflexion vor allem in bezug auf die Kenntnis der ontologischen Gesamtstruktur der Welt und der Steuerung des Weltgeschehens ausspricht. Es ist beides erfordert: man muß um die Vieldeutigkeit der Reflexion wissen und sie anerkennen, und man muß sich zugleich aussprechen, daß unser Wissen nur das Wissen eines *endlichen Subjektes* ist, das das Weltgeschehen nicht in der Hand hat, auch wenn und gerade wenn es sich dafür entscheidet, sich nicht einfach dem Lauf der Dinge zu überlassen, sondern sich ethisch zu engagieren.

Es gibt zu einer solchen Ethik, die sich nicht absolut setzt und doch nicht resigniert, so scheint es, Vorläufer in der Tradition. Man denke an *Sokrates:* die substantielle Sittlichkeit ist dahin; Sokrates weiß seinerseits aber nicht allgemeine Anweisungen zu geben, die Grundstrukturen der Welt vermag er nicht so zu durchschauen, daß er von da aus den Menschen in seinem Tun auszurichten vermöchte; Sokrates bleibt trotz der Unsicherheit in bezug auf das Ganze an ethischen Fragen außerordentlich engagiert: er entdeckt die Struktur des *Selbstbezuges*, als er über die Möglichkeit und Notwendigkeit der Sorge um die Seele nachdenkt. Auch an *Descartes* wäre zu erinnern, der eine vorläufige Ethik für sich selbst ersinnt, vor allem aber an Kierkegaard und Schopenhauer. *Kierkegaard* weiß über die Struktur der Welt im Gegenzug zu Hegel nicht Bescheid, er empfindet sein Dasein in der Welt als belastendes factum brutum, trotzdem ist sein Denken auf ethische Probleme konzentriert. Schließlich *Schopenhauer*: Schopenhauer, der die Weltstruktur als negativ, vom unglückseligen Willen beherrscht, zu durchschauen vermeint, erklärt, daß von dieser Struktur her keine Ethik aufzubauen ist, sie muß vielmehr im Gegenzug zu ihr ersonnen werden.

Gleichwohl: in zweierlei Hinsicht unterscheiden sich diese Ansätze von einer reflektierenden Ethik, die der *gegenwärtigen Situation* angemessen wäre. Einmal: es gab für diese Philosophen noch irgendwo Haltepunkte. Sokrates glaubt an das Gute als das Nützliche und vertraut auf die verborgene Ordnung des Urathen. Descartes setzt die Wissenschaft als höchste Instanz an, in ihr sieht er die Möglichkeit, die Welt neu aufzubauen zum Nutzen des Menschen. Kierkegaard rekurriert auf die Tatsache der Menschwerdung Gottes, die dieses Weltdasein erträglich macht. Schopenhauer übt sich in Askese und inszeniert die Außerkraftsetzung des Weltglaubens, er enthält sich der Zustimmung zur Welt. Sodann: der Boden der genannten Positionen ist die innerphilosophische Problematik. Es handelt sich noch nicht um eine Situation, die durch eine Konstellation der Superstrukturen, d. h. der Verbindung von Wissenschaft, Politik und Technik bedingt ist.

Demgegenüber hat sich die Situation einer reflektierten Ethik in der *Gegenwart* verschärft. Einmal: es gibt eigentlich keine festen Haltepunkte im Sinn umgreifender Weltanschauung mehr, sodann: die Probleme der dialektischen Wirklichkeit sind offensichtlich nicht durch ethische Besinnung allein zu meistern. Es geht, wie eben dargelegt, um Konstellationen, für deren Beurteilung und Bewältigung *Wissenschaft, Technik* und *Politik* auch und im besonderen Maße zuständig sind.

Eine gegenwartsnahe Ethik, die diese Sachverhalte bedenkt, wird sich bescheiden müssen. Verglichen mit der Tradition wird sie gewisse Mängel aufweisen. Sie wird nicht letztbegründet in formaler oder inhaltlicher Hinsicht sein, sondern nur vorläufige Geltung beanspruchen können. Der totalphilosophische Hintergrund, das heißt der Hinweis auf die gebrochene Weltstellung, gibt keine Ausrichtungsmöglichkeiten für konkretes Handeln, und er bietet weder Trost noch Hilfe.

Die Lage ist außerordentlich dialektisch oder besser: erscheint paradox. Obwohl die geschichtliche Entwicklung als übergreifendes Realgeschehen alle Bezüge bestimmt, ist der *Einzelne* doch weitgehend auf sich selbst verwiesen. Schon die Entscheidung, ob er resignieren, sich anpassen oder sich engagieren will – und, im letzteren Fall, bei welchen der vielen unterschiedlichen und zumeist sogar gegnerischen Gruppen – ist »seine Sache«, und ebenso kann ihm niemand, wenn er sich engagiert, verbindlich aufzeigen, ob und wieweit ein Rückgriff auf traditionelle Möglichkeiten der Ethik für das Ganze und ihn selbst sinnvoll und geboten ist.

Der Rückwurf auf den Einzelnen bedeutet aber keineswegs Rückzug auf die private Sphäre. Man kann dem Allgemeinen nicht entrinnen. In diesem Rückwurf muß es darum gehen, sich mit Hilfe einer allseitigen Reflexion in bezug auf das *Ganze der Situation* zu orientieren und entsprechende Handlungsmöglichkeiten zu erfragen. Der Rückwurf schließt natürlich keineswegs die kommunikativen Möglichkeiten des Unterredens und Handelns aus. Daß »viele Einzelne« sich zusammenschließen müssen, wenn eine Aktion erfolgreich sein soll, ist offensichtlich.

Bedenkt man all diese Komplizierungen der gegenwärtigen Situation, so muß man gleichwohl daran festhalten, daß es verfehlt wäre, den Charakter einer freien und vielfältig vorgehenden Reflexion, die durch verschiedene Abstraktionsgrade der Überlegung bestimmt ist, einzuschränken und grundsätzliche Aussagen zu vermeiden. Erfordert ist, wenn man sich zu solchen Aussagen »erhebt«, daß man sie nicht als apriorische Gewißheiten aufstellt, sondern in der Einsicht, daß wir von der Geschichte, die uns bedingt, auszugehen haben, wenn wir uns unsere Situation begreiflich machen wollen. Gerade unsere Situation vermittelt und konkretisiert die menschliche Grunderfahrung in ihrer Zweideutigkeit, daß wir in die Welt eingebunden sind und eingebunden bleiben und daß wir doch zugleich ständig – das zeigt das problematisierende Denken – alles Gegebene in relativer Transzendenz übersteigen können.

Erster Teil
Rekonstruktion ethischer Positionen von der Antike bis zur Gegenwart

Erstes Kapitel
Die Welt als Ordnungszusammenhang

Vorbemerkung

Im ersten Kapitel dieses Teiles werden die Ansätze der *griechischen Ethik* dargelegt. Der leitende Gesichtspunkt ist es zu zeigen, daß in der Antike die Grundlagen der abendländischen Ethik gelegt wurden, die bis zu unserer Gegenwart hin wirksam bleiben. Zugleich aber setzen sich in der Entwicklung wesentliche Modifizierungen und Transformationen durch, die in bezug auf die einzelnen Ansätze sehr unterschiedlich sind.

Dieser Sachverhalt deutet auf eine doppelte Aufgabe hin. Es gilt einerseits zu fragen, ob nicht trotz aller Wandlungen totalphilosophisch betrachtet der gebrochene Weltbezug des Menschen bestimmte Weltstellungen vorgibt, die sich in der Ethik immer wieder durchsetzen. Und es gilt andererseits zu untersuchen, wodurch die Wandlungen bedingt sind, die es unmöglich machen, die Vergangenheit als solche einfach zu wiederholen. Diese Tatsache ist ja nicht zu leugnen. Die Überschrift dieses Kapitels »*Die Welt als Ordnungszusammenhang*« deutet auf einen Grundansatz hin, der für uns nicht mehr verbindlich ist. Gerade die Vergegenwärtigung verlorener Möglichkeiten kann uns aber helfen, den eigenen Standort in seiner Bedingtheit zu begreifen.

Wir beginnen mit einer Analyse der Ethik des *Aristoteles*. Das ist historisch gesehen verfehlt, denn Aristoteles steht ja am Abschluß der klassischen griechischen Ethik. Aber gerade des Aristoteles Ethik zeigt bestimmte Möglichkeiten der griechischen Ethik in paradigmatischer Form, so zum Beispiel den Bezug zur Polis, der die griechische Ethik durchherrscht. Zugleich aber läßt sich, wie in der Einleitung schon dargelegt, durch eine Interpretation der aristotelischen Ethik zeigen, daß und wie sich hier die *Lebensweltethik* und die *praktische Philosophie* als Grundmerkmale der abendländischen Ethik herausbilden.

Als Gegenzug zu der Lebensweltethik wird die griechische *Sophistik* dargestellt. In ihr zeigt sich ein Grundzug abendländischen Denkens, nämlich die Möglichkeit, durch zersetzendes Räsonnement Ethik im Sinne eines übergreifenden Ordnungsdenkens und einer allgemeinen Verbindlichkeit fraglich zu machen. Diese Möglichkeit bricht ja in der abendländischen Geschichte immer wieder durch und radikalisiert sich im 19. Jahrhundert und in der Gegenwart.

Zur Lebensweltethik und zur Sophistik steht die *metaphysische Ethik*, die Plato inauguriert, in striktem Gegensatz. Hier führt der Gedanke der Negativität, dem wir unter totalphilosophischem Aspekt eine hohe Bedeutung zusprechen, dazu, eine zweite Welt als die eigentliche Wesenswelt anzusetzen. Diese Erfindung der *Hinterwelt* bestimmt die klassische Ethik bis zu Hegel. Im 19. Jahrhundert radikal fraglich werdend deutet sie auf die Tatsache hin, daß bestimmte Ansätze der Tradition offenbar in ganz entscheidender Weise wirkungslos werden und fast zum Untergang verurteilt zu sein scheinen.

Die Aufhebung bestimmter Positionen gründet vom philosophischen Aspekt her betrachtet in der Reflexion. Reflexion aber ist vielfältig. Sie kann zersetzend wirken wie in der Sophistik oder einen Bruch zwischen der vorgegebenen Ordnung und dem

Einzelnen herbeiführen oder sich im technisch wissenschaftlichen Denken objektivieren.

Die zweite Möglichkeit ist durch *Sokrates* inauguriert worden. Des Sokrates nicht zu überschätzende Bedeutung liegt darin, daß er die *Subjektivität* als unhintergehbaren Bezugspunkt des Verhaltens herausstellt und darauf verweist, daß die Subjektivität für sich selbst und ihre beste Verfassung zu sorgen hat, das kann ihr niemand abnehmen. Dieser Gesichtspunkt des Selbstbezuges bleibt in der abendländischen Philosophie bestimmend, auch wenn er in der Gegenwart umstritten ist.

Die Möglichkeit, Reflexion als vorwärtstreibendes Moment mit der Entwicklung von Wissenschaft und Technik zu verbinden, die das neuzeitliche Denken von Descartes an bestimmt, ist in der Antike vorgebildet. Gleichwohl wird sie hier zurückgedrängt durch die Einsicht, daß der Mensch als herstellendes Wesen an die *vorgegebene Weltordnung* gebunden bleibt.

I. Die Praxis unter dem Aspekt der Lebenswelt. Aristoteles

Hegel unterscheidet die Stufe der Sittlichkeit von der Stufe der Moralität. Das Merkmal der *Sittlichkeit* ist relative Intaktheit des gesamten Verhaltens. Sittlichkeit hängt mit Sitte zusammen. Die Formen und Gestalten der Sittlichkeit bestimmen als gewachsene Gewohnheiten den einzelnen, schon bevor er zur eigenen Vernünftigkeit erwacht. Sittlichkeit tritt im Gegensatz zur Moralität nicht an den Menschen fordernd und drohend heran. Sittliche Gebote sind verbindlich, weil sie die einzelnen innerhalb bestimmter Gruppen verbinden, wobei diese Gruppen die Lebensräume für das Tun und Lassen darstellen.

Die Sittlichkeit verweist auf die *Lebenswelt* und ihre Ethik. Die Normen der Lebenswelt betreffen vor allem das Miteinanderlebenkönnen, die Kommunikation. Diese Normen stellen den Spielraum des Verhaltens dar und eröffnen ihn. Der einzelne kann »abweichen«, insofern gibt es Freiheit, die Differenz von Gut und Böse spielt eine Rolle, wobei gut bedeutet, »wie es sich gehört«, und böse »gegen die Ordnung handeln«. Sach- und Personenbezüge gehen hier zumeist zusammen. Das zwischenmenschliche Verhalten ist fast ständig von Sachbezügen durchsetzt und geht nur in besonderen Fällen in rein persönlichen Bezügen auf, auch wenn diese immer mitspielen.

Wir explizieren den Ansatz einer Lebensweltethik durch eine Analyse der Ethik des Aristoteles. Aristoteles gilt als der Prototyp eines Philosophen, der den Akzent seiner Ethik auf die Struktur der Praxis legt.

Aristoteles untersucht die Fragen der *menschlichen Gemeinschaft* in einer Sonderdisziplin. Menschliches Leben verläuft nicht in so regelhaften Bahnen wie das von Natur Seiende. Der Mensch ist in seinem Tun nicht festgelegt. Gleichwohl hat das menschliche Leben wie das Naturseiende ein bestimmtes Ziel, das in allem Verhalten angestrebt wird. Es ist dies für den Menschen das *Glücklichsein.* Das menschliche Leben ist wie das Naturseiende auf Erfüllung, *Entelechie,* angelegt. Der Mensch muß diese Erfüllung selbst erwirken, er stellt seine Wesenswirklichkeit gemäß seiner Tüchtigkeit, seiner Arete, her.

Um diesen Ansatz zu verstehen, muß man sich klarmachen, daß Aristoteles mehrere

Weisen der Tätigkeit unterscheidet. Er trennt innerhalb des ethischen Bezirkes im engeren Sinn die ethische Tüchtigkeit von der dianoetischen ab – von diesem Unterschied wird sogleich die Rede sein. Sodann hebt Aristoteles das *Handeln* im engeren Sinn gegen das *Machen* ab. Unter dem Aspekt der Eingrenzung der Ethik wird uns diese Differenz später noch genauer zu beschäftigen haben. Jetzt nur soviel: das Handeln als solches hat zwei Möglichkeiten, nämlich »1. das Herstellen, dessen Zweck das hergestellte Werk ist, das nach Beendigung des Herstellens dasteht, 2. das Handeln im engeren Sinn, dessen Zweck kein Ergebnis außer ihm ist, sondern dessen Ziel das rechte Handeln selbst ist«.[1]

Diese Unterscheidungen werden verständlich, wenn man bedenkt, daß Aristoteles die allgemeine Idee des Guten im Sinne Platos ablehnt. Diese Idee nützt im konkreten Leben nichts, da die Bestimmung »gut« auf den verschiedensten Gebieten in differenter Form gebraucht wird. Es gibt keine einheitliche Bedeutung des Guten. Aristoteles thematisiert in bezug auf die Ethik das *menschlich Gute.* Das Leben wird, so erklärt Hans-Georg Gadamer, von der Selbstverständlichkeit des Guten durchherrscht und untersteht der Bestimmung des Tunlichen: »Das Tunliche – das ist nun freilich nicht nur das, was recht ist, sondern auch, was nützlich, zweckmäßig und insofern ›richtig‹ ist. Die Durchdringung dieser beiden ›Richtigkeiten‹ im praktischen Verhalten des Menschen ist es offenbar, in der nach Aristoteles das menschlich Gute besteht«.[2] Dieses Gute resultiert aus der vernunftgemäßen Tätigkeit. Diese muß unterteilt werden in *ethische* und *dianoetische* Tüchtigkeit. Die ethische Tüchtigkeit zeigt sich in einer durch die Vernunft zu erwirkenden Dauereinstellung, die habituell geworden den Charakter eines Menschen ausmacht. Die Vernunft zügelt die unkontrollierten irrationalen Handlungen, die durch ein Zuviel oder ein Zuwenig bestimmt sind, und vermittelt sie zur Mitte hin. So ist Tapferkeit die Mitte zwischen unbesonnener Tollkühnheit und Feigheit. Mitte ist *Begrenzung,* und Begrenzung ist nach griechischem Verständnis immer angemessen: hier zeigt sich der Sinn für Ordnung, der alle Dimensionen und auch den Kosmos im Ganzen bestimmt.

Von diesem Ansatz her läßt sich der Vorrang der ethischen Kategorien des Ausgleichs und der Billigkeit deuten. Es geht um eine Verfestigung. Aristoteles erklärt: »So ist also sittliche Werthaftigkeit eine feste, auf Entscheidung hin geordnete Haltung; sie liegt in jener Mitte, die die Mitte in bezug auf uns ist, jener Mitte, die durch den richtigen Plan festgelegt ist, d. h. durch jenen, mit dessen Hilfe der Einsichtige die Mitte festlegen würde«.[3]

Aristoteles untermauert diesen Ansatz durch eine explizite Handlungslehre. Alles Handeln vollzieht sich wie alle Bewegung zwischen *Möglichkeit* und *Wirklichkeit.* Das besagt für die Handlung speziell: am Anfang steht die Handlungsintention, sie konzentriert sich als *Wählen* und geht in den Vorsatz und Entschluß über. Die Prohairesis bestimmt sich als vernünftiger Trieb. »Die Wahl hat einen zweifachen Ursprung: aus dem Trieb und aus dem Begriff des Umwillen, aus dem Dunkel des Nicht-Vernünftigen, das aber der Vernunft zu folgen vermag, und aus dem Licht der Vernunft, die das an sich Unvernünftige leitet. In ihr vereint sich das Getrennte: der wahre Begriff mit dem richtigen Trieb, und in dieser Einigkeit verwirklicht sich die ›echte Wahl‹«.[4] Durch sie kommt zum Vorschein, was der Mensch eigentlich ist, insofern er das Bessere in sich herrschen läßt. Der besonnen Handelnde ist mit sich einig, er weiß, was und wie er zu wählen hat. Er kann sich solchermaßen verwirklichen und darin besteht sein Glück.

Aristoteles bestimmt die Möglichkeit des rechten Handelns näher durch den Begriff der praktischen Klugheit, der *Phronesis*. Man muß ja bedenken, daß für den Einzelnen in seinem konkreten Tun das Handeln nicht festliegt, sondern relativ frei ist. Handeln ist dem Zufall entgegengesetzt, aber es bewegt sich immer im Bereich des Anders-sein-könnens. Die Phronesis ist es nun, die die Wahl steuert. In der Phronesis ist praktische Vernunft und sittliches Bewußtsein vereint. Dieser »*sittliche Takt*« (Gadamer) muß aber erlernt und gefestigt werden.

Es gibt eine Rangordnung zwischen den Menschen gemäß der Höhe der sittlichen Haltung. Ihr entspricht die *Hierarchie* der *Tugenden* und der *Güter*, auf die sie sich beziehen. »Der Mensch wird durch Übung und Bildung für die Ansprüche der Güterwelt aufgeschlossen, orientiert sich in seiner Tätigkeit jeweils nach ihren Zielen und bedient sich in der Erfüllung seiner Aufgaben der untergeordneten Güter als Werkzeuge. Ohne diese Mittelausstatung könnte er gar nicht seiner Bestimmung entsprechen, d. h. gemäß seiner höchsten seelischen Tugend tätig werden«.[5] Auf diese Weise wird der Charakter gebildet: »Der Mensch soll sich durch praktische Übung und Gewöhnung ein Gefüge von Haltungen erwerben, d. h. jene ethische Verfassung gewinnen, die seine zweite und eigentliche Natur darstellt. Sie ist jene sittliche und geistige Wesenheit, aus der seine Handlungen und Werke wie die Kinder aus seiner leiblichen hervorgehen«.[6]

Daß diese Hierarchie auch soziologische, ökonomische und insbesondere politische Aspekte hat, wird später zu erörtern sein. Daß Aristoteles Sklaven und Freie strikt unterscheidet, ist bekannt, die absolute Gleichheit widerspräche dem Prinzip der Ordnung, denn Ordnung ist ontologisch und kosmologisch *gegliedert*. Dies zeigt schon die Naturordnung: die obere Region, der Fixsternhimmel, stellt auf Grund seiner regelmäßigen Bewegung das Göttliche dar. Von hier aus ist die Theologie des unbewegten Bewegers zu verstehen. »Der Fixsternhimmel ist die äußerste Schale, die das All alles Seienden umfaßt, und die als bewegtes Bewegendes unmittelbar oder mittelbar alles in Bewegung setzt und hält, was innerhalb ihrer ist. Was sie selbst in Bewegung setzt, kann also nicht mehr etwas sein, was in der Weise des Bewegten bewegt. So muß dieses Bewegte einen Beweger haben, der bewegt, ohne selbst bewegt zu werden, und dieses ist als das erste Bewegliche bewegend das erste unbewegte Bewegende«.[7]

Der Gliederung des Kosmos entspricht das menschliche Handeln. Das oberste Handeln verwirklicht die Philosophie. Sie ist Einsicht in den Kosmos und dessen Ordnung. Diese Einsicht ist *Theorie*, die Theorie ist für Aristoteles die höchste Praxis, sie verwirklicht sich als Weisheit. Ihre Merkmale stellt Aristoteles heraus. »Die Weisheit ist die stetigste Tätigkeit, sie wird nicht wie die praktische Einsicht durch die wechselnden Umstände umgetrieben, sondern beharrt in freier Ruhe. Sie gewährt am meisten Freude«. Unter ihr steht, aber als wesentliche Tätigkeit geschätzt, das *politische Tun* – wir werden später auf die Politik des Aristoteles zurückkommen. Jetzt nur soviel: das gemeinsame Leben vollzieht sich in der Polis. Es ist vom Ethos bestimmt, das durch Sitte und Gewohnheit das Zusammenleben regelt. Tugenden sind Umgangstugenden, keine innere Haltungen. Gleichwohl sind sie – wie schon angedeutet – nicht für alle gleich. Das Ideal zeigt sich im Großgesinnten, der durch Autarkie bestimmt ist.

Die erste Grundlegung der praktischen Philosophie durch Aristoteles bleibt bei allen Modifikationen der *Lebensweltethik* doch die Grundlage. Wir heben daher die entscheidend Punkte noch einmal hervor. Diese Ethik ist geprägt von der Stimmung des *Weltvertrauens*. Die Welt stellt im Ganzen eine Ordnung dar. Die Teleologie regiert nicht nur die Natur, sondern auch die Menschenwelt: es gibt eine Wesensvollendung für alles Seiende, auf die es zustrebt. Die Ethik ist eingebettet in die Ordnung der Güter. Äußere und innere Güter stehen nebeneinander. Sie sind nützlich. Utilitaristische Aspekte gehen in eins mit objektiven Rangvorstellungen vom Guten als dem In-sich-schönen und Vollendeten. *Pragmatik und ethische Einstellung sind nicht streng getrennt.* Die Rangordnung bestimmt den Ort, an dem man zu stehen hat. Es gibt daher verschiedene Perspektiven, nach denen der Verhaltenskodex aufgebaut ist. Der Sklave wertet anders als der Herr, und der Erwachsene anders als das Kind. Es gibt Entwicklungsstufen. Lust und Unlust stehen am Anfang, Erziehung wirkt darauf hin, daß sie nicht im Übermaß das Tun bestimmen. Angemessenes Verhalten wird gemäß den Normen erlernt und erwartet. Normen und Maximen sollen zusammenwirken in der festen Haltung, Hexis, die sich in situativen Gegebenheiten bewährt.

Es kann Konflikte geben, aber dies ändert nichts daran, daß es richtiges Verhalten gibt, das als Regel anerkannt wird. Dieses Verhalten allein verspricht Erfolg im sozialen Umfeld. Die Normen haben sich innerhalb der geschichtlich bedingten Gemeinschaft herausgebildet. Normen können aber auch angeordnet werden – Normen sind weithin auf bestimmte Gruppen und Sphären eingegrenzt, die Möglichkeit einer Ausweitung zu einer alle Menschen umfassenden Geltung wird ebensowenig wie ihre abstrakte Begründung aktualisiert. Wenn Normen aus *Konventionen, Habitualitäten* und *Maximen* erwachsen, so entsprechen sie – dies die maßgebende Meinung – der menschlichen Natur. Zudem ist festzuhalten, daß die Lebenswelt wesentlich Partnerwelt ist. Verhalten ist auf konkrete Begegnungen im Umgang bezogen. Es ist *Antwortverhalten*.

Die Analyse der Lebenswelt, die Aristoteles gibt, – dies sei zum Schluß angedeutet –, ist zeitbedingt. Die Lebenswelt ist hier eine in das Ganze der Welt eingepaßte Region, die wie die anderen Regionen vom Gedanken der Ordnung durchwaltet ist, und letztlich gar nicht ohne den Rückgriff auf *Gott* als den unbewegten Beweger, der Ordnungsträger ist, zu deuten ist. *In modernen Ansätzen ist der Hintergrund der Lebensweltethik nicht mehr metaphysisch bestimmt.* Die Lebenswelt steht im Gegensatz zur verwissenschaftlichten und technischen Welt, wobei die Tendenz ihrer Thematisierung eine doppelte ist. Es geht darum, aus methodischen Gründen einen Gegensatz zu der verwissenschaftlichten Welt zu haben, und ebenso ist man unter praktischen Aspekten daran interessiert, gewisse Restbestände einer intakten Welt in ihrer Bedeutung herauszustellen. In beiden Fällen aber sind metaphysische Fundierungen ausgeschlossen.

Wir werden diese Sachverhalte in späteren Zusammenhängen genauer zu thematisieren haben. Herauszustellen ist, daß auch in der Gegenwart der Lebensweltethik noch eine hohe Bedeutung zukommt, insbesondere wird sie in Verbindung mit der *Alltagswelt* thematisiert. Dies entspricht einer bestimmten Tendenz der Gegenwart: Ethik – das ist die hier maßgebende Vorstellung – hat es mit der Praxis zu tun, wie sie sich im Leben herausgebildet hat. Ethik muß auf das Ethos zurückgehen als gelebte Wirklichkeit. In einer modernen Untersuchung zur Ethik, die den Titel trägt »Ethik ohne Imperativ« erklärt Helmut Fleischer: »Die ethospraktische Grundleistung, daß überhaupt in Menschengesellschaften bestimmte Verbindlichkeiten als anerkannte Ansprüche und anerkannte Verpflichtungen in Kraft gesetzt sind, ist, bei aller Enge der Rahmenbestimmung und bei aller Variabilität in der näheren Inhaltsbestimmung, so allgegenwärtig und selbstverständlich, daß man, soweit es um elementare Maßgaben mitmenschlicher Anteil- und Rücksichtnahme geht, es mit etwas so Wohlgegründetem, sogar auf breiter gesellschaftlicher Basis praktisch Eingeübtem zu tun hat, daß ein Begründungs- als Rechtfertigungsproblem im Hinblick darauf sich gar nicht stellt«.[8]

II. Zwischenüberlegung zum Problem des Bezuges von Subjekt und Ordnung

Wir wiesen in der Einleitung bereits darauf hin, daß die Lebenswelt in mehrfacher Hinsicht der *problematisierenden Reflexion* ausgesetzt ist. Es können die Beschränkungen einer Lebensweltausformung bewußt gemacht und zum Austrag gebracht werden. Die Forderung einer Umwandlung bestimmter Ansätze und bestimmter ethischer Konzepte wird wach. Es kann sodann im Sinn der Ereignisgeschichte oder des Paradigmenwechsels eine grundsätzliche Wandlung eintreten, so bedeutet das christliche Denken einen Einbruch in den antiken Denkansatz. Es setzen in solchen Zeiten Vermittlungen im Sinn der Aufhebung ein: man übt Kritik und baut vorausgehende Ansätze ein. Es besteht aber auch die Möglichkeit, die alten Ansätze von Grund aus, das heißt von den sie leitenden »totalphilosophischen« Ansätzen her, zu kritisieren. Eine solche Kritik kann zur Negation der Ethik überhaupt führen. Hier wird das Räsonnement wach, das die Ethik im ganzen fraglich machen will.

Die *griechische Sophistik* ist das erste Paradigma einer solchen Kritik. In ihr wird der Gedanke einer umgreifenden Ordnung fraglich gemacht. Aber diese Zersetzung des Vorgegebenen führt noch nicht zum Herausstellen der reinen Negativität als des eigentlichen Kennzeichens der Welt. Dies geschieht erst im Christentum durch die Lehre vom Sündenfall. Es handelt sich in der Sophistik um einen dialektischen Gegenzug der freischwebenden unverbindlichen Subjektivität zu den verbindlichen Vorgegebenheiten der Tradition. Hier liegt ein indirekter Beweis des Vorausgehens der Stufe der Lebenswelt im Sinne unbefragter Ordnung vor. Daß der Sophist »Gegenspieler« ist, besagt aber nicht, daß er nicht positivistische und naturalistische Thesen entwickelt, so – wie oben dargelegt – die These vom Recht des Stärkeren und der Ungleichheit der Menschen.

Macht man sich diesen Ansatz klar und bedenkt man seine Strukturen und vor allem die möglichen Konsequenzen, die sich aus ihm ergeben, so muß man feststellen, daß die Problematik darin liegt, daß hier eine *Subjektivität* ins Zentrum tritt, die offensichtlich nicht festgelegt ist, und aus reiner Freiheit reflektiert. Diese Subjektivität »legt aus«, aber die Auslegung scheint beliebig zu sein, oder vorsichtiger: sie bevorzugt immer nur eine Seite in der Weise der Übertreibung. So wird das Faktum der Ungerechtigkeit als Indiz für die wahre Natur des Menschen angesehen. Grundsätzlich könnte man auch auf das Faktum der relativ bestehenden Ordnung, daß es doch »weitergeht«, als Indiz für die Möglichkeit einer gewissen Ausgeglichenheit aller Bedürfnisse zurückgreifen. Man kann, so scheint es, den einen oder den anderen Ansatz wählen, wobei allerdings der Ansatz, der von einem Faktum der Ordnung ausgeht, ungesicherter ist. Er kann jederzeit vom Räsonnement zersetzt werden.

Jedenfalls zeigt sich, wenn man den Sachverhalt vom Tatbestand der Subjektivität als Reflexionszentrum her bedenkt, daß, auch wenn Gründe für die eine oder andere Position vorzuliegen scheinen, die Subjektivität letztlich doch von sich aus entscheidet, welchen Standpunkt sie wählt. Dies besagt wiederum: wenn die Subjektivität der Grund der Entscheidung ist, dann gibt es letzthin keine objektive Verbindlichkeit, denn diese wäre nur gegeben, wenn die Subjektivität selbst sich als eingeordnet erführe, als übergriffen und bestimmt von Ordnungen, die sie nicht setzt und die eben auch nicht bloß faktisch gegeben sind, denn über Fakten läßt sich ja streiten. Das heißt: *wenn Ethik verbindlich sein soll, dann muß sie der subjektiven Entscheidung und Festlegung entzogen sein und zwar in der Weise, daß sie die Subjektivität selbst bindet.*

Daß es verschiedene Möglichkeiten solcher Bindung gibt, zeigt die geschichtliche Entwicklung. Die umgreifende Ordnung wird in frühen Stadien sichtbar in *Mythos* und *Kultus*, göttliche Mächte sind die Träger der Ordnung und von ihnen her erscheint die Ordnung verbindlich. Eine bereits rationalisierte Form ist die substantielle Sittlichkeit in der Fassung des *vorsokratischen Denkens*: Natur zeigt sich als geordneter Wechsel und Maßhaftigkeit, die sich auch im menschlichen Bereich durchsetzen: als beherrschender Logos. Nach ihm hat man sich zu richten oder besser: er setzt sich als das waltende Geschick, so zeigt Herodot, immer wieder durch. Ethik ist hier die vorgegebene Substanz, aus der man lebt, die Sprüche der Weisen beweisen dies, und ebenso zeigt die Tragödie, daß die ausgleichende Gerechtigkeit im Lebens- und Weltbezug das letzte Wort hat. Alle diese Möglichkeiten des Umgreifens gründen in vorgegebenen Ordnungen der Welt selbst, sei es der Naturwelt oder der Menschenwelt, und werden als solche anerkannt.

Wenn das Räsonnement diese Vorstellung zersetzt, dann genügt der Rückgriff auf *innerweltliche* Ordnungszusammenhänge in Form von Erinnerung und Ermahnung nicht mehr. Die nun eintretende Überlegung erfordert einen Überstieg über das Gegebene. Dabei muß beachtet werden, daß der Gedanke der Reflexion auf die Notwendigkeit des Umgreifens für die Fundierung der Ethik zwar eine Rolle spielt, daß aber das Umgreifende als Bestimmungsmacht als aller Überlegung *vorgängig* anerkannt werden muß. Hier zeigt sich wiederum die Dialektik. Einerseits ist klar, daß die Subjektivität es selbst sein muß, die diese Setzung des Übergreifenden inszeniert, andererseits muß sie das Übergreifende als ihr überlegen anerkennen. Diese Möglichkeit ist dadurch bestimmt, daß die Subjektivität sich nicht in ihrer Einzelheit und Willkür zur Instanz aufschwingt, sondern daß sie sich als Selbstbezug herausstellt und zugleich doch nach *übersubjektiven* Bindungen sucht, die *objektive Verbindlichkeit* fundieren können.

Dieser Versuch stellt eine *indirekte Vermittlung* dar. Die indirekte Vermittlung ist – wie in der Einleitung schon angedeutet – ein Grundgesetz des menschlichen Lebens. Sie ist im Gegenzug zu den Bestimmungen »Innenlenkung« und »Außenlenkung« dialektisch; gegenüber dem Begriff Außenlenkung soll sie anzeigen, daß es zum Menschen gehört, daß er sich in irgendeiner Form immer selbst vermittelt und nie nur vermittelt wird; gegenüber der Bestimmung Innenlenkung soll sie darauf hinweisen, daß diese Vermittlung wesentlich im Bezug zu einem Anderen steht und von diesem her gelenkt wird.

Wesentlich ist, daß nur der Bezug zu einer vermittelnden Größe, die der Subjektivität überlegen ist, diese selbst zu konsolidieren vermag. Es treten natürlich bedeutsame Unterschiede auf, insofern die nähere Bestimmung des Übergreifenden den Bezug ihrerseits unterschiedlich formt. Wir entwickeln im folgenden diese Möglichkeit genauer durch einen Hinweis auf *Plato*, der die *abendländische Metaphysik* begründet.

III. Die Fundierung der Ethik in der Ideenwelt. Plato.

Plato ist der erste Denker, der die Ethik metaphysisch begründet durch den *Überstieg in die Welt der Ideen.* Diese Wende ist für die Entwicklung der Ethik von entscheidender Bedeutung, insofern die Ethik ganz neu geortet wird. Plato ist der eigentliche Gegenzug zur Sophistik, insofern er die Subjektivität in einem übergreifenden Ordnungszusammenhang, der eine zweite Welt darstellt, zu fundieren sucht.[9]

Platos Wende ist durch *Sokrates* vermittelt. Es wäre also historisch gesehen angebracht, zunächst die Grundsätze des sokratischen Philosophierens zu entwickeln, insbesondere wenn man bedenkt, daß unser Sokratesbild wesentlich von Plato bestimmt wird. Wir stellen jedoch die Darstellung des Sokrates jetzt zurück. Die Position des Sokrates wird am Schluß des ersten Kapitels behandelt. Sie stellt einen eigenen Ansatz dar, insofern Sokrates weder auf das Räsonnement der Sophisten noch auf die Metaphysik festgelegt werden kann, sondern einen »Zwischenzustand« darstellt. Im Gegenzug zu den Sophisten weist Sokrates auf die Notwendigkeit übergreifender Ordnung hin, aber er vermag sie nicht – das ist der Unterschied zur Metaphysik Platos – zu erkennen. Doch davon später.

Plato geht von Sokrates aus, aber er radikalisiert ihn. Der Gegenzug zum sophistischen Räsonnement wird durch einen modifizierenden Rückgriff auf den griechischen Grundgedanken der Ordnung fundiert. Die Modifikation ist aber sehr wesentlich. Sie zeigt sich darin, daß argumentativ aufgezeigt werden soll, *daß wahre Ordnung nur im übersinnlichen Bereich zu finden ist.* Dies muß ein wenig genauer dargelegt werden.

Die Argumentation, die Sokrates in den platonischen Frühdialogen durchführt, verläuft im Grunde in sehr einfacher Form. Sie stellt eine Besinnung nicht nur auf die Funktion, sondern auf die Seinsweise ethisch relevanter Begriffe einerseits und ihre anthropologische Bedeutung andererseits dar. Dabei spielt der *Rückgriff auf die Techne* und das Herstellungsmodell der Handwerker eine entscheidende Rolle – daß er zweideutig ist, das heißt nicht nur hermeneutisch, sondern auch ironisch, wird später dargelegt werden.

In der handwerklichen Tätigkeit zeigt sich der Grundcharakter echten Wissens, im Beispiel: der Schuhmacher kann über den Vorgang der Herstellung seines Werkes, der Schuhe, Rechenschaft ablegen, und er vermag anderen Menschen diese Herstellung beizubringen, das heißt, er vermag sie zu belehren. Rechenschaftsabgabe und Belehrenkönnen sind Kennzeichen echten Wissens. Beides ist dem Schuhmacher möglich, weil er über das Wesen des Schuhes Bescheid weiß. Was das Wesen des Schuhes ausmacht, das erfährt man aber nicht aus einer theoretischen Abstraktion, in der man verschiedene Schuhe auf gemeinsame Merkmale hin abfragt, sondern aus der teleologischen Bestimmung des Schuhes. Das Wesen des Schuhes wird durch seinen Zweck – daß man mit ihm gut laufen kann – geprägt. Grundsätzlich formuliert: das Wesen einer Sache ist ihre *beste Verfassung,* und in dieser besteht die Wirklichkeit eines Seienden. Diese Wesenswirklichkeit gilt es herzustellen.

Diese sich am handwerklichen Tun zeigende Struktur dessen, was Wirklichkeit ist, wird von Plato auch auf den Menschen übertragen. Die Wirklichkeit des Menschen ist seine Tüchtigkeit, für diese muß er Sorge tragen. Er soll sich, so sagt der platonische Sokrates, darum kümmern, *wie seine Seele die beste würde.* In der Sorge um die Seele geht es, so erklärt Plato des öfteren, um die *Gesundheit der Seele,* und Plato greift zur

Verdeutlichung dieser Sorge oft auf die Medizin zurück. Die Medizin ist für Plato eine Techne, das heißt eine Kunst. Ihr Ziel ist die beste Verfassung des Körpers, der gesunde Körper, der die Wesenswirklichkeit des Körpers darstellt. Um diese Wirklichkeit herzustellen, muß man nicht nur wissen, wie ein gesunder Körper beschaffen ist und was ihm zuträglich und abträglich ist, sondern man muß auch seine möglichen Verfallserscheinungen, die Krankheiten, kennen. Aber diese Kenntnis wird nicht um ihrer selbst willen als zweckfreie Forschung angestrebt, sondern dient eben der Herstellung und der Bewahrung der Gesundheit. Und diese teleologische Ausrichtung ist es, die den Vergleich des ärztlichen Tuns mit dem Tun des Erziehers und des Philosophen ermöglicht. Wie der Arzt den Körper in seine beste Verfassung bringt, damit der Mensch sein Leben angemessen führen kann, so soll der Erzieher und der Philosoph die Gesundheit der Seele, die in der Gerechtigkeit und in den anderen Tugenden der Seele besteht, herstellen, damit dann der Mensch auf Grund seiner eigenen inneren Ordnung und Harmonie die Aufgaben, die ihm in der Gemeinschaft gestellt sind, glücklich zu lösen vermag.

Der Arztvergleich zeigt den Grundansatz deutlich. Menschen sind faktisch gesund oder krank, wobei beide Zustände dem Arzt bemerkbar oder faßbar sind. Es ist aber davon auszugehen, daß der Krankheitszustand nicht der primäre ist, sondern die Gesundheit. Sie ist natürlich. Krankheit kommt durch bestimmte Umstände und Konstellationen zustande, die den Menschen in einen negativen Zustand versetzen. Aus ihm muß er durch Behandlung herausgeholt werden, damit er wieder gesund, das heißt, in die beste Verfassung gebracht wird.

Freilich zeigt sich – und das ist der springende Punkt – ein Unterschied zwischen dem Besorgen des Körpers und dem Besorgen der Seele. *Bei der Seele sind Besorgender und zu Besorgendes identisch.* In der Besorgung des Körpers dagegen – überhaupt in allen technischen Verhaltensweisen – bilden der Besorger und das zu Besorgende keine Einheit, selbst wenn der Arzt sich um seinen eigenen Körper kümmert, bleibt er von diesem als besorgender Arzt unterschieden. Die Identität von Besorgendem und zu Besorgendem bei der Seele ist jedoch nicht im Sinne der modernen Philosophie der Subjektivität zu verstehen, das heißt, sie ist kein reflexiver Selbstbezug, der sich in der absoluten Ichgewißheit aussagt. Die Sorge für die Seele – dies tritt in den mittleren Dialogen Platos deutlich hervor – vollzieht sich als der Vorgang einer Erhebung, in der der Mensch das sinnlich Gegebene überschreitet und sich der Welt der Ideen zuwendet.

Gleichwohl: Hier tritt die *Sonderstellung der Seele* erstmalig heraus. Der *Selbstbezug* besagt: nur ich kann mich durch mich selbst in die beste Verfassung bringen. Die radikale Gegentendenz zu diesem Ansatz besagt: Menschen sind wie Dinge zu behandeln. Die Sophisten vertreten zum Teil diese Position. Plato setzt Selbstbezug und Vermittlung – dies sei jetzt nur vermerkt, um Mißverständnisse zu vermeiden – in dialektische Beziehungen. So betont er, daß die Vermittlung durch andere in der Weise der Erziehung ein ganz wesentliches Moment der Menschenbildung ist, dies zeigt insbesondere die »Politeia«. Aber das besagt nicht, daß der Mensch rein konditionierbar wäre: der Selbstbezug als Sorge um mich, das heißt meine Seele, ist das Wesentliche.

Der Selbstbezug – das bleibt bestehen – ist aber gleichwohl dem technischen Herstellen vergleichbar. Es geht auch in der Sorge um die Seele um das *Gutsein als die beste Verfassung*. Plato greift hier auf die schon mehrfach erwähnte allgemeine griechische Vorstellung der Arete, der Tüchtigkeit, zurück. Jedem Seienden kommt eine ihm spezifische Tüchtigkeit zu, durch die es gut ist, genauer: durch die es überhaupt ist, denn sein Sein ist seine Standfestigkeit, und diese beruht eben auf seiner Arete. Es gibt bei allem Seienden die beste Verfassung, die zweckgebunden ist. Ein Messer ist gut zum Schneiden, ein Mensch ist gut, wenn er für sich und im Zusammenleben mit sich einig ist und solchermaßen glücklich sein kann.

Im Falle des Menschen ist das Gutsein als *Glücklichsein* die Abwesenheit von innerer Zerrissenheit und Uneinigkeit. Das Gutsein des Menschen besteht in seinen Tugenden. Sie gewähren das glückliche Leben – darin sind sich die griechischen Denker einig. Die kantische Überlegung, daß der moralisch Gute unglücklich sein kann, daß die Welt nicht dem Prinzip des Guten untersteht, ist noch fern. Es gibt zwar die Möglichkeit, daß man realiter im äußeren Sinn nicht mit den anderen in Ordnung kommt, sondern von diesen eine absolute Negation erleiden muß. Sokrates erfährt dies Schicksal, er wird zum Tode verurteilt, aber er nimmt es gelassen hin: Für ihn selbst ist die Welt im Ganzen, sich als Urathen repräsentierend, in Ordnung.

Die Tugenden, als und insofern sie Gutsein und Glücklichsein einschließen, sind also nicht von ihren Trägern her als Eigenschaften zu bestimmen. Sie sind keine individuellen Leistungen, überhaupt keine Möglichkeiten, über die der Einzelne frei verfügt und die er durch sein Tun erst konstituiert. Wäre dies der Fall, dann gäbe es keine Verbindlichkeit der Tugenden, sondern nur eine Beschreibung des einzelnen Verhaltens. Aber selbst eine solche Beschreibung setzt ja ein normatives Verständnis bei den anderen und eine gewisse Allgemeinheit voraus. Eben dieser Gedanke der normativen Allgemeinheit wird nun von Plato »weitergedacht«.

Wenn Tugenden nicht nur empirisch feststellbare Eigenschaften sein sollen, sondern etwas, *woraufhin* sich der Mensch versteht, worauf er sich ausrichtet, was er erlangen will, um glücklich zu sein, dann müssen Tugenden doch eine über das Gegebene hinausgehende Leitfunktion und als solche einen eigenen Stand haben. Im Gedanken der Arete liegt ja allgemein der Gedanke der Entelechie als der besten Verfassung. Bei der menschlichen Tüchtigkeit muß diese durch mein Tun hergestellt werden, und zwar eben in der Weise, daß ich durch diese Verwirklichung selbst erst Stand gewinne. Der moderne Mensch würde hier vielleicht von Werten reden, die anzustreben sind. Im Gedanken »Wert«, bezugsweise »sittlicher Wert«, liegt ja nicht nur ein Forderungscharakter, sondern der Charakter des In-sich-gültigen und Bedeutsamen. Der Gedanke »Wert« aber ist ein später Gedanke, Werte als solche werden erst entdeckt, nachdem die ontologische Ordnung im kosmologischen Sinn zerstört ist, man sie aber gleichwohl aus ethischen Aspekten irgendwie erhalten will.

In der von der Metaphysik beherrschten Epoche dagegen wird der Gedanke der Leitfunktion *ontologisch* festgemacht und als *Idee* bestimmt. Das Wesen wird als das Feststehende angesetzt, als das wahrhaft Seiende, das allem sinnlich Seienden überlegen ist.

Es ist jetzt nicht unsere Aufgabe, die Ansetzung der Ideen durch Plato in ihren Einzelheiten darzulegen. Die mathematische Erkenntnis macht den Grundansatz sehr deutlich. Der an die Tafel gezeichnete Kreis ist nicht der wahrhafte Kreis. Dieser ist nur mit dem Auge der Seele zu erschauen. Aber wir müssen diesen wahrhaften Kreis schon erfaßt haben, wenn wir im sinnlichen Bereich ein Gebilde als Kreis verstehen wollen.

Von diesem Ansatz aus ist die Vorstellung der *Teilhabe* und der *Parusie*, durch die Plato das Verhältnis der oberen zur unteren Welt ausdeutet, zu verstehen. Diese Vorstellungen bleiben im Umkreis des Ontischen, und zwar mit *guten Gründen*. Wirken kann nur etwas, was erstens selbst ein *Vorhandenes* und zweitens *stärker* als das zu

Bewirkende ist. Es liegt hier fast so etwas wie ein Schluß vor. Wenn es in der Welt wirklich etwas Standhaftes gibt, dann muß das, was diese Standhaftigkeit bewirkt, an ihm selbst in ausgezeichneter Weise standhaft sein und zwar im Sinne *objektiver Vorhandenheit*, denn sonst wäre es ja kraftlos und könnte nicht wirken. Dies wirkende Wesen gehört in die Sphäre der reinen Vollkommenheit, die als solche objektiven Weltcharakter hat, das heißt eine *zweite höhere Welt* darstellt, die die stärkere und wirkungsmächtigere Welt ist.

Ewigkeit, Unwandelbarkeit, Dauer, Eingestaltigkeit, Kompaktheit als Ausschluß jeder schwankenden Relativität: Diese Prädikate sind Prädikate *reiner* Objektivität. Sie sind *nur* im noetischen Bereich erfüllbar und erfüllt. Von diesem Sachverhalt aus läßt sich auch die in der klassischen Tradition diskutierte Frage klären, ob Plato diese unsere Welt entwertet habe. Die Antwort muß notwendig zwiespältig sein, wenn anders man die Dialektik der Teilhabe und der Anwesenheit, durch die Plato das Verhältnis der oberen zur unteren Welt bestimmt, verstehen will. Einerseits muß diese Welt überstiegen werden, wenn man zur wahren Welt gelangen will; andererseits ist unsere Welt als solche ein *Abbild* dieser wahren Welt. Der unteren Welt kommt, insofern die obere Welt in ihr anwest, nicht nur Verweisungscharakter, sondern auch Darstellungscharakter zu, insofern die untere Welt die obere Welt versichtbart.

Man versteht diese Wende zur Idee nur, wenn man sie als den Versuch deutet, gegen das sophistische Räsonnement wieder Verbindlichkeiten zu finden, aber in der Weise, daß diese nicht auf die Subjektivität zurückgeführt werden im Sinne der neuzeitlichen Philosophie, sondern in einer für sich seienden Objektivität begründet sind. Wenn wir vom Schönen reden, so muß es, gerade weil es vieles differentes Schönes gibt, doch ein Schönes an sich geben, von dem her alles Schöne bestimmbar ist, gegenständlich gedacht: an dem es teilhat und durch das es aussagbar wird. Dies gilt auch für die Ethik. Im »Phaidon« wird, der gegenständlichen Ausrichtung entsprechend, gefragt, ob das Gesuchte ein etwas sei oder nicht.

Dieser Ansatz wird zugleich durch die Tatsache des Selbstbezuges – daß im ethischen Handeln Subjekt und Objekt des Bezuges zusammenfallen – bestimmt. Aber das Selbstverhältnis wird dialektisch erweitert. Das rechte Selbstverständnis kommt nur zustande, wenn sich das Selbst auf die Idee hin versteht, das heißt transzendiert in die geistige Welt, die sinnliche übersteigend. *Ethik ist der radikale Gegenzug zur Konzeption einer in sich geschlossenen Lebenswelt.* Die Seele verhält sich – das ist der Sinn dieses Ansatzes – zu sich, indem sie sich zu den Ideen verhält, durch diese wird sie vermittelt und durch den Umgang mit ihnen wird sie gut.

Der springende Punkt ist, daß die indirekte Vermittlung sich hier *einseitig* vollzieht. Es geht nur um die Vermittlung der Seele durch die Ideen, nicht um die Vermittlung der Ideen durch die Seele. Der Gedanke, daß auch die Ideen ihrerseits durch den Menschen vermittelt werden, ist hier noch fern. Daß spätere Epochen diese Möglichkeit aktualisieren, so in der Form, daß Ideen im geschichtlichen Wandel sich ändern und daß diese Änderung wesentlich von der Subjektivität her bestimmt ist, wird später zu erörtern sein. Hier werden neue Probleme aufgegeben, insbesondere die Frage, ob denn den Ideen überhaupt noch Verbindlichkeit zukommen kann.

Durch die Zweiweltentheorie wird nun ein Grundproblem der Ethik gelöst, das in der Lebensweltethik zur Seite geschoben wurde. Es ist das Problem des *Negativen* im Sinne des Abirrens vom Guten und der Inszenierung des Schlechten. Das Negative wird hier noch nicht voluntaristisch gedeutet, das heißt auf einen bösen Willen zurückgeführt.

Das Schlechte wird aber auch nicht mehr oder nicht mehr eindeutig als unbeabsichtigtes Verwählen und Irren ausgegeben, sondern als *Gegenzug gegen das Transzendieren*: als *Festlegen auf das Diesseitige*. Das setzt eine Differenzierung des Weltbezuges in ontologischer und anthropologischer Hinsicht voraus. Die Ideen sind noetisch und stehen über dem Sinnlichen. Der Zugang zu ihnen ist das geistige Sehen als vernehmendes Denken. Im Gegenzug zur idealen Dimension steht die sinnliche Dimension. Sie ist ontologisch minderwertig und in sich unbeständig. Dieser ontologischen Trennung entspricht die anthropologische. *Seele und Körper sind zu unterscheiden*. Die Seele gehört dem oberen Bereich zu. Diese Ordnung zu erkennen, ist die Aufgabe des Menschen. Der ethische Ansatz wird also ontologisch fundiert.

Wenn die Seele nur durch die Schau der Ideen gerecht und gut werden kann, so gründet dies darin, daß sie dieser Dimension *ursprünglich* zugehört. Der Seele kommen daher – dies ist anthropologisch bedeutsam – die Prädikate zu, die den Ideen zugesprochen werden. Sie ist eingestaltig, sich gleichbleibend, keinen Wechsel annehmend und vor allem: die Seele ist *unsterblich*.

Unsterblichsein heißt »vom Tod nicht betroffen werden«: wenn der Tod an den Menschen herantritt, geht die Seele, so erklärt Plato, rein und unversehrt von dannen. Die Seele steht, weil sie der Dimension der Ideen zugehörig ist, über dem Körper und der Welt des Körperlichen, die durch die dem Ideenbezirk entgegengesetzten Prädikate gekennzeichnet ist. Das Körperliche ist vielgestaltig, wechselnd, veränderlich und vergänglich. Während der Lebenszeit sind Seele und Körper zusammen. Ihre Vereinigung ist aber eine rein äußere, sie ist nicht wesensnotwendig. Die Seele, die das eigentliche Sein des Menschen ausmacht, hat eine eigene Existenz, mythisch gesprochen: in der vorgeburtlichen Zeit hat sie als körperlose die Ideen rein erschaut. Sie wird in der Geburt mit dem Körper verbunden, und muß nun im Leben danach trachten, sich vom Körperlichen zu lösen. Die Philosophen sollen sich bemühen zu sterben; wenn sie sich vom Körper und dessen Bedürfnissen und Genüssen abwenden, bereiten sie sich auf den Moment des Todes vor, in dem die Seele vom Körper ganz befreit wird.

Die Verhaltensweisen sind unter dem Aspekt der Leistung zu differenzieren. *Geistiges Sehen* ist ein sich sammelndes Konzentrieren auf reine Gestalten, es ist aktiv. *Sinnliche Bezüge* sind unmittelbar triebhaft, sie sind affektiv. Im triebhaften Verhalten regiert der Körper. Streng genommen aber kann der Körper gar nicht als solcher begehren, wünschen und streben, sondern nur die Seele. Sie ist das, was im Menschen handelt, und zwar nicht nur, wenn der Mensch den Trieben entgegentritt, sondern auch, wenn er diesen Trieben *folgt*. Die Seele wird schlecht nicht durch die einfache Tatsache des Behaftetseins mit dem Körper, sondern nur, wenn sie sich dem Körperlichen von sich aus »hingibt«. Die Triebe sind, als und insofern sie nicht mechanisch, sondern ethisch betrachtet werden – dies ist ja Platos eigentlicher Ansatz –, als Kräfte der Seele anzusehen, und zwar einer Seele, die an den Körper gebunden ist.

Das bedeutet aber, daß die Ansetzung der Seele als eines *einfachen* Subjektes modifiziert werden muß durch *Differenzierung der Seele in sich selbst*. Die Seele muß so weit gefaßt werden, daß sie alle Handlungsmöglichkeiten des Menschen, also vernünftige und unvernünftig-triebhafte, umfaßt.

Plato legt in der »*Politeia*« eine entsprechende Einteilung der Teile der Seele vor. Er setzt den *vernünftig-überlegenden Teil* der Seele als obersten an. Ihm kommt die Weisheit, das heißt die Sicht der Ideen, zu. Hier wird der oben dargelegte Grundansatz deutlich, die Seele muß durch das Erkennen der Ideen in Ordnung kommen. Dieser Teil ist der Gegensatz zum *Begehrungsvermögen* und den *Affekten*. Daß Vernunft und Affekt nicht eins sein können, geht aus der Tatsache hervor, daß der Mensch den Affekten *entgegentreten* kann. Wenn der Mensch Durst hat, vermag er sich das Trinken zu versagen. Dies Versagen muß, so legt Plato dar, durch einen anderen Teil der Seele als den Teil, der durch die Begehrlichkeit bestimmt ist, bedingt sein. Es gibt also offensichtlich *zwei* Grundkräfte im Menschen, die auf zwei entgegengesetzte Teile der Seele zurückgeführt werden müssen. Plato setzt nun aber außer den beiden genannten noch einen dritten Teil an: das *Drangartige*. Das Drangartige ist von der Begierde zu unterscheiden, denn das Dranghafte entrüstet sich des öfteren gerade dann, wenn der Mensch den Begierden und Trieben folgt. Auf der anderen Seite ist aber das Dranghafte auch nicht mit dem Vernünftigen identisch.

Plato bringt von seinem ethischen Ansatz her das Problem der Seele *als Einheit und Vielheit* in den Blick, wobei die Vermögen mit der soeben gegebenen Dreiteilung noch nicht voll erfaßt sind. Zur Seele gehört auch das *Unbewußte* und die dort hausenden Triebe, die den Menschen im Traum, also dann, wenn er selbst weitgehend als um sich wissendes Wesen ausgeschaltet ist, überkommen.

Auch hier zeigt sich wieder, daß alles Verhalten Selbstverhalten ist, insofern die Seele sich aus sich heraus steuert. Die Seele ist, so legt Plato immer wieder dar, ein *Zwischenwesen*. An sich den Ideen zugehörend, bewegt sie sich faktisch zwischen dem oberen und dem unteren Bezirk. Als nicht festgestellt kann sie, anstatt den vorgegebenen Weg, den Weg nach oben zu beschreiten, auch den Weg nach unten wählen. Sie wird sich dann aber auch in ihrem Wesen verändern. Plato erklärt im »Phaidon« – auf mythische Bilder zurückgreifend –, daß die Seele, wenn sie sich dem Körperlichen zuwendet, selbst schwer und irdisch würde.

Die Seele wird also nicht als freier Wille im Sinne des liberum arbitrium indifferentiae über die Ordnung gesetzt oder aus der Ordnung herausgenommen. Freilich: ihre Einfügung in kosmische Ordnungen ist keine Festlegung im Sinne einer Determination. Hier zeigt sich eine weitertreibende Problematik: *die Seele geht als Subjekt nicht in der Welt auf, sie kann die Rangordnung verkehren*. Gelänge ihr dies radikal, dann allerdings verlöre sie sich in das reine Nichtsein.

Es sei jedoch noch einmal betont, daß das Nichtfestgelegtsein der Seele nichts daran ändert, daß Plato an der griechischen Grundüberzeugung von der Vorgängigkeit der Ordnung vor jeder Subjektivität festhält und sie als Metaphysiker sogar verstärkt. Das sokratische Erbe, von dem her sich eine gewisse Möglichkeit eröffnet, das Nichtfestgelegtsein als Aussonderung der Subjektivität aus dem Seinszusammenhang zu deuten, wird durch den metaphysischen Ansatz, insbesondere durch dessen ontologische Fundierung, zurückgedrängt. Plato stellt den Gedanken der Objektivität als die unbezweifelbare Voraussetzung heraus, von der her eine Deutung der Welt und eine sichere Fundierung der Ethik allein möglich erscheint. Dies sei noch einmal kurz dargelegt.

Das Vorbild der *Objektivität* ist das *Ding*. Objekte sind Gegen-stände, aber sie gehen in diesem Gegenüberstehen nicht auf, weil sie für sich sind. Die Merkmale des Dings sind die folgenden: die Isoliertheit als Fürsichsein, die Begrenztheit als Vollendlichkeit, die Geformtheit als Verstehbarkeit und die unmittelbare Anschaulichkeit und Fasslichkeit im Bezug.

Die Vor-urteile, unter denen die Positivität des Seins gesehen wird, insbesondere das Insichruhen und die Unbetroffenheit, kommen nicht den Menschen zu und auch nicht der organischen Natur mit Ausnahme der Sternensphäre, die das Göttliche repräsentiert. Nun kommt aber ein Einwand: diese positiven Grundmerkmale werden gerade beim Ding nicht vollkommen erfüllt. Das Ding ist dem Verderben von außen her ausgesetzt, und es verfällt von der Ideensphäre her gesehen der radikalen Abwertung, die alles Sinnliche betrifft. Gleichwohl bleiben die am Ding herausgestellten Charaktere maßgebend und bestimmend für die Struktur der Ideenlehre.

Daß Plato die Ideen verdinglicht habe, daß die Vorstellung der Idee »nicht minder ontisch, dinglich ist wie der ihr entsprechende Gegenstand« hat *Graf Yorck* herausgestellt.[10] Yorck kennzeichnet das griechische Denken im ganzen als okulares Denken; hier wird nicht versucht, das Sehen abzuwerten, wie dies die christliche von der Willensvorstellung beherrschte Philosophie unternimmt. Das okulare Denken der Griechen ist, so Yorck, freilich in sich selbst problematisch. Die Ideen sind unsinnliche Gegenstände. Man sieht, so erklärt *Plotin*, der Schüler Platos, eigentlich nichts. Gleichwohl wird das Denken der Ideen als ein *vernehmendes Hinnehmen* interpretiert, bei dem man zur Ruhe kommt. Die positiven Seinsmerkmale sind eben im idealen Bereich erfüllt und erfüllbar.

Es ist für die Entwicklung der metaphysischen Ethik bedeutsam, daß dieser Grundcharakter des Idealen erhalten bleibt. Er wird zwar in der christlichen Epoche durch die personale Theologie modifiziert. Aber die maßgebende Voraussetzung, daß es das Gute, das Wahre und das Schöne gibt als ein von seinen Erscheinungen abgelöstes Sein, gilt weiterhin. Die Ethik macht sich sozusagen am Gedanken der Objektivität selber fest, denn nur von ihr her ist, so meint man, der Gegenzug gegen die Relativierung der Maßstäbe möglich.

Plato hat diesen Sachverhalt klar herausgestellt. Freilich ist sein Ansatz von Grund aus zweideutig. Die spätere Entwicklung zeigt, daß der Gedanke der Objektivität immer im Bezug zur Bestimmung der Subjektivität steht. Die moderne Platodeutung, faßbar im Werk von *Paul Natorp*, stellt die Ideen unter den Aspekt des Objektivierens und Ideierens, das heißt einer subjektiven Tätigkeit, die die idealen Gegenstände heraussehend setzt, deren Ort das Subjekt ist. Wir werden später auf diese Ansätze zu sprechen kommen. Jetzt sei nur darauf hingewiesen, daß bereits *Aristoteles* behauptet, daß Sokrates und Plato in die Irre gingen. Sokrates, so versteht ihn Aristoteles, hat auf dem Gebiet der Ethik, das ihn besonders interessierte, Definitionen zu erstellen versucht. Daß Sokrates im Sinne des Aristoteles wissenschaftlich vorgeht, das heißt Sachzusammenhänge logisch klären will, wird dabei als fraglos vorausgesetzt. Aber Sokrates hat das Allgemeine noch nicht abgetrennt, das hat erst Plato getan, der dies Abgetrennte Idee nannte. Aristoteles kritisiert diesen Ansatz. Am Anfang der »Nikomachischen Ethik« legt er dar, daß das Gute an sich ein Abstraktum sei, eine Form ohne Inhalt; achtet man auf den Inhalt, dann sieht man, daß das Gute sehr verschiedenartig zu bestimmen ist. Folglich gilt: »das Gute als etwas Gemeinsames im Sinne einer einzigen Idee gibt es also nicht«.[11]

Aristoteles denkt bereits gegenmetaphysisch vom faktischen Leben her, das in bezug auf seine Selbstverwirklichung aus den ihm eigenen Möglichkeiten zu verstehen ist, die zwar gestuft sind nach ihren Bezügen zu den verschiedenartigen Gütern, die aber allesamt konkret mit den Lebensvollzügen verbunden sind. Ein Aufstieg zu einem Guten *an sich*, das aller Relativität entnommen erst das Gutsein der jeweiligen Güter erkennen und bemessen läßt und solchermaßen den rechten Lebensvollzug garantiert, erscheint abwegig und unnütz.

IV. Vergleich zwischen der metaphysischen Ethik Platos und der Lebensweltethik des Aristoteles

Vorbemerkung

Die metaphysisch begründete Ethik und die Lebensweltethik gehen von differenten und gegensätzlichen Positionen aus. Gegen das Räsonnement, das die Lebenswelt zersetzt, muß die Ethik ausdrücklich gesichert werden, das ist aber nur möglich durch Rückzug in eine Überwelt: dies die Überzeugung der *Metaphysik*. Die Lebenswelt übersteht alle Krisen, sie ist das Reservoir, aus dem die Menschen von jeher lebten und leben werden: so die *Lebensweltethik*. Hier zeigt sich ein unterschiedlicher Ansatz, der für die Ethik im ganzen von entscheidender Bedeutung ist. Dies sei im folgenden aufgezeigt, indem wir die zwischen Plato und Aristoteles bestehenden Differenzen unter drei Aspekten aufzeigen: der Bewertung der Negativität, sodann der Bestimmung des Bezuges von Politik und Ethik und schließlich dem Verhältnis von Theorie und Praxis.

1. Zum Problem der Negativität

In der *Lebenswelt* erscheint Negativität nicht als eine selbständige Macht, die die Ordnung als solche umstoßen kann. Negatives Verhalten ist ein *Vergreifen* innerhalb der gegliederten Ordnung. Man wählt falsch, zieht das Geringere dem Besseren vor. Um dies zu vermeiden, ist es angebracht, daß man sich eine Haltung angewöhnt, die das Schickliche verwirklichend die Unterbietung und Überbietung zugunsten der *Mitte* ausschließt. Zudem zeigt der Blick auf die Wirklichkeit, daß die Menschen, jedenfalls innerhalb des Nahhorizontes und innerhalb bestimmter Gruppen, faktisch doch recht und schlecht miteinander auskommen. Das sind, so scheint es, Sachverhalte, die nicht abzuleugnen sind, wie auch immer man die hier leitenden Grundvoraussetzungen zu deuten versucht; ob man diese Sachverhalte dadurch erläutert, daß man auf das allgemeine Phänomen der Sittlicheit hinweist, das den Menschen als Menschen auszeichnet, oder ob man soziobiologisch das Miteinanderlebenkönnen als tierisches Erbe ansetzt – auch Tiere leben in artgemäßer Gemeinschaft nach geregeltem Komment – dies sind sekundäre Fragen.

In der *metaphysischen Ethik* dagegen wird der Gedanke der Negativität ausdrücklich. Man muß sich ihm stellen und ihn in mehrfacher Hinsicht bedenken, einmal unter formal-ontologischem Aspekt: die untere Welt ist Stätte der Unzulänglichkeit, Mangelhaftigkeit und unterliegt ständigen Wandlungen, gemessen an den wahren Seinscharakteren ist sie weniger seiend. Aber – das ist das Zweite, das es zu bedenken gilt – die obere und die untere Welt sind vergleichbar, insofern in der unteren Welt die obere Welt anwest. Die Negativität der unteren Welt ist ein Zurückbleiben hinter der wahren Welt. Gleichwohl kennt diese Ontologie aufgrund der Dualität eben doch eine Gegensätzlichkeit im Sinne einer Gegenmacht. Seele und Körper, Sinnlichkeit und Geistigkeit sind nicht nur dimensionsmäßig unterschieden; die untere Dimension strebt ihrerseits Herrschaft über die obere Dimension an. Dies ist, von oben her gesehen, die eigentliche Gefahr. Wenn sich das Untere durchsetzt, tritt das Negative als zerstörende Unordnung hervor; das zeigt sich im Tun des Tyrannen, er zerstört nicht nur andere, sondern auch sich selbst: seine Seele.

Die Möglichkeit der Verkehrung der Ordnung gründet in der *Nichtfestgelegtheit der Seele.* An sich gehört die Seele in die obere Welt, sie kann aber den Transzendenzbezug verleugnen. Im Gegenzug zur Lebensweltethik, in der der Mensch umgriffen ist und bleibt von den Ordnungen, innerhalb derer er irrt, setzt die metaphysische Ethik die Seele in ein dialektisch zweideutiges Verhältnis zu den Ordnungen. Auch wenn die Seele die Ordnung als solche nicht aufheben kann, so kann sie für sich selbst diese negieren. In diesem Sinne kommt ihr die Freiheit der Wahl zu.

Dies zeigt Plato in dem großartigen Schlußmythos in der »Politeia«. Im Zwischenstadium zwischen den Lebensvollzügen – Plato setzt hier die Seelenwanderung an – wählt der Mensch sich sein künftiges Leben. Er allein ist schuldig. Lapidar heißt es: »Die Schuld ist des Wählenden, Gott ist schuldlos«.[12] Diese Darlegung der Freiheit ist mythisch gestimmt – Plato selbst betont es. Gleichwohl ist ihr Sachgehalt hochbedeutsam. Hier liegt die erste Fassung der Theorie der intelligiblen Wahl vor, die wir bei Kant, Schelling und Schopenhauer wiederfinden. Sie soll dort die relative Beständigkeit des empirischen Charakters auf die Wahl des intelligiblen Charakters zurückführen und solchermaßen aufzeigen, daß es dem Menschen auferlegt ist, für sich selbst und sein Sein die Verantwortung zu tragen.

2. Zum Bezug von Politik und Ethik

Der Gegensatz zwischen dem Ansatz der metaphysischen Ethik und der Lebensweltethik tritt besonders hervor in bezug auf die unterschiedliche Einstellung Platos und des Aristoteles zum *Verhältnis von Ethik und Politik.* Daß das politische Verhalten für beide Denker zu den ethischen Grundthemen gehört, ist offensichtlich. Später, insbesondere in der Neuzeit, werden Politik und Ethik getrennt – dieser hochbedeutsame Sachverhalt wird zu diskutieren sein.

Es ist, will man Platos und des Aristoteles Einstellung zur Politik angemessen verstehen, zu beachten, daß Politik bei beiden Denkern unter dem Aspekt der *Innenpolitik* betrachtet wird, die Außenpolitik wird ausgespart – wenn wir einmal moderne Unterscheidungen anwenden wollen.

Daß Politik und Ethik zusammengehören, zeigt sich schon allein darin, daß beide eine Grundtugend: die *Gerechtigkeit* thematisieren. Man kann Gerechtigkeit als persönliche Haltung und als institutionelle Regelung unterscheiden. Es ist vom Aspekt der antiken Ethik her angebracht, nach der besten Verfassung eines Staates zu fragen, in dem Gerechtigkeit herrscht. Die staatliche Gerechtigkeit hat einen gewissen Vorrang. Sicher: man muß mit sich in Ordnung sein, wenn man mit anderen vernünftig zusammenleben will, aber das Sichordnen wird durch das Allgemeine vorgegeben.

Die Ethik kann, wie *Aristoteles* darlegt, sogar als ein Teil der Politik angesehen werden, weil sie die Maßstäbe des sittlichen Verhaltens, das Sicheinfügen in Ordnungen, die zeigen, »wie es sich gehört«, jedermann vor Augen führt.

Aristoteles erklärt, daß der Mensch vernunft- und sprachfähig und zugleich ein politisches Wesen sei. Der Mensch führt – das besagt ja die Bestimmung »Politik« – sein Leben in der *Polis.* Aristoteles legt dar, daß die Menschen, auch wenn sie keiner gegenseitigen Hilfe bedürfen, nach einer Lebensgemeinschaft streben. Er fährt fort: »Die Menschen treten auch um des Lebens selbst willen zusammen – denn vielleicht ist schon im Leben allein ein Teil des Guten zu finden – und erhalten die staatliche Gemeinschaft schon um des bloßen Daseins willen aufrecht«.[13]

Die beste Verfassung ist nach Aristoteles diejenige, die auf einen gemeinsamen inneren und äußeren Nutzen abgestellt ist. Tyrannis und Oligarchie scheiden aus, in der ersten wird nur der Vorteil des Monarchen, in der zweiten der der Reichen gewahrt, es wird nicht darauf geachtet, daß der Staat eine Gemeinschaft freier Menschen ist.

Für Aristoteles ist die Bestimmung des Menschen als eines politischen Lebewesens, das heißt die *Angewiesenheit auf die anderen*, entscheidend. Auf dieser Tatsache baut die Politik auf und nach ihr hat sie sich auszurichten. Die Politik hat ebensowenig wie die Ethik überzogene Vorstellungen und Forderungen aufzustellen, Aristoteles erklärt, in der Ethik und in der Politik gelte der Grundsatz zu Recht, daß das glückliche Leben ein Leben gemäß unbehinderter Tugend und die Tugend eine Mitte ist, eine Mitte, die für jeden zu erreichen ist.[14]

Anmerkung: Auch Aristoteles stellt das Phänomen der *Aufhebung der Ordnung* in praktischer und theoretischer Hinsicht in seiner Politik heraus. Er weiß um die Wirkung des sophistischen Räsonnements. Seine Schilderung der Lebenswelt steht direkt und indirekt im Gegenzug zu den Sophisten, Sokrates und Plato, das heißt, er bezieht sich kritisch auf alle ihm vorausgehenden philosophischen Positionen. Aristoteles steht ja am Ende des klassischen Griechentums. Darin liegt ein bedeutsamer Hinweis auf die Konstruktionsmöglichkeit der Lebensweltethik. Diese Ethik braucht nicht unbedingt von der Schilderung einer frühen Stufe, die durch Ursprünglichkeit und Unmittelbarkeit gekennzeichnet wäre, auszugehen. Die Lebensweltethik kann auch als Gegenzug gegen die Zersetzung der Ordnung verstanden werden. Gerade der geschichtliche Verlauf zeigt, daß in der Tat der Gedanke der Lebenswelt immer wieder als Gegenposition gegen negative Theorien des politischen Lebens aufgeboten wird. –

Platos philosophische Betrachtung der Politik geht von der Überzeugung aus, *daß alle Staaten faktisch in Unordnung seien. Der berühmte siebente Brief* sagt dies deutlich. Plato erklärt: »Einst als ich jung war, erging es mir wie ja vielen: ich gedachte, sobald ich erst mein eigener Herr wäre, stracks an die Geschäfte der Staatsgemeinde zu gehen«. Es traten nun aber widrige Umstände ein, die Plato vom direkten politischen Handeln abschreckten, er spricht vom Ekel, der ihn veranlaßt habe, sich vom Verderben zurückzuziehen, insbesondere der Tod des Sokrates ist die negative Ursache in bezug auf das Handeln. Plato erklärt: »So geschah es denn, daß mich, der ich anfangs so großen Trieb in mir verspürt hatte, zu wirken an dem gemeinen Wesen, schließlich ein Schwindel überkam, wenn ich auf diese Dinge blickte und alles ganz und gar dahinstürzen sah. Ich ließ zwar nicht ab, Betrachtungen darüber anzustellen, wie es besser werden könnte in eben diesen Dingen und überhaupt mit dem ganzen Staatswesen ... Und so fand ich mich denn gezwungen mit einem Preise auf die echte Philosophie auszusprechen, daß allein von ihr aus möglich sei, was im Staat gerecht ist und im Leben des Einzelnen, all dies zu erkennen. Also würden ihres Elends kein Ende finden die Geschlechter der Menschen, ehe nicht das Geschlecht derer, die echt und wahr philosophierten, zur Macht im Staate käme oder aber das der politischen Machthaber durch irgendwelche göttliche Fügung wirklich zu philosophieren begönne«.[15]

Wir wollen jetzt nicht den Aufbau der platonischen Philosophie der Politik, wie ihn Plato in der »Politeia« und den »Gesetzen« entwickelt, darlegen, sondern einige der Grundgedanken aus der Politeia hervorheben.[16] Wesentlich ist ein Doppeltes: die Ordnung des Einzelnen und die Ordnung des Ganzen sind dialektisch verbunden. Die

Grundstruktur der Ordnung aufzudecken, vom Prinzip des Seins, der *Idee des Guten*, her, ist Sache der Philosophen. Sie allein sind in der Lage, die Menschen und die politischen Verhältnisse zu bessern. Die Philosophen haben ja das Schöne, Gute und Gerechte in Wahrheit gesehen und nicht in der verzerrten Form des Scheins, wie es hier begegnet. Und diese Sicht der Ideen soll das politische Tun bestimmen. Der Philosoph blickt auf das Geordnete, so wird er selbst geordnet, und dies besagt, er kann seinerseits ordnen, das heißt bilden.[16]

Dieser Ansatz zeigt, daß Plato wohl durchaus an eine Realisierung seines Entwurfes gedacht hat. Die Verwirklichung ist außerordentlich schwierig, sie ist nicht einmal wahrscheinlich, indessen ist sie auch nicht grundsätzlich unmöglich. Es ist nun aber zu beachten, daß das ontologische Grundgefüge keineswegs den Erfolg des Tuns gewährleistet. Das Gute wird nirgends als Garantie für das Gelingen des Polisentwurfes angesetzt. Sicher: Plato behauptet, daß es das weltgestaltende Prinzip ist, aber die politische Realität entspricht nicht diesem Prinzip. Sokrates, der einzig Gerechte, ist in der politischen Welt gescheitert. –

Es ist nicht ganz leicht, *die Analysen Platos und des Aristoteles miteinander zu vergleichen*. Obenhin scheint der Sachverhalt klar zu sein. Aristoteles' Ethik, die ja allgemein als realitätsbezogen und lebensnah gilt, ist offensichtlich doch allen Entwürfen überlegen, die konstruktiv und spekulativ ansetzen und den Menschen umwandeln wollen oder ihn zumindest unter Sollensforderungen stellen, von denen zu fragen ist, ob er sie überhaupt erfüllen kann. Die metaphysische Ethik erscheint vom Gesichtspunkt der Lebenswelt her gesehen realitätsfern. Sie beruht ganz und gar auf der Vorstellung einer indirekten Vermittlung. Man muß erst in die Ideenwelt aufsteigen, wenn man die politischen Verhältnisse verbessern will. Aber es ist doch außerordentlich problematisch, ob auf Grund eines solchen Umweges das politische Leben zu ordnen ist.

Aber ist, so wäre zu fragen, nicht das Bild der Politik, von dem Plato ausgeht, der Realität angemessen? Hat nicht Plato, wenn er die politischen Zustände seiner Zeit schildert, das heißt auf Parteienkämpfe, Propagandamanöver und Machtstreben gegensätzlicher Gruppen hinweist, die politische Dimension angemessen gekennzeichnet? Gerade diejenigen, die später Ethik und Politik trennen, haben die platonische Schilderung bestätigt.

Selbst wenn man Platos eigene Lösung der politischen Praxis als unrealistisch ansetzt – dafür sprechen, wenn man die geschichtliche Entwicklung bedenkt, gute Gründe –, so hat Plato doch klar erkannt, daß der einzelne, der die politische Situation bedenkt, sich nicht ohne weiteres mit dem Gegebenen abfindet und in die vorhandenen Gemeinschaften einfügt. Dies Problem ist ja bereits durch die Sophistik wachgeworden: der einzelne kann sich aus den Bindungen herauslösen und sich diesen gegenüber kritisch einstellen.

Die *Spannungen zwischen dem einzelnen und der politischen Gemeinschaft* können vielfältiger Art sein. Wenn das Verhältnis zum Ganzen gestört ist, so kann dies dazu führen, daß der einzelne sich vom Staat zurückzieht in die Sphäre reiner Moralität, in der Überzeugung, daß die politische Sphäre gar nicht in Ordnung zu bringen sei, weil sie auf außerethischen Fundamenten beruhe. Der einzelne kann sich aber auch Gedanken machen, wie der Staat, gerade wenn man die ihn bestimmenden außerethischen Faktoren in Rechnung stellt, zu ordnen sei. Von einer solchen Fragestellung sind die Vertragstheorien der Neuzeit bestimmt. Sie gehen von der Überzeugung aus, daß man, soweit möglich, auf die Argumentation mit Hilfe der Vernunft setzen solle. Die Vernunft ist hier aber nicht mehr im metaphysischen Sinne als Zugang zur oberen Welt zu verstehen, sondern als ein verbindendes Medium, das allen Menschen zukommt. Im kommunikativen Diskurs sollen die verallgemeinerungsfähigen Interessen miteinander in Einklang gebracht werden – wie dies die moderne Diskursethik darlegt.

3. Zum Verhältnis von Theorie und Praxis

Daß *Aristoteles* als erster Philosoph innerhalb der Philosophie eine Abgrenzung bestimmter Gebiete voneinander durchführt, ist bekannt. Aristoteles ist der eigentliche Erfinder der Ethik als einer Sonderdisziplin der Philosophie. Aristoteles vollzieht diese Differenzierung aus ontologischen Gründen, die nicht mehr metaphysisch abgestützt sind, auch wenn Aristoteles selbst die Metaphysik durchaus nicht negiert, sondern sie zum Schlußstein seines Systems setzt. Für *Plato* ist die Metaphysik dagegen eine alles Verhalten bestimmende Größe. Der Philosoph geht über das ethische Gebiet im engeren Sinne, in dem es um die Bestimmung der einzelnen Tugend geht, hinaus; er muß das Gute als kosmologische Wirkungsmacht erkennen. Nur wer das Gute erschaut hat, vermag – wir wiesen darauf hin – das Leben zu ordnen. Das Höhlengleichnis in der »Politeia« zeigt die Notwendigkeit dieses Umweges eindrücklich auf. Die Unterschiede, die zwischen den beiden Denkern hier sichtbar werden, seien nun ein wenig genauer dargelegt.

Aristoteles unterscheidet *theoretische* und *praktische Einsicht*. Die Struktur der Theorie ist nur verständlich, wenn man den Vorrang der Welt und ihrer Ordnung anerkennt. Die Welt ist gegliedert in verschiedene Seinsbereiche, diese Gliederung gilt es zu erkennen und als feststehend anzuerkennen. Theorie bedeutet Einsicht im Sinne der Hinnahme des Seienden, so wie es sich zeigt. Wenn man Erkennen in Wahrnehmung und Denken unterteilt, so ist nicht nur das Wahrnehmen, sondern auch das Denken ein Vernehmen. Wenn Gott als reine Vernunft bestimmt wird, so besagt dies, daß Gott sich als das höchste Vernehmbare durch die höchste Tätigkeit, eben das reine Vernehmen, auf sich selbst bezieht. Hier wird klar, daß Erkennen und Denken ihren eigentlichen Möglichkeiten nach anschauendes Hinnehmen sind.

Die Philosophie ist für Aristoteles, wie schon angedeutet, eine Wissenschaft, die den Unterschieden des Seienden und seinen möglichen Betrachtungsweisen gemäß in verschiedene Disziplinen zerfällt. Es gibt Seiendes, das Gegenstand mehrerer Disziplinen ist. Das vorzügliche Beispiel einer solchen vielfältigen Betrachtung ist der *Mensch*. Er muß in der Biologie, der Psychologie, aber ebenso in der Ethik und der Theologie thematisiert werden – wir setzen moderne Begriffe der Wissenschaftseinteilung an, die der Sache und zum Teil der Bezeichnung nach aber auf Aristoteles zurückgehen.

Der Mensch ist Gegenstand der *Biologie*, weil er ein natürliches, das heißt ein beseeltes Seiendes ist. Als solches ist er aus Stoff und Form geeinte Einzelheit, der die Möglichkeit der Bewegung zukommt. Stoff und Form bilden im Lebendigen eine innige Einheit. Die *Seele* wird als Form dieser Einheit bestimmt. Sie ist kein dingliches Etwas, das im Körper vorhanden ist, sondern sie ist das *Prinzip der Lebendigkeit* eines Körpers. Es gibt der Ausgestaltung der Lebendigkeit entsprechend verschiedene Seelenvermögen, so – um nur summarisch anzudeuten – das Ernährende, das Erstrebende, das Wahrnehmende. Die von der Biologie herausgestellten Vermögen sind aber nichts spezifisch Menschliches, d. h. nichts, was dem Menschen als Menschen zukommt. Diese Vermögen sind auch den *Tieren* eigentümlich.

Der Mensch unterscheidet sich vom Tier dadurch, daß er *Vernunft* hat. Daß die Vernunft beim Menschen nie rein ist, wurde schon mehrfach dargelegt. Der Mensch als ganzer ist ein Zwischenwesen zwischen Gott und Tier: *animal rationale*. Diese Bestimmung bleibt – das ist auch für die Ethik wesentlich – bis ins 19. Jahrhundert maßgebend.

Die Betrachtung der äußeren Natur ist Sache der *Physik*. Natur ist eine sinnhafte Ordnung, die einsichtig und verstehbar ist. Theorie im Sinne der Wissenschaft sieht zunächst auf das hin, was sich anschaulich darbietet und sucht es zu begreifen. Aristoteles muß für diese Betrachtung Kategorien bereitstellen. Sie sind in der Seinsordnung vorgegeben, so die Unterscheidung zwischen Möglichkeit und Wirklichkeit.

Die *theoretische Philosophie* ist eine umfassende *kosmologische Ontologie*. Sie thematisiert Tiere, den Menschen, aber auch den Gott. Ihre Regionen reichen von den Elementen bis zum Sternhimmel, den der Gott bewegt. Verglichen mit ihr ist die *praktische Philosophie* ein eingegrenzter Bereich. Sie umfaßt die Lebenswelt als das, was sich verändert, aber nicht in natürlichem rhythmischem Wechsel, sondern durch menschliche Tätigkeit.

Die Bestimmung des *Handelns* wird durch die Gliederung der Seele vorgegeben. Aristoteles unterscheidet drei Teile der Seele, einen Teil, der ganz ohne Logos ist – das vegetative Leben –, einen Teil, der den Logos hat – die Vernunft – und einen aus beiden gemischten Teil, dieser Teil ist nicht vernünftig, er kann aber auf die Vernunft hören. Gerade mit diesem Teil hat es die Ethik zu tun, deren Ziel es ist, die Begierde durch Gewöhnung auf die Vernunft *umzustellen*, so daß man sittlich handelt.

Wir haben oben die hier maßgebenden Grundstrukturen herausgestellt, insbesondere die Bindung an die Gewöhnung und die Beachtung des Tunlichen. Es zeigt sich, daß auch in der Menschenwelt Ordnungen vorgegeben sind, die aber nicht von einer Überwelt oder einer Sollensethik her fundiert zu werden brauchen.

Es ist aber bei den Analysen, die Aristoteles gibt, im Gegensatz zu Ansätzen der gegenwärtigen praktischen Philosophie, darauf zu achten, daß Aristoteles die ethischen Tugenden von den dianoetischen Tugenden, Wissenschaft und Weisheit, die er zur Praxis rechnet, abgrenzt. Die Wissenschaft stellt fest, was es gibt, und über der Wissenschaft steht die Weisheit: sie ist stetige Tätigkeit, nicht mehr von der Lebensnot bestimmt und genügt sich selbst.

Innerhalb des Handelns unterscheidet, wie schon angedeutet, Aristoteles *Praxis* und *Poiesis*. Diese Unterscheidung ist nicht nur für seinen Ansatz, sondern auch für die weitere Entwicklung, in der sie aber wesentlich modifiziert wird, von hoher Bedeutung. Sie wird aber nur verständlich auf dem Hintergrund oder besser gegen den Ansatz des Sokrates und Platos. Dieser Ansatz muß hier also noch einmal kurz unter dem Aspekt dieser Unterscheidung diskutiert werden.

Die platonischen Frühdialoge, die sogenannten *Tugenddialoge*, die sich um die Erfassung einer Tugend bemühen, tragen auch den Namen: aporetische Definitionsdialoge, weil dies Unterfangen mißlingt. Man muß sich fragen, worin dies Scheitern begründet ist. Wir sind diesem Problem bereits oben nachgegangen und haben eine Antwort in der Tatsache gefunden, daß die Seele nicht durch ein technisches Verfahren gebessert werden kann: in der Seele ist Besorger und Zubesorgendes eins, der Abstand fehlt, in dem der Handwerker ein Werk herstellt, das ihm äußerlich bleibt. Gleichwohl wiesen wir darauf hin, daß Seele und Ding in einer gewisen Analogie stehen. Es gibt für beide eine Wesenserfüllung, die es wissend herauszustellen gilt. Die *Technik ist das Vorbild*, das ist ein ganz entscheidender Sachverhalt, der zunächst durch die christliche Anthropologie zurückgedrängt wird, der aber in der Neuzeit, insbesondere im nachidealistischen Zeitalter der Verwissenschaftlichung und Technisierung, eine bestimmte Wiederbelebung erfährt. Freilich steht diese unter andersartigen Aspekten: es gibt keine beste Verfasssung mehr, die ein für allemal feststeht. Gleichwohl bleibt das Ideal der Techne, das heißt das Ideal des *Bescheidwissens* und *Herstellens* maßgebend.

Man muß die betreffenden Stellen in der »Apologie«[17] ernst nehmen, in denen die Techniker gegen die Politiker und die Dichter von Sokrates positiv bewertet werden. Sie können von ihrem Gebiet Rechenschaft ablegen und können andere belehren. Ihr Fehler ist es ja nur, daß sie das auf ihrem spezifischen Gebiet gültige Regelverfahren auf andere Gebiete ausdehnen. Diese Stelle ist *zweideutig*. Auf der einen Seite weist sie auf die Tatsache hin, daß es keine Techne des Lebens gibt, durch die die Sorge um die Seele zu regeln sei. Auf der anderen Seite muß aber doch anerkannt werden, daß das Technemodell hochgeschätzt wird. Kunst und Kunde sind nicht geschieden, es geht um ein Wissen, das Lenken und Bewältigen ist und sich in den Dienst bestimmter Zwecke stellt. Sokrates deutet ja die Möglichkeit einer königlichen Kunst an, in der die einzelnen Künste in einem Rangverhältnis stehen, das in der Kunst des Lebens festgemacht wird.[18]

Daß dies Ideal in den Frühdialogen nicht erreicht wird, ist offensichtlich. Aber wenn man Platos Philosophie vom Gesichtspunkt einer möglichen *Gesamtkunst* her betrachtet, so ist kaum zu leugnen, daß Plato als Verfasser der »Politeia« der Überzeugung ist, daß die Philosophen über eine solche Kunst verfügen. Die Philosophen wissen Bescheid, sie können und müssen Erzieher sein, die die unteren Schichten belehren, so die Soldaten über das, was sie zu fürchten und nicht zu fürchten haben, die Ansicht über das zu Fürchtende wird ihnen beigebracht »durch Gesetz und Erziehung«. Plato behauptet ausdrücklich, daß das Sichauskennen, wäre es von Natur da, wie bei Tieren und Sklaven, keine Arete wäre. Daß aber diese Ansicht anerzogen werden kann, das setzt eben voraus, daß es die Elite der Gesetzgeber gibt, die sich wirklich auskennen. In der »Politeia« befindet sich ein Abschnitt, in dem Sokrates darlegt, daß es das Ziel der Philosophie sei, die Kenntnis von allem Seienden zu gewinnen: der Philosoph »hört nicht auf in seinem Streben, bevor er das, was jegliches Ding selbst ist, in seinem Wesen erfaßt hat«.[19] In einem solchen umfassenden Wissen ist das Ideal der Techne »aufgehoben«. Das bloß technische Herstellen ist ausgeschlossen, die Möglichkeit aber, durch *Wissen das Leben ordnen zu können*, wird herausgestellt.

Diese Möglichkeit gründet in der *Metaphysik*. Die Metaphysik ist eine Art der indirekten Vermittlung. Durch die Kenntnis der Ideen, insbesondere der Idee des Guten, kann man grundsätzlich das Leben hier in die Hand bekommen.

Von der Idee der Teilhabe her wird – dies nur am Rande – der Handwerker aufgewertet. Er ist an die Idee gebunden und verwirklicht sie im Irdischen. Der Handwerker ist kein freier Erfinder wie der Künstler, der die Wirklichkeit verfälscht.

Der Bezug ethischer und metaphysischer Ansätze zum Technemodell wird bei *Aristoteles*, dem Schöpfer der Ethik als einer Sonderdisziplin, aufgegeben. Ethik als Handeln ist von der Technik als Herstellen und Machen getrennt. Beide sind aber insofern vergleichbar, als sie aktive Tätigkeiten des Menschen sind. Sie stehen im Gegensatz zur theoretischen Tätigkeit, der Wissenschaft und der Weisheit, die das Seiende hinnehmen, wie es ist. Man kann mit gewissem Recht sagen: Praxis und Poiesis *lockern* den Bezug zur vorgegebenen Welt, insbesondere der Natur. Die *Praxis* konstituiert sich als Lebenswelt, die sich aus dem Naturzusammenhang ausgesondert hat, insofern sie es mit der Menschenwelt zu tun hat, die »vordringlich« ist, denn in der Welt des Miteinander vollzieht sich unser Leben. Das *Machen* bewegt sich vorwiegend im Bereich der äußeren Lebensfürsorge. Aristoteles wertet die Techne aber keineswegs ab. Sie ist sehr weiträumig. Sie schafft *Werkzeuge* und mit deren Hilfe dem Menschen *nützliche Dinge*. Der Mensch ist ja von Natur aus nicht gut ausgestattet – man denke an den Mythos in Platos »Protagoras«, in dem die Kunst als Ausweg für die Menschen, die von Natur schlecht weggekommen sind, eingesetzt wird: die Menschen haben eben nicht wie die Tiere Instinkte, von denen sie sicher geleitet werden. Die Technik kann aber auch, wie Aristoteles zeigt, *Kunstwerke* herstellen, sie ahmt dabei nach und ergötzt durch die Nachahmung. Aristoteles hat in seiner *»Poetik«* diese Möglichkeiten eindrücklich in ihrer vielfältigen Struktur dargestellt. Die Poetik hat aber keinen direkten Bezug zur Ethik, Poesie ist nur Spiel.

Wesentlich ist für beide Möglichkeiten, das Herstellen und die Dichtung, daß sie weltgebunden sind. Die handwerkliche Kunst bleibt am Naturgegebenen orientiert, sie vervollkommnet dessen Struktur: der künstlich hergestellte Tisch ist besser als ein zufällig gefundener Stein, den man als Tisch benutzt. Auch die nachahmende Kunst bleibt am Faktischen orientiert: die Fabel kann vom wirklichen Geschehen abweichen, aber sie muß wahrscheinlich erscheinen.

In beiden Fällen tritt aber – das ist zu beachten – die Tendenz hervor, eine zweite künstliche Welt zu erstellen. Die Technik umgibt – dies wird heute überall sichtbar – den Menschen mit Erzeugnissen, die ihn der natürlichen Welt entfremden. Und die Kunst ist ein Bildmachen, das von Phantasie und Einbildungskraft geleitet sich als ein Vorgang der Entwirklichung vollzieht.

Für Aristoteles bleibt aber die Poiesis der *Praxis*, die das Leben bestimmt, untergeordnet. Sie wird von der Praxis umgriffen, sie vermag daher nicht, die Lebensvollzüge zu versachlichen und zu technisieren. Diese sind sui generis.

V. Die Sorge um die Seele als vordringliche Aufgabe der Ethik. Sokrates

Daß die ethischen Grundeinstellungen mit dem Gegensatz von Lebensweltethik und metaphysischer Ethik nicht erschöpft sind, zeigt sich darin, daß es ethische Konzeptionen gibt, die nicht von dem Gegensatz der Lebenswelt zur metaphysischen Ethik erfaßt werden können. Es sind dies insbesondere Positionen, in denen der Gedanke der *Subjektivität* hervortritt und sich für die Ethik als bestimmend erweist.

Die Ethik vom Aspekt der Subjektivität her zu erfassen, ist ein vieldeutiges Unternehmen. Die sich hier eröffnenden Möglichkeiten sind in theoretischer und praktischer Hinsicht außerordentlich differierend. Ganz wesentlich ist der Unterschied, ob sich die Subjektivität als endliches und vereinzeltes Subjekt versteht, das mit der Welt nicht zurechtkommt oder ob sie sich als absolute Subjektivität ausgibt, die die Weltbezüge allererst »setzt«.

Wir thematisieren jetzt zunächst die erste Möglichkeit; ihr Merkmal ist es, daß in ihr die Bestimmung der Gebrochenheit des Weltbezuges betont wird, aber dies kann in sehr differenten Formen geschehen. Vom praktischen Aspekt her wäre hier zum Beispiel auf die *Askese* hinzuweisen, die ein Einzelner für sich aktualisiert, auf Grund einer bestimmten Einstellung zur Welt im Ganzen, die sich als Weltenthaltung und Rückzug auf sich selbst kennzeichnen läßt. Man denke an die *Kyniker*, aber auch, um ein modernes Beispiel zu nennen, an *Schopenhauer*. Ein solcher Rückzug kann aus sehr verschiedenen Motiven abgeleitet werden; er kann sich als Autarkie darstellen, die praktisch eingeübt werden muß, oder grundsätzlich metaphysisch vermittelt sein, wie bei Schopenhauer, der seine negative Weltsicht aus der Weltstruktur, dem in sich widersprüchlichen Willen, erklärt. Es gibt aber auch ganz andere Positionen, die für die Ethik unter dem Aspekt der Subjektivität wichtig sind. Man denke an *Descartes'* »vorläufige Ethik«, die er für sich selbst aufstellt, oder an *Kierkegaards* Existenzdialektik. Wir werden später auf diese Positionen eingehen.

Daß wir *Sokrates* unter dem Aspekt einer Ethik behandeln, die den Gedanken der endlichen Subjektivität betont, und ihn nicht als Vorbereiter der platonischen Metaphysik thematisieren, besagt natürlich nicht, daß ein solcher Zusammenhang geleugnet werden soll. Er wurde im vorausgehenden ja mehrfach erörtert. Jetzt suchen wir Sokrates für sich, sogar in gewissem Gegenzug zu Plato, zu interpretieren. Es sei angemerkt, daß es für uns aber nicht darum geht, einen Beitrag zur vielbehandelten Frage nach dem historischen Sokrates zu liefern, sondern um die Erhellung einer *bestimmten ethischen Position*. Wir greifen zu diesem Zweck insbesondere auf die platonischen Frühdialoge zurück.

Wenn wir Sokrates vom Gedanken der Subjektivität her zu erfassen suchen, so stellen wir ihn in eine Nähe zur Sophistik, in der erstmalig die Subjektivität ins Zentrum tritt. Sokrates unterscheidet sich aber von der zersetzenden Reflexion und dem Räsonnement der Sophistik in einer wesentlichen Hinsicht. Sokrates will etwas *Sicheres* und *Festes* finden, woran er sich halten kann. Er betreibt das Geschäft des Philosophierens nicht aus Freude an reiner Negativität. Sokrates setzt die Subjektivität also nicht zum Maßstab und nimmt sie nicht aus dem Ordnungszusammenhang heraus.

Kierkegaard, auf dessen Sokratesdarstellung wir noch eingehen werden, hat diesen Sachverhalt dialektisch ausgelegt. Er hat ihn gegen die Möglichkeit, Subjektivität als Freiheit im Sinn der Willkür zu verstehen, abgegrenzt. Kierkegaard legt seinen Satz, daß die Subjektivität die Wahrheit sei, durch Rückgriff auf Sokrates als den Prototyp des subjektiven Denkers aus. Der subjektive Denker reflektiert über sich als den, der das Ewige erkennen will, er begreift aber, daß er das Ewige nie erreichen kann, weil er selbst ein endlicher Mensch ist. Das Streben ist also der einzig mögliche Bezug zum Ewigen und als solches muß es ausdrücklich ergriffen werden. Sokrates will allgemeine Verbindlichkeit, aber er will sie ja nicht spekulativ in der Überwelt begründen, weil er sich als ein endlich Existierender versteht.[20]

Die Entdeckung der *Unsicherheit* und das relative Festhalten am Wissen um die *Endlichkeit*, das nicht in sophistischer Manier vorschnelle Lösungen zu bieten vorgibt, stellt ein entscheidendes Novum in der Geschichte des Geistes dar. Wir verdeutlichen dies durch einen Hinweis auf den Zusammenhang der problematisierenden Reflexion mit der Möglichkeit des *Irrtums*. Das Problem des Irrtums hat Sokrates und Plato in ihrem Philosophieren immer wieder bedrängt.

Der Irrtum ist ein vorzügliches Paradigma für die Situation der Gebrochenheit des menschlichen Weltbezuges. Im Irrtum zeigen sich Freiheit und Endlichkeit zugleich. Der Irrtum gehört zum Erkennen und zum Handeln. Er ist unvermeidbar: wir sind nicht in das Ganze des Seins eingeweiht. Sich irren können ist ein Zeichen des Verhängnisses;

kein Gott kann irren, er ist an die Wahrheit gebunden. Aber Irren ist der *Kaufpreis der Freiheit* als einer Aufhebung der unmittelbaren Eingebundenheit in die Welt: So läßt sich von einem biologischen Ansatz her, durchaus exakt und sinnvoll zugleich, argumentieren. Auch Tiere irren sich, und wie sie vermögen wir aus dem Irrtum zu lernen. Die ganze Entwicklung der Natur ist als ein Experiment zu verstehen, das auf dem Gesetz von *Versuch und Irrtum* beruhend sich als »Fortschritt« erweist: wir sind auf Grund unserer Freiheit aber in weit höherem Maße »irrtumsfähig« als die Tiere, wir können *problematisieren*, im Gegensatz zum Tier.

Die *philosophische Begründung* des Irrtums, die die Tradition gibt, kommt mit dieser biologischen Deutung überein: der Mensch ist *nicht festgelegt*. Seine Freiheit ist aber seine Endlichkeit: der Mensch kennt sich nicht aus. *Plato* stellt im Einklang mit dem griechischen Bewußtsein, wie es sich insbesondere in der klassischen Tragödie aussagt, heraus, daß Irrtum ein nicht gewolltes Sich-Vergreifen ist. »Niemand fehlt freiwillig« erklärt der platonische Sokrates. Jeder will das Gute als das Nützliche, nur ist das Unwissen nicht zu vermeiden und aus ihm heraus wählt man das Verkehrte. Theoretisch erläutert besteht der Irrtum, so legt Plato im *»Sophistes«* dar, darin, daß man *falsch verbindet*: das Eine für das Andere hält. Dies ist nur möglich, weil die Seinsauslegung dialektischen Bestimmungen untersteht. *Der gebrochene Weltbezug ist der Grund des Irrtums.*

Das theoretische Vergreifen ist ebenso wie das Sichversehen in praktischer Hinsicht nicht vom freien Willen bestimmt. Wenn Sokrates das Irren als unfreiwillig deklariert, dann ist er vom Ansatz Augustins, der besagt, daß der Mensch vom bösen Willen geleitet in sich verkrümmt sei, noch weit entfernt. Aber das ändert nichts daran, daß Sokrates weiß, daß er eben nicht im Besitz der Wahrheit ist. Von diesem Ansatz aus ist das Nichtwissen des Sokrates zu erörtern.

Das *Nichtwissen* des Sokrates ist regional zu differenzieren. Es bezieht sich zunächst auf Probleme der Naturphilosophie, von diesen hat Sokrates keine Kenntnis, er hält sie im Grunde auch für unnütz. Das Nichtwissen betrifft auch metaphysische Probleme wie die *Frage des Fortlebens.*[21] Ob der Tod ein Schlaf sei, oder ob man im Hades wie bisher weiterleben würde, vermag Sokrates nicht zu entscheiden. Ebensowenig kann er die Alternative auflösen, ob der Tod etwas Gutes oder ein Übel sei. Immerhin sei, so erklärt er, ein traumloser Schlaf etwas Wunderbares, und im Falle des Fortlebens könne er in der Unterwelt seine Prüfungen fortsetzen und zwar sehr berühmten Männern gegenüber, hier würde er nicht getötet. Die Ironie ist zweifach: auch die berühmten Männer würden ihm natürlich nicht standhalten, aber selbst wenn sie ihn aus Ärger töten wollten, so gelänge ihnen das nicht, denn im Totenreich gibt es keinen Tod. Sokrates ist, ob als Lebender oder als Toter, auf seine Aufgabe verwiesen, das heißt, die anderen zu prüfen und ihnen zu zeigen, daß sie nichts wissen, wenn es um Probleme des richtigen Lebens geht. Im Gegensatz zu diesen anderen weiß Sokrates um sein Nichtwissen und deswegen ist er weise.

Die *Ironie* des Sokrates tritt in der Überführung seiner Gesprächspartner in den Tugenddialogen eindeutig hervor. Ihr vermeintliches Wissen wird zunächst positiv gewertet, Sokrates will unter Umständen von ihnen belehrt werden. Aber faktisch bringt er die anderen in Verlegenheit, ob es sich um sophistische Philosophen oder einfache Menschen handelt. Wissen heißt Rechenschaft geben, und das können sie nicht, wenn es um Fragen der Lebensführung und die Tugenden geht. Dies sind aber doch die eigentlichen wichtigen Fragen.

Die Abwendung vom Wissen um den Naturbereich und die Zuwendung zum menschlichen Bereich fallen zusammen. *Der ethische Aspekt wird mit der Wende zur Subjektivität entdeckt* und umgekehrt, aber in der Weise, daß Sokrates auch über diesen Bereich nicht Bescheid weiß. Dieses zweideutige Nichtwissen in bezug auf ethische Probleme ist genauer zu bestimmen. Sokrates geht es nicht um eine Grundlegung der Ethik als einer philosophischen Sonderdisziplin. Die Ethik des Sokrates ist vom Gedanken der Elenktik und der Protreptik bestimmt. Als solche richtet sie sich an den Einzelnen: er hat für sich, das heißt seine Seele zu sorgen. Die berühmte Stelle in der Apologie setzt einen Unterschied an zwischen dem, was zur Seele gehört, und der Seele selbst.[22]

Die *Entdeckung der Seele* als des zu Besorgenden ist eines der wesentlichen Ereignisse in der Geschichte der Philosophie. *Hegel*, dessen Darstellung des Sokrates unüberholt bleibt, erklärt, daß der Geist der Welt in Sokrates eine Umkehr vollzieht. Diese Umkehr charakterisiert Hegel als »inneren Neuanfang«. »Es beginnt hier die Reflexion des Bewußtseins in sich selbst, das Wissen des Bewußtseins von sich als solchem, daß es das Wesen ist . . .«.[23]

Will man die Dimension der Thematisierung der Subjektivität durch Sokrates angemessen verstehen, so muß man davon ausgehen, daß Sokrates das Problem des Selbstbezuges oder der Rückbezüglichkeit entdeckt, aber nicht theoretisch abstrakt, sondern vor allem unter ethischem Aspekt. »Ich bin immer mit im Spiel«, genauer »Ich stehe auf dem Spiel«, denn es hängt von mir ab, was aus mir, das heißt aus meiner *Seele* wird. Die Sorge um die Seele wird von Plato primär in der Form des Appells thematisiert. Die philosophische Problematik des Selbstbezuges wird jedoch umständlich entwickelt, zum Teil in der Form von Umschreibungen.

Sokrates fordert in der »*Apologie*« einen jeden auf, nicht früher für irgend etwas von dem Seinigen zu sorgen, ehe er nicht für sich selbst gesorgt habe, wie er der beste und besonnenste werde. Die Unterscheidung des Selbst von dem, was zum Selbst gehört, wird im »Kriton« aufgenommen und radikalisiert. Der Körper wird gegen die Seele abgehoben – das Wort »Seele« fällt hier aber nicht. Sokrates fragt den Kriton, ob er mit einem verdorbenen Körper leben wolle. Kriton verneint. Daraufhin erklärt ihm Sokrates: »Allein, wenn jenes zerrüttet ist, soll es doch lohnen zu leben, was eben durch Unrechthandeln beschädigt wird, durch Rechthandeln aber gewinnt? Oder halten wir das etwa für schlechter als den Leib, worauf Gerechtigkeit und Ungerechtigkeit sich beziehen?« Kriton verneint dies, indem er erklärt, dasjenige, worauf sich Gerechtigkeit und Ungerechtigkeit beziehen, sei bei weitem edler.[24]

Auch die Einleitung zum »*Protagoras*« stellt den Selbstbezug durch Vergleiche heraus. Hier fällt aber das Wort »Seele«. In den Eingangspartien dieses Dialoges geht es darum, ob der junge Hippokrates seine Seele den Sophisten »übergeben« solle. Das ist gefährlich, denn die Seele betreffende Kenntnisse kann man nicht wie für den Körper bestimmte Speisen, nachdem man sie gekauft hat, in einem neutralen Gefäß nach Hause bringen und dort auf ihre Nützlichkeit untersuchen lassen. Die die Seele betreffenden Erkenntnisse nimmt man *unmittelbar* in der Seele auf und geht als ein Geschädigter oder als ein Nicht-Geschädigter von dannen. Die Seele selbst wird einige Sätze zuvor »definiert« als das, was weit höher als der Körper zu achten ist; in diesem Höheren, so heißt es, als in demjenigen, worin das Deinige ist, ist das Geschick des Menschen beschlossen. Wenn es selbst gut oder schlecht ist, so ist das Sein des Menschen *im ganzen* selbst als geglückt oder verdorben anzusehen.[25]

Und schließlich: in der »*Politeia*« wird ein sehr merkwürdiger Unsterblichkeitsbeweis aufgestellt. Es handelt sich um das Problem der Zerstörung. Sokrates legt dar, daß materielle Dinge jeweilig nur durch das ihnen spezifische Übel zerstört werden können, zum Beispiel das Eisen durch den Rost. Die Seele geht aber durch ihr spezifisches Übel – dies ist die Ungerechtigkeit – gar nicht zugrunde. Sie vermag nicht sich selbst loszuwerden, also ist sie unsterblich und wird durch den körperlichen Vorgang des Ablebens nicht betroffen. Deshalb muß sie selbst für ihr jeweiliges Leben sorgen.[26] Plato chiffriert diese Sorge im *Mythos*. Die Seele wählt in der Seelenwanderung, bevor sie ihr neues Leben beginnt, sich selbst ihr künftiges Schicksal. In bezug auf diese Wahl heißt es in äußerster Prägnanz: »Gott ist schuldlos, Schuld ist des Wählenden«. Auf diese Stelle wurde oben schon hingewiesen, um die Nichtfestgelegtheit der Subjektivität im Sein zu manifestieren.

Die Entdeckung der *Rückbezüglichkeit*, das heißt die Entdeckung, daß die Seele auf Grund ihres Selbstbezuges sich nicht objektiv und abständig distanziert erfassen kann, zeigt also deutlich, daß der Seele innerhalb des Seienden eine Sonderstellung zukommt.

Das Nichtwissen in bezug auf ethische Probleme und das Scheitern der Definitionsversuche in den Frühdialogen hat von hier aus gesehen hermeneutischen Sinn. Es ist gewollt. Es soll auf die einzigartige Struktur der Seele hinweisen, in bezug auf die Seele gibt es kein Wissen, das sich in neutralen allgemeinen Formeln unabhängig vom Selbstbezug aussagen ließe. Das besagt nicht, daß es keine Leitlinien für das Tun gäbe, durch deren Verwirklichung die Seele ihre beste Verfassung erlangen könnte. Aber diese Leitlinien sind eben noch nicht als Ideen für sich als eine zweite Welt gesetzt. Sokrates löst sie nicht vom Tun ab. Die Ethik konkretisiert sich deswegen immer in der Weise eines Appells.

Wenn man so will: die Ethik ist existentiell motiviert und fundiert. Aber die Existenz ist nicht der Ort weltloser Wahl, das heißt einer sich absolut setzenden Instanz, die sich von sich aus ohne Bindung im Sinne des modernen Existentialismus Sartres entscheidet. Die Ethik des Sokrates beruht auf bestimmten Voraussetzungen, von denen her sie direkt und noch stärker indirekt ausgerichtet ist. Der Bezug zur *Polis* bleibt für Sokrates bestehen. An der angeführten Stelle, in der in bezug auf die Sorge die Seele selbst und das, was zu ihr gehört, unterschieden wird, wird auch die Polis an ihr selbst von dem ihr Zugehörigen differenziert. Die Bindung an das reale Athen als Vaterstadt verweist auf die wahre Struktur der Polis.

Gleichwohl ist Sokrates auf sich zurückgeworfen in bezug zum faktischen politischen Dasein. Sokrates – das deutet Plato in der »Politeia« an – ist der Wunsch nicht fremd, die Welt, die im argen liegt, auf sich beruhen zu lassen und sich von der Politik zurückzuziehen. Die Haltung des Verzichts scheint angemessen, wenn man die Situation der Staaten bedenkt. Das großartige Bild, daß der Philosoph sich im Unwetter nur unter ein Mäuerlein stellen könne, bezeugt Resignation. Sehr realistisch erklärt Plato im Sinne einer situativen Handlungsorientierung, daß der Philosoph eigentlich nur das Seinige und nicht mit dem Seinigen auch das allgemeine Wesen retten könne.[27]

Vor allem: es bleibt eine gewisse Differenz zwischen der *Gerechtigkeit im Einzelnen* und der *Gerechtigkeit im Staat*, auch wenn Plato beide parallelisiert. Die Gerechtigkeit im Staat betrifft den Bezug verschiedener Personen und Klassen zueinander, durch den sie zu einem Ganzen vereint werden sollen. Die Staatsgerechtigkeit wird vom Staatslenker her in Szene gesetzt. In der Einzelseele ist der Selbstbezug entscheidend. Die Seele wird in eine Vielheit zerteilt, um diese Vielheit zur wahren Einheit allererst zu vermitteln. Der Widerstreit ist der Grund für die ethische Vermittlung. Begehren, Vernunft und Muthaftigkeit müssen miteinander vereint werden, denn Gerechtigkeit ist Einheit aus Vielheit und diese Einheit herzustellen, ist dem Menschen aufgegeben.

Hegel hat die Unterschiedenheit der Gerechtigkeit im Einzelnen und im Staat so ausgelegt, daß er der Gerechtigkeit im Staat einen eindeutigen Vorrang zusprach. Sie allein ist objektive Gerechtigkeit, das heißt allgemeingültig durch Institutionen und Rechtsprechung. Die Gerechtigkeit des Einzelnen hängt nicht nur von dessen Verhalten, sondern auch und vor allem von dessen Selbstverständnis ab, sie ist daher ein unsicherer Faktor.

Hier wird ein Problem wach, das die Entwicklung der ganzen Ethik durchwaltet: der *Gegensatz von Subjektivität* im Sinne von Einzelheit, Individualität, Gewissen und schöner Seele – mit Hegels Bestimmung gesprochen – *und Objektivität* im Sinne von verbindlicher Allgemeinheit institutionalisierter Ordnungen. Es ist offensichtlich, daß Sokrates ein radikales Auseinandergehen in Extreme noch nicht kennt. Für ihn bleibt der griechische Grundgedanke der teleologischen Ordnung bestehen, der Staat und Seele umgreift, aber eben in unterschiedlicher Weise: der Seele kommt ein gewisser Vorrang zu, insofern die Seele sich selbst ordnen kann und muß.

Von diesen Voraussetzungen her ist es für Sokrates durchaus möglich, einige ethische Grundeinsichten aufzustellen. Obenan steht die Einsicht, daß es unbedingt ein Übel sei, dem Bösen zu gehorchen. Und ebenso schändlich wäre es – Sokrates erklärt dies mit allem Nachdruck –, Unrecht zu tun. In diesem Zusammenhang fällt der berühmte Ausspruch, *daß es besser sei, Unrecht zu leiden als unrecht zu handeln*.. Diese Grundsätze beruhen auf der Gleichung vom Guten als dem Nützlichen und sie lassen sich beweisen. Einer, der unrecht tut, wie der Tyrann, gerät mit sich selbst in Unordnung, während der Unrecht Leidende, auch wenn man ihm schadet bis zum Tode, *in sich selbst* in Ordnung bleiben kann.

Diese Argumentation, daß Unrecht leiden besser sei als Unrecht tun und daß man nie anderen schaden dürfe, widerspricht der »natürlichen Ethik«, die sich in dem Grundsatz aussagt, daß es legitim ist, *dem Freund zu nützen und dem Feind zu schaden*. Diese Ethik der Lebenswelt und der natürlichen Sittlichkeit wird durch den Standpunkt der unbedingten Moral gebrochen. Sokrates leitet, wiewohl nicht bewußt, auf diesen Standpunkt hin, indem er über die goldene Regel, die die Wechselseitigkeit des Tuns sanktioniert, hinausgeht. Er wendet sich an den Einzelnen, dessen Tun wird in sich geprüft.

Sokrates ist ebensowenig auf eine reine Moralität wie umgekehrt auf eine Lebensweltethik festzulegen. Gleichwohl ist hier der dialektische Sachverhalt zu beachten: die Position des Sokrates, die von der endlichen Subjektivität ausgeht, steht indirekt zu anderen von ihr unterschiedenen Richtungen in Beziehung. Das gründet in ihrer Struktur. Die endliche Subjektivität ist faktisch und ideal immer auf Positionen bezogen, von denen her sie sich als *Ausnahme* im Sinn des *Gegenzuges* und der *Ergänzung* versteht, oder vorsichtiger: auf die sie indirekt im Rückgriff oder Vorgriff verweist. Es handelt sich im Falle des Sokrates *einmal* um die Fundierung der Ethik in einer metaphysischen Überwelt: es ist, so scheint es, philosophisch geboten, die Ethik fundamental abzusichern: Plato folgt dieser Tendenz. Es geht *sodann* um die Lebenswelt, zu deren Gesundung will Sokrates ja gerade das Seinige beitragen, Sokrates ist ja kein Skeptiker, der sich zurückzieht.

Gleichwohl wäre es verkehrt, Sokrates als eine Randposition zu den maßgebenden ethischen Ansätzen zu verstehen. Es ist kein Zweifel daran möglich: Sokrates ist und bleibt einer der wesentlichen Begründer der abendländischen Ethik, insofern er die Subjektivität *als konstitutives Prinzip* für das ethische Handeln entdeckt. Die Sorge für die Seele kann niemand dem anderen abnehmen, man ist für sich selbst und sein Tun verantwortlich. –

Wir schließen unsere Darstellung des Sokrates mit einem kurzen Hinweis auf die Charakterisierung des sokratischen Philosophierens durch *Kierkegaard* ab. Daß Sokrates nach Kierkegaard im Gegenzug zu Plato nicht spekulativ vorging, wurde oben bereits herausgestellt. Kierkegaard bietet Sokrates als Kronzeugen auf für seine Aussage, *die Subjektivität sei die Wahrheit.* Die Subjektivität wird von Kierkegaard nicht abstrakt bestimmt im Sinne Kants als transzendentale Apperzeption oder im Sinne Fichtes als absolutes Ich, sondern als konkretes endliches Individuum, das nicht objektiv zu erfassen ist und das auf Grund seiner Struktur auch nicht eine absolute Wahrheit – Kierkegaard sieht sie in Gott verkörpert – objektiv erwerben kann. Kierkegaard erläutert: nicht der Inhalt, sonder das Streben ist wesentlich. Das Streben strebt zu der objektiven Wahrheit hin, aber weil sie nicht erreicht wird, ist der *Rückwurf auf die Subjektivität*, eben als und insofern sie strebt, entscheidend. Kierkegaard erklärt: »In dem Satz: die Subjektivität oder Innerlichkeit ist die Wahrheit, liegt die sokratische Weisheit, deren unsterbliches Verdienst darin besteht, auf die wesentliche Bedeutung des Existierens geachtet zu haben, darauf, daß der Erkennende ein Existierender ist«.[28]

Sokrates betont die Subjektivität im Wissen, daß es paradox ist, etwas zu erstreben, von dem man erkennen muß, daß man es nicht erreichen kann. Aber dieses Wissen ist gerade die Möglichkeit, im Selbstbewußtsein die Wahrheit zu verinnerlichen, das heißt auf die Struktur zu reflektieren, die die Wahrheit in und durch die Subjektivität annimmt.

Diesem Ansatz geht Kierkegard selbst nach – davon wird zu reden sein –, indem er die Ethik radikalisierend als eine Seinsweise der Existenz bestimmt.

Überdenkt man Kierkegaards Auslegung, so sieht man, daß sie eine Reflexion auf Sokrates darstellt *nach* der Vollendung der traditionellen Metaphysik in Hegels Philosophie. Sokrates selbst blieb noch, wie oben dargelegt, gleichsam unentschieden *vor* der Metaphysik, die Plato einleitete, stehen. Sokrates konnte noch nicht, wie dies Kierkegaard selbst tut, gegen die Metaphysik als eine Form der Selbstentfremdung revoltieren. Gleichwohl: Trotz aller Überzeichnung bleibt der Hinweis Kierkegaards auf Sokrates als den maßgebenden Denker der Subjektivität lehrreich, insofern er zeigt, *daß eine ethische Einstellung möglich ist auch ohne Absicherung in der Metaphysik.*

In seiner Dissertation »Über den Begriff der Ironie mit ständiger Rücksicht auf Sokrates« hat sich der junge Kierkegaard direkt die Frage vorgelegt, in welchem Sinn Sokrates *Stifter der Moral* gewesen sei. Sokrates, so erklärt Kierkegaard, wirkt negativ, indem er feste Meinungen schwankend macht. Aber dies bedeutet weder, daß Sokrates der räsonnierenden Subjektivität der Sophisten das Wort redet, noch, daß er die Moralität des freien Individuums propagiert, wie Hegel vermeint. Sokrates wußte, daß es zur Ethik gehöre, sich der Idee des Guten zu unterstellen, aber der Bezug zum Guten ist eine unendliche Aufgabe. Kierkegaard erklärt: »Die Bewegung in Sokrates ist es, zum Guten zu kommen. Seine Bedeutung in der Weltentwicklung ist es, dorthin zu kommen (nicht einmal, dorthin gekommen zu sein). Seine Bedeutung für seine Zeit ist es, daß sie dahin kam. Damit ist nun nicht gemeint, daß er gleichsam gegen den Schluß seines

Lebens dazu kam, sondern sein Leben bestand darin, immerfort dorthin zu kommen und andere dorthin kommen zu lassen«.[29]

Sokrates ist von Grund aus zweideutig. Er hat einerseits polemisch sich gegen das Endliche gerichtet und andererseits für das Unendliche anstachelnd gewirkt. »Wie Sokrates daher im Umgang mit seinen Schülern, wenn ich diesen Ausdruck gebrauchen darf, ihnen unentbehrlich war, um beständig die Untersuchung in Gang zu halten, so hat er in weltgeschichtlicher Hinsicht die Bedeutung, das Schiff der Spekulation flott gemacht zu haben. Aber dazu gehört eben eine unendliche Polemik, eine Kraft, jedes Hindernis aus dem Weg zu räumen, das die Fahrt hemmen will. Selber geht er indessen nicht an Bord, sondern er schifft nur aus«.[30]

Zweites Kapitel
Personalisierung und Ontologisierung

Vorbemerkung

Die Konzeptionen der Ethik, die sich *metaphysisch* zu fundieren suchen, nehmen innerhalb der Philosophie von Plato bis Hegel eine führende Stellung ein. Die Ausführungen dieser Ethik sind gemäß den Wandlungen der Metaphysik vielfältig und zum Teil gegensätzlicher Natur. Gemeinsam ist ihnen allen, daß sie totalphilosophisch vorgehen: sie intendieren eine Gesamtdeutung des Weltgefüges und des Selbstbezuges.

Vom Aspekt der Ethik her lassen sich zwei Typen dieser Ethik unterscheiden. Der eine Typ, der Haupttyp, sieht unsere Welt im argen und setzt daher eine Überwelt an, der Gegentyp will die Welt als vernünftig deklarieren, sie ist im Innersten ihrer Struktur in Ordnung. Dieser zweite Ansatz wird erst in der Neuzeit bestimmend, als sich die Tendenz durchsetzt, die Welt als einsichtigen ontologischen Zusammenhang zu deuten, der durch die Vernunft konstituiert wird und der Gott und Welt einander anzugleichen sucht.

Die neuzeitliche Metaphysik hebt die vorausgehenden Konzeptionen der Metaphysik auf, die wesentlich durch den Gedanken der Zweiteilung der Welt bestimmt sind. Plato hat die Welt der Ideen von unserer Welt unterschieden und für sich gesetzt, und das christliche Denken hat den Gedanken der Dualität radikalisiert. Entscheidend für den *christlichen Ansatz* ist es, daß hier die Idee der *Subjektivität* und der *Freiheit* wesentlich wird, und zwar in bezug auf die göttliche und die menschliche Freiheit. Die Welt ist eine von Gott gesetzte Ordnung, die der Mensch auf Grund des Abfalls von Gott verkehrt hat. In bezug auf die Freiheit Gottes wird die Frage akut: ist diese Freiheit Willkürfreiheit oder ist Gott an Ordnungen und Werte gebunden? Diese Frage bewegt die christliche Philosophie des Mittelalters, sie ist für die Ethik wesentlich. Ist Gott absolut frei und setzt er willkürlich Gebote, so sind diese reine Befehle, im kantischen Sinn heteronom und nicht einsichtig. Ist Gott an Ordnungen gebunden, so ist der Gedanke der Personalität eingeschränkt, der Mensch kann die Gebote verstehen, denn Gott und Mensch werden von intelligiblen Konstellationen übergriffen. Die Entscheidung zwischen diesen alternativen Ansätzen ist für die Bestimmung des Willens wesentlich. Im ersten Fall ist er absolutes Prinzip im Sinne des liberum arbitrium indifferentiae, im zweiten Fall ist Wille nur denkbar im Zusammenhang mit vorgegebenen Sinnstrukturen.

Daß *im Mittelalter* Metaphysik und christliche Religion eine enge Verbindung eingehen, und daß diese Verbindung für die Entwicklung hochbedeutsam ist, ist zunächst ein historisches Faktum und nicht direkt und eindeutig aus der Geschichte des Geistes als einer geradlinig verlaufenden Problemgeschichte zu entwickeln. Es gibt im konkreten historischen Geschehen Umbrüche und Einbrüche in der Form von Ereignissen, die nicht ableitbar und berechenbar sind, freilich können sie im nachhinein rekonstruiert und als sinnvoll oder zumindest als verstehbar ausgelegt werden.

Von der *neuzeitlichen Philosophie* her gesehen gehört *Religion* zur Metaphysik, mit Hegels Einteilung gesprochen zum absoluten Geist, der sich mit Überzeitlichem befaßt. Religion hat aber soziologisch gesehen – dies ist für das Verständnis der Ethik wichtig –

einen anderen Status als die Philosophie. Religion ist institutionalisiert. Ihr Wirkungskreis ist durch bestimmte Ordnungen und Hierarchien festgelegt, sie wirkt in die Politik hinein – man denke an den mittelalterlichen Streit zwischen Kirche und politischer Gewalt oder an Luthers Zweiweltentheorie. Diese Gebietseingrenzungen schränken die Ethik ein. Zugleich gilt aber, daß die Religion weltanschauliche Einstellungen und praktisches Verhalten durch feste Formen ordnen will. Hier zeigen sich sehr differente Strukturen: die Religon umgreift zwar alles Tun und Lassen, jedoch in unterschiedlicher Weise. Es gibt amtliche Träger und Verkünder der kirchlich gebundenen Religion, sie stellen ihr ganzes Leben in den Dienst der Religion, und von da aus gibt es für sie eine Sonderethik. Anders steht es mit den Laien, für die wiederum spezifische ethische Einstellungen gelten: höhere Schichten und niederes Volk und die immer stärker hervortretenden gebildeten Laien sind auch unter ethischem Aspekt zu differenzieren. Das bedeutet, daß Geltung und Erfüllung christlicher Gebote in den weltlichen Schichten mit Regeln der ständischen Lebenswelt kombiniert werden. Wenn christliche Gebote, etwa das Gebot der absoluten Feindesliebe, im Gegensatz zur menschlichen Natur zu stehen scheinen, tritt als Korrektur und Ausgleich die natürliche Lebenswelt in ihr Recht. Auch im kirchlichen Leben ist dies zu beobachten: Abweichungen vom allgemein anerkannten Glaubensgut werden in Strafaktionen geahndet. Ketzer- und Hexenprozesse befriedigen solchermaßen das Bedürfnis nach Grausamkeit. Man kann sagen: die Religion ändert die Natur des Menschen nicht, oder vorsichtiger: es bleibt beim Kampf des alten gegen den neuen Menschen.

Für unsere Fragestellung ist es aber wichtiger als auf die äußeren Differenzen zu achten, die Unterschiede herauszustellen, die in bezug auf die Grundvoraussetzungen griechischer Metaphysik und christlicher Glaubensgewißheit bestehen. Dies ist notwendig, gerade wenn man ihre spätere Verschmelzung verstehen will.

Es bestehen zwischen *griechischer Metaphysik* und *christlichem Glauben* durchaus grundlegende Gemeinsamkeiten. Beide Positionen sind Ausprägungen des abendländischen Denkens. Das wird deutlich, wenn man sie mit fernöstlichen Ansätzen konfrontiert. Sehr abstrakt formuliert: das abendländische Denken ist anders als das fernöstliche vom Gegensatz von Sein und Nichts und von der Subjekt-Objekt-Spaltung bestimmt: Welt ist ein vorgegebenes Ganzes von gegenständlich mir begegnendem Seienden. Im Osten dagegen ist Welt ein Phänomen, das aufgelöst werden kann im Nirwana. Die abendländische Ethik fordert ein Sicheinstellen auf die mich beanspruchenden welthaften Ereignisse, insbesondere aber auf die anderen Personen. Die fernöstliche Ethik – das zeigt der Buddhismus – stellt das Handeln nicht in den Vordergrund, man muß sich allem Bezug zur Welt entfremden bis zur Nichtung des Seins hin.

Innerhalb des abendländischen Denkansatzes bedeutet nun aber der Eintritt des Christentums einen bedeutsamen Einschnitt. Bestimmte Ansätze der griechischen Metaphysik werden verändert. Der Gedanke einer eindeutigen Weltdistanz, der Verinnerlichung und der Personalität wird maßgebend. Die ethische Grundeinstellung wird durch den Bezug zu Gott ausgerichtet. Von ihm her sind die konkreten Gebote zu entwickeln, wie sie dem Mitmenschen gegenüber gelten. Ihre Erfüllbarkeit und ihre Geltungssphäre ist problematisch. Es bleibt eine Diskrepanz zwischen Sollen und Tun.

Um diese Sachverhalte zu klären, erinnern wir in aller Kürze an die im Neuen Testament ausgesprochenen Grundforderungen des ethischen Tuns, denen ein bestimmtes Menschenbild zugrunde liegt. Wir weisen sodann auf Augustins Ansatz hin, in dem der für die spätere Zeit maßgebende Versuch gemacht wird, neutestamentliches und griechisches Denken zu verbinden. In dem folgenden Abschnitt wird der historische Sachverhalt dann unter systematischem Aspekt bedacht als das Problem, ob in Gott der Wille oder der Intellekt maßgebend sei. Wir schließen dies Kapitel mit einer kurzen Erörterung des Bezuges zwischen christlichem Glauben und Politik ab.

I. Der alte und der neue Mensch. Frühes Christentum und Augustin

Die christliche Ethik ist personal ausgerichtet wie die jüdische. *Gott ist absolute Bezugsperson.* Er ist der Schöpfer der Welt. *Welt ist ein Faktum.* Sie ist von Gott gemacht und wird vergehen. Die Krone der Schöpfung ist der *Mensch*, er hat sich auf Gott zu beziehen in einem personalen Herrschaftsverhältnis. Der Mensch hat Gott Gehorsam zu leisten, er kann jederzeit zur Rechenschaft gezogen und auf Herz und Nieren geprüft werden. Das persönliche Verhältnis ist also kein Verhältnis der Gleichberechtigung, der Mensch ist totaliter abhängig von Gott als dem Herrn.

Das Grundereignis, das die Geschichte dieser Abhängigkeit bestimmt, ist der *Sündenfall.* Der Mensch hat die relative Freiheit, die Gott ihm als seinem Ebenbild gab, mißbraucht. Die Ursünde besteht in nichts anderem als in dem Willen des Menschen, sich der Verantwortung Gott gegenüber zu entziehen, das heißt in der *Selbstsucht*, dem incurvatum esse in se ipsum. Wenn diese Verschuldung bereinigt werden soll, dann kann dies nur von Gott her geschehen. Der Mensch kann zwar versuchen, Gott durch Opfer und das Bemühen, ein Gott wohlgefälliges Leben zu führen, umzustimmen. Letzthin kann aber nur Gott das persönliche Verhältnis wiederherstellen. Er hat dies durch seine Menschwerdung getan, deren Sinn es ist, daß dem Menschen ein Zugang zu Gott eröffnet wird, so daß er Gott wieder angemessen antworten kann.

Das Verhältnis ist also geschichtlich bestimmt, und zwar in der Weise, daß der Mensch an dem äußeren Weltgeschehen *und* an der Heilsgeschichte teilhat. Das Grundgeschehen, das den Menschen wirklich angeht und angehen soll, ist die Geschichte, in der Gott die Glaubenden aus der Welt herausruft. Diese Geschichte ist für den Einzelnen nur wirklich, wenn er für sich selbst diese Heilstat Gottes ergreift, das heißt anerkennt, daß Gott durch Christus die *Umkehr zu einem neuen Sein* erwirkt hat. Diese Umkehr ist individuell und einmalig, insofern sich Gott auf jeden Menschen in personhafter Weise bezieht. Es ist jedoch daran festzuhalten, daß die Grundcharaktere der *Heilsgeschichte* das persönliche Geschehen zwischen Gott und der einzelnen Seele überschreiten, weil Gott der Gott aller Menschen ist. Er vermittelt sie auf sich hin, und er vermittelt sie untereinander, insofern sie in der Welt sind und doch nicht von der Welt sein sollen.

Von der Anerkenntnis Gottes als des absoluten Herrn ergeben sich die *Gebote für den menschlichen Umgang.* Der Dekalog sucht die maßgebenden und unerläßlichen Forderungen in bezug auf Gott und Mitmensch herauszustellen. Durch Jesus werden diese Gebote vereinfacht, radikalisiert und universalisiert zum *allgemeinen Liebesgebot.* Dies Gebot wird einerseits wiederum mit der Goldenen Regel verbunden, es schließt aber die Feindesliebe mit ein.

Man versteht diesen Ansatz jedoch nicht, wenn man ihn nur im Sinne einer reinen Sollensethik auffaßt oder als heteronome Gebotsethik deklariert. Bereits im *Alten Testament* ist das Sollen auf ein Treueverhältnis bezogen, in dem Gott als Herr für sein

Volk sorgt, das ihm deswegen verpflichtet ist und Gehorsam schuldet. Belohnung und Strafe wechseln ab, nicht als jenseitige, sondern als innerweltlich zu konstatierende Vorgänge. Der Gottwohlgefällige empfängt Gottes Segen, »er ist wie ein Baum, an Wasser gepflanzt, der seine Wurzeln zum Bache streckt«.[1]

Für *Jesus* wird der Gedanke der Welttranszendenz im Sinne des Weltumbruches radikal. Die Umwandlung aller Bezüge, die durch das Kommen des Reiches Gottes bedingt ist, wird eindeutig zur Leitidee. Die Gebote bleiben bestehen. Das Gesetz wird nicht aufgehoben, aber das Reich Gottes wird alles verändern. Es ist nahe herbeigekommen – die ersten Christen erwarten es in Bälde.

Auf dieses Reich Gottes weisen die Seligpreisungen hin. Sie führen zunächst die Verhaltensweisen auf, durch die ein Mensch glücklich werden kann und bringen sodann die jeweiligen Belohnungen zur Sprache »In den Seligpreisungen«, so erklärt *Albert Schweitzer*, »führt Jesus die Eigenschaften an, in denen sich die innerliche Zugehörigkeit zum Reiche kundtut ... alle mit ›denn sie werden‹ eingeleiteten Verheißungen meinen, jede in ihren Worten, dasselbe ... die geistig Armen sind die, die sich die Einfalt des Herzens bewahrt haben, die erforderlich ist, um die Botschaft von dem Kommen des Reiches zu verstehen, ›die den Weisen und Klugen verborgen bleibt und nur den Unmündigen offenbart wird‹«.[2]

Das Tun ist nicht äußerlich gefordert, sondern gründet in einer durch den Glauben und das Bekenntnis zu Christus herbeigeführten Umwandlung der Gesinnung. Die Umkehr als Einstellung auf das Reich Gottes ist das im Glauben geschehende Grundereignis. Umwandlung als Bedingung des Eintritts in das Reich Gottes und Einbruch des Reiches Gottes als Bedingung der Umwandlung sind Wechselbestimmungen. Beide sind Glaubensbedingungen und setzen einen neuen Menschen voraus, der diesem Reich entspricht und vollkommen ist. Wer nach dem Reich Gottes trachtet, für den wird Gott sorgen: »Trachtet am ersten nach dem Reich Gottes und seiner Gerechtigkeit, so wird euch solches alles zufallen«.[3]

Die Ethik wendet sich an den Einzelnen und zugleich ist sie sozial ausgerichtet. Durch die Umkehr wandelt sich der *Bezug zum Nächsten* im positiven Sinn: Liebe geschieht, um Gottes Barmherzigkeit sichtbar zu machen und das Elend der Welt zu mindern. Wenn Gott mich angenommen hat, kann ich selbstlos werden und von mir absehen: Gott sorgt für alle.

Daß der neutestamentliche Ansatz entscheidend modifiziert wurde, wurde schon angedeutet. Die Modifikation verläuft in zwei Richtungen oder besser in zwei Bahnen. Es geht einmal um das Sicheinrichten in der Welt, die weiter bestehen bleibt. Die Probleme sind offensichtlich: Gott ist der Herr der ganzen Welt und der Geschichte, auch der äußeren Weltgeschichte. Gleichwohl ist das *Mittun am weltlichen Treiben* nach den Gesetzen dieser äußeren Geschichte ein problematisches Unternehmen: hier regiert die Macht. Ist es nicht doch angemessener, sich zurückzuziehen? Auf jeden Fall muß eine Philosophie der Geschichte und eine Ethik ausgearbeitet werden, in der die Dialektik von Innerlichkeit und Äußerlichkeit bedacht wird.

Die zweite und für uns wichtigere Modifikation ist bestimmt durch die Verbindung *christlicher Glaubensgewißheit mit der griechischen Philosophie*. Auch diese Verbindung entspricht der geschichtlichen Situation. Man muß sich ebenso wie in der realen Welt im idealen Bereich zurechtfinden, nicht nur weil die griechische Philosophie bei den Gebildeten weithin wirksam ist, sondern *weil die Heilslehre ja als fundamentale Wahrheit* ausgelegt werden muß. Hier zeigt sich die Reflexion am Werk. Sie soll das christliche Erbe nicht zersetzen, sondern es umsetzen und transformieren und zugleich doch daran festhalten, daß der Glaube letztlich über alles Begreifen hinausgeht.

Will man diesen Sachverhalt angemessen verstehen, so ist ein Doppeltes zu beachten. Es handelt sich einmal um eine Korrektur des griechischen Ansatzes, die diesen aber doch – das ist die andere Seite – durch eine neue Fundierung weiterführen und ihm zur größeren Wirksamkeit verhelfen soll.

Auf fundamentale Unterschiede zum griechischen Denken wurde schon hingewiesen: die Welt ist nicht ewig, sie ist ein Faktum, das vorübergehen wird. Die Möglichkeit, das Tun des Menschen ontologisch von der Natur und deren Ordnung her zu deuten, schaltet aus. Die Abwendung von der Natur hat zur Folge, daß Welt wesentlich als *Menschenwelt* verstanden wird. Heidegger hat diesen Sachverhalt herausgestellt. Im christlichen Denken wird, so legt er dar, der Bezug des Kosmos zum menschlichen Dasein entscheidend.[4] In den Paulusbriefen wird der Kosmos gleichgesetzt mit dem jetzigen Weltstadium, das unter dem Zeichen der Negativität steht. Ebenso ist in dem Johannesevangelium Welt als die gottentfernte Grundgestalt des menschlichen Daseins gefaßt, wenn es heißt: die Welt nahm Christus nicht auf.

Welt ist in bezug auf den Menschen als historische Größe zweifach zu interpretieren. Einmal als das faktische Geschehen, das durch den Sündenfall und die Menschwerdung Gottes im objektiv geschichtlichen Sinn bestimmt ist. Und sodann ist diese weltgeschichtliche Zäsur für den Einzelnen in seinem Leben zu wiederholen. Die *Bekehrung* ist das entscheidende Ereignis seines Lebens.

Aufs Ganze gesehen: die Haltung des Christen zur Welt ist gebrochen. Die *Gebrochenheit* wird aber nicht auf die zweideutige Struktur des Menschen zurückgeführt. Hier zeigt sich ein sehr bedeutsamer Unterschied im anthropologischen Verständnis dem griechischen Ansatz gegenüber. Dieser war dadurch bestimmt, daß dem Menschen eine Sonderstellung im Kosmos zugebilligt wurde, im negativen und im positiven Sinn, wie der großartige Mythos im platonischen »*Protagoras*« ausmalt: die Tiere sind der Umwelt angepaßt, der Mensch ist in dieser Hinsicht »schlecht weggekommen«; als Ersatz hat er technisches Wissen und politische Kunst erhalten, und ebenso den Sinn für Recht und Ehrfurcht. Das besagt, der Mensch ist über die anderen Lebewesen erhoben, er hat die Aufgabe und die Fähigkeit, sein Leben zu führen. Die Gebrochenheit des Weltbezuges im christlichen Ansatz wird nicht biologisch, technisch und kulturell betrachtet. Sie beruht allein auf der Tat des *Sündenfalles*, die den Paradieszustand aufhebt und die gefallene Welt konstituiert. Die Identität wird zeitlich zurückverlegt. Wir leben im Zeitalter der Negativität, aber im Endzustand ist das Paradies wiederzugewinnen. Es gibt also drei Zeitalter – Maler, so Hieronymus Bosch, haben in ihren Bildern diese Dreiteilung in der Form des Triptychons dargestellt.

Dieser Gegenzug zum griechischen Ansatz wirkt sich vielfältig aus. Nicht mehr das Sehen ist der vorzüglichste Sinn, wie Aristoteles erklärt, sondern das *Hören*, nämlich das Hören auf Gottes Wort. Der Tatsache, daß der Mensch Gott hörig ist, bezugweise hörig sein soll, entspricht es, daß die Welt zu überwinden ist. Die *Welttranszendenz* wird zur Aufgabe des Menschen. Sie steht im Gegenzug zur Weltverfallenheit. Es zeigt sich hier eine sehr dialektische Struktur. Grundsätzlich gesehen ist das Weltverhältnis durch den Sündenfall als Weltentfremdung bestimmt. An die Stelle des Weltvertrauens tritt die *Weltangst*. Die Welt ist ja eine von Gott abgefallene Stätte. In ihr herrscht das Feindliche, Dämonische und Dunkle. Das Entscheidende ist nun, daß es allein die Tatsache des In-der-Welt-Seins ist, die Angst macht. Im Johannesevangelium heißt es:

»In der Welt habt ihr Angst, aber seid getrost, ich habe die Welt überwunden«. Man muß den ersten Teil dieses Satzes beachten, dann sieht man eben, daß allein das Sein in der Welt der Grund der Angst ist. Diese Angst kann nach neutestamentlichem Verständnis der Christ im Glauben überwinden und solchermaßen von der Welt freikommen.

Es gibt nun – das ist der Grundansatz der christlichen Ethik – zwei Grundmöglichkeiten, entweder der Welt zu verfallen oder sie zu transzendieren. Gleichwohl ist, wie schon angedeutet, zu bedenken, daß der Mensch ja in dieser Zeit leben muß. Er muß an den Formen des Weltverhaltens, wie sie für den Menschen »natürlich« sind oder zu sein scheinen, teilnehmen. Aber er soll dies in gebrochener Weise tun, er darf sein Herz nicht an die Welt hängen. Paulus bringt dies Verhältnis in die dialektische Formulierung des *»Habens, als hätte man nicht«.*

Der Mensch muß sich in der Welt als *Fremdling* bewegen. An sich als auf Gott bezogen ist er frei und nicht weltgebunden. Das besagt: das Handeln des Menschen ist nicht festgelegt. Aber dieser Sachverhalt wird nicht als Verwiesensein des Ich auf sich selbst ausgelegt. Die Bezugsperson bleibt Gott, wobei aber davon auszugehen ist, daß der Mensch faktisch sich von Gott gelöst hat und der Welt verfallen ist. Er ist, wie Augustin sagt, in sich verkrümmt.

Die Freiheit wird zum spekulativen und ethischen Grundproblem. Es geht aber nicht wie in der Stoa um die Frage des Determinismus. Es geht um die Zweideutigkeit des Menschen. Es gibt für Augustin eine natürliche Neigung des Menschen zum Vorzüglichen hin, das den Menschen glücklich macht. Es gibt andererseits eine Neigung, die auf Begierde und Trieb beruhend den Menschen zur Selbstsucht bestimmt. Hier wird der christliche Grundgedanke bestimmend. Das Böse wird inszeniert als »aktives Ich«, das die Natürlichkeit durch den freien Willen aufhebt. »Indem sich der freie Wille vom unwandelbaren Gut ab- und einem wandelbaren Gut zuwendet und sich damit von jenem Grund entfernt, der die Bewegung des Willens durch das Werden aus Nichts entspringen läßt, wird der Wille böse«.[5]

Die Freiheit als Möglichkeit, zwischen Gott und der Welt zu wählen, ist zweideutig. Wenn der Mensch sich auf sich stellt, verliert er die Freiheit und ist von der Sünde geknechtet; wenn er sich auf Gott zuwendet, ist seine Freiheit im positiven Sinn aufgehoben in der Gebundenheit an Gott. Faktisch hat der Mensch sich aber schon immer gegen Gott entschieden: er ist unfrei geworden. Er kann daher nur durch Gott umgewandelt werden.

Die hier waltende Dialektik kann nur verdeutlicht werden durch einen Rückgriff auf Augustins *Anthropologie.* Hier tritt das Problem der christlichen Innerlichkeit klar heraus. Augustin spricht vom *homo interior* und *homo exterior* und zugleich vom *homo novus* und vom *homo vetus.* Beide Bestimmungen sind verschiedenen Ursprungs. Der alte Mensch ist der von Gott getrennte und der neue Mensch der von Gott zu Gott hin umgewandte. Diese an der Bekehrung orientierte Unterscheidung versteht den Menschen zeitlich von seiner inneren Geschichte her. Sie wird aber mit der zweiten Bestimmung des Menschen verbunden, die den Menschen aufgrund seiner Vermögen den Seinsbereichen zuordnet. Der homo vetus ist der *äußere* Mensch, der einen Körper hat und sich aufgrund dieses körperlichen Seins an das Körperliche verloren hat. Getrieben von der Neugier bindet er sich an die temporalia und carnalia. Der homo novus dagegen ist der *innere* Mensch, der durch Enthaltsamkeit und Weisheit bestimmt ist. Er steht im Bezug zu Gott, der den Menschen bekehrt hat, indem er sich als das eigentliche Sein zeigt und den Menschen auf sich hin zieht.

Beide Einteilungen sind durch den Gegensatz von »Natürlichkeit« und »Freiheit« bestimmt. Der Mensch, der als homo vetus und als homo exterior existiert, ist weltgebunden. Der ungebrochene Weltbezug ist ihm gleichsam vorgegeben, oder zumindest: er erscheint »natürlich« – christlich gesprochen ist diese Natürlichkeit die einer gefallenen Natur, d. h. ein durch Freiheit zugezogener verderbter Zustand. Der homo interior oder der homo novus ist nichts Gegebenes. Der Einzelne muß sich erst in seiner Innerlichkeit verwirklichen. Aber diese Leistung ist nur im Bezug zu Gott möglich. Seelisches-unsichtbares Geschehen entfaltet sich nur als Hören auf Gottes Aufforderungen. Augustin hat in den »*Confessiones*« von seinen eigenen Erfahrungen berichtet als dem Weg zu Gott hin. Dieser Weg ist der *reditus in se ipsum*, der als solcher von Gott gelenkt wird. Gottes Lenkung geschieht aber nicht nach Willkür, sondern der ontologischen Stufenordnung gemäß. Das zeitliche Geschehen dieser Verinnerlichung ist daher zugleich ein Aufstieg von unten nach oben, vom Irdisch-Vergänglichen zum Himmlisch-Unvergänglichen, vom Körperlichen zum Geistigen. Augustin trägt daher seine Lebensgeschichte auf dem Hintergrund einer ontologischen Seinsgliederung vor, von der her der Ort des Inneren im Ganzen der Seinsordnung bestimmt erscheint.

Es ist offensichtlich, daß die Unterscheidung vom inneren und äußeren Menschen von der griechischen Ontologie bestimmt ist. Augustin nimmt die Unterscheidung des Bezuges zur sinnlichen Welt und des Transzendierens zur idealen Welt auf. Die Sinnlichkeit ist abgewertet, sie bindet an die temporalia und carnalia. Augustin tadelt sich, weil er auf Grund der curiositas sich in seiner Jugend von dieser Welt gefangen nehmen ließ. Der innere Mensch als der wahre Mensch hat sich vom Äußeren entfernt. Aber hier zeigt sich nun der entscheidende Unterschied zu Plato: Die Entfernung vom Äußeren will dem Menschen durchaus nicht durch eigene Kraft gelingen. Er ist ja als ganzer von Gott abgefallen und verderbt. Auch und gerade als intelligibles Wesen ist er durch die Selbstsucht bestimmt.

Die Wende zum inneren Menschen muß also weit radikaler als bei Plato aufgefaßt werden. Sie vollzieht sich als eine Abkehr nicht nur von der äußeren, sondern letztlich auch von der idealen Welt. Sie ist die Suche nach dem wahren Sein, das als solches nur im welttranszendenten Gott erscheint. Augustin legt das Suchen nach Gott ausführlich dar in seiner Lehre von der *memoria*. Diese Lehre steht eindeutig unter der Frage, wie man Gott finden kann und thematisiert unter diesem Gesichtspunkt die *Struktur der Innerlichkeit*.

Die memoria umgreift zunächst das Äußere: die ganze große ausgedehnte Welt kann im Inneren in der Weise von Bildern da sein. Die memoria ist »weiträumig«. Sie umfaßt aber nicht nur die Bilder der äußeren Dinge, sondern auch die Grundbegriffe, von denen her dies Äußere geordnet werden kann. Und schließlich: das Innere vermag *sich selbst* zu erfassen, nicht nur in der Form, daß man vergangener Erlebnisse eingedenk ist, sondern auch in der Form, daß man sich selbst beurteilen kann. Diese Selbstbeurteilung aber zeigt, daß alles Verhalten intentional auf eine Vollendung hinstrebt. Der Mensch ist so lange beunruhigt, bis er diese Vollendung, und das heißt eben Gott, ergreift. Anders formuliert: wenn das Innere auf sich selbst reflektiert, so muß es sich als endlich begreifen und das heißt, erfassen, daß es die Aufgabe des Menschen ist, über sich hinauszugehen zum göttlichen Ursprung, da ja alles Endliche notwendig auf das Unendliche als das Positive verweist, von dem her es existiert.

Augustin hat diese Wende nach innen dargelegt in der Darstellung seiner Lebensgeschichte. Hier wird die Konstitution des Innenraumes unter dem *Aspekt der Zeit* herausgestellt. Der Mensch hat die Möglichkeit, die äußere Zeit im Inneren zu behalten und zusammenzufassen, sie im mathematischen Sinn zu messen oder im existentiellen Sinn zu bedenken. Ich kann über mich und meine Lebensgeschichte nachdenken. Die »Confessiones« sind die innere Biographie, durch die sich das Ich als identisch in der Zeit konstituiert. Verinnerlichung heißt hier: Zeitübergreifendes Behalten, das sich in der Weise eines bedeutungsvollen Verstehens aufbaut.

Von der memoria her ist nun der Bezug zu allem Seienden in einer tiefer dringenden, das heißt nicht mehr unmittelbaren Form auszulegen. Die Ideen sind im Inneren in der Weise der *Gedanken*. Sie sind aber zugleich als *Bilder* im Äußeren da. In beiden Fällen sind sie aber auf Gott, der sie geschaffen hat, bezogen. Gott selbst aber als Bezugspunkt übersteigt das Gedächtnis. Augustin erklärt zwar, daß Gott »weit eher« im Inneren als in der Welt zu finden sei. Gott aber ist im Inneren nicht wie die Ideen vorhanden. Als Transzendenz übersteigt er das Innere. Das besagt aber, wie Augustin dialektisch formuliert, das Innere muß sich selbst übersteigen, um zu seinem Ursprung zu gelangen.

Die ontologische Ordnung ist dreistufig. Unten steht das Äußere und Sichtbare. Es verweist auf das höhere Sein als das ideale Sein, auf das hin ich mich in meinen Gedanken bewege, weil es in sich anziehend ist: es ist gleichsam natürlich, wie schon angedeutet, sich zum Idealen zu erheben. Gottes »Stellung« aber ist paradox. Augustin fragt, wie er Gott finden könne. Er erklärt: »Seitdem ich dich kennen gelernt habe, bleibst du in meinem Gedächtnis, und da finde ich dich, wenn ich mich an dich erinnere und in dir mein Ergötzen finde«.[6] Aber zugleich erklärt Augustin, daß es nirgends einen Ort gäbe, der für Gott eigentümlich sei. Als die Wahrheit waltet er überall.

Zu dieser Wahrheit wird man erst im jenseitigen Leben gelangen. Gleichwohl gibt es einen Vorgeschmack, dies ist die *visio beatifica*, in der man Gott genießt. Augustin unterscheidet zwischen uti und frui und verbindet beide Bestimmungen dialektisch miteinander. Der Genuß ist nicht nur auf körperliche Dinge festgelegt. Das wahre Genießen erfordert einen Aufstieg zu Höherem. Schmecken und Sehen, wie freundlich der Herr ist, das bedeutet, daß die Kategorie des Sinnlichen in den Bereich des Intelligiblen übertragen wird, der gerade der Sinnlichkeit nicht zugänglich ist. Das wahre Genießen geht über die Bestimmung des Gebrauches hinaus. Gleichwohl kann das Brauchen sich letztlich nur auf der höchsten Stufe des Genießens erfüllen. Augustin legt unter diesem Gesichtspunkt fest, welche Lebensziele es für den Menschen zu geben habe. Alle wollen glücklich sein und sich freuen. Man muß aber wahres Glück und wahre Freude vom vergänglichen Genuß, wie er sich schon im Essen und Trinken zeigt, unterscheiden. Das Sinnliche ist eben zweideutig. Als lebensnotwendig ist es nicht ganz zu negieren. Gleichwohl ist es die Quelle der Versuchungen.

Dieser Ansatz ist unschwer als ein christlicher Platonismus zu kennzeichnen, der mit stoischem Gedankengut verbunden ist. Die Kennzeichnung der Tugenden entspricht dem Gedanken der *Ordnung* und des *Maßes*. Mäßigung bedeutet Enthaltsamkeit von körperlichen Genüssen. Aber dieser ganze Tugendkatalog erhält seine spezifische Ausrichtung und Fundierung erst durch die Liebe zu Gott, die sich in der Liebe zum Nächsten versichtbart. Augustin erklärt: »Alle göttlichen Gebote beziehen sich auf die Liebe, was nicht auf die Liebe bezogen wird, geschieht nicht, wie es geschehen soll, nimm die Liebe weg und alles, was du tust, geht unter«.[7]

Die Liebe zu Gott ist personal, aber nicht personal im modernen Sinne der Gegenseitigkeit, sondern des dankbaren Antwortens auf Gottes Rettungstat. Gottes

Liebe geht vorher. Seine Liebe ist sein Erbarmen. Der griechische Anklang ist nicht ganz zu verleugnen: Gott ist ebensowenig wie der Gott des Aristoteles auf den Menschen angewiesen. Das zeigt sich ja gerade in der Bestimmung der überirdischen Schau. Gott ist die Schönheit selbst. Alles Seiende führt auf diese Schönheit hin. Die schönen Dinge verweisen, so erklärt Augustin, auf ihren Schöpfer. Schönheit zeigt sich im vereinheitlichenden Maß, und insofern kann man sagen: Schönheit ist Sache des Denkens. Einheit und Proportion und Ordnung sind nur im Geist zu erfassen. Indem der Geist dies Geistige begreift, bezieht er sich auf den wahrhaft seienden Geist: Gott. Gott ist Inbegriff der Ordnung und das heißt Vollkommenheit.

Aber dies ontologische Schema wird doch durchbrochen durch die Bestimmung des Menschen. Hier sind die eigentlich für die Wandlung der Ethik wesentlichen Gedanken Augustins zu finden, auch wenn sie bei ihm immer wieder ontologisch verkürzt werden. Augustin – das ist ein vieldiskutiertes Thema der Augustin-Forschung – nimmt Descartes' *Ichgewißheit* vorweg. Wir geben einige Stellen: »Wenn ich mich irre, so existiere ich. Denn wer nicht existiert, kann sich jedenfalls auch nicht irren. Folglich existiere ich, wenn ich mich irre«.[8] Sodann: »Wir sind und wissen, daß wir sind, und dieses Sein und Wissen lieben wir. Ich weiß, daß ich dies weiß und liebe«.[9] Augustin thematisiert die Trias: Sein, Leben, Einsehen; er erklärt: »Denn ich bin wissend und wollend und weiß, daß ich bin und will, und will, daß ich bin und weiß«.[10]

Augustin entdeckt den Selbstbezug, das Subjekt ist bestimmt durch ein Um-sich-wissen. Das ist ein entscheidender für die gesamte Tradition wesentlicher Umbruch. »Die Reflexivität der Person tätigt sich dadurch frei, daß sich Vernunft aus dem Grund des Gedächtnisses auf sich selbst besinnen kann«.[11] Der Mensch weiß um seine Gedanken, er kann sie beurteilen. Im Inneren erlebe ich mein *Nichtfestgestelltsein* als das Hin und Her und den Wechsel der Gedanken. Ich erfahre, daß ich immer wieder den Versuchungen unterliege. Die Konstruktion »alter und neuer Mensch« wird unterlaufen, insofern ich nicht fraglos ein neuer Mensch bin. Die Erfahrung meiner Negativität ist das Zeichen, daß ich in das Zeitalter der Sündhaftigkeit gehöre.

Hier treten nicht nur die Kategorien *Gewissen* und *Schuld* ins Zentrum, sondern das Problem der *Freiheit*, und zwar der Freiheit zum Bösen. Der *Gewissensbegriff* wird bereits im Neuen Testament und bei den römischen Philosophen thematisiert, bei Cicero, in der Stoa und bei Seneca. Man spricht von Gewissensbissen. Augustin aber radikalisiert die Bestimmung der conscientia. Er entwirft jedoch keine autonome Gewissensethik, die faktische Selbstkontrolle wird immer auf Gott bezogen. Die »Confessiones« sind ja Berichte unter den Augen Gottes.

Meine *Schuld* ist individuell und andererseits doch geschichtlich bedingt. In ihr aktualisiert sich die Erbschuld. Der Mensch hat sich im Sündenfall auf sich selbst zu stellen gesucht. Augustin ahnt den Bezug zwischen Selbstverhältnis und Selbsterhaltung. Er kommt immer wieder auf die superbia zurück als die Wurzel der Verkehrung. »Der erste Mensch durchbricht die Herrschaftsordnung, in die ihn Gottes Schöpfung eingesetzt hatte. Selbstherrlich will er Gott nicht länger dienen. Jedoch mit der Herrschaft Gottes verliert er die eigene Herrschaft über sich selbst«.[12] Das besagt: der freie Wille ist immer schon verloren und nicht durch den Menschen wiederzugewinnen. Er ist nur eine abstrakte Nullposition und keine reale Möglichkeitsquelle mehr. Das letzte Gebot kann daher nur heißen: »Tolle te a te«, wobei auch dies Tun nur möglich ist, wenn Gott schon immer mein Tun leitet.

Hier zeigt sich die wahre Dialektik: *der reditus in se ipsum ist nur als Aufstieg zum*

Urgrund möglich: »Geh zurück zu dir: aber dann wieder, da du aufwärts gewandt zurückgingest zu dir, bleibe nicht zurück in dir. Zuerst geh von dem, was außen ist, zurück zu dir, und dann gib dich ihm zurück, der dich schuf und dich als Verlorenen suchte und als Flüchtigen dich fand und als Abgewendeten dich hinwandte zu sich. Geh zurück also zu dir, und schreite hin zu dem, der dich schuf«.[13]

Bedenkt man diesen Ansatz unter ethischem Aspekt, so ist ganz offensichtlich: wenn alles Tun letztlich unter dem Zeichen der *Negativität* steht, die sich im Ungehorsam gegen Gott manifestiert hat, und wenn nur Gott eine Umwandlung ermöglichen kann, dann ist es schwer, vom Menschen her eine Ethik aufzubauen. Festzuhalten ist: die absoluten Forderungen, die Jesus in den Seligpreisungen dargelegt hat, bleiben bestehen. Man muß als Glaubender das unbedingte Liebesgebot zu verwirklichen suchen, ohne die Gewißheit zu haben, daß die Welt sich zum Positiven hin verändert. Max Weber hat diese Ansätze als reine Gesinnungsethik gekennzeichnet, die die Verantwortung für das Tun in der Welt ablehnt.[14] Dieser Ansatz trifft auf Augustin jedoch nur bedingt zu. Augustin geht dialektisch vor. Man muß sich als Fremdling für die Zwischenzeit einrichten. Dies bedeutet geschichtsphilosophisch und ethisch betrachtet: man muß die Stellung der Glaubenden in der Welt allseitig bedenken. Es ist dementsprechend eine Ethik zu installieren, die neben dem christlichen auch den weltlichen Bestand bedenkt, wobei zu beachten ist, daß auch das politische Geschehen Gott untersteht. Augustin sucht eine Lösung in der Lehre von den zwei Bürgerschaften. Wir werden diesen Ansatz im Zusammenhang mit der christlichen Geschichtsphilosophie und ihrer politischen Bedeutung zu thematisieren haben.

II. Die Antinomie von Intellekt und Wille. Thomas und Luther

Die christliche Ethik steht, so sahen wir, grundsätzlich im Spannungsfeld zwischen einer radikalen Forderung, die auf dem Gottesverhältnis beruht, und der Möglichkeit, sich theoretisch und praktisch auf die Welt einzustellen. In beiden Fällen deuten sich Grundschwierigkeiten der metaphysischen Ethik überhaupt an: wie ist der Weltbezug zu begreifen, wenn zugleich das Verhältnis zu Gott bedacht werden soll?

Als Lösung bietet sich der *Rückgriff* auf die *platonische* und *aristotelische Philosophie* an. Der personale Bezug muß überbaut werden durch eine ontologische Stufenhierarchie, in der nicht nur der Unterschied, sondern auch die Gemeinsamkeit zwischen Gott und Mensch herausgearbeitet wird, und zwar in der Weise, daß Gott der *personale Inbegriff der höchsten Prädikate* ist. Gott ist das reine Sein, das Sein selbst. Vom Seienden her gesehen ist er das oberste Seiende, er ist einfach und daher nicht wie das Zusammengesetzte, von anderen hervorgebracht und abhängig. Er ist einzig: Wesen und Existenz sind in ihm nicht zu trennen. Auf Grund seiner Seinsfülle steht für Gott nichts aus, er ist daher unveränderlich und ruht in sich selbst.

Gott ist zugleich Schöpfer. Das besagt aber nicht, daß er für seine eigene Existenz die Welt nötig hätte, sondern Gott geht auf Grund seiner Fülle aus sich heraus. Der Wille Gottes zu seiner Schöpfung beruht auf der Liebe. Diese Liebe bezieht sich auf anderes, das Gott als gut erschafft. Thomas, auf den wir uns im folgenden beziehen, erklärt: »amor Dei est infundens et creans bonitatem in rebus«.[15]

Die Schöpfung wird als ein Hinaussetzen der Ideen verstanden und zwar unter dem Gesichtspunkt der Ordnung. An die Ordnung bindet sich Gott und an die Ordnung ist der Mensch gebunden. Leitend sind die Begriffe: *Wahrheit, Gutsein und Schönheit.* Alle drei Begriffe sind nicht nur Gegenstandsbezeichnungen, sondern auch Beurteilungskategorien, wobei der Rahmen der Beurteilung durch die ontologische Stufenordnung vorgegeben und dementsprechend zu differenzieren ist.

In der Schöpfung steht der *Mensch* obenan, insofern er *Gottes Ebenbild* ist. Die Ebenbildlichkeit liegt in der Vernunftbegabtheit des Menschen, durch die er die anderen Geschöpfe überragt. Sie äußert sich in der Nachahmung der Selbsterkenntnis und der Selbstliebe Gottes, das heißt der Dreieinigkeit, durch die sich der Vater, der Sohn und der Heilige Geist in der Liebe aufeinander beziehen, wobei das Wort wesentlich ist. »Man spricht in Gott von Weisheit im Sinne seiner Selbsterkenntnis . . . Es ist aber offenbar, daß Gottes Sohn das Wort und die Empfängnis des sich selbst erkennenden Gottes ist. Daraus folgt, daß Gottes Wort selbst, das sozusagen in Weisheit im göttlichen Geist empfangen ist, im eigentlichen Sinne die empfangene beziehungsweise gezeugte Weisheit genannt wird«.[16]

Die Vernünftigkeit soll für den Menschen die Grundlage seines Seins sein. Nun ist der Mensch aber abgefallen, er hat sich von Gott abgewandt der Vergänglichkeit zu. Aber durch Gottes Wirken in Christus, das heißt durch seine Gnade sind wir *neue Menschen.* »Die Gnade ruht im Wesensgrunde der Seele, denn wie der Mensch in seiner Verstandeskraft durch die Tugend des Glaubens teilnimmt am göttlichen Erkennen und wie er in seiner Willenskraft durch die Tugend der Liebe teilnimmt an der göttlichen Selbstliebe, so hat auch die Natur der Seele in einem gewissen Ähnlichsein Anteil an der göttlichen Natur durch eine Art Wiedergeburt oder Neuschöpfung«.[17]

Von diesem Ansatz her ergibt sich gleichsam problemlos eine *Tugendlehre.* Voraus geht eine anthropologische Einteilung, die den Willen und die Vernunft als wesentliche Vermögen bestimmt. Der Wille setzt sich Zwecke, von denen er sich leiten läßt. Erstrebt wird ganz im Sinne der antiken Ethik immer ein Gut. Die Wahl muß von Vernunft und Willen durchwaltet sein. Sie kann falsch sein, wenn der Wählende sich im Wählen verkennt oder gegen die Rangordnung handelt. Der Wille ist frei. Die Wahl steht bei uns, doch bedürfen wir, um wirklich gut zu sein, der göttlichen Hilfe schon zu den natürlichen Tugenden, die der Mensch ohne den Sündenfall aus eigener Kraft würde üben können.

Die Tugendlehre unterscheidet *göttliche Tugenden,* Glaube, Liebe, Hoffnung, und *menschliche Tugenden,* die wiederum in ethische und dianoetische Tugenden unterteilt werden. Die Beschreibung der Tugenden setzt deren Wirklichkeit voraus, und zwar so, daß natürliche und übernatürliche Tugenden ineinander übergehen. Die übernatürlichen Tugenden fundieren indirekt die natürlichen, insofern die übernatürlichen sich auf Gott beziehen. Gottes Liebe und Nächstenliebe gehören zusammen. Thomas erklärt, daß wir jemanden auf Grund seiner eigenen Gutheit liebhaben. Er fügt aber hinzu, daß wir auch jemanden dann lieben, »weil er zu einem anderen gehört, den wir lieben«.

Die Liebe zu den anderen folgt weitgehend natürlichen Strukturen, so ist sie in bezug auf Anverwandte nicht verwunderlich. Hier wird der Gedanke der Hierarchie sichtbar. Es gibt von Natur her verschiedene Ämter und Stände in der Welt. Dies zeigt sich insbesondere in der politischen Ordnung. Es gibt aber auch für die Glaubenden eine hierarchische Ordnung. Drei Stufen des Fortschritts im Glauben sind zu unterscheiden. Über den Anfängern stehen die Fortgeschrittenen und über diesen die Vollkommenen.

Vollkommen ist derjenige, der Gott liebt unter Aussonderung alles dessen, was diesem Liebesbezug entgegensteht. Diese Vollkommenheit ist selten, wenn man Geistlicher ist oder einem Orden angehört, kann man sie eher erlangen als in einem weltlichen Stand.

Wie nach oben hin mit Gott, so wird nach unten hin der Mensch mit den anderen Wesen verglichen, wobei die Voraussetzung ist, daß alles Seiende schließlich doch die ihm *gemäße Vollkommenheit* erreicht, wenn nicht hier so doch – dies gilt nur für den Menschen – in einem höheren Leben. »Der Mensch erreicht das Glück, insofern es das ihm eigentümliche Ziel ist, erst nach diesem Leben. Das höchste Glück besteht aber in der Erkenntnis Gottes, die der menschliche Geist nach diesem Leben besitzen wird in derselben Weise, wie die abgesonderten Substanzen Gott selbst erkennen«.[18]

Von dieser Ordnung her, die sich phänomenologisch in der Tugendlehre ausweist, werden die *Gebote* bestimmt. Sie sind *vernunftgemäß* im objektiven Sinn, das heißt der Naturanlage gemäß. Selbsterhaltung und Bezug zu anderen bestimmen Tier und Mensch. Daß der Mensch ein geselliges Wesen ist, ist Zeichen seiner Vollkommenheit. Selbsterhaltung und Vollkommenheit sind keine Gegensätze, sie gehören zusammen gemäß der Lehre von der Wesensbestimmung eines jeden Seienden.

Dieser Ansatz wiederholt Charaktere der Lebenswelt, aber unter ontologisch-metaphysischem Aspekt. Es wird ein geordnetes Ganzes aufgezeigt, innerhalb dessen man gut = vernunftgemäß leben kann und soll. Der Übergang zwischen *Ethik* und *Politik* zeigt diesen Ansatz deutlich. Schon die Ethik ist nach natürlichen Anlagen und Aufgaben aufgebaut. Es gibt eine Standesethik und diese setzt sich in den politischen Institutionen fort. Die Monarchie ist die beste Staatsform, sie soll aber mit aristokratischen und demokratischen Bürgschaften gegen Ausartung in Despotismus umgeben werden. Ethik und insbesondere Politik behandeln äußere Ordnungen, aber unter dem Gesichtspunkt des Idealen und Besten. Der Gedanke des *guten Lebens* als des inneren Sinnes einer jeden Ordnung ist maßgebend. Der Staat soll dies Leben ermöglichen, soweit es angeht. Die irdische Glückseligkeit bleibt aber immer vorläufig, sie verweist auf die überirdische.

Der Übergang von der natürlichen zur übernatürlichen Ordnung entspricht dem Übergang von natürlicher zu übernatürlicher Wahrheit, wobei eben auch die natürliche Wahrheit, durch das *lumen naturale* vermittelt, auf Gott verweist. Die natürliche Einsicht bereitet den Glauben vor, der sich auf Offenbarungswahrheiten bezieht. Die natürliche Einsicht aber ist die Grundlage der ethischen Ordnung. Der Wille ist und soll sein gelenkt von der Erkenntnis. Er kann frei wählen, aber er soll seine Entscheidung auf Grund des Wissens fällen. Selbst der göttliche Wille ist durch den göttlichen Intellekt an die göttliche Weisheit gebunden. *Seinserkenntnis* und *Werterkenntnis* fallen zusammen und leiten das Lebensganze. –

Die ursprünglich christliche Haltung, wie sie sich im Neuen Testament und, durch den griechischen Ansatz modifiziert, bei Augustin zeigt, setzt einen Dualismus zwischen unserer Welt und Gott an. Die Welt ist gefallene Schöpfung, auch wenn sie Gott weiterhin erhält. Der Mensch hat sich nicht an sie zu halten, sondern als Fremdling in ihr zu wandeln. Allein der Bezug zu Gott ist wesentlich, er ist gefordert als Gehorsam und von ihm her wird die christliche Ethik der Nächstenliebe abgeleitet.

Dieser ursprüngliche christliche Ansatz bricht in der Entwicklung immer wieder durch, sich in realer und idealer Hinsicht verschärfend. Man hat den Geboten Gottes zu folgen ohne Spekulation und ohne Aussicht auf Erfolg in unbedingter Glaubensergebung. Die Bezüge von Gott, Welt und Mensch sind reine Bezüge der Personalität. Sie können daher nicht durch eine ontologische umgreifende Metaphysik fundiert werden. Gott hat einen *absolut freien Willen* und ebenso der Mensch. Philosophisch faßbar und relevant wird diese Konzeption im sogenannten *Nominalismus*. In der Frage, ob die Ideen für sich vor den Dingen bestehen oder allein im Ding ihre Wirklichkeit haben oder gar nur Namen ohne Deckung sind, geht es um das Problem, ob die Welt eine sinnvoll verstehbare Ordnung ist oder ein zufälliges Faktum, das nur auf dem Willen Gottes beruht. Ist dies der Fall, dann bedeutet dies, daß in Gott selbst ein Vorrang des Willens vor dem Intellekt besteht.

Duns Scotus und *Ockham* leugnen den Vorrang der Ideen als eines selbständigen Seinsbereiches. Das Gute ist nun nicht mehr als ein Grundcharakter des Seienden in der Idealwelt verwurzelt, sondern es beruht auf Gottes Setzung. Es gibt kein Gutes an sich. Alles Außergöttliche ist gut, nur weil es Gott so gewollt hat. Die Aussage, etwas sei von Gott gewollt, weil es an sich gut sei, gilt als Gott inadäquat.

Von diesem Ansatz her ist es natürlich nicht mehr möglich, eine vernünftige Ethik zu begründen. Es bleiben zwei Möglichkeiten. *Die eine Möglichkeit führt alle sittlichen Gebote allein auf Gottes Willkürsetzung zurück.* Auch die Gebote des Dekalogs sind lediglich in dem Willen Gottes begründet, so daß sie jederzeit und beliebig abgeändert werden können. Es wäre denkbar, daß Gott durch einen anderen Willen anderes als gerecht und gut sanktioniert hätte. *Die zweite Möglichkeit, die Gegenmöglichkeit, tendiert dazu, Gott auszuschalten, weil er ja nicht begreifbar ist.* Dieser Ansatz ührt aus dem Mittelalter heraus. *Descartes* entwickelt ihn in dem Entwurf einer vorläufigen Ethik. Er vollzieht einen Rückgang auf die Lebenswelt, aber durchaus in skeptischer Form. Die Lebenswelt ist faktisch der Bereich, in dem man zu existieren hat, aber sie ist kein fester Boden. Wir werden auf diesen sehr wesentlichen Ansatz, der die Ethik einschränkt, noch zurückkommen, jetzt sei zum Abschluß auf die Auseinandersetzung zwischen Erasmus und Luther verwiesen, um zu zeigen, wie schwierig eine grundsätzliche Besinnung über den Willen ist; bei der Erörterung Kants werden wir noch einmal auf das Problem des Willens zurückkommen.

Der *antike Begriff des Willens* ist vom christlichen Begriff unterschieden. Im antiken Ansatz ist das Subjekt, das sich in der Welt als Ordnung vorfindet, am gegebenen Seienden orientiert. Wollen heißt hier: vom Erkennen geleitet wird etwas auf Grund seiner Güte einem anderen vorgezogen. Der *christliche Ansatz* bestimmt Wollen als personales Prädikat. Realiter gesehen: der Wille schwankt zwischen zwei Positionen: dem Gebot Gottes und der Verweigerung auf Grund der superbia. Er impliziert eine vom Erkennen unabhängige Quelle reiner Freiheit. Buridans Esel zeigt die Sachlage gut auf. Es ist aber nötig, diesen freien Willen als überhaupt existent zu erweisen. Der Mensch ist ja faktisch Sünder. Es ist daher sehr schwierig, die Struktur des Willens zu erfassen. An sich ist er reine Willkür, liberum arbitrium indifferentiae; als solcher aber ist er abstrakt. Gleichwohl bleibt die Willkürfreiheit grundlegende Voraussetzung, wenigstens für den Menschen an sich, den Urmenschen, wie er in Adam erscheint.

Erasmus und Luther bewegen sich im theologischen Horizont. Es geht beiden um das Problem, wie sich der Mensch zu Gott als der Quelle des ewigen Heils verhalten kann, aber damit wird die Frage der Willensfreiheit angeschnitten. Erasmus versteht unter dem freien Willen ein Vermögen, durch das der Mensch sich dem, was zu ewigem Heil führt, zuwenden oder sich davon abwenden kann. Erasmus argumentiert, daß der Mensch am Erlangen des Heils beteiligt sei: wir müssen doch den Willen haben, Gottes Gnade entgegenzunehmen, wir müssen doch gewillt sein, sie zu bejahen, wir müssen uns ihr doch zuwenden wollen. Luther argumentiert nun nicht ungeschickt. Er schiebt dem Erasmus die Vorstellung des liberum arbitrium unter: »Das Vermögen des menschlichen Willens wird also, Macht oder Möglichkeit oder Eigenschaft oder Fähigkeit zum Wollen, Nicht-Wollen, Erwählen, Verachten, Annehmen, Zurückweisen und was es sonst noch alles an Handlungen des Willens geben mag, genannt. Was es aber heißen soll, daß dieselbe Kraft sich zuwendet und sich abwendet, sehe ich nicht«.[19]

Es ist nach Luther nicht möglich, eine Kraft des menschlichen Willens anzunehmen, die annehmen oder verwerfen, lieben oder hassen kann. Wenn Erasmus so argumentiert, dann postuliert er ein nichtwollendes Wollen. Das widerspricht aber dem Willen, denn Wollen ist immer etwas wollen, ein sich in bestimmter Hinsicht Festlegen, indem man sich für etwas und an etwas engagiert.

Diese grundsätzliche Argumentation wird nun aber ständig mit der Frage der *Heilsgewißheit* verbunden, insbesondere bei Luther. Luther denkt vom *gefallenen Menschen* her. Dieser hat sich in seiner Absicht und seinem Wollen immer schon festgelegt gegen Gottes Gnade. Er ist bestimmt durch seine Ichbezogenheit, und dies bedeutet, er ist schuldig geworden. In der Genesis 8, 21 heißt es: »Das Dichten und Trachten des menschlichen Herzens ist böse von Jugend auf«.

Luther legt diesen Text aus und beruft sich auf Moses. Moses zeige, daß nicht bestimmte Verfehlungen es seien, die den Menschen zum Sünder stempeln, sondern daß der Mensch als Vernunftwesen böse sei. »Hier lasset uns Mosem besehen. Der spricht nicht, daß Unzucht und andere Sünden böse seien, sondern er sagt, das Dichten des menschlichen Herzens sei böse, das heißt Geschicklichkeit, Weisheit, menschliche Vernunft mit all ihren Vermögen, welches die Vernunft gebraucht, wenn sie am besten denken und handeln will. So du nun den Menschen recht willst definieren, so nimm die Beschreibung aus diesem Text und sprich: Der Mensch ist ein vernünftig Tier und hat ein Herz, das da dichtet. Was dichtet er aber? Moses antwortet: er dichtet Böses«.[20]

Angesichts dieser Erfahrung erwacht die Angst, und zwar eine doppelte Angst. Angst vor der entdeckten totalen Negativität der Welt und des eigenen Herzens und Angst vor Gott als zürnendem und strengem Richter. Gott selbst ist ein *verborgener Gott*, keine durch die Vernunft einsichtige Größe.

Die Lösung für diese Skrupel ist allein *Gottes Gnade*. Auf die brennende Frage: »Wie bekomme ich einen gnädigen Gott?« ist die Antwort allein der Glaube und dieser Glaube ist und bleibt ungesichert angesichts der Verworfenheit. »Das ist die Schwäche des Herzens im Glauben und in der Hoffnung, daß die Sünde das Vertrauen auf Gottes Güte entnervt, weil sie macht, daß man immer mehr den Zorn betrachtet als die Güte«.[21] Die einzige, aber indirekte Voraussetzung des Glaubens ist das Selbstgericht und der Verzicht auf die Selbstrechtfertigung.

Durch den Glauben allein wird man gerechtfertigt. Aber diese neue Gerechtigkeit ist nicht ein Gnadenstand, ist nicht Vollkommenheit und Heiligkeit und Sicherheit, sondern »wir sind immer in Bewegung, immer der Rechtfertigung bedürftig«. Es gibt keinen neuen Menschen, der sich realiter vom alten Menschen unterscheidet und auch keinen besonderen Stand, der sich als gottwohlgefälliger von den anderen abhebt.

Luther sieht das Endgericht nahe. Es geht nur darum, wie die Welt noch halbwegs existieren kann bis zu diesem Zeitpunkt. Von diesem Ansatz her ist nur eine Ethik möglich, die zweideutig ist. Luther betont einerseits die *Freiheit* des Einzelnen, er ist über alles erhaben, von der Werkgerechtigkeit befreit, und Luther erklärt andererseits, der Christ sei ein *dienstbarer Knecht*. Luther beruft sich auf Paulus: »Der Christ ist völlig freier Herr über alles und niemandem untertan. Der Christ ist ein allen völlig dienstbarer Knecht und jedermann untertan. Die Liebe ist der Inhalt aller Gebote«.[22] »So ziehen wir den Schluß: ein Christ lebt nicht in sich selbst, sondern in Christus und in seinen Nächsten. Durch den Glauben wird er aufwärts und über sich geführt zu Gott, durch die Liebe wiederum sinkt er herab unter sich zum Nächsten und bleibt doch immer in Gott und seiner Liebe«.[23]

Es gibt, so erläutert Luther, einen geistlichen und einen leiblichen Menschen. Diese Differenzierung ist aber nicht die ontologische von Vernunft und Leib. Geistlich lebt derjenige, der sich im Glauben auf Gott bezieht und die Welt ausklammert. Ein solcher Mensch ist frei, er ist Priester und König: »Daher sind wir in Christus alle Priester und Könige, alle, die wir an Christus glauben.« Luther sichert das Gesagte ab: »Nicht daß ein Christ im Blick auf äußere physische Gewalt über alles gesetzt sei. Dies ist nämlich Sache der Könige, der Fürsten und der Menschen auf Erden, weil wir an unserem eigenen Leben sehen, daß wir allen äußeren Dingen unterworfen sind, vieles leiden und noch dazu sterben«.[24] Luther trennt von diesem Ansatz her die *weltliche* und die *religiöse* Dimension, wir werden dies später zu behandeln haben.

Luther geht in seinem Denken und Glauben davon aus, daß die *Negativität* so vorherrschend ist, daß eine Verbesserung der Welt nicht möglich ist. In dieser Einsicht in die Verfallenheit des Menschen ist es, wie wir sehen, begründet, daß die abstrakte Frage der Willensfreiheit nach Luther abwegig ist, denn der Wille hat sich immer schon faktisch festgelegt, von Gott abgewandt und ist durch Ichhaftigkeit bestimmt.

Der *Nominalismus*, insbesondere Ockhams Ansatz, dem Luther nachfolgt, führt dazu, den Vorrang des Willens vor der Vernunft im Gegenzug zur Tradition zu radikalisieren. Der Wille ist nicht nur vernunftneutral und steht nicht nur über der Vernunft, sondern ist *gegenvernünftig*. Der Wille stellt die Vernunft faktisch in Dienst, indem er sie als Möglichkeit benutzt, dem zerstörenden Trieb der superbia zur Herrschaft zu verhelfen.

Diesem Vorgang ist nur zu begegnen durch den Glauben an Gottes Gnade, durch den der geistliche Mensch die Welt transzendiert und alles auf Gott setzt.

Der Nominalismus und insbesondere Luthers Ansatz zeigen, daß die Möglichkeit eines metaphysischen Umgreifens des Weltganzen unter dem Aspekt des Vorranges des Intellekts von der Gegenposition, die den Vorrang des Willens betont, von Grund aus problematisiert werden kann. Gott ist absolut frei, *sein Tun ist nicht einsichtig*. Der weitere Verlauf der Entwicklung führt nun dazu, Gott als *unverstehbar* auszuschalten und den Menschen auf sich zu stellen. Der Mensch besinnt sich auf seine *Freiheit*, er begreift sich zugleich aber als Träger der *Vernunft*. Als freies Vernunftwesen muß er sich seine Welt aufbauen. Dieser Aufbau aber bleibt in der klassischen Neuzeit bis zu Hegel noch weithin metaphysisch bestimmt. Man kann die Welt als vernünftigen Zusammenhang durchschauen und in Philosophie und Wissenschaft auf den Begriff bringen.

III. Christlicher Glaube und Politik

Wir suchen im folgenden auf die Probleme hinzuweisen, durch die das Verhältnis des *christlichen Glaubens* zur *politischen Sphäre* bestimmt wird. Um es in seiner Vielschichtigkeit zu erkennen, ist es angebracht, noch einmal den antiken Ansatz kurz in Erinnerung zu bringen.

Für *Plato* und *Aristoteles*, aber auch für *Sokrates* ist der Mensch ein politisches Lebewesen. Sokrates fordert in der »Apologie« ja nicht nur dazu auf, für die eigene Seele, sondern auch für die Polis zu sorgen. Plato fragt nach der Gerechtigkeit, deren hoher Rang darin liegt, daß sie keine rein private Tugend ist, sondern letzthin vom Gedanken der Ordnung, das heißt dem Prinzip des Guten bestimmt ist, das den Einzelnen, den Staat und das Weltganze umgreifen muß. In Platos Philosophie – dies mag dem modernen Menschen anstößig oder zumindest merkwürdig erscheinen – zeigt sich, daß die erste Fassung der metaphysischen Ethik gerade nicht den Rückzug aus der Welt befürwortet, sondern den Transzendenzbezug als Umweg zur *Gestaltung der Polis* ansetzt. Aristoteles setzt mit dem Entwurf seiner praktischen Philosophie der Lebenswelt von vornherein voraus, daß der Mensch sich wesentlich in seinem Tun und Lassen als Bürger einer Polis versteht. Ethik und Politik sind nicht nur keine Gegensätze, sondern es besteht zwischen ihnen ein Zusammenhang der Fundierung. Nur im *Staat* kann der Einzelne sittlich leben. Dem entspricht es, daß die Tüchtigkeiten auf das allgemein Bewährte bezogen sind. Der Öffentlichkeitsbezug ist maßgebend, er bestimmt das Verhalten, wie es gemäß der *Sitte* ist.

Wie auch immer der Unterschied zwischen Plato und Aristoteles anzusetzen ist, daß Politik und Ethik zusammengehören, ist die beide leitende Überzeugung. Sie gründet letztlich darin, daß alles Verhalten von Seinsordnungen her bestimmt ist. Die Welt im Ganzen ist ein teleologischer Kosmos. Auch wenn man mit Aristoteles Naturordnung und zwischenmenschliche Ordnung unterscheiden muß, bleibt der Gedanke der Weltordnung bestimmend.

Es gibt von den *Kynikern* und *Kyrenaikern* an, insbesondere aber in der *Stoa*, Tendenzen, diesen Zusammenhang zu lockern. Sie gehen indirekt auf den Grundansatz des sokratischen Philosophierens zurück, durch den der Selbstbezug des Einzelnen in das Zentrum gestellt wird. Die Stoa tendiert einerseits dazu, das Subjekt aus dem politischen Leben herauszuziehen und die Politik auf sich beruhen zu lassen, das heißt, die Privatperson als solche zu etablieren; andererseits aber geht es ihr darum, sich über alle Unterschiede der Nationen hinweg dem *Ganzen des Kosmos* zu eröffnen, *der alle politischen Schranken übergreift*.

Das *christliche Denken* bedeutet auch dort, wo es zur Bestimmung des Menschen in bezug auf die Politik auf antike, insbesondere stoische Gedanken zurückgreift, einen ganz entscheidenden Wandel. Der Grundansatz des christlichen Glaubens ist eindeutig: da Gott die Welt erschaffen hat und erhält, kann es keine Absonderungen und Ausgrenzungen bestimmter Aspekte oder bestimmter Einstellungen aus dem Gefüge der christlichen Metaphysik geben. Diese Metaphysik will – das liegt in ihrem Wesen – ja das Ganze der Welt und des Lebens von Gott her umfassen.

Nun ist aber, wie mehrfach betont, die politische Sphäre von der religiösen ihrer Struktur nach doch zu unterscheiden. Das Problem entsteht, wie sich der Gläubige in beiden Dimensionen verhalten soll. Wir skizzieren zunächst Augustins Lösung, der systematisch und wirkungsgeschichtlich gesehen hohe Bedeutung zukommt.

Augustin trennt den Einzelnen und seine persönliche Geschichte, die als sein privater Bezug zu Gott erscheint, vom Weltgeschehen und der allgemeinen Heilsgeschichte ab. Zwischen allen drei Bereichen besteht aber ein Zusammenhang. Die private Heilsgeschichte wiederholt die allgemeine Heilsgeschichte, die von den beiden Grundwahrheiten: Abfall und Versöhnung bestimmt ist. Die private Geschichte und die Heilsgeschichte sind aber auch auf das Weltgeschehen bezogen. Der Mensch lebt in beiden Dimensionen, auch wenn er hier ein Fremdling ist. Von Gott her aber ist zu sagen: Gott ist der Herr beider Bereiche; beide unterstehen seiner Fürsorge und seiner Lenkung: *Weltgeschichte und Heilsgeschichte verweisen auf ein Endziel: die endgültige Aufhebung der Trennung von Gott und Mensch.*

Augustin hat diese Dialektik in seinem Werk »*De civitate Dei*« dargelegt und hier die erste christliche Geschichtsphilosophie von Rang entworfen. Augustin unterscheidet die civitas Dei von der civitas terrena. Die *civitas terrena* wird zunächst nicht abgewertet. In ihrer Konzeption lebt der Gedanke der römischen res publica weiter. Die Römer hatten die res publica gegen die res privata, das heißt konkret die Familie, abgehoben. Die res publica hat einen eindeutigen Vorrang. Die societas civilis beruht auf Gesetzen, die die Grundlage des gemeinschaftlichen Lebens überhaupt sind. Augustin hebt diese Hochschätzung des Staates auf zugunsten der überweltlichen *civitas Dei*, die nicht mit der Kirche identisch ist; die Gläubigen sind die Auserwählten und die aus der Welt Herausgerufenen. Gleichwohl: beide civitates sind bereits bei Augustin in sich und im Verhältnis zueinander *dialektisch*. Auch die Gemeinschaft der Gläubigen kann nur als welthaft organisierte Größe existieren. Und der Staat mag die Stätte der Laster sein, er ist aber – das ist zu bedenken – der einzige Garant äußerer Ordnung, die die Voraussetzung jeden Lebens ist.

Diese Scheidung in zwei Reiche wirkt in der Geschichte weiter. Sie bestimmt nicht nur das mittelalterliche Denken, sondern auch die Staatsphilosophie des Luthertums, wie wir sogleich sehen werden. Wesentlich ist, daß diese Idee der zwei civitates auch in der Form erhalten bleibt, daß der Staat und die Ethik voneinander getrennt werden. Der Staat wird immer stärker *veräußerlicht* und die Ethik immer mehr *verinnerlicht*. Den ethisch-moralischen Bestimmungen müssen Bestimmungen entgegengesetzt werden, die nur das Faßbare, das Äußere, die Legalität im juristischen Sinn in Rechnung stellen.

Dieser Ansatz ist aber durchaus nicht eindeutig, in der Realität stellt er sich als außerordentlich zweideutig dar. Diese Zweideutigkeit sei, auf die weitere Entwicklung vorblickend, ein wenig genauer dargelegt. Wir sagten, daß Welt- und Heilsgeschichte identisch sind, weil und insofern Gott die Welt nach seinem Heilsplan lenkt. Gleichwohl ist die Weltgeschichte ja auch die Geschichte des Menschen und zwar des Menschen, der von Gott abgefallen ist. Diese Geschichte des Menschen ist einerseits verderbt, sie ist von den Kämpfen, in denen es dem selbstbezogenen Menschen nur um seine Macht geht, bestimmt. Andererseits bleibt auch in diesem Geschehen Gott der Herr, er wehrt dem absoluten Verderben und gewährt eine äußere Ordnung. Diese Ordnung ist notwendig, damit alles, was in der Welt ist, überhaupt einen *relativen Bestand* hat. Ohne diesen Beistand Gottes wäre seine Selbstauflösung unausweichlich. Insofern nun aber die Bürgerschaft Gottes selbst nicht nur eine unsichtbare Gemeinschaft ist, sondern auch eine welthaft vorhandene durch Organisation bestehende *Kirche*, gehört auch sie in den Raum der äußeren Geschichte. Grundsätzlich gesagt: die einfache Identifikation von Weltgeschichte und Heilsgeschichte ist ebenso unmöglich wie ihre einfache Trennung. *Innerhalb* der Gemeinschaft der Gläubigen zeigt sich die harte Tatsache, daß reine Welttranszendenz eine faktische Unmöglichkeit ist; kein Inneres kann ohne Äußeres existent werden und existent bleiben. Die Einsicht in die welthafte Notwendigkeit einer *Veräußerlichung* der Kirche aber bedingt auch eine Neuorientierung des Verhältnisses des Christen zum *Staat*. Die politische Geschichte kann nicht nur Gott überlassen werden. Der Christ hat auch hier seine Aufgaben zu erfüllen, nämlich durch den Staat in der Welt äußere Ordnung zu halten.

Die *Kirche* steht ständig im Widerspruch mit sich selbst. Sie ist einerseits göttlichen Ursprungs, überweltlich, unsichtbar, nicht kämpfend, sondern leidend. Die von Gott Herausgerufenen sind je einzelne, ihr Miteinander kann nur – modern formuliert – die private Kommunikation sein, die ständig ungewiß ist. Trost und Hoffnung gibt nur die Erwartung des Endes der Welt. Die Kirche ist andererseits als geschichtliche Größe notwendig institutionalisiert, eine Organisation unter anderen. Sie muß sich, insofern die Glaubensbotschaft an alle ergeht, der allgemeinen zeitgeschichtlichen Vorstellungswelt jeweilig anpassen. Zur Kirche gehört zudem die Pflege von *Kultus* und *Ritus*. Selbst dann, wenn man feststellt, daß das Christentum keine gewachsene Volksreligion ist, können diese Bindungen nicht vernachlässigt werden – Hegel hat dies immer wieder betont. Entsprechend dieser Zweideutigkeit ist die *Theologie* gezwungen, Weltabwendung und Weltzuwendung gleichermaßen zu rechtfertigen. Der geschichtliche Verlauf zeigt jedoch, daß die Weltabwendung bis in die Anfänge der Neuzeit hinein zumeist als Protest gegen die Weltzuwendung aktualisiert wird. Die Weltzuwendung ist in der geschichtlichen Epoche, in der das Christentum ein politisch bestimmender Faktor ist, die leitende Grundtendenz. Erst in der *Neuzeit* kehrt sich die Situation um. Die Kirche, nun faktisch am Rande des politischen und kulturellen Weltgeschehens stehend, sucht sich dieser Situation entsprechend ihrem ursprünglichem Anfang gemäß als nicht welthafte Macht zu begreifen.

Wir konkretisieren diese Problematik durch einen Hinweis auf die Ansätze der mittelalterlichen Kirchenlehrer, insbesondere des Thomas einerseits und die Lehre Luthers andererseits. Die *mittelalterlichen Kirchenlehrer* stellen allgemeingültige Theorien auf, weitgehend in Anlehnung an Aristoteles. Der strenge Unterschied der zwei civitates wird relativiert. Es ist möglich und geboten, eine *universale Ethik* zu entwerfen. Es gibt zwar geistige und weltliche Ordnungen, und man muß zwischen natürlichen und übernatürlichen Tugenden unterscheiden, aber man kann in bezug auf all diese Bereiche doch grundlegende Regelungen aufstellen.

Die natürlichen Tugenden sind durch natürliche Einsicht erschlossen und gelten universal. In bezug auf die politische Sphäre ist herauszustellen, daß der Mensch ein *animal sociale* ist. Er ist nicht nur unter dem ökonomischen Gesichtspunkt, sondern unter allen Aspekten des Lebens auf den Mitmenschen verwiesen. Zwischen den Menschen gibt es Unterschiede vielfältiger Art nach Rängen, Geschlechtern und Tätigkeiten. Maßgebend ist der Gedanke der Ordnung. Der Mensch hat sich von der praktischen Vernunft leiten zu lassen, die eine inclinatio ad finem bedeutet. Das Ziel ist die felicitas communis, das bonum commune. Dieses wird nur in der *communitas perfecta*, das heißt dem Staat verwirklicht.

Selbstbehauptung und Wesenserhaltung sind ethische Grundgebote. In der Erfüllung der Wesenhaftigkeit aber wird der Mensch auf die übernatürliche Welt vorbereitet, in der die reine personale Ethik, das göttliche Gesetz des neuen Bundes gilt. Die Vollkommenheitsforderung, wie sie die Bergpredigt darlegt, ist nur in freier Option verpflichtend, weil der Mensch hier ja in der Mitte zwischen den Dingen dieser Welt lebt und diesen nicht ganz entsagen kann. Die Weltdinge dürfen nicht zu seinem Lebensziel werden, dies wäre inordinatio. »Aber es ist auch nicht notwendig, daß er ganz auf die Dinge dieser Welt verzichte ... Was zur Vermeidung der Unordnung nötig ist, das besagen ausreichend die Gebote, die Räte dienen zur leichteren, völligen Absage an die

Weltdinge, sie können auch in Einzelhandlungen, wie Almosen und zeitweiliger Enthaltung geübt werden und begründen nur durch die obligatio perpetua cum solemnitate einen Stand der Vollkommenheit, wie den der verschiedenen Orden und des Episkopats«.[25]

Es ist daran festzuhalten, daß es durchaus vom christlichen Denkansatz her den Versuch gibt, eine allgemeine Ethik zu entwerfen, in der nicht nur spezifisch christliche Forderungen erhoben werden, sondern auch Anweisungen ergehen, die auch und gerade das politische Leben betreffen, das heißt, eine radikale Unterscheidung von Politik und christlichem Lebensverständnis zu unterlaufen suchen. Es wird eine Art *christlicher Lebensweltethik* entwickelt.

Freilich, die Differenz, die zwischen christlicher Pilgrimschaft und äußerlichem Weltdasein besteht, ist nicht aufzuheben. Man muß ja in diesem Zusammenhang bedenken, daß diese Differenz systematisch betrachtet eine Sonderform der Grundtendenz ist, die alle Ethik bestimmt, *die Innerlichkeit des Selbstbezuges und die Äußerlichkeit des Weltbezuges als Gegensätze zu deklarieren, die nicht zu vereinen wären.*

Diese Spannung bestimmt die ganze Geschichte der Ethik und steht auch hinter den christlichen Entwürfen.

Luthers Ansatz steht im Gegensatz zu den mittelalterlichen Lehren: der von Augustin herausgearbeitete Schnitt zwischen Innerlichkeit und Äußerlichkeit wird durch Luther radikalisiert. Luther unterscheidet ja ausdrücklich den geistigen und den weltlichen Menschen. Im »Traktat von der christlichen Freiheit« wird die Freiheit des inneren Menschen von der Knechtschaft des äußeren Menschen unterschieden. Luther erklärt: »Sofern der Christ frei ist, braucht er nichts zu tun; sofern er aber Knecht ist, hat er allerlei zu tun. Obwohl der innere Mensch in bezug auf den Geist mehr als genügend gerechtfertigt wird und alles hat, was er haben muß, so bleibt er doch in diesem sterblichen Leben auf Erden, in dem er seinen eigenen Leib beherrschen und mit Menschen umgehen muß«.[26]

Das äußere Leben ist eben das Leben in einer gefallenen Welt. In der äußeren Welt, insbesondere aber in der Politik, geht es nicht moralisch zu. In der Politik herrscht Macht. Hier regieren Mord und Totschlag und Haß. Soll der Christ die Politik ganz und gar sich selbst überlassen und nur dem inneren Menschen leben? Das geht nach Luther nicht an. Man muß Ordnungen herzustellen suchen, und man muß diese Ordnung als von Gott eingesetzt verstehen. Sie sind solchermaßen sanktioniert. Das *»Weltliche Regiment«* ist für Luther Obrigkeit und die Landesfürsten sind Notbischöfe.

Dieser Ansatz führt zu der protestantischen Lehre der *Trennung von Thron und Altar*. Luther sieht diese Trennung durchaus positiv an. Es ist ein göttliches Gebot, Staat und Kirche nicht zu vermengen – diese Vermengung ist ein Werk des Satans –, sondern sie zu scheiden. Die Selbständigkeit des Staates gegenüber der Kirche kann nun aber zu einer *äußeren Vorherrschaft des Staates über die Kirche* führen, etwa in der Form,. daß der Staat über die kirchlichen Behörden eine Aufsicht führt und daß das allgemeine Kirchenregiment vom Staat reglementiert wird.

Grundsätzlich: der Staat hat nach Luther eine Schutzfunktion. Sie schließt für Luther den Kampf gegen den Papst und seine Anmaßung ein. In der Schrift »An den christlichen Adel von des christlichen Standes Besserung« erklärt Luther: »Hier sollten nun die deutsche Nation, Bischöfe und Fürsten, sich auch für Christenleute halten und das Volk, das ihnen anbefohlen ist, um es in leiblichen und geistlichen Gütern zu regieren und zu beschützen vor solchen reißenden Wölfen beschirmen, die sich in

Schafskleidern als Hirten und Regenten ausgeben«.[27] Die Fürsten haben dem Unrecht zu wehren, sie sollen es tun kraft des Amtes des Schwertes.

Das Problem, wie christlicher Glaube und Politik sich zueinander verhalten sollen, das für die christliche Ethik zentral ist, bleibt letzthin ungelöst. Es gibt zwei Ansätze, die gegensätzlich und doch nicht radikal voneinander zu trennen sind. Der Versuch, auf Grund der Negativität, der Sündhaftigkeit der Welt sich von der Politik *zurückzuziehen*, muß anerkennen, daß wir in der gefallenen Welt zu leben gezwungen sind, und daß man sich darum bemühen muß, *auch* im politischen Reich Ordnung zu schaffen. Der gegensätzliche Ansatz, der die Grenzen zwischen politischen und religiösen Verpflichtungen nicht als unüberbrückbar ansetzen will, kommt aber letztlich nicht darum herum, zwischen beiden Reichen grundlegende Differenzen anzuerkennen: *die Macht geht anders vor als die Liebe.*

Diese Problematik wird aber zu Beginn der Neuzeit im Zuge der »Säkularisierung« zurückgedrängt. Der sich aus Freiheit bestimmende Mensch hat nun selbst die Aufgabe übernommen, auf Grund seiner *Rationalität* in der politischen Dimension, soweit möglich, Ordnungen herzustellen.

Drittes Kapitel
Rationalisierung des Weltbezuges

Vorbemerkung

Es wurde im vorhergehenden mehrfach darauf hingewiesen, daß die Entwicklung der abendländischen Ethik sich unter totalphilosophischem Aspekt betrachtet als durch den Übergang von der Leitidee der Ordnung zur Leitidee der Freiheit bestimmt zeigt, wobei Ordnung als Grundcharakter der Welt vorgegeben ist, während Freiheit Kennzeichen eines Subjektes ist, das die vorgegebene Welt umgestaltet und transformiert und sie philosophisch als seine Setzung verstehen will.

Wir sagten aber mehrfach, daß diese Schematik dialektisch auszulegen ist. Beide Bestimmungen, Ordnung und Freiheit, verweisen aufeinander. Es gibt keine Ordnung ohne Freiheit und keine Freiheit ohne Ordnung; aber die Akzente wechseln, so daß diese Grundbegriffe vieldeutig werden. Ordnung kann vorgegeben oder aus Freiheit gesetzt sein, und die Idee der Freiheit kann in ihr Gegenteil umschlagen. In der Gegenwart erkennt der Mensch, daß seine Freiheit zur Gestaltung außerordentlich problematisch geworden ist, und daß er kaum noch in der Lage ist, die dialektische Wirklichkeit, das heißt die ineinander verzahnten Superstrukturen, zu durchschauen.

Die Neuzeit ist, so sagten wir, durch die Herausstellung der Idee der Freiheit und der Subjektivität bestimmt. Als Grundzug der freien Subjektivität zeigt sich die Rationalisierung. Die Rationalität wird zum maßgebenden Wert, der als Gegenzug zur bloßen Glaubensgewißheit den Vorteil bietet, daß das Subjekt in der Lage ist, sein Denken und Verhalten zu überprüfen und zu verifizieren. Der Gedanke des vergegenständlichenden Objektivierens gewinnt einen ganz neuen Sinn, den er bis zur Gegenwart behält und zwar in der Weise der Steigerung.

Aber es melden sich sogleich Fragen in bezug auf die Bewertung und Begrenzung der Rationalität und die Art und Weise der von ihr vorgegebenen Vollzugsweisen und Methoden. Um vorläufig nur auf diese Differenzen hinzuweisen: Rationalität ist ganz offensichtlich ein hervorstechendes Merkmal im wissenschaftlichen und technischen Fortschritt. Die Neuzeit gilt als der *Siegeszug der Wissenschaft*, die nicht nur die äußere Natur, sondern auch den Menschen berechenbar machen soll. Aber hier meldet sich sofort das Problem, ob der Mensch und seine Lebenswelt durch die Rationalität wirklich in den Griff zu bringen ist oder ob hier nicht andere Gesetze als in der Wissenschaft gelten oder gelten sollen. Gerade in der Gegenwart zeigt sich doch, daß die Rationalität die Lebenswelt verhängnisvoll verformt hat bis zur Zerstörung hin. Bereits auf dem Höhepunkt der Neuzeit hat Kant die rationale Methode auf die Wissenschaft einzugrenzen gesucht und die Lebensfragen der Anthropologie und der praktischen Vernunft unterstellt, die ihrerseits der Moralität untersteht.

Es zeigt sich also, daß die Entwicklung der Neuzeit durchaus nicht eindeutig verläuft. Sie ist durch vielfältige Faktoren bedingt. Um einen angemessenen Zugang zu dieser Problematik zu finden, gehen wir von Descartes aus, in dessen Philosophie die verschiedenen Tendenzen der Neuzeit paradigmatisch zur Sprache kommen.

I. Macht und Ohnmacht der Subjektivität. Descartes

In Sokrates entdeckt sich, mit Hegel gesprochen, das Selbstbewußtsein als bestimmende Größe. Im christlichen Denken wird die Sorge um die Seele radikalisiert zur Sorge um das Seelenheil, das nicht primär von meinem Tun abhängt, sondern von der Gewährung göttlicher Gnade. Der reditus in se ipsum verweist ganz und gar auf eine übernatürliche Instanz, die nicht nur über mich als einzelne Person, sondern über das Ganze der Welt entscheidet.

Die eigentliche Entdeckung der Subjektivität wird von Descartes vollzogen. Um noch einmal Hegel zu zitieren: »Mit Cartesius treten wir erst eigentlich in eine ›selbständige‹ Philosophie ein, welche weiß, daß sie selbständig aus der Vernunft kommt und daß das Selbstbewußtsein wesentliches Moment des Wahren ist«.[1]

Das *ego cogito* vergewissert sich im aktuellen Denkvollzug seiner selbst. Der aktuelle Denkvollzug, sich als Zweifel etablierend, denkt die Welt weg. Denken ist problematisierendes Transzendieren des Gegebenen. Die Subjektivität versteht sich aber selbst noch als ein Weltseiendes. Sie ist eine Substanz, die durch die Eigenschaft des Denkens ausgezeichnet ist: res cogitans.

Diese Entdeckung der Subjektivität ist vieldeutig. Die Subjektivität etabliert sich als *Innenraum,* in dem Gedanken sind, um deren Vollzug ich weiß. Der Bezug dieser Gedanken zum Außen ist aber vom Innenraum her nicht zu garantieren. Ich bin als ein welthaft Seiendes auch nicht in der Lage, mein eigenes Sein über den Augenblick hinaus zu sichern. Descartes – darin der Tradition verpflichtet – mißt die Subjektivität als *endliche* Größe am unendlichen Gott, der in sich vollkommen ist. Eben dieser Gott wird als Vermittler angesetzt: er vermittelt mich mit der Außenwelt, so daß ich meinen subjektiven Vorstellungen grundsätzlich vertrauen kann, und er erhält mich in meinem Sein.

Dieser Gott ist ebenso zweideutig wie der Mensch. Einerseits ist er als vollkommen anzusetzen, als solcher kann er nicht täuschen: er hat es, wie Descartes erklärt, nicht nötig; andererseits ist er absoluter Souverän. Für Descartes ist der nominalistische Gottesbegriff Ockhams bestimmend.

Descartes behauptet – dies ist die radikale Absage an die Verbindlichkeit der ewigen Wahrheiten –, daß die *mathematischen Sachverhalte* frei von Gott gesetzt seien. Er schreibt an den Pater Mersenne, daß er nicht aufhören würde, in seiner Physik metaphysische Fragen zu berühren, insbesondere die folgende: »Daß die mathematischen Wahrheiten, die Sie ewige nennen, von Gott gestiftet worden sind und gänzlich von ihm abhängen, ebenso wie alles übrige Geschaffene. Es heißt in der Tat von Gott wie von einem Jupiter oder Saturn sprechen und ihn dem Styx und dem Schicksal unterwerfen, wenn man sagt, daß diese Wahrheiten unabhängig von ihm sind. Fürchten Sie bitte nicht, überall zu versichern und zu veröffentlichen, daß Gott diese Gesetze in der Natur eingerichtet hat, so, wie ein König Gesetze in seinem Königreich stiftet ... Wir können die Größe Gottes nicht begreifen, aber wir können von ihr wissen. Daß wir ihn für unfaßbar halten, läßt ihn uns mehr achten; ebenso wie ein König mehr Majestät besitzt, wenn er von seinen Untertanen in weniger vertrauter Weise gekannt wird, vorausgesetzt jedoch, daß sie deswegen nicht glauben, ohne König zu sein, und daß sie ihn genügend kennen, um nicht an ihm zu zweifeln«.[2]

Dieses Zitat, insbesondere die letzten Sätze, zeigt das *Problem einer philosophischen*

Theologie vollkommen adäquat auf. Ist Gott gänzlich unbekannt, dann ist er nicht mehr verpflichtend – Nietzsche hat diese Konsequenz ausdrücklich herausgestellt. Ist Gott dagegen gänzlich begreifbar, verliert er die Jenseitigkeit des *Souveräns*. Es gehört zu den Paradoxien der Subjektivität, daß ihre Tendenz zur Objektivität als Suche eines Haltes faktisch immer verbunden ist mit dem Bewußtsein, daß das, was Halt verspricht, ein Anderes als ich, mehr seiend und stärkere Macht habend, sein muß.

Descartes selbst hält an der Gewißheit, daß Gott nicht täuschen könne, schließlich und endlich fest. Er zieht daraus die Konsequenz, daß ich mich auf meine eigene Urteilskraft verlassen kann. Gott hat mich faktisch dieser eigenen Urteilskraft überantwortet, und mit ihr muß ich arbeiten. Die grundsätzliche Einsicht, daß Gott mich nicht täuscht, vermag sich im konkreten einzelnen Erkennen natürlich nicht realiter auszuwirken, hier muß ich nach eigenen Maßstäben entscheiden.

Descartes' Denken macht – zumindest indirekt – deutlich, wie die *Theologie der Personalität* der modernen Einstellung die Wege bahnt. Wenn der Zusammenhang von Gott und Natur nicht mehr einsichtig ist, dann bedeutet der Gottesglaube für die Subjektivität, die sich in der Welt erkennend und handelnd zurechtfinden und behaupten muß, faktisch nichts mehr. Der Mensch muß *sich selbst* sichern, all seine theoretischen und praktischen Sicherungsversuche sind jedoch relativ, das heißt vorläufig und überholbar. Das Welterkennen ist von Grund aus problematisch. Aber grundsätzliche Erwägungen philosophischer Art sind nicht Sache der Wissenschaft. Diese hat vielmehr die Natur »unvoreingenommen« zu begreifen.

Wesentlich für das Problem der Objektivität ist es, daß jetzt erst der explizite *Subjekt-Objekt-Bezug* sich wirklich durchsetzt: das Subjekt steht der Welt als dem Zusammenhang der objektivierbaren, besser: der zu objektivierenden Gegenstände gegenüber. Es sucht diese zu erkennen. Das Erkennen wird bestimmt vom Willen, *hinter* den gesehenen Augenschein zu kommen. Ziel ist das *Begreifen und Erklären objektiver Gesetzeszusammenhänge* als der wahren Natur.

Descartes löst die unmittelbaren Zusammenhänge und Verbindungen von Mensch, Welt und Gott auf. Es gibt keine übergreifende Vernunftordnung mehr. Im erkennenden Weltbezug ist der Mensch auf seine Urteilskraft verwiesen, die er nun auf ihre Möglichkeit hin absichern muß. Daß diese Erkenntnis zu außerordentlichen Erfolgen führen kann, beweist ihr Vollzug. Der Mensch soll zum Meister und Besitzer der Natur werden.

Der Bezug zur Welt ist aber gleichwohl vielfältiger Art. Zunächst: der *wissenschaftliche Zugang* als solcher wird nicht mehr von der metaphysischen Tradition her verstanden. Wahrheiten sind für Descartes keine idealen Seinsverhalte, die an einem überirdischen Ort – so Plato – oder im Verstand Gottes – so Augustin – beheimatet sind. Der Ort der Wahrheit ist für Descartes die Wissenschaft. Diese baut einen Ordnungszusammenhang auf, durch den sich allererst der volle Sinn von Wahrheit erschließt. Wahrheit erweist sich wesentlich als der Zusammenhang einer *berechenbaren Systematik*, durch die es möglich ist, das Seiende auf die in ihm waltende Gesetzmäßigkeit hin zu durchleuchten.

Descartes hat dort, wo er das Wissenschaftsprogramm entwickelt oder von seinen konkreten Forschungen berichtet, nicht von der Ichgewißheit gesprochen und auch nicht von der Notwendigkeit, auf Gott zurückzugreifen. Dies ist ein bedeutsamer Sachverhalt. Es wird offenbar, daß sich die neuzeitliche Wissenschaftsgesinnung, die sich in Descartes erstmalig zur Aussage bringt, nicht von der Metaphysik her versteht.

Descartes ist aber auch Metaphysiker. Als Metaphysiker bedenkt er die Möglichkeit der Erkenntnis in einer über die wissenschaftlichen Forschungen weit hinausgreifenden Weise. Er will – das ist hier sein Anliegen – Erkenntnis auf die Wahrhaftigkeit Gottes zurückführen. Dies Bedürfnis einer Untermauerung der Wissenschaft gründet ganz offensichtlich darin, daß Descartes von der Einsicht, daß wissenschaftliche Wahrheiten nicht mehr ontologisch gesichert sind, eben doch *beunruhigt* wird. Dieser Beunruhigung sucht er durch einen Rekurs auf Gott zu begegnen.

Descartes' metaphysische Grundabsicht ist es, Gott als Vermittler von Mensch und Welt anzusetzen. Descartes steht in dieser Hinsicht in der christlichen Tradition. Aber nicht nur in der Durchführung, sondern bereits im Ansatz geht das cartesianische Unternehmen über die Tradition wesentlich hinaus. Descartes trennt Welt und Mensch in einer so radikalen Weise, daß das weltlos gewordene Ich von sich aus gar nicht mehr zur Welt zurückkommen kann. Diese Absonderung des Ich von der Welt wird durchgeführt, um Gott als *einzige* Möglichkeit einer Vermittlung von Welt und Ich herauszustellen. Die Absonderung des Ich von der Welt und ebenso die darauf folgende Vermittlung von Ich und Welt durch Gott vollziehen sich auf der Ebene der *Reflexion.* Die Argumentation im ganzen wird ausdrücklich als reine Gedankenbewegung gekennzeichnet. Durch diese Gedankenbewegung ändert sich im realen Weltverhalten des Menschen also nichts. Der Mensch ist am Ende der Argumentation, was er am Anfang schon war, ein Wesen, das sich zwar vom welthaft Seienden unterscheidet, realiter aber nie absolut weltlos wird. Gerade weil diese Bewegung der radikalen Absonderung nur eine Phantasieleistung ist, ist sie verlockend. Es bietet sich die Möglichkeit, der faktischen Weltbindung in Gedanken zu entgehen, an.

Der Bezug zur Welt unter *anthropologischem* und *moralischem Aspekt* ist undurchsichtiger als der wissenschaftliche Bezug. Während ich im Erkennen der Außenwelt meinen Geist allein gebrauche und sinnliche Erkenntnis abwerte, bin ich, anthropologisch gesehen, nicht in der Lage, meinen Körper abzuschalten. *Mein Körper* ist – diese wesentliche Entdeckung ist für die Folgezeit maßgebend – einerseits eine objektivierbare res extensa, andererseits sind mein Körper und mein Ich eng verbunden. Descartes sagt: »Die Natur lehrt mich durch die Empfindung des Schmerzes, des Hungers, des Durstes usw., daß ich meinem Körper nicht nur gegenwärtig bin wie der Schiffer dem Schiff, sondern daß ich ihm aufs engste verbunden bin und gleichsam mit ihm vermischt, so daß ich mit ihm zusammen ein einheitliches Etwas ausmache«.[3] Hier setzt nun bereits eine erste ethische Überlegung an. Sie ist relativ traditionell bestimmt. Der Mensch darf sich von seinem Körper nicht knechten lassen. Diese Gefahr besteht aber, weil wir eben nicht reiner Geist sind.

Descartes unterscheidet die »passions de l'âme« und die »actions de l'âme«. Die *passions*, die *Leidenschaften*, werden eingehend beschrieben. Descartes erklärt, es gäbe sechs ursprüngliche Leidenschaften: Verwunderung, Hass, Liebe, Verlangen, Freude und Traurigkeit. Alle diese Leidenschaften überkommen mich zumeist vom Gegenständlichen her. Sie sind von bestimmten physiologischen Veränderungen begleitet, so sind bei der Traurigkeit die Zugänge zum Herzen verengt und das Venenblut fließt nur schwach zum Herzen.[4] Zusammenfassend läßt sich sagen: Leidenschaften affizieren die Seele, »sofern sie sich im Ganzen des Menschen als vom Körper und, durch ihn vermittelt, von der übrigen Welt beeinflußt zeigen«.[5]

Die *actions* bilden den Gegensatz zu den passions. Es sind Willensvorgänge. Der Wille aber geht von mir aus. *Wille an sich* besteht als solcher in der Freiheit zum Tun oder

Nichttun. Descartes erklärt in der vierten Meditation: »Es ist allein der Wille oder die Freiheit der Willenswahl, die ich in mir als so groß erfahre, daß ich mir keine größere vorstellen kann, denn obgleich der Wille in Gott unvergleichlich größer als in mir ist, so scheint der Wille dennoch, sofern er der Form nach und genau betrachtet wird, in sich nicht größer, weil er nur darin besteht, daß wir dasselbe entweder tun oder nicht tun, d. h. bejahen oder verneinen, verfolgen oder meiden können«.[6]

Descartes setzt den Willen als oberstes Gut an. Er legt dar, Tugenden im üblichen Sinne seien oft Gewohnheiten der Seele, die nur zum Teil von ihr abhingen, weil hier auch des öfteren die Leidenschaften und von diesen her der Körper im Spiel sei. Allein der Wille sei nicht von den Leidenschaften und dem Körper her bedingt. Daher gründet die Selbstachtung des Menschen auf der Freiheit des Willens. Descartes erklärt: »Ich kenne nur Eins, was uns genügend Grund zur Achtung unserer Selbst geben kann, nämlich den Gebrauch des freien Willens und die Herrschaft über unser Begehren; denn nur die von dem freien Willen abhängigen Handlungen können mit Grund gelobt oder getadelt werden. Dieser Wille macht uns gleichsam Gott ähnlich, indem er uns zum Herrn über uns macht; nur dürfen wir nicht aus Schlechtigkeit die dadurch erlangten Rechte wieder preisgeben«.[7] Die *große Gesinnung* (générosité), in der sich dieser Wille als Haltung manifestiert, ist daher das von Descartes erstrebte Ideal. Zu dieser Gesinnung gehört es wesentlich, daß ich mich rein von mir aus in Klarheit zu dem entschließe, was mir selbst als Vernunftwesen einleuchtet.

Von diesen Überlegungen her ist Gott eigentlich ausgeschaltet, oder vorsichtiger: er spielt keine Rolle für mich, insofern ich mich frei entscheiden kann. Als freier Wille bin ich nur auf mich selbst verwiesen und bin absolut. Erst in dieser Erkenntnis vollendet sich die wirkliche Abtrennung des Ich von Welt und Gott. Es ist aber sogleich zu beachten, daß diese hohe Einschätzung des Menschen von Descartes als zweideutig angesehen wird. Einmal: der Mensch kann sich ja selbst nicht, wie wir sahen, in seinem Sein garantieren. Er bleibt eine endliche Substanz, Gott dagegen ist eine substantia infinita, er kann mit seinem freien Willen wirklich unbeschränkt schöpferisch etwas setzen wie die mathematischen Gesetze. Der Mensch, auch wenn sein Wille, formal betrachtet, den gleichen Rang wie der Wille Gottes hat, kann als reales Weltwesen zwar in Gedanken alles in Frage stellen, aber sich in der Realität nicht so vom Seienden ablösen, daß er dieses von sich aus zu setzen vermöchte.

Descartes zieht daraus die Konsequenz. Er erklärt, daß ich dem Begriff nach betrachtet, eine absolute Willensfreiheit besäße, da diese, wie wir sahen, ja nur darin besteht, etwas tun oder nicht tun zu können, daß aber vom realen Leben her gesehen, sich unentschlossen zu verhalten, der unterste Grad der Freiheit ist. Ich gehe beim Handeln faktisch von Überlegungen aus, die zwischen den Dingen Unterschiede feststellen, und zwar unter Leitung des Verstandes, der eines als vorzüglicher, das heißt wählbarer erkennt als das andere.

Descartes geht also der Sache nach auf die antiken Ansätze der *Wahl im Sinne des Vorziehens* zurück, wie sie insbesondere Aristoteles entwickelt hat. Freilich besteht ein entscheidender Unterschied. Irren ist für Descartes nicht einfach falsches Schätzen, sondern ein dialektisches Fehlverhalten: der Wille reicht weiter als der Verstand, er kann vorschnell entscheiden. Ich habe – dies die Forderung – der natürlichen Einsicht zu folgen, daß das Verstandeserfassen stets der Willensbestimmung vorhergehen muß. In diesem unrichtigen Gebrauch meiner Wahlfreiheit liegt der Mangel, welcher den Begriff des Irrtums ausmacht. Der Mangel liegt in der Tätigkeit selbst, sofern sie von mir ausgeht, nicht aber in der Fähigkeit, die ich von Gott erhalten habe und ebensowenig in der Tätigkeit, soweit sie von ihm abhängt.« Freilich wird es immer wieder passieren, daß ich vorschnell urteile, ja noch mehr: weil mein Verstand beschränkt ist, daß ich vieles nicht richtig einsehe«.[8] Die Art des geschaffenen Verstandes ist es eben, endlich zu sein. Das ändert aber nichts daran, daß man im Leben handeln muß. Descartes schließt die Meditationen mit der lakonischen Auskunft: »Das Leben des Menschen ist häufig dem Irrtum in Einzelheiten unterworfen, und man muß am Ende die Schwäche unserer Natur anerkennen«.[9]

Man kann nicht umhin, diese Argumentation bei aller Zeitbedingtheit im Grundansatz als überzeugend anzusehen. Sie berücksichtigt nicht nur das Zusammenwirken von Wille und Verstand, sondern auch die Dialektik von Weltgebundenheit und Weltlosigkeit. *Weltlosigkeit* im Sinne möglicher Distanz zeigt sich in der *Möglichkeit des Abstandnehmens*. Der Mensch ist nicht im Seienden eingebunden, sondern kann sein Selbstverhalten steuern, wobei das Selbst seine Endlichkeit erkennen muß.

Descartes' Anliegen ist es, eine grundsätzliche Neuorientierung der Philosophie durchzuführen, wie er zu Beginn der ersten Meditation erklärt. Das bedeutet einen Bruch mit der Tradition, insofern diese nach Descartes auf ungeprüften Vorurteilen aufbaut. Man darf nur einer Rationalität vertrauen, die sich selbst und ihre Möglichkeiten *methodisch* kontrolliert. Es ist aber bezeichnend, daß diese Überlegung sich gegen sich selbst kritisch verhält. Die res cogitans ist keine transzendentale oder gar absolute Subjektivität, die deduktiv ihr Weltverhalten regelt. Descartes redet von seinem Vorgehen immer nur primär als einem Vorgehen für seine eigene Person. In der »Abhandlung über die Methode« erklärt er: »Ich beschloß, wie ein Mensch, der allein im Dunkeln schreitet, so langsam zu gehen und so große Vorsicht in allen Dingen anzuwenden, daß, wenn ich gleich nur wenig vorwärts käme, ich mich doch zumindesten hütete, zu fallen«.[10]

Die Besinnung, die Descartes durchführen will, kennzeichnet er als eine Besinnung für eine Übergangszeit. Der Übergang vollzieht sich als Abbau verfehlter und Neubau zuverlässiger Vorstellungen. Descartes erklärt, man müsse, wenn man ein Haus baut, sich für die Bauzeit eine gemäße Unterkunft schaffen. Das besagt in bezug auf das Handeln – dieses kann ja nicht außer Kraft gesetzt werden –, daß Descartes versucht, sich, wie er sagt, eine *vorläufige Moral* zu erstellen, »um nicht in den Handlungen unentschlossen zu bleiben und um in der möglichst glücklichen Weise leben zu können«.[11]

Es ist immer wieder in der Descartesforschung diskutiert worden, was dieser Begriff einer vorläufigen Moral eigentlich besagt. Die meisten Forscher meinen, daß Descartes wirklich der Ansicht gewesen sei, eines Tages eine endgültige Moral zu erreichen und die vorläufige aufzugeben. Dagegen wird mit Recht erklärt, es wäre nicht möglich, zwischen einer provisorischen und einer definitiven Moral klar und eindeutig zu unterscheiden, es sei absurd, einen Zeitpunkt anzusetzen, an dem diese definitive Moral angewandt werden könne.[12] Daß es in der Tat unwahrscheinlich ist, daß Descartes eine allgemeine Moral zu etablieren glaubte, ist anzunehmen, wenn man den *Unterschied* bedenkt, den Descartes zwischen *Wissenschaft* und *Leben* ansetzt. Wissenschaft ist auf Regeln zu bringen; diese sind kontrollierbar und durch Anwendung verbesserungsfähig, so daß Natur beherrschbar wird, soweit sie im Vorentwurf als res extensa erscheint und auf Mechanismen beruht, die durchschaubar sind. So ist Krankheit durch bessere Kenntnisnahme des Körpers abzubauen und vielleicht eines Tages aufzuheben. Aber zugleich bleibt bestehen: Das *praktische Leben*, in das ich leidend und handelnd, passiv und aktiv unmittelbar verflochten bin, von dem ich mich nicht ablösen kann, wie ich mich von einem wissenschaftlichen Projekt, dem ich nicht zustimme, distanziere: dies Leben bleibt eine Stätte der *Vorläufigkeit*, der *Unsicherheit* und des *Irrens*. Die Schwäche unserer Natur, so sagt Descartes ja selbst, ist anzuerkennen. Man muß sich dies klarmachen, und das heißt aussprechen, daß die Moral sich gerade auf diese Lebensstruktur einzustellen hat.

Von diesem Aspekt her sind die vier Maximen, die Descartes aufstellt, zu verstehen. Historisch gesehen nehmen sie stoisches Gedankengut auf. Sie sind Maximen eines Lebensideales, in dem es darum geht, möglichst keinen Schiffbruch zu erleiden. Diese Ethik ist Sache eines Einzelnen. Sie beruht auf einer problematisierenden Reflexion, die darum weiß, daß die Lebenssituationen nicht durchschaubar sind.

Die Maximen, die Descartes entwirft, steigern sich in bezug auf ihre Wesentlichkeit. Descartes erklärt in der *ersten Maxime*, daß er den Sitten seines Landes gehorchen wolle, so wie sie vorbildhaft von den Verständigsten vorgelebt würden. Die *zweite Maxime* besagt: der einmal eingeschlagene Weg ist durchzuhalten, auch wenn man nicht weiß, ob es ein Irrweg sei. Descartes erklärt, »es ist eine ganz gewisse Wahrheit, daß wir, wenn es nicht in unserer Macht steht, die wahrsten Meinungen zu unterscheiden, stets den wahrscheinlichsten folgen müssen«.[13]

Diese Maxime, der zufolge Unentschlossenheit, aber auch Reue und Selbstvorwürfe auszuschalten seien, zeigt vorzüglich den zweideutigen Charakter dieser Moral, das heißt den Einfluß der methodischen Rationalität und zugleich die Abgrenzung gegen die Wissenschaft. Gewißheit gibt es nicht im Leben. Es gilt aber, fest zu bleiben. Man kommt, wenn man sich verirrt hat und nicht im Kreise, sondern geradeaus geht, schließlich doch aus dem Wald.

»Meine *dritte* Maxime war, stets zu versuchen, lieber mich zu besiegen, als das Schicksal, und lieber meine Wünsche als die Ordnung der Welt zu ändern und ganz allgemein mich an die Überzeugung zu gewöhnen, daß nichts gänzlich in unserer Macht steht als unsere Gedanken«.[14] Diese Maxime besagt klar und eindeutig, daß es unmöglich ist, die Welt in den Griff zu bringen und zu beherrschen. Welt als Lebenswelt ist unvorhersehbares Geschehen. »Haben wir also betreffs der Dinge, die außer uns sind, einmal unser Bestes getan, so ist alles, was uns an dem vollständigen Gelingen mangelt, für uns unbedingt unmöglich«.[15] Man muß dann das Geschehen sich selbst überlassen. Die Möglichkeit einer Gesinnungsethik, die Äußeres und Inneres unterscheidet und voneinander abtrennt, deutet sich von ferne an, zugleich aber die Einsicht, daß wir unsere Wünsche beschränken müssen.

Daraus gilt es die grundsätzliche Konsequenz zu ziehen: wir sind nur in unserer Gedankenwelt frei, hier aber sind wir wirklich unabhängig. Das haben die Philosophen gewußt, es ist ihr Geheimnis. Descartes beschließt – so die *vierte Maxime* – auf dem Wege, den er eingeschlagen hat, weiter zu gehen. Er erklärt, daß er nichts Besseres tun könnte, als sein ganzes Leben der Pflege der Vernunft zu widmen und in der Erkenntnis der Wahrheit fortzuschreiten gemäß der Methode, die er sich selbst vorgeschrieben habe.[16]

Man denkt an Aristoteles, der die Theorie als die höchste Tätigkeit bezeichnet hat. Aber bei Aristoteles ist die Theorie eine immerwährende Schau, die in vollkommener Weise nur der Gott durchführt. Für Descartes ist die Theorie der Rückzug vom Äußeren auf ein privates Leben, das sich ganz der *Wissenschaft* widmet. Gleichwohl hat dieser

Entschluß doch etwas Allgemeinverbindliches in sich. Man soll sich klarmachen, daß nur das eigene Urteil maßgebend sei und man soll die Urteilskraft schärfen, weil ja unser Wille nur in dem Maße wirksam werden kann, in welchem unser Verstand ihm ein Ziel als gut oder schlecht vorstellt.

Descartes gibt zu, daß die Konzeption seiner Moral auf langem und wiederholtem Nachdenken beruhe. Aber er vermeidet es, sie systematisch zu begründen. Das ist legitim, denn die Ethik kennt keine objektive Gültigkeit wie das wissenschaftliche System. Man muß das *Bild des einsamen Wanderers* ernst nehmen, das heißt, es gibt in bezug auf die Moral, die eine Lebensangelegenheit ist, eben nur Vorläufigkeiten.

Descartes steht wie Sokrates in einer Übergangszeit. Die alten Ordnungen sind fraglich, und der Mensch entdeckt sich als auf sich selbst gestellt und zwar in seiner Einzelheit. Er muß sich in einer Welt, die ihm keinen eindeutigen Halt gibt, zurechtfinden und orientieren. Diese Orientierung aber – das ist nun entscheidend – kann zumindest im nachhinein als Vorbereitung für eine neue und umfassende Grundlegung begriffen werden. *Auf Sokrates folgt Plato, auf Descartes folgt Spinoza.* Plato und Spinoza heben ihre Vorgänger auf. Aber gerade in bezug auf diese Aufhebung zeigt sich ein entscheidender Unterschied zwischen diesen Denkern. Sokrates und Plato sind verbunden durch den Gedanken, daß die Welt eine umgreifende Ordnung ist. Spinoza geht ebenso vom Weltganzen aus, das er auf Gott zurückführt als den Träger eines Systems, das ein einheitlicher und völlig begreifbarer Vernunftzusammenhang ist. Descartes hält aber trotz allen Vertrauens auf die ratio an dem Gedanken fest, daß der Mensch im Ganzen seines Seins ungesichert ist, nicht nur im Leben, sondern letztlich auch in der theoretischen Welterkenntnis. Die Selbstgewißheit mag zweifellos sein, sie kann nicht das Vertrauen zur Welt im Ganzen garantieren.

Descartes entdeckt *Macht* und *Ohnmacht* der *Subjektivität*, weil er in einer über die Tradition hinausgehenden Radikalität die Möglichkeit des Weltbezuges reflektiert und problematisiert. Er bedenkt die Struktur des *gebrochenen Weltbezuges* nicht von der Welt, sondern vom *Subjekt* her. Er erkennt dessen Macht in und als Möglichkeit der Negation, wie sie sich im Zweifel zeigt. Der Zweifel setzt negierend das zu bezweifelnde Weltseiende voraus und hebt es auf, er kann es, weil – das ist Descartes' Entdeckung – der Zweifelnde sich in seinen Zweifeln als fester Punkt erscheint. Aber der Zweifelnde erfährt sogleich seine Ohnmacht. Er kann seinen Weltbezug nicht von sich aus fundieren, weil er sich als endliches Subjekt entdeckt.

Das mag historisch bedingt sein. Der Gedanke der absoluten Subjektivität, der im Deutschen Idealismus maßgebend wird, liegt einem Denker, der durch die Bewegung des Ablösens von der Welt bestimmt ist, noch fern. Die Erklärung der Endlichkeit ist und bleibt aber relevant. Das sich seines Seins vergewissernde ego cogito ist ein *reales Weltwesen*. Wenn Descartes es als Substanz bezeichnet, dann wird in dieser historisch bedingten Kategorisierung der Sachverhalt festgehalten, daß wir leibhafte Wesen sind, die nicht nur von der ratio bestimmt sind, und daß wir ein Leben zu führen haben in einer Welt, die von Zufällen und Irrtümern durchwaltet wird. Descartes erkennt eine Lebensweltethik als notwendig an, er ist aber weit davon entfernt, die Lebenswelt als sichere Domäne auszugeben. Das ist sie ganz und gar nicht.

Descartes bleibt im Ganzen seines Denkens von einer *Skepsis* bestimmt. Das zeigt letztlich auch seine Metaphysik. Gott wird gleichsam als Gegenpol zu meiner Endlichkeit gesetzt. Gottes Unendlichkeit und die Endlichkeit des Menschen gehören zusammen, denn nur der Mensch, der seine Endlichkeit durch die Idee Gottes erkennt, ist gezwungen, Gott als den Anderen seiner selbst über sich zu setzen. Nur im Blick auf meine mir selbst denkend bewiesene Endlichkeit kann Gott als unendliche Vollkommenheit eine sinnvolle Wirklichkeit für mich als Denkenden sein.

Descartes' Metaphysik hat ein doppeltes Schicksal erfahren. Sie wird einerseits in den Entwürfen der großen neuzeitlichen Systeme aufgehoben, und sie führt andererseits dazu, die Metaphysik auszuklammern. Wir werden auf beide Möglichkeiten, insofern sie für die Ethik relevant sind, hinweisen. Von der Gegenwart als einer der Metaphysik entfremdeten Zeit her ist insbesondere die zweite Möglichkeit wesentlich. Wenn zwischen Gott und Welt kein einsichtiger Zusammenhang mehr besteht, dann bedeutet der Gottesglaube für die Subjektivität, die sich in der Welt erkennend und handelnd zurechtfinden und behaupten muß, faktisch nichts mehr. *Der Mensch muß sich selbst sichern, aber alle seine Sicherungsversuche sind vorläufig und überholbar.*

II. Die Aufhebung der christlichen Ethik in den rationalen metaphysischen Systemen der Neuzeit

Vorbemerkung

Die metaphysische Ethik gelangt zu einem ihrer Höhepunkte in den großen Systemen der neuzeitlichen Philosophie. In ihnen soll die Problematik, die durch das Christentum zustande kam, aufgelöst werden. Es handelt sich um den Widerspruch zwischen Gott als dem Inbegriff des Guten und der Welt als Stätte des Bösen; dieser Widerspruch kann nach christlichem Verständnis nur im Glauben ertragen werden. Die neuzeitlichen Systeme suchen ihn aufzuheben durch Entwürfe, die das Ganze der Welt einheitlich begreifen. In diesen Entwürfen wird der oben dargelegte Ansatz der Tradition, demzufolge auch Gott unter allgemeinen und einsichtigen Bestimmungen steht, radikalisiert. Die Glaubenswahrheiten treten zurück zugunsten *verifizierbarer Vernunfteinsichten*, durch die das Ganze der Welt von einem Prinzip her deduziert wird. Innerhalb des Ganzen muß die Stellung des Menschen genau bestimmt werden, das heißt, seine Verhaltensweisen müssen ihrer Möglichkeit und Wirklichkeit nach in allgemeinen Seinsstrukturen fundiert erscheinen.

Es ist diesem Ansatz entsprechend, daß diese Systeme ein Weltbild entwickeln, das der Behauptung der absoluten Negativität entgegensteht. Sie nehmen die Tendenz der Lebensweltethik auf, das funktionale Ineinandergreifen der verschiedenen Verhaltensweisen auch durch negative Stadien hindurch als *Ordnung* zu deuten. Diese Ordnung wird in den neuzeitlichen Systemen aber metaphysisch überhöht.

Wir weisen zunächst auf Spinoza hin, dessen Hauptwerk bereits die Intention anzeigt, die Ethik zur Grundwissenschaft zu erheben, und das heißt, sie selbst einer *wissenschaftlich objektiven Methode* zu unterstellen.

1. Ethica more geometrico demonstrata. Spinoza

Spinoza bezieht sich auf Descartes, der die Bedeutung der *mathematischen* Methode für das philosophische und wissenschaftliche Denken erstmalig radikal herausstellte. Aber

Descartes hat mit dieser Methode nach Spinoza nicht Ernst gemacht. Er hat Natur und Geist getrennt und verzichtet, beides einem Prinzip zu unterstellen. Eben dies tut Spinoza. Er geht von Gott als dem *absoluten Anfang* aus. Gott wird als *Ursache seiner selbst* bestimmt, das heißt als Substanz: die Substanz ist das Seiende, das keines Anderen bedarf, um zu existieren. Spinoza erklärt nun weiter, wenn Gott eine unendliche Substanz ist, die aus sich selbst ist, dann kann alles andere Seiende nur von ihm her bestimmt werden, und zwar in der Weise, daß es als von dieser Substanz umfaßt und umgriffen gedacht wird.

Wenn das welthafte Seiende nicht ohne Gott ist und sein kann, dann gilt aber auch das Umgekehrte: auch Gott ist nicht von der Welt abzulösen – die christliche Schöpfungstheorie ist in diesem Punkt verfehlt, insofern sie Gott als ein fürsichseiendes Wesen versteht. Daß die Welt mit Gott da ist, besagt nicht, daß Gott und Welt einerlei sind. Gott als Substanz geht im logischen Sinn der Welt als einer bestimmten Art und Weise seines Seins voraus.

Spinoza erklärt, daß der Mensch nicht, wie Descartes vermeinte, als eine substantia finita Gott als einer substantia infinita entgegengestellt werden kann. Der Mensch muß von Gott her begriffen werden. Es ist aber dabei festzuhalten, daß weder Gott noch Mensch im Sinne der Willkür frei sind. Sie sind durch Wesensgesetzlichkeiten verbunden.

Spinoza bezieht nicht nur den Menschen in seiner höchsten Möglichkeit – das ist die vernünftige Liebe zu Gott – auf Gott, sondern stellt diesen Bezug zu Gott als Selbstbezug Gottes dar. *Die Ethik ist Erhebung zu Gott als Inbegriff des Ganzen.* Die Geschlossenheit des Systems erhebt den Anspruch, über die Zeit hinaus gültige Wahrheit zu erweisen. Das System ist statisch gedacht. Spinoza stellt den Satz auf, daß alles Seiende auf seine Selbsterhaltung aus ist. Diese Behauptung gilt primär für Gott. Gott ist Ursache seiner selbst. Dies impliziert die Selbsterhaltung. Diese Behauptung gilt aber auch für alles Seiende, insofern dieses Gott ausdrückt. »Kein Ding hat etwas in sich, wovon es zerstört werden könnte. Vielmehr ist es umgekehrt all dem, was seine Existenz aufheben könnte, entgegengesetzt; und folglich strebt es, soviel es kann und so viel an ihm ist, in seinem Sein zu beharren«.[17] Dieser Satz zeigt die Struktur der Welt als in sich ruhend an. Das transitive Erhaltungsprinzip, das die Tradition bestimmte und das besagte, daß Gott alles Seiende erhält, ist zugunsten der intransitiven Selbsterhaltung aufgehoben.[18]

Spinoza entwickelt von seinem Grundansatz ausgehend nun aber bestimmte ethische Maßnahmen, die durchaus nicht abstrakt sind. Sie beruhen auf einer genaueren Erfassung der menschlichen Verhaltensweisen. Spinoza ist für die weitere Entwicklung der Ethik durchaus wesentlich, insofern er die Möglichkeiten der *Vernunft unter anthropologischem Aspekt* bedenkt.

Wenn – dies ist die Grundforderung – der Mensch sich zu Gott erheben soll, das heißt, wenn er die Welt sub specie aeternitatis betrachtet, so muß er der Knechtschaft der Affekte absagen. Den Bezug von Vernunft und Affekten gilt es genauer darzulegen.

Wenn man *»Ursprung und Natur der Affekte«* verstehen will, muß man sich das Wesen des Geistes und seiner Erkenntnismöglichkeiten klarmachen. Im Geist sind *Ideen* (Vorstellungen) vorhanden, durch die das Seiende in seinem Zusammenhang begriffen wird. Dieses Begreifen vollzieht sich in zweifacher Form. Man kann entweder den Zusammenhang von seiner Ursache bis zu seiner Wirkung hin adäquat erfassen, oder aber man vermag diesen Zusammenhang nicht adäquat zu durchdringen, weil man die Wirkung nicht eindeutig auf eine Ursache beziehen kann. Spinoza sucht nun von hier aus das *Handeln* und das *Leiden* zu erklären. Wenn wir handeln, dann setzen wir uns als Ursache eines adäquaten Ursache-Wirkungszusammenhanges unserer Natur gemäß in Gang. »Ich sage, wir handeln dann, wenn etwas in uns oder außer uns geschieht, dessen adäquate Ursache wir sind, das heißt, wenn aus unserer Natur etwas in uns oder außer uns folgt, das durch sie allein klar und deutlich verstanden werden kann«.[19] Umgekehrt: wenn wir leiden, dann müssen wir ein Geschehen ertragen, dessen Ursache wir nicht klar zu durchschauen vermögen, weil wir sie nicht selbst sind.

Affekte als solche, so scheint es zunächst, sind *reine* passiones, insofern sie nicht von uns ausgehen und daher unüberschaubar sind. Sie sind zudem zumeist körperlich bedingt, und dies besagt nach Spinoza: sie sind den mechanischen Gesetzen unterworfen, die in der Körperwelt gelten. Es gibt, so führt Spinoza aus, Affekte, auf die diese Bestimmung eindeutig zutrifft, so etwa die Traurigkeit, in der wir im Ganzen unseres Seins herabgestimmt sind. Es besteht nun aber die Möglichkeit, von der passio zur actio überzugehen und so den Affekt zu ändern. Das Mittel dazu liegt in der vernünftigen Erkenntnis. Sobald wir uns nicht einem Affekt überlassen, sondern ihn zu klären und zu durchdringen suchen, hört er auf, reine passio zu sein. Wir bekommen ihn in die Gewalt und können aktiv werden. Affekte sind also, insofern man von der passio zur actio übergehen kann, zweideutig. Die *Liebe* ist das hervorragendste Beispiel. Liebe kann uns als Leidenschaft überkommen. Ob diese Leidenschaft quälend oder beglückend ist, sie bindet auf jeden Fall an die Außenwelt, das heißt, sie verunsichert mich und reißt mich hin und her. Das muß so sein, weil ich ja nicht die Ursache dieser Leidenschaft bin. Liebe kann aber auch von mir ausgehen. Wenn ich die Ursache der Liebe bin, d. h., wenn die Liebe eine Handlung ist, dann kann und muß sie sich in einer Weise vollziehen, die nicht meiner triebhaften, sondern meiner vernünftigen Natur gemäß ist.

Hier tritt der anthropologische Grundansatz Spinozas deutlich hervor. Der Mensch als *Affektträger* ist emotional an die Außenwelt gebunden, der Mensch als *Vernunftträger* ist autark und ruht in sich. Die Beherrschung der Affekte muß konkret als Besinnung auf die Affekte vollzogen werden. In dieser Besinnung wird die Affektivität durch ihre Vergegenständlichung *gebrochen*, und so verlieren die Affekte ihre unmittelbare Macht, in der sie an das Außen binden, und der Mensch wird frei. Spinoza thematisiert hier eine Grundmöglichkeit menschlichen Verhaltens, die in der modernen Psychologie, insbesondere in der Psychoanalyse, eine große Rolle spielt: das Nichtdurchschauen ist die eigentliche Kraftquelle der Affektivität, und dementsprechend ist die *rationale Durchdringung* der wesentliche Schritt zu einer Überwindung dieser Affekte.

Die die Affekte vergegenständlichende Vernunft – das ist das Zweite, was für uns wichtig ist – ist nun aber ihrerseits »metaphysisch gebunden«. Dies besagt, daß die Besinnung, durch die die Außenbindung der Affekte aufgehoben wird, kein bloßer Rückzug auf die jeweilige Subjektivität ist, sondern eine Erhebung zu Gott, denn die menschliche Vernunft ist nur dann wahrhaft vernünftig, wenn sie sich in der *allgemeinen* Vernunft fundiert, die das Ganze als Ganzes darstellt. Spinoza legt diesen Zusammenhang genau dar: die Affekte werden gebrochen – das ist der erste Schritt – durch die vergegenständlichenden actiones. Die Aktionen gehen als Aktionen von mir aus: ich bin ihre Ursache. Dies bedeutet aber nicht, daß ihre Ziele von meiner Willkür abhängen. Im Gegenteil: wenn die actiones vernünftig sind, müssen ihre Ziele im Gegensatz zur subjektiven Willkür stehen. Es gibt aber eigentlich nur *ein* vernünftiges Ziel, das zu erstreben ist. Dies ist Gott. Gott ist kein besonderer Gegenstand, weder in der Welt noch außer der Welt, denn als besonderer Gegenstand wäre er Einzelheit und als solche beschränkt. Gott ist das Ganze des Seins. Als solcher ruht er in sich selbst ohne Außenbezug. Der adäquate Bezug des Menschen zu diesem Gott kann keine pathologische Liebe sein, sondern nur die *vernünftige Liebe*, die als actio von mir ausgeht und ausgehen kann, insofern ich, wie Gott, Vernunftwesen bin. Das besagt konkret: diese Liebe zu Gott ist die Liebe, in der ich mich dem Ganzen zuwende und es zu begreifen suche; sie ist nichts anderes als die *Einsicht in die Notwendigkeit, das heißt die vernünftige Ordnung*, die das Ganze an ihm selbst ist.

Wenn aber, so argumentiert Spinoza nun, der Mensch das Ganze durchschaut, so weiß er sich gerade nicht als ihm gegenüber selbständig, sondern er erkennt, daß er in diese Ordnung als ihr *Teil* eingefügt ist. Als dieser Teil aber nimmt er Anteil an der in sich kreisenden und sich auf sich beziehenden Vernunft des Ganzen. Spinoza sagt: »Die vernünftige Liebe des Geistes zu Gott ist Gottes Liebe selbst, womit sich Gott selbst liebt, nicht sofern er unendlich ist, sondern sofern er durch die Wesenheit des menschlichen Geistes, inwieweit dieser unter der Art der Ewigkeit betrachtet wird, erklärt werden kann, das heißt, die vernünftige Liebe des Geistes zu Gott ist ein Teil der unendlichen Liebe, womit Gott sich selbst liebt«.[20] Die Liebe des Menschen zu Gott ist also nur ein endlich bestimmter Ausdruck Gottes. Wir als vernünftig denkende Wesen sind ja abhängig von Gott als der einen Substanz, die alle cogitationes umgreift. Daher muß unsere Liebe zu Gott, die als Handlung aus unserer Natur folgt, im Grunde begriffen werden als von Gott als der einzigen Ursache bewirkt, das heißt, wir lieben Gott, *insofern sich Gott selbst als das einzig wahrhaft Seiende in uns liebt.*

Diese Ethik ist radikal *metaphysisch* fundiert. Ihr Sinn ist Erhebung zum Ganzen als Aufhebung menschlicher Endlichkeit. Das ist nur möglich, wenn Gott und Welt von einer umgreifenden Vernünftigkeit durchwaltet sind. Gott wird von Spinoza ganz und gar entpersönlicht. Gott ist der begriffene Gott. Als Ursprung ist er die *natura naturans*. Diese darf aber nicht von der *natura naturata* abgetrennt werden. Natura naturans und natura naturata sind zwei Seiten eines Sachverhaltes. Gott ist, wie wir sagten, nicht ohne die Welt und die Welt ist nicht ohne Gott. Gerade die Geschlossenheit des Systems aber ist sein Mangel. In der festgelegten Statik ist kein Raum für geschichtliche Wandlungen. Das System ist und soll so zeitlos sein, wie die Sachverhalte, die es darstellt. Dies bedeutet, daß derjenige, der dies System als Philosoph durchdenkt, sich eben *über alle Welt und Zeit erhebt:* der *amor intellectualis* zeigt dies an.

Spinozas Ethik ist keine Ethik, die Anweisungen im Sinn des Tunlichen der Lebenswelt gibt. Gleichwohl stellt sie einen für die anthropologische Fundierung der Ethik wesentlichen Gedanken heraus. Die *Triebgebundenheit* zeigt sich darin, daß der Mensch von den Trieben *überrannt* wird. Darauf beruht ja die Knechtschaft. Um gegen sie anzugehen, genügt nicht das moralische Engagement. Grundlage der Überwindung der Knechtschaft ist das Durchschauen der Gebundenheit: die *Vergegenständlichung der Affekte* nimmt diesen die Kraft. Hier zeigt sich ein merkwürdiger Sachverhalt: die metaphysische Ethik kann durchaus, wenn sie die menschliche Natur von Gott her durchdenkt, im Sinne der modernen Anthropologie nützliche Erkenntnisse hervorbringen. Wir werden diesem Phänomen sogleich auch bei Leibniz begegnen.

Spinoza hat seine Ethik auch für die *Politik* fruchtbar zu machen gesucht. Wir werden darauf zurückkommen. Jetzt nur soviel: Spinoza baut nicht wie Plato einen idealen Staat auf. Der Staat hat lediglich die Aufgabe, den Einzelnen die Freiheit zu garantieren, ihr Leben nach eigenen Erwägungen, am besten aber nach der Vernunft, zu führen. Spinoza tritt für *Toleranz* in religiöser und politischer Hinsicht ein. Er schreibt: »Einige

Abhandlungen, in denen gezeigt wird, daß die Freiheit zu philosophieren nicht nur ohne Schaden für die Frömmigkeit und den Frieden im Staate zugestanden werden kann, sondern daß sie nur zugleich mit dem Frieden im Staate und mit der Frömmigkeit selbst aufgehoben werden kann«. Dieser Gedanke der Toleranz stellt den Gedanken der Freiheit in den Mittelpunkt der Überlegung über den Staat. Spinoza erklärt: »Es ist nicht der Zweck des Staates, die Menschen aus vernünftigen Wesen zu Tieren oder Automaten zu machen, sondern vielmehr zu bewirken, daß ihr Geist und ihr Körper ungefährdet seine Kräfte entfalten kann und daß sie selbst frei ihre Vernunft gebrauchen«.[21]

2. Die beste aller Welten als funktionaler Ordnungszusammenhang. Leibniz

Wir weisen, um die Rationalisierung der Ethik in den großen Systemen der Neuzeit zu charakterisieren, auf *Leibniz* hin. Leibniz lenkt wieder in christliche Bahnen zurück, insofern er Gott als Person und als Schöpfer anerkennt. Seine Konzeption der Schöpfung ist sehr durchdacht.

Gott ist der Inbegriff der Ideen. Die in Gott vorgedachten Ideen drängen auf Verwirklichung hin. Es gibt in ihnen »ein Bedürfnis des Daseins, oder, wenn ich so sagen darf, eine Anspruchmachung auf das Dasein, und, mit einem Wort gesagt, eine Wesenheit besteht, die durch sich selbst nach dem Dasein strebt«.[22] Auf Grund dieses Strebens der Ideen ergibt sich für Gott nun die Aufgabe, möglichst vielen unter ihnen zur Wirklichkeit zu verhelfen. Hier kommt, so erklärt Leibniz, eine gewisse göttliche Mathematik oder ein metaphysischer Mechanismus ins Spiel. Das besagt: das rein analytische Verfahren geht nun über in ein *synthetisch-kombinatorisches*, denn »analytisch denken« heißt erfassen, was in einem Begriff eingeschlossen ist, »synthetisch denken« dagegen bedeutet überlegen, womit sich eine bestimmte Wesenheit in einem konkreten Zusammenhang *verträgt*.

Gott kombiniert und stellt die beste aller Welten heraus. Er ist ein vorzüglicher Techniker und Programmierer, der in seiner Allmacht aber an seine Güte gebunden bleibt. Selbst wenn er Mängel mit einplant – das muß er schon deswegen, weil unsere Welt eine endliche ist –, so ist gewiß, daß das Ganze des Universums eine *preiswürdige Ordnung* darstellt.

Leibniz' Philosophie ist eine Philosophie des *Übergangs*. Leibniz hält daran fest, daß die Ordnung einen *Repräsentanten* voraussetzt, in dem sie als geplante vorstellig wird. Insofern aber die Ordnung als solche in sich selbst ein System ist, und zwar ein System, das als funktionales in sich vollkommen verstehbar ist, bahnt sich die Möglichkeit an, einen besonderen Repräsentanten des Systems als unnötige Größe auszuschließen.

Hier wird die eigentliche Problematik der philosophischen Theologie sichtbar. Die Schöpfung soll – dies ist der Trend der Vernunftmetaphysik – als auf einem besonderen Akt beruhend aufgehoben werden, denn abgesehen davon, daß dieser Akt als freier letztlich doch zufällig ist: die Welt als eine »gesetzte Ordnung«: dies ist eigentlich ein ebenso widersinniger Begriff wie der Begriff einer »gesetzten Vernunft«.

In Leibnizens Philosophie feiert der *rationalistische Optimismus* seine Triumphe. Das wird in der Bestimmung der Freiheit sichtbar. Freiheit ist gebunden an Vernünftigkeit und Ordnung, die sich als System konstituiert. Dieser Glaube an das sich ausbalancierende System ist metaphysisch begründet. Die einzelnen Individuen sind in sich zentrierte Einheiten, aber sie werden zu einer *prästabilierten Harmonie* zusammengeschlossen und zwar durch Gott.

Leibniz erklärt, daß Gott die beste aller Welten geschaffen habe. Er konnte gar nicht anders handeln, ohne seiner Wesensnatur zu widersprechen, denn er ist an Wahrheit, Güte und Allmacht als Gott gebunden. Wenn unsere Welt die beste aller möglichen Welten ist, ergibt sich nun die Aufgabe, die faktische Negativität der Welt zu erklären und zu rechtfertigen. Leibniz versucht dies in seiner »*Theodicee*«. Leibniz unterscheidet ein dreifaches Übel. Es gibt in der Welt ein Übel, das nicht durch menschliche Schuld zustandekommt. Es ist dies in der Weltstruktur begründet. Diese beruht ja auf Kombination und Kombination bedeutet *Einschränkung* und *Verendlichung zugunsten des Ganzen*. Es gibt sodann ein *physisches* Übel, das durch die Bindung an die *Materialität* bestimmt ist. Aber dieses Übel dient höheren Zwecken: durch Strafe wird jemand gebessert und Schmerz erzieht zur Geduld. Es gibt schließlich das *moralische Übel*, das heißt die *Schuld des Menschen*. Die Sünde ist aber von Gott vorausgesehen. Er wußte, diese Übel in das Ganze einzupassen. »Diese scheinbaren Mängel der ganzen Welt, diese Flecken an einer Sonne, von der die unserige nur einen Strahl darstellt, offenbaren Schönheit und sind weit davon entfernt sie zu meiden. Indem sie ein weit größeres Gut zur Folge haben, haben sie ihren Anteil an dieser Schönheit«.[23] In sich betrachtet ist die Sünde keine eigene Macht. Sie weist als Privation auf das Gute hin. Daß Gott es zuließ, daß das moralische Übel überhaupt wirklich wurde, beruht darauf, daß Gott dem Menschen als vernunftbegabtem Geschöpf ja nicht die Freiheit vorenthalten konnte. Die menschlichen Monaden sind ja Abbilder der göttlichen Zentralmonade, die sie auf verschiedene Weise perspektivisch einschränken.

Gerade die Konzeption der *Freiheit*, genauer: die Begründung dieser Konzeption zeigt, wie rational Leibniz vorgeht. Die Möglichkeit eines bösen Handelns ist im christlichen Verständnis auf ein bewußtes Gegenhandeln gegen Gott zurückzuführen: der Wille und nicht die Vernunft ist die entscheidende Größe. Leibniz dagegen sucht das Böse nicht vom Willen, sondern vom Intellekt her zu deuten. Es ist *Unkenntnis* und *Sichversehen*. Diese Konzeption erinnert an den griechischen Begriff der Verfehlung; »Niemand fehlt freiwillig«, sagt Sokrates. Freilich ist die Begründung des Verfehlens durch Leibniz eine gänzlich andere als die griechische. Sie beruht nicht auf Verblendung und der Tatsache, daß die Menschen irrende Wesen sind, sondern darauf, daß der Mensch eben nicht die Gesamtschau hat und haben kann, die Gott hat, in der alles und jedes beziehbar ist auf das vermittelnde Ganze.

Die Freiheit des Menschen besteht im *Nichtdurchschauen der Ordnung*, das heißt der Begrenzung der Vernunft. Gleichwohl schadet dies Nichtdurchschauen des Menschen nicht. Das Ganze des Seins ist und bleibt ja geordnet.

Wir illustrieren diesen Sachverhalt, weil er für das Problem des Determinismus wichtig ist, an dem berühmten Beispiel vom *Überschritt Cäsars über den Rubikon*.[34] Dieser Überschritt muß im Begriff Cäsars eingeschlossen sein gemäß dem Grundsatz, daß das Subjekt der Träger aller seiner Prädikate ist. Diese Art der Einschließung ist, so erklärt Leibniz, zwar keine notwendige – an sich hätte Cäsar den Überschritt auch unterlassen können –, sondern eine Wahrheit »ex hypothesi«, das heißt, sie beruht auf Gottes freiem Willensentschluß und dem Zusammenhang des Universums. Gott kombiniert diese Tat mit allen möglichen Ereignissen. Cäsar selbst kennt diesen Gesamtzusammenhang aber nicht. Er handelt nicht auf Grund dieser absoluten Überschau. Man muß den Sachverhalt also dialektisch bedenken: es liegt der Monade

Cäsars durchaus eine eindeutige und an sich begreifbare Vernünftigkeit zugrunde. Wenn der Mensch diese Vernünftigkeit nicht durchschaut, so besagt dies nichts anderes, als daß er nur begrenzt vernünftig ist. Der Unterschied von Gott und Mensch ist also allein ein Unterschied in bezug auf das Durchschauen der Zusammenhänge. Während Gott immer einsichtig das Beste tut, handelt der Mensch oft ohne dies Wissen. Wäre er allwissend, dann würde er ebenso vernünftig für sich selbst sein Leben einrichten, wie es jetzt Gott für ihn tut.

Das System von Leibniz ist unter dem Aspekt der ontologischen Voraussetzungen der Ethik für die weitere Entwicklung aufschlußreich. Es zeigt auf Grund seiner Einseitigkeit auf die kaum aufhebbare Diskrepanz der Ethik in bezug auf die Weltstruktur hin. Wird die Welt als festgefügte Ordnung verstanden, in der das Gute bestimmend ist, dann kann das Böse natürlich nicht als Eigenmacht gedeutet werden; wenn es existent wird, muß es als Privation des Guten begriffen werden. Sodann: Ethik im Sinn von Appell und Forderung einer besseren Welt ist unnötig. Man handelt, wie man eben auf Grund seiner Einsicht handeln kann. Das ist letztlich in Ordnung, weil alles miteinander und aufeinander abgestimmt ist. Die *Idee einer technischen Welt ohne Moral* deutet sich von ferne an. Das Phänomen des Auch-anders-könnens und Anders-wollens als Gegenzug, auf dem die Ethik ja faktisch beruht, wird ausgeklammert.

Kant hat die Monadenlehre von Leibniz als das »wunderlichste Figment, was je die Philosophie ausgedacht« bezeichnet.[25] Als Grund dieser Wunderlichkeit gibt Kant an, daß bei Leibniz »alles aus Begriffen erklärt und begreiflich gemacht werden sollte«. Die faktische Welt ist aber ein Zusammenhang von Begreifbarem und Unbegreifbarem, Freiheit und Unfreiheit. Der Mensch ist ohnmächtig und doch zum Handeln verpflichtet um seiner selbst willen. Der reine rationale Optimismus schaltet – diese Möglichkeit deutet sich hier an – den Menschen als zweideutiges und nicht festgestelltes Wesen aus. Der Mensch wird zu einer reinen Funktionsgröße im System.

Die entsprechende Gegenmöglichkeit zum Ansatz des Leibniz ist der Ausgang von der Welt als der Stätte *radikaler Sinnlosigkeit*. Hier gibt es die extreme Position einer Welt ohne Moral, insofern die Freiheit negiert wird zugunsten einer Zufallsnotwendigkeit im Sinne einer rein kausalen Determination, die auf das ganze gesehen sich eben ohne Plan vollzieht. Nietzsche hat eine solche Welt als die wirkliche Welt anzuerkennen gesucht und die Möglichkeit einer Ethik, die auf Verbesserung aus ist, als Illusion verspottet.

3. Eingrenzungen und Ausgrenzungen der Ethik

Nach dem Ansatz der Metaphysik, das Ganze zu erfassen, ist es nicht angebracht, die Ethik als ein besonderes Gebiet für sich zu setzen. Dieser Grundsatz gilt auch für die Metaphysik der frühen Neuzeit. Hier zeigt sich sogar eine gewisse Verschärfung der totalphilosophischen Tendenz. Diese Systeme sind bemüht, *die Dualismen zu beheben und die Welt einheitlich zu begreifen als ein Ganzes, das in seinen Gefügtheiten die möglichen Verhaltensweisen vorgibt und zwar auf allen Gebieten.* Erkennende Weltsicht und Ethik fallen sub specie aeternitatis zusammen. Die Ethik wird also universalisiert und philosophisch fundiert: sie ist Erhebung zur Sicht des Ganzen.

Es gibt in dieser Epoche aber durchaus Bemühungen, konkrete ethische Probleme, insbesondere Fragen des *Rechts* und der *Politik*, zu thematisieren. Dies bestimmt sich aus zwei Gründen, einmal aus der *Selbstverantwortung der Rationalität.* Theologische

Anweisungen, die alles Tun von der Schöpfungsordnung her regeln und hierarchisch gliedern im Sinn des Thomas, erscheinen nicht mehr zeitgemäß. Ordnungen müssen verifiziert werden aus der Einsicht, daß eine Behandlung rechtlicher und politischer Fragen von der Vernunft her notwendig ist. Das führt, wie wir sehen werden, auf die Frage des Naturrechts; dies Problem ist eines der Grundprobleme der neuzeitlichen politischen Philosophie, es wird nicht nur von metaphysischen, sondern auch von empirischen Denkern behandelt.

Es geht hier darum, im Gegenzug zur traditionellen Idee der Fürsorge Gottes auch für die abgefallene Welt Möglichkeiten des Zusammenlebens der Menschen durch eigene Überlegung zu finden. Diese Überlegungen verselbständigen sich. Die politische Philosophie wird von der Ethik, sei diese nun metaphysisch oder empirisch aufgebaut, abgetrennt und zu einem *Sondergebiet*.

Eine zweite Abgrenzung der Ethik zeigt sich in bezug auf die *Wissenschaft* und die *Technik*. Für Aristoteles und die mittelalterliche Philosophie bleibt zwischen Wissenschaft, Ethik und philosophischer Systematik ein Zusammenhang bestehen. Aristoteles unterscheidet Theorie und Praxis von ihren Gebieten und Methoden her. Theoretische Philosophie ist hinnehmendes Erkennen. Praktische Philosophie untersucht die Verhaltensformen innerhalb der menschlichen Lebenswelt und als Technik das Herstellen.

Durch die Vormachtstellung, die die Wissenschaft und die Technik in der Neuzeit erstreben, wird dieser Zusammenhang aufgehoben. Es muß jedoch darauf hingewiesen werden, daß er in der sogenannten *Schulphilosophie* erhalten bleibt. Diese Schulphilosophie ist im ganzen metaphysisch bestimmt, und zwar im Sinne eines von Leibniz abhängigen rationalen Denkens, das im Seienden überall die Vernunft als wirksam herausstellen will. Die *metaphysica generalis sive ontologia* geht voran. Die metaphysica specialis wird unterteilt in *rationale Theologie, rationale Kosmologie* und *rationale Psychologie*. Das Wort »rational« zeigt an, daß diese Gebiete nicht theologisch gedeutet werden sollen, sondern von der Vernunft fundiert werden, die sich in ihnen offenbart.

In dieser Schulphilosophie wird ganz im Sinne des Aristoteles die praktische Philosophie bestimmt. Die *philosophia practica universalis* umfaßt die Ethik, die Ökonomie und die philosophia civilis. Die Sittlichkeit wird vom einzelnen Menschen als einem Vernunftträger her gedeutet. *Christian Wolff* erklärt, daß die Sittlichkeit auf inneren Prinzipien begründet sei. Die Sittlichkeit wird nicht auf allgemeine Einrichtungen und Vertragsabschlüsse zurückgeführt. Die Vernunft regiert aber im Einklang mit der Natur. Naturrecht und Sittengesetz stimmen überein.[26]

Diese Schulphilosophie bleibt im Grunde wirkungslos. Die Wissenschaft tritt immer stärker als der bestimmende Faktor hervor und von ihr her wird die Rationalität bestimmt. Rationalität wird als der Prozeß des Objektivierens verstanden. Dies muß im folgenden genauer dargelegt werden.

4. Die Vormachtstellung des Objektivierens in der Wissenschaft und ihre Folgen für die Ethik

Will man den modernen Ansatz des Objektverständnisses und der Methode des Objektivierens begreifen, so muß man sich das antike Verständnis dieser Bestimmungen vergegenwärtigen.[27] Für das *antike Denken* sind *Objekte* Gegen-stände. Sie stehen dem Subjekt gegenüber, aber sie gehen in diesem Gegenüberstehen nicht auf, weil sie für sich sind. Eben dieses Fürsichsein zeichnet nach griechischem Verständnis das *Ding* aus. Seine Merkmale sind: Begrenztheit als Vollendlichkeit, Geformtheit als Verstehbarkeit und die unmittelbare Anschaulichkeit und Faßlichkeit im Bezug. Die Verläßlichkeit der Dinge gründet in ihrer Solidität. Diese gehört zu den Wesensbestimmungen des Dings und beruht auf der Materialität. Die Materialität des Dings gibt ihm das Undurchdringliche und Widerständige. Im Ding und als Ding ist die *Materie* aber nie reine Materie, sondern immer *geformt*. Die Form bestimmt das Aussehen – eidos – eines Dinges. Sie allein macht das Ding zu einem bestimmten Ding und ermöglicht seine Ansprechbarkeit.

Vom Dingcharakter her ist die *Technik* zu verstehen, die Dinge herstellt. Dinge ahmen die Natur nach, unter Umständen verbessern sie das Vorbild, beheben gewisse Mängel der natürlichen Zufälligkeit und vollenden das Vorgegebene.

Das Wesen der Technik tritt in der *handwerklichen Tätigkeit* deutlich hervor. Der Handwerker kann über den Vorgang der Herstellung seines Werkes Rechenschaft ablegen. Er kennt das Wesen dessen, was er herzustellen hat. Das Wesen einer Sache aber ist ihre beste Verfassung, in dieser besteht ihre Wirklichkeit. Dieser Ansatz beruht auf einer bestimmten Voraussetzung; diese besagt: es gibt überhaupt für jedes Seiende eine ganz eindeutige und feste Wesensbestimmung. Im Dingverständnis und im Verständnis der Technik kommen die Grundcharaktere der griechischen Ontologie, auf denen das Weltvertrauen beruht, zum Ausdruck. Das Objekt ist vom Subjekt nicht abhängig, sondern bestimmt dieses.

Dieser Ansatz wandelt sich im *neuzeitlichen Denken*. Schematisierend formuliert kann man sagen, daß jetzt der Bezug des Subjekts zum Objekt maßgebend wird. Dies zeigt sich in der Bestimmung *Objektivieren*. Objektivieren besagt: etwas zum Gegenstand machen. Dies Vorgehen entnimmt seine Maßstäbe den Charakteristika, die am Objekt vorfindbar und aufweisbar sind. Gleichwohl: bei näherer Überlegung zeigt sich, daß das Objektivieren doch ein Verhalten ist, das weitgehend vom *Subjekt* bestimmt wird.

Objektivieren ist nie ein nur inhaltlich gebundenes Sichvertiefen in eine Sache, sondern reflektiert immer schon die Möglichkeit des Vorgehens. Das reflektierende Bewußtsein weiß um die Notwendigkeit verbindlicher Allgemeinheit. Objektivieren bewegt sich zwischen aktivem Vorgriff und sich dem Gegenstand zuwendender Anpassung. Es zeugt für ein hohes *Methodenbewußtsein*, daß der Objektivierende sein Vorgehen im Blick auf die Gegenstandsbereiche zu kontrollieren und zu problematisieren vermag. Organische Natur muß anders als anorganische Natur erforscht werden, wobei ein bestimmtes Methodenideal durchaus leitend sein kann: es wäre an sich ein Fortschritt, wenn es gelänge, auch das Organische *mechanisch-kausal* zu erklären, denn kausal-mechanisches Vorgehen erscheint als die legitime wissenschaftliche Erklärung – so *Kant*. Objektivieren kann sich aber auch als Verfahren so *formalisieren*, daß es möglich erscheint, nur noch in geringem Maße die Gebietsunterschiede zu berücksichtigen, auch wenn, wie bereits angedeutet, die Einebnung der Gebiete nie ganz gelingt, denn zur Weltgebundenheit der Subjektivität gehört eben, daß ihr jeweilig verschieden strukturierte Weltgebiete *vorgegeben* werden.

Von der Tendenz zur *Universalisierung* aus läßt sich noch einmal rückblickend der *Zusammenhang von Objektsein und Objektivieren* thematisieren, das heißt zeigen, wie dialektisch wechselnd die Gesichtspunkte sind, von denen her beide Bestimmungen zu unterscheiden sind. Im universalen Objektivieren wird nicht nur die Rücksicht auf die spezifische Struktur der Objekte eingeschränkt, das Objekt selbst gilt nicht, oder nicht mehr primär, als das für sich Seiende, an das man sich auf Grund seiner Realitätshaftigkeit halten kann. Die Verschiebung zeigt sich darin, daß das Subjekt begreift, daß die Charakteristika des Insichruhens und der Ständigkeit, die es im Objekt als vorfindbar und aufweisbar vermeint, ja »auch« auf einer bestimmten Einstellung der Subjektivität beruhen. Das *Subjekt* ist es ja, das sich das Objekt vor-stellt – objiziert – und das heißt auf *bestimmte Grundzüge hin anvisiert*, die *ihm* als Akteur des Objektivierens wichtig sind.

Hier verschränken sich die beiden Grundtendenzen, die Tendenz zur Weltgebundenheit und die Tendenz zur Weltlosigkeit. Die Subjektivität, von der unmittelbaren Bindung an das Gegebene absehend, aktualisiert als ihre höchste Möglichkeit das Denken in der Form, daß sie es *vorgreifend* der Intention unterstellt, *alles Welthafte dem Anspruch der Objektivität zu unterwerfen.*

Will man die inneren Gründe für diese Wandlung verstehen, so muß man auf *Descartes'* Philosophie zurückgehen. Wesentlich ist für Descartes' Denken das Problematischwerden der Tradition und das Bemühen um Gewißheit. Es kann, so sahen wir, nicht im Leben erfüllt werden, wohl aber im wissenschaftlichen Verhalten, das nun als zentraler Bezug hervortritt.

Entscheidend für diesen neuen Ansatz ist der Bezug zur *Natur*. An die Stelle der Anschauung tritt die begriffliche Erkenntnis. Das Wesen liegt hinter der Erscheinung. Es muß allererst durch die *Forschung* eruiert und auf Gesetze gebracht werden mit Hilfe der Mathematik. Descartes' Grundansatz besagt: alles Wissen besteht in einer sicheren und klaren Erkenntnis. An dieser Konzeption gemessen versagen die historischen Wissenschaften; allein Arithmetik und Geometrie haben, so Descartes, Bestand.

Die *Mathematik* erscheint nicht mehr wie in der platonischen Tradition ontologisch fundiert. Gerade aber wenn diese Fundierung fraglich wird, ergibt sich die Möglichkeit, Mathematik methodisch für die Naturforschung nutzbar zu machen. Diese Möglichkeit wird in der Neuzeit voll aktualisiert. Die neuzeitliche Naturforschung kann die Mathematik aber methodisch nur so radikal einsetzen, weil diese Naturforschung im ganzen auf einem freieren Verhalten zur Natur beruht. Man entfernt sich von der Natur und konstruiert in Gedanken die sie aufbauenden Bestimmungen.

Die neue Möglichkeit der Einstellung zur Welt hebt den Gedanken von deren Vorgegebenheit auf. Dies geschieht aber in dialektischer Form. Der Weltbezug bleibt durchaus bestehen, insofern es ja um Erkenntnis der Natur geht. Aber diese Erkenntnis ist eben nur mit den Mitteln der Rationalität zu leisten, und diese Mittel beruhen auf der verständigen Tätigkeit des Subjekts. Der wahre Ort der Natur ist die *Wissenschaft von der Natur*, in der und durch die die Natur konstituiert wird. Kant bringt diesen Sachverhalt zur verbindlichen Aussage.

Von diesem Ansatz her ist der Gedanke des *Objektivierens* zu bestimmen. Das Objekt ist nichts für sich, es ist Objekt nur durch den Vorgang des Objektivierens, und dieser Vorgang weist auf das sich verselbständigende Subjekt hin. Heidegger hat diesen Sachverhalt gut gesehen. Objektivieren ist, so erklärt er, ein Entweltlichen zugunsten eines subjektiv gesteuerten allgemeinen Verfahrens, in dem die Subjektivität das Gegebene transzendiert. Das eigentlich Verhängnisvolle liegt nach Heidegger aber darin, daß die Wissenschaft diesen Vorgang der Entweltlichung nicht durchschaut, sondern im Gegenteil ihre abkünftige Welt der Wissenschaft als die wahre Welt ansetzt.[28]

Der Vorgang der Verwissenschaftlichung und der Technisierung hat für die *Ethik* mehrere Folgen. Einmal: die Lebenssphäre wird eingeengt. Viele Dimensionen, die Aristoteles noch zur Lebenssphäre rechnete, so die Wirtschaft und die Politik, werden abgesondert und nichtethischen Gesichtspunkten unterstellt. Die Ethik wird zur *Privatmoral.* Die Maximen des Descartes zeigen dies ja überaus deutlich, es sind Grundsätze, die ein Wissenschaftler für sich aufstellt, um möglichst unangefochten durch Schicksalsschläge »durchzukommen«. Wir werden sehen, daß dieser Ansatz sich in der Neuzeit, insbesondere aber im 19. Jahrhundert, verstärkt. Erst in der Gegenwart wird er angesichts der negativen Folgen von Wissenschaft und Technik problematisch. Die Frage wird wach, wie man diesen Folgen begegnen kann. Sie ist aber von vornherein belastet: Kann man gegen die Superstrukturen, die das Leben beherrschen, mit ethischen Mitteln überhaupt noch ankommen?

Sodann: die Ethik wird an den Maßstäben der Wissenschaft gemessen. Wir sahen, daß Descartes' vorläufige Moral darauf beruht, daß das Leben nicht berechenbar ist: man kann es nicht wissenschaftlich konstituieren. Ob diese Aussage nur für eine Übergangszeit gilt oder nicht, ist schwer zu entscheiden. Wir plädierten dafür, daß ihr grundsätzliche Bedeutung zukommt. Die Aussage des Descartes am Schluß der »Meditationen«, die so deutlich auf die Schwäche unserer Natur verweist und darlegt, daß das Leben des Menschen dem Irrtum unterworfen sei, deutet auf diese Auslegung hin. Gleichwohl: auch wenn nach Descartes das Leben nicht zu verwissenschaftlichen ist, so bleibt doch die Wissenschaft, weil und insofern sie Sicherheit gewährt, der Maßstab. Das besagt: *die Ethik wird vom Ideal der Gewißheit her degradiert.* Das ist entscheidend.

Ein Weiteres: selbst wenn man die Möglichkeit einer restlosen Verwissenschaftlichung und Technisierung des Lebens nicht für wahrscheinlich hält: diese Möglichkeit ist nun als solche gesichtet. Und die Gegenwart zeigt deutlich, daß eben doch in hohem Maße mit Hilfe der Wissenschaft das Leben zu beherrschen ist, oder vorsichtiger: der wissenschaftlichen Lenkung zu unterstellen ist. Die Devise ist in der modernen Wissenschaft maßgebend geworden, *auch das Subjekt und sein Verhalten* wissenschaftlich zu objektivieren und es allseitig zu konditionieren.

Es sei jetzt abschließend herauszustellen gesucht, was der Vorgang der Verwissenschaftlichung für das Selbstverständnis der Subjektivität im ganzen bedeutet. Das ist außerordentlich schwierig, insofern die Stellung der Subjektivität zweideutig ist. Grundsätzlich gesehen läßt sich von einem *Paradigmenwechsel* sprechen: nicht mehr der Gedanke der vorgängigen Ordnung, sondern die Orientierung an der *Idee der Freiheit* wird maßgebend. Die übliche Auslegung, daß der Mensch sich voller Hybris gegen die Tradition, insbesondere deren theologische Fundierung, erhoben habe, hilft aber so wenig weiter, wie die Bestimmung der Säkularisierung, das heißt der Verweltlichung der christlichen Gewißheiten. Daß das Ich sich im Verlauf der Entwicklung seiner Wirkungsmöglichkeiten bewußt wird und als »Bemächtigungstrieb« faßt, ist nicht zu leugnen. Aber dieser Sachverhalt ist eben mit dem anderen zu verbinden, daß die Weltsicherheit durch Gott nicht mehr gegeben ist – man erinnere sich an den Ansatz des Nominalismus –, *und daß der Mensch sich nun selbst sichern muß.*

Die Entwicklung verläuft folgerichtig. Noch einmal vom Gedanken des Objektivierens her argumentiert: es wird ein Festes erstrebt; wenn es nicht vorgegeben ist als Ordnung der Natur oder von Gott garantiert, dann muß der Mensch in die Bresche springen: das Vorgegebene muß objektiviert werden. *Die Sicherung des Gegenstandes und des Subjektes sind ein identischer Vorgang.* Das Subjekt muß sich auf seinen Verstand verlassen, und dies bedeutet eine erhebende Aussonderung des Ichs aus dem Ganzen. Die neue Grundstimmung ist ein gesteigertes Bewußtsein des Könnens. Sicher sind hier Neugier des Dahinterkommens und ein Machttrieb am Werk, aber sie sind eben verbunden mit dem Gefühl des Transzendierenkönnens als des negierenden Problematisierens des Gegebenen. Das besagt – dies ist der entscheidende Sachverhalt –: die *Reflexion* ist das eigentlich vorwärtstreibende Element. Ob man hier von einer instrumentellen Vernunft redet oder nicht, ist sekundär, daß man haltbare Ergebnisse sowohl um der reinen Erkenntnis als auch des Nutzens willen erstrebt, ist selbstverständlich. Es hilft nicht weiter, die instrumentelle Vernunft gegenüber einer anerkennenden Vernunft zu degradieren. Daß das Problem der Naturausnutzung für die Griechen noch nicht in radikaler Form bestand, ist nicht deren moralisches Verdienst, sondern gründet ideal in ihrem Weltvertrauen und real im Rückstand ihrer Technik, der eben auch ideal bedingt war: wenn die Welt eine Ordnung darstellt, muß man sie als solche zu erkennen und nachzuahmen suchen. Erst, wenn der Mensch auf sich selbst verwiesen ist, muß er sich durch ein Wissen sichern, das ihm in der Welt Halt zu geben scheint. Daß in dieser Notsituation der Stolz erwächst, die Natur beherrschen zu können, ist der Glaube der Neuzeit, den wir heute nicht mehr haben.

5. Ansätze der politischen Philosophie in der frühen Neuzeit

Wir haben im vorausgehenden Abschnitt dargelegt, daß die Ethik durch die Vormachtstellung der Wissenschaft eingeengt und ihr Gebiet eingegrenzt wird. Ihre Domäne ist die *Lebenssphäre* und zwar wesentlich die *private* Lebenssphäre, die aber nach Möglichkeit rational zu durchdringen ist. Eine weitere Eingrenzung der Ethik zeigt sich nun in bezug auf die *Politik*. Freilich wird hier sofort eine bestimmte Dialektik deutlich. Die Politik ist offensichtlich kein Gebiet der Wissenschaft, sondern gehört der Lebenssphäre zu. Sie ist aber nicht auf den Horizont der natürlichen Lebenswelt einzuschränken wie die Ethik im Alltag. Sie bewegt sich in übergreifenden Horizonten wie die Wissenschaft, und das besagt, sie muß ebenso wie die Wissenschaft *rational durchdacht und gestaltet werden.*

Plato und *Aristoteles* gingen davon aus, daß Ethik und Politik aufs engste zusammengehören. Die *christliche* Ethik setzte eine Differenz zwischen Weltgeschehen und Heilsgeschehen. Sie unterschied die civitas terrena und die civitas dei. Grundgebend für die christliche Position im ganzen ist die Einsicht, daß die Welt im argen liegt. Diese Überzeugung bleibt auch in der *Neuzeit* weiterhin bestehen und mit ihr die Alternative, wie man der Negativität begegnen soll: ist es angemessen, die Welt ihrem Schicksal zu überlassen, sich eine Privatethik zu basteln und sich auf den Nahhorizont zu beschränken, oder soll man doch versuchen, ein möglichst verträgliches Zusammenleben, das rational gesichert ist, zu verwirklichen? Dieses Vorgehen scheint dem Geist der Neuzeit durchaus angemessen, insofern dem Menschen die Aufgabe erwächst, seine Verhältnisse im ganzen vernünftig zu gestalten.

In beiden Fällen zeigt sich die Notwendigkeit einer Neuorientierung des Menschen durch und in sich selbst. Das bedeutet in bezug auf das Verhältnis von Politik und Ethik: man muß, wenn man sich nicht zurückziehen will, die vorliegenden politischen Tatsächlichkeiten neu durchdenken und versuchen, die in ihnen waltenden *Gesetze* auf den Begriff zu bringen.

Die Herausstellung der *Eigenständigkeit der Politik* gegenüber der Ethik zu Beginn der Neuzeit ist vielschichtig. Es handelt sich einerseits um eine Wiederentdeckung der antiken Ansätze. Wir weisen auf *Machiavelli* hin. Machiavelli erklärt, daß er mit den Männern des Altertums Zwiesprache halten und sie nach den Gründen ihres Handelns befragen wolle. Er wendet sich dem Historiker Livius zu in den »Discorsi über die erste Dekade des Titus Livius«. Dieser Rückgriff auf die Antike ist durchaus eigenständig. Es wird weder die metaphysische Fundierung der Politik im Sinne Platos noch die inhaltliche Lebensweltethik der Polis im Sinne des Aristoteles zu aktualisieren gesucht. Die Antike erscheint vielmehr als der Ort, an dem sich das Leben des Menschen und sein Verhalten zeigt, *wie es wirklich ist*, ohne in enge ethische Richtlinien eingespannt zu sein. Die antiken Historiker gehen der Bewegtheit des menschlichen Tuns in seiner Vielfältigkeit nach, einer Vielfältigkeit, die auch und gerade Negativität einschließt. Die Negativität erscheint als ein Faktum. Wir erinnern an *Thukydides*, dessen Ansatz in dieser Hinsicht außerordentlich aufschlußreich ist. Thukydides will geschichtliches Geschehen erklären. Diese Erklärung kann nicht durch den Rückgriff auf die Götter geleistet werden, von diesen hat der Historiker nicht zu reden. Er muß, wenn er das Geschehen erklären will, die *Natur des Menschen* beachten, insofern sie für das geschichtliche Geschehen relevant ist. Das *Streben nach Macht* ist als die Triebfeder der geschichtlich Handelnden in Rechnung zu stellen, und sodann sind die spezifischen Faktoren der jeweiligen Konstellationen der Machtverhältnisse zu analysieren.

Wir suchen das Gesagte an einem Beispiel zu illustrieren. Es ist dies der berühmte *Dialog zwischen den Meliern und einer athenischen Gesandtschaft*, von dem Thukydides berichtet.[29] Die Melier suchen im Peloponnesischen Krieg neutral zu bleiben, die Athener jedoch wollen dies nicht anerkennen. Der Dialog zeigt nun das Hin und Her der Argumentation. Die Melier erklären, ihre Stadt solle ihre Freiheit bewahren, die sie schon seit jeher besäße. Sie vertrauten auf die Fügung, die vom Göttlichen kommt und sie vor Unheil bewahren würde. Die Athener werfen ihnen Illusionismus vor; die Melier, so sagen sie, verkennten die reale Lage, sie sähen das Undeutliche nach ihrem Wunschdenken als schon wirklich an, und vor allem: wer auf göttliche Fügung vertraue, werde am tiefsten fallen. Der Dialog wird ergebnislos abgebrochen. Und das Ende des Ganzen: die Stadt wird belagert und schließlich übergeben. Die Athener töten alle wehrhaften Männer, machen Frauen und Kinder zu Sklaven und schicken später 500 eigene Kolonisten zur Neubesiedlung.

Thukydides stellt das reale politische Geschehen als eindeutig von der *Macht* bestimmt heraus; alles andere, insbesondere das Vertrauen auf göttliche Fügung, ist Illusion.

Das ist eine wesentliche Einsicht, durch die die neuzeitliche Entdeckung des Politischen als einer eigenständigen Sphäre bestimmt ist. Die Struktur des faktischen politischen Geschehens ist natürlich nicht erst in der Neuzeit entdeckt worden. Sie ist, wie Thukydides zeigt, der antiken Geschichtschreibung durchaus vertraut. Das Neue ist jetzt, daß diese faktische Welt des Politischen als *Grundlage der politischen Theorie* anerkannt wird und daß diese Theorie von der Ethik abgetrennt wird. Die politische Theorie muß nun ganz von sich aus unter anthropologischem und historischem Aspekt vorgehen und von diesen Aspekten her nach Möglichkeiten einer Verbesserung fragen.

Wir können hier die vielfältigen Ansätze der Thematisierung der Politik in der beginnenden Neuzeit nicht ausführlich darlegen. Wir weisen, um die Grundsituation unter ethischem Aspekt zu betrachen, zunächst auf *Machiavelli* und sodann auf *Hobbes* hin. Beide Denker wollen das politische Geschehen nach Art eines Naturgeschehens darstellen, bleiben aber indirekt auf die Ethik bezogen.

Machiavelli stützt sich nicht auf philosophische Theorien. Er will aufzeigen, wie es in der Politik faktisch zugeht, und er will zugleich dieses faktische Verhalten von der Natur des Menschen her erklären. Wiederum ist der Unterschied zu bisherigen Auslegungen zu beachten. Die antiken und christlichen Staatsphilosophen, aber auch die Vertragstheoretiker gehen davon aus, daß es die Aufgabe der über Politik nachdenkenden Menschen ist, den Staat als Ordnungszusammenhang zu konzipieren. Ob der Staatsentwurf auf den besten Staat abzielt, oder ob er den Staat nur als »Zwangsnotwendigkeit« darstellt, in beiden Fällen soll der Staat das Zusammenleben der Menschen garantieren.

Es geht um die Möglichkeit des friedlichen Miteinanders unter der Idee des Rechtes. Wesentlich ist für diese Entwürfe nicht der außenpolitische, sondern der *innenpolitische* Gesichtspunkt.

Machiavelli setzt vollkommen anders an. Er untersucht die Vollzugsformen des politischen Handelns als solche. Demgemäß schiebt er die Frage nach den besten Staatsformen in den Hintergrund. Nach dem Gesichtspunkt des Erfolges muß in einer Diktatur ebenso wie in der Demokratie gehandelt werden. Die Ethik wird zwar als solche nicht negiert. Aber sie hat mit Politik nichts zu tun. Machiavelli trägt also das Seine dazu bei, die Politik zu »entmoralisieren«, aber nicht zugunsten einer Konzeption, die Politik mit legalem äußeren Tun zur Deckung bringen will, sondern zugunsten einer Auffassung, die Politik allein als Handeln unter dem Gesichtspunkt der Macht versteht.

Machiavelli will die Gesetze dieses Handelns erkennen. Darin zeigt sich eine gewisse Verwandtschaft seines Ansatzes zum Rationalismus der neuzeitlichen Naturwissenschaft. Machiavelli fragt nach dem Zusammenhang von Ursachen und Wirkungen im politischen Geschehen. Er arbeitet *Regeln* des politischen Handelns heraus. Die Voraussetzung dabei ist, daß die Menschen im Grunde sich gleich bleiben. Darum kann man zum Beispiel von den antiken Historikern gültige Wahrheiten über dies Handeln erfahren.

Politische Regeln sind aber nicht auf naturwissenschaftlich-theoretischer Basis allein zu gewinnen. Sie sind *praktisch-strategischer Natur*, und den Regeln des Schachspieles vergleichbar. Es sind Gegner da, die sich innerhalb einer Rahmenordnung bewegen, die eine relative Vorausberechnung ermöglicht. Dies Vorausberechnen steht, wie wir bereits sagten, unter der Kategorie möglichen Erfolges, das heißt der Stärkung der Macht. Der Politiker muß rücksichtslos sein. Die Beispiele, die Machiavelli besonders in »Il Principe« bringt, sind brutal. Will der Fürst Kolonien in Abhängigkeit halten, so soll er erwägen, ob es vom Kraftpotential her gesehen zweckmäßiger ist, die Oberschicht sich gefügig zu machen oder sie einfach auszurotten.

Der politisch Handelnde muß das rationale Berechnen – darin unterscheidet sich Machiavelli von den modernen Spieltheoretikern – mit der Rücksicht auf irrationale Faktoren verbinden. Machiavelli denkt von geschichtlichen Situationen aus. Diese Situationen sind dem Handelnden vorgegeben und bieten den Umständen nach jeweilig unterschiedliche Chancen. Was heute möglich ist, kann morgen unmöglich sein. Situationen sind auszunützende Zufälle, die Fortuna zuschickt. Der Politiker muß daher ein Gespür für die Lage haben. Letztlich bleibt ihm aber nichts übrig, als entschlossen auf den glücklichen Zufall zu setzen. Die politische Tüchtigkeit *virtù* vereint scheinbar entgegengesetzte Fähigkeiten: Mut zum Wagnis und politische Berechnung. Die virtù entspricht aber gerade in ihrer Doppeldeutigkeit dem Wesen des politischen Geschehens, das eine Mischung von Zufall und Notwendigkeit darstellt.

Machiavelli argumentiert im Freund-Feind-Schema, er stellt demgemäß den *Primat der Außenpolitik* heraus. Diese Konzeption bestimmt weithin das nationalstaatliche Denken der Neuzeit, insbesondere des 19. Jahrhunderts. Machiavelli wird dementsprechend von maßgebenden Denkern dieser Epoche gepriesen. *Dilthey* erklärt: »Die Schriften Machiavellis haben die Souveränität der politischen Technik des weltlichen Verstandes, wie sie in den italienischen Staaten eine Realität war, auch in der Theorie zur Geltung gebracht, und die Staatsräson der folgenden Zeit zumal in den neu aufkommenden fürstlichen Gewalten beschaute sich doch wie in einem Spiegel in den Sätzen des großen Florentiners«.[30] *Friedrich Meinecke* hat in seinem berühmten Buch *»Die Idee der Staatsräson in der neueren Geschichte«*[14] unter ausdrücklichem Rückgriff auf Machiavelli dargelegt, daß sich die Politik, die sich dem Begriff der Staatsräson unterstellt, nicht dem Gesetz der Moral unterwerfen könne. *Gerhard Ritter* preist in seinem Buch *»Machtstaat und Utopie«* Machiavelli als »Wegebahner des modernen kontinentalen Machtstaates«. Er erklärt, Machiavelli habe als erster gelehrt, »was auch das heutige Italien wieder predigt: die eiserne Lehre von der Notwendigkeit der Macht als Voraussetzung aller Freiheit. Er zuerst hat die Ballung und Behauptung von materieller Macht als innersten Kern jeder Staatsbildung erkannt. Und furchtlos, wie noch keiner vor ihm, hat er in das dämonische Antlitz dieser Macht geschaut«.[31]

Machiavelli will die Ethik nicht radikal negieren, aber er sieht deutlich, daß die Politik anderen Gesetzen folgt und folgen muß, weil sie der menschlichen Natur entspricht. Machiavelli setzt an die Stelle der Ethik eine *Pragmatik*, eine Handlungsbeschreibung, die an bestimmten Grundbegriffen zeigt, wie am zweckmäßigsten vorzugehen ist. Die Grundbegriffe sind vor allem, wie dargelegt, die Wechselbegriffe: *Macht* und *Erfolg*. Macht will und mißt sich am Erfolg. Erfolg untersteht der Dialektik von Berechnung und Zufallsglück. Politischer Realitätssinn muß situativ die Chancen erkennen und zugleich auf das Glück setzen. »Fortuna liebt die Wagemutigen«. Politik ist eben nicht reine Naturgesetzlichkeit; die menschliche Natur ist positiv und negativ nie ganz zu berechnen.

Es zeigt sich, ethisch gesehen, ein merkwürdiger Sachbestand. Machiavelli geht von der Faktizität als durch Negativität bestimmt aus. Er sieht diese Faktizität durchaus nicht wertfrei an, sondern als wesentlich durch nicht gute Menschen bestimmt. Darauf muß sich der Politiker einstellen. Das heißt: er darf nicht der Moral folgen und muß wissen, daß Politik einen eigenen Anreiz ausübt: sie verspricht Ruhm. Der Gedanke der Größe treibt zum Handeln an. Aber, wer Größe erlangen will, darf eben nicht moralisch handeln. »Ein Mensch, der immer nur das Gute möchte, wird zwangsläufig zugrundegehen inmitten von so vielen Menschen, die nicht gut sind. Daher muß sich ein Herrscher, wenn er sich behaupten will, zu der Fähigkeit erziehen, nicht allein nach moralischen Gesetzen zu handeln, sowie von diesen Gebrauch oder Nichtgebrauch zu machen, je nachdem es die Notwendigkeit erfordert«.[32]

Machiavellis Ansatz wirkt sich geschichtlich gesehen nachhaltig aus. Freilich tritt der Gedanke der individuellen Größe zurück. Die technische Pragmatik tritt immer stärker in den Vordergrund. Politik und Ethik gelten aber weiterhin als getrennte Sphären.

Die Versuche Spinozas, Kants und Hegels, Politik und Ethik zu verbinden, ändern nichts daran, daß die Politik ihren eigenen Gesetzen folgt, ob sie nun von der Ethik her beeinflußt werden soll (Kant) oder ob sie geschichtlich sanktioniert werden soll durch

Rückgriff auf den Weltgeist (Hegel). Zum echten, besser zum bedrängenden Problem wird Politik, so merkwürdig es klingt, erst wiederum, als man merkt, daß Wissenschaft und Technik der Politik Mittel der Vernichtung zur Verfügung stellen, die die gesamte Menschheit gefährden. Hier geht es nicht mehr um den besten Staat oder um eine geordnete Lebenswelt, sondern um die *nackte Existenz.* Ethik tritt nun in sehr differenten Formen auf. Einerseits wird der Ausstieg aus der politischen Dimension im Sinne einer radikalen Änderung gefordert – man beruft sich auf die Bergpredigt, andererseits wird eine reine Überlebensüberlegung propagiert, wobei an die Vernunft der Selbsterhaltung appelliert wird.

Neben dem Ansatz von Machiavelli, der die Realpolitik in das Zentrum stellt, stehen philosophische Theorien, die zeigen, wie der Staat *entstanden ist oder entstanden sein kann.* Leitend ist hier aber zugleich die Frage, welche Möglichkeiten bestehen, den Staat als dem Menschenwohl dienende Institution zu installieren. Der diese Überlegungen ausrichtende Grundgedanke ist, daß der Staat eine wesentlich legale und nicht moralische Konstruktion ist. Er steht unter dem Aspekt der Nützlichkeit und ist eine notwendige Einrichtung. Seine Konstruktion hat wesentlich rationalen Gesichtspunkten zu folgen.

Die Staatskonstruktion ist zu verstehen als eine *Vertragskonstruktion.* Ob der Vertrag wirklich einmal geschlossen wurde oder eine gedankliche Voraussetzung für die jetzige Konstellation ist, das ist nicht entscheidend. Wesentlich ist, daß die Dialektik der Vertragstheorie beachtet wird: der Vertrag wird auf einen Zustand des Nichtvertrages bezogen. Dieser *natürliche Zustand* läßt sich doppeldeutig auslegen, entweder als ein unheilvoller Kampf aller gegen alle oder als ein paradiesisches Idyll. Die Struktur des Vertrages muß auf diese frühe Epoche bezogen sein und ihr positiv oder negativ entsprechen, das heißt, sie aufheben, wenn der Anfangszustand negativ ist, oder sie erhalten und konsolidieren, wenn der Anfangszustand positiv zu werten ist.

Diese Betrachtung ist trotz oder besser: gerade auf Grund ihrer Konstruktion anthropologisch bestimmt. Sie will die *wirkliche Natur des Menschen* erkennen und auf Grund dieser Kenntnis Vorschläge aufstellen, wie das Zusammenleben zu gestalten sei. Diese anthropologische Wende verdrängt die positiv gestimmte ethische Lebensweltdeutung, für die der Ordnungszusammenhang vorgegeben ist.

Wir legen *Hobbes* Ansatz dar, der von außerordentlichem Gewicht für die modernen Staatstheorien ist. Hobbes' Staatsphilosophie steht im Einklang mit seiner Naturphilosophie und seiner Anthropologie. Die Philosophie als ganze läßt sich unterteilen in eine Lehre von der *Natur,* vom *Menschen* und vom *Staat.*

Die Natur ist mechanisch zu erklären als Bewegung von Körpern, die kausal bedingt ist. Man erklärt, indem man auf Elemente zurückgeht, resolutiv und sodann, indem man die Elemente zusammensetzt, kompositiv. Dieselbe Argumentation bestimmt die Anthropologie von Hobbes. Der Rückgang auf die Elemente dient hier der Herausstellung eines Naturzustandes, der reine Konstruktion ist, aber die Kondition des menschlichen Verhaltens zu zeigen vermag. Der Mensch ist ein *Triebwesen.* Begehren und Abneigung sind konstitutiv. Sie unterstehen dem Selbsterhaltungsinteresse. Diese Bestimmungen sind nicht moralisch zu werten, wohl aber sind sie auf ihre Verträglichkeit hin zu betrachten. Das Begehren führt als Konkurrenzverhalten zum Kampf, und zwar zum *Kampf aller gegen alle*: der Mensch ist für den anderen ein Wolf. Dieser Kampf wird eingeschränkt durch die Angst vor dem Tod durch die anderen. Der Zustand der allgemeinen Unsicherheit kann und muß beendet werden durch die Herstellung eines friedlichen Miteinanderauskommens. Der Einzelne schränkt seine natürliche Willkürfreiheit ein. Man schließt Verträge und verpflichtet sich, sie einzuhalten.

Der Sinn dieser Konstruktion ist die *zweckhafte Rationalisierung des allgemeinen Interesses der Selbsterhaltung*. Die Frage, wie dieses Interesse am besten zu befriedigen sei, hält den Gedanken der Negativität fest. Der *Egoismus* ist und bleibt maßgebend. Er muß sich aber hypothetisch Gewinn und Verlust ausrechnen. Die Idee der Konstruktion des Staates beruht auf dieser Kostenabwägung.

Die Sicherung, die dieser Staat für den Einzelnen verspricht, muß aber ihrerseits wiederum auf das Triebgeschehen als Grundgeschehen Rücksicht nehmen. Der Staat kann nur sichern als *Machtgebilde*. Hobbes setzt an die Spitze einen Souverän, der als absoluter Herr über Leben und Tod Frieden verbürgt. Er kann dies, weil er unbeschränkte Gewalt hat. Er entscheidet über Gut und Böse durch Gesetz, ein objektiv Gutes gibt es nicht. Salus publica summa lex esto.

Hobbes versteht seine Konstruktion als Ideal und sanktioniert sie sogar theologisch. Hobbes glaubt an die absolute Gottesherrschaft. Gott ist Geber des Vernunftrechtes als eines Naturrechtes, und der Staatsvertrag als Friedensvertrag ist Vorbereitung auf die christliche Zukunft.

Es ist sicher verkehrt, Hobbes als einen Heuchler zu bezeichnen. Vielmehr ist die Tatsache herauszustellen, daß sich der Ablösungsvorgang eines reinen Naturrechts vom christlichen Denken nur langsam vollzieht. Die Tendenz ist hier leitend, die faktisch naturalistische Konstruktion, die von den Trieben ausgehend die Realität zum Maßstab nimmt und deren Ordnung nicht als ihre Aufhebung versteht, nicht als bloße Fiktion erscheinen zu lassen, sondern als auf festem Grunde aufbauend. Auch die Naturwissenschaft, die mechanisch vorgeht, deckt, so meint Hobbes, die Wunder der göttlichen Schöpfung auf.

Hobbes Konstruktion des Staatsvertrages hat, wie schon angedeutet, eine große Wirkung ausgeübt, und zwar auch und gerade in ihrer Idee einer strikten Absicherung des Friedens durch einen *Gewaltherrscher*. Hier wird entgegen allem Optimismus, der auf natürliches Wohlverhalten setzt, die Einsicht in die Notwendigkeit, die Wölfe gewaltsam zu befrieden, klar herausgestellt. Sodann: Hobbes geht ja nicht ganz und gar unethisch vor. Sein Ansatz ist der Sache nach durchaus mit der Goldenen Regel verwandt, das heißt, er setzt den *egoistischen Selbstbezug* als Maß und sucht ihn durch kalkulatorische Vernunftüberlegung einzuschränken und damit als geschichtsfähig zu erweisen. Hobbes erklärt: »Jedermann soll freiwillig, wenn andere ebenfalls dazu bereit sind, auf sein Recht auf alles verzichten, soweit er dies um des Friedens und der Selbstverteidigung willen für notwendig hält.«[33]

Freilich: Hobbes legt im Grunde genommen keine Garantie für die Verwirklichung seiner Konstruktion vor. Der Vertrag stellt, wie wir sahen, ja nur eine Verrechnung auf der Basis des Egoismus dar. Dieser soll kontrolliert werden, damit er sich innerhalb bestimmter Grenzen frei entfalten kann. Iring Fetscher formuliert mit Recht: »Der natürliche Mensch des Thomas Hobbes ist ungesellig. Er wird von seinen übermächtigen Leidenschaften zu Feindschaft und Konkurrenzkampf getrieben. Aber die kalkulierende subjektive Vernunft eines Jeden vermag doch – im Dienste der mächtigsten aller Leidenschaften, der Furcht vorm gewaltsamen Tode – zur Erkenntnis der Notwendigkeit einer politischen Zwangsordnung zu führen«.[34] –

In *Spinozas* politischer Philosophie zeigen sich zugleich Parallelen und gegensätzliche Behauptungen zu den Ansätzen von Hobbes. Auch Spinoza stellt fest, daß die Menschen faktisch weit mehr von ihren Trieben als von der Vernunft geleitet werden. Der Staat muß sich in sich selbst sichern. »Ein Staat, dessen Heil von der Gewissenhaftigkeit eines Menschen abhängt und dessen Geschäfte nur dann gehörig besorgt werden können, wenn die, denen sie obliegen, gewissenhaft handeln, ein solcher Staat kann nicht von Bestand sein. Seine öffentlichen Angelegenheiten müssen vielmehr so geordnet sein, daß die mit ihrer Verwaltung Betrauten überhaupt nicht in die Lage kommen können, gewissenlos zu sein oder schlecht zu handeln, ganz einerlei, ob sie der Vernunft oder dem Affekte folgen«.[35]

Der so geordnete Staat hat die Aufgabe – darauf wurde schon hingewiesen – dem Egoismus entgegenzutreten und gemeinsame Interessen zu schaffen. Von diesem doppelten Ansatz her wird das *Naturrecht* bestimmt. Der Begriff Naturrecht ist bei Spinoza zweideutig. Einerseits wird das Naturrecht ganz mechanisch bestimmt. Spinoza erklärt: »Unter Naturrecht verstehe ich somit die Naturgesetze selbst oder die Regeln, nach denen alles geschieht, das heißt eben die Macht der Natur. Danach erstreckt sich also das natürliche Recht der gesamten Natur und folglich auch jedes einzelnen Individuums soweit, wie seine Macht. Was demnach der Einzelne den Gesetzen seiner Macht zufolge tut, das tut er mit dem vollsten Naturrecht; seine Rechtssphäre in der Natur ist so groß wie seine Machtsphäre«.[36] Andererseits soll der Einzelne sein Naturrecht dem Staat übergeben, aber das bedeutet nicht, daß er auf seine Anliegen und deren Ausübung ganz zu verzichten habe. Spinoza schreibt in einem Brief: »Was die Staatslehre betrifft, so besteht der Unterschied zwischen mir und Hobbes darin, daß ich der höchsten Obrigkeit in einer jeden Stadt nur soviel Recht den Untertanen gegenüber zuerkenne als dem Maße von Macht entspricht, um das sie den Untertan überragt«.[37]

Dementsprechend fordert Spinoza keinen absoluten Souverän. Der Staat soll ja Sicherung im Sinn der Freiheit für den Einzelnen geben und Toleranz ausüben – darauf wurde schon hingewiesen.

Rousseau, auf dessen Ansatz wir, dieses Kapitel abschließend, verweisen, setzt den Menschen von Natur als *gut* an. Er ist aus der Hand des Schöpfers rein hervorgegangen, und eigentlich wäre es nur notwendig, seiner Entwicklung freie Entfaltung zu gewähren. Freilich, der homme naturel ist durch den homme artificiel verbildet worden. Dies sei ein wenig genauer dargelegt.

Rousseau geht davon aus, daß die Menschen ursprünglich isoliert lebten und dies auf Grund ihrer materiellen Autarkie auch konnten. Die gesellschaftlichen Verbindungen sind zu dieser Zeit größtenteils ein Werk von Zufällen. Die Menschen schließen sich zusammen, um Unglücksfälle, zum Beispiel Naturkatastrophen, besser zu bestehen. Ein gewisser Geselligkeitstrieb ist jedoch hier schon am Werk. Schließlich haben sich die Menschen aneinander gewöhnt. Es entstehen *einfache* politische Ordnungen, die aber nicht auf Willensentscheidungen und Entschlüssen beruhen, sondern auf natürlichen Gemeinsamkeiten.

Die Störung entsteht nun durch den Egoismus der einzelnen. Der *amour de soi*, die natürliche Selbstliebe, wird zu dem *amour propre*, der Eigenliebe, depraviert. Negativ wirkt sich zudem die Arbeitsteilung aus, die ihrerseits zum Begriff des *Eigentums* führt. Der Bauer pflügt ein Feld von Jahr zu Jahr, er betrachtet den Boden als das ihm Zugehörende und deklariert ihn schließlich als Eigentum. So bilden sich Verhältnisse der Abhängigkeit und schließlich der Gegensätzlichkeit der Menschen untereinander heraus. Die Menschen suchen sich gegenseitig zu schaden, sie werden böse, weil jetzt der Egoismus regiert.

Diesem Zustand ist Rechnung zu tragen. Man kann jetzt und hier nicht einfach die Rückkehr zur Natur in der Weise verkünden, daß man die spätere Entwicklung ausklammert. Es gilt den Gedanken einer *Erziehung* zu propagieren, die Natürlichkeit und Sittlichkeit verbindet.

Von dieser Idee her ist die politische Philosophie Rousseaus bestimmt. Der Staatsvertrag kann nicht, wie Hobbes vermeint, als reine Negation des Urzustandes verstanden werden, das heißt als Zwang, der sich die bösartige Natur unterwirft. Der Staatsvertrag muß den Willen der vielen Einzelnen mit einem *allgemeinen Willen* verbinden im positiven Sinn, so daß der Gesamtwille von dem Einzelnen getragen wird. Der allgemeine Wille darf nicht als der summative Wille aller Individuen, die ihr eigenes Interesse verfolgen, verstanden werden. Der allgemeine Wille konstituiert sich als politische Gemeinschaft, konkret als Republik. Die volonté générale im Sinne Rousseaus ist absolut, unfehlbar und unzerstörbar. Das besagt konkret: es gibt über den Staat hinaus nichts, woran man appellieren kann. Man muß daher allen Vorschriften des Staates uneingeschränkt folgen. Der Staat darf als Alleinherrscher den Menschen ganz und gar verpflichten. Dementsprechend entwirft Rousseau die Grundsätze einer zivilen Religion, die für jeden Staatsbürger verbindlich ist.

Der Ansatz Rousseaus ist eine *Idealkonstruktion*. Rousseau untersucht aber verschiedene Staatsformen unter dem Aspekt, wie das Ideal am besten zu verwirklichen sei. Besonders kleine Staaten sind zu bevorzugen, weil sich hier der Volkswille relativ direkt äußern und ebenso relativ direkt kontrolliert werden kann.

Rousseaus Ansatz will eine Lösung im Sinne von Hobbes, die von der Negativität ausgeht, vermeiden. Er ist aber nicht weniger problematisch als der Ansatz von Hobbes. Hobbes setzt Gewalt als Prinzip an, er rechnet nicht mit der Einsicht der Bürger. Das Subjekt kommt für Hobbes nur in den Blick als böswillige Egoität, bestimmt durch Triebe. Rousseau setzt demgegenüber den Menschen als gut an, der Mensch ist seiner ursprünglichen Möglichkeit nach im positiven Sinn auf andere bezogen. Er soll seine Eigenliebe nur einschränken. Daß er dies kann, genauer: daß er dies tut, gründet, so meint Rousseau, eben im Gesellschaftsvertrag, der sich als verbindendes Band erweist, insofern er im Einzelnen wirksam ist und ihm nicht von außen her entgegentritt, und doch zugleich nicht auf die Einzelnen als solche beschränkt ist.

Der Gedanke des *allgemeinen Willens ist problematisch.* »Die Republik kann nur leben, wenn das Gesetz über den Menschen steht. Soll aber das Gesetz über den Menschen stehen, dann müssen diese (wenigstens in ihrer Mehrheit) tugendhaft sein. Tugendhaft aber werden sie erst mit Hilfe der organisierten Republik«.[38] Der Gehorsam den Gesetzen gegenüber soll auf sittlicher Freiheit beruhen, die sittliche Freiheit aber setzt voraus, daß der Mensch sich dem allgemeinen Willen nur unterwirft, weil er ihn anerkennt, er kann ihn aber nur anerkennen, wenn er sittlich ist. »Rousseau deklariert seine Abhängigkeit vom selbst gegebenen Gesetz innerhalb der legitimen Republik, deren Gesetze als Ausdruck des in jedem Citoyen lebendigen Gemeinwillens verstanden werden, so daß der Gehorsam gegenüber dem Gesetz als Gehorsam gegenüber dem eigenen Willen – mithin als vollkommene Freiheit – erscheint«.[39] Der Einzelne als autonome Person und als Staatsbürger wird identifiziert, wobei aber die Dialektik aufbricht, daß der Einzelne sich auf ein Ideal hin zu prüfen hat: er muß sich fragen, ob er dem Staat entspricht, und umgekehrt muß er untersuchen, ob der Staat ihm entspricht.

Kant nimmt die sich hier zeigende Problematik auf. Er sucht eine Lösung durch den Rückgang auf die *praktische Vernunft*. Diese verbindet die Menschen miteinander, insofern alle Menschen als Vernunftwesen dem mundus intelligibilis angehören. Dies bedeutet, daß der Mensch als Vernunftwesen sich auf das *Allgemeine* einzustellen hat. Als autonome Person trete ich meinen Trieben, deren Grundlage der natürliche Egoismus ist, entgegen. Die Ordnung, zu der ich mich vermittle, ist die von mir selbst anerkannte Vernunftordnung. Diese Forderung verinnerlicht den Zwang. Moralität tritt an die Stelle des Gebotes von außen, auch wenn dieses sich als legal und rechtskonform zeigt. Freilich: wenn Äußerlichkeit und Innerlichkeit auseinandertreten, ist zu fragen, ob und wie sich die Moralität in der Realität durchsetzt. Das aber bedeutet wiederum, daß Ethik, als Moral konstituiert, und Politik auseinandergehen.

Viertes Kapitel
Moralische Gesetzgebung durch praktische Vernunft. Kant

Kant nimmt in der Entwicklung der philosophischen Ethik – dies festzustellen, ist fast eine Trivialität – eine hochbedeutsame Stellung ein. Sein Ansatz wird auch heute noch in modifizierter Form als mögliche Grundlegung der Ethik betrachtet.

Kant greift auf die Einteilung der Philosophie zurück, wie sie in der Nachfolge des Aristoteles in der Schulphilosophie der Neuzeit üblich war. Er erklärt in der »Grundlegung zur Metaphysik der Sitten«, alle Philosophie könne man einteilen in *empirische* und *reine Philosophie*. Diese geht a priori vor und heißt als solche *Metaphysik*. Es gibt dementsprechend eine Metaphysik der Natur und eine Metaphysik der Sitten, die Physik hat ebenso wie die Ethik einen rationalen und einen empirischen Teil.[1]

Der *empirische Teil* der Ethik ist die *praktische Anthropologie*. Kant hat sie in eine anthropologische Didaktik und eine anthropologische Charakteristik unterteilt. Die Didaktik handelt »Von der Art, das Innere sowohl als das Äußere des Menschen zu erkennen«; die Charakteristik »Von der Art, das Innere des Menschen aus dem Äußeren zu erkennen«. Die Didaktik enthält eine ausführliche Darlegung der Vermögenslehre Kants. Kant unterscheidet das Erkenntnisvermögen, das Gefühl der Lust und Unlust und das Begehrungsvermögen. Das Begehrungsvermögen kann vielfältig gestaltet sein: *Neigung, Leidenschaft* und *Affekte* spielen hier eine Rolle. Erstrebt wird immer ein Gut, dieses aber kann ein physisches oder ein moralisches Gut sein. Das erste geht auf Wohlleben, das zweite auf Tugend. Empirisch gesehen können beide zusammengehen in einer gesitteten Glückseligkeit und einer bestimmten Art der Humanität, die sich in einer »Umgangsneigung« zeigt. Der empirische Teil der Handlungslehre ist nützlich, er vermittelt Menschenkenntnis und diese zeichnet einen Mann von Welt aus. In der Anthropologie kommt die Lebenswelt also zu Wort.

Die *Anthropologie* thematisiert etwas, was weder die praktische Moralphilosophie noch die theoretische Philosophie untersuchen kann: das wirkliche und reale Tun und Lassen des Menschen. Die reine Moralphilosophie stellt die moralische Forderung als Forderung heraus, und die theoretische Philosophie sucht alles, was in der Erfahrung vorkommt, strikt vom Gesetz der Kausalität her zu deuten. In beiden Fällen wird das *konkrete Selbstverständnis*, das das faktische Tun des Menschen bestimmt, nicht berücksichtigt. Dieses stellt sich als eine Verbindung von Freiheit und Unfreiheit, Vernünftigkeit und Triebhaftigkeit dar. Eben hier setzt die anthropologische Betrachtung an. In ihr wird der Mensch untersucht, insofern er ein welthaftes Wesen ist, das heißt, insofern er von der Welt her affiziert wird und auf die Welt hin handelt. Man will in Erfahrung bringen, wie es eigentlich zugeht, wenn die Menschen die Lebenswelt kennenlernen und sich in ihr orientieren, um in ihr, wie Kant sagt, »mitspielen« zu können. Diese Betrachtung ist von pragmatischem Nutzen, da der Mensch faktisch in der Welt leben und handeln muß.

Die praktische Philosophie, die die *Moralität* thematisiert, hat mit der Anthropologie, von der Geltung her gesehen, nichts zu tun. Sie hat natürlich die anthropologischen Grundlagen, wenn sie Handlungen für Menschen als zweideutige Wesen vorschreibt, zu berücksichtigen. Aber ihre eigenen Gegenstände: *Wille, Freiheit* und *moralisches Gesetz* kommen nicht als anthropologische Tatsachen vor. Sie gehören eben ganz und gar zur Metaphysik und sind nicht empirisch zu begründen.

Angesichts dieser strikten Teilung und der Absonderung der Ethik von der Anthropologie drängt sich die Frage auf: ist es wirklich angebracht, die Ethik a priori zu begründen? Dieses Problem wird von Kant vielfach behandelt, so in der »*Grundlegung zur Metaphysik der Sitten*«. Der zweite Teil dieser Schrift trägt den Titel »Übergang von der populären sittlichen Weltweisheit zur Metaphysik der Sitten«. Kant – dies ist eine seiner Grundvoraussetzungen – geht davon aus, daß es nicht Aufgabe der Ethik sei, pragmatische Ratschläge zu geben, die situationsbezogen sind. Diese würden sich ja auf der empirischen Ebene bewegen, das heißt letztlich Willkürmaßnahmen bedeuten. Allenthalben würde »das liebe Selbst« hervortreten. Wenn Ethik überhaupt gültig sein will, muß sie eindeutige und intelligible Forderungen aufstellen, und das heißt, sie muß von der allgemeinen Vernunft ausgehen. Ihre Forderungen müssen für alle Vernunftwesen einsichtig sein. Kant fordert eine »völlig isolierte Metaphysik der Sitten, die mit keiner Anthropologie, mit keiner Theologie, mit keiner Physik oder Hyperphysik, noch weniger mit verborgenen Qualitäten (die man hypophysisch nennen könnte) vermischt ist«. Er fährt fort: »Aus dem Angeführten erhellt: daß alle sittlichen Begriffe völlig a priori in der Vernunft ihren Sitz und Ursprung haben . . ., daß in dieser Reinigkeit ihres Ursprungs eben ihre Würde liege uns zu obersten praktischen Prinzipien zu dienen«.[2]

Will man den Grundansatz der *Moralphilosophie* im Gegenzug zu der Anthropologie erfassen, so muß man davon ausgehen, daß Kant in einer bisher nicht bekannten Radikalität fragt, was eigentlich *Handeln aus praktischer Vernunft* bedeutet. Er entwickelt den einfachen Gedanken, daß dies Handeln seine Bestimmung, seinen Wert, seine Möglichkeit und seine Wirklichkeit rein in sich selbst – eben in seiner Vernünftigkeit – trägt und keiner anderen Begründung mehr bedarf. Eben dadurch wird dies vernünftige Handeln von den Bestimmungen der Menschlichkeit abgelöst, ohne jedoch in einem göttlichen Sein fundiert zu werden. Die Möglichkeit, Gott als Ursprung der Vernunft anzusetzen, und den Menschen nun von Gott her zu verstehen und damit das menschliche Handeln im göttlichen Handeln zu fundieren, diese Möglichkeit schließt Kant a limine aus. Er sucht vielmehr umgekehrt das göttliche Handeln in der reinen Vernünftigkeit zu begründen. Das bedeutet nun aber, daß es durchaus möglich ist, sich das, was Handeln aus reiner praktischer Vernunft besagt, an Gott *beispielhaft* klar zu machen.

Gott handelt immer vernünftig, das heißt nach reiner Gesetzmäßigkeit. Gott ist die Möglichkeit, unvernünftig zu handeln, verwehrt, da ihm die Sphäre, aus der unvernünftiges Tun entspringt, die Sphäre der Triebe, Affekte und Neigungen, verschlossen ist. Das vernünftige Handeln muß daher Gott sich nicht abfordern. »Das *Sollen* ist hier am unrechten Orte, weil das *Wollen* schon von selbst mit dem Gesetz notwendig einstimmig ist«.[3]

Das Wesen des *moralischen Gesetzes* wird deutlich durch einen Rückgriff auf die Naturwissenschaft. In der Naturwissenschaft bedeutet Gesetz nichts anderes als ausnahmslos gültiger Funktionszusammenhang. Kant weist auf diesen Sinn des Gesetzes selbst hin. Er erläutert die Formel des kategorischen Imperativs – »Handle nur nach derjenigen Maxime, durch die du zugleich wollen kannst, daß sie ein allgemeines Gesetz werde« – durch eine zweite Fassung: »Handle so, als ob die Maxime deiner Handlung durch deinen Willen zum *allgemeinen Naturgesetz* werden sollte«.[4]

Wenn die Bestimmung »Gesetz« ausnahmslose Gültigkeit eines Funktionszusammenhanges besagt, so gehören Gesetz und Vernunft aufs engste zusammen, denn die Vernunft ist ihrerseits ja gar nichts anderes als unbedingte allgemeine Gültigkeit. Der

Unterschied zwischen dem reinen Naturgesetz und dem praktisch moralischen Gesetz liegt allein darin, daß Gesetze in der Natur unbewußt wirken, während Gesetze in der moralischen Welt bewußt vollzogen werden. Vernünftigkeit, Gesetzmäßigkeit und Wille bilden in der moralischen Dimension eine Einheit. Die Bestimmung »*Wille*« – das ist für das Verständnis der Ethik Kants entscheidend – ist nicht identisch mit dem Begriff »Willkür«. Während Willkür im Sinne des liberum arbitrium unbestimmte Beliebigkeit bedeutet, ist der Wille als oberes Vermögen von der *Vernunft*, d. h. der Einsichtnahme in *gesetzliche Ordnung*, geleitet und im Sinne der Willkür gerade nicht frei. Kant sagt: »Ein vernünftiges Wesen hat das Vermögen, *nach der Vorstellung* der Gesetze, d. i. nach Prinzipien zu handeln oder einen *Willen*. Da zur Ableitung der Handlungen von Gesetzen *Vernunft* erfordert wird, so ist der Wille nichts anderes als praktische Vernunft«.[5] Und entsprechend erklärt er: »Der Wille wird als ein Vermögen gedacht, der Vorstellung gewisser Gesetze gemäß sich selbst zum Handeln zu bestimmen. Und ein solches Vermögen kann nur in vernünftigen Wesen anzutreffen sein«.[6]

Indem Vernunft für sich gesetzt wird, wird sie dem Seinszusammenhang entnommen. In dieser Hinsicht zeigt sich Kant als *Transzendentalphilosoph*. Kant legt in der »Kritik der reinen Vernunft« – um dies kurz in Erinnerung zu bringen – dar, daß man, um etwas Seiendes erkennen zu können, reine Bedingungen: Raum und Zeit, die Kategorien und die transzendentale Apperzeption voraussetzen müsse. Diese Bestimmungen verweisen auf den Verstand als ein produktives Vermögen. Entsprechend ist die praktische Vernunft der Ort aller Bestimmungen der Moralität. Es ist aber zugleich im Unterschied zur theoretischen Vernunft zu beachten: diese ist als Form auf den Inhalt der Erfahrung angewiesen. Die praktische Vernunft ist absolute Grundbedingung eines in sich gültigen und sich in sich zusammenschließenden Funktionszusammenhanges. Der kritische Kant spricht vom *Faktum der praktischen Vernunft*: Das Sollen und das moralische Gesetz ist nicht zu hinterfragen. Es kann durch kein Theoretisieren herausgeklügelt werden.

Das bedeutet nun, daß innerhalb der kontrollierbaren Ebene der Erfahrung, die der theoretischen Vernunft offensteht, strenge Kausalität waltet, nicht aber im Raum der Moralität. Für die praktische Vernunft ist die *Freiheit* eine Grundvoraussetzung, die mit dem Gebot mitgegeben ist. Wir müssen uns als frei voraussetzen. Hier gilt: *Du kannst, denn du sollst.*

Von hier aus bestimmt sich der kategorische Charakter des moralischen Imperativs. Hier ist nicht die Abzweckung auf etwas maßgebend wie bei hypothetischen Imperativen, sondern allein die reine Vernunftgemäßheit, die sich eben als Gesetz zeigt. Als gesetzgebend hat der Vernünftige eine Würde. Er will, daß eine vernünftige Natur als Zweck an sich selbst existiert, und er stellt sich und alle anderen Menschen, insofern sie Vernunftwesen sind, als Zwecke vor.

Überblickt man diese Argumentation im ganzen, so zeigt sich: Kant leitet eine Fragestellung ein, die auch noch die moderne Ethikdiskussion weithin beherrscht. Es geht um das Problem der *moralischen Begründung*. Ist es erlaubt, vom Sein auf das Sollen zu schließen? Können Normen durch Rekurs auf Gegebenheiten aufgestellt werden oder liegt ein naturalistischer Fehlschluß vor, der zu vermeiden ist? Kant plädiert eindeutig gegen die Möglichkeit, vom Sein des Menschen her die Normen zu begründen. Freilich ergibt sich nun die Frage, wie moralische Forderungen, wenn sie übernatürlich sind, an den Menschen »herankommen«.

Alle diese Fragen sind von Kant her durch die strikte Zweiteilung zu beantworten. *Der Mensch ist Bürger zweier Welten.* Als empirische Wesen gehören wir der Sinneswelt an, als intelligible Wesen der Vernunftwelt. Kant erklärt in der »Grundlegung zur Metaphysik der Sitten«: »Um deswillen muß ein vernünftiges Wesen sich selbst *als Intelligenz* (also nicht von Seiten seiner unteren Kräfte) nicht als zur Sinnen-, sondern als zur Verstandeswelt gehörig ansehen; mithin hat es zwei Standpunkte, daraus es sich selbst betrachten und Gesetze des Gebrauchs seiner Kräfte, folglich aller seiner Handlungen erkennen kann: *einmal*, sofern es zur Sinnenwelt gehört, unter Naturgesetzen (Heteronomie), *zweitens* als zur intelligiblen Welt gehörig, unter Gesetzen, die, von der Natur unabhängig, nicht empirisch, sondern bloß in der Vernunft begründet sind«.[7]

Es gibt eine *Selbstverpflichtung* der autonomen Vernunftträger, Kant bezieht sich auf eine ideale praktische Vernunftgemeinschaft. Seine Beispiele zeigen, wie reibungslos eine solche Vernunftgemeinschaft funktioniert, weil in ihr eben nur Vernunft und nicht Selbstliebe regiert.

Diese Vernunftgemeinschaft besteht realiter nicht. Sie darf aber nicht als eine bloße Konstruktion verstanden werden, der keine Geltung zukäme. Kant befindet sich in der Bestimmung des mundus intelligibilis in einer mißlichen Lage. Nietzsche hat dies klar erkannt, wenn er Kant in die Destruktionsgeschichte der Metaphysik einordnet: Kant kann nicht mehr glaubend oder spekulierend die metaphysische Welt als die wahre Welt über unsere Welt als deren Abbild setzen und nun feststellen, daß sie von dieser geschieden und doch in ihr wirksam ist. Die wahre Welt ist unbekannt: Ding an sich. Wenn man zu ihr kommt, dann nur durch den moralischen Glauben. Die Vorrede zur zweiten Auflage der »Kritik der reinen Vernunft« zeigt das deutlich auf. Kant erklärt, daß die praktische Erkenntnis Data vermittle, »nachdem der spekulativen Vernunft alles Fortkommen in diesem Felde des Übersinnlichen abgesprochen worden, zu versuchen ... jenen transzendenten Vernunftbegriff des Unbedingten zu bestimmen, und auf solche Weise, dem Wunsche der Metaphysik gemäß, über die Grenze aller möglichen Erfahrung hinaus mit unserem, aber nur in praktischer Absicht möglichen Erkenntnisse a priori zu gelangen«.[8]

Wenn man diesen Ansatz recht verstehen will, muß man sich noch einmal klarmachen, daß es für Kant schwierig ist, die moralische Forderung für Menschen, die auch in der Sinnenwelt leben, als verbindlich nachzuweisen. Es geht hier wohlgemerkt nicht um den Gegensatz der theoretischen Sicht der Unfreiheit zur praktischen Sicht der Freiheit, sondern um die Ansprechbarkeit des Menschen als eines *zweideutigen Wesens*, das, auch wenn es Vernunftträger ist, eben als empirisches Wesen seinen Trieben freien Lauf lassen möchte. Von der praktischen Erfahrung, die den Menschen unter dem Aspekt der moralischen Forderung beurteilt, muß man ausgehen, wenn man beide Welten vermitteln will.

Hier ist zunächst zu beachten, daß Kant den Menschen, wie er sich in der Faktizität darstellt, außerordentlich *negativ* beurteilt. Kant geht soweit zu sagen, daß die Ichhaftigkeit mit der Egoität zusammenhängt. Kant hat dies am Anfang seiner »Anthropologie« herausgestellt. Der §1, überschrieben »Vom Bewußtsein seiner selbst«, beginnt mit folgender Feststellung: »Daß der Mensch in seiner Vorstellung das Ich haben kann, erhebt ihn unendlich über alle andere auf Erden lebende Wesen. Dadurch ist er eine *Person* ...« Als Person hat der Mensch Rang und Würde und unterscheidet sich von denTieren. Der §2, überschrieben »Vom Egoism«, beginnt folgendermaßen: »Von dem Tage an, da der Mensch anfängt, durch Ich zu sprechen, bringt er sein geliebtes Selbst, wo er nur darf, zum Vorschein und der Egoism schreitet unaufhaltsam fort; wenn nicht offenbar (denn da widersteht ihm der Egoism anderer), doch verdeckt, um mit scheinbarer Selbstverleugnung und vorgeblicher Bescheidenheit sich desto sicherer im Urteil anderer einen vorzüglichen Wert zu geben«.[9]

Kant spricht vom *radikal Bösen*. Dieses liegt nicht in den Trieben, sondern darin, daß der Mensch die Ordnung in sich selbst umkehrt: er stellt die Triebfeder der Selbstliebe über das moralische Gesetz und macht sie zu dessen Bedingung. Allein diese Perversion meiner selbst ergibt die »Verkehrtheit des Herzens«, das heißt das Böse, das sich dann gegen andere auswirkt.

Diese Tatsache ist höchst beachtlich. Der Mensch ist und bleibt moralisch gesehen ein durchaus unzuverlässiges Wesen. Deswegen muß ihm die Forderung zur Moralität als hartes Soll auferlegt werden. Dies geschieht im Gedanken der *Pflicht* als einer durch die Achtung vor dem Gesetz nahegelegten Selbstverpflichtung. Es ist bekannt, daß Kant den Pflichtgedanken radikalisierend in Gegensatz zur Neigung stellt. Das geschieht aber nicht, weil Neigungen als solche verwerflich sind, es gibt durchaus gute Neigungen. Aber Neigungen sind unzuverlässig und als solche nicht sittlich. Eine Maxime hat erst dann sittlichen Gehalt, wenn sie nicht aus Neigung, sondern aus Pflicht geschieht. Pflicht wird definiert als *»Notwendigkeit einer Handlung aus Achtung fürs Gesetz«*,[10] wobei das Gesetz bloß für sich Gegenstand der Achtung und hiermit ein Gebot ist. Achtung ist, so stellt Kant den Sachverhalt sehr instruktiv zusammenfassend heraus, ein selbstgewirktes Gefühl. »Was ich unmittelbar als Gesetz für mich erkenne, erkenne ich mit Achtung, welche bloß das Bewußtsein der *Unterordnung* meines Willens unter einem Gesetz ohne Vermittlung anderer Einflüsse auf meinen Sinn bedeutet«.[11] Kant erläutert diese Dialektik: als Gesetz sind wir der moralischen Forderung unterworfen, »ohne die Selbstliebe zu befragen; als uns von uns selbst auferlegt, ist es doch eine Folge unseres Willens und hat in der ersten Rücksicht Analogie mit Furcht, in der zweiten mit Neigung«.[12] Kant nimmt hier also mit der Erwähnung von Furcht und Neigung auf unsere empirische Natur Bezug, aber er redet nur von Analogie: die Anthropologie ist nicht Grundlage, sondern wird nur zur Deutung des paradoxen Sachverhaltes herangezogen. Kant zeigt also sehr deutlich auf, wie moralische Forderungen dem Menschen zugänglich werden. Man gibt sie sich selbst auf, aber das bedeutet nicht, daß man sie eo ipso befolgt. Der Gedanke der Pflicht trägt gerade diesem Sachverhalt Rechnung. Er geht ja davon aus, daß auf die Natur des Menschen als solche kein Verlaß ist: Der Mensch muß sich gegen seine Neigung zwingen.

Daß Kant an der Negativität der Menschennatur festhält, ist aber nicht nur eine auf Beobachtung bezogene und von ihr gestützte Ansicht. Kant denkt hier nur seinen Ansatz von der strengen Unterscheidung zweier Welten zu Ende. Der mundus intelligibilis wirkt nicht mehr, wie in der platonischen und der christlichen Metaphysik, von sich aus in unsere Welt hinein. Ob die moralische Ordnung in der empirischen Welt verwirklicht werden kann, erscheint *fraglich*. Kant erklärt in seinen *geschichtsphilosophischen Arbeiten* zwar, daß gerade durch den Zwiespalt, der zwischen den Menschen besteht, sich die kulturellen Kräfte entfalten könnten. Die Vorsehung hat den Menschen aus dem Naturzusammenhang herausgenommen und auf sich selbst gestellt, damit er sich selbst kultiviere. Kant hat aber diese geschichtsphilosophischen Spekulationen nicht als verbindliche Wahrheit ausgegeben. Wir können das geschichtliche Geschehen nicht durchschauen; die Vernunft ist, so sagt Kant, nicht erleuchtet genug, die Reihe der vorherbestimmenden Ursachen zu übersehen. So bleibt die Konzeption des Fortschritts eine bloße Idee. Das heißt, sie soll unser Tun leiten, sie ist regulativ.

Die Unterscheidung von *konstitutiv* und *regulativ* ist von großer Wichtigkeit. Um sie zu verstehen, ist es geboten, von der Realität unserer Welt auszugehen im Blick auf deren mögliche Verbesserung. Besonders geeignet ist dabei die Dimension des *Politischen,* denn sie zeigt einerseits das reale Leben in seiner öffentlichen allgemeinen Grundstruktur und verlockt oder besser: fordert andererseits dazu auf, Verbesserungsvorschläge zu ersinnen.

Kant hat die französische Revolution begrüßt. Schon als Aufklärer mußte ihm der Gedanke der Geistesfreiheit bedeutsam sein. Kant hat die Idee der Gleichheit der Menschen deklariert und von ihr her die republikanische Verfassung als notwendige Grundlage der Innenpolitik herausgestellt. Sie ist die einzige Verfassung, »welche aus der Idee des ursprünglichen Vertrags hervorgeht, auf der alle rechtliche Gesetzgebung eines Volks gegründet sein muß«.[13] Kant macht aber auch seinem Grundsatz der strikten Allgemeinheit gemäß sich Gedanken in bezug zum Völkerrecht und Weltbürgerrecht.

Hier stößt er auf die Tatsache, wie wenig Politik und Moral zusammengehen. In der Politik bleibt grundsätzlich unsicher, was geschehen wird und was die Folgen eines bestimmten Tuns sein werden. In der Moral dagegen ist dies ganz anders: »Was man aber zu tun habe, um im Gleise der Pflicht (nach Regeln der Weisheit) zu bleiben, dazu und hiemit zum Endzweck leuchtet sie uns überall hell genug vor«.[14] Kant vermittelt nun aber. Er erklärt: »Das moralisch Böse hat die von seiner Natur unabtrennliche Eigenschaft, daß es in seinen Absichten (vornehmlich im Verhältnis gegen andere Gleichgesinnte) sich selbst zuwider und zerstörend ist und so dem (moralischen) Prinzip des Guten, wenngleich durch langsame Fortschritte, Platz macht«.[15] Dazu muß man beitragen durch den Gedanken des Rechts und der Föderation.

Recht ist von Sittlichkeit strikt zu unterscheiden. Aber der Gedanke des Rechts ist ein Vernunftgedanke und eine gewisse Folgerung aus dem kategorischen Prinzip für das öffentliche Leben. Kant hat in der »Metaphysik der Sitten« ausführlich die *Grundsätze des Rechts* von allgemeinen Prinzipien her erörtert. Kant erklärt: »Eine jede Handlung ist recht, die oder nach deren Maxime die Freiheit der Willkür eines jeden mit jedermanns Freiheit nach einem allgemeinen Gesetze zusammenbestehen kann«.[10] Das Zusammenbestehen muß vom Grundsatz des Rechtes her nicht darauf geprüft werden, aus welcher Gesinnung es kommt. Legalität des Rechts und Moralität der Sittlichkeit sind zu unterscheiden. »Man nennt die bloße Übereinstimmung oder Nichtübereinstimmung einer Handlung mit dem Gesetze, ohne Rücksicht auf die Triebfeder derselben, die *Legalität* (Gesetzmäßigkeit); diejenige aber, in welcher die Idee der Pflicht aus dem Gesetze zugleich die Triebfeder der Handlung ist, die *Moralität* (Sittlichkeit) derselben«.[17]

Das friedliche Zusammenleben soll schließlich auch in der *Staats- und Völkergemeinschaft* erwirkt werden. Der zweite Definitivartikel zum ewigen Frieden sagt dies aus: »Das Völkerrecht soll auf einen Föderalism freier Staaten gegründet sein«.[18] Kant ist sich im klaren, daß solche positiven Zustände nicht ohne weiteres zu erreichen sind. Er setzt, darin ganz Aufklärer, auf die öffentliche Meinung. Hier spielen die Philosophen eine gewisse Rolle: *»Die Maximen der Philosophen über die Bedingungen der Möglichkeit des öffentlichen Friedens sollen von den zum Kriege gerüsteten Staaten zu Rate gezogen werden«.*[19] Kant erklärt ausdrücklich in Abhebung von Plato, daß die Philosophen nicht Könige werden sollten, es sei jedoch gut, wenn die Könige die Philosophen nicht schwinden oder verstummen, sondern öffentlich reden ließen, damit das freie Urteil der Vernunft sich durchsetze.

Überdenkt man diese Ausführungen, so fällt ein Zweifaches auf, einmal: im Gegensatz zu den meisten Staatskonstruktionen der Neuzeit geht Kant realistisch vom Gedanken des status quo aus. Seine Verbesserung wird zwar indirekt am Gedanken der Moral gemessen, aber es werden *Unterschiede zwischen Moral und Politik* gesetzt und festgehalten. Der Staat wird nicht der Moralität, sondern der Legalität des Rechts unterstellt.

Das Vorgehen ist vom Gedanken der Ethik, das heißt der scharfen Scheidung zweier Welten her, doppeldeutig. Einerseits sucht Kant die Trennung zu erhalten. Die Politik ist nicht moralisch zu betreiben. Andererseits soll doch mit Hilfe der gütigen Natur und der Vernunft die Bosheit eingeschränkt werden und eine Vernunftgemeinschaft vermittelt werden, der Erfolg aber ist und bleibt ungewiß.

Diese Gedanken weisen in zwei Richtungen. Einmal erscheint der *Rückzug auf die Gesinnung* wesentlich. Kant gilt ja als einer der radikalsten Vertreter der Gesinnungsethik. Nur für die Reinheit der Gesinnung ist man verantwortlich, nicht für den Erfolg des Tuns.

Im gewissen Gegensatz zu diesem Rückzug auf die Gesinnung steht nun aber die kantische *Postulatenlehre*. Kant postuliert *Gott, Freiheit* und *Unsterblichkeit*. Postulate sind, so erklärt Kant, theoretische, aber nicht beweisbare Sätze; es ist von der Vernunft her geboten, einen solchen Satz anzuerkennen, »sofern er einen a priori unbedingt geltendem *praktischen* Gesetz unzertrennlich anhängt«.[20] Um diese drei Bestimmungen: Gott, Freiheit, Unsterblichkeit als notwendig anzusehen, geht Kant von der Idee des *höchsten Gutes* aus. Hier zeigt sich ein gewisser Gegenzug zur reinen Gesinnungsmoral und eine gewisse Anlehnung an die Tradition, insofern Kant auf eine teleologische Weltordnung abhebt, die eben von der Vernunft her zu fordern ist. Die Diskrepanz, daß es hier dem, der moralisch gut handelt, unter Umständen schlechter geht als dem amoralisch Handelnden, ist sinnwidrig. Es gehört zur menschlichen Natur, auf Glückseligkeit hin zu streben. Glück und Tugend dürfen keine Gegensätze sein. Sie machen zusammen das höchste Gut aus. Tugend ist die Bedingung, aber Glück muß in Proportion zur Sittlichkeit dazukommen.

Wenn dies Zusammenbestehen hier nicht gegeben ist, so muß eine bessere Welt gefordert werden, in der dies statthat. Ihr Garant ist *Gott*, man muß daher das Dasein Gottes postulieren als eines Grundes aller Verbindlichkeit. Für das einzelne Subjekt aber muß als Einstieg in diese höhere Welt die *Unsterblichkeit* gefordert werden. Kant betont immer wieder, daß die Postulate vom Grundsatz der Moral ausgehen, der selbst kein Postulat, sondern ein Gesetz ist. Sie sind nicht theoretische Dogmen, sondern *Voraussetzungen in praktischer Rücksicht*.

Es ist offensichtlich und nicht zu bestreiten, daß Kant hier die traditionelle Etablierung der moralischen Welt *umkehrt*. In der Tadition ist die metaphysische Welt die höchste Seinsstufe, sie ist dem Rang und der Macht nach die eigentlich wirkliche Welt. Weil sie dies ist, hat man zu ihr aufzusteigen, und dieser Aufstieg ist die Quelle und die höchste Möglichkeit der Moral, die sich hier in der Schau des Ewigen erfüllt und über die bürgerlichen Tugenden hinausgeht. Für Kant ist die Moral das Erste und nur von ihr her und nur um ihretwillen ist die höhere Welt zu *postulieren*.

Bedenkt man diese Argumentation, so sieht man ein Mehrfaches. Einmal: diese Begründung der Metaphysik ist eindeutig ein Endstadium. Theoretisch nicht zugänglich muß die metaphysische Welt *geglaubt* werden. Aber dieser Glaube ist keine feste Zuversicht im religiösen Sinn, er beruht allein auf einer Position, die die Negativität und

Sinnlosigkeit der Welt nicht als letztes Wort wahrhaben will. Die praktische Philosophie kommt ohne den Gedanken des Endzweckes nicht aus. Sie hat eine eigene Wahrheit, die der theoretischen nicht widerspricht, sie nicht aufhebt und auch von ihr nicht aufgehoben werden kann. Das besagt aber – und dies ist das Zweite, das es hier zu beachten gilt –: Welterkenntnis und praktische Philosophie (einschließlich der Annahmen, die zu ihrer Stützung dienen und die sie ihrerseits abstützt) gehen auseinander.

Wenn Moral als praktische Erkenntnis von der theoretischen Erkenntnis abgetrennt wird, so hat dies bedeutsame Folgen. Um diese Folgen noch einmal darzulegen: die moralische Welt ist von der Welt der Erscheinung nicht nur unterschieden, sondern es gibt zwischen beiden keinen Zusammenhang. Das bedeutet nun, überdenkt man die in diesem Ansatz beschlossenen Konsequenzen: ich kann zwischen zwei diametralen Standpunkten hin- und herwechseln, nämlich der Behauptung: *als moralisches Wesen bin ich ganz und gar frei, absolut und eindeutig verantwortlich*, und der Behauptung: *als zugehörig zur Erscheinungswelt bin ich ganz und gar unfrei und daher nicht verantwortlich.* Im praktischen Beispiel: stehe ich als Jurist oder als psychiatrischer Beobachter einem Fall gegenüber, der abnorme oder pathologische Züge zeigt, so kann ich entweder erklären: der Mensch ist als vernünftiges Wesen frei und daher verantwortlich für sich selbst, oder ich kann deklarieren: der Mensch ist als empirisches Wesen nicht verantwortlich. Man braucht, wenn man diese Behauptung aufstellt, ja nur den kantischen allgemeinen Begriff der kausalen Bedingtheit mit modernen Bestimmungen zu füllen, indem man etwa auf Erbanlagen, Einfluß des Elternhauses, Milieu und Erziehung verweist. Man sieht sofort: die eigentümliche *Zwischendimension*, in der sich der Psychologe und der Jurist in solchen Fällen ja eigentlich bewegen müssen – das heißt die konkrete Frage: *wieweit* ist dieser Täter verantwortlich im äußeren und im inneren Sinne und wieweit ist er es nicht –, diese Zwischendimension wird durch die kantische Abscheidung der moralischen von der Erscheinungswelt übersprungen.

Es wäre natürlich unsinnig, Kant deswegen tadeln zu wollen. Kant bringt ja nur als erster eine Situation in den Blick, die sich immer mehr radikalisiert und schließlich dazu führt, die ethische Fragestellung als solche von der Wissenschaft her aufzulösen.

Das Problem des Verhältnisses von wissenschaftlicher und moralischer Deutung des Verhaltens bleibt bis zur Gegenwart in seiner Zweideutigkeit bestehen. Aber gerade in dieser Situation ist der kantische Ansatz, Ethik auf Vernunft zu begründen, von hoher Bedeutung: wenn weder die Lebensweltethik auf Grund intakter Institutionen noch die Metaphysik auf Grund übersinnlicher Ordnungen die Ethik abstützen, dann bleibt doch nur der *Rückgriff auf die Vernunft*. Freilich: diese Vernunft ist kein fester Inbegriff eindeutiger Wahrheiten. Sie ist ein offenes Vermögen und muß als die Möglichkeit betrachtet werden, Ordnungen zu konstituieren, die nie endgültig sind. Kants Schrift *»Zum ewigen Frieden«* ist ein immer noch aktuelles Beispiel für ein Denken aus der Vernunft, das die reale Lage nicht vergißt.

In der Vernunft liegt, auch wenn man sie nicht als ein übersinnliches Vermögen metaphysisch ausdeutet, doch der Anspruch, daß der Einzelne im Blick auf andere und mit anderen zusammen das »möglichst Vernünftige« erwägt.

Und schließlich: wenn eine vernünftige Welt nicht mehr metaphysisch abzusichern ist, auch nicht in der Form einer Postulatenlehre, dann wirkt sich der Gedanke, daß die Welt im argen liegt, in seiner ganzen Schwere belastend aus. Es ist aus moralischen Gründen erfordert, einen Verzicht auf Erfolg zu leisten. Das bedeutet einen gewissen Rückgriff auf die Gesinnungsethik Kants. Freilich zeigt sich auch hier ein gewichtiger

Unterschied: *Gesinnung kann nicht von Verantwortung abgetrennt werden.* Beide gehen, wenn man im Äußeren wirken will, ineinander über. Verantwortung ist nicht ohne eine hinter ihr stehende Grundeinstellung möglich und umgekehrt: eine Gesinnung, die nicht wirken wollte, und das heißt eben auch, die nicht auf erfolgreiches Tun aus wäre, ist lebensfremd. Und schließlich: wenn der metaphysische Rückhalt wegfällt, ist auch die reine Gesinnung kein metaphysisch abgesicherter Faktor mehr. Die Illusion, man könne sich in sich selbst rein von allem Übel bewahren und dies durchhalten, kann nur der aufrecht erhalten, der sich nicht kennt, und der der Meinung ist, daß er im Gegensatz zu den anderen kein bösartiges Wesen sei.

Wir werden auf die hier angedeuteten Probleme zurückkommen. Sie machen deutlich, daß trotz aller geschichtlichen Veränderung doch immer wieder Grundfragen der Ethik aufbrechen, insbesondere die Frage, wie die Welt verbessert werden kann, wenn, wie Kant mit Recht darlegt, das Trachten des Menschen von Jugend an böse sei und nicht zu erwarten sei, daß aus so krummem Holze etwas völlig Gerades gezimmert werde.

Fünftes Kapitel
Die Fundierung der Welt durch die absolute Subjektivität. Der Deutsche Idealismus

Vorbemerkung

Die kantische Philosophie ist von der Entwicklung der Ethik her gesehen eine Philosophie des *Übergangs*. Systematisch betrachtet ergeben sich zwei Möglichkeiten, entweder den Weg der Wissenschaft als einzig möglichen sicheren Weg zu gehen, wobei die Philosophie nur nachträgliche Begründung geben kann, oder die Philosophie wieder zum geschlossenen System im Sinne einer alles umgreifenden Metaphysik zu erheben. Das *nachidealistische Denken* wählt den ersten Weg, die Ethik wird sich selbst überlassen und zur Privatangelegenheit. Die zweite Möglichkeit hat der *Deutsche Idealismus* verwirklicht, hier wird noch einmal das Ganze der Welt in den Griff gebracht. Aber diese Philosophie stellt eine kurze Periode dar. Gleichwohl ist sie für die Entwicklung der Ethik besonders lehrreich. *Fichte* zeigt neue Möglichkeiten auf, er stellt den Gedanken der Kommunikation in der Ethik ins Zentrum und entwickelt schließlich eine metaphysische Lebensphilosophie. *Hegels* System bildet den Abschluß der traditionellen Metaphysik und kann als deren Vollendung angesehen werden. Hegel will die ganze Welt als vernünftigen Ordnungszusammenhang ausdeuten. Er sucht die Vorstellung, daß die metaphysische Philosophie nur mit zeitlosen Wahrheiten zu tun hätte, aufzuheben, indem er die geschichtlichen Wandlungen als Wandlungen des Geistes bedenkt. Er berücksichtigt sodann die Verschiedenheit der Gebiete, die er jedoch zu vermitteln sucht. Recht und Politik, Moralität und Sittlichkeit werden gegeneinander abgegrenzt, sie stellen aber von der Vernunft her gesehen einen Ordnungszusammenhang dar.

Entscheidend für die Philosophie Fichtes und Hegels – dies zeigt ihre Zugehörigkeit zu der Epoche, die von der Orientierung an der Subjektivität bestimmt ist – ist die Abwendung von dem Gedanken einer vorgegebenen Ordnung, in die man einfach eingefügt sei. Es gibt eine durchgreifende Ordnung, aber diese ist von der absoluten Subjektivität gesetzt. Die *absolute Subjektivität* ist kein Gott, der über der Welt steht und dessen Tun dem Menschen nicht zugänglich ist; die absolute Subjektivität wird in der Philosophie des absoluten Geistes auf ihren Begriff gebracht. Durch seine umfassende Dialektik gelingt es dem Deutschen Idealismus, die Struktur des gebrochenen Weltbezuges zu durchleuchten: hier werden sowohl die Ansätze, die die Differenz zwischen Ich und Welt aufrechterhalten, wie die gegensätzlichen Versuche, diese Differenz auszuschalten, bis in ihre Extreme hin durchdacht und zu vermitteln gesucht.

I. Das Ich als Tathandlung und seine Begrenzung durch die Anderen. Fichte

Ich bin nach Kant mir meines *Ichs* als einer Grundbedingung alles Denkens bewußt. Kant betont immer wieder: das Ich denke ist der »alleinige Text«. Er setzt als oberstes

Vermögen die transzendentale Apperzeption an. An das Ich denke werden die Kategorien als einheitsstiftende Begriffe angefügt. Die Kategorien sind aus dem Verstand als absoluter Einheit entsprungen.

Kants Ansatz ist bei Lichte besehen ein Vorgriff auf die künftige Entwicklung. Das Zusammenwirken der transzendentalen Apperzeption und der Kategorien als Formkräfte ist, auch wenn der Inhalt nach Kant geliefert werden muß, doch ein deutlicher Hinweis auf die produktive Möglichkeit der Subjektivität. Man kann und muß in der von Kant gewiesenen Richtung weitergehen, und dem Ich nicht nur die Form, sondern auch den Inhalt zusprechen. Nur wenn auch der Inhalt von der Subjektivität gesetzt wird, fällt das leidige Problem dahin, das »Passen« von Form und Inhalt beweisen zu müssen. Fichte beseitigt dies Problem, indem er über das eingeschränkte Subjekt und das eingeschränkte Objekt *das absolute Ich* setzt, das beide umgreift.

Das Ich ist, so legt Fichte dar, nichts Gegebenes. Das Ich muß sich durch Freiheit setzen. Es ist *reine Tathandlung*. Diese Tathandlung ist nicht theoretisch demonstrierbar. Das Ich wird zugänglich nicht durch erkenntniskritische Überlegungen, sondern durch das moralische Handlungsbewußtsein. Die ethische Erhebung eröffnet den Eingang in die transzendentale Philosophie. Ich werde aufgefordert, mich als Identität – in der Identität besteht ja das Wesen des Ich – mit mir zusammenzuschließen. *»Sei ein Ich«*, dies ist der eigentliche Sinn des kategorischen Imperativs.

Wenn man die Wendung Fichtes über Kant hinaus verstehen will, so muß man sich den existentiellen Zusammenhang von Ichbezug und Selbstbewußtsein klarmachen. Fichte hat ihn in voller Radikalität herausgestellt. Selbstbewußtsein heißt nicht nur: das Ich weiß um sich selbst, es ist Zweiheit und Einheit zugleich; Selbstbewußtsein heißt auch: sich vom Gegebenen losreißen und *sich auf sich selbst stellen*. Dies tut der Idealist im Gegensatz zum Dogmatiker. Fichte erläutert das Wesen der dogmatischen und der idealistischen Einstellung ausführlich. Der *Dogmatiker* ist unfrei, er hat sich noch nicht zum vollen Gefühl seiner Freiheit und absoluten Selbständigkeit erhoben. Die Dogmatiker »finden sich selbst nur im Vorstellen der Dinge; sie haben nur jenes zerstreute, auf den Objekten haftende, und aus ihrer Mannigfaltigkeit zusammenzulesende Selbstbewußtsein. Ihr Bild wird ihnen nur durch die Dinge wie durch einen Spiegel zugeworfen; werden ihnen diese entrissen, so geht ihr Selbst zugleich mit verloren; sie können um ihrer selbst willen den Glauben an die Selbständigkeit derselben nicht aufgeben; denn sie selbst bestehen nur mit jenen«.[1] Der *Idealist* dagegen geht vom Selbstbewußtsein aus, und das heißt von der Freiheit. Fichte erklärt: »Jenes Selbstbewußtsein dringt sich nicht auf und kommt nicht von selbst; man muß wirklich frei handeln, und dann vom Objekte abstrahieren, und lediglich auf sich selbst merken. Niemand kann genötigt werden, dieses zu tun, und wenn er es auch vorgibt, kann man immer nicht wissen, ob er richtig und, wie gefordert werde, dabei verfahre. Mit einem Worte, dieses Bewußtsein kann keinem nachgewiesen werden; jeder muß es durch Freiheit in sich selbst hervorbringen«.[2]

Von diesem Ansatz her fundiert Fichte die *Ethik*. Die Inaktivität und Handlungsferne der Ethik ist aufzugeben. Die Ethik darf das Gegebene eben auf keinen Fall als solches anerkennen. Das heißt aber nicht, daß das moralische Prinzip weniger real als die äußere Wirklichkeit wäre. Die statische Vergleichung zweier Seinsbereiche, eines äußeren und eines inneren, muß grundsätzlich aufgehoben werden durch ein *dynamisches Aktionsdenken*. Dies Aktionsdenken fordert in praktischer Hinsicht zur bedingungslosen Umgestaltung des Seienden durch die Ichtätigkeit auf. Zugleich soll aber, so deklariert

Fichte, in theoretischer Hinsicht die Möglichkeit dieser Umgestaltung erwiesen werden.

An sich ist eine solche *theoretische Grundlegung der Praxis* nicht erfordert, denn an sich könnte die Umgestaltung des Seienden durch das Ich im Pathos der Ungewißheit und des Wagnisses, wenn wir moderne Formulierungen einsetzen, geschehen. Es gibt bei Fichte Gedankengänge, die ein theoretisch unfundiertes und in diesem Sinn rücksichtsloses Handeln um des Handelns willen propagieren. Die Welt fordert – wiederum modern formuliert – nicht zur Erkenntnis, sondern zur Umgestaltung auf. Aber Fichte begnügt sich nicht mit dem Entwurf einer rein praktischen Philosophie. Er sucht das Handeln in seiner Möglichkeit ein für allemal theoretisch abzusichern. Das bedeutet: Fichte intendiert eine *deduktive Auslegung des Seienden im Ganzen von der absoluten Subjektivität her*, weil es sein Anliegen ist, eine Welt zu denken, in der Handlungen *möglich* sind. Die Welt darf nicht im dogmatischen Sinn als ein Zusammenhang von an sich seienden Dingen verstanden werden – dann wäre ein Handeln auf die Welt hin unmöglich –, sie muß als Produkt eines absoluten Ich begriffen werden, denn – das ist der leitende Grundgedanke – wenn das Ich die Welt setzt, dann kann es die Welt auch gemäß der ihr vom Ich a priori in einer vorbewußten Setzung auferlegten Gesetze gestalten. Es gilt also, das Ich zum absoluten Ich zu erheben, denn nur durch diese Konstitution des absoluten Ich wird es möglich, die Welt als eine Setzung des Ich begreiflich zu machen. Fichte inauguriert damit die Metaphysik des spekulativen Idealismus, derzufolge der Welt keine Eigenständigkeit zukommt.

Fichte hat nun aber im Verlauf seines Philosophierens, das er immer wieder zu verbessern suchte, durchaus unterschiedliche Ausführungen seiner Ichphilosophie vorgelegt. Das Grundproblem ist die Selbsterfahrung des Ich. Das absolute Ich soll reine Tathandlung sein. Diese Tathandlung ist keine Tatsache des Bewußtseins. Fichte erklärt ausdrücklich, daß auch durch eine reflektierende Überlegung die Tathandlung nicht Tatsache des Bewußtseins werden könne. Gleichwohl sucht der frühe Fichte Selbstbewußtsein und absolutes Ich miteinander zu gleichen und als das absolute Prinzip einer Deduktion das absolute Ich anzusetzen, von dem das Bewußtsein abgeleitet wird. Der späte Fichte dagegen trennt das Wissen und das Absolute voneinander ab. Fichte nennt das Absolute nun Gott, reines Sein oder einfach das Leben. Das Leben erscheint im Wissen als seinem Bild. Es wird dem Sein, so sagt Fichte, durch das Wissen »ein Auge eingesetzt«.

Fichtes *Spätphilosophie* ist, auf ihren geschichtlichen Ort hin betrachtet, zweideutig. Begreift man sie von der Tradition her, das heißt im Zusammenhang mit der Metaphysik, dann ist das Problem des Absoluten als zentral anzusetzen: es geht um die Konstitution des unbedingten, durch kein einschränkendes Denken gebundenen Anfangs. Versteht man Fichtes Ansatz im Blick auf die nachfolgende Philosophie, so ist zu sagen: hier wird die Lebensphilosophie des späteren 19. Jahrhunderts vorbereitet. *Das Leben, in sich selbst betrachtet, ist das Erste.*

Wir lassen die grundsätzlichen Erwägungen zu Fichtes Philosophie aber jetzt auf sich beruhen und suchen die für die *konkrete Ethik* wesentlichen Phänomene darzulegen, die sich von Fichtes Grundansatz her ergeben. Da ist zunächst, wie schon angedeutet, herauszustellen: das Ich ist bestimmt, handelnd die Welt zu gestalten. Das Ich ist eine ursprünglich nach außen drängende Triebkraft. Fichte deutet von dieser Konzeption her das Phänomen des Triebes in einer neuen die Tradition aufhebenden Form. Dies sei kurz dargelegt, weil dieser Sachverhalt für die Entwicklung der Ethik außerordentlich wesentlich ist.

Fichte subjektiviert den Trieb. Das Ich ist an sich ungebrochenes Vorwärtsgehen. Es ist klar: insofern die reine Tathandlung vor dem Begriff steht, kann sie nicht mit Ausdrücken, die dem Denkbereich zukommen, bestimmt werden. Man muß vielmehr Bestimmungen aufnehmen, durch die die nichtrationale Sphäre ausgelegt wird. Solche Bestimmungen sind vor allem Trieb, Streben und Sehnen. Diese Begriffe meinen ein Geschehen, das vor jeder Konstruktion liegt, das überhaupt vorbewußt ist – Bewußtsein haben heißt ja, im Gegensatz von Subjektivem und Objektivem stehen. Hier zeigt sich also das Ursprüngliche. Daher sind diese Bestimmungen zur Auslegung der Selbstermöglichung der Subjektivität hilfreich, denn die Subjektivität ist ja nichts anderes als der aus sich hervorgehende Ursprung.

Wenn nun aber die erwähnten Bestimmungen zur Kennzeichnung der Selbstermöglichung der Subjektivität herangezogen werden, so hat dies bedeutsame Folgen, Folgen, die für die Entwicklung der Anthropologie von sehr wesentlicher Bedeutung sind. Diese Folgen sind zweifach. Einmal: diese Bestimmungen verlieren die Bedeutung, die sie in der Tradition hatten, nämlich den Menschen an das Außen zu binden. Und damit – das ist das Zweite – wird der *Richtungssinn* verändert. Die Bewegung von außen auf mich zu entfällt. Das Innere als rein aus sich sich bestimmende Tätigkeit, das heißt als Bewegung *von mir aus,* steht im Zentrum.

Wir verdeutlichen diese Umwandlung genauer. Der Tradition nach bedeutet »Triebehaben«, daß man *von außen affiziert* werden kann. Triebe überkommen »von der Welt her«, indem ein welthaft Seiendes stimuliert. Diese Stimulation ist als solche nicht negativ zu bewerten, sie ist ihrem ursprünglichen Wesen nach kein künstliches Aufreizen, das inszeniert wird, um die abgesättigten und überforderten Nerven in Bewegung zu bringen. Die Stimulation wird zwar in der Tradition – man denke an *Augustins* Verdammung der Schaulust – von der Verinnerlichung her abgewertet, aber eigentlich handelt es sich nur um eine Abwertung der *sinnlichen* Verlockungen, insbesondere wenn sie sich im Übermaß aufdrängen. Im *Geistigen* ist das Angezogenwerden vom Wahren und Guten gerade das Ideale, man denke wiederum an Augustin, der die Strahlkraft der überirdischen Ideen, durch die der Mensch außer sich gerät, preist. Aufs Ganze gesehen: daß der Mensch als sinnliches und geistiges Wesen von außen affiziert wird, ist nicht nur offensichtlich, es ist auch natürlich, denn diese Affektion gehört zu der Welthaftigkeit, die dem Menschen zukommt. Der Trieb wird aber nach der traditionellen Vorstellung nicht nur vom Äußeren *angereizt,* er kann – das ist ebenso bedeutsam – auch nur vom Äußeren *erfüllt* werden. So gibt es, um nur ein Beispiel zu nennen, nach ursprünglichem traditionellem Verständnis eigentlich keinen Geschlechtstrieb im Sinne einer Potentialität, die sich in irgendeiner Weise auswirken will, sondern man wird – *Plato* legt es im »*Symposion*« ausführlich dar – vom Schönen angezogen und möchte mit ihm vereinigt sein, weil man weiß, daß nur diese Vereinigung Erfüllung bringen kann. Grundsätzlich gesagt: In dieser Angewiesenheit auf *äußere Erfüllung* zeigt sich die Endlichkeit des Menschen.

Ganz anders stellt sich die Triebsituation nach dem modernen, bei Fichte erstmalig ausdrücklich werdenden Denkansatz dar. Erfüllung liegt nun im *Auswirken* als solchem. Dieses bringt die erstrebte *Entlastung.* Wir werden später auf die konkreten Vollzugsformen solcher Triebbewegungen genauer eingehen müssen, jetzt seien nur einige Anmerkungen gegeben, um die Umwandlung als solche zu verdeutlichen. Es gibt, so lehrt die *moderne Anthropologie und Verhaltensforschung,* ein bestimmtes Quantum von Energie. Seine Auswirkung ist beim Tier relativ geregelt, sie ist institutionalisiert, zeremonialisiert und ritualisiert – man denke etwa an die festen Formen, in denen die Aggression beim Tier verläuft. Der weltoffene Mensch dagegen ist nicht vorgelenkt. Und hier lauert nun eine Gefahr: diese in einer bestimmten Menge vorhandene und notwendig zu verbrauchende Kraft kann sich unkontrolliert äußern und solchermaßen verhängnisvoll werden.

Sicher: die mechanisch-naturwissenschaftliche Vorstellung, daß die Energie ein bestimmtes Quantum sei, das nicht wirkungslos bleiben kann, ist Fichte noch fremd. Gleichwohl ist nicht zu bezweifeln, daß Fichtes Ansatz eine Zäsur bedeutet: Fichte vollzieht eine Umorientierung der wesentlichen menschlichen Verhaltensweisen, insofern er diese als Vollzüge der *wirkenwollenden* Subjektivität versteht, deren Wesensbestimmung das reine »Von-sich-aus« ist.

Das Zweite, mit dem Gesagten zusammenhängend: wenn das Ich »aktive Intention von mir« aus ist, dann ist das Ich »aggressiv«. Die Aggression ist der Ausgriff, das Tätigseinwollen und Durchsetzen. Aggressivität ist als menschlicher Trieb aber rückbezüglich, und das heißt *»egoistisch«*. Ich will etwas durch mich und für mich. In diesem ursprünglichen Wollen liegt aber auch die Möglichkeit der *Negation der Anderen* bis zu deren Vernichtung. Es ist eine der tiefsten Einsichten Fichtes, daß er erklärt, daß abstrakt-theoretisch gesehen der Andere von mir als einem selbstbewußten Ich ebenso negiert werden kann wie die Objektwelt, und daß allein der moralische Aspekt mich an dieser Vernichtung hindert, indem er mich auffordert, mich dem Anderen gegenüber einzugrenzen und ihn anzuerkennen.

Diesen Ansatz müssen wir nun genauer bedenken, denn er ist nicht nur für die Wendung zu Fichtes Spätphilosophie bedeutsam, sondern eröffnet, wie schon angedeutet, die *Kommunikationsphilosophie.* Fichte legt diese Konzeption in *»Die Bestimmung des Menschen«* dar. Er knüpft an den Unterschied von Dogmatismus und Idealismus an. Der Dogmatismus verleugnet die Freiheit, der Idealismus betont Selbstbewußtsein und Freiheit. Fichte legt dar, daß das Ich sich nicht vor der Welt zu fürchten habe, denn es sei ja un-bedingt. Er erklärt nun aber, daß dem unbedingten Ich die *Selbstauflösung* drohe.

Der Grundgedanke dieser bedeutsamen Argumentation ist der folgende: als das Unbedingte ist das Ich das *Unbestimmte,* das nur negativ Bestimmte, das Nicht-Ding, wie Fichte sagt. Wenn ich aber begreife, daß das absolute Ich unbestimmt ist, dann besagt dies, zu Ende gedacht, daß der Gedanke des absoluten Ich wesenhaft in der Gefahr steht, sich überhaupt *aufzulösen.* Das sucht Fichte in einer großartigen, aber nicht leicht zu verstehenden Reflexion darzulegen: gewußt wird immer nur das Bestimmte, das absolute Ich kann also nicht gewußt werden, denn es ist ja das Unbestimmte. Wenn wir nun wirklich einmal streng auf den Vorgang des Wissens, wie er sich im Bewußtsein darstellt, achten, dann zeigt sich auch tatsächlich, daß in ihm das absolute Ich gar nicht gewußt wird. Was im Bewußtsein erscheint, sind *Bilder,* oder genauer: ein Wechsel und eine Abfolge von Bildern von diesem und jenem Gegenstand. Das Bewußtsein ist gleichsam eine Bühne, auf der sich diese Bilderfolge abspielt. Und das heißt, man kann eigentlich nur sagen, wenn man diese Bilderfolge im Bewußtsein als Denken bezeichnet: es *wird* gedacht; man darf nicht sagen: *ich* denke. Fichte erklärt, nur das Erste: es wird gedacht, ist Faktum, während das Zweite: ich denke, »hinzuerdichtet« ist. Achte ich wirklich streng auf den faktischen Vollzug des Bewußtseins, dann zeigen sich eben nur *Gedanken.* Ich darf als nur sagen: es erscheint der und jener Gedanke. Vom Ich kann man allenfalls behaupten, daß es ein »Bild von Bildern« ist.

Grundsätzlich gesagt: was bleibt, ist gerade kein dauerhaftes, festes Sein, sondern nur der *Bewußtseinsstrom von Erlebnissen«*, die sich als Erlebnisse miteinander verketten und verbinden. Zu dieser Erkenntnis führt der Geist am Ende des zweiten Buches das Ich hin. Es gelingen hier Fichte Sätze von großer Eindringlichkeit, die zeigen, daß Fichte die *Problematik einer absoluten, das heißt vom Seienden abgelösten Ichheit,* weit tiefer durchschaut als die moderne Kritik an der Philosophie der Subjektivität. Fichte erkennt: das eigentliche Problem der Subjektivität liegt nicht darin, daß sie alles auf sich »zustellt«, sondern darin, daß das Ich *sich selbst* nicht festzustellen und festzuhalten vermag. Das Ich ruft, durch die Gedankenstrenge des Geistes gezwungen, aus: »Es gibt überall kein Dauerndes, weder außer mir noch in mir, sondern nur einen unaufhörlichen Wechsel. Ich weiß überall von keinem Sein, und auch nicht von meinem eigenen. Es ist kein Sein. – *Ich selbst* weiß überhaupt nicht, und bin nicht. *Bilder* sind: sie sind das Einzige, was da ist, und sie wissen von sich, nach Weise der Bilder: Bilder, die vorüberschweben, ohne daß etwas sei, dem sie vorüberschweben; die durch Bilder von den Bildern zusammenhängen, Bilder, ohne etwas in ihnen Abgebildetes, ohne Bedeutung und Zweck. Ich selbst bin eins dieser Bilder; ja, ich bin selbst dies nicht, sondern nur ein verworrenes Bild von den Bildern. – Alle Realität verwandelt sich in einen wunderbaren Traum, ohne ein Leben, von welchem geträumt wird, und ohne einen Geist, dem da träumt ...«.[3]

Das Wesentliche und Bleibende dieser Argumentation ist die Erkenntnis, daß das Ich, wenn es sich nur auf sich selbst stellt und sich nur auf sich zu konzentrieren sucht, jeden Halt verliert und der *Selbstauflösung* verfällt. Diese Gefahr bedroht aber nicht nur das absolute Ich, sondern jede Gestalt der Subjektivität, als deren Wesenszug das reine Selbstverhältnis deklariert wird. Im Gegenzug zu einem solchen Ansatz gilt es zu erkennen, daß die Subjektivität grundsätzlich nicht in der Lage ist, sich in sich selbst und durch sich selbst zu bestimmen. Der Zirkel, den die in sich konzentrierte Subjektivität darstellt, muß daher aufgehoben werden. Aber dies gelingt nur, indem die Subjektivität eine Eingrenzung erfährt, durch die sie gerade zu ihrer wahren Erfüllung kommt.

Fichte findet diese Begrenzung *im anderen Ich.* Allein am anderen Ich gewinnt das Ich Halt und Ständigkeit, weil es vom anderen Ich her legitim begrenzt werden kann. Der andere ist ja ein mir gleiches Wesen, und als solches muß er anerkannt werden. Hier am mitmenschlichen Gegenüber kann das Pathos, daß Grenzen immer überwunden werden, das den Dingen gegenüber zu Recht besteht, von Grund aus gebrochen werden. Dies ist eine Forderung, die mein Gewissen als unabdingbar erhebt. Ich und Du sollen sich nach Fichte *vereinen* in der »absoluten Forderung« einer besseren Welt.

Damit ist der *Grundansatz der Ethik* gegeben, insofern er sich von der theoretischen Spekulation unterscheidet. Fichte erklärt: »Eine durchgeführte Spekulation hat mich ja belehrt, oder wird mich belehren, daß diese vermeinten Vernunftwesen außer mir nichts sind als Produkte meines eigenen Vorstellens; daß ich nun einmal nach aufzuweisenden Gesetzen meines Denkens, genötigt bin, den Begriff meiner selbst außer mir selbst darzustellen ... Aber die Stimme meines Gewissens ruft mir zu: was diese Wesen auch an und für sich seien, du sollst sie behandeln, als für sich bestehende, freie, selbständige, von dir ganz und gar unabhängige Wesen. Setze als bekannt voraus, daß sie ganz unabhängig von dir und lediglich durch sich selbst sich Zwecke setzen können, störe die Ausführung dieser Zwecke nie, sondern befördere sie vielmehr nach deinem Vermögen. Ehre ihre Freiheit: ergreife mit Liebe ihre Zwecke, gleich den deinigen«.[4]

Das Ich soll sich also in seiner *Egoität negieren.* Fichte will aber keineswegs einem bloß legalen Rechtszustand das Wort reden, etwa in dem Sinne, daß man sich jeweilig ausrechnet, wieweit die Menschen sich beschränken müssen, um überhaupt miteinander auszukommen. Versuche ich eine solche Rechnung aufzustellen, so bleibt der Egoismus immer noch das leitende Prinzip. Grundsätzlich gesagt – und hier sieht man, wie durchdacht der Gedankengang Fichtes ist –: theoretische Spekulation, die den Anderen zu einer von mir gesetzten Vorstellung degradiert, und Egoismus gehören faktisch zusammen, denn der Egoismus sieht ja den Anderen als ein Wesen an, das sich nicht aus sich bestimmen soll. Da aber der Andere in Wirklichkeit sich eben nicht als ein durch meine Vorstellung bedingtes Wesen erweist, bleibt dem durch den Egoismus bestimmten Ich nur übrig, den Anderen entweder zu bekämpfen oder mit ihm einen Vergleich zu schließen. Aber durch den bloßen Vergleich wird der Andere gerade nicht als freies Wesen wahrhaft anerkannt, sondern eben »verrechnet«. Diesem Egoismus tritt das *Gewissen* entgegen. Es fordert zu einer radikalen Anerkennung des Anderen auf.

Die Grenze am Anderen und die dadurch entstehende Verpflichtung, den Anderen anzuerkennen, findet ihre Grundlage allein im Gewissen. Sie muß im moralischen Bewußtsein angeeignet und übernommen werden. Von diesem Ansatz her sind Fichtes konkrete Gedanken zur Ethik zu verstehen. Fichte hat sich zeitlebens nicht nur mit Fragen der Sittlichkeit, sondern auch im Zusammenhang damit mit Problemen des Rechtes, der Politik, der Gesellschaft und der Geschichte befaßt. Während er in der Frühzeit in Anlehnung an Kant Rechtslehre und Sittenlehre trennt, sucht er später auf Grund der geschichtlichen Entwicklung eine Verbindung zwischen beiden zu schaffen. Das *Recht* steht unter der Forderung, die individuelle Freiheit und die Interessenssphären zu wahren, wobei zu bedenken ist, daß der *Staat* als Garant dieser Möglichkeit keine für sich bestehende Person ist oder durch eine solche repräsentiert wird, sondern ein Regelsystem für den Zusammenschluß der Individuen. Der Zusammenschluß kommt aber nur durch ein Zusammenwirken zustande. Dieses soll durch Bildung und Versittlichung bestimmt sein. In der Rechtslehre von 1812 erklärt Fichte: »Das einzige darum, wovon sich Besserung erwarten läßt, ist der Fortschritt der Bildung zu Verstand und Sittlichkeit«.[5]

Der Gedanke *der geschichtlichen Entwicklung* tritt für Fichte immer stärker in den Vordergrund, je mehr das einfache Pathos der Dingbewältigung zurücktritt und sich die Schwierigkeit der Ichkonstitution zeigt, auch im realen Sinn, daß das Ich als Egoität eben nicht vernünftig ist. Geschichte muß gedacht werden als Fortschritt im Sinn eines Lernprozesses.

Fichte unterscheidet geschichtliche Epochen des Fortschritts, die aber alle nach dem *»Weltplan«* geordnet sind. In *»Grundzüge des gegenwärtigen Zeitalters«* stellt Fichte folgende Stufen auf: vom Stand der Unschuld geht es über den Stand, der vom Vernunftinstinkt bestimmt wird, zur Epoche der Befreiung weiter. Auf diese folgt das Zeitalter der Vernunftwissenschaft und schließlich die Epoche der Vernunftkunst. Wir stehen in der Epoche des Übergangs vom Zeitalter der Befreiung zum Zeitalter der Vernunftwissenschaft. Dieser Übergang ist aber außerordentlich zweideutig. Die Befreiung ist gekennzeichnet durch »absolute Gleichgültigkeit gegen alle Wahrheit, völlige Ungebundenheit: der Stand der vollendeten Sündhaftigkeit«.[6]

Fichte setzt zur Kennzeichnung dieser Epochen Charakteristika an, die empirisch nachweisbar sind. Zugleich weist er aber darauf hin, daß allein der *Glaube* an die Kraft des Lichts, das die Finsternis durchdringen wird, Gewißheit gibt. Fichte stellt immer stärker das Wirken *Gottes* als des Absoluten im Weltplan heraus.

Der späte Fichte mißt der *Religion* eine hohe Bedeutung zu. Religion muß zwar durch die Wissenschaft aufgehoben werden, aber beide stellen den Gedanken des unendlichen Lebens ins Zentrum, dessen Merkmal die Liebe ist. In »*Anweisung zum seligen* Leben« heißt es, die Liebe sei höher als alle Reflexion, aber sie begleite alles Werden in der Reflexion und für die Reflexion. Die Liebe ist selbst »die Quelle der Vernunft, und die Wurzel der Realität, und die einzige Schöpferin des Lebens und der Zeit«.[7] Von da aus ist auch die Grundlegung der Moral zu verstehen. Es ist »durchaus vergeblich, dem, der nicht in der Liebe ist, zu sagen: Handle moralisch; denn nur in der Liebe geht die moralische Welt auf, und ohne sie gibt es keine«.[8]

Diese Sicht verschwimmt nicht in Mystik. Fichte stellt einen Zusammenhang von realem Leben und Liebe her. Er erklärt: »Was du liebest, das lebest du«.[9] Es gilt für jeden, seine ihm eigentümliche Bestimmung und seine bestimmte Stelle zu finden. Dies Leben realisiert sich in der *Gesellschaft*, die Fichte folgendermaßen definiert: »Gesellschaft nenne ich die Beziehung der vernünftigen Wesen aufeinander«.[10]

Von diesem Ansatz her ist Fichtes Gedanke des *Volkes* zu verstehen, wie er ihn in den *»Reden an die deutsche Nation«* dargelegt hat. Daß darin für uns eindeutig unannehmbare Gedanken ausgesprochen sind – so die Idee der Deutschen als des Urvolkes, das die Weltregierung übernehmen solle –, ist nicht zu leugnen. Aber auch hier bleibt die Idee einer Vereinigung von Vernünftigkeit und Freiheit maßgebend. Fichte feiert die französische Revolution und fordert zum Krieg gegen Napoleon auf, weil Napoleon die Sache der Revolution verraten habe.

Sucht man Fichtes philosophische Ideen unter dem Aspekt der Entwicklung der Ethik zu bestimmen, so muß man das übliche Fichtebild *revidieren*. Dies Bild besagt: Fichte ist äußerster Verfechter eines übersteigerten Selbstbewußtseins. Die Subjektivität gibt sich als Aktionszentrum, dessen Aufgabe es ist, sich alles zu unterwerfen. Daß in Fichtes Wesen etwas Gewaltsames in Richtung auf Wirksamkeit nach außen liegt, ist nicht zu leugnen. Fichte selbst erklärt: »Ich habe nur eine Leidenschaft, ein Bedürfnis, ein volles Gefühl meiner selbst: außer mir zu wirken«. Gerade diese Unbedingtheit bestimmt auch Fichtes Denken. Fichte ist einer der Philosophen, der äußerst extreme Positionen auf ihre positiven und negativen Konsequenzen hin zu durchdenken sucht. Er tut dies in seltener Verbindung von existenzieller Betroffenheit und deduzierender Abstraktheit.

Dieses Durchdenken auf äußerste Konsequenzen hin ermöglicht es Fichte, das *Problem der Subjektivität* so radikal zu erfassen und zu durchdenken, wie es wohl kein anderer Philosoph vor ihm oder nach ihm getan hat. Fichtes Wissenschaftslehre ist der Versuch, das transzendentale Ich als Formbestimmung zu einem absoluten Ich zu erhöhen, von dem her die Welt spekulativ einheitlich zu begreifen ist und zwar gerade in der Weise, daß man erkennt, warum das empirische Ich sich durchaus als von den Dingen her bedingt weiß und zugleich sich doch aufgefordert sieht, handelnd auf deren Gestaltung und Umwandlung hinzuwirken. Dies Pathos, daß das *Handeln* dem Spekulieren gegenüber vordringlich sei, behält Fichte immer bei. Aber – dies ist das Gesetz seiner denkerischen Entwicklung – Fichte stellt immer eindeutiger heraus, daß das Ich sich nicht selbst wie eine Gottheit aus dem Nichts erschaffen kann. Fichte erklärt: wenn ich mich selbst von mir aus gemacht hätte, wäre ich nicht genötigt, mich als das zu Bestimmende der Selbstbestimmung vorauszudenken. Fichte redet vom Ich als einem Gefundenen, *»dessen Finden aber durch Freiheit bedingt ist«*.[11]

Die immer erneuten Bemühungen, eine endgültige Fassung der Wissenschaftslehre zu erarbeiten, führen dann dazu, das Absolute als reines Leben dem Ich *vorzuordnen*.

Würde das Ich nicht solchermaßen überboten, bliebe es sich selbst überlassen, so würde es sich – wie wir sahen – in eine reine Bilderfolge auflösen, es wäre gleichsam eine Bühne, auf der sich das Hin und Her dieser Bilder abspielte: ein Gedanke hebt den anderen auf, nichts ist mehr verbindlich.

Fichtes Einsicht, daß die Subjektivität von der *Dialektik von Macht und Ohnmacht* bestimmt ist, hat für die Ethik eine mehrfache Bedeutung. Fichte erkennt, daß wirkliche Begrenzung des Ichs nur in dem Anderen als mir gleichem Wesen gegeben ist. Die Ethik wird ausdrücklich auf den Bezug zum Mitmenschen ausgerichtet. Daß die ethische Einstellung der Natur gegenüber hier zu kurz kommt, wurde schon angemerkt. Der zwischenmenschliche Bezug aber wird weder in einer reinen Moral festgemacht, die im Sinne Kants meine Maximen auf eine übergreifende allgemeine Vernunft bezieht, noch in einer Sittlichkeit fundiert, die lebensweltlich immer schon fungiert. Das Miteinander bleibt der *Dialektik von Freiheit und Vernunft, von Gesellschaft und Individuum* unterworfen und solchermaßen eine Sphäre, die von Fichtes Gegenwart her gesehen noch keineswegs zur Etablierung eines Vernunftreiches geführt hat.

In der »Bestimmung des Menschen« redet Fichte von diesem Miteinander als einer geistigen Welt. Diese Welt ist Verbindlichkeit im Sinne von Verbindung und Verpflichtung. Obwohl das System nicht ohne die einzelnen Willen ist, ist es doch gerade nicht das Resultat einer äußeren Summierung, sondern das eigentlich Wahrhafte, das mein moralisches Tun bereits von Grund aus durchwaltet. Wenn ich moralisch wirke, werde ich von der moralischen Ordnung ebenso bestimmt, wie ich sie selbst durch mein Tun bestimme. In dieser Dialektik, daß mich die moralische Ordnung *trägt* und zugleich doch *fordert*, liegt die einzige und eigentliche Realität, die es für den Menschen geben kann. Es ist die gleiche Dialektik, die dem Wort »Bestimmung« im Titel dieser Schrift zugrundeliegt. »Bestimmung« ist sowohl des Menschen Wesen, das ihm vorgegeben, das ihm bestimmt ist, als auch das Ziel und der Zweck, zu dem er sich selbst bestimmt.

Diese Idee der Wirklichkeit, daß ich durch sie ebenso vermittelt werde, wie ich sie vermittle, ist der entscheidende Beitrag Fichtes zur Ethik. Er geht über die einfache Subjekt-Objekt-Haltung hinaus, nicht nur im erkenntnistheoretischen Sinn, sondern auch in dem Sinn, daß das Subjekt den Bezug zu den anderen durch sein Denken und Handeln regeln muß, wobei aber daran festzuhalten ist, daß es in dem Bezug zu den anderen immer schon von diesen beansprucht wird.

Fichte setzt diese Idee der Wirklichkeit zum Phänomen der *Geschichte* in Bezug. Freilich: die Geschichte wird metaphysisch fundiert und unter den Gedanken des Fortschrittes gestellt. Die Geschichte ist für Fichte nicht wirklich offen zum Negativen hin. Fichte glaubt an eine bessere Welt, weil er an die Vernunft glaubt. Das Leben der menschlichen Gattung »geht einher und rückt vor nach einem festen Plane, der notwendig erreicht werden muß, und darum sicher erreicht wird«.[12]

Aber auch wenn Fichte auf die Macht der Vernunft in bezug auf die geschichtliche Entwicklung vertraut, sieht er nicht die restlose Deckung von Innerlichkeit und Äußerlichkeit, Idealität und Realität als eindeutig an. Der Grund dafür ist nicht nur, daß wir noch im Stadium der Sündhaftigkeit leben, der Grund liegt tiefer. Er gründet in Fichtes Auffassung der Philosophie. *Philosophie und Leben decken sich nie ganz.* Wer im Leben befangen ist, kann es nicht erkennen. Insbesondere gilt diese Einsicht von der Differenz von Philosophie und Leben aber für die Metaphysik. Die *Metaphysik* übersteigt alles Zeitliche und eröffnet das Reich ewiger Wahrheit. Die wahre Welt ist eine Überwelt, die in unserer Welt nie gänzlich verwirklicht werden kann. »Die

Bestimmung des Menschen« schließt mit folgenden Sätzen: »So lebe, und so bin ich, und so bin ich unveränderlich, fest, und vollendet für alle Ewigkeit; denn dieses Sein ist kein von außen angenommenes, es ist mein eigenes, einzig wahres Sein und Wesen«.[13] Diese Aussage ist nur möglich, weil man »hinter den Vorhang« getreten ist und mehr erwartet als man hienieden in der Zeit fassen kann.

II. Die Vernünftigkeit der Welt und die Aufhebung der Moral in Sittlichkeit. Hegel

In der Philosophie *Hegels* vollendet sich die *Metaphysik* und zwar in der Form, daß alle vorausgehenden Tendenzen, die die Ethik leiteten und die für ihre Konzeption maßgebend waren, zusammengenommen werden zu einer Einheit. Ihre Einseitigkeiten werden negiert. Dies geschieht ihren Tendenzen entsprechend aber in unterschiedlicher Weise.

Die Problematisierung der Ethik durch die *Sophistik* und die Konstituierung der Ethik von der *endlichen Subjektivität* her werden als nicht hintergehbare Positionen aufgehoben, aufgehoben vorwiegend im Sinne der Negation. Die Zersetzung des Denkens durch die Sophistik ermöglicht aber ein geschichtliches Weiterschreiten zu einer höheren Stufe. Die Ethik der endlichen Subjektivität bekommt als Standpunkt der *Moralität* ein relatives Recht im Gesamtkontext der Ethik zugesprochen, aber sie muß durch die Sittlichkeit überwunden werden.

Weit positiver werden dagegen die Ansätze der Lebenswelt beurteilt. Die *Sittlichkeit*, in der die Ethik der Lebenswelt aufgehoben wird, zeigt die Formen des Zusammenlebens als Ordnungszusammenhänge. Sie vermittelt Inneres und Äußeres und umgreift auch die Dimensionen des Rechts und der Politik. Diese Konzeption ist aber nur möglich auf Grund einer Metaphysik, die das Ganze alles Seienden einheitlich umfaßt, und zwar auf Grund eines umgreifenden Prinzips.

Dies Prinzip, das alles durchwirkt, ist eine Gestalt der Subjektivität. Es darf aber nicht ein Gott im Sinne der Willkürallmacht sein, der unverstehbar der Welt gegenüber steht, sondern ist als der *Weltgeist* zu verstehen, der alle Bereiche des Seienden in ihren Strukturzusammenhängen durchsichtig und verstehbar konstituiert. Die Metaphysik vollendet sich solchermaßen als Metaphysik der absoluten Subjektivität, die, mit der Welt in verstehbarer Einheit verbunden, sichtbar macht, *daß die Welt vernünftig ist.* Der *Optimismus*, der weitgehend ein Kennzeichen der Lebensweltethik ist, wird hier metaphysisch überhöht.

Wir suchen die soeben angedeuteten Ansätze genauer zu entwickeln. Hegel kritisiert von Anfang an eine Philosophie, die die Subjektivität von der Objektivität des Weltseins abspaltet. Er nimmt in der Auseinandersetzung Schellings mit *Fichte* Partei für *Schelling.* Fichtes Verdienst ist es, im Gegenzug zu der kantischen Beschränkung die Metaphysik wieder zur Ehre gebracht zu haben und den Gedanken eines das Ganze umgreifenden Systems als notwendig herausgestellt zu haben. Aber Fichte ist nicht zu der wahren Spekulation durchgedrungen. Er sucht die Einseitigkeit des kantischen Denkens durch einen radikalen Ansatz bei der praktischen Philosophie zu beheben. Es geht aber nach Hegel – darin ist er mit Schelling einig – nicht an, das Ich als der Natur absolut überlegen zu betrachten und die Natur nur zum Gegenstand der Tätigkeit herabzuwürdigen. Das wahre Absolute muß die Natur und das Ich in gleicher Weise umgreifen.

Bevor wir uns diesen Gedanken des Absoluten verdeutlichen, muß aber auf den *frühen Hegel* hingewiesen werden, der bereits vom zwischenmenschlichen Bereich her den Gedanken des *Lebens* als einer übergreifenden Einheit denkt. Der junge Hegel erkennt klar, daß die neuzeitliche Philosophie von Descartes an, sich als subjektives Denken konstituierend, sich in Gegensätzen bewegt, insbesondere im Gegensatz von Subjekt und Objekt. Im Gegenzug zu dieser Philosophie steht die *Religion*. Die Religion hebt das gesondert Teilhafte auf, denn sie trägt in sich die Möglichkeit, »zum unendlichen Leben sich zu erheben«. Diese Erhebung ist aber nur gegeben, so erklärt Hegel, »weil das Endliche selbst Leben ist«. Im und als Leben sind Endliches und Unendliches vereint.[14]

Will man den Gedanken des Lebens in seiner Bedeutung erfassen, so ist ein Zweifaches zu bedenken. Einmal: das Leben – dies ist ein Grundgedanke der Lebensphilosophie von Dilthey, Simmel und Bergson – ist mehr als Denken und Reflexion. Dies Mehr aber ist, so meint der junge Hegel, nur in der Religion erfaßbar als erhebender Macht der Versöhnung, die alle Gegensätze ausgleicht und vermittelt.

Zugleich stellt aber der junge Hegel eindeutig heraus, daß das Leben sich durchaus real am Werke zeigt, insbesondere in der Dimension des politischen Lebens. Der junge Hegel geht vom Gedanken der *griechischen Polis* aus und preist die griechische *Volksreligion* mit ihren menschlichen Empfindungen. Hier ist der Gedanke der Pflicht und der Postulatenlehre im Sinne Kants noch fern – Kant ist für Hegel nur der Fortsetzer der Idee der religiösen Entzweiung von Gott und Mensch und der Lehre vom zürnenden Gott, die das Judentum beherrscht.

Entscheidend aber ist für das Leben die schon erwähnte Struktur der Aufhebung aller Trennungen, wobei aber zu beachten ist, daß auch die Trennungen zum Leben gehören. Hegel erklärt in dem berühmten »Systemfragment von 1800«: »Aber das Leben kann eben nicht als Vereinigung, Beziehung allein, sondern muß zugleich als Entgegensetzung betrachtet werden; wenn ich sage, es ist die Verbindung der Entgegensetzung und Beziehung, so kann diese Verbindung selbst wieder isoliert und eingewendet werden, daß sie der Nichtverbindung entgegenstünde; ich müßte mich ausdrücken, das Leben sei die Verbindung der Verbindung und der Nichtverbindung«[15]

Die Umwandlung, die Hegel vollzieht und derzufolge die Idee des Lebens in die Idee des *Geistes* aufgehoben wird, ist keine absolute Negation dieses frühen Ansatzes, sondern dessen radikalisierende Vollendung. Sie beruht darauf, daß Hegel die Idee der Trennung und der Zersetzung, die nicht nur faktische Lebensphänomene sind, sondern ihre Wurzeln in der Subjektivität und der Reflexion haben, nun positiver als in der Frühzeit wertet. Die *Negativität* ist nicht nur nicht vermeidbar, sondern notwendig. Sie geschieht aber allein dadurch, daß die Substanz sich selbst vermittelt und das heißt, daß sie *Geist* ist. Der Geist bringt sich selbst in seiner Ganzheit denkend zu sich. Im Geist ist die Trennung von Leben und Denken aufgehoben, denn das Denken ist das Leben des Geistes.

Damit ist der Weg zum philosophischen System eingeschlagen, das sich in einem genau gegliederten Aufriß darbietet. Es ist hier nicht möglich, dies System in seinen einzelnen Zügen darzustellen. Neben der Logik, die die Grundbestimmung des Begreifens herausstellt, steht die Realphilosophie, in der Geschichte, Kunst, Religion und Recht behandelt werden. Es geht in allen diesen Untersuchungen im Grunde nur darum, das *Vernünftigsein und Vernünftigwerden der Welt* darzustellen. Die Philosophie hat die Aufgabe, diese Vernunft zu begreifen, nicht in der Weise, daß sie hier und dort Vernunft äußerlich konstatiert, sondern daß sie herausarbeitet, daß Welt und Vernunft sich gegenseitig durchdringen.

In allen diesen Untersuchungen kommen ethische Probleme zu Wort und zwar unter den verschiedensten Aspekten. Bereits in der »*Phänomenologie des Geistes*«, deren Aufgabe es ist, das naive Bewußtsein auf den Standort der Wissenschaft zu führen, stellt Hegel heraus, wie sich das Verständnis des Menschen in bezug auf das Weltverhältnis und das zwischenmenschliche Verhältnis im Gegenzug zur dualistischen Tradition von den Lebensverhältnissen her begreifen läßt. Wir weisen auf den Abschnitt hin, in dem Hegel das Phänomen des *Selbstbewußtseins* behandelt. Während die philosophische Tradition Selbstbewußtsein weitgehend nur im theoretischen Sinn thematisiert als die Gestalt der um sich wissenden Subjektivität, setzt Hegel Selbstbewußtsein als eine Bezugsbestimmung an. Im Selbstbewußtsein liegt, wenn man auf die allgemeine und alltägliche Bestimmung zurückgeht, eine Abgrenzung gegen andere in Richtung eines Sich-über-sie-stellens oder besser: der Selbstbewußte meint, die anderen nicht nötig zu haben, aber er will, daß sie dies wissen und anerkennen. Selbstbewußtsein ist *dialektisches Bewußtsein von Freiheit*: gerade wenn man sich auf die anderen bezieht, ist eben die Tendenz, frei von ihnen sich aus sich selbst im eigenen Rang zu bestätigen, leitend. Diese Tendenz der *Selbstbestätigung* ist nun für die philosophische Bestimmung des Selbstbewußtseins nicht unwichtig. Sie weist auf das Phänomen der *Selbstvergewisserung* und der *Selbstgewißheit* hin, in der das Ich sich auf sich zentriert und sich mit sich identifiziert, aber in der Form, daß es um diese Selbstidentifizierung weiß.

Hegel erklärt: »Das Selbstbewußtsein ist zunächst einfaches Fürsichsein, sichselbstgleich durch das Ausschließen alles *anderen aus sich*; sein Wesen und absoluter Gegenstand ist ihm *Ich* und es ist in dieser *Unmittelbarkeit* oder in diesem *Sein* seines Fürsichseins *Einzelnes*. Was anderes für es ist, ist als unwesentlicher, mit dem Charakter des Negativen bezeichneter Gegenstand. Aber das Andre ist auch ein Selbstbewußtsein«.[16] Das Selbstbewußtsein muß daher in den Kampf eintreten, in dem es um Selbständigkeit, bezugsweise um Unselbständigkeit geht. Der Kampf ist hart; er kann zum Tod, zumindest aber zur Etablierung von Herrschafts- und Knechtschaftsverhältnissen führen.

Dieser Abschnitt ist für das Verständnis von Hegels Ethik in mehrfacher Hinsicht wesentlich. Er zeigt einmal, wie schon angedeutet, daß rein philosophische Bestimmungen auf den Boden der *Lebenswelt* zurückgenommen werden müssen, und er macht sodann deutlich, daß der Dingbezug weit weniger für den Weltbezug wesentlich ist als das zwischenmenschliche Verhältnis. Dieses *zwischenmenschliche Verhältnis* aber wird ganz realistisch als ein Kampf bestimmt, der aber durch die Anerkennung beendet werden soll. Diese Anerkennung ist jedoch nicht rein personal, sondern wird vermittelt durch ein beide Subjekte übergreifendes Drittes, eben die *Vernunft*.

Wenn man diese Analysen der Phänomenologie durchdenkt, so zeigt sich, wie schon angedeutet, ein bedeutsamer Unterschied zur Tradition. Ausgang auch für Kant und Fichte ist das einzelne Subjekt und sein Bezug zu dinglichen Objekten. Für Hegel dagegen treten die zwischenmenschlichen Bezüge ins Zentrum, aber in der Weise, daß er die Vernunft als verbindendes Medium in das Zentrum rückt. Von diesen Gedanken her ist nun Hegels Konzeption der Sittlichkeit und ihrer Aufhebung der Moralität zu verstehen. Bevor wir diesem Problem nachgehen, ist es jedoch angebracht, auf einen

Fragenkomplex hinzuweisen, dem Hegel im Ganzen seines Denkens seit der Phänomenologie nachgeht. Es ist dies das Problem des Verhältnisses des Einzelnen und seines Weltverständnisses zu der *Weltgeschichte* und deren Wandlungen im großen.

Hegel beurteilt dies Verhältnis – das mag überraschend sein – keineswegs eindeutig positiv. Auch wenn die Weltgeschichte als ganze im Sinne des Fortschritts verläuft, verheißt sie dem *Einzelnen kein Glück*. Die Individuen werden vom Weltgeist listig eingesetzt: sie fördern unter Umständen den Fortschritt gerade durch ihr persönliches Mißgeschick und ihren Mißerfolg. Ganz offensichtlich ist: die reine Moralität als solche kann sich nicht erfolgreich geschichtlich auswirken.

Es gibt mehrere Möglichkeiten, mit dieser Einsicht fertig zu werden. Das Individuum folgt dem Gesetz seines Herzens und kann dem Wahnsinn des Eigendünkels verfallen. Es stellt sich dem *Weltlauf entgegen* und *entfremdet sich der Wirklichkeit*. Es kann aber auch die Welt durch die Tugend zu verbessern suchen. Aber das Ergebnis ist negativ: »Der Weltlauf siegt über sie, der die wesenlose Abstraktion das Wesen ist«.[17] Der Gegensatz von Innerlichkeit und Weltlauf kann noch einmal verschärft werden: man hält am Gedanken der Moral fest und versucht, sie mit allen Mitteln durchzusetzen. Das schlägt in *Gewaltherrschaft* um. Die absolute Freiheit wird propagiert. Der Wille als Kern der Persönlichkeit ist zwar Wille des Einzelnen, aber er soll hier als der Wille aller Einzelnen verwirklicht werden, »so daß jeder immer ungeteilt Alles tut, und was als Tun des Ganzen auftritt, das unmittelbare und bewußte Tun eines *Jeden* ist«.[18]

Die Gegenmöglichkeit ist es, sich ganz und gar auf *sich selbst zurückzuziehen*. Hegel behandelt diese Möglichkeit unter dem Titel »*Der seiner selbst gewisse Geist*. Die Moralität«. Die sich verinnerlichende Moral führt als *Gewissensethik* zu einer Mischung von Skrupelhaftigkeit und Heuchelei, das heißt zur Unwahrheit. Die Innerlichkeit, sich vom Äußeren abtrennend, wird zur reinen Leerheit, die das unglückliche Bewußtsein kennzeichnet. Hegel erklärt zusammenfassend von diesem Bewußtsein: »Es fehlt ihm die Kraft der Entäußerung, die Kraft, sich zum Dinge zu machen und das Sein zu ertragen. Es lebt in der Angst, die Herrlichkeit seines Innern durch Handlung und Dasein zu beflecken; und um die Reinheit seines Herzens zu bewahren, flieht es die Berührung der Wirklichkeit und beharrt in der eigensinnigen Wesenlosigkeit«.[19]

Wir versuchen nun Hegels Gedanken über die *Sittlichkeit* genauer zu entwickeln. Schon vor dem Erscheinen der »Phänomenologie« hat Hegel sich mit Fragen der Sittlichkeit befaßt, so im »System der Sittlichkeit« von 1802/03. Dort heißt es: Die natürliche Sittlichkeit ist Einheit und Ganzheit, sie konstituiert sich in der Gestalt eines Volkes, das in seiner mannigfaltigen Realität zusammengeschlossen ist. Hier wie auch in den »Theologischen Jugendschriften« stellt sich die Sittlichkeit in der *politischen* Gemeinschaft dar, ihr sichtbarer Ausdruck ist das Bewußtsein der *Zugehörigkeit*.

Das Bewußtsein einer Zugehörigkeit zeigt sich aber schon in der *Liebe* zwischen zwei Partnern. Hier waltet die gegenseitige Anerkennung. Das einzelne Bewußtsein ist solchermaßen gerettet; insofern es auf sich verzichtet, schaut es sich im Anderen an.

Die Konzentration der Ethik auf eine übergreifende Gemeinschaft wird in den späteren Epochen von Hegels Philosophie beibehalten. Aber diese Gemeinschaft wird nun nach dem methodischen Vorgang der »Phänomenologie« systematisch und dialektisch entwickelt. Das heißt: sie wird aus den Positionen, die ihr gerade nicht konform sind, abgeleitet, indem diese anfänglichen Positionen aufgehoben werden. Die Rechtsphilosophie zeigt den Aufbau: vom *Recht* geht Hegel zur *Moralität* und sodann zur *Sittlichkeit* über. Die »Enzyklopädie« behält diese Gliederung bei. Sie ordnet diese drei

Bestimmungen dem *objektiven Geist* zu. Der objektive Geist ist Aufhebung des subjektiven Geistes, der Begriff der Freiheit wird in der Äußerlichkeit seiner objektiven Seite nach realisiert.

Entscheidend ist hier, wie schon angedeutet, daß Hegel in der systematischen Entwicklung die aufgehobenen Stufen als Vorstufen der höheren betrachtet. Das besagt aber nicht, daß sie in der Realität verschwinden; sie bleiben, den verschiedenen Formen des Zusammenlebens entsprechend, bestehen. Man kann die innere Struktur dieser Entwicklung als dialektische Auseinandersetzung zwischen Innerlichkeit und Äußerlichkeit, Einzelheit und Allgemeinheit betrachten. Innerlichkeit und Einzelheit sind aber ebensowenig identisch wie Äußerlichkeit und Allgemeinheit; vielmehr verschränken sich beide Schemata in je spezifischer Weise, wobei sich erst durch die Entwicklung das Ganze des objektiven Geistes in seiner einheitlichen Struktur herausstellt.

Hegel will nicht konstruieren, wie es die Staatsphilosophie eines Hobbes oder Rousseau tut. Er will weder einen Ursprungszustand entwerfen noch ein Idealbild ersinnen. Er lehnt es auch ab, ein Sollensprogramm zu konstruieren, das die Gegenwart als ein verfehltes Stadium darstellt. Hegel bleibt bei der Realität. Er erklärt in der berühmten Vorrede zur Rechtsphilosophie: »Das *was ist* zu begreifen, ist die Aufgabe der Philosophie, denn das, *was ist*, ist die Vernunft. Was das Individuum betrifft, so ist jedes ohnehin ein *Sohn seiner Zeit*; so ist auch die Philosophie, *ihre Zeit in Gedanken* erfaßt«.[20] Die Grundvoraussetzung dieser Argumentation ist die These, daß Vernünftigkeit und Wirklichkeit vereint sind. Nur von diesem Ansatz her läßt sich das Ganze der Entwicklung verstehen.

Auch das *Recht* ist eine Gestalt des Geistes: »Der Boden des Rechts ist überhaupt das *Geistige*, und seine nähere Stelle und Ausgangspunkt der *Wille*, welcher frei ist, so daß die Freiheit seine Substanz und Bestimmung ausmacht, und das Rechtssystem das Reich der verwirklichten Freiheit, die Welt des Geistes aus ihm selbst hervorgebracht, als eine zweite Natur ist«.[21]

Hegel gibt zur Einführung eine glänzende Analyse des Willens, die wir auf Grund ihrer systematischen Bedeutsamkeit kurz interpretieren, weil sie den Gedanken der Vermittlung klar herausstellt. Wille ist erstens reine Reflexion des Ich in sich selbst; als solche ist er unbestimmt, abstrakt und allgemein: *negative Freiheit*. Diese erste Bestimmung des Willens ist ungenügend. Sie ist aber notwendig, damit man das Moment der sich losreißenden Freiheit als eine Grundbestimmung des Willens erkennt. Die zweite Bestimmung schreitet zum Gegensatz fort: der Wille geht als bestimmter, sich verendlichend und besondernd, in das *Dasein* über. Bei dieser Beschränkung darf es nicht bleiben: erst die Einheit beider Momente erfaßt das Wesen des Willens, er ist in sich reflektiert »und dadurch zur *Allgemeinheit* zurückgeführte *Besonderheit*«.[22]

Diese Bestimmung des Willens muß nach der inhaltlichen Seite hin erweitert werden. Der Wille zeigt sich zunächst in seiner Unmittelbarkeit als *Trieb* und *Begierde*, Trieb zum Recht, zum Eigentum, zur Moralität, zur Geschlechtsliebe und zur Geselligkeit. In all dieser Vielfalt geht es dem Willen, wie Hegel glänzend darlegt, immer um sich selbst. Hegel erklärt »Die Idee des Willens ist überhaupt der freie Wille, der den freien Willen will«.[23]

Eben diesem Willen vermittelt das Recht die Möglichkeit seines Daseins. Im abstrakten Recht ist der Grundgedanke der Persönlichkeit maßgebend. Die Persönlichkeit ist rechtsfähig im Sinne der formalen Äußerlichkeit; so vermag sie, etwa in bezug auf Eigentum, Verträge zu schließen. Hier lautet das Rechtsgebot: »*Sei eine Person und respektiere die anderen als Personen*«.[24]

Wir können hier die einzelnen Rechtsbestimmungen nicht näher erörtern. Entscheidend ist es, daß der Gedanke der Negation die Analyse weitertreibt. Verträge können gebrochen werden. Das Recht muß also den Gedanken des *Unrechts* in sich einschließen. Recht ist auch *Strafrecht*. Durch die Strafe soll der Verbrecher wieder in die Gemeinschaft eingegliedert werden. Das ganze Verfahren des Rechts bleibt jedoch äußerlich und legal, das heißt, es geht um die Erfüllung der kodifizierten Rechtsvorschriften. Die Verinnerlichung dieser Vorgänge geschieht in der Moralität. Hegel sagt in seiner Zusammenfassung der Bestimmung des abstrakten Rechts: »Die Moralität ist nicht nur ein Gefordertes, sondern in dieser Bewegung selbst hervorgegangen«.[25]

Das wesentliche Merkmal der Moralität, so legt es die Rechtsphilosophie dar, ist der Übergang von der Rechtsperson zur *Subjektivität*. Die Verinnerlichung zeigt sich darin, daß ich mich für mein Handeln verantwortlich fühle, wobei sich aber mein Vorsatz in seiner Verwirklichung durchaus verändern und sogar ins Gegenteil verkehren kann. Schuldig bin ich aber nur für das, was in meinem Vorsatz lag.

Hier hat nun Hegel die Problemkonstellation erreicht, die ihm erlaubt zu zeigen, daß die Verinnerlichung, die gleichbedeutend mit der Vereinzelung ist, in Konflikt mit der Allgemeinheit gerät, nicht nur der äußeren Allgemeinheit des abstrakten Rechts, sondern auch den Institutionen der Gemeinschaft, die geschichtlich vorgegeben sind und in denen jeder lebt.

Hegel zeigt sehr genau, daß die Absicht – sie ist die allgemeine Seite des Willens – auf das Wohl des Einzelnen und das Gesamtwohl geht als das *Gute*, auf das man hinzielt. Aber was ist das Gute? Das Gute, formal bestimmt, ist »das Wesen des Willens in seiner *Substantialität* und *Allgemeinheit*, – der Wille in seiner Wahrheit«.[26] Das Gute ist verpflichtend. Man soll nach Kant die Pflicht um der Pflicht willen tun.

Der Gedanke der reinen Pflicht bleibt jedoch abstrakt. Er muß mit den konkreten gesellschaftlichen Erfordernissen vermittelt werden. Das Subjekt will aber über den Inhalt der Pflicht selbst entscheiden und konstituiert sich in der Gestalt des Gewissens. Das *Gewissen* macht sich unangreifbar und ist – soweit geht Hegel – der Willkür verfallen und setzt beliebig das Besondere über das Allgemeine, anstatt selbstvergessen auf sich Verzicht zu tun und sich dem »Sittlich Objektiven« hinzugeben. Das Subjekt beruft sich auf seine absolute Freiheit und genießt sich darin. In Anspielung auf die romantische Ironie erklärt Hegel: Ich kann ebensogut anders wollen und anders beschließen. »Nicht die Sache ist das Vortreffliche, sondern *Ich* bin der Vortreffliche und bin der Meister über das Gesetz und die Sache, der damit, als mit seinem Belieben, *nur spielt*, und in diesem ironischen Bewußtsein, in welchem ich das Höchste untergehen lasse, *nur mich genieße*«.[27]

Hegel engt das Gewissen also nicht auf das nachträglich schlechte Gewissen ein, sondern versteht es als *Entscheidungsstätte* über Recht und Sitte. Das Gewissen ist nach Hegel nicht gewillt, vorgegebene Ordnungen anzuerkennen. Wenn es sich aber so auf sich selbst versteift, dann ist es auch bereit, das Böse zu tun, denn das Böse ist ja das Abweichen vom Vorgegebenen. Hegel erklärt: »Das Gewissen ist als formelle Subjektivität schlechthin dies, auf dem Sprunge zu sein, ins *Böse* umzuschlagen; an der für sich seienden, für sich wissenden und beschließenden Gewissheit seiner selbst haben beide, die Moralität und das Böse, ihre gemeinschaftliche Wurzel«.[28]

Hegel bringt das Böse sehr sophistisch mit der Heuchelei in einen Zusammenhang.

Der Moralist gibt unter Umständen das Böse als Gutes aus oder als notwendigen Umweg, um zum Ziel zu kommen. Wenn man das Gute auf jeden Fall verwirklichen will, dann liegt der »berüchtigte Satz« nahe: »der Zweck heiligt die Mittel«.

Hegels Argumentation beruht auf bestimmten Voraussetzungen. Sie ist *gegen Kant* gerichtet und will nicht anerkennen, daß die Moralität ja eine Selbstbindung ist, die sich unter das Gesetz der Vernunft stellt. Hegel fällt hier hinter seine Bestimmung des Willens zurück, die besagt, daß der Wille bei aller Berücksichtigung des Inhaltes ja immer sich selbst als allgemein verbindlich will. Die Dialektik, daß der Wille sich in der Identität mit sich zusammenschließen muß, wird hier zurückgedrängt.

Die weiteren Analysen, die Hegel in der Rechtsphilosophie entwickelt, stellen die *inhaltlichen* Bindungen der Sittlichkeit in den Vordergrund. Es geht hier um die Frage, worin die Verbindlichkeit dieser Inhalte gründet. Für alle diese Untersuchungen ist Hegels Grundüberzeugung der Vernünftigkeit des realen Ganzen, in das der Einzelne eingeordnet ist, maßgebend. Hegel macht von diesem Aspekt her ja der Moralität zum Vorwurf, daß sie so borniert ist, daß sie die Grundstrukturen des Zusammenhanges von Vernunft und Wirklichkeit nicht erkennt, sondern die Welt als schlecht, das heißt als unvernünftig deklariert und eine Sollensethik aufstellt. Hegel begnügt sich nun aber nicht – das ist die andere Seite – damit, die Lebensweltethik gegen die weltlose Moral zu setzen, sondern will beide eben von der wirklichen Vernünftigkeit her versöhnen. Der antike Ansatz, insbesondere die Ethik des Aristoteles, soll in gewisser Weise wiederholt werden, wobei aber die Subjektivität nicht einfach ausgeklammert werden darf.

Die Strukturen der Sittlichkeit sind dadurch bestimmt, daß Freiheit und Selbstbewußtsein und allgemeingeltende und anerkannte Vernünftigkeit vereint sind. Hegel spricht vom *lebendigen Guten*. Diese Bestimmung steht gegen die Sollensmoral. Gleichwohl soll – wie soeben angedeutet – die Subjektivität berücksichtigt werden. Einmal ist zu bedenken, daß die Zeiten sich geändert haben. Die Sittlichkeit darf die Rechte der ihrer nun bewußt gewordenen Individualität und ihrer Freiheit nicht einschränken. Der Einzelne soll wissen, daß seine Freiheit im ganzen im positiven Sinne aufgehoben wird. Das besagt konkret, das Recht der Besonderheit muß gewahrt bleiben. Sodann ist in diesem Zusammenhang zu bedenken – hier zeigt sich die geschichtliche Entwicklung besonders wirksam –, daß Ökonomie, Politik und Ethik nicht mehr wie bei Aristoteles miteinander zu vereinen sind. Die Ökonomie ist in der Gesellschaft zu einem selbständigen Faktor geworden. Ihr Verhältnis zur Ethik und zur Politik ist ein kaum zu bewältigendes Problem.

Überblickt man die konkreten Ausführungen, so zeigt sich deutlich, wie sehr Hegel sich dieser Schwierigkeiten bewußt ist und wie sehr er sie immer erneut zu meistern sucht. Die erste Gestalt der Sittlichkeit, die *Familie*, führt nicht mehr, wie in der Schilderung des Aristoteles, eindeutig zum Staat, sondern zur *Gesellschaft*. Die beiden Größen, Familie und Gesellschaft, sind in gewisser Weise gegensätzlicher Natur. Die Familie gründet in der Ehe. Diese wird nicht geradezu romantisiert, aber sie erscheint doch als der Ort einer unmittelbaren Innigkeit und einer Gesinnung, die auf Liebe und Fürsorge gründet. Ihr Horizont wird überschritten, insofern die Kinder, die als Produkt der Eltern deren Vermittlung darstellen, selbständige Persönlichkeiten werden. Gerade die Erziehung soll dies berücksichtigen. Aber diese sich auf sich stellende Freiheit der familienungebundenen Mitglieder der Gesellschaft bedeutet einen Verlust der Sittlichkeit, insofern sich die Freiheit zur differenzierten Vielfalt entwickelt und weithin durchaus sich *gegeneinander behauptende Interessen* der Einzelnen etabliert.

Hegel stellt hier relativ unvermittelt die *Bedürfnissphäre* als eigenständige Dimension heraus. Er trägt der historischen Tatsache Rechnung, daß Bedürfnisse nicht mehr im Familienverband zu decken sind, sondern überhaupt die vorgegebenen natürlichen Ordnungen übersteigen. Freilich gibt die Anerkenntnis dieses Sachverhaltes nun die Möglichkeit eines Blickwechsels frei: der Mensch kann nun nur noch von seinen Bedürfnissen und Interessen her verstanden werden, und zwar in der Weise, daß diese dem Prinzip der Selbstbehauptung unterstellt werden. Der Kampf aller gegen alle setzt ein, ein Kampf, der nicht mehr mit ethischen Mitteln zu bewältigen ist.

Hegel hat sich intensiv mit modernen Gesellschaftsstrukturen und deren Problematik befaßt. Er spricht der *Arbeitsteilung* einen hohen Rang zu, und er sieht die Notwendigkeit dieser Teilung bis zur möglichen Ausschaltung des Menschen hin. Er erklärt: »Das Allgemeine und Objektive in der Arbeit liegt aber in der *Abstraktion*, welche die Spezifizierung der Mittel und Bedürfnisse bewirkt, damit ebenso die Produktion spezifiziert und die *Teilung der Arbeiten* hervorbringt ... Die Abstraktion des Produzierens macht das Arbeiten ferner immer mehr *mechanisch* und damit am Ende fähig, daß der Mensch davon wegtreten und an seine Stelle die *Maschine* eintreten lassen kann«.[29]

Die Gesellschaft wird solchermaßen *entpolitisiert*. Sie wird zur Stätte der blinden Gewalt elementarer Bewegungen, die die einzelnen geistig und physisch erhalten oder vernichten kann. Sie geraten in einen gegenseitigen Abhängigkeitsbezug. Die Veräußerlichung führt zur Ungleichheit und Ungerechtigkeit und zum *Proletariat*. Dieses Proletariat stellt sich als an die Arbeit gebundene Klasse dar, die nur auf die Arbeit eingeschränkt ist, Reichtum und Genuß konzentrieren sich in »wenigen Händen«, das heißt in den Händen der Machthaber.

Man kann dieser Entwicklung nur Rechnung tragen, indem man die Gesellschaft unter die Idee eines *Not-* und *Verstandesstaates* stellt. Die Konstruktion eines solchen Ordnungsgebildes zielt darauf ab, Recht und Wohl der Privatpersonen zu wahren. Die Einzelinteressen sind miteinander in einen Zusammenhang zu bringen. Hegel schließt an die Darstellung des Systems der Bedürfnisse einen Abschnitt an, der die *Rechtspflege* erörtert. Diese sucht die abstrakte Freiheit, die dem einzelnen in der Gesellschaft zukommt, zum Ausgleich mit der Realität zu bringen. Die realen Mißstände und die Unstimmigkeiten sollen möglichst abgebaut werden. Dies ist nur vom Allgemeinen als einer sichernden Macht her möglich. Diese sichernde Macht stellt sich in der Polizei einerseits und in der Korporation andererseits dar. Die Aufgabe der *Polizei* ist es, die Ordnung des Staates als eines Rechtsinstitutes gegen Übergriffe zu wahren. Die *Korporation* soll bewirken, daß die Gewerbetreibenden sich in Verbänden zusammenschließen und die Interessen des einzelnen der Allgemeinheit unterstellen.

Hegel greift hier auf Gedanken der traditionellen Staatsphilosophie zurück. Wenn er die Korporation herausstellt, will er auf deren Bedeutung hinweisen, die in gewisser Weise der Bedeutung der Familie gleicht. Er erklärt: »Zur *Familie* macht die *Korporation* die zweite, die in der bürgerlichen Gesellschaft gegründete *sittliche* Wurzel des Staats aus ... Heiligkeit der Ehe und die Ehre in der Korporation sind die zwei Momente, um welche sich die Desorganisation der bürgerlichen Gesellschaft dreht«.[30] Man muß in diesem Zusammenhang festhalten, daß Hegel, als er den Übergang von der Familie zur Gesellschaft schildert, den Gedanken, daß die Gesellschaft eine gewisse Auflösung der Familie bewirkt, insofern einzuschränken sucht, als er erklärt, daß Familie und Volk auf *natürlichen gewachsenen Grundlagen* beruhen.

Im *Staat* vollendet sich die Sittlichkeit. Der erste Paragraph des den Staat behandelnden Abschnittes in der Rechtsphilosophie stellt das emphatisch heraus. Er knüpft an den ersten Paragraphen des der Sittlichkeit geltenden Abschnittes an. »Der Staat ist die Wirklichkeit der sittlichen Idee, – der sittliche Geist als der *offenbare*, sich selbst deutliche, substantielle Wille, der sich denkt und weiß und das, was er weiß und insofern er es weiß, vollführt. An der *Sitte* hat er seine unmittelbare, und an dem *Selbstbewußtsein* des Einzelnen, dem Wissen und Tätigkeit desselben seine vermittelte Existenz, sowie dieses durch die Gesinnung in ihm, als seinem Wesen, Zweck und Produkte seiner Tätigkeit, seine *substantielle Freiheit* hat«.[31]

Hegels Ausführungen über den Staat sind ein vielbehandeltes Thema seiner Philosophie. Sie gelten in mehrfacher Hinsicht als problematisch. Dabei ist die Frage, ob Hegel den preußischen Staat verherrlicht oder ob er doch in bestimmten Fassungen seiner Vorlesungen liberale Gedanken vertritt, nicht einmal die zentrale. Die Grundproblematik ist, daß Hegel eine Domäne der Wirklichkeit braucht, in der die Idee der Sittlichkeit *realisiert* ist, denn es ist ja der springende Punkt, daß Sittlichkeit im Gegensatz zur Moral in einem übergreifenden realen Gebilde verankert sein muß. Dies kann nicht mehr die Polis im Sinn des Aristoteles sein. Dies Gebilde muß ja der modernen Situation entsprechend die Moralität und die Gesellschaft berücksichtigen und im negativen und im positiven Sinn in sich aufheben. Eine weitere Schwierigkeit für die Staatskonstruktion Hegels liegt darin, daß Hegel die Theorie eines auf natürliche Neigung aufbauenden Gemeinschaftsgebildes im Sinne der Tradition nicht einfach wiederholen will. Hegel äußert sich kritisch zu den Theorien, die die bürgerliche Gesellschaft aus einem *Triebe zur Geselligkeit* hervorgehen lassen. »Der Trieb der Geselligkeit, der früher in der Philosophie als Grundlage des Staats angenommen wurde, ist etwas Unbestimmtes, Abstraktes, was nur wenige Bestimmungen leisten kann für den weitschichtigen Staat und was höchst dürftig erscheint gegen das, dem es zugrundegelegt wird«.[32] Hegel will aber andererseits den Gedanken des organischen die Familienverbände zusammenschließenden Volksganzen nicht ganz aufgeben.

Ebenso schwierig ist für Hegel der Rückgriff auf die Idee des *Naturrechts*. Naturrecht ist ja ein vieldeutiger Begriff. Bei Lichte besehen deutet es auf den Naturzustand hin, der gerade nicht friedlich ist, sondern durch das Recht des Stärkeren bestimmt wird. Die modernen Staatsphilosophen haben diesem Sachverhalt entsprechend den *Staat ja gegen die Natur* zu konstituieren versucht, indem sie ihn auf *Verträge* zurückführen. Auch Hegel will den Staat als eine »Gründung des Begriffs« verstehen. Der Begriff reißt sich von der Natur los, aber Hegel sucht den Staat zugleich als Vollendung der Sittlichkeit erscheinen zu lassen; in seiner wahren Gestalt muß er über den Verstandesstaat hinausgehen. Hegel stellt den Staat unter drei Grundmöglichkeiten. »Die Idee des Staates hat: a) *unmittelbare* Wirklichkeit und ist der individuelle Staat als sich auf sich beziehender Organismus, – *Verfassung* oder *inneres Staatsrecht*; b) geht sie in das *Verhältnis* des einzelnen Staates zu anderen Staaten über, – *äußeres Staatsrecht*; c) ist sie die allgemeine Idee als *Gattung* und absolute Macht gegen die individuellen Staaten, der Geist, der sich im Prozesse der *Weltgeschichte* seine Wirklichkeit gibt«.[38]

Diese Einteilung zeigt sehr deutlich an, wie umfassend Hegel argumentiert. Es geht nicht nur, wie bei Aristoteles, um die *innere* nach außen abgedichtete Verfassung der Polis, es geht auch nicht nur um das *Verhältnis der Staaten* gegeneinander, das im modernen Völkerrecht thematisiert wird, sondern es geht auch und vor allem um die grundsätzliche Bedeutung des Staates unter dem Aspekt der *Weltgeschichte*, denn – das ist der springende Punkt –, wenn Hegels philosophisches Grundprinzip besagt, daß die Welt im Ganzen vernünftig ist, dann kann die Sittlichkeit, die ja ein wesentliches Indiz der Vernünftigkeit ist und deren Struktur als Verbindung von Selbstbewußtsein und Substanz anzeigt, nicht auf inner- und außerstaatliche Bezüge beschränkt sein, sondern muß die Vernünftigkeit des Weltgeschehens, in dem der Weltgeist wirksam ist, aufzeigen.

Wir können hier die einzelnen Bestimmungen des Staatsaufbaus nicht darlegen, wesentlich ist, daß Hegel versucht, den Staat als ein gegensätzliches und doch ergänzendes Äquivalent gegen die Gesellschaft anzusetzen: es gibt nicht nur die äußeren, durch Industrialisierung und Mechanisierung bedingten Verhältnisse, sondern es finden sich auch noch die auf Sittlichkeit und Gewohnheit beruhenden allgemeinverbindlichen Formationen von Handlungen, die sich zu *Institutionen* ausbilden, in denen die Menschen miteinander nicht nur durch Bedürfnisbefriedigung vereinigt sind. Der Staatsbürger im Gegensatz zum Angehörigen der Gesellschaft denkt vom Ganzen her. Er ist von der Gesinnung des *Patriotismus* getragen, und er weiß, daß der Staat das allgemeine Interesse vertritt, in dem die Einzelinteressen im positiven Sinn aufgehoben sind.

Der Staat repräsentiert sich in den *Ständen*, der Regierung und letztlich in der fürstlichen Gewalt des *Monarchen*. Hegel erklärt, daß die Subjektivität, insofern sie mit dem substantiellen Willen identisch sei, sich im Begriff der fürstlichen Gewalt verkörpere. Man hat diesen Gedanken der Herrschaft eines Einzelnen und insbesondere die Idee der Erblichkeit der Monarchie getadelt. Sie entspricht aber durchaus Hegels Vermittlungstendenz von Natürlichkeit und Geistigkeit. Es muß einen *Träger* der Vernünftigkeit geben, der diese äußerlich und unmittelbar darstellt. Der Herrscher soll objektiv dem Gesetz verantwortlich und subjektiv durch sein Gewissen auf das Ganze verpflichtet sein.

Überdenkt man den Ansatz dieser Staatskonstruktion, so sieht man, wie sehr hier der Gedanke des Gewachsenen und Gewohnten im Sinne des Aristoteles, der die Demokratie der freien Staatsbürger herausstellt, zurücktritt zugunsten einer durchorganisierten ständischen Ordnung, die sich im Monarchen repräsentiert. Diese Umorientierung gründet nicht nur in der geschichtlichen Entwicklung, durch die die Idee der gewachsenen Lebenswelt, sich repräsentierend im Verband einer geschlossenen Polis als eines Kleingebildes, fraglich wurde, sondern darin, daß – und dies ist ein wesentlicher Sachverhalt – der Gedanke der Vernünftigkeit des Staates sich letzlich eben doch als eine »unnatürliche«, allein philosophisch zu verifizierende Konstruktion bewähren muß. Das besagt, daß nicht nur gezeigt werden soll, daß und wie sich die Vernünftigkeit im Staat gegen den Anschein durchsetzt, sondern daß sich in dieser Vernünftigkeit der *Weltgeist* am Werke zeigt.

Der zweite dem Staat gewidmete Abschnitt ist überschrieben *»Die Souveränität gegen außen«*. Hier spielt der Gedanke der dialektischen Vermittlung der Vernünftigkeit in der Realität durch die *Negativität* hindurch, das heißt der Gedanke der praktischen Machtansprüche der einzelnen Staaten im Kampf gegeneinander, eine wesentliche Rolle. Um ihn zu verstehen, muß man einen Blick auf Hegels *Geschichtsphilosophie* werfen. Wenn – wie wir behaupten – die These der Vernünftigkeit der Welt sich nur im Durchblick auf die Weltgeschichte im Ganzen durchführen läßt, dann muß nicht nur die geschichtliche Vielfalt, sondern auch die Tatsache der geschichtlichen Veränderung im Sinne des *Untergangs* von Völkern und Staatsgebilden gerechtfertigt werden.

In diesem geschichtlichen Geschehen ist der *Weltgeist* der eigentliche Akteur. Er ist »gemäß dem göttlichen Geiste, welcher der absolute Geist ist«.[34] Er allein hat den *End*zweck, die Verwirklichung der Freiheit unverrückbar im Auge. Aber dieser Geist hält sich zurück, er greift nicht ein. Unter dem Weltgeist stehen die *Volksgeister*. Diese Volksgeister sind bereits Besonderungen und treten daher pluralistisch auf. Vom Weltgeist her gesehen ist zu sagen, »sein Bewußtsein muß sich in der Welt gestalten; das Material dieser Realisierung, ihr Boden ist nichts anderes als das allgemeine Bewußtsein, das Bewußtsein eines *Volkes*«.[35] Durch den Volksgeist wird die Nation geprägt – unter Nation im engeren Sinne versteht Hegel das Volk, insofern dies durch natürliche Gegebenheiten bedingt sich von anderen Völkern unterscheidet.

Der einzelne Staat als solcher stellt bereits ein besonderes Individuum dar »als ausschließendes Für-sich-sein«. Das bedeutet, er ist nicht nur berechtigt, sondern verpflichtet zu kämpfen und Krieg zu führen. Hegel erklärt: »Der Krieg als der Zustand, in welchem mit der Eitelkeit der zeitlichen Güter und Dinge, die sonst eine erbauliche Redensart zu sein pflegt, ernst gemacht wird, ist hiermit das Moment, worin die Idealität des *Besonderen ihr Recht* erhält und Wirklichkeit wird«.[36] Die Idee der Negativität konkretisiert sich hier als aktive Vernichtung eines Machtgebildes durch ein anderes, zwischen denen als besonderen Willen keine Übereinkunft möglich ist. Das Sittlich-Ganze wird hier dem *Zufall* ausgesetzt. Der berühmte § 340 zeigt diese Negativität und die sie aufhebende Dialektik deutlich an: die Volksgeister sind nur beschränkt und sie unterstehen der »Dialektik der Endlichkeit dieser Geister, aus welcher der *allgemeine* Geist, der *Geist der Welt*, als unbeschränkt ebenso sich hervorbringt, als er es ist, der sein Recht, – und sein Recht ist das allerhöchste – an ihnen in der *Weltgeschichte*, als dem *Weltgerichte* ausübt«.[37]

Hier kommt Hegels globale Vermittlungsidee der Aufhebung durch Negation hindurch, als und insofern sie im Gegensatz zur Konzeption der unmittelbaren Lebensweltordnung steht, deutlich ins Wort. Der Staat im Sinne der Lebenswelt ist ein beschränktes Gebilde, sich als Polisgemeinschaft für sich konstituierend, läßt er sich nicht unmittelbar im positiven Sinne mit dem Ganzen der Welt vermitteln. Hegel erachtet es daher für nötig, Staats- und Rechtsphilosophie durch eine *Geschichtsphilosophie* nicht nur zu ergänzen, sondern zu *fundieren*.

Es ist aber, wenn man den Bezug der Staatsphilosophie zur Geschichtsphilosophie adäquat verstehen will, ein Mehrfaches zu beachten, denn dieser Bezug ist durchaus nicht einheitlich. Geschichtlich betrachtet zeigt sich das Geschehen als ein *Fortschritt im Bewußtsein der Freiheit*. An diesem Gedanken der Freiheit ist das Geschehen zu bemessen. Die Entwicklung der Freiheitsidee ist durch einen Stufengang bestimmt. Die Orientalen wissen nicht, daß der Mensch an und für sich frei ist, sie wissen nur, daß *einer*, der Despot, frei ist, aber die Freiheit dieses einen ist *bloße Willkür*. Bei den *Griechen* und *Römern* ist das Bewußtsein der Freiheit aufgekommen, aber nicht allgemein, sondern nur bei einigen, und nur diese waren frei, »darum haben die Griechen nicht nur Sklaven gehabt und ist ihr Leben und der Bestand ihrer schönen Freiheit daran gebunden gewesen, sondern auch ihre Freiheit war selbst teils nur eine zufällige, unausgearbeitete, vergängliche und beschränkte Blume, teils zugleich eine harte Knechtschaft des Menschlichen, des Humanen«.[38] Erst im *Christentum* ist das Bewußtsein der Freiheit allgemein geworden, und damit ist der weltgeschichtlich relevante Vorgang einer Verweltlichung der Freiheit eingeleitet worden. Der Weg führt von der *religiös-innerlichen Freiheit* zu der *bürgerlichen* Freiheit. Das Christentum hat ja noch nicht die Sklaverei abgeschafft, erst die Umsetzung der religiösen Freiheit in »*weltliche Allgemeinheit*« hat hier Abhilfe geschaffen. Der Sinn der Entwicklung ist, der »*Anwendung*« der Freiheit in der Welt entsprechend, die vernünftige Organisation von Regierungen und Verfassungen, die als solche auf den »*allgemein gemachten*« *Prinzipien* der *Freiheit* gegründet sind. Und hier findet auch der einzelne die substantielle Freiheit, denn im Staat ist das subjektive und objektive Moment der Freiheit vereint. Die Freiheitsidee wird also von Hegel mit der Idee des modernen Staates verbunden durch den Gedanken, daß in diesem Staat eine *allgemeine bürgerliche Freiheit* Realität haben soll.

Dieser empirisch abgestützten Geschichtssicht des Fortschritts steht – das ist das Zweite – die Idee der Negativität entgegen. Negativität bedeutet hier den Untergang bestimmter geschichtlicher Konstellationen, wie sie sich in einem Volk und einem Staat darstellen. Dieser Untergang wird von Hegel durchaus unter biologischen Kategorien verstanden; die betreffenden Volksgeister sind kraftlos geworden und haben ihre Rolle im Weltgeschehen ausgespielt. Hegel betont in diesem Zusammenhang, daß Geschichte nie ganz eindeutig die Vernünftigkeit aufzeigen kann. Die Auskunft, daß Weltgeschichte und Weltgericht identisch sind, ändert nichts daran, daß Geschichte ihrer Struktur nach außerordentlich zweideutig ist, und zwar so zweideutig, daß man aus ihr nichts lernen kann. Im Gegenteil: was aus der Geschichte gelernt werden kann, ist nach Hegel die Tatsache, daß Völker und Regierungen niemals aus der Geschichte gelernt haben. Geschichte ist auch vom Standpunkt des individuellen Glücks sinnlos. Hegel sagt: »Die Geschichte ist nicht der Boden für das Glück. Die Zeiten des Glücks sind in ihr leere Blätter«.[39]

Zwischen den *Individuen*, ihrer Beschränktheit, und der *Weltgeschichte* klaffen bedeutsame Differenzen auf. Die Individuen wollen im Grunde genommen nur ihr persönliches Glück, Lebenserfüllung ihrer Interessen und Ansprüche, zu denen nicht nur »das private Glück im Winkel«, sondern auch ein erfolgreiches Wirken auf das Allgemeine hin gehören: Der Trieb zur Berühmtheit, das Anerkanntsein als Held, der große Taten getan hat, beseeelt die »großen Individuen«.

Hier bringt nun Hegel die bekannte und berüchtigte Konzeption der *List der Vernunft* und ihres Bezuges zu den Leidenschaften der Einzelnen ins Spiel. Die privaten Ziele werden der allgemeinen Idee unterstellt, die die Individuen als Mittel gebraucht. Hegel erklärt: »Nicht die allgemeine Idee ist es, welche sich in Gegensatz und Kampf, welche sich in Gefahr begibt; sie hält sich unangegriffen und unbeschädigt im Hintergrund und schickt das Besondere der Leidenschaft in den Kampf, sich abzureiben. Man kann es die *List der Vernunft* nennen, daß sie die Leidenschaften für sich wirken läßt, wobei das, durch was sie sich in Existenz setzt, einbüßt und Schaden leidet. Denn es ist die Erscheinung, von der ein Teil nichtig, ein Teil affirmativ ist«.[40]

Der Träger dieser allgemeinen Idee ist einzig und allein der Weltgeist, dessen Wirken immer erst hinterher zu erkennen ist und zwar nur in einer *philosophischen* Betrachtung, die das Zufällige und Besondere durchdringt, indem sie es auf die Idee zurückführt. Hegel erklärt: »Gleich dem Seelenführer Merkur ist die Idee in Wahrheit der Völker- und Weltführer, und der Geist, sein vernünftiger und notwendiger Wille ist es, der die Weltbegebenheiten geführt hat und führt«.[41]

Die Dialektik, durch die Hegel das Untergehen von Völkern und das Scheitern persönlicher Ansprüche von Individuen auf die Idee des allgemeinen Fortschrittes bezieht und von dieser her die sich zeigende Negativität des geschichtlichen Geschehens rechtfertigt, ist problematisch. Man kann sie ja nicht nur von untergegangenen Volksgruppen und Individuen her, insofern diese Glücksansprüche stellen, betrachten, sondern muß das geschichtliche Geschehen ja auch vom Standpunkt der *Moral* bedenken, und da bricht ein unauflöslicher Widerstreit auf. Hegel stellt ihn – das ist erstaunlich – sehr eindeutig heraus. Er führt eine *scharfe Trennung* zwischen *moralischer* und geschichtlicher Betrachtung durch, und zwar in der Weise, daß er das *Recht beider Betrachtungen* anerkennt. Moralität ist Sache des *einzelnen*, seines Gewissens und seiner persönlichen Einsicht. In der Moralität und der Religion überschreitet der Mensch die historische Dimension und ist *Zweck an sich*. Moralisches Tun kann also *nicht* an geschichtlichem Erfolg oder Mißerfolg gemessen werden. »Dieser innere Mittelpunkt, diese einfache Region des Rechts der subjektiven Freiheit, der Herd des Wollens, Entschließens und Tuns, der abstrakte Inhalt des Gewissens, das, worin Schuld und Wert des Individuums, sein ewiges Gericht, eingeschlossen ist, bleibt unangetastet und ist dem lauten Lärm der Weltgeschichte und nicht nur den äußerlichen und zeitlichen Veränderungen, sondern auch denjenigen, welche die absolute Notwendigkeit des Freiheitsbegriffs selbst mit sich bringt, entnommen«.[42]

Es zeigt sich hier sehr deutlich, daß die einfache Konstruktion, der zufolge die Sittlichkeit die Moral aufhebt, von Hegel selbst offensichtlich nicht ganz bruchlos anerkannt wird. Hegel ist in dieser Hinsicht seinen modernen Auslegern, die ihn auf die Repristination der aristotelischen Philosophie festlegen wollen, überlegen. Er weiß um die geschichtlichen Zäsuren, die einen einfachen Rückgriff auf die intakte Lebenswelt im Sinne der antiken Philosophie nicht zulassen. Die *Subjektivität* ist und bleibt ein »Störfaktor« der einfachen Sittlichkeit, oder anders: ihre Anliegen sind innerhalb der sittlichen Dimension nicht voll zu befriedigen.

Hegels Vollendung der Metaphysik, die auch den Abschluß der Ethik, die unter metaphysischem Aspekt steht, bedeutet, ist nicht eindeutig. Die Zweideutigkeit dieser Konstruktion zeigt sich darin, daß Hegel auf der einen Seite die Spekulation als Voraussetzung seines Denkens ansetzt: die alles tragende Logik eröffnet als *Reich der Gedanken* eine Dimension, die als absolute Wissenschaft allein in sich ruht; auf der anderen Seite soll aber dies Reich der Gedanken als durchgängig die Realität bestimmend nachgewiesen werden, man soll nicht nur zu ihm aufsteigen, durch historische Studien soll vielmehr gezeigt werden, daß und wie sich die Vernünftigkeit als immer schon in der *Realität* wirksam und das besagt: als nicht Gefordertes erweist.

Um diesen Sachverhalt noch einmal in bezug auf die Kontroverse von Moralität und Sittlichkeit darzulegen: Hegel steht *gegen Kant und Fichte*, die der Überzeugung waren, daß unsere Welt im argen läge und daß eine Ethik des Sollens notwendig sei, um mögliche Verbesserung in Gang zu bringen. Hegel hat sich gegen ein solches Vorhaben immer mit Entschiedenheit ausgesprochen. Man verkenne solchermaßen die Macht der Idee, die Idee sei nicht so ohnmächtig, »um nur zu sollen und nicht wirklich zu sein«, heißt es in der »Enzyklopädie«.[43]

Die Voraussetzung dieses Ansatzes ist es zu begreifen, daß die Ausführung des Guten nichts anderes sein kann als das Erfassen der wahrhaft seienden Objektivität, die als solche gar nicht hergestellt werden muß, weil sie schon existiert. Das Handeln wird auf das Erkennen zurückgeführt, und zwar auf ein Erkennen, das begreift, daß die vorgefundene Wirklichkeit als der ausgeführte absolute Zweck bestimmt ist. Als solche ist sie die »objektive Welt, deren innerer Grund und wirkliches Bestehen der Begriff ist«.[44]

In der Entwicklung, die nach Hegel einsetzt, wird der Grundsatz der Vernünftigkeit des Seins radikal in Frage gestellt. An die Stelle der Erkenntnis einer als vernünftig deklarierten Welt soll das Handeln gesetzt werden als eine mögliche *Verbesserung der negativen Gegebenheiten.* Dies Handeln ist nicht mehr von den Prinzipien einer moralischen Besinnung geleitet. Es entschlägt sich überhaupt weithin der ethischen Problematik. Dies entspricht der Grundüberzeugung, daß der Ort der Negativität nicht primär in der privaten Bösartigkeit des Einzelnen zu suchen sei, sondern in den *gesellschaftlichen Verhältnissen* im Ganzen. An die Stelle der philosophisch-metaphysischen Auslegung »von oben her« muß der Blick auf die Realität *»von unten her«* treten, und von dieser Realität her ist nun konkret zu fragen, ob und wie mögliche Verbesserungen in die Wege zu leiten seien, wobei das Ziel ist, daß die natürlichen Bedürfnisse für alle Menschen angemessen befriedigt werden können. Dies Ziel kann aber nur durch ein Handeln erreicht werden, das sich kollektiv zusammenschließt.

Sechstes Kapitel
Die Aufhebung der traditionellen Metaphysik und die Wende zur realen Welt

Vorbemerkung

Die *Ansätze der Ethik im späteren 19. Jahrhundert* sind vielfältiger Art. Sie stellen zum Teil Gegensätze heraus, und es ist schwer, im positiven Sinn eine Gemeinsamkeit zwischen ihnen festzustellen. Dagegen läßt sich eine gewisse Verwandtschaft zwischen ihnen ausmachen, wenn man die Positionen beachtet, *gegen* die sie sich stellen. Es ist dies die traditionelle Metaphysik, die vom Gedanken der Vernünftigkeit bestimmt ist, der nur spekulativ begründet werden kann in der Form einer Aufhebung der theologischen Metaphysik, für die Gott das Weltgeschehen eindeutig regelt und letzlich immer zum Besten hin leitet.

Aber die Abkehr von der Metaphysik ist – wie soeben angedeutet – den Tendenzen und dem Grad ihrer Radikalität nach sehr verschiedenartig. Es handelt sich einmal um Ersetzung der »positiven Metaphysik« der Tradition durch eine *»negative Metaphysik«*, das heißt eine Metaphysik, für die die Welt im Ganzen unter dem Signum der Sinnlosigkeit steht, die sich verschieden zeigt und zu der man vor allem gegensätzlich, sie verneinend oder bejahend, Stellung nehmen kann. Schopenhauer und Nietzsche sind die Repräsentanten dieser Ansätze. Anders ist der Gegenzug zur traditionellen Metaphysik strukturiert, der sich in der *Wissenschaft* vollzieht. Die Metaphysik wird als unfruchtbar zur Seite geschoben und durch wissenschaftliche Forschung ersetzt, die zugleich praktischen Nutzen haben kann und soll. Maßgebend ist – das ist der entscheidende Grundzug, der Wissenschaft und Technik bestimmt – die *Wende zur realen Welt*. Es gilt ohne philosophische Vorurteile diese Welt zu erforschen. Der Vorgang der Verwissenschaftlichung ist regional insbesondere von den methodischen und praktischen Aspekten der Wissenschaft her zu differenzieren. Um dies an drei berühmten Namen beispielhaft zu illustrieren: Wenn es, wie bei *Darwin*, um die Frage der Evolution geht, kann sich die These des Kampfes ums Überleben zwar in sozialer Hinsicht auswirken, aber die Wende zur Praxis vollzieht sich hier weit indirekter als die von *Marx* abgeleitete direkte Kritik der sozialen Verhältnisse von ökonomischen Gesichtspunkten her, diese Kritik soll ja die Massen der Unterdrückten zum Handeln aufrufen. Und *Freuds* Entdeckung der Macht der Triebschicht, insbesondere der Sexualität, bewegt sich primär im Bereich einer wissenschaftlich fundierten Anthropologie, sie ist aber als praktische Therapie konzipiert, die dem Einzelnen helfen soll.

Freilich: alle diese Ansätze kommen darin überein, auf wissenschaftlich wohlfundierten Analysen aufzubauen. *Sie setzen alle die Ethik herab*, aber in unterschiedlicher Form. Ethik kann als nutzlose, jedoch unschädliche Sphäre angesehen werden. Sie kann als auf verfehlten Annahmen beruhend direkt angegangen werden. Und schließlich ist es möglich, sie in den Dienst des Fortschrittes als Verbesserung der Verhältnisse einzuordnen.

Das 19. Jahrhundert ist ein Zeitalter der Vielheit der Möglichkeiten und der Ungleichzeitigkeit. So fährt, um dies als Beispiel anzuführen, die Schicht der Gebildeten weithin »zweigleisig«. Religion, Kunst und Philosophie, die Domänen des absoluten

Geistes im Sinne Hegels, werden als *Ausweichphänomene* anerkannt. Sie sind nicht mehr ontologisch abgesichert, stehen dem Einzelnen aber offen, wenn er das Alltägliche übersteigen will. Auch die Ethik kann für den Einzelnen zweckmäßig sein, wenn die Wissenschaft die weltanschaulichen Bedürfnisse nicht ganz befriedigt, sie hat dann wie die Religion und Kunst Ergänzungsfunktion. Schließlich ist aber noch eine weitere Möglichkeit herauszustellen, die von den Ansätzen einer negativen Metaphysik und der Ausgrenzung der Ethik durch die Verwissenschaftlichung zu unterscheiden ist. Sie ist für die Ethik besonders wichtig: in ihr gewinnt die *eigene Existenz* hohe Bedeutung, auch wenn sie das Weltganze nicht mehr zu durchschauen vermag. Kierkegaard in der Nachfolge von Sokrates hat den Gedanken, daß die Sorge um die eigene Existenz vorgängig ist, zu einer Wirkung gebracht, in der noch einmal die Philosophie eine zwar eigenwillige, aber völlig durchdachte Grundpostion zu etablieren vermag.

Wir suchen nun die einzelnen Ansätze ein wenig genauer auszulegen.

I. Gegensätzliche Aspekte der Metaphysik unter dem Aspekt des Willens

Vorbemerkung

Der Gedanke der *Negativität* spielt in der *Metaphysik der Tradition* eine wesentliche Rolle. Er führt bei Plato zur Etablierung der wahren Welt und im Christentum wird er radikalisiert: die ursprüngliche Welt ist aufgehoben worden durch den Sündenfall des Menschen. Das Trachten des Menschen ist – dieser Gedanke wird in der Tradition immer wieder herausgestellt – von Jugend an böse. Es ist durch Egoität bestimmt. Der Mensch ist ein zweideutiges Wesen, das die Freiheit zum Guten und zum Bösen hat. Kann er gegen seine Triebe angehen, ist er dazu stark genug?

Diese Frage ist in der metaphysischen Ethik und in der Lebensweltethik verschieden behandelt worden. Die *Lebensweltethik* denkt den Menschen wesentlich als eine Einheit von Geist und Leib. Sie neigt überhaupt dazu, die Gegensätze möglichst einzuebnen und als Spannungen des Lebens zu verstehen, das sich über alle Negativität hinweg immer wieder durchsetzt. Die *metaphysische Ethik* dagegen setzt einen absoluten Gegensatz von Geist und Körper an. Der Geist ist das höhere Prinzip. Als Geistwesen gehört der Mensch dem übersinnlichen Kosmos an. Von diesem Schema her ist die Grundforderung der Ethik zu verstehen. Der Mensch soll zu dem Oberen transzendieren und aufgrund dieser Tendenz das Untere beherrschen. Alles Tun ist ontologisch vorgelenkt und ausgerichtet von der Idee einer hierarchisch-dualistischen Seinsordnung, der der Mensch zu entsprechen hat, und der er eben auch entsprechen kann, weil die ursprüngliche Macht in ihm der *Geist* und der *vernünftige Wille* ist.

Dieser Ansatz wird immer wieder fraglich gemacht durch die Einsicht, daß in der unteren Welt die Negativität das beherrschende Prinzip ist. Der eigentliche Umschwung ereignet sich aber erst, als die Behauptung, daß im Menschen die Vernunft nicht die maßgebende Kraft sei, sondern daß die *Triebschicht* bestimmend sei, zur allgemein anerkannten Grundlage der Anthropologie wird. Von da aus ergibt sich nun die Notwendigkeit oder zumindest die Möglichkeit, die Vernunftethik zu negieren. Dies kann auf durchaus verschiedenen Wegen geschehen: durch wissenschaftliche Kritik unter biologischen oder psychologischen Aspekten, von den Lebensverhältnissen her in ökonomischer Hinsicht, aber auch von der Metaphysik selbst her, insofern diese sich grundsätzlich wandelt, das heißt, den Vorrang der Unvernunft anerkennt. Es geht dann nur darum, wie man sich zu ihm einstellt. Man kann der Unvernunft zu entgehen versuchen oder sie in einer paradoxen Form bejahen. Der erste Versuch ist von Schopenhauer unternommen worden, der zweite von Nietzsche. Wir legen zunächst den Ansatz von Schopenhauer dar.

1. Der Wille als Quelle des Leidens und seine Verneinung. Schopenhauer

Der Titel von *Schopenhauers* Hauptwerk lautet *»Die Welt als Wille und Vorstellung«*. Er enthält drei Begriffe: Welt, Wille und Vorstellung. Der Terminus *»Welt«* besagt: der Mensch ist ein animal metaphysicum, er muß nach dem Sein im Ganzen, das heißt der Welt und deren Sinn fragen. Die Welt soll auf einen Grundbegriff gebracht werden, diesen Grundbegriff nennt Schopenhauer das *Ding an sich*. Das Ding an sich ist im Gegensatz zu den Erscheinungen das wahre Wesen der Welt. Die beiden anderen Begriffe, *Vorstellung* und *Wille*, werden nun ihrerseits auf Erscheinung und Wesen verteilt. Die Welt, wie sie mir als *erkennendem* Subjekt begegnet, ist nie die wirkliche Welt, sie ist nur als Vorstellung da. Der *Wesensgehalt* der Welt ist *Wille*, und der Wille ist unmittelbar zu erfassen.

Schopenhauer geht im ersten und dritten Buch seines Hauptwerkes dem Phänomen der Vorstellung nach, im zweiten und vierten Buch thematisiert er den Willen. Die Behandlung des Willens ist entscheidend. Was Schopenhauer über die Welt als Vorstellung sagt, ist weitgehend traditionell bedingt und widersprüchlich. Die Bestimmung des Willens dagegen ist neuartig, sie hebt die traditionelle Bestimmung des Willens auf. Wenn man sie versteht, hat man den *Grundansatz* von Schopenhauers Philosophie begriffen.

Die erste Möglichkeit der Erfassung des Willens ist die *Selbsterfahrung*, das heißt die Erfassung meiner selbst als *Leib*. Es gibt zwei verschiedene Erkenntniszugänge zum Leib. Auf der einen Seite ist der Leib, und zwar nicht nur der fremde, sondern auch der eigene, Gegenstand der Vorstellung, ein in Raum und Zeit vorhandenes materielles Etwas, das mechanisch und kausal erklärbar ist. Auf der anderen Seite ist er »jenes jedem unmittelbar Bekannte, welches das Wort *Wille* bezeichnet. Jeder wahre Akt seines Willens ist sofort und unausbleiblich auch eine Bewegung seines Leibes: er kann den Akt nicht wirklich wollen, ohne zugleich wahrzunehmen, daß er als Bewegung des Leibes erscheint ... Und diesem entsprechend ist andererseits jede Einwirkung auf den Leib sofort und unmittelbar auch Einwirkung auf den Willen: sie heißt als solche Schmerz, wenn sie dem Willen zuwider; Wohlbehagen, Wollust, wenn sie ihm gemäß ist«.[1] Schopenhauer stellt fest: »Die Teile des Leibes müssen deshalb den Hauptbegehrungen, durch welche der Wille sich manifestiert, vollkommen entsprechen, müssen der sichtbare Ausdruck derselben sein: Zähne, Schlund und Darmkanal sind der objektivierte Hunger, die Genitalien der objektivierte Geschlechtstrieb, die greifenden Hände, die raschen Füße entsprechen dem schon mittelbaren Streben des Willens, welches sie darstellen«.[2]

Betrachtet man den Willen in dieser Weise, insbesondere in seiner höchsten Erscheinung, *beim Menschen*, so zeigt sich, daß der Wille als Wille nie zur Einigkeit mit sich selbst kommt. Er ist mit sich selbst entzweit und treibt sich ständig weiter. Der Wille ist unersättlich, denn im Erreichen des jeweiligen Ziels endet ja das Habenwollen nicht, sondern erstrebt bereits ein Neues. Schopenhauer erklärt nun, daß der Wille gar nicht zielhaft ist, denn Ziele sind vorübergehende und wechselhafte Einzelheiten. Der Wille selbst will *schlechthin*, und dies besagt, daß er *grundlos* ist: ich kann mir zwar klarmachen, warum ich dies und nicht jenes will, *ich kann aber nicht begründen, warum ich überhaupt will.*

Der Wille ist das Wesensmerkmal des Lebens, und dieser Wille ist als Grundkraft nicht steuerbar. Um es noch einmal zu sagen: intentional kann ich mich auf etwas Bestimmtes richten und meine Ziele als solche verändern, aber daß ich *durchgängig* vom Wollen als solchem angetrieben werde, das kann ich nicht ändern.

Wenn der Wille die maßgebende Macht in mir ist, dann ist von ihm her der Bezug zum *Intellekt* zu bestimmen. Schopenhauer kehrt die traditionelle Einstellung, die behauptet, daß der Wille dem Verstand untergeordnet sei, um. Er erklärt: *Der Verstand dient dem Willen.* Der Verstand ist gleichsam ein Instinktersatz. Das Tier kann sich auf seine Instinkte verlassen, aber der Mensch ist instinktarm, er muß den Verstand als Mittel der Lebensführung einsetzen. In einer sehr lichtvollen Formulierung erklärt Schopenhauer vom Willen im Menschen: »Der Wille, der bis hierher im Dunkeln, höchst sicher und unfehlbar, seinen Trieb verfolgte, hat sich auf dieser Stufe ein Licht angezündet, als ein Mittel, welches notwendig wurde, zur Aufhebung des Nachteils, der aus dem Gedränge und der komplizierten Beschaffenheit seiner Erscheinungen eben den vollendetsten erwachsen würde«.[3]

Auf das Wesen des Willens hin betrachtet ist der Unterschied zwischen Tier und Mensch aber nur graduell. Schopenhauer erklärt: »Die Haupt- und Grundtriebfeder im Menschen wie im Tiere ist der *Egoismus*, d. h. der Drang zum Dasein und Wohlsein«.[4] Der *Egoismus* ist das Urgesetz, dem alles unterworfen ist. Er zeigt sich bereits in der *Natur*, denn die Natur wird durch *Streit und Kampf* bestimmt. Dieser Kampf ist vielfältig, er nimmt aber, je höher das kämpfende Wesen steht, immer schrecklichere Formen an. Die Pflanze findet noch unmittelbar ihre Nahrung an dem Ort, an dem sie wächst. Das bewegliche Tier dagegen muß sich Nahrungsplätze suchen, hier gibt es »Gedränge und Gewirre« um den Futterplatz. Entsprechendes zeigt sich in bezug auf die Fortpflanzung. Bei der Pflanze geschieht diese noch ohne ausdrückliche Partnerwahl, bei den Tieren kämpfen die Männchen gegeneinander, der Stärkere setzt sich durch. Beim Menschen aber wird beides, Nahrungssuche und Fortpflanzung, nicht mehr in der von der Natur vorgegebenen Form vollzogen, sondern hier setzt die bewußte Überlegung ein.

Der Mensch ist fähig, sich immer neue Möglichkeiten zu ersinnen, wie er sich durchsetzen könne. Dieser Durchsetzungswille richtet sich wesentlich *gegen* die Mitmenschen. Beim Menschen ist nicht mehr nur die Unterjochung von unter ihm stehenden Lebewesen das Übliche, sondern der Kampf ist *Konkurrenzkampf* der Menschen untereinander. Schopenhauer bringt diesen Kampf bereits weitgehend unter *ökonomische* Bestimmungen. Das Terrain ist zu klein, um allen Platz zu gewähren, so muß man um den Raum kämpfen, und entsprechend muß die Zeit in die Planung einbezogen werden.

Schopenhauer bleibt aber nicht dabei stehen, den Zusammenhang zwischen Willen und Egoismus unter dem Gesichtspunkt der Selbsterhaltung herauszustellen. Wenn der

Wille nie die endgültige Befriedigung findet, weil das wollende Wesen mit sich selbst nicht ins Reine kommt, dann muß die Negativität des Willens sich auch und gerade in den Bereichen zeigen, die über das physische Streben nach Selbsterhaltung hinausgehen. Der Mensch vermag, so sagt Schopenhauer, künstliche Überlegungen anzustellen, wie er andere unterdrücken kann. Diese Überlegungen können sich in sich selbst gleichsam anreichern. Hier setzen die *spezifischen* Egoismen der Menschen ein: Übelwollen, Schadenfreude, Gehässigkeit, Bosheit, Grausamkeit. In einer außerordentlichen Hellsichtigkeit hat Schopenhauer gezeigt, wie der Egoismus hier gar nicht mehr von der Not her gesteuert ist, sondern sich in sich übersteigert. »Der *Grausamkeit* ist«, so sagt Schopenhauer, »das fremde Leiden nicht mehr Mittel zur Erlangung der Zwecke des eigenen Willens, sondern Zweck an sich. Der Mensch, bei dem das Wollen sich zu einer solchen inneren Unruhe steigert, daß es keine direkte Befriedigung mehr erhoffen kann, dieser sucht nun indirekt die Linderung, deren er direkt nicht fähig ist, sucht nämlich durch den Anblick des fremden Leidens, welches er zugleich als eine Äußerung seiner Macht erkennt, das eigene zu mildern. *Fremdes Leiden* wird ihm jetzt Zweck an sich, ist ihm ein Anblick, an dem er sich weidet: und so entsteht die Erscheinung der eigentlichen Grausamkeit«.[5]

Der Überschuß des Wollens über die Stillung der Not hinaus will sich um jeden Preis ausleben. Wenn man also nicht mehr aus Not unterjocht, dann unterjocht man aus *Freude am Leid des Anderen.* Schopenhauer kann daher klassifizierend sagen, daß neben dem *Egoismus*, der das eigene Wohl will, die *Bosheit* stehe, die das fremde Wehe will, und sie gehe bis zur äußersten Grausamkeit, aber beide Triebfedern entspringen dem selben Grunde: dem mit sich entzweiten Willen. Die Zeiten des sogenannten Glückes sind nichts anderes als kurze Atempausen in diesem ständigen rastlosen Vorwärtsgetrieben-werden, das doch auf das Wesentliche hin betrachtet keine wirkliche Veränderung mit sich bringt. Das Leben aller Wesen ist ein Tretrad, in dem man sich bewegt, ohne vorwärts zu kommen.

Schopenhauer kommt also zu dem Ergebnis: der unbestechliche und direkte Blick auf das hinter allen Erscheinungen wirksame Ding an sich zeigt, daß dies Ding an sich der Wille als solcher ist, der in sich entzweit nie zur Einheit gelangen kann. Mit den indischen Denkern geredet: in jeder Erscheinung erkenne ich mich selbst als Leidenden, denn *Dasein heißt Leiden.*

Jetzt ersteht aber erst das eigentliche Problem. Welche Möglichkeiten gibt es, dieser Negativität zu begegnen? Es ist für Schopenhauer klar: *man kann die Weltstruktur als solche nicht ändern.* Jeder Glaube, die Welt im ganzen und von Grund aus verbessern zu können, beruht auf einer Illusion. Gleichwohl: der Mensch *weiß* um sein Leiden, und aus diesem Leiden heraus *philosophiert* er. Philosophie ist nicht nur notwendig, um die Welt theoretisch zu betrachten, sondern Philosophie ist erfordert, um *Abhilfe* für das Leiden zu ersinnen. Schopenhauers eigentliches Bemühen ist es daher, Möglichkeiten zu finden, wie der Mensch dem Tretrade des Willens doch entkommen kann. Er sieht drei Möglichkeiten: die *Kunst*, das *Mit-Leiden* und die *Resignation.*

In und durch die *Kunst* findet der Mensch die Chance, den Willensdrang zu vergessen und auf diese Weise von ihm freizukommen. Schopenhauer erklärt am Ende des zweiten Buches seines Hauptwerkes, nachdem er gezeigt hat, daß der Intellekt ursprünglich nur dem Willen dient, daß »im einzelnen Menschen die *Erkenntnis* sich dieser Dienstbarkeit entziehen, ihr Joch abwerfen und frei von allen Zwecken des Wollens rein für sich bestehen kann, als bloßer klarer Spiegel der Welt, woraus die *Kunst* hervorgeht«.[6]

Der zweite Weg, dem Leiden zu begegnen, ist das *Mitleid*, genauer: das *Mit-Leiden*. Schopenhauers Theorie des Mitleids ist eigentlich keine ethische Theorie, wenn man unter Ethik eine Lehre versteht, die Moralgesetze und Sollensgebote herausstellt. Mitleid läßt sich nicht fordern, Mitleid ist ein Affekt, der mich angesichts eines fremden Leidens überkommt.

Schopenhauers Darlegung des Mitleids ist sehr durchdacht. Er geht davon aus, daß alles menschliche Verhalten durch den *Egoismus* bestimmt ist. Dies stellt er selbst ja immer wieder heraus. Wie ist diese Macht des Egoismus zu brechen? Schopenhauer erklärt nun: der *Andere* muß zum ausschließlichen Gesichtspunkt meines Handelns werden. Das ist nur möglich, wenn sein Wohl und Wehe unmittelbar *mein* Motiv wird. Noch schärfer: ich muß mich mit dem Anderen *identifizieren*. Schopenhauer hat nun seine Freude daran, diese Identifikation umständlich darzulegen. Ich kann mich nicht in die Haut des anderen stecken, die Identifikation kann nur im Kopf vorgehen, und das heißt, sie ist eine Erkenntnis. Diese Erkenntnis, in der die Schranken, die zwischen Ich und Du bestehen, fallen, ist eben das Mitleiden: »Der hier analysierte Vorgang aber ist kein erträumter oder aus der Luft gegriffener, sondern ein ganz wirklicher, ja keineswegs seltener: es ist das alltägliche Phänomen des Mitleids«.[7] Gleichwohl: dieser Vorgang des Mitleids ist, wie Schopenhauer sagt, ein *Mysterium*, denn indem ich mit dem anderen mitempfinde, sein Leid als meines fühle, wird nicht nur meine Individualität aufgehoben, sondern auch die des Anderen. Mitleid meint den Anderen ja nicht als bestimmte Person, sondern als leidendes Wesen überhaupt. Die Paradoxie des Mitleides ist es, daß es sich auf einen konkreten Menschen richtet und doch mit ihm nicht um willen seiner Persönlichkeit, sondern nur weil er leidet, mitempfindet. Mitleid ist *universell*.

Die letzte Möglichkeit, dem Leiden zu begegnen, ist die *Resignation*. Sie ist schwer zu kennzeichnen, weil sie eine *Grundstimmung* darstellt, die das Ganze betrifft. In der Resignation wird der Grund des Leidens: der Wille selbst, aufgehoben, er löst sich und in eins damit die aus ihm hervorgehenden Erscheinungen auf. Schopenhauer greift auf die Vorstellungen der Inder vom *Nichts* und *Nirwana* zurück. Der Schluß seines Werkes lautet: »Wir bekennen es vielmehr frei: was nach gänzlicher Aufhebung des Willens übrig bleibt, ist für alle die, welche noch des Willens voll sind, allerdings Nichts. Aber auch umgekehrt ist denen, in welchen der Wille sich gewendet und verneint hat, diese unsere so sehr reale Welt mit allen ihren Sonnen und Milchstraßen – Nichts«.[8]

Es ist sicher verfehlt, wenn man dies Nichts erkenntnistheoretisch auslegt, das heißt, vermeint, Schopenhauer wolle die Welt als unwirkliche Einbildung ausgeben. Gelegentlich neigt er in seiner Vorstellungslehre zwar zu solchen Äußerungen, aber der eigentliche Sinn dieses Schlusses ist kein erkenntnistheoretischer. Was Schopenhauer meint, zeigt er selbst deutlich an durch das Wort *»Gleichgültigkeit«*: der Entsagende sucht, so sagt er, die größte Gleichgültigkeit gegen alle Dinge in sich selbst zu befestigen. Hier zeigt sich das Wesen der Resignation sehr deutlich: die Welt ist da als realer Willenskomplex, man lebt in ihr, aber man ist nicht mehr von dieser Welt, denn die Welt ist *nichtig* geworden. Überschärft gesagt: man könnte alles in der Welt »mitmachen«, aber in der Weise der Gleichgültigkeit.

Will man zu Schopenhauers Philosophie vom Aspekt der Ethik Stellung nehmen, so ist davon auszugehen: Schopenhauer ist Metaphysiker, aber er entwirft eine *negative Metaphysik*, und das ist ein absolutes Novum. Metaphysik hatte in der Tradition die Aufgabe, die Negativität unserer Welt herauszustellen und ihr doch nicht das letzte Wort zu lassen. Über unserer Welt steht die Überwelt als die bessere Welt, selbst wenn man nicht glaubt, daß die Wesenswelt sich in der Erscheinungswelt schließlich doch durchsetzen kann, bleibt die Möglichkeit, sich in sie als wahre Welt zu erheben. Für Schopenhauer gibt es die wahre Welt nicht mehr. Es gibt nur unsere Welt und das Nichts. Metaphysik vermittelt keinen Halt, sie ist nichts anderes als die radikale Erkenntnis der *Negativität*. Schopenhauer ist über die traditionelle Metaphysik soweit hinausgegangen, daß ihm die dogmatischen Inhalte des Christentums, aus denen diese Metaphysik bis zu Hegel weithin lebte, gleichgültig wurden. Gerade darum war er fähig, die christlichen Werte in ihrem humanen Kern unbefangen zu übernehmen.

Dieser Ansatz bedeutet für die Ethik ein Mehrfaches. Ethik ist nicht mehr im positiven Sinn ableitbar von letzten Wahrheiten, in denen sich die Wesenswelt ausspricht. Wenn man Ethik begründen will, dann negativ in der Einsicht der Verderbtheit der Welt. Es ist notwendig, den Zusammenhang der Ethik mit der Resignation und der Erkenntnis zu beachten. Gleichwohl: die Ethik muß sich konkretisieren und zumindest bestimmte Verhaltensweisen als ethisch relevant herausstellen. Es ist klar: auch wenn Mitleid als Aktion in concreto nur als Spontanaffekt auftritt, so kann Mitleid auch als potentieller Einstellungsfaktor auf Dauer fungieren. Schopenhauer sucht vom Mitleid als ethischer Grundlage – er spricht von einem Urphänomen – aus, Gerechtigkeit und Menschenliebe als Tugenden zu bestimmen, und stellt sogar einen Grundsatz auf: »Neminem laede, imo omnes, quantum potes, juva.«[9] Der erste Teil des Satzes hebt auf die Gerechtigkeit, der zweite auf die Menschenliebe (caritas) ab.

Die Aufstellung dieses Grundsatzes bedeutet nicht, daß Schopenhauer nun doch im Schema Kants einen kategorischen Imperativ an die Spitze der Ethik stellen will. Schopenhauer unterscheidet das Prinzip oder den Grundsatz vom Fundament einer Ethik. Das Fundament, ungleich wichtiger als der Grundsatz, legt den Grund der Verpflichtung dar. Der Grundsatz dagegen formuliert nur, was als moralische Handlungsweise angesehen wird. In bezug auf den Inhalt des Grundsatzes aber, also in bezug auf das, was moralisch gelten soll, sind sich alle Ethiker eigentlich einig, in der Begründung jedoch differieren sie.

Schopenhauer hält seinen Grundsatz für »den allereinfachsten und reinsten« Ausdruck moralischen Bewußtseins.[10] Er soll vom Faktum des Mitleids, wie schon angedeutet, her Gerechtigkeit und Menschenliebe erläutern. Gerechtigkeit übt eine negative Funktion aus. Wenn ich aggressiv werden will, wirkt das Mitleid als der hemmende Ruf: »Halt! Verletze den anderen nicht!« Charakterologisch kann diese Einschränkungsfunktion als Selbstbeherrschung fungieren. Menschenliebe dagegen hält mich nicht bloß ab, den anderen zu verletzen, sondern treibt mich an, ihm zu helfen.

Schopenhauer – und damit kommen die schwierigeren Probleme seiner Ethik zur Sprache – muß nun aber über die Erläuterung des Grundsatzes hinaus aufzeigen, wie Mitleid möglich ist, das heißt, worin es fundiert ist. Es fällt auf, daß Schopenhauer einerseits betont, daß die Erhellung des Mitleids auf das Fundament der Moral in der menschlichen Natur zurückgehen müsse, »welches Fundament nicht selbst wieder ein Problem der *Ethik* sein kann, wohl aber, wie alles Bestehende *als solches*, der *Metaphysik*«.[11] Andererseits sagt er aber zugleich, daß der Vorgang des Mitleids mysteriös sei, »denn er ist etwas, wovon die Vernunft keine unmittelbare Rechenschaft geben kann, und dessen Gründe auf dem Wege der Erfahrung nicht auszumitteln sind. Und doch ist er alltäglich. Jeder hat ihn oft an sich selbst erlebt, sogar dem Hartherzigsten und Selbstsüchtigsten ist er nicht fremd geblieben«.[12] Die Alltäglichkeit des Mitleids, das heißt die Bekanntschaft mit dem Phänomen als solchem, bedeutet aber keineswegs – dies wird aus anderen Stellen klar – Häufigkeit des Mitleids. In Anbetracht der bösartigen Natur des Menschen wäre dies auch nicht wahrscheinlich. Schopenhauer erklärt zwar, daß »die Natur nichts Wirksameres leisten konnte, als daß sie in das menschliche Herz jene wundersame Anlage pflanzte, vermöge welcher das Leiden des Einen vom Anderen mitempfunden wird«, er legt aber sofort dar, daß die ganze Menschheit »mit Ausnahme eines äußerst kleinen Theils, stets roh war und bleiben muß«.[13] Die empirische Feststellung der Bösartigkeit des größten Teils der Menschen läßt Mitleid geradezu als Ausnahme erscheinen.

Wir werden auf die mögliche Bedeutung des Mitleids für die Ethik noch zurückkommen. Auf jeden Fall steht aber fest, daß Schopenhauer in bezug auf die Entwicklung der Ethik eine hochbedeutsame Rolle zukommt. Er ist der eigentliche Gegenspieler Kants. Er negiert nicht nur die Vernunftethik, sondern setzt die Wurzel alles Übels im verhängnisvollen Willen an. Die Ethik kann nur durch eine Emotion aktualisiert werden. Diese Emotion ist aber nicht beliebig, sondern beruht auf einer universalen Einstellung: *der Verwandtschaft aller Lebewesen als Leidender*.

In dem Schlußparagraphen der »Grundlagen der Moral«, der »Metaphysische Grundlage« überschrieben ist, erklärt Schopenhauer: »Diese Erkenntnis, für welche im Sanskrit die Formel tat-twam asi, d. h. ›dies bist Du‹, der stehende Ausdruck ist, – ist es, die als Mitleid hervorbricht, auf welcher daher alle echte, d. h. uneigennützige Tugend beruht und deren realer Ausdruck jede gute Tat ist. Diese Erkenntnis ist es im letzten Grunde, an welche jede Appellation an Milde, an Menschenliebe, an Gnade für Recht sich richtet: denn eine solche ist eine Erinnerung an die Rücksicht, in welcher wir Alle Eins und dasselbe Wesen sind«.[14]

2. Der Wille zur Macht als Grundcharakter des Lebens. Nietzsche

Die Thematisierung der Philosophie *Nietzsches* unter dem Aspekt der Ethik ist ein vieldeutiges Unternehmen. Nietzsches Philosophie ist auf ihre Intention hin betrachtet eine *radikale Negation der traditionellen Ethik* in allen ihren Ausführungen, nicht nur der metaphysischen Ethik, sondern auch der Ethik der Lebenswelt, aus der Nietzsche allerdings bestimmte Ansätze in sehr eigenwilliger Form aufnimmt. Nietzsche wiederholt die in der Einleitung dargelegte Position einer Destruktion der Ethik, wie sie erstmalig von den Sophisten entworfen wurde: hinter allem Tun steht der *Wille zur Macht*. Nietzsche stellt diese Formel aber auf der Spitze der Moderne mit deren Mitteln auf. Die Grundlage der Destruktion ist einerseits die Wissenschaft, speziell die Naturwissenschaft und die entlarvende Psychologie. Auf der anderen Seite inauguriert Nietzsche aber eine Metaphysik, das heißt eine das Ganze des Seins umgreifende Lehre, die der traditionellen Metaphysik überlegen sein soll und diese zum Scheitern verurteilt. Offensichtlich kann auch der moderne Mensch, so vermutet Nietzsche, ohne eine solche Gesamtschau nicht existieren. Diese Metaphysik wiederholt in modifizierter Form nun aber den Grundansatz der *Lebensphilosophie*: das Leben ist eine unergründliche Macht, in der Positivität und Negativität sich gegenseitig bedingen.

Wir gehen im folgenden so vor, daß wir zuerst den Grundansatz der Philosophie Nietzsches darlegen, von dem allein her seine Kritik an der Moral und seine Umwandlung aller Werte verständlich wird, sodann weisen wir kurz auf Nietzsches Schrift »Zur

Genealogie der Moral« hin, um den Grundgedanken dieser Kritik zu konkretisieren.

Nietzsches Werk hat sich wesentlich gewandelt. Nietzsche selbst hat diese Wandlung immer erneut thematisiert: er sei vom Bejahend-Verehrenden zum freien Geist fortgeschritten, der alles in Frage stellend umgekehrte Schätzungen vollzog; aber diese Wandlung vom »Du sollst« zum »Ich will« sei nur die Vorstufe zum einfachen »Ich bin« gewesen. In dem Kapitel »Die drei Verwandlungen«, das am Anfang der Reden Zarathustras steht, vergleicht Nietzsche diese letzte Stufe des in sich ruhenden Seins mit dem Sein eines Kindes und ordnet das Kind über das Kamel, den tragsamen Geist vorgegebener Werte, und den Löwen, der sich zur Freiheit eines neuen Schaffens entschließt. Gleichwohl zeigt sich trotz der Wandlungen im Werk Nietzsches eine gleichbleibende Grundeinstellung. Es ist die *Abwertung der traditionellen Vernunftmetaphysik* zugunsten einer Metaphysik des Lebens, wobei dies Leben als vor oder über der Ratio stehend als die den Menschen eigentlich tragende und bestimmende Macht erscheint.

Nietzsche sucht die Vernunftmetaphysik mit Hilfe der Wissenschaft zu »entlarven« und zwar zugunsten des »Haushaltes der Triebe«. Das leitende Ideal ist der »*freie Geist*«, der jedem Ja ein Nein hinzufügt. Als Wissenschaftler verfolgt der freie Geist eine bestimmte Methode: er will hinter den Vordergründen und den Vorurteilen die wahren Gründe und Urteile finden. Diese Methode ist an sich ein freischwebendes Können, das auf den verschiedensten Gebieten angewandt wird. Aber die Entlarvung der Vorurteile auf einem bestimmten Gebiet treibt sich notwendig weiter vor, entweder in die Breite, d. h. auf die Nachbargebiete – so verweist die Kritik der Religion auf die Kritik der Moral – oder in die Tiefe, d. h. in die Dimension der Grundbegriffe, die für alle Gebiete konstitutiv ist. Als diese Dimension zeigt sich die Logik und schließlich die Sprache. Gemeinsames Anliegen aller Destruktionsschritte ist es, den Glauben an eine allgemeingültige Ordnung, die dem Menschen vorgegeben sei, weil sie objektiv gelte, aufzuheben. Das bedeutet: die *Subjektivität* muß als Ursprung dieser Scheinobjektivität erwiesen werden. Die Subjektivität selbst und als solche aber ist keine eindeutige Größe. Konkret: es ist unangemessen und unerlaubt, allgemeine Bestimmungen der Subjektivität, wie Wille, Vernunft, Freiheit, Ichhaftigkeit zu verwenden, denn diesen Bestimmungen entspricht keine Realität. Die Realität der Subjektivität ist gar nichts Festes, sondern ein fließendes Auf und Ab, das als solches in einer Chemie der Begriffe und Empfindungen analysiert werden muß. Der erste Aphorismus von »*Menschliches, Allzumenschliches*« schließt mit folgenden Sätzen: »Alles, was wir brauchen und was bei der gegenwärtigen Höhe der einzelnen Wissenschaften uns gegeben werden kann, ist eine *Chemie* der moralischen, religiösen, ästhetischen Vorstellungen und Empfindungen, ebenso aller jener Regungen, welche wir im Groß- und Kleinverkehr der Kultur und Gesellschaft, ja in der Einsamkeit an uns erleben: wie, wenn diese Chemie mit dem Ergebnis abschlösse, daß auch auf diesem Gebiete die herrlichsten Farben aus niedrigen, ja verachteten Stoffen gewonnen sind?«.[15]

Nietzsche weist darauf hin, daß es außerordentlich schwer sei, den Kampf der Triebe angemessen zu erfassen. Was wir Handlungen nennen, das ist eine jeweilige Zusammenfassung von Triebregungen. Aber was hier »Zusammenfassung« heißt, ist im Grunde ebenso dunkel wie das, was »Triebregung« bedeutet. Was wir Triebe nennen, das sind bereits Interpretationen von Nervenreizen, die wir gar nicht mehr sprachlich bezeichnen können. Muß man nicht zugeben, so fragt Nietzsche, »daß all unser sogenanntes Bewußtsein ein mehr oder weniger phantastischer Commentar über einen ungewußten, vielleicht unwißbaren, aber gefühlten Text ist?«.[16] Grundsätzlich formuliert – und hier zeigt sich der Gegenzug zur Tradition überaus deutlich –: Es gibt keinen *Willen* – Willen verstanden als bewußtes aus Verwirklichung von Zielen sich einstellendes Vermögen. Sprachliche Vorurteile haben an der Entstehung der Vorstellung von unserem Seelenhaushalt mitgewirkt. Die Worte und die Begriffe, die wir für Phänomene der Subjektivität gebrauchen, sind Abstrakta, denen kein faßbarer Inhalt entspricht. Was ist eigentlich mit solchen Bestimmungen wie Liebe, Haß oder Begehren gemeint? Vielleicht sind diese Worte nicht ganz unnütz, weil hinter ihnen doch bestimmte erfühlbare Triebregungen stehen. Die Worte »Wille« und »Ich« dagegen sind reine Erfindungen, d. h., es fehlt hier jedes fundamentum in re. Mit diesen Worten ist eine bewußte von einem Zentrum ausgehende und von ihm her gesteuerte Aktivität gemeint, und diese gibt es nicht. An die Stelle des »Ich tue« muß daher der Sache nach das »Ich werde getan« treten. Die Erfindung des Ich ist der Grundirrtum der Menschheit. »Die Menschheit hat zu allen Zeiten das Aktivum und das Passivum verwechselt, es ist ihr ewiger grammatikalischer Schnitzer«.[17]

Es ist, überblickt man diese Periode der Freigeisterei im ganzen, offensichtlich, daß es nicht Nietzsches Absicht ist, das, was Handeln und Trieb anthropologisch bedeuten, sachangemessen zu untersuchen. Nietzsche sieht es vielmehr als seine Aufgabe an, die Tradition als solche abzuwerten. Er verkündet den *»Nihilismus«*. Aber der Nihilismus ist ein vieldeutiges Phänomen. Diese Vieldeutigkeit tritt besonders klar hervor, wenn Nietzsche auf die Wirkungen des *»Atheismus«* zu sprechen kommt. Atheismus oder genauer: die Gottlosigkeit ist für Nietzsche ein Ereignis, durch das eine Entwicklung, die fast zwei Jahrtausende lang bestimmend war, abgeschlossen wird. Diesem Ereignis steht man mit Erleichterung gegenüber: man ist Gott endlich »losgeworden«, d. h. man ist von ihm frei geworden; aber ebenso bestimmend ist die Trauer: der gott-lose Mensch hat keinen Halt mehr. Auf das Problem des Nihilismus zurückbezogen: die absolute Entwertung der christlichen Tradition ist als solche noch nicht in ihrer ganzen zweideutigen Schwere begriffen worden, das heißt, man hat noch nicht erfaßt, daß diese Entwertung einen Verlust mit sich bringt, der nun ausgeglichen werden muß, indem der Mensch die Aufgabe ausdrücklich übernimmt, ein neues Schwergewicht zu setzen, das heißt, neue Werte zu schaffen.

Dies *Setzen neuer Werte* ist nun aber überaus problematisch, und man kann nicht sagen, daß Nietzsche diese Problematik wirklich gelöst hat. Hier wirkt sich vielmehr die eigentümlich übertreibende Unsachlichkeit Nietzsches verhängnisvoll aus. Während Schopenhauer den christlichen Dogmen bereits soweit entfremdet ist, daß er den vom Christentum propagierten Mitleidsgedanken als solchen problemlos anerkennt, ist Nietzsche dem Christentum noch so nah, daß er nur die unmittelbare Alternative zu den christlichen Werten kennt. Aber diese Alternative wird nun ihrerseits in zweideutiger Weise entwickelt: einerseits propagiert Nietzsche, gleichsam aus dem Nichts neue Werte zu erschaffen, und andererseits will er sich auf die Wissenschaft, insbesondere die Naturwissenschaft stützen, um dem Handeln Halt zu geben.

Der Übermensch soll aus der Negation des Menschen erstehen. Der Mensch ist etwas, das überwunden werden muß, denn der Mensch hat einen Grundfehler. Dieser liegt nicht so sehr in einer ihm vorgegebenen Wesensstruktur – Nietzsche deklariert zwar gelegentlich auch in biologischer und physiologischer Hinsicht, daß der Mensch ein Mängelwesen sei –, sondern in seinem Selbstverständnis: der bisherige Mensch verstand sich wesentlich durch den Bezug zu Gott bestimmt, und dies besagt: er ist der

Erde untreu geworden. Daher heißt es vom Übermenschen: »Der Übermensch ist der Sinn der Erde. Euer Wille sage: der Übermensch *sei* der Sinn der Erde!«[18]

Der Mensch hat als der Erde Absterbender das Leiden als den Grundzug des Lebens verstanden. Nietzsche erklärt: »Leiden war's und Unvermögen – das schuf alle Hinterwelten; und jenen kurzen Wahnsinn des Glücks, den nur der Leidendste erfährt. Müdigkeit, die mit Einem Sprunge zum Letzten will, mit einem Todessprunge, eine arme unwissende Müdigkeit, die nicht einmal mehr wollen will: die schuf alle Götter und Hinterwelten«. Und Nietzsche fährt fort: »Glaubt es mir, meine Brüder! Der Leib war's, der an der Erde verzweifelte, – der hörte den Bauch des Seins zu sich reden«.[19]

Der Wille zum *Leib* ist die Grundvoraussetzung des wahrhaftigen Lebens. Aber auch die Bestimmung »Leib« bleibt mehrdeutig. Einmal ist der Leib im Gegensatz zur Hinterwelt das »Diesseitige«, d. h. das Wirkliche – dies erinnert an Feuerbachs Ansatz. Aber andererseits ist der Leib kein Faktum, sondern er muß erst gesund, vollkommen und rechtwinklig werden, um wirklicher Leib zu sein. Der Leib, wie er den Hinterweltlern erscheint und wie er für sie tatsächlich existent ist, ist ein krankhaftes Ding. Der gesunde Leib wird im Gegenzug zu den Vorstellungen der Vernunftmetaphysik als das noch nicht verwirklichte Wesen des eigentlichen Menschseins gefordert. »Leib bin ich ganz und gar, und Nichts außerdem; und Seele ist nur ein Wort für ein Etwas am Leibe. Der Leib ist eine große Vernunft, eine Vielheit mit Einem Sinne, ein Krieg und ein Frieden, eine Herde und ein Hirt. Werkzeug deines Leibes ist auch deine kleine Vernunft, mein Bruder, die du ›Geist‹ nennst, ein kleines Werk- und Spielzeug deiner großen Vernunft. ›Ich‹ sagst du und bist stolz auf dies Wort. Aber das Größere ist – woran du nicht glauben willst – dein Leib und seine große Vernunft: die sagt nicht Ich, aber tut Ich«.[20]

Das eigentliche Ziel der Metaphysik Nietzsches ist es, eine *neue Unmittelbarkeit* zu gewinnen. Der Mensch soll sich nicht mehr vom Unmenschlich-Übermenschlichen her seinem Wesen fremde Gebote auferlegen. Es gilt von dem »Du sollst« zum »Ich will« zu kommen. Aber – wir wiesen bereits am Anfang unserer Darlegung Nietzsches darauf hin – das »Ich will« soll noch überboten werden durch das »Ich bin«, das das Sein des Kindes auszeichnet: »Unschuld ist das Kind und Vergessen, ein Neubeginn, ein Spiel, ein aus sich rollendes Rad, eine erste Bewegung, ein heiliges Ja-sagen«.[21] Erst im Kindsein wäre die wahre Unmittelbarkeit erreicht, denn das Kind spielt und geht im Spiel ganz von seinem Tun erfüllt auf. Die Frage nach Sinn und Zweck, seien es nun fremde oder selbstgesetzte Zwecke, ist ihm unbekannt. Und eben diesem Spiel des Kindes, so meint Nietzsche, entspricht das Weltenspiel, das ewig närrisch Schein und Sein vermischt. Sachlich und historisch gesehen bezeugt Nietzsches Vorhaben, über die Negation zur endgültigen Position zu gelangen, sein indirektes Festhalten an der christlichen Metaphysik; nur soll das »neue Sein«, in dem alle Probleme ein für allemal gelöst sind, eben nicht im Jenseits, sondern im Diesseits wirklich werden. In der *»Götzendämmerung«* legt Nietzsche in einem einzigen Aphorismus *»Wie die ›wahre Welt‹ endlich zur Fabel wurde«* die Entwicklung der Metaphysik als den Weg ihrer Destruktion dar. Die Überwelt, ironisch als »wahre Welt« gegen unsere Welt als »Scheinwelt« abgehoben, wird so fraglich, daß man sie schließlich abschafft. »Die wahre Welt haben wir abgeschafft: welche Welt blieb übrig? die scheinbare vielleicht? . . . Aber nein! *mit der wahren Welt haben wir auch die scheinbare abgeschafft*!«[22]

Diese Aussage ist hochbedeutsam, denn in der Tat muß die Negation der Überwelt zugleich eine Negation der negativen Bewertung unserer Welt sein. Aber diese Negation kann nicht, wie Nietzsche vermeint, eine fraglose Verherrlichung unserer Welt implizieren. Sie führt nicht die Zeit des »großen Mittags« und den Höhepunkt der Menschheit herbei, denn unsere Welt ist und bleibt zweideutig: Stätte des Glücks und des Unglücks zugleich. Und diese Welt muß der Mensch, soweit er kann, durch sein Tun zum Besseren zu verändern suchen im gelassenen Bewußtsein, daß sie doch nie die Stätte einer neuen Unmittelbarkeit wird. –

Wir versuchen nun, den dargelegten Ansatz Nietzsches durch einen Hinweis auf seine Schrift »*Zur Genealogie der Moral*« aus dem Jahr 1887, also aus der Spätzeit, zu ergänzen. Dies Werk ist auf Grund seiner Scharfsinnigkeit als ein Grundbuch der Forschung anzusehen, die unter historischem und psychologischem Aspekt die Ethik durch den Nachweis ihrer Umdeutung anthropologischer Tatsachen ad absurdum führen will. Nietzsche sucht im ersten Abschnitt eine Differenz von gut und böse und gut und schlecht nachzuweisen. Gut und schlecht haben ursprünglich nicht moralische Bedeutung. Sie bezeichnen Rangunterschiede. Gut sind »die Vornehmen, Mächtigen, Höhergestellten und Hochgesinnten, welche sich selbst und ihr Tun als gut, nämlich als ersten Ranges empfanden«; schlecht dagegen, mit schlicht gleichbedeutend, sind die »Niedrigen, Gemeinen und Pöbelhaften«.[23] Wesentlich ist, daß die Guten sich nicht um die Schlechten kümmern; ihr Ziel ist das unreflektierte Ausleben ihrer Macht.

Der Ansatz zur Umwertung gründet nun darin, daß es bei den Oberen eine Schicht gibt, die in leiblicher Hinsicht nicht so gut »weggekommen« ist. Diese Ängstlichen und Handlungsunfähigen orientieren sich aber am Maßstab der Stärke, sie vergleichen sich mit den Mächtigen, und hier entsteht nun das Ressentiment.

Nietzsches Schilderung des *Ressentiments* ist eine Meisterleistung. Ressentiment ist geistige Rache, ein Akt der Priesterkaste und der Ohnmächtigen. Das Ressentiment führt zur *Umwertung aller Werte*. Die Armen und Ohnmächtigen sind eigentlich die Guten, und die Reichen und Mächtigen sind eigentlich die Bösen. Das Ressentiment, an sich keine Aktion, sondern nur eine Reaktion, führt zur Abwertung der Werte der Herrenklasse. Die Sklavenmoral als Moral der Schwäche tritt in den Vordergrund. Sie setzt Güte, Demut, Gehorsam, Geduld und Verzeihung als oberste Werte an. Alle diese Werte, die dem Ausleben widersprechen, sind unnatürlich. Das Ausleben muß verdrängt werden mit Hilfe des *Gewissens*. Es ist böse, sich den Trieben hinzugeben. Schuld und schlechtes Gewissen begleiten nun alles Tun. Der Schmerz, den man den anderen zufügte, wird nun verinnerlicht. »Alle Instinkte, welche sich nicht nach außen entladen, *wenden sich nach innen* – dies ist das, was ich die *Verinnerlichung* des Menschen nenne: damit wächst erst das an den Menschen heran, was man später seine Seele nennt. Die ganze innere Welt, ursprünglich dünn wie zwischen zwei Häute gespannt, ist in dem Maße auseinander- und aufgegangen, hat Tiefe, Breite, Höhe bekommen als die Entladung des Menschen nach außen *gehemmt* worden ist«.[24]

Überdenkt man diese Argumentation, so kann man ihr eine Schlüssigkeit nicht absprechen. Nietzsche greift auf historische Phänomene, insbesondere die Adelsgesellschaft, zurück und ebenso auf psychologische Vorgänge der Triebansprüche. Die Wirkung dieser Schrift ist aber nicht auf einzelne Überlegungen eingeschränkt. Die entschlossene Absage an jede Moral zugunsten eines reinen naturalistischen Machtdenkens bringt eine Tendenz der nachidealistischen Epoche eindeutig zum Ausdruck, sie radikalisierend: alle Moralphilosophie steht von nun an unter dem Verdacht, eine *bloße Ideologie* zu sein, eine Ideologie, *die nicht der wahren Natur entspricht* und darum wirkungslos bleiben muß.

Es gibt nun aber doch einen gewichtigen Einwand gegen die Argumentation Nietzsches. Man muß, um ihn zu verstehen, die philosophische Grundfolgerung, die Nietzsche aus seinen Analysen zieht, nicht nur unter theoretischem, sondern auch unter *praktischem* Aspekt durchdenken. Nietzsche, durchaus konsequent, erklärt nicht nur: es gibt keinen freien Willen, er leugnet auch das Recht, von einer Subjektivität zu sprechen. Er argumentiert folgendermaßen: von der Stärke Schwäche zu verlangen, ist ebenso abwegig, wie umgekehrt von der Schwäche Stärke zu fordern, denn es gibt nur den Vorgang des Wirkens, *ohne ein Subjekt, das dieses Verhalten inszeniert.* Die Sprache verführt, wenn sie hinter diesem Tun ein indifferentes wertfreies Subjekt ansetzt. Dies geschieht, um das Tun zu beurteilen und unter Umständen zu verurteilen. Es gibt aber »kein solches Substrat; es gibt kein ›Sein‹ hinter dem Tun, Wirken, Werden; ›der Täter‹ ist zum Tun bloß hinzugedichtet – das Tun ist alles«.[25]

Diese Argumentation entspricht aber nicht der Realität des Lebens. Das Freiheitsbewußtsein als Könnensbewußtsein ist für unser Handlungsbewußtsein konstitutiv, insofern alles Handeln sich *intentional* vollzieht, das heißt auf Ziele und Erfüllung ausgerichtet ist. Unser Leben bewegt sich im Hin und Her von Überlegungen und Entscheidungen. Dabei ist das Freiheitsbewußtsein zumeist eben nur mitlaufend und hintergründig bewußt, denn es geht im intentionalen Handeln immer um die Sache. Der Sachbezug ändert aber nichts daran, daß man alles Verhalten eben doch auf einen *Täter* als den Grund des Verhaltens zurückführt. Als solcher kann er »belangt« werden. Der Täter ist aber ein Wesen, das nicht im jeweiligen Tun aufgeht, sondern dieses als freie Spontaneität überschwingt.

Wie es theoretisch mit dem Freiheitsbewußtsein steht, das ist eine zweite Frage. Daß es für uns keine absolute Freiheit gibt, sondern daß wir als endliche Subjekte durch die Gebundenheit an die Weltgegebenheiten und vor allem durch die Gebundenheit an unsere Natur weithin bedingt sind, ist ebenso evident wie die Tatsache des *relativen Anders-könnens.* Diese Dialektik bestimmt unser Leben; daß sie im Einzelfall schwer zu entschlüsseln ist, ist offensichtlich, aber das ändert nichts daran, daß sie allein der Struktur unseres Weltbezuges entspricht im Gegenzug zu jeder einseitigen Festlegung – wir werden später auf diesen Sachverhalt zurückkommen. –

Will man Nietzsches Bedeutung für die Wandlung des Gesamtbewußtseins unter dem Aspekt der Ethik erfassen, so muß man die Weite seiner Wirkungsgeschichte und ihre Vieldeutigkeit bedenken. Nietzsche gilt als Vorläufer eines neuen Zeitalters, dessen Merkmale ambivalent sind. Es ist eine Epoche des Untergangs ebenso wie des Anfangs, des Untergangs des Subjektes, an dessen Ungenügen zu leiden Bedingung des Neuanfangs ist. Der neue Mensch wird nicht durch Mangel, sondern durch Fülle ausgezeichnet sein. Der Mensch kann sich, so lehrt der französische Denker *Bataille,* verschwenden und darin sein Glück finden. Opfer, Revolte, Erotik und Exzeß sind Zeichen dieses ursprünglichen Menschseins. Entscheidend ist die Vieldeutigkeit. *Maurice Blanchot* betont, daß für Nietzsche die Unendlichkeit der Interpretationen maßgebend ist. Sie befreit das Denken von der Idee des Seins und der Idee des Ganzen. In diesen Interpretationen spricht sich der Wille zur Macht in seiner ganzen Fülle aus.[26]

Nietzsche wird – dies ist der weiteste und grundlegendste Aspekt seiner Wirkung – als der *große Befreier* gefeiert. Die Absage an die Vernunft ist Absage an jede Art von Verbindlichkeit. Das Ausleben der Triebe ist natürlich, es läßt sich nicht reglementieren. Nietzsches eigene zum Teil verquere Versuche, die Negativität doch in Positivität umzuwandeln durch eine neue Metaphysik, die eine radikale Bejahung des Lebens, das sich sinnlos wiederholt, lehrt, werden nicht auf ihre Stimmigkeit und Unstimmigkeit hin untersucht.

Insofern Nietzsche als Schöpfer eines neuen *Zeitalters der Unverbindlichkeit* gefeiert wird, erscheint es konsequent, ihn nicht auf mögliche Folgen hin zu thematisieren. Gleichwohl bleibt diese Aufgabe bestehen. Reflektiert man seinen Ansatz beim Leben gerade in Vergleich mit traditionellen Parallelen, dann sieht man, daß Nietzsche das Leben ohne jeden Bezug auf Regelungen ausdeuten will: alles ist erlaubt, man muß »wild und von jäher Wonne« das Leben in höchster Potenz steigern und ihm zum Ausdruck verhelfen. Das Geheimnis des Lebens, um die größte Fruchtbarkeit und den größten Genuß einzuernten, heißt: »gefährlich leben«.

Diese Freisetzung birgt die Gefahr in sich, zur *Verherrlichung der Gewaltherrschaft* zu führen. Dieser Vorwurf darf nicht verschwiegen werden, auch wenn Nietzsche in seiner Vieldeutigkeit nicht auf die Verherrlichung der Gewalt festzulegen ist. Albert *Schweitzer*, aber auch Siegmund *Freud* haben diese mögliche Wirkung Nietzsches herausgestellt. Freud erkennt die Wahrheit in Nietzsches Analysen an. Es gibt in der Schrift »Das Unbehagen an der Kultur« eine Stelle, an der Freud ganz im Geist Nietzsches in bezug auf das Gewissen sagt, daß dieses gegen das Ich gewendet sei. Dort wird die Aggression »von einem Anteil des Ichs übernommen, das sich als Über-Ich dem übrigen entgegenstellt, und nun als ›Gewissen‹ gegen das Ich dieselbe strenge Aggressionsbereitschaft ausübt, die das Ich gerne an anderen, fremden Individuen befriedigt hätte«.[27] Das Wort »gerne« zeigt die natürliche Aggressionsrichtung an. Aber Freud verherrlicht ja diese Neigung nicht, im Gegenteil: »Wo Es ist, soll Ich werden«. Wie auch immer der Kampf von Ich und Es ausgeht, notwendig ist es, nicht nur für jede Ethik, sondern für die Erkenntnis der menschlichen Grundstruktur des gebrochenen Bezuges als solcher, daran festzuhalten, daß diese Struktur durch eine Dialektik verschiedener Tendenzen bestimmt ist, die nicht aufhebbar ist.

II. Differente Bezüge zwischen Wissenschaft und Ethik im späteren 19. Jahrhundert

In der Tradition ist, insofern diese durch die Metaphysik bestimmt ist, das Vertrauen auf eine alles fundierende übermenschliche Größe, von der her die Geschichte der Welt letzthin zum Positiven hin gelenkt wird, maßgebend. Im späten 19. Jahrhundert ändert sich dies: man erkennt die Negativität als die die Verhältnisse weithin bestimmende Größe. Aber diese Erkenntnis führt nicht zur Resignation. Man vertraut auf den *Fortschritt der wissenschaftlichen Erkenntnis*. Diese Erkenntnis gilt es zum Nutzen des Menschen im Handeln fruchtbar werden zu lassen.

Die Umkehrung der metaphysisch geglaubten Weltsicht in eine wissenschaftlich erhärtete Weltsicht führt im späteren 19. Jahrhundert also nicht zur Abwendung von der Welt oder gar zur Weltangst, sondern bewirkt eine Steigerung der Aktivität. Die negative Sicht des Menschen, wie sie sich in dieser Epoche weithin zeigt, ist wissenschaftlich und geschichtlich erklärbar und erscheint in der Zukunft weithin aufhebbar. Allerdings müssen die Grundbegriffe, die in der Tradition maßgebend waren, aufgehoben werden. Die Leugnung des traditionellen Gegensatzes von Geist und Trieb und des Vorranges des Geistes über die Triebe führt zu einer Uminterpretation: *der Geist wird entmetaphysiziert* und zur Funktionsquelle reiner Rationalität, die sich in der Methode des Objektivieren ausweist. Verwissenschaftlichung und Technisierung aber sind vom Motor eines Willens zur Macht bestimmt. Dieser *Wille als Bemächtigungstrieb* ist der Antrieb in allem Verhalten. Er soll dazu führen, uns, mit Descartes geredet, zu Meistern und Besitzern der Natur zu machen.

Der Vorgang der Verwissenschaftlichung und Technisierung vollzieht sich in bezug auf die einzelnen Wissenschaften und ihre Methoden in differenten Ausformungen. Für die communis opinio, der auch der Philosoph nicht entgehen kann, ist Prototyp der Wissenschaft die exakte Naturwissenschaft. Diese Wissenschaft ist ein stetig in sich fortschreitender Forschungsprozeß, der eigenen Gesetzen folgt, die von der Lebenswelt getrennt sind. Naturwissenschaft ist wertfrei und zu dieser Wertfreiheit hat sich der Wissenschaftler zu bekennen. Daß Naturwissenschaft nicht weltanschaulich gebunden ist, ist kein Widerspruch zu der offensichtlichen Tatsache, daß ihre Ergebnisse die Welt verändern sollen. Sie bringen Entlastung mit sich und erschließen neue Möglichkeiten des Lebens.

Um das Gesagte durch ein aufschlußreiches Beispiel zu konkretisieren, sei auf den Physiker Max Planck hingewiesen. Max Planck hielt des öfteren allgemeinverständliche Vorträge über Religion und Naturwissenschaft oder das Wesen der Willensfreiheit. Planck erklärt: »Der objektiv-wissenschaftliche Standpunkt, der Standpunkt der höchsten Intelligenz, ist nicht der einzig berechtigte, oder gar der selbstverständliche. Er ist nicht einmal der ursprüngliche; denn er muß erst mehr oder weniger mühsam erarbeitet werden. Ganz ebenso berechtigt und sogar unmittelbar gegeben ist der subjektiv-persönliche Standpunkt, der allerdings für jeden von uns ein verschiedener ist und daher für wissenschaftliche Betrachtungen nicht ausreicht«.[28]

Daß die objektiv verbindliche Wissenschaft dem Menschen nicht genügt, zeigt sich darin, daß es sogenannte Lebensprobleme gibt. Diese entstehen und bewegen sich in der persönlichen Sphäre. Mögliche Lösungen für diese Probleme sind daher nur je subjektiv überzeugend; sie sind standpunktbedingt, die Standpunkte aber sind, wie Planck erklärt, außerordentlich verschieden.

Planck liegt es völlig fern, die persönliche Sphäre abzuwerten. Er spricht sogar von einem gewissen Vorrang des sittlichen Soll über das kausale Muß. *Aber der Gehalt einer Ethik ist nicht verbindlich herauszustellen.* Er bemißt sich allein daran, wieweit ein ethischer Standpunkt im Leben sich bewährt durch praktische Betätigung. Es gibt leuchtende Beispiele: Sokrates und Jesus, beide haben sogar ihr Leben geopfert.

Planck empfindet – darin Prototyp des humanistisch-konservativen Denkens der bürgerlichen Oberschicht – zwischen Wissenschaft und Metaphysik eigentlich keinen Zwiespalt. Beide Standpunkte vertragen sich, *weil sie gar nicht miteinander konkurrieren.* Solange – das ist der springende Punkt von Plancks Ansatz – Metaphysik und Religion keine Wahrheitsansprüche erheben, sondern sich als reine Glaubensüberzeugungen verstehen, und solange Wissenschaft nicht beansprucht, die Welträtsel zu lösen, gibt es keinen Widerspruch.

Eine weitere Möglichkeit des Bezuges von Wissenschaft und Ethik ist dadurch bestimmt, daß der Wissenschaftler eine *positivistische Grundeinstellung* als allgemeinen Hintergrund seines Forschens für angemessen erachtet. Der positivistische Ansatz, das heißt die Einsicht, daß die weltanschaulichen Aussagen nicht verifizierbar sind, führt zu deren Degradierung. Diese kann sehr verschiedene Grade annehmen. Weltanschauliche Probleme, zu denen auch ethische Grundeinstellungen gerechnet werden, können als beliebiger Willkür entsprungen deklassiert und als ideologische Phantasterei ausgegeben werden. Diese Kritik wird verstärkt, wenn sie sich mit bestimmten Ansätzen der zeitgenössischen Philosophie verbindet. Die Philosophie gerät im späteren 19. Jahrhundert ja weithin unter den Einfluß der Wissenschaft und vertraut sich deren Führung an. Sie beschränkt sich auf methodische und wissenschaftstheoretische Fragen, wobei die Wissenschaft als maßgebende Dimension vorausgesetzt wird.

Bestimmte philosophische Richtungen, so der *Positivismus des Wiener Kreises,* legen sehr radikal darauf Wert, daß alles, was nicht wissenschaftlich verifizierbar sei, aus Philosophie und Wissenschaft zu verbannen sei. Die Kritik an der Metaphysik ist Kritik von der sinnlichen Erfahrung her, sie vollzieht sich zugleich aber als Sprachkritik, das heißt, sie untersucht die metaphysischen Aussagen im Blick auf ihre grammatische und logische Stimmigkeit und im Blick auf den Bedeutungsgehalt der gebrauchten Worte.

Rudolf Carnaps berühmter Aufsatz »Überwindung der Metaphysik durch logische Analyse der Sprache« illustriert dies Verfahren. Metaphysische Worte sind sinnlos, weil sie sich nicht auf Gegebenes beziehen. So sind Worte wie Idee, das Gute, Prinzip, das Unvordenkliche, das Ding an sich oder Gott und Ich ohne Sinn. Mit diesen Ausdrücken verhält es sich, so erklärt Carnap, nicht anders als mit dem Wort »babig«, einem Laut, »der gar nichts besagt«. Wenn der Metaphysiker behauptet, er selbst meine mit diesen Worten etwas, so gründet diese Behauptung eben nicht in einem empirischen Sachverhalt, sondern lediglich in einem bloßen Gefühl, das mit diesem Wort verbunden wird.[29]

Die genannten Möglichkeiten, Wissenschaft und Weltanschauung in ihrem Bezug zu bestimmen, gehen wesentlich von der Naturwissenschaft und der formalen Wissenschaftstheorie aus. Es gibt demgegenüber Versuche, *Kultur- und Geisteswissenschaften* gegen die Naturwissenschaften abzugrenzen. Hier werden die Weltanschauung und auch die Ethik als Erzeugnisse des produktiven Lebens betrachtet, wie *Wilhelm Dilthey* darlegt. Wenn man auf den Gesamttrend der Zeit achtet, so muß man erkennen, daß trotz dieser Abgrenzungsversuche die exakte Methode der Naturwissenschaft auch auf Gebiete der Humanwissenschaft übertragen wird; die Einteilung, die Naturwissenschaften und Geisteswissenschaften unterscheidet, wird zwar nicht aufgehoben, wohl aber unterlaufen. Es treten gerade im 19. Jahrhundert Wissenschaften in den Vordergrund, die nach dem Vorbild der Naturwissenschaft exakt vorgehen wollen, so die Ökonomie und weithin auch die Soziologie und Ethnologie. Zugleich ändert sich auch das Vorgehen in traditionellen Wissenschaften wie der Psychologie im Sinne einer Zuwendung zur empirisch-experimentellen Forschung.

Es kommt hier, jedenfalls nicht primär, nicht darauf an, daß die ethische Einstellung einfach geleugnet wird – das kann natürlich auch geschehen. Es geht vielmehr darum, daß man die ethische Einstellung und das ethische Verhalten nicht mehr im Sinn der Tradition deutet, sondern *aus sozialen oder biologischen Sachverhalten erklärt.* Damit verschiebt sich, oft kaum bemerkt oder ausdrücklich gewollt, der Gesamtansatz. Wenn der Biologe zeigt, daß ethisches Handeln zustande kommt in Analogie, eventuell aber auch im Unterschied zum Tier, dann kann er in gewisser Weise nicht nur zeigen, wie sich die Menschen von Natur aus verhalten, sondern auch, wie sie sich verhalten sollen.

Diese Ansätze sind es, die, unauffällig und unter Umständen gar nicht polemisch, die Ethik einschränken und unter Umständen aufheben im Sinn einer Negierung, weil sie die sogenannten ethischen Phänomene eben besser, nämlich angeblich *voraussetzungslos* erklären können. Aber selbst wenn man bestimmte ethische Ansätze der Tradition ihrem Inhalt nach nicht eindeutig negiert, so bleibt eben die Überzeugung leitend, daß ihre *Begründung* allein durch die Wissenschaft zu erbringen sei.

Ein solches sich dem Aspekt der Wissenschaft unterstellendes Verfahren – dies sei auf die Gegenwart vorausgreifend angemerkt – kann von der Wissenschaft nun in die Philosophie transformiert werden, insofern diese sich mit ethischen Phänomenen nur unter wissenschaftlichen Gesichtspunkten, insbesondere formalen Aspekten, beschäftigt. Dies geschieht in der sogenannten *Metaethik*. Die Metaethik vertritt keine ethischen Belange, sie untersucht lediglich ethische Begriffe auf ihre logische und sprachliche Form hin, und sie fragt, welche Strukturen der Handlung ethisches Tun und Lassen bestimmen, ob ethische Aussagen vorwiegend rational oder emotional bedingt sind, und weiterhin geht es um die Frage, wie Normen entstehen. Sind Normen auf Gewöhnung, Übereinkunft oder Machtsetzung zurückzuführen?

Alle diese Untersuchungen sind dadurch bestimmt, daß ethisches Handeln in ihnen vorausgesetzt wird als ein Tatbestand der Wirklichkeit, und daß es nun nur darum geht, dies Handeln zu *beschreiben* und zu *begründen*. Bei der Begründung ist es geboten, im Gegenzug zu jeder Art von Spekulation ethisches Verhalten auf seine faktischen Voraussetzungen hin zu durchleuchten. Traditionell ethische Begriffe wie gut und böse, Pflicht und Gewissen, insbesondere aber Begriffe, die die Innerlichkeit zum Maß setzen, müssen vermieden werden. Die *rationale Argumentationsweise* ist in methodisch formaler Hinsicht verbindlich. Sie ist zudem zeitgemäß: wir leben in einer rationalen und verwissenschaftlichten Zeit. Andererseits wird bei der Analyse weitgehend auf die sogenannte *Lebenswelt* Bezug genommen, nicht so sehr, weil die Lebenswelt heute noch eine intakte Sphäre wäre, sondern weil die Bestimmung Lebenswelt ein gegenmetaphysischer Begriff ist. Sie deutet auf Realität, Wirklichkeit und auf einen Ursprung hin, von dem eben nie ganz abgesehen werden kann. Lebenswelt fungiert weithin als eine Vorgegebenheit, die man braucht, um die Entwicklung im Sinn der die ursprüngliche Dimension modifizierenden Rationalisierung verständlich zu machen. Wir werden auf diese Bezüge bei der Schilderung der gegenwärtigen Situation zurückkommen.

III. Totalphilosophische Entwürfe auf wissenschaftlicher Grundlage

Vorbemerkung

Will man den Vorgang der Verwissenschaftlichung angemessen verstehen, so muß man beachten, daß die führenden Denker dieser Zeit, in denen das Neue sich zeigt, nicht nur Wissenschaftler sind, sondern auch philosophisch vorgehen. Direkt oder zumindest indirekt wird durch ihr Denken das Weltbild im ganzen verändert. Das gilt für Marx, Darwin und Freud. Man kann von ihren Ansätzen als totalphilosophischen Entwürfen reden, durch die sich eben eine wesentliche Wandlung des weltanschaulichen Bewußtseins vollzieht. Diese Denker verstehen ihr Tun weithin als wissenschaftliche Revolution. Freud hat dies zum Ausdruck gebracht, wenn er von drei Umwandlungen spricht, der durch Kopernikus, Darwin und ihn eingeleiteten, und wenn er von diesen Umwandlungen erklärt, daß durch sie Kränkungen der menschlichen Größensucht eingeleitet würden.

1. Geschichte unter dem Aspekt der Selbstbefreiung. Marx

Wir thematisieren zuerst den Ansatz von *Marx*. Marx kehrt Hegel um, in anthropologischer und geschichtsphilosophischer Hinsicht. Gleichwohl glaubt er wie Hegel an ein gutes Ende der Geschichte. Die These des *Fortschritts*, die er mit Hegel teilt, ist aber bei ihm weit ungesicherter als bei Hegel. Marx will sich ja auf die Wirklichkeit einlassen, und da zeigt sich, daß die Negativität, sich in der Tatsache der *Entfremdung* zeigend, aufzuheben, eine schwierige Sache ist.

Wir charakterisieren zunächst den Grundansatz dieser Umwertung Hegels ein wenig genauer und stellen sodann die Bedeutung dieses Ansatzes für die Ethik heraus.

Zu den berühmtesten Aussprüchen von Marx gehört die elfte These über Feuerbach. »Die Philosophen haben die Welt nur verschieden *interpretiert*; es kömmt darauf an, sie zu *verändern*«.[30] Der Sinn dieser These ist es, die bisherige Philosophie in Frage zu stellen, weil sie auf falschen Voraussetzungen beruht. Diese Philosophie verstand sich als untätig und rein theoretisch, das heißt als Auslegung. Auslegung setzt streng verstanden einen abgeschlossenen Text voraus. Der Text der Philosophie ist die Wirklichkeit. Die Wirklichkeit ist da, mit dem Materialismus Feuerbachs geredet: sie wird angeschaut als sinnlich gegebene. Feuerbach erscheint als Fortschritt, insofern er an die Stelle der reinen Gedankenwesen eben das sinnlich Gegebene setzt. Aber dieser Materialismus versteht die Wirklichkeit als fertige Objektivität, die theoretisch konstatierbar ist. Marx erklärt demgegenüber, daß die Frage nach der Wirklichkeit überhaupt nicht abstrakt theoretisch sei. In der zweiten These zu Feuerbach sagt er: »Die Frage, ob dem menschlichen Denken gegenständliche Wahrheit zukomme, ist keine Frage der Theorie, sondern eine *praktische* Frage. In der Praxis muß der Mensch die Wahrheit, i. e. Wirklichkeit und Macht, Diesseitigkeit seines Denkens beweisen«.[31]

Im einzelnen: Marx geht auf den wirklichen Menschen zurück, das heißt auf den Menschen, der in einem Verhältnis zur *Natur* und zu den *Mitmenschen* steht. Beide Verhältnisse sind nicht vom »Menschen selbst« abzulösen, so als ob dieser ein primär bezugsloses Wesen wäre, das sich erst sekundär in Bezüge einließe. Marx erklärt, daß der Mensch ein tätiges Wesen sei und als solches sei er ein gegenständliches, das heißt ein natürliches Wesen. »Das gegenständliche Wesen wirkt gegenständlich und es würde nicht gegenständlich wirken, wenn nicht das Gegenständliche in seiner Wesensbestimmung läge. Es schafft, setzt nur Gegenstände, weil es durch Gegenstände gesetzt ist, weil es von Haus aus *Natur* ist«.[32] Die Natürlichkeit des Menschen zeigt sich darin, daß der Mensch sinnlich und bedürftig, mit Trieben und Kräften ausgerüstet ist. »Der Mensch ist unmittelbar *Naturwesen*. Als Naturwesen und als lebendiges Naturwesen ist er, teils mit *natürlichen Kräften*, mit *Lebenskräften* ausgerüstet, ein *tätiges* Naturwesen; diese Kräfte existieren in ihm als Anlagen und Fähigkeiten, als *Triebe* . . . Daß der Mensch ein *leibliches*, naturkräftiges, lebendiges, wirkliches, sinnliches gegenständliches Wesen ist, heißt, daß er *wirkliche, sinnliche Gegenstände* zum Gegenstand seines Wesens, seiner Lebensäußerung hat oder daß er nur an wirklichen sinnlichen Gegenständen sein Leben *äußern* kann. Gegenständlich, natürlich, sinnlich *sein*, und sowohl Gegenstand, Natur, Sinn außer sich haben oder selbst Gegenstand, Natur, Sinn für ein Drittes sein, ist identisch«.[33] Der Mensch ist aber nicht bloßes Naturwesen, sondern »menschliches Naturwesen«, das heißt, er existiert immer schon gesellschaftlich. »Aber der Mensch ist nicht nur Naturwesen, sondern auch *menschliches* Naturwesen: d. h. für sich selbst seiendes Wesen, darum *Gattungswesen*, als welches er sich sowohl in seinem Sein als in seinem Wissen bestätigen und betätigen muß«.[34] Noch prägnanter: ich bin gesellschaftlich, »weil als Mensch tätig«.

Entscheidend ist, daß das Verhältnis zur *äußeren Natur* und das Verhältnis zum *Mitmenschen* von Marx als sich gegenseitig und wechselseitig bedingend angesetzt werden. Es ist nach Marx grundverkehrt, das sachliche und das mitmenschliche Verhältnis trennen zu wollen. Eine reine Scheidung ist auch in der Theorie unmöglich. Es ist nun klar: diese vielseitige Verschränktheit impliziert notwendig *Veränderlichkeit*. In der Natur des Menschen sind, so sagt Marx, Veränderungen »angelegt«, die sich aber allein im Medium des gesellschaftlichen Prozesses aktualisieren können. Der Mensch verwirklicht sich, indem er seine Gattungskräfte »herausschafft«, und dies ist nur durch die Gesamtheit aller Menschen, das heißt allein als Resultat der *Geschichte* möglich. Der Mensch bedingt das Geschehen, und er wird von ihm bedingt. Beides gründet darin, daß er als »menschliches Naturwesen« tätig ist. Als solches kann er sich – aber eben nur in Zusammenarbeit mit den Mitmenschen – gegen die Natur stellen. Natur ist als das, was vom Menschen real zu formieren ist, für Marx immer *wirklicher* Gegenstand und Widerstand und nicht nur die dialektische Vorstufe des Geistes, wie der Idealismus vermeint.

Die Auseinandersetzung mit der Natur stellt Marx unter den Gedanken der *Arbeit*. Arbeit ist vom Standpunkt der Bedürfnisse her notwendig. Die Bedürfnisse sind ihrer primären Struktur nach materieller und zugleich gesellschaftlicher Struktur. Der Hunger oder der Geschlechtstrieb können nicht vom einzelnen Menschen in sich selbst, sondern nur mit Hilfe der anderen Menschen und der äußeren Natur befriedigt werden, wobei die äußere Natur aber bearbeitet werden muß. Arbeit ist als solche eine Kultivierung des Gegebenen. Der Mensch schafft um sich und in sich selbst eine »zweite Natur«. Im »*Kapital*« hat Marx das Wesen der menschlichen Arbeit sehr klar dargelegt: »Die Arbeit ist zunächst ein Prozess zwischen Mensch und Natur, ein Prozess, worin der Mensch seinen Stoffwechsel mit der Natur durch seine eigene Tat vermittelt, regelt und kontrolliert. Er tritt dem Naturstoff selbst als eine Naturmacht gegenüber. Die seiner Leiblichkeit angehörigen Naturkräfte, Arme und Beine, Kopf und Hand, setzt er in Bewegung, um sich den Naturstoff in einer für sein eigenes Leben brauchbaren Form anzueignen. Indem er durch diese Bewegung auf die Natur außer ihm wirkt und sie verändert, verändert er zugleich seine eigene Natur. Er entwickelt die in ihr schlummernden Potenzen und unterwirft das Spiel ihrer Kräfte seiner eigenen Botmäßigkeit«.[35] Der Mensch ist als arbeitendes Wesen dem Tier überlegen, das nur seiner Species angemessen instinktiv tätig ist. »Eine Spinne verrichtet Operationen, die denen des Webers ähneln, und eine Biene beschämt durch den Bau ihrer Wachszellen manchen menschlichen Baumeister. Was aber von vornherein den schlechtesten Baumeister vor der besten Biene auszeichnet, ist, daß er die Zelle in seinem Kopf gebaut hat, bevor er sie in Wachs baut«.[36] So gelingt es dem Menschen, seine Zwecke in die Natur hineinzubilden und diese solchermaßen zu vermenschlichen.

Dieser Vorgang vollzieht sich als *menschliche Natur- und Gattungsgeschichte*. Marx sucht nun die Entwicklung möglichst konkret darzulegen, und zwar leitet ihn dabei der Gesichtspunkt, die eigene Zeitsituation von der Geschichte her zu erhellen. Man kann zwei große Epochen unterscheiden, die relativ naturgebundene und ungeschichtliche der vorbürgerlichen Gesellschaft und die bürgerlich-kapitalistische. Diese erst ist die eigentlich über die Natur hinausgreifende und damit wahrhaft geschichtlich bedeutsame

Epoche. In ihr wird die Naturwüchsigkeit aufgehoben. Die Arbeit selbst und als solche ist jetzt wesentlich gesellschaftlich vermittelt. Das heißt aber nicht, daß nun die Menschen, weil sie von der Naturbindung frei geworden sind, den Prozeß der Arbeit bewußt gestalten. Im Gegenteil: die Vermittlung der Arbeit im Kapitalismus setzt sich als ein System von eigener Mächtigkeit durch, das in sich konzentriert ist. Die *Selbstreflexion des Kapitals* bedeutet eine Unterjochung des Menschen. Marx kann daher die vorkapitalistische und die kapitalistische Geschichtsepoche zusammennehmen. In beiden ist der Mensch *nicht frei*, jedoch aus verschiedenen Gründen: in der ersten Epoche ist er wesentlich noch naturgebunden, in der zweiten Epoche hat er sich aus dieser Naturgebundenheit befreit, aber er ist einer neuen Macht unterworfen, eben dem Kapital. Marx sucht nun aber die Herrschaft des Kapitals indirekt doch vom Menschen her zu erklären, nämlich als Entfremdung. Dies ist die Grundlinie seines Vorgehens. Sie wird jedoch – wie wir sogleich sehen werden – von anderen Ansätzen her durchkreuzt. Wir verdeutlichen zunächst den *Prozess der Entfremdung* in seinen Grundzügen.

Die Naturgegenstände werden im Verlauf der Entwicklung in zunehmendem Maße *maschinell* bearbeitet. Die Vervollkommnung der Maschine vom einfachen Ersatzwerkzeug bis zu den Maschinen, die Kraft erzeugen und vermitteln, und die Anordnung eines Ensembles von Maschinen in einer *Fabrik* – ein Vorgang, der einer sich selbst reflektierenden Reflexion vergleichbar ist – ermöglichen eine ungeheure Steigerung der Produktion. Die Erzeugnisse werden als Warenmenge über den Bedarf hinaus herstellbar. Die Ware etabliert sich als *für sich seiende* Größe. Das »Abstrakt-Geistvolle« dieses Vorgangs liegt darin, daß der Mensch vergißt, oder genauer, daß er gar nicht mehr erkennen kann, daß er selbst die Ware hergestellt hat. Sie wird ihm gegenüber selbständig, bekommt den Charakter eines »gesellschaftlichen Dinges«, das auf dem Markt verhandelt, das heißt durch Geld vermittelt werden kann. Das *Geld* ist die einheitsstiftende Macht, weil es alle Dinge als Waren miteinander vergleichbar macht. »Das *Geld*, indem es die *Eigenschaft* besitzt, alles zu kaufen, indem es die Eigenschaft besitzt, alle Gegenstände sich anzueignen, ist also der *Gegenstand* in eminentem Besitz. Die Universalität seiner *Eigenschaft* ist die Allmacht seines Wesens; es gilt daher als allmächtiges Wesen ...«.[37] Das Geld ist die Vermittlung oder direkter ausgedrückt: der Kuppler. »Das Geld ist der *Kuppler* zwischen dem Bedürfnis und dem Gegenstand, zwischen dem Leben und dem Lebensmittel des Menschen. *Was* mir aber *mein* Leben vermittelt, das *vermittelt mir* auch das Dasein des anderen Menschen für mich. Das ist für mich der *andere* Mensch«.[38]

Mittels des Geldes sind nicht nur Waren, sondern auch Arbeitsmaterial und Arbeitsmittel käuflich. Zum Arbeitsmittel gehört auch die Arbeitskraft, das heißt der Mensch als *Arbeiter*. Der Arbeiter ist im Kapitalismus nicht mehr Sklave, er ist rechtlich frei. Gerade als solcher kann er nun als berechenbare Arbeitskraft gekauft werden. »Der Arbeiter produziert das Kapital, das Kapital produziert ihn, er also sich selbst, und der Mensch als *Arbeiter*, als *Ware*, ist das Produkt der ganzen Bewegung. Der Mensch, der nichts mehr ist als *Arbeiter*, und als Arbeiter sind seine menschlichen Eigenschaften nur da, insofern sie für das ihm *fremde* Kapital da sind«.[39] Noch schärfer: die Produktion produziert den Menschen »in der Bestimmung der Ware«, das heißt als »entmenschtes Wesen«. Entfremdung zeigt sich hier also als Selbstentfremdung; Entfremdung bedeutet nicht nur, daß ich ein von mir hergestelltes Produkt nicht kaufen kann, sondern daß ich *mich selbst* als Arbeitskraft verkaufen muß.

Entscheidend bei diesem Vorgang ist die Logik des Geschehens. Sie zeigt sich in der Anhäufung, der *Akkumulation*, des Kapitals selbst. Dieser Prozeß beginnt sich schon in der Spätzeit des Feudalsystems vorzubereiten. Marx redet von einer ursprünglichen Akkumulation. Das Kapital wird als privates Vermögen angehäuft. Die Konzentration des Reichtums auf wenige geht in eins mit der Armut der Vielen, Reichtum und Armut entsprechen sich. Das Kapital reproduziert sich »auf stets wachsender Stufenleiter« mit innerer Notwendigkeit. Der Mehrwert aber, der durch Arbeit erzeugt wird, fließt nicht in die Tasche des Arbeiters, sondern wird zur Steigerung des Kapitals genutzt. Das eigentlich Unmenschliche dieses Vorgangs, das heißt die Entfremdung, trifft *auch* den Kapitalisten. Mag dieser materiell gesehen nicht unglücklich sein, auch er ist in den Prozeß eingespannt und solchermaßen sich selbst entfremdet. Grundsätzlich gesehen: der Kapitalismus ist ein *in sich* ablaufendes System, das der Mensch nicht beliebig durch subjektive Freiheit ändern kann. Als historisch geworden bestimmt er eine ganze Epoche.

Hier stoßen wir auf ein für Marx und den gesamten Marxismus grundlegendes Problem. Den Kapitalismus verstehen, oder genauer: eine bestimmte Epoche als kapitalistische Epoche verstehen, bedeutet, diese Epoche *vom Ökonomischen* her auslegen und zwar in der Weise, daß man sie vollständig und als ganze den Gesetzen der Ökonomie unterstellt. Marx führt eine solche Betrachtung, wie seine Analysen zeigen, in der Tat durch. Auf der anderen Seite aber wirft er gerade den Nationalökonomen vor, daß sie das Kapital *als selbständige Größe* ansetzen. Dieser Vorwurf ist von seinem Grundansatz her legitim, denn die Herrschaft des Kapitals ist ja Entfremdung, und als solche soll sie gerade *negiert* werden. Dies kann aber nur geschehen, wenn man letztlich eben nicht von einer Eigengesetzlichkeit des Kapitals, sondern von der Freiheit des Menschen ausgeht.

Die Entfremdung treibt sich auf die Spitze. Damit ergibt sich die Möglichkeit des Umschlages. Die Negation der Negation ist gleichsam fällig geworden. Die Änderungsmöglichkeit ist also durch die geschichtliche Entwicklung des Kapitalismus vorgegeben. Man muß ja immer bedenken, daß der Kapitalismus historisch entstanden ist und auch historisch vergehen muß, sobald er sich vollendet. Der Umschlagspunkt ist nun – mit Kierkegaard geredet – der Moment der Einsetzung des Menschen in die Freiheit. Aber diese Einsetzung in die Freiheit, genauer: die Freisetzung des Menschen aus der Versklavung unter das Kapital geschieht dem Menschen nicht von außen, sondern in der Weise, daß er die geschichtliche Situation *durchschaut*. Er erkennt seine unerträgliche Gebundenheit. Solchermaßen wird er aufgefordert, seine Lage zu ändern und seine Geschichte selbst mit Bewußtsein zu *übernehmen*. Daß die Menschen Subjekt des Geschichtsprozesses werden, das heißt, die Entfremdung aufheben, ist also durch die Entfremdung und insofern ökonomisch bedingt. Aber die Befreiung als solche kann nur die eigene Leistung des Menschen sein.

Marx durchdenkt, so darf man zusammenfassen, adäquat, was in der Formel »An-der-Zeit-sein« beschlossen ist. Es ist an der Zeit, die geschichtlich gewordene Situation aufzuheben, weil man an ihr unendlich leidet und so zum Handeln aufgefordert ist. Das Handeln ist das Wesentliche, aber die Eigenaktivität ist zugleich Reaktion auf die Situation. Diese Analyse stellt eine entscheidende Station in dem Prozeß der Historisierung dar, weil hier die Dialektik dessen, was *zeitgemäßes Handeln* heißt, erfaßt ist.

Geschichtsrelevantes Handeln kann nicht von einzelnen Subjekten ausgehen, sondern nur von einer *Klasse*. Klassen sind keine bloß theoretischen Einteilungen, sondern

Realitäten. Ihr Gewicht beweisen sie durch ihre *materiellen Interessen*. Marx erklärt, eine Theorie sei nur soweit zu verwirklichen, als sie die Verwirklichung von realen Bedürfnissen sei. Das Wort aus der »Kritik der Hegelschen Rechtsphilosophie«, daß es nicht genüge, daß der Gedanke zur Verwirklichung dränge, die Wirklichkeit selbst müsse zum Gedanken drängen, gehört mit Recht zu den berühmtesten Aussprüchen von Marx.

Marx führt den Klassenbegriff also nicht aus allgemeinen geschichtsphilosophischen Erwägungen ein. Wesentlich ist für ihn nur die Klasse des *Proletariats* als des Geschichtsträgers seiner Gegenwart. Die Konstitution dieser Klasse ist dialektisch. Nicht schon oder nicht allein die gleiche Situation des materiellen Leidens und die gleichen Bedürfnisse schließen die Proletarier zusammen. Die Klasse als Klasse konstituiert sich wesenhaft nur, wenn sie sich ihrer selbst *bewußt* wird. Erst durch dieses Selbstbewußtsein versetzt sie sich in die Lage, die Situation umzuändern, in der Gewißheit der unbedingten Notwendigkeit des Tuns: weil es »durch die absolut gebieterische Not – den praktischen Ausdruck der Notwendigkeit – zur Empörung gegen die Unmenschlichkeit gezwungen ist, darum kann und muß das Proletariat sich selbst befreien«.

Die proletarische Klasse ist in der weltgeschichtlichen Stunde, die ihre Stunde ist, Stellvertreterin für das Menschengeschlecht. Die Entfremdung ist *total* geworden, und wenn die proletarische Klasse ihre Entfremdung aufhebt, dann hebt sie, eben als Träger der totalen Entfremdung, Entfremdung überhaupt und damit die Einteilung in Klassen als solche auf. Dieses geschichtlich seiner Stellung und seiner Aufgabe bewußt gewordene Proletariat konstituiert sich in der *kommunistischen Bewegung*. Diese ist durchaus nicht eindeutig und keineswegs schlechthin ideal. Der Kommunismus hat Stufen. Der rohe Kommunismus ist reine Negation, Negation des Privateigentums nicht nur, sondern abstrakte Negation der ganzen Welt der Bildung und Zivilisation. Über diese Stufe der reinen Negation geht der Kommunismus dann hinaus, wenn für ihn die negative Aufhebung zugleich Aneignung des menschlichen Wesens durch und für den Menschen ist. »Dieser Kommunismus ist als vollendeter Naturalismus = Humanismus, als vollendeter Humanismus = Naturalismus; er ist die *wahrhafte* Auflösung des Widerstreits zwischen den Menschen mit der Natur, und mit dem Menschen, die wahre Auflösung des Streits zwischen Existenz und Wesen, zwischen Vergegenständlichung und Selbstbestätigung, zwischen Freiheit und Notwendigkeit, zwischen Individuum und Gattung. Er ist das aufgelöste Rätsel der Geschichte und weiß sich als diese Lösung«.[40]

Dieser Zustand der Vollendung kann nur erreicht werden, wenn die revolutionäre Tätigkeit selbstbezüglich wird, das heißt, wenn sie sich – idealistisch formuliert – selbst kritisiert: »Wie die Vernunft in der Kritik sich kritisch auf sich selbst richtet, so richtet sich die Tätigkeit jetzt re-volutionär, praktisch-kritisch auf sich selbst: sie produziert nicht ohne weiteres mehr die Gegenstände für die fremde Macht des Kapitals, sondern sie produziert zuallererst einmal eine neue Weise des Produzierens als solche; das Abändern ändert jetzt sich selbst, es wird zur Selbstveränderung (3. These über Feuerbach). Die neue Produktionsweise, die hier vorbereitet und schließlich revolutionär durchgeführt wird, ist eben die Produktionsweise, in der jedes einzelne gegenständliche Tun von der allgemeinen, gesellschaftlichen Tätigkeit der Gesellschaft her vorgeplant und organisiert ist: der Sozialismus-Kommunismus«.[41] Dieser Sozialismus-Kommunismus ist als Stufe der Erfüllung die Aufhebung der bisherigen Geschichte.

Diese erscheint nun als *Vorgeschichte* für die eigentliche Geschichte, die mit der klassenlosen Gesellschaft beginnen soll.

Die Bezüge, die zwischen dem Grundansatz des Marxismus und der *Ethik* bestehen, sind außerordentlich verschiedenartig und zum Teil gegensätzlich. Auf der einen Seite ist klar: Ethik im Sinn der Tradition, insbesondere in der Form der Moralität, ist als abwegig auszuschalten. Diese Ethik gehört in den *Überbau*, sie ist nicht nur wirkungslos, sondern dient der ideologischen Beruhigung der herrschenden Klasse.

Wesentliches Handeln, das Verbesserung der Verhältnisse erwirken will, ist nur sinnvoll *als kollektives Handeln* in Gruppen und zwar in der Gruppe des Proletariats. Das Proletariat muß und wird handeln, weil es am meisten leidet. Es ist zur Aufhebung des Zustandes der Entfremdung auf Grund der geschichtlichen Situation gleichsam prädestiniert.

Das Motiv des Handelns ist die *Deckung der anthropologischen Bedürfnisse*, insbesondere der Grundbedürfnisse. Ihre Erfüllung ist die eigentliche Aufgabe der Praxis. Wir geben, um diesen Ansatz zu belegen, ein Zitat *Lenins*. Lenin fragt: »Aber gibt es denn eine kommunistische Moral? Gibt es eine kommunistische Sittlichkeit?« Er antwortet: »Natürlich gibt es sie. Oft wird die Sache so hingestellt, als ob wir keine eigene Moral hätten, und sehr oft beschuldigt uns die Bourgeoisie, daß wir Kommunisten jede Moral verneinen. Das ist die Methode, die Begriffe zu verwirren, den Arbeitern und Bauern Sand in die Augen zu streuen.« Lenin erläutert diesen Ansatz, indem er erklärt: »Jede *Sittlichkeit*, die *aus einem* übersinnlichen *klassenlosen Begriff* abgeleitet wird, lehnen wir ab. Wir sagen, daß das *Betrug* ist, daß das ein Schwindel ist. Wir sagen, daß *unsere Sittlichkeit völlig den Interessen des proletarischen Klassenkampfes untergeordnet ist*. Unsere Sittlichkeit ist abgeleitet aus den Interessen des proletarischen Klassenkampfes«. Lenin weist ausdrücklich darauf hin, daß diese Moral erst in der kommunistischen Zukunft gesellschaftliche Wirklichkeit werden wird. Die Menschen müssen erst befreit werden und an das Neue gewöhnt werden. Deswegen gilt für die Gegenwart: »Die Grundlage der kommunistischen Sittlichkeit ist der Kampf für die Festigung und Vollendung des Kommunismus. Darin besteht denn auch die Grundlage der kommunistischen Erziehung, Bildung und Schulung«.[42]

Diese Sätze lassen sich auf ihren Grundgedanken hin betrachtet durch Rückgriff auf marxistische Denker vielfältig ergänzen. Dafür sei aus der Gegenwart nur ein Beleg angeführt. *Mihailo Marković*, der dem jugoslawischen Kreis der »Praxis«, der sich besonders um die Frage der Ethik bemüht hat, zugehört, erklärt: »Der Mensch der Zukunft muß sich befreien von der Abhängigkeit von äußeren natürlichen Notwendigkeiten und von blinden gesellschaftlichen Gewalten – seinen eigenen Produkten. Der Mensch der Zukunft muß die schöpferischen Formen seiner praktischen Aktivität entwickeln und sich von diktierter erniedrigender Arbeit befreien. Der Mensch der Zukunft darf keine anderen Menschen ausbeuten, er darf, mit anderen Worten, nie einen anderen Menschen als Mittel, sondern immer nur als Ziel behandeln«.[43] Marković erläutert, daß diese Gedanken kein bloßer Traum wären, »sondern das notwendige Resultat der historischen Entwicklung, *wenn* die Menschen in dieser Richtung handeln. Dieses ›wenn‹ setzt einen wesentlichen Unterschied voraus. Diejenigen, die ihn einfach ignorieren, behaupten, Ethik sei mit dem Marxismus unvereinbar. Diejenigen, die sehr wohl wissen, daß ohne dieses ›wenn‹ ein solcher Marxismus nicht viel mit der Marxschen Philosophie gemeinsam hätte, haben recht, wenn sie behaupten, daß man schwerlich eine andere moderne Philosophie finden wird, die eine solch reiche und elastische theoretische Grundlage bietet für die Entwicklung einer zufriedenstellenden ethischen Theorie«.[44]

Die in diesen Zitaten anklingende Skepsis zeigt deutlich: einerseits gehören Ethik und Marxismus aufs engste zusammen, denn es geht ja beiden um eine Verbesserung und ein Heraufführen des guten Lebens in innerer und äußerer Hinsicht, aber andererseits ist es doch ungewiß, ob diese Verbesserung gelingen wird. Eine eindeutige Garantie dafür ist nicht auszumachen.

Es gibt nun sehr verschiedene Antworten in bezug auf den *Weg zum Ziel* hin, und ihnen entspricht eine verschiedene Charakteristik des *Endzustandes*. Wir weisen auf *Herbert Marcuse* hin. Marcuse erklärt: der Mensch ist heute technologisch so weit, daß er die primären Mängel fast restlos überwinden kann. Es entfällt die Notwendigkeit von Kriegen und Revolten, überhaupt von Repressionen, die aus materieller Not entstanden, weil heute ökonomische Bedarfsdeckung für alle im Prinzip zu gewährleisten ist. An sich könnte und müßte es nun möglich sein, nur noch die positiven Triebe und Bedürfnisse im Menschen zu entwickeln. Wenn der Aggressionstrieb »unnötig« geworden ist, kann die Libido als Bezugsmöglichkeit zu Natur und Mitmenschen freigesetzt werden.[45]

Die neue Kultur wird vom Eros bestimmt sein. Eros ist die positive Gestaltungskraft, durch die der Mensch seine Totalität erlangt. In der Freisetzung des Eros geschieht die eigentliche und wahre Emanzipation. Aber sie wird eben erst möglich durch Negation jeden Zwanges, denn *allein* der Zwang – sei er offen oder verdeckt wirkend – ist es, der den Menschen frustriert und damit aggressiv macht und solchermaßen die Schaffung der neuen Welt verhindert. Mit Freuds Begriffen geredet: die neue Kultur wird dadurch bestimmt, daß der Mensch sich nicht mehr der »Herrschaft des Realitätsprinzips« beugt, das sich seinerseits dem Gesetz der Leistung unterstellt und damit den Menschen versklavt. Der neue Mensch folgt dagegen dem Prinzip der *Lust*. Lust und Freiheit gehören zusammen. Und darum garantiert die neue Freiheit *sich selbst*. Sie ist die Freiheit des *Spieles*, dessen Kennzeichen das Fehlen jeder Unterdrückung ist, auch der moralischen Unterdrückung, denn Moral, Herrschafts- und Leistungsprinzip bilden eine innere Einheit.[46]

Das Mißtrauen auf den Erfolg meldet sich aber immer wieder, wenn man auf die reale Lage achtet und von ihr her begreift, daß die Gesellschaft sich nicht positiv zu wandeln scheint. Grundsätzlich gesagt: die marxistische Geschichtsphilosophie lebt weithin von einer säkularisierten Heilserwartung, ohne einen Garanten dafür zu haben. Wir verdeutlichen das Wachsen der Skepsis durch einen Hinweis auf *Adorno*. Der erste Satz der »Negativen Dialektik« lautet: »Philosophie, die einmal überholt schien, erhält sich am Leben, weil der Augenblick ihrer Verwirklichung versäumt ward«.[47] Dies zeigt die Zeit nach Hegel. Hegel selbst irrte: es gibt keine positive Idee der Dialektik, wie er vermeinte, sondern nur eine negative. Diese negative Dialektik orientiert sich an dem, was vorgegeben ist als dem, was zu negieren ist. Adorno erklärt: »Dialektik ist das konsequente Bewußtsein von Nichtidentität. Sie bezieht nicht vorweg einen Standpunkt. Zu ihr treibt den Gedanken seine unvermeidliche Insuffizienz, seine Schuld an dem, was er denkt«.[48] Die negative Dialektik erhält, insofern sie gesellschaftskritisch verankert ist, einen bestimmten moralischen Charakter. Da die *ganze* gegenwärtige Gesellschaft als kapitalistische verderbt ist, ist es moralisch erfordert, sich gegen sie zu stellen. Freilich erkennt Adorno im Gegensatz zu Marcuse, der die »große Weigerung« als echte moralische Möglichkeit propagiert, daß der Negierende in seiner Gesellschaft verfangen ist. Das besagt konkret: wir können nicht ohne weiteres der kapitalistischen

Gesellschaft, deren Prinzip der verruchte Tausch der Vergeltung ist, entgegentreten. Adorno erklärt: »Alle Einzelnen sind in der vergesellschafteten Gesellschaft des Moralischen unfähig, das gesellschaftlich gefordert ist, wirklich jedoch nur in einer befreiten Gesellschaft wäre. Gesellschaftliche Moral wäre einzig noch, einmal der schlechten Unendlichkeit, dem verruchten Tausch der Vergeltung sein Ende zu bereiten. Indessen: dem Einzelnen bleibt an Moralischem nichts mehr übrig, als wofür die Kantische Moraltheorie, welche den Tieren Neigung, keine Achtung konzidiert, nur Verachtung hat: versuchen, so zu leben, daß man glauben darf, ein gutes Tier gewesen zu sein«.[49]

Das besagt, daß die heute allein mögliche Moral auf den *Impuls* zurückgeführt werden muß, der jeweilig und konkret die Negation demonstriert: es soll nicht gefoltert werden, es soll keine Konzentrationslager geben. Würde man jedoch aus diesen impulsiv wahren Sätzen ein System der Moral als System von Forderungen aufbauen, dann hätte man damit bereits seinerseits Zwang und Unfreiheit propagiert. Imperative sind immer Organe von Unfreiheit. Jede positive vorwärts weisende Festlegung ist unmöglich. Adorno spricht von der Fiktion positiver Freiheit und erklärt: »Freiheit ist einzig in bestimmter Negation zu fassen, gemäß der konkreten Gestalt von Unfreiheit«.[50]

Das ist sicher eine sehr extreme Position, die nicht als einzig maßgebendes Zeugnis für den Bezug von Ethik und Marxismus gelten kann. Es gibt auch und gerade von philosophischer Seite her gegensätzliche Ansätze. *Sartre* erklärt: der philosophische Schriftsteller soll Ideologien erbauen. Das besagt positiv: er muß versuchen, einer aufsteigenden Klasse das ihr entsprechende Selbstbewußtsein zu vermitteln. Sartre fügt hinzu: Man darf sich der eigentlichen Bewegung der Praxis gegenüber nicht in eine abstrakte Subjektivität zurückziehen, wie dies die Philosophie weithin tut.[51]

Wir wollen hier nicht weitere Belege anführen. Die angeführten Beispiele zeigen bereits die Grundtendenz: Absage an übersinnliche Begründungen der Ethik und den Bezug auf höhere Werte. Eine Umorientierung des Handelns auf die *äußeren Verhältnisse* hin ist nötig, diese sind zu ändern, denn sie sind die Grundlage aller höheren Ideologien.

Die Änderung ist vielschichtig. Einerseits ist sie durch die geschichtliche Konstellation bedingt und durch die Klasse des Proletariats als des Geschichtsträgers. Zugleich soll diese Klasse aber aktiv eingreifen, das heißt, sie kann nicht auf den Prozeß allein setzen. Und eben dies ist das Problem: *wie Handeln und Prozeß ineinandergreifen, bleibt letzthin ungeklärt.* Zudem ist doch zu beachten, daß das kollektive Handeln eigentlich nicht ethisch orientiert ist. Die Kampfmoral ist durch das Freund-Feind-Schema bestimmt. Das zeigt die Tendenz zur *Revolution*: man muß die Gegner unter Umständen liquidieren. Die Wurzel des Tuns ist die Selbstbehauptung. Bleibt der Mensch also nicht in Zukunft – so ist zu fragen – wie er immer schon war: gut und böse zugleich?

Camus hat diesen Sachverhalt immer wieder bedacht. Mit nicht überbietbarer Nüchternheit erklärt er: »Seit 20 Jahrhunderten hat die Summe des Bösen in der Welt nicht abgenommen. Keine Wiederkunft, weder eine göttliche noch eine revolutionäre, ist eingetreten. Eine Ungerechtigkeit haftet an jeglichem Leiden, auch an dem in den Augen der Menschen verdienten«. Die Revolte beseitigt nicht das Böse, sie läßt es nur in veränderter Gestalt aus ihrem Tun und Lassen hervorgehen, Leiden und Ungerechtigkeit werden bleiben »und, wie begrenzt auch immer, nie aufhören, der Skandal zu sein«.[52]

Das bedeutet von der Ethik her gesehen: das Problem der *amoralischen Mittel* wird wach. Camus und Sartre haben es ausführlich diskutiert. Wenn man die Welt zum Besseren emporführen will, muß man sich die Hände schmutzig machen. Man kann sogar im Bewußtsein der Unvermeidlichkeit des Negativen mit einer gewissen Neigung zum Zynismus sich zum Kampf rüsten. Man kann sich aber auch im Wissen um die unaufhebbare Negativität dazu entschließen, soweit möglich, nicht zu handeln und sich auf die Seite der Leidenden und nicht der Tätigen zu stellen. Diese Fragen führen auf das Problem des Bezuges von *Verantwortungsethik* und *Gesinnungsethik*, wir werden später darauf zurückkommen.

Die hohe und eminente Bedeutung des Marxismus für Fragen der Ethik ist nicht zu verkennen. Sie tritt hervor, wenn man erkennt, daß der Marxismus die Alternative Sittlichkeit und Moralität dialektisch unterlaufen will. Im Gegensatz zu Sittlichkeit und Lebensweltethik sieht er, *daß die Welt nicht in Ordnung ist*. Das zeigen gerade die realen Verhältnisse. Die Erkenntnis der Negativität verbindet sich mit der Moral. Aber gegen deren Skepsis in bezug auf die Änderung der Welt will der Marxismus nun wiederum in Richtung auf eine neue Sittlichkeit tätig sein, die alle umgreift. Daß diese Wirklichkeit werden kann, dazu ist beides nötig: *aktives Handeln* und das *Vertrauen auf den Geschichtsprozeß*. Daß gerade diese Problematik des Bezuges von Handlung und geschichtlicher Konstellation sich in der Gegenwart über den marxistischen Ansatz hinaus radikalisiert hat infolge der Verwissenschaftlichung und Technisierung: daß Wissenschaft und Technik nicht, wie Marx meinte, nur positiv wirken, wird zu diskutieren sein. Gleichwohl: daß das *Bedenken der realen Praxis* zu den Grundproblemen der Ethik gehört, ist durch Marx offensichtlich geworden.

2. Das Evolutionsprinzip unter wissenschaftlichem und weltanschaulichem Aspekt. Darwin

Im späteren 19. Jahrhundert wird die Überzeugung maßgebend, daß nicht die Religion und die Philosophie, sondern die Wissenschaft, insbesondere die *Naturwissenschaft*, das eigentliche Medium sei, in dem sich der denkende Mensch zu bewegen habe. Die Herrschaft der Wissenschaft und von dieser her eine allgemeine Humanisierung heraufzuführen, ist die eigentliche Aufgabe und der Sinn der Geschichte. Die Realisierung dieses Ziels wird nicht durch eine übersinnliche Macht garantiert, sie stützt sich auch nicht primär auf die moralischen Anstrengungen des Menschen, sondern beruht auf dem Prinzip der Evolution.

Das *Evolutionsprinzip* ist in weltanschaulicher Hinsicht ein Prinzip des Überganges von der Metaphysik zur Wissenschaft. Es soll auf der einen Seite in gewissen Grenzen noch das leisten, was die theologisch und philosophisch fundierte Geschichtsphilosophie des Fortschritts von der Aufklärung bis zu Hegel leistete, nämlich sichtbar machen, daß es eine Entwicklung gibt, die »nach oben führt«. Aber diese Entwicklung ist nicht supranatural gelenkt. Eine solche Lenkung anzunehmen, ist Ideologie. Ebenso voreilig ist es aber auch, die Natur selbst als allgütiges Prinzip anzusetzen. Was aus dem Naturgeschehen »herauskommt«, kann nur empirisch festgestellt werden. Hypothesen über das Walten der Natur sind – das muß die Grundüberzeugung jedes echten Wissenschaftlers sein – nur von der Beobachtung der wirklichen Natur her aufzustellen und von dieser her zu verifizieren.

Darwins Grundbuch *»Die Entstehung der Arten«*, das über die Wissenschaft hinaus auf das allgemeine Bewußtsein wirkte, zeigt in aufschlußreicher Weise die große Bedeutung des Evolutionsprinzips. Darwin singt im ersten Buch, so hat man mit Recht gesagt, das Loblied des erfolgreichen englischen Tierzüchters. Dieser kann durch seine Planung Rinder- und Schafherden bedeutend verbessern. Damit ist der Beweis erbracht, daß die Arten *variabel* sind. Die Lehre des Aristoteles von der Unwandelbarkeit der Arten, hinter der das metaphysische Prinzip steht, daß jedes Seiende ein bestimmtes Wesen hat, ist aufgehoben. Darwin überträgt nun das Züchterprinzip auf die Natur. Diese Übertragung aber verändert den Ansatz wesentlich. An die Stelle der Natur als eines einheitlichen Subjektes tritt – so kann man sagen – das vielfältige Verhalten natürlicher Wesen, das sich jedoch beobachten und als Gesetz formulieren läßt. Der *Kampf ums Dasein* ist eine solche gesetzliche Tatsache, und zwar in mehrfacher Hinsicht: Antriebsmotor aller Lebewesen ist die Selbsterhaltung. Das wird täglich bewiesen. Ebenso bewiesen aber ist die Tatsache, daß viele – und zwar sind es die Schwachen – auf der Strecke bleiben, und nur der Tüchtige und Gesunde überlebt. Die *»natürliche Zuchtwahl«* ist ein negatives Prinzip: sie sortiert das Schlechte aus und gibt damit dem Besseren die größeren Chancen. Dieser *»Kampf ums Dasein«* vollzieht sich als Auseinandersetzung mit der Umwelt. Der Stärkere setzt sich durch, weil er sich in günstigerer Form den Lebensbedingungen – und diese sind hart – anpaßt. Darwin sieht die negativen Seiten dieses Prozesses durchaus. Er legt dar, daß es leicht sei, allgemein über den Kampf ums Dasein zu reden, aber daß es schwer sei, ihn beständig im Auge zu behalten, weil man dann in concreto sieht, wie Leben beständig vernichtet wird. Er sucht diese Betrachtung jedoch zu mildern, indem er erklärt, »daß der Krieg der Natur nicht ununterbrochen andaure, daß kein Geschöpf Furcht vor ihm empfindet, daß der Tod gewöhnlich rasch kommt und daß der Kräftigste, Gesündeste und Glücklichste die anderen überlebt und sich fortpflanzt«.[53]

Die Entwicklung ist als faktische gar nicht zu ändern. Insofern aber das Faktische mit dem Sinnvollen gleichgesetzt wird, kann die Betrachtung der Natur nun ihrerseits eine *Moral* fördern, deren Wesen die Anerkenntnis des Tatsächlichen ist, insofern dieses eine *Höherentwicklung* darstellt. Man kann von hier aus sogar als noch ausstehenden Endpunkt der Entwicklung eine allgemeine humanistische Einstellung propagieren. Der Mensch ist auf dem Wege der Auslese aus der Tierwelt entstanden. Er ist wesentlich ein *soziales Wesen* wie die höheren Tiere auch. Das heißt, er liebt seinesgleichen innerhalb der Gruppe und ist aggressiv gegen Gruppenfremde. Zu erwarten ist nun, daß der Mensch die Sympathie von kleinen Gruppen auf größere Gemeinschaften überträgt. »Wenn der Mensch in der Kultur fortschreitet und kleine Stämme zu größeren Gemeinwesen sich vereinigen, so führt die einfachste Überlegung jeden Einzelnen schließlich zu der Überzeugung, daß er seine sozialen Instinkte und Sympathien auf alle, also auch auf die ihm persönlich unbekannten Glieder desselben Volkes auszudehnen habe. Wenn er einmal an diesem Punkt angekommen ist, kann ihn nur noch eine künstliche Schranke hindern, seine Sympathien auf die Menschen aller Nationen und aller Rassen auszudehnen«.[54]

Der Darwinismus hat eine außerordentlich breite Wirkung auf das *gebildete Bürgertum* ausgeübt. Die Negation der Metaphysik des Geistes zugunsten einer »Natürlichkeit«, die ihrerseits wiederum der wirtschaftlichen Situation des Konkurrenzkampfes entspricht, war ebenso zeitgemäß wie ein gemäßigter Fortschrittsglaube, der sich wesentlich auf die Macht der Wissenschaft stützte, die als solche, wie man meinte, den

Trend zu einer allgemeinen Humanität befördert, insofern sie Vorurteile abbaut. Der Darwinismus wurde aber auch von den Sozialisten akzeptiert. So erklärt – um nur ein Beispiel zu nennen – der Neukantianer *Albert Lange* das Aufbegehren der Arbeiterschaft vom Kampf um das Dasein her als legitim und notwendig.

Unterschied und Gemeinsamkeit zwischen dem Marxismus und der Evolutionstheorie sind aufschlußreich. Die Evolutionstheorie hat ebenso wie die marxistische ökonomische Theorie die enge wissenschaftliche Sphäre eines Faches überschritten. Es wird eine Geschichtstheorie entwickelt, von der her das Gesamtgeschehen deutbar werden soll.

Die Negation spielt in beiden Fällen eine Rolle. Aber hier zeigt sich ein wesentlicher Unterschied zwischen Darwin und Marx. Die Gegenwart ist für Darwin keine Zeit der Entfremdung, die durch revolutionäres Handeln aufgehoben werden soll. Die Grundstrukturen des Geschehens stehen fest und sind sinnvoll. *Negativität ist als Selektion notwendig und weist auf Fortschritt als real gesichert oder nicht unwahrscheinlich hin.* Ein gewisser Positivismus kennzeichnet Darwins Theorie; sie ist eben empirisch erwiesen, welche Folgen man aus ihr auch zieht. Aber – so zweideutig ist die Sachlage – gerade als wissenschaftlich fundierte Erkenntnis fungiert diese Theorie als Weltanschauungsersatz in der Weise einer maßgebenden Hintergrundstimmung.

Auch in bezug auf Darwin ist wie bei Marx die Wirkungsgeschichte zu beachten. Einmal in wissenschaftlicher Hinsicht: die *Biologie* ist der Schlüssel zur Anthropologie. Es ist zu fragen: *was unterscheidet den Menschen vom Tier, wieweit ist der Mensch biologisch bedingt?* Im methodischen Sinne ordnet sich die darwinistische Theorie in den allgemeinen Trend der Verwissenschaftlichung ein, ihn verstärkend: alle Untersuchungen des menschlichen Verhaltens können und müssen wissenschaftlich verifizierbar sein. Beobachtung und Experiment werden entscheidend. Es gibt keine »inneren Tatsachen«, auf jeden Fall sind sie für die Forschung irrelevant.

Zugleich aber erscheint der Fortschrittsglaube im Zusammenhang mit der Evolutionstheorie problematisch. Er ist nicht politisch abgestützt, und vor allem: er ist seiner Tendenz nach von der Handlungssphäre abgetrennt. Im Grunde ist er ein Glaube, der auf traditionellen Vorstellungen beruht: *daß Faktizität und Sinnhaftigkeit sich decken und daß der Mensch die Krone der bisherigen Entwicklung ist.*

Diese Ansätze werden in der Gegenwart abgebaut. Die Evolutionstheorie gibt keinen Halt, sondern gerät selbst in bezug auf mögliche Konsequenzen ins Zwielicht. Sie wird nicht als wissenschaftliche Theorie fraglich. Aber aus ihr sind differente Einsichten zu ziehen. Ist der Mensch ein bösartiges Wesen, das nur auf seinen eigenen Vorteil aus ist? Gegen diese Vermutung macht sich die Meinung geltend, daß der Mensch weder gut noch böse von Natur ist. Und nun wird weitgehend erklärt, daß der Mensch erst durch seinen *Verstand* verleitet wurde, gegen die Natur, seine eigene Natur und die äußere Natur, zu handeln. Die Wissenschaft gilt nun als problematisches Unternehmen, seit sie als *rationales Herrschaftswissen* sich gegen die Natur richtet. Die Natur trägt jedenfalls heute, so die allgemeine Meinung, den Menschen nicht mehr.

Wir werden später den engeren Zusammenhang von Biologie und Ethik genauer diskutieren unter der Frage: gibt es eine biologische Ethik? Hier ist einerseits zu untersuchen, ob gewisse Einsichten der Biologie in das Verhalten des Menschen gesicherter sind als ethische Ansätze, die zu hoch greifen, etwa in der Form der Moral. Es ist also zu fragen, ob die Biologie für die Ethik als Grundlagenwissenschaft fungieren soll, die zeigt, was man fordern kann. Andererseits aber ist es notwendig, sich dem Problem zu stellen, ob die Naturalisierungstendenz der Biologie uns nicht in eine

Sackgasse führt, weil sie mit der Tatsache der Herrschaft des Geistes weder in positiver noch in negativer Hinsicht zu Rande kommt. Kann man den *Geist* wirklich als einen *Fremdkörper* bestimmen, durch den der Mensch in seiner Entwicklung entartet ist? Das behauptet *Ludwig Klages* und in modifizierter Form auch der Biologe *Konrad Lorenz*.

3. Psychoanalyse und ihr Bezug zur Ethik. Freud

Freud ist für die Anthropologie und die Ethik wohl der wesentlichste unter den Denkern, die das neue nachidealistische Denken eröffnen. Freud setzt sich kritisch mit der traditionellen Anthropologie auseinander. Seine entscheidende Leistung ist es, daß er die Vorherrschaft des Bewußtseins in Frage stellt, die von Descartes an leitend war: Ich und Denken werden, so Descartes, gleichgesetzt, und Bewußtsein ist Mitwissen um die Akte, zu denen ich jederzeit Stellung nehmen kann. Freud zeigt die *Macht des Unbewußten* in seinen vielfältigen Ausprägungen. Das Unbewußte bestimmt unser Tun und Lassen, auch wenn wir es zu verdrängen suchen. Die *Verdrängung* ist ein Grundphänomen des menschlichen Lebens. Sie wird aber nur verständlich, wenn man sich das Wesen des *Triebes* klarmacht.

Der Begriff *Trieb* ist – das erkennt Freud sehr klar – ein schwer zu klärender Begriff, weil Triebe nicht empirisch nachweisbar sind. Freud bezeichnet die Bestimmung »Trieb« als konventionellen Begriff. Gleichwohl sucht er die Triebe möglichst genau ihrer Struktur nach innerhalb eines subjektivistisch orientierten Schemas zu bestimmen. Wir legen dies Verfahren genauer dar, weil es für den Gesamtansatz Freuds außerordentlich aufschlußreich ist.

Freud definiert: »Der Triebreiz stammt nicht aus der Außenwelt, sondern aus dem Inneren des Organismus selbst«.[55] Der Trieb ist nicht als momentane Stoßkraft, sondern als konstante Kraft zu verstehen. Seine Funktion ist biologisch bedingt und unterliegt dem Lustprinzip, das alle Lebewesen bestimmt. Das heißt, Unlust soll vermieden und Lust gesucht werden. Des genaueren sind am Trieb zu unterscheiden die *Quelle*, das ist der somatische Vorgang in einem Organ, »dessen Reiz im Seelenleben durch den Trieb repräsentiert ist«,[56] sodann der *Drang* als Summe von Kraft und Aktivität; ferner das Ziel: es ist allemal die Befriedigung und »schließlich das Objekt« als dasjenige, »an welchem oder durch welches der Trieb sein Ziel erreichen kann«.[57]

Auf diesem subjektivistischem Ansatz beruht es, oder schärfer: nur durch ihn ist es möglich, »die Objekte zu wechseln«. So kann man in der Entwicklung verschiedene Phasen der Sexualität unterscheiden: die orale, die anale und die phallische. In allen Phasen ist die Lustbestimmung maßgebend. Nur die »Mittel«, das heißt die interessierenden Sexualobjekte, wechseln: Mund, Anus und Penis. Man muß weiterhin den Selbstbezug, das heißt den Narzißmus, gegen die Fremdbezogenheit abheben, die ihrerseits wiederum homo- oder heterosexuell sein kann. Freud kennt also keine ursprüngliche, natürliche Objektbindung, die als normal anzusetzen sei.

Freuds Bestimmung des Triebes erinnert – geistesgeschichtlich gesehen – an *Fichte*, denn Fichte – wir haben dies ausführlich dargelegt – ist der erste Denker, der den Trieb ausdrücklich nicht mehr als abhängig von der Außenwelt, das heißt als Beeindruckung oder unmittelbare Antwort auf Beeindruckung versteht, sondern wesentlich subjektiv als Kraft ansetzt, die sich *äußern* will. Freilich: Freud denkt im Gegensatz zu Fichte den Trieb wesentlich physikalisch. Es gibt, ebenso wie es ein Quantum physischer Energie gibt, ein Quantum psychischer Energie. Mit diesem »besetzt« der Mensch bestimmte Objekte; Besetzung ist der Beitrag an psychischer Energie, der auf ein Objekt gerichtet wird. Von hier aus läßt sich ein Gesetz aufstellen: nimmt der Betrag der nicht entladenen Besetzung zu, dann entsteht Unlust, wie umgekehrt die Entladung als Abnahme der drängenden Energie zur Lust führt – wir haben bei Nietzsche den entsprechenden Ansatz kennengelernt. Entscheidend ist, daß diese an der Physik orientierte Vorstellung des Triebes vollkommen wertneutral ist. Die Triebe sind da und müssen irgendwie verwertet werden. Ist die Abfuhr gesperrt, kommt es zu Katastrophen.

Triebe und Unbewußtes gehören nun zusammen. Freud erklärt: »Der Kern des *Ubw* besteht aus Triebrepräsentanzen, die ihre Besetzung abführen wollen, also aus Wunschregungen. Diese Triebregungen sind einander koordiniert, bestehen unbeeinflußt nebeneinander, widersprechen einander nicht«.[58] In diesem System regiert absolute Zeitlosigkeit, es gibt hier auch keine Rücksicht auf die Realität. Das Schicksal der unbewußten Vorgänge hängt nur davon ab, »wie stark sie sind, und ob sie die Anforderungen der Lust-Unlust-Regulierung erfüllen«.[59]

Die Entdeckung des Unbewußten und der Triebe engt den Herrschaftsbezirk des *Ichs* ein. Das Ich, das den Bezug zur Außenwelt regelt und dem Realitätsprinzip untersteht, ist von der Dimension des *Es* bedrängt, ebenso vom *Über-Ich*, den internalisierten Geboten und Verboten des Vaters.

Freud greift, um die Entstehung des *Über-Ich* zu erklären, auf den Ödipus-Komplex zurück und bestimmt das Über-Ich als Ersatz der ödipalen Objektbesetzungen. Das Über-Ich introjiziert die Herrschaftsstellung des Vaters, so daß das Kind in sich selbst deren Funktion übernimmt.

Die Internalisierung bedeutet, daß das Kind darauf verzichtet, den Vater zu ermorden. Das besagt aber: der Wunsch auf äußere Erfüllung wird verdrängt. Gerade dadurch kann er nun in verwandelter Form im Inneren weiterleben. Man wird gegen *sich*, und nicht den Vater, aggressiv. Diese Umwandlung von Fremdaggression in Aggression gegen sich selbst kennzeichnet die Entstehung des *Gewissens*. Freuds Analyse des Gewissens ist kompliziert, weil das Gewissensverhalten ja ebenso ambivalent sein muß, wie es das Verhalten des wirklichen Vaters aus der Sicht des Kindes *und* dessen eigenes Verhalten zu diesem Vater war.

Das Gewissen ist – das ist der Grundansatz – der *Ersatz der väterlichen Autorität*. Ich und nicht mehr der Vater lege mir Forderungen auf und beurteile mich selbst. Und zwar werde ich ebenso streng sein, wie es der wirkliche Vater war. »Die Aggression des Gewissens konserviert die Aggression der Autorität«.[60] Diese Konservierung bedeutet aber, so betont Freud, sogleich eine Steigerung. Jeder neue Verzicht auf äußere Aggression vermehrt die Autorität des Gewissens und damit die innere Aggression, zugleich aber auch den Wunsch, gegen diese Aggression anzugehen, das heißt, »gewissenlos« zu sein. Für diesen amoralischen Wunsch fühlt man sich dann wiederum schuldig und gerät in *Angst*. Die so entstehende Gewissensqual ist wesentlich ein sich in sich steigerndes Zirkelgeschehen.

Die Introjektion schafft Moral als *Gewissensmoral*. Diese Moral wird kulturell ausgeformt. Die Entwicklung der Kultur stellt ein moralisch-soziales Gesamterbe dar, das der Einzelne von seinem Vater her übernimmt. Freud redet von einem *Kultur-Über-Ich* und erklärt: »Das Kultur-Über-Ich hat seine Ideale ausgebildet und erhebt seine Forderungen. Unter den letzteren werden die, welche die Beziehungen der Menschen zueinander betreffen, als Ethik zusammengefaßt. Zu allen Zeiten wurde auf diese Ethik der größte Wert gelegt, als ob man gerade von ihr besonders wichtige Leistungen erwartete«.[61]

Es ergibt sich im ganzen, daß der Mensch sich in einer außerordentlich gefährdeten und unglücklichen Lage seiner selbst befindet. Er kann sich, das heißt seine Tendenzen und Intentionen, nicht in Harmonie bringen und ausbalancieren, denn ein Gleichgewicht zwischen den verschiedenen Ansprüchen könnte er ja nur erringen, wenn er als Ich Abstand zu sich selbst zu gewinnen vermöchte und solchermaßen seine Kräfte von außen her ordnete.

Freud stellt also radikaler als Marx und Darwin die Vorherrschaft des Geistes über die Triebe in Frage, indem er genau und detailliert den Zwiespalt zwischen Ich, Über-Ich und Trieben herausarbeitet und deklariert, daß er *unlösbar* sei. Freud bleibt aber der Tradition verhaftet, insofern er am *Subjekt* und zwar wesentlich am *einzelnen Subjekt* orientiert ist. Er sucht den Menschen nicht von der geschichtlichen Gesamtbewegung her zu erklären, sei diese nun gesellschaftlich-ökonomisch oder biologisch bedingt, sondern deutet umgekehrt die Geschichte aus der Struktur des Menschen. Das verbindet ihn mit Denkern wie Schopenhauer und Nietzsche.

Gleichwohl ist Freud ebenso wie Marx und Darwin wissenschaftsorientiert. Er gibt zwar ein Gesamtbild des Menschen, aber dies soll jeden spekulativen Zug vermeiden. Es beruht auf wissenschaftlicher Forschung, die sich wandelt – Freud interpretiert seine Triebtheorie ständig um.

Die *Wissenschaft* zerstört Vorurteile und Illusionen. Die Religion wird von Freud als Zwangsneurose gedeutet und wird seiner Meinung nach durch den Trend zur Aufklärung immer mehr in den Hintergrund gedrängt werden. Wissenschaft bedeutet *Befreiung*, sie führt aber keineswegs ein goldenes Zeitalter herauf. Die Psychoanalyse als Therapie beruht ja einzig und allein auf dem Glauben, daß Aufklärung den Zwang aufhebt: das Triebhafte soll bewußt gemacht werden und damit seine drängende Kraft verlieren. Allerdings wird der Mensch durch die Errungenschaft der Illusionslosigkeit keineswegs glücklicher. Der Gott Logos verspricht keine Entschädigung »für uns, die wir schwer am Leben leiden«.

Freuds Einstellung zur Moralität ist zweideutig. Freud erkennt die Notwendigkeit von Ethik und Moral. Es ist unumgänglich, daß der Mensch sich Entsagung, positiv formuliert, Disziplin, auferlegt gegenüber dem totalen Anspruch des Es. Insbesondere ist der Kampf gegen den Todestrieb zugunsten des Eros eine wesentliche Aufgabe. Der Mensch ist *Kulturwesen* geworden. Und nachdem er es geworden ist, muß er dem Gesetz der Kultur folgen. Kultur beruht auf der Beachtung des *Realitätsprinzips* durch das Ich, das sich auf Sachlichkeit einstellt und dem Leistungsprinzip unterwirft. Aber dem Ich muß der Rücken gestärkt werden durch das Über-Ich. Das Verhältnis zwischen beiden ist dialektisch. Freud sagt, daß das Über-Ich nur eine Stufe zum Ich sei, das heißt zur bewußten Selbststeuerung. Aber eine bewußte Selbststeuerung ist nur möglich, wenn das Ich sich vom Über-Ich als dem Träger des Ich-Ideals einsichtig den Triebverzicht auferlegen läßt. Freud erklärt: »Das Ich-Ideal umfaßt die Summe aller Einschränkungen, denen das Ich sich fügen soll«.[62] Diese Einschränkungen sind notwendig angesichts des ständig drängenden Triebes zur Destruktion, durch die der Mensch sich selbst als Kulturwesen gefährdet.

Andererseits gibt es keine rein moralische Beurteilung des Verhaltens. Diese ist auch in praktisch-therapeutischer Hinsicht problematisch, weil sie den Menschen zu einem moralischen Skrupulantentum erzieht, dessen Kennzeichen eine Selbstquälerei ist, die unter Umständen zu einer Neurose führt. Aufs Ganze gesehen: die Psychoanalyse »verdrängt« die ethische Betrachtungsweise. Daß es besondere Fälle gibt, in denen der Mensch nicht zurechnungsfähig und verantwortlich ist, dies hat man natürlich vor Freud gewußt. Das Entscheidende ist, daß durch Freud das Phänomen der Verantwortlichkeit über diese Fälle hinaus fraglich geworden ist. Um dies beispielhaft zu verdeutlichen: seit Freud ist jedem die Reflexion vertraut, mit der man das Tun und Lassen der Menschen, sobald es nicht mehr eindeutig zu sein scheint, *»hinterfragt«*. Man sucht nach dem, was eigentlich dahinter steht, wobei die Voraussetzung ist, daß der Täter das selbst nicht weiß und auch nicht wissen kann, denn die sein Handeln bestimmende Triebschicht ist ihm selbst weithin unbekannt. Dieses Hinterfragen ist grundsätzlich immer möglich, denn jeder Mensch trägt im Verborgenen kulturell nicht sanktionierte Triebwünsche in sich. Natürlich wird nur in den eklatanten Fällen, wo das Verborgene in die Realwelt ausbricht und diese negiert, die Problematik des Verantwortungsbewußtseins wirklich sichtbar. Aber – und dies ist es, worauf wir hier abheben – die Grenzen zwischen Verantwortlichkeit und Nichtverantwortlichkeit erscheinen heute nicht mehr eindeutig.

Diese Problematik zeigt sich nicht nur im juristischen, sondern auch und gerade im alltäglichen Bereich. Das Alltagsverhalten verläuft im allgemeinen in gekonnten Gewohnheitsbahnen. Hier wird die Frage der Verantwortung gar nicht oder nur in bedingter Form ausdrücklich. Aber sobald es Störungen gibt, sei es im Berufsleben oder in der Familie, die nicht unmittelbar zu beheben sind, so daß das Zusammenleben einen Bruch erfährt, taucht die Frage nach der Verantwortung auf. Sie wird jedoch sogleich eigentümlich modifiziert durch psychologische Erklärungen, die das negative Verhalten, wie man formuliert, »verständlich machen sollen«. Es ist durchaus nicht so, daß die Verantwortung überhaupt negiert wird, wohl aber wird der ethische Aspekt weitgehend ausgeschaltet. Insbesondere der Begriff der moralischen Schuld scheint geradezu suspekt geworden zu sein. Jedenfalls wird er weitgehend vermieden. Man sucht – das ist ja die eigentliche Absicht der das negative Tun verständlich machenden Erklärung –, den sogenannten Schuldkomplex *»aufzulösen«*.

Triebe sind als solche wertfrei. Freud erklärt in der Abhandlung *»Zeitgemäßes über Krieg und Tod«*: »In Wirklichkeit gibt es keine ›Ausrottung‹ des Bösen. Die psychologische – im strengeren Sinn die psychoanalytische – Untersuchung zeigt vielmehr, daß das tiefste Wesen des Menschen in Triebregungen besteht, die elementarer Natur, bei allen Menschen gleichartig sind und auf die Befriedigung gewisser ursprünglicher Bedürfnisse zielen. Diese Triebregungen sind an sich weder gut noch böse«.[63] Aber Freud geht noch einen Schritt über die Deklarierung der Wertfreiheit der Triebe hinaus. Er entschuldigt die Triebausbrüche nicht nur, sondern meint, daß das Ausleben an sich gesund sei. In »Das Unbehagen in der Kultur« findet sich eine entsprechende Stelle. Freud sucht dort den Zusammenhang von Kulturentstehung und Gewissen als Internalisierungsvorgang zu erläutern. Es heißt dort: »Die Aggression wird introjiziert, verinnerlicht, eigentlich aber dorthin zurückgeschickt, woher sie gekommen ist, also gegen das eigene Ich gewendet. Dort wird sie von einem Anteil des Ichs übernommen, das sich als Über-Ich den übrigen entgegenstellt, und nun als Gewissen gegen das Ich dieselbe strenge Aggressionsbereitschaft ausübt, die das Ich gerne an anderen, fremden Individuen befriedigt hätte«.[64]

Das Wort »gerne« ist nicht zufällig gesetzt. An sich liegt es dem Menschen näher, sich nach außen abzureagieren, als sich selbst zu quälen. Dies Ausleben entspricht der Natur.

Und dies besagt: die Moral, die Triebunterdrückung anempfiehlt, überhaupt jeder Zwang vom Über-Ich her, ist biologisch gesehen verfehlt. Dies Argument ist und bleibt für Freud wesentlich. Es scheint uns jedoch nicht ertragreich, den Biologismus Freuds gegen den nicht wegzuleugnenden anderen Ansatz, nach dem zur Kultur unabdingbar *Triebeinschränkung* gehört, aufzurechnen. Da der Mensch nun einmal Natur- und Kulturwesen zugleich ist, muß er eben doch letztlich immer versuchen, eine Balance von Es, Ich und Über-Ich anzustreben. Freuds Wort: »Wo Es ist, soll Ich werden« ist berühmt geworden.

Aber Freud – dies muß noch einmal betont werden – bleibt gegen jeden Optimismus skeptisch. Alle Vorgänge der Sublimierung und Kultivierung ändern nichts an der Grundsituation des Menschen. Am Schluß der Arbeit »Das Unbehagen in der Kultur« erklärt Freud: »Die Schicksalsfrage der Menschenart scheint mir zu sein, ob und in welchem Maße es ihrer Kulturentwicklung gelingen wird, der Störung des Zusammenlebens durch den menschlichen Aggressions- und Selbstvernichtungstrieb Herr zu werden. In diesem Bezug verdient vielleicht gerade die gegenwärtige Zeit ein besonderes Interesse. Die Menschen haben es jetzt in der Beherrschung der Naturkräfte so weit gebracht, daß sie es mit deren Hilfe leicht haben, einander bis auf den letzten Mann auszurotten. Sie wissen das, daher ein gut Stück ihrer gegenwärtigen Unruhe, ihres Unglücks, ihrer Angststimmung. Und nun ist zu erwarten, daß die andere der beiden ›himmlischen Mächte‹, der ewige Eros, eine Anstrengung machen wird, um sich im Kampf mit seinem ebenso unsterblichen Gegner zu behaupten. Aber wer kann den Erfolg und Ausgang voraussehen?«[65]

Diese Worte, im Jahr 1930 geschrieben, sind und bleiben auf Grund ihrer Hellsichtigkeit bedeutsam. In ihnen wird unabhängig von moralischen Beurteilungen die ganze Misere des Menschen in grundsätzlicher und konkreter Hinsicht dargelegt.

Wir werden auf Freuds Ansatz später zurückkommen. Festzuhalten ist jetzt ein Zweifaches: einmal die *schonungslose Beurteilung der Situation* und sodann, damit zusammenhängend, das *Festhalten an der Subjektivität*, das sich konkretisiert als Hinweis auf deren Zwiespältigkeit. Freud bleibt mit diesen beiden Aspekten trotz seines großen Erfolges und der großen Zahl seiner Anhänger doch in gewisser Weise ein Einzelgänger, denn der Gesamttrend, der Anthropologie, Psychologie und Biologie, insofern sie unter dem Aspekt der Verwissenschaftlichung und Technisierung stehen, durchwaltet, ist dadurch bedingt, daß weltanschauliche Gesamtdeutungen im Sinne des *Pessimismus vermieden werden* und daß die *Bedeutung der Subjektivität ausgeschaltet* oder außerordentlich *eingeschränkt wird.*

IV. Das Scheitern der Ethik angesichts der Paradoxie der menschlichen Existenz. Kierkegaard

Betrachtet man die geistesgeschichtliche Entwicklung der Ethik im späteren 19. Jahrhundert unter dem Aspekt der *Subjektivität*, so zeigt sich ein sehr unterschiedliches Bild. Einigkeit besteht in der Ablehnung des Gedankens einer absoluten Subjektivität, wie er im Deutschen Idealismus ins Zentrum trat. Diese Konzeption gilt als Signum einer in reine Spekulation abirrenden Metaphysik. Die Gegentendenz zu dieser Metaphysik ist es, das Subjekt neu zu bestimmen: nicht der Geist, sondern die *Triebe* sind maßgebend. In dieser Hinsicht sind sich Schopenhauer, Nietzsche und Freud einig. Die Entdeckung der Triebschicht bedeutet zugleich eine Reduzierung der Subjektivität überhaupt. Schopenhauer lehrt, man muß gleichsam, indem man dem Willen entsagt, subjektlos werden. Und Nietzsche, der den Willen zur Macht feiert, will ihn entsubjektivieren: Handeln ist ein Tun ohne Täter.

Es gibt aber auch im 19. Jahrhundert Gegenströmungen gegen diese Ansätze. Am Vorrang der Subjektivität ist festzuhalten. Diese Subjektivität ist bestimmt als *Selbstbezug*. Selbstbezug ist nicht ohne *Weltbezug* möglich und umgekehrt. Ich lebe nicht isoliert nur für mich, selbst wenn ich mich asketisch zurückziehe, denn der Weltbezug beherrscht mich nicht nur real als biologisches und soziales Wesen, sondern auch in meinen Gedanken und meiner Phantasie. Der Weltbezug ist immer schon durch den Selbstbezug und der Selbstbezug immer schon durch den Weltbezug vermittelt. Auch wenn ich mich in der Innenschau mit mir selbst befasse, bleibe ich von Grund aus weltgebunden. Es gibt keine absolute Subjektivität, die nur sich selbst reflektiert.

Es ist nun aber – das ist die andere Seite – herauszustellen, daß dem Selbstbezug offenbar doch ein gewisser Vorrang zukommt. Er ist Anfang und Ende aller Bezüge. Alles Verstehen schließt das mitlaufende Bewußtsein meiner selbst ein. Es geht in allem Verhalten, weil es durch diesen Selbstbezug bestimmt ist, *immer auch um mich selbst*.

Es ist dies, wie wir noch genauer sehen werden, ein für die Ethik ganz wesentlicher Sachverhalt, der auch alles eingeübte Gewohnheitsverhalten und den alltäglichen Bezug zu den anderen durchwaltet. Sicher: die alltäglichen Lebenssituationen sind weithin auf festgelegten Bahnen, die durch die Sitte bedingt sind, so eingeübt, daß kaum eine ausdrückliche Besinnung zum Handeln notwendig erscheint. Aber diese Feststellung ändert nichts daran, daß die Grundsituation des Menschen nicht der Einklang mit der Welt ist. Das bedeutet aber eben, daß die Möglichkeit des *Rückwurfes* auf mich besteht und gerade in Krisenzeiten aktualisiert werden kann. Sokrates und Descartes sind beide Denker, die in Zeiten des Übergangs stehen.

Auch die Epoche des späteren 19. Jahrhunderts ist eine Krisenzeit. Der Umbruch der Grundeinstellung zeigt sich nicht nur in der Verwissenschaftlichung und der Aufhebung der traditionellen Metaphysik durch eine negative Metaphysik, wie sie Schopenhauer und Nietzsche entwickeln, sondern auch in einer die Isolierung betonenden Herausstellung der endlichen Subjektivität. Dafür ist Kierkegaard Zeuge.

Kierkegaard gilt mit Recht als der Inaugurator der *Existenzphilosophie*. Daß es kein philosophisches System des Daseins geben kann, ist die ihn leitende Grundüberzeugung. Bei keinem der Existenzphilosophen ist die Ungesichertheit der Subjektivität aber so stark herausgestellt wie bei Kierkegaard. Das gründet darin, daß ihm ein positiver Bezug zur Welt nicht mehr möglich erscheint. In der Schrift »*Die Wiederholung*« heißt es: »Man steckt den Finger in die Erde, um zu riechen, in was für einem Land man ist. Ich stecke den Finger ins Dasein – es riecht nach gar nichts. Wo bin ich? Was will das heißen: Welt? Wer hat mich in das Ganze hineingelockt und läßt mich nun da stehen? Wie wurde ich Interessent an der großen Unternehmung, die man Wirklichkeit nennt? Warum soll ich überhaupt Interessent sein? Ist das keine freie Sache?«[66]

Von diesem Problem der Existenz her ist die Konzeption der *Ethik* bei Kierkegaard zu verstehen. Der auf sich selbst gestellte Mensch muß mit der Ethik Ernst machen als dem einzigen Weg, auf dem – so scheint es – er mit der Welt und sich selbst in Ordnung kommen kann. Er wird in diesem Versuch aber erfahren, daß er *nicht* zurechtkommt.

Ethik ist keine Möglichkeit der angemessenen Selbstkonstitution. Das gründet in der paradoxen Struktur des Welt- und Selbstbezuges der Existenz.

Wir heben drei Momente an Kierkegaards Behandlung der Ethik heraus: erstens ihre *Existenzialisierung*, zweitens ihre Bedeutung für den *zwischenmenschlichen Bezug* und den Bezug zu *Institutionen* und drittens die *Unvermeidlichkeit* ihres *Scheiterns*.

Kierkegaard entwickelt in seinen *pseudonymen Schriften* drei Möglichkeiten des Selbstverständnisses der Existenz, das heißt, er legt dar, unter welchen Gesichtspunkten und Idealvorstellungen die Existenz ihren Lebensvollzug ausrichten kann. Die Stadien stellen eine Rangordnung dar. Die unterste Stufe ist das *ästhetische*, die mittlere das *ethische* und die höchste das *religiöse* Stadium, das in eine allgemeine Religiosität, Religion A, und die Religion B, die im Christentum Wirklichkeit ist, zu unterteilen ist.

Das *ästhetische* Stadium wird als *Unmittelbarkeit*, das *ethische* als *Vermittlung* im Sinne der Selbstgestaltung bestimmt, und das *christliche verbindet beide* im und durch den Glauben an den menschgewordenen Gott.

Entscheidend ist, daß Ästhetik und Ethik nicht auf vorgegebene Dimensionen bezogen werden, sondern im Sinne eines Gegeneinanders *existenzialisiert* werden. Wenn ästhetisch leben unmittelbar leben heißt, so bedeutet diese Unmittelbarkeit keine kindliche Naivität, sondern ist, als Gegensatz zur ethischen Vermittlung, ein Sichgehenlassen in der Weise eines stimmungshaften Schwebezustandes, der sich in Selbstbeobachtung genießen will.

Kierkegaard sucht in bezug auf das Ästhetische ein Doppeltes zu zeigen, einerseits, daß das ästhetisch bestimmte Leben eine seit der *Romantik* ins allgemeine Bewußtsein eingedrungene Möglichkeit ist: man kann sich unverbindlich und haltlos in einer *Phantasiewelt* bewegen, deren Zusammenbruch ständig durch Wechsel und Umschaltung der Phantasieentwürfe verhindert wird. Dieses allgemeine Bewußtsein konkretisiert sich insbesondere in der *Dichterexistenz*, der Dichter ist oder glaubt sich erhöht über alle anderen Menschen, weil er sich in einer Dimension bewegt, von der her er das gewöhnliche Leben ironisieren kann. Zwischen der Romantik und Kierkegaard bestehen jedoch in bezug auf das Ästhetische Unterschiede. Die *Romantik* sieht in diesem Zustand die Möglichkeit einer Steigerung des Lebensbewußtseins durch Eröffnung von Potentialitäten, die als solche beglücken, ohne in Handlung umgesetzt werden zu müssen: man weiß sich mit der Welt im Ganzen einig, weil Ich und Welt auf schöpferischen Hervorbringungen beruhen, die im Wechsel von Setzen und Aufheben in sich selbst ein Spiel darstellen.[67] Für *Kierkegaard* ist das ästhetische Stadium jedoch durch ein latentes Bewußtsein des Unglücklichseins gekennzeichnet. Der Ästhetiker und der Dichter sind als moderne Menschen wesentlich durch das Phänomen der Selbstreflexion und der Selbstbeobachtung bestimmt. Man muß im Genuß immer um sich wissen, um ihn ausschöpfen zu können. Dieser Selbstbezug aber hindert die Produktivität: *man vernimmt immer nur sich selbst*, ist sein eigenes Echo. Diese einschließende Verwiesenheit auf sich selbst und die Bezuglosigkeit zum Realen sind Weisen der latenten Verzweiflung. Freilich ist diese Verzweiflung in voller Klarheit nur dem Ethiker deutlich, der über dem Ästhetischen steht. Der Ästhetiker selbst schwankt zwischen extremen Stimmungen hin und her.

Der *Ethiker* wird als Gegensatz zum Ästhetiker bestimmt. Er sucht sich selbst zu vermitteln. Kierkegaard fragt: »Was heißt es nun aber ästhetisch zu leben? und was heißt das: ethisch leben? Was ist das Ästhetische im Menschen? Was das Ethische?

Antwort: das Ästhetische im Menschen ist das, wodurch er unmittelbar ist, was er ist; das Ethische ist das, wodurch er wird, was er wird«.[68]

Der Ethiker ergreift die Wirklichkeit. Dieses Ergreifen ist aber keineswegs ein unmittelbarer Rückgang auf das Gegebene. Von diesem entfernt sich der Ethiker noch weiter als der Ästhetiker. Der Ethiker löst sich, um der Wirklichkeit angemessen zu begegnen, aus allem heraus, um sich selbst zu wählen. Dies Thema der *Selbstwahl* steht im Zentrum der Analyse der ethischen Existenz. In der Selbstwahl wähle ich mich selbst in meiner ewigen Gültigkeit. Ich wähle das Selbst als das Absolute. Kierkegaard fragt: »Was ist denn nun dies mein Selbst?« Er antwortet: »Im ersten Moment bietet sich mir als Ausdruck dafür das: es ist das Allerabstrakteste und ist zugleich in sich das Allerkonkreteste: es ist die Freiheit«.[69]

Kierkegaard redet aber nicht dem liberum arbitrium das Wort. Die Erkenntnis, daß man frei ist, ist mit der Einsicht verbunden, daß man schon immer nicht nur situativ gebunden ist, sondern sich immer schon in einem bestimmten ethischen Zustand befindet, gut oder böse ist. Die Selbstwahl bedeutet, daß man sich entschließt, sein Leben selbst in dieser *Gebundenheit* zu führen.

Kierkegaard stellt sich hier in die Reihe derjenigen Denker, für die die Ethik nicht nur ganz und gar eine Angelegenheit der einzelnen Subjektivität ist, sondern für die ethisches Verhalten im Gegenzug zur Natürlichkeit eigens ergriffen werden muß in und durch die *Selbstkonstitution der Freiheit.* Ethik beruht nicht auf institutionellen Ordnungen, in die man durch Erziehung und Gewöhnung hineinwächst. Ethik muß eigens konstituiert werden.

Das exemplarische Urbeispiel dieser Ethik ist *Sokrates*. Sokrates fordert auf, zuerst für die Seele zu sorgen, weil von deren Schicksal das Gesamt der eigenen Lebensvollzüge abhängt. Die wesentliche Verbindung zwischen Selbstwahl und Ethik wird aber erst in der neuzeitlichen Philosophie der Subjektivität entdeckt. *Fichte* hat von diesem Ansatz her zwei Menschentypen konzipiert, den Dogmatiker und den Idealisten. Während der Dogmatiker sein Selbstbewußtsein sich von den Dingen her vorgeben läßt, weiß der Idealist um seine Selbständigkeit und Unabhängigkeit, er bedarf der Dinge nicht. Der idealistische Ansatz ist für Fichte aber metaphysisch begründet in der Etablierung des absoluten Ich.

Es ist von Kierkegaard her gesehen abwegig, sich in einer solchen Spekulation zu verlieren, denn wer wählt, ist eine *endliche* Subjektivität. Kierkegaard erklärt ausdrücklich: Wählen ist kein Schaffen, was gewählt wird, muß vor der Wahl schon da sein, sonst könnte es nicht gewählt werden. Andererseits wird es aber durch die Wahl erst gesetzt. Kierkegaard erläutert diese Dialektik, indem er sagt: die Wahl vollzieht in einem Akt zwei Bewegungen. Die eine Bewegung ist das Sich-los-reißen, das Sich-frei-machen und Sich-konstituieren als unendliches Selbst, die andere Bewegung ist das Zurückkehren und Sich-binden, wodurch sich das Selbst als endliches in Freiheit übernimmt.

Es ist für das Verständnis der Selbstwahl im Sinne Kierkegaards entscheidend, daß man nicht nur das Losreißen, sondern auch die Rückkehr bedenkt. Aber hier meldet nun Kierkegaard seine *Zweifel* an. Es ist ja durch die Selbstwahl keineswegs garantiert, daß nun die Verhältnisse, in denen man lebt, in Ordnung kommen.

Wir suchen diesen Sachverhalt genauer zu thematisieren und wenden uns dem zweiten von uns hier zu erörternden Phänomen zu: der Frage nach dem *zwischenmenschlichen Bezug* und dem Bezug zu den *Institutionen*.

Es ist klar, daß alle diese Bezüge ja nicht nur von mir zu gestalten sind, sie sind relativ selbständig. Das gründet einmal darin, daß ich im zwischenmenschlichen Bereich ja nicht über die anderen verfüge: sie sind wie ich relativ frei, und das gründet sodann, in bezug auf die Institutionen, darin, daß diese *vor mir da sind* in ihrer Vielfalt. Die Voraussetzung der traditionellen Ethik – für Kierkegaard stellt sie sich in Hegels Analyse der Sittlichkeit dar – ist es, daß die Persönlichkeiten nicht in unlösbare Widersprüche miteinander geraten und daß sie sich in einer Gemeinschaft zusammenschließen und in relativer Harmonie von innen und außen leben können. Es ist aber nach Kierkegaard durch nichts bewiesen, daß Institutionen und Öffentlichkeitsbezüge durch Vernunft bestimmt seien. Institutionen verfallen, veräußerlichen sich und werden zu sinnlosen Zwangseinrichtungen. Die Öffentlichkeit aber wird durch verflachendes Gerede, Oberflächlichkeit und Sensationslust bestimmt – das zeigt nach Kierkegaard insbesondere die Presse. Aber selbst dort, wo Institutionen intakt sind, ist das Gelingen der Vermittlung zwischen dem Einzelnen und ihnen Zufallssache. Wenn sie glückt, hängt dies weitgehend von äußeren Faktoren ab, die nicht durch das Selbstwerden des einzelnen herzustellen sind.

Noch weit komplizierter und der Negativität offenstehend stellt sich der *personale* und *private Bezug* dar. Kierkegaard denkt ihn einseitig – das ist zu betonen – vom Einzelnen her. Die Selbstwerdung ist die Hauptaufgabe für jeden und sie isoliert ihn. Sie ist nicht zu vergleichen mit der Idee des Fürsichseins in der klassischen Philosophie der Subjektivität, in der die vielen Einzelnen als Vernunftwesen ja vereint sind. Jetzt entsteht das Problem, ob und wie die spezifisch inneren Phänomene überhaupt aussagbar sind, und wie sie einem anderen mitgeteilt werden können.

Kierkegaard stellt die *indirekte Mitteilung* ins Zentrum. Man muß nicht nur das Gesagte auf den Inhalt, sondern auch auf die Form des Sagens hin reflektieren. Jede Mitteilung hat die verschiedenen Gesichtspunkte, unter denen der Gegenstand seinem Sinngehalt gemäß dargestellt werden kann, zu erwägen und zudem die Möglichkeiten zu bedenken, wie der Gehalt dem Empfänger mitgeteilt werden kann. Das Wesentliche ist es, daß beide Überlegungen nicht nur vollzogen werden, sondern in der Mitteilung mitthematisiert werden. Natürlich kann dies nur indirekt geschehen, denn der Gehalt soll im Zentrum der Mitteilung stehenbleiben. Diese Überlegung gilt eigentlich für alles nicht strikt wissenschaftliche Reden, so für die Kunst, aber eben auch für das nicht alltägliche Miteinanderreden, das existenziell wesentliche Gehalte betrifft, wie Liebe, Schuld, Verzweiflung.

Und hier kommt nun ein Problem zur Sprache, das für Kierkegaard persönlich bedingt ist durch seinen problematischen Bezug zu seiner Braut *Regine Olsen*. Es ist eine Grunderfahrung, daß das Miteinander für das jeweilige Selbst zweideutig ist. Ich kann in mir selbst und von mir selbst her das Miteinander nicht garantieren, nicht nur weil der andere mir fremd bleibt, *sondern weil ich selbst in mir ambivalent bin.* In der Subjektivität sind widerstreitende Tendenzen lebendig. Ich will zu dem anderen hin und ich kann es nicht, ich will zugleich von dem anderen weg – Kierkegaard redet vom »Sich-Abstoßen« – und ich vermag es nicht. Diese Tendenzen sind nicht auf einen ethischen Nenner zu bringen oder mit Hilfe der Ethik abzustellen. Nächstenliebe als Überwindung des Egoismus durch Altruismus mag in solchen Situationen möglich sein, aber sie garantiert kein geglücktes Zweierverhältnis, unter Umständen ruiniert sie es.

Die innere Grunderfahrung besagt also: es geht um mich selbst in bezug zu dem anderen, ohne daß ich diesen Bezug steuern kann. In mir ist etwas bereit und zugleich nicht bereit für den anderen. Es ist, als ob das Sich-Öffnen und die Verweigerung –

Kierkegaard redet von der Angst, sich zu öffnen – sich von selbst einstellen. Bezugslosigkeit als Freiheit und Bezug als Gebundenheit problematisieren sich gegenseitig, wobei die Tendenz zur Weltlosigkeit als Tendenz zur Aufhebung von Bindung ein treibendes Motiv ist.

Es ist hier nicht möglich, die ganze Tragweite dieses Zwiespaltes im Selbstverständnis, wie Kierkegaard ihn entwickelt, aufzudecken. Keiner seiner Nachfolger in der Existenzphilosophie, auch Sartre nicht, hat die außerordentlich dialektische Intensität, die Kierkegaards Analysen bestimmen, erreicht. Erst in der Psychoanalyse, bei Freud und seinen Nachfolgern, finden sich adäquate Erwägungen in bezug auf die Ambivalenz.

Die Komplizierung und Radikalisierung des Ich-Bezugs sei abschließend durch einen Hinweis auf den Wandel der Bestimmung *Individualität* verdeutlicht. Was Individualität in der klassischen Metaphysik besagt, zeigt sich paradigmatisch in *Leibnizens* System. Individualität heißt hier, daß ich als Monade mich planvoll entwickle, in Harmonie mit anderen Monaden, eingeordnet in das Ganze als vernünftigen Ordnungszusammenhang. Individualität bedeutet jetzt – so Kierkegaard –, daß im Ganzen meines Seins, das heißt in meinem geistigen und biologischen Habitus, so etwas wie ein dunkler Grund bleibt. Anders: ich verstehe mich nicht wie in der klassichen Tradition von oben, das heißt vom vernünftig Allgemeinen her, sondern – hier wirkt sich der Gedanke der *Faktizität* aus – als ein in seinem Sosein und Daßsein sich selbst vorgegebenes Ich. Ich bin ein mir Zugefallenes, etwas, was einfach der Fall ist, wie Kierkegaard sagt. Im »Hinaufreflektieren« – dieses und nicht das »Hinabreflektieren« von einem Absoluten her ist die einzig echte Reflexion – bleibe ich das endliche Wesen, das ich bin, ob ich mich in der Selbstwahl aneigne oder mich in Verzweiflung aufgebe.

Diese Faktizität betrifft natürlich auch den *anderen.* Die Grenzen der eigenen Selbsterkenntnis und die Grenzen der Erkenntnis meiner selbst durch den anderen erschweren jeweilig und wechselseitig das Verstehen. Das mag im Alltag weitgehend verdeckt bleiben; der Umgang ist hier eingeschliffen durch Gewohnheit. Aber grundsätzlich kann ich im Verstehen des anderen *nie sicher sein.* Ich bin Mißverständnissen und Überraschungen ausgesetzt, und auch ich kann den anderen überraschen; auch ich vermag mich zu verstellen. Heuchelei und Berechnung von arrangierter Wirkung sind beiden Partnern möglich. Man kann immer fragen: was steht eigentlich dahinter? *Das Innere bleibt verschlossen.* Ich habe den anderen immer nur in der Erscheinung, nie an sich. Der Zirkel ist offensichtlich: ich will den anderen wirklich erkennen und habe nur seine »Vorstellung« – Erscheinung – im Umgang. *Es kommt daher alles auf den Umgang an,* aber der Umgang bleibt unsicher, weil er nicht vom wahren Selbst her fundiert werden kann.

Kierkegaard nimmt mit diesen Bedenken mögliche Einwände gegen das später von Feuerbach bis zu Martin Buber, Friedrich Gogarten und Ferdinand Ebner betonte private Ich-Du-Verhältnis, das durch die Kategorie des Zwischen bestimmt wird, voraus, und ebenso wird in seinen Überlegungen die moderne Kommunikationsethik fraglich, die darauf baut, daß die Menschen auf Grund vernünftiger Diskurse Einigkeit erzeugen könnten im Lichte rational kontrollierter Offenheit.

Kierkegaards Einwände sind – so kann man behaupten – Bedenken von einem *Außenseiter* der Gesellschaft, der mit seiner extremen Überbetonung der einzelnen Subjektivität, die in sich verfangen ist, nicht mehr in unsere Zeit paßt. Das mag sein. Es bleibt aber bestehen, daß Kierkegaard als ein legitimer Repräsentant der Ethik der endlichen Subjektivität in grundsätzlicher Hinsicht Schwierigkeiten herausstellt, die die problemlose Zuversicht der Lebensweltethik, daß der harmonische Zusammenhalt eine Grundgegebenheit sei, fraglich macht.

Die Problematik der Ethik tritt noch deutlicher hervor, wenn wir den oben angedeuteten dritten Komplex in Kierkegaards Analysen herausheben: die *Unvermeidlichkeit des Scheiterns* der ethischen Anstrengung angesichts der Paradoxie der menschlichen Struktur. Die menschliche Existenz ist zusammengesetzt aus ungleichen und gegensätzlichen Elementen, die nicht in Harmonie zueinander zu bringen sind. Das ist die Grundschwierigkeit in allem Verhalten. Sie betrifft nicht nur das Selbstverhältnis des einzelnen, sondern auch das Verhalten zu anderen und zu der Umwelt.

Kierkegaard stellt die Subjektivität als durch die *Differenz von Leib und Geist* bestimmt heraus. Er ordnet Geist und Leib aber nicht mehr im Sinne der platonischen Tradition als zwei wesensfremde und im Grund zusammenhanglose Substanzen einer irdischen und einer überirdischen Dimension zu. Nur weil der Mensch Geist und Leib *zugleich* ist, wird er sich zum Problem. Die glänzende Analyse der Angst, die Kierkegaard gibt, ist von diesem Widerspruch her zu verstehen, daß der Mensch Geist ist und doch einen Leib hat. Aber auch das geistige Sein des Menschen als solches ist zweideutig. Es ist durch den Gegensatz zwischen Endlichkeit und Unendlichkeit, Zeitlichkeit und Ewigkeit, Freiheit und Notwendigkeit bestimmt. Ein vernünftiger Ausgleich ist der Subjektivität versagt, weil sie nicht über diesen Möglichkeiten steht. Die Tendenz der Freiheit zur Unendlichkeit als dem Ewigen nachfolgend hat der Mensch sich immer schon vom Irdischen entfernt, oder umgekehrt: wenn er sich der Gegentendenz hingibt, so klammert er sich allzusehr ans Gegebene an. Die Subjektivität gerät notwendig in *Verzweiflung*. Die Verzweiflung ist ein dialektisches Schlüsselphänomen. Man kann sich, so sagt Kierkegaard, im Zustand der Verzweiflung befinden, ohne sich dessen bewußt zu sein, oder man kann um diesen Zustand wissen. Kierkegaard erklärt aber sofort, daß es ein Selbst ohne irgend eine Art von Wissen um sich selbst nicht geben kann. Das Bewußtsein, genauer: das Selbstbewußtsein, ist Strukturmoment der Subjektivität. Aber das Selbstbewußtsein hat verschiedene *Grade*. Das zeigt sich eben gerade in der Verzweiflung. Die Verzweiflung über die Widersprüchlichkeit der Existenz kann »unterschwellig« mitlaufen oder ins Unbewußte verdrängt werden. Sie kann sich aber auch umgekehrt bis zur Einsicht in die absolute Ausweglosigkeit steigern. Grundsätzlich gilt: je mehr Bewußtsein seiner selbst, desto ausgebildeter ist das Selbst. Das Selbst ist also keine formale Bestimmung, sondern als Wissen um sich selbst immer schon ein mehr oder weniger ausdrückliches Sich-zu-sich-*einstellen*. Es schwingt zwischen Trotz, die Struktur der Existenz nicht anerkennen zu wollen, und Resignation, sie als unabänderlich hinzunehmen.

Wir suchen diese Phänomene ein wenig konkreter darzulegen, um auch hier die naheliegende Aussage, daß diese Schilderung extrem und nicht mehr der Zeit entsprechend sei, auszuschalten. Wir stellen einige Grundbestimmungen des In-der-Welt-seins heraus, wie sie Kierkegaard insbesondere in *»Der Begriff Angst«* entwickelt hat.[70] Angst ist von Furcht zu unterscheiden, die sich auf Bestimmtes bezieht. Angst ist gegenstandslos und unbestimmt, letztlich geht es um das Gefühl der Ungesichertheit in der Welt überhaupt. Kierkegaard sucht diese Angst zu konkretisieren und an bestimmten Phänomenen zu explizieren. Zuerst am *Gegensatz Geist und Sinnlichkeit*. Kierkegaard ist nicht der Meinung, daß die Sinnlichkeit als negativ zu deuten oder gar zu unterdrücken sei, sondern Kierkegaard geht es um die Erkenntnis, daß der menschliche Geist als ganzer welthaft gebunden ist, und als solcher ist er geschlechtlich differenziert.

In allen Phänomenen zeigt sich die anthropologische Zweideutigkeit, daß der Mensch nicht reiner Geist ist, wie die metaphysische Tradition vermeinte.

Die Angst ist insbesondere, so erklärt Kierkegaard, aber *Angst vor der Freiheit*. Kierkegaard thematisiert diese Angst in einer Auslegung des Sündenfalles, um zu zeigen, daß man Unschuld vor dem Sündenfall und Schuld nach dem Sündenfall dialektisch vermitteln muß. Angst vor der Freiheit ist antipathetisch-sympathetisch. Es ist die Ahnung, *»daß es an mir liegt«*, daß ich ein Wesen bin, das entscheiden muß. Freiheit verlockt und zugleich meldet sich latent doch das Bewußtsein, daß Entscheidung Festlegung und Verstrickung bedeutet. Dieser Zustand der Ambivalenz drängt über sich hinaus, nicht nur im einmaligen Ereignis des Sündenfalles, sondern in jeder Situation meines innerzeitlichen Seins. Zukunft als Offenheit wird überholt durch den Augenblick der Gegenwart, in dem ich mich festlege, und der zur Vergangenheit wird, die mich bedingt.

Kierkegaard hebt – das ist sein Verdienst – die undialektische Gegensätzlichkeit der metaphysischen Anthropologie auf. Man denkt an Kant oder an Fichte: die Dimensionen von Freiheit und Unfreiheit werden aufgeteilt und gegeneinander angesetzt. Damit ist ein mögliches Problem des konkreten Widerspruches, der in der endlichen Freiheit liegt, aus der Welt geschafft. Eben diesen Widerspruch erkennt Kierkegaard an und führt ihn auf die anthropologische Grundstruktur zurück. In einem seiner reifsten Werke *»Die Krankheit zum Tode«* legt Kierkegaard dar, daß der Mensch sich nicht durch die Selbstwahl in die Hand bekommen kann, weil er sich nicht über sich selbst erheben kann. Der Geist, der die Synthese zwischen Unendlichem und Endlichem, Ewigem und Zeitlichem zu setzen hat, ist nicht ein neutrales Drittes, das über den beiden Extremen steht. Der Geist ist selbst in die Möglichkeit der Entscheidung hineingesprungen und solchermaßen mit im Spiel. Der Mensch kann nur – das ist das Grundthema der »Krankheit zum Tode« – verzweifeln, *weil er nie in sich das Gleichgewicht seiner selbst herstellen kann*: entweder gibt er sich zu sehr der Endlichkeit hin und vergißt seine Freiheit, oder er wendet sich einseitig der Unendlichkeit zu und verschwebt im Raum unwirklicher Möglichkeiten.

Kierkegaard legt nicht die einzelnen Menschen typenhaft auf bestimmte Möglichkeiten fest. Er schildert diese gegensätzlichen Möglichkeiten gerade in ihrem Hin und Her, das heißt in ihrem Umschlag ineinander. Man lebt auf die Zukunft hin im Entwurf, vergißt die Grenzen, die die Weltstruktur, die Situation und die eigene Individualität setzen, man wird enttäuscht und stellt sich auf die Wirklichkeit ein: sie diktiert ja und hat immer recht, man muß der Begrenztheit seiner selbst und seines Handelns Rechnung tragen. »Indem ein solcher Mensch die Menge Menschen um sich sieht, und mit allerhand weltlichen Dingen zu tun bekommt, und sich darauf verstehen lernt, wie es in der Welt zugeht, vergißt er sich selbst, wagt nicht, sich auf sich selbst zu verlassen, findet es viel leichter und sicherer wie die anderen zu sein«.[71]

Kierkegaard sieht aus der Misere, die das menschliche Dasein darstellt, nur einen einzigen Ausweg, die Wendung zum Glauben. Der Mensch kann seine zwiespältige Situation nur ertragen, wenn er sich eingesteht, daß ein »Gott da ist und er (er selbst, sein Selbst) vor diesem Gott da ist«.[72] Allein diese Einsicht, die keine Änderung der Struktur der Existenz bedeutet, führt nach Kierkegaard die entscheidende Dialektik herauf: der Mensch muß immer wieder sich selbst zu vermitteln suchen, damit er immer wieder an sich selbst verzweifelt, denn nur so kann er »den Gott in der Zeit« ergreifen. Die höchste Stufe der Verinnerlichung ist die *»getroste Verzweiflung«*.

Kierkegaards Entwurf zeichnet sich durch die Kraft seines dialektischen Denkens aus. Wenn Kierkegaard die Endlichkeit und die Gebundenheit als Grundbestimmungen der Existenz herausstellt, so zeigt dies, daß er den Weltbezug des Selbstes in Rechnung stellt. Aber Kierkegaard geht eben nicht einseitig vor. Die Weltbindung ist durch den Selbstbezug bestimmt, *in dem die Existenz alle äußeren und inneren Gegebenheiten zu reflektieren und solchermaßen relativierend zu transzendieren vermag.*

Siebentes Kapitel
Transformationen der Tradition und Neuansätze in der gegenwärtigen Ethik

Vorbemerkung

Wenn man die *Ethik der Gegenwart* thematisieren will, so ergeben sich besondere Schwierigkeiten. Sie liegen nicht primär darin, daß man zu der eigenen Zeit nicht einen solchen Abstand wie zur Tradition gewinnen kann, sondern in der Zweideutigkeit der Situation als solcher. Die traditionellen Orientierungsbegriffe, Ordnung und Freiheit, genügen nicht mehr zur Interpretation der Gegenwart, in der die Wirklichkeit als ein Gefüge erscheint, das sich als *undurchsichtiger Prozeß* darstellt, den der Mensch nicht zu steuern vermag.

Die bestimmenden Faktoren des Geschehens sind *Wissenschaft* und *Technik*. Diese Konstellation wirkt sich auch auf die Philosophie aus. Ihr wird keine führende Rolle zugesprochen, ja selbst die Möglichkeit, die Zeitsituation auf den Begriff zu bringen, wird ihr nicht mehr zugetraut.

Die *Philosophie* hat dieser Situation weithin Rechnung getragen. Sie hat sich einerseits von der realen Problematik abgelöst. Diese wird, soweit sie Gegenstand der Wissenschaften sein kann, in den Verhaltenswissenschaften behandelt. Die Philosophie hat sich aber andererseits dem wissenschaftlichen Trend als solchem nicht entzogen und ist weithin wissenschaftstheoretisch orientiert. In bezug auf die Ethik wirkt sich dies dahin aus, daß ethische Probleme nur unter formalem Gesichtspunkt betrachtet werden.

Soweit die Philosophie eigene Positionen zu entwickeln sucht, tut sie das im Gegenzug zur Tradition, vor allem zur Metaphysik und zur Philosophie der Subjektivität. Metaphysik gilt heute als so abwegig, daß derjenige, der sich mit ihr befaßt – es sei denn, er ist religiös gebunden – als *unzeitgemäß* erscheint, und daß die Wende zur Subjektivität *unheilvoll* war, und zwar in allen ihren Ausformungen als Bewußtseinsphilosophie und Moralität, ist allgemein anerkannt.

Gleichwohl: systematisch gesehen bleibt die Frage wesentlich, ob gegenüber der Tradition wirkliche Neuansätze zu konstatieren sind oder ob bei aller Kritik nicht bestimmte Grundansätze der Tradition auch in der Gegenwart weiterwirken, zwar in modifizierter Form. Wie dem auch sei – wir meinen, daß das soeben Angedeutete durchaus der Fall ist –: sachlich gesehen ist es ja keineswegs ein Verhängnis, die Tradition kritisch weiterzuführen. Das heute weit verbreitete Vorurteil, auf jeden Fall neu ansetzen zu müssen, könnte ein Irrweg sein. Gerade unter ethischem Aspekt ist zu fragen, ob trotz aller geschichtlichen Wandlungen nicht *gewisse Grundmöglichkeiten* des Menschen in bezug auf sein Verhalten insbesondere im zwischenmenschlichen Bereich gleich geblieben sind, insofern sie dem gebrochenen Weltbezug entsprechen, der natürlich durchaus Varianten vorgibt.

Wir suchen von diesem Aspekt her einen Ansatz in der gegenwärtigen Philosophie besonders zu beachten, den wir im vorausgehenden Teil als zentral behandelten. Es ist dies die *Lebensweltethik* und die *praktische Philosophie*. Die Philosophie der Lebenswelt stellt sicher nicht die maßgebende Position der gegenwärtigen Philosophie in systematischer Hinsicht und im Sinne eines Neuanfangs dar. Ihr kommt aber gerade auf Grund der Wende zur Deskription des »wirklichen«, das heißt des alltäglichen Lebens, eine hohe Bedeutung zu. Und die praktische Philosophie nimmt ja direkt die Frage auf, ob bezugsweise wieweit die Ethik des Aristoteles mit ihren Analysen die eigentliche Basis herausgestellt hat, auf der ethische Probleme zu behandeln sind. Auffällig ist für beide Ansätze die Abwendung von jeder Form einer Sollensethik und den moralischen Bestimmungen der Subjektivität wie Gewissen, Schuld, aber auch Verantwortung und Engagement – hier wird der Unterschied zur Tradition besonders faßbar.

Eine wesentliche Position der gegenwärtigen Philosophie nimmt die sogenannte *Diskursethik* ein. Hier wird direkt gegen die Bewußtseinsphilosophie und ihren Ausgang vom Einzelnen polemisiert und die *Kommunikation* ins Zentrum gestellt. Aber auch hier wird eine Möglichkeit der Tradition transformiert weitergeführt, nämlich der Ansatz Kants bei einer moralischen Vernunft. Der Anspruch auf Allgemeingültigkeit und unter Umständen sogar auf Letztbegründung der Ethik wird nicht beiseite geschoben, freilich wird der formale Gesichtspunkt, insbesondere der Aspekt des moralischen Argumentierens in den Vordergrund gestellt.

Der Charakterisierung dieser Positionen, die heute insbesondere in der deutschen Philosophie wesentlich sind, schicken wir eine Erörterung der Ethik unter dem Aspekt der *Existenzphilosophie* voraus. Die Existenzphilosophie ist heute zwar in den Hintergrund getreten. Sie ist aber bedeutsam als Abschluß der Tradition, die die Subjektivität thematisiert, und zwar unter dem Aspekt ihrer Endlichkeit.

Diese Darstellung ist auf das Ganze der gegenwärtigen Ethikdiskussion gesehen unvollständig und einseitig. So werden Ansätze, in denen die Tradition relativ ungebrochen fortlebt, wie die Metaphysik in der *Wertphilosophie*, nicht thematisiert. Das hat seinen Grund darin, daß von unserem Ansatz her einerseits die Frage nach der Transformation der Tradition wesentlich ist und andererseits der Frage nachgegangen wird, ob die gegenwärtigen philosophischen Ansätze der Struktur der dialektischen Wirklichkeit, die uns bestimmt, gerecht werden. Direkter gefragt: ist die heute fast durchgängige Ausschaltung von moralischen Kategorien der Tradition, wie der Alternative von gut und böse, und von totalphilosophischen Grundeinsichten, wie der Differenz von Negativität und Positivität des In-der-Welt-seins im ganzen, ein Fortschritt oder ein Verlust?

I. Verinnerlichung der Subjektivität. Die Existenzphilosophie

Vorbemerkung

Daß wir unsere Darlegung der Ansätze der gegenwärtigen Ethik mit einer Erörterung der Existenzphilosophie beginnen, hat bestimmte Gründe. Die Existenzphilosophie stellt den Gedanken der Subjektivität, der von Sokrates an für die maßgebenden Ansätze der Tradition gültig war, ins Zentrum. Bestimmungen wie Selbstbezug, Selbstverhältnis, Für-sich im Gegenzug zu An-sich sind in der Existenzphilosophie Charakteristika der Subjektivität und heben auf ihren Sonderstatus ab. Dieser wird heute nicht anerkannt. Die Subjektivität ist in Verruf geraten, nicht nur die absolute Subjektivität, auch die endliche Subjektivität. Gerade diese zeigt sich durch das Phänomen der

Innerlichkeit bestimmt, und dies ist, so meint man, in realer und ideeller Hinsicht abwegig. Gegen die Bewußtseinsphilosophie ist die Verflechtung des Menschen in der Welt zu betonen und unter realen Faktoren zu erfassen, wie sie sich in der gesellschaftlichen und politischen Dimension zeigen. Und in ideeller Hinsicht ist zu begreifen, daß das sogenannte Selbstverständnis gar nicht sui generis ist, sondern durch den Konsens bestimmt ist – insbesondere die Ethik zeigt dies an.

Sicher: die Anliegen der Existenzphilosophie sind ganz und gar in der Tradition vorgebildet. Die Intention, das welthafte Gebundensein abzuwerten und im Inneren die eigentliche Welt aufzubauen, ist dem christlichen Denken entsprungen, und von hier aus hat sie sich als eine maßgebende Tendenz in der abendländischen Geschichte durchgesetzt. Hier werden die grundlegenden Bestimmungen der Subjektivität auch unter ethischem Aspekt herausgestellt: die Subjektivität ist schließlich und endlich die *letzte Instanz* oder vorsichtiger: der *Endpunkt aller Überlegung*, in der es darum geht, den rechten Weg zu wählen.

Diese Ansätze werden in der Existenzphilosophie aufgenommen. Hier werden sie aber nicht abstrakt und theoretisch, sondern von den Erfahrungen in der alltäglichen Welt her angegangen. Auf der Konkretheit der Analysen beruhte weitgehend der Erfolg der Existenzphilosophie, man vermeinte hier existentielle Anweisungen für die eigene Lebensführung zu finden. Diese Wirkung wird aber insbesondere von Heidegger als Mißverständnis gekennzeichnet. Es gehe in der Philosophie um die *ontologische* Frage, wie die Stellung des Menschen im Ganzen des Seins zu deuten sei, so legt Heidegger dar. Dabei wird die Tatsache des Schwindens der Metaphysik von vornherein in Rechnung gestellt. Die *Negativität* ist der bestimmende Faktor des In-der-Welt-seins. Freilich wird diese Negativität nicht unter sozialen und gesellschaftlichen Aspekten gesehen, sondern von der Einzelsubjektivität her als deren Nichtigkeit erkannt. Wir thematisieren zunächst den Ansatz von Martin Heidegger.

1. Die Sorge als Sein des Daseins. Heidegger

Heidegger setzt in seinen Analysen in seinem Hauptwerk »*Sein und Zeit*« durchgängig ein grundgebendes und richtiges gegen ein verfehltes Selbstverständnis der Subjektivität an und zwar in existentieller und ontischer Hinsicht einerseits und transzendentaler und ontologischer Hinsicht andererseits. Das verfehlte Dasein versteht sich von der Welt her. Der Mensch wird nach Analogie der Dinge gedeutet. Die ontologische Grundverfehlung zeigt sich vor allem in der traditionellen Bestimmung des Daseins als einer Substanz. Sie bedeutet eine *Verdinglichung* des Menschen: Das Sein des Daseins erscheint als Gegebenheit wie das Sein der Dinge. Die Frage nach der spezifischen Seinsweise des Daseins wird unterdrückt. Gegen diesen Ansatz richtet sich Heideggers Denken, und gegen ihn will er die Frage nach dem *Sinn des Seins und des Daseins* ausdrücklich stellen.

Heidegger bestimmt den Menschen als Existenz. Der Existenz geht es um ihr Sein, zu dem sie sich verhält. Die Grundstruktur ist die Sorge. Die Sorge wird als zeitlich strukturiert verstanden. Heidegger definiert sie bildhaft als »*Sich-vorweg-im-schon-sein-in-einer-Welt*«.

Die konkreten Ausführungen zeigen nun, daß Heidegger von Husserl her beeinflußt unter Welt die *Lebenswelt* versteht, und zwar die Lebenswelt in ihrer Alltäglichkeit.

Lebenswelt ist primär die Welt der Dinge und der Mitmenschen. Die Dinge sind nichts für sich Vorhandenes, sondern werden verstanden als *zuhandenes Zeug*, mit dem ich umgehe. Der Andere ist nicht ein Gegenstand, der mit subjektiven Prädikaten durch Übertragung meiner Erlebnisse ausgestattet wird, sondern mein Dasein ist als *Mitsein mit anderen* immer schon auf diese bezogen.

Es ist entscheidend festzuhalten, daß diese Bezüge von der Subjektivität her gesichtet werden und das heißt transzendentalphilosophisch gedeutet werden müssen. Alle Bestimmungen sind »*Existenziale*«, die den ontologischen Status der Existenz darstellen. Welt ist ein Existenzial als Bewandtnisganzheit, das heißt als praktischer Ordnungszusammenhang, innerhalb dessen sich die Sorge bewegt. Der Umgang mit den anderen wird als *Fürsorge* bezeichnet. »Das Für-, Wider-, Ohne-einandersein, das Aneinandervorbeigehen, das Einander-nichts-angehen sind mögliche Weisen der Fürsorge.«[1] Alle diese Verhaltensweisen sind mit dem Selbstverhältnis verbunden. Dieses Selbstverhältnis ist durch die Differenz von uneigentlichem und eigentlichem Dasein bestimmt. Im uneigentlichen Dasein verfällt das Subjekt der anonymen Macht des *Man*. Das Man ist das öffentliche Bewußtsein, das durch Gerede, Neugier, Zweideutigkeit und Durchschnittlichkeit bestimmt ist. »Das Man, das kein bestimmtes ist und das Alle, obzwar nicht als Summe, sind, schreibt die Seinsart der Alltäglichkeit vor.«[2]

Das Man entlastet. Heidegger revoltiert aber nicht gegen die Herrschaft des Man. Rein phänomenologisch und transzendentalphilosophisch stellt er fest, *daß das Man die maßgebende Grundbestimmung, ein Existenzial, ist,* das eigentliche Selbstsein erscheint ihm gegenüber als Ausnahme.

Heidegger dreht im Verlauf der Untersuchung diese Bestimmung aber um. Das *eigentliche Selbstsein* ist der Schlüssel zum legitimen Selbstverständnis. Es ist bestimmt durch den Willen zur *Ganzheit*. Diese Ganzheit ist einzig und allein vom Dasein selbst zu leisten. Die leitenden Begriffe: Ganzheit, Geschlossenheit, Erschlossenheit und Entschlossenheit weisen auf echte Möglichkeiten der sich selbst aus sich verstehenden Existenz hin. Von hier aus läßt sich die Grundhaltung, die den frühen Heidegger bestimmt, in inhaltlicher und in formaler Hinsicht kennzeichnen: *Das Dasein soll aus sich selbst ausgelegt werden*, das heißt, alle das Dasein betreffenden Phänomene müssen »verinnerlicht« werden.

Die formalen Bestimmungen der Ganzheit werden konkretisiert durch eine Analyse von Phänomenen, die auch in der Tradition, insbesondere in der christlichen Tradition, eine Rolle spielten: *Gewissen* und *Schuld*, vor allem: *Todesbezug*. Diese Phänomene haben einen einzigen Sinn: sie sollen das Dasein aus dem Man auf sich zurückrufen in der Weise, daß es sich selbst übernimmt. Völlig formalisierend erklärt Heidegger, das Gewissen stände jenseits von gut und böse und solle weder anklagen noch beruhigen, es sei der Rückruf auf die eigene Existenz. »Das Dasein ist rufverstehend *hörig seiner eigensten Existenzmöglichkeit*. Es hat sich selbst gewählt.«[3]

Diese Existenzialisierung wird am deutlichsten am Phänomen des *Todes*. Der Tod des Daseins ist kein Ereignis, das den Menschen als Lebewesen betrifft. Das leibliche Sein wird von Heidegger, weil das Dasein ja nur sich verstehender Selbstbezug ist, grundsätzlich ausgeklammert. Der Tod ist für die Existenz nur wesentlich, als und insofern sie begreift, daß das Sterbenmüssen zum menschlichen Dasein unabdingbar gehört als ein Konstituens des Daseins, das dieses jeden Augenblick in all seinem Tun und Lassen bestimmt. Heidegger erklärt: »*Das Vorlaufen enthüllt dem Dasein die Verlorenheit in das Man-selbst und bringt es vor die Möglichkeit, auf die besorgende*

Fürsorge primär ungestützt, es selbst zu sein, selbst aber in der leidenschaftlichen, von den Illusionen des Man gelösten, faktischen, ihrer selbst gewissen und sich ängstenden Freiheit zum Tode.«[4]

Es ist klar, daß von diesem Ansatz her der positive Bezug zu den anderen, das heißt der Bezug, der mich und die anderen nicht ins Man einordnet, nur vom jeweiligen Selbstverhältnis her zu deuten ist, nicht vom Du her oder vom Zwischen als dem Ich und Du übergreifenden Wechselbezug. Heidegger bestimmt diesen Bezug als vorspringende Fürsorge, die dem anderen dazu verhelfen soll, »*in* seiner Sorge sich durchsichtig und *für* sie *frei* zu werden«.[5]

Überblickt man diese Analysen, so zeigt sich, daß hinter der transzendentalphilosophischen Grundlegung ein bestimmtes Ideal steht. Dieses Ideal ist der sich auf sich, das heißt auf seine *Endlichkeit* und seine *Weltverlorenheit* konzentrierende Mensch. Die Weltverlorenheit zeigt sich insbesondere im Phänomen der *Angst*. Die volle Grunderfahrung der Angst macht offenbar, daß jeder innerweltlichen oder außerweltlichen Sicherung immer schon vorausgeht die grundsätzliche Ungesichertheit, die dem Dasein als Dasein zukommt. Diese Ungesichertheit hat das Dasein gerade auf sich zu nehmen, um so zu erfahren, *daß es als Dasein in das Nichts hineingehalten ist*, wie Heidegger in seiner bildhaften Sprache sagt. Die Erfahrung der Angst gilt also gerade als ein Positivum. Der Mensch kann aber diese Angst nicht willentlich herbeiführen, sie muß ihn überkommen. Und in diesem Zusammenhang heißt es, daß die Angst gerade im Verwegenen und in dem, der sich verschwendet, erwachen wird, nicht im Feigen und Ängstlichen.

Heideggers Herausstellung der *Endlichkeit* war in der Epoche, in der »Sein und Zeit« erschien, zeitgemäß. Das Schwinden des Kulturoptimismus, die Prognose eines möglichen Unterganges des Abendlandes, das Zerbrechen der bürgerlichen Sekurität: all diese Phänomene zeigten, daß eine metaphysische Deutung, in der der Mensch in eine Ordnung eingestellt ist, keine Überzeugungskraft mehr hatte. Es ist Heideggers Größe gewesen, diese Wende zur Negativität als Wende zur Endlichkeit philosophisch zur Aussage gebracht zu haben.

Der *späte Heidegger* hat die Ansätze von »Sein und Zeit« aufgehoben in einem Denken, das das Sein in das Zentrum stellt als die Bezugsgröße, von der her die geschichtlichen Epochen verstanden werden als vom Sein »*zugeschickt*«. In diesen Überlegungen stellt Heidegger den Wandel der metaphysischen Grundstellungen heraus, die von den Griechen über die Neuzeit bis zu Nietzsche maßgebend waren. Heidegger legt dar, daß am Anfang der Neuzeit durch Descartes das vorstellende Denken ins Zentrum rückt, das den Menschen als Mitte des Seins versteht, und daß am Ende der Neuzeit Nietzsche den Willen zur Macht verkündet: der Mensch tritt die Weltherrschaft an. Wissenschaft und Technik beweisen dies. Der Fortschritt ist aber gefährlich: er kann in die Atomkatastrophe führen. Aber Heidegger kritisiert diese Situation nicht moralisch, vor allem: er gibt keine Ermahnungen oder Vorschriften. Die Geschichte des Seins regiert das Geschehen und eröffnet Zeitstrukturen, denen der Mensch entspricht und zu entsprechen hat. Im Vergleich zu Kierkegaard: daß die Welt nicht zu ändern ist, darin stimmen Kierkegaard und der späte Heidegger überein; aber das bedeutet für Heidegger nicht Rückzug von der Welt im Glaubenssprung, sondern Aushalten des Geschickes – wir werden später darauf zurückkommen.

2. Die Negativität als Grundbestimmung des Für-sich und das Problem der Praxis. Sartre

Sartre geht in seinem Werk »*Das Sein und das Nichts*« über Heidegger hinaus, insofern er die Subjektivität in sich selbst als einen verfehlten Entwurf versteht. »Wir richten uns umsonst zugrunde; der Mensch ist eine nutzlose Leidenschaft (passion inutile).«[6] Die Negativität der Welt und der Selbsterfahrung ist das Grundthema von Sartres Analysen. Diese Analysen sind für die Ethik wesentlich, insofern Sartre die Negativität in ihrer Konsequenz für das Handeln bedenkt. Wir legen zunächst den Grundansatz dar.

Sartre setzt zwei Grundweisen des Seienden gegeneinander: das *An-sich* und das *Für-sich*. Das An-sich ist feste Gegebenheit, das Für-sich entdeckt sich als Nichtung nicht nur der Dinge, sondern seiner selbst. Das Bewußtsein ist als gegenwärtiges wesentlich nur als Bezug auf seine eigentlich nicht seiende Vergangenheit und Zukunft. Es setzt sich mit seiner Vergangenheit und Zukunft ständig auseinander, und es kann dies nur, weil es beide transzendiert: »Das Bewußtsein steht vor seiner Vergangenheit und vor seiner Zukunft wie vor einem Selbst, das es in der Weise ist, es nicht zu sein.«[7] Ich beziehe mich auf ein Sein meiner selbst, das von mir als aktuellem Selbst durch ein »nichtendes Nichts« getrennt ist.

Das Für-sich wünscht über diesen Zustand hinauszukommen und unternimmt den unmöglichen Versuch zum An-sich zu werden. Die Vermittlung von Für-sich und An-sich aber ist widersinnig. Das An-sich soll erreicht werden ohne Verlust des Für-sich, und eben dies ist unmöglich. Sartre erklärt: »Die Wirklichkeit des Menschen leidet an ihrem Sein, weil sie in diesem Sein als ständig von einer Totalität heimgesucht auftaucht, die sie ist, ohne sie sein zu können, da gerade sie das An-sich nicht erreichen könnte, ohne sich als Für-sich zu verlieren. Sie ist daher von Natur unglückliches Bewußtsein.«[8]

Wenn aber das Bewußtsein sich nicht zusammenschließen kann, sondern sich ständig negieren muß, dann ist die *Selbstvermittlung* des Bewußtseins im Grunde nichts anderes als seine *Selbstaufhebung*. Die Selbstaufhebung ist aber gerade ein Indiz der Freiheit. Sartre weist in diesem Zusammenhang auf Descartes hin: Descartes hätte die absolute und volle Freiheit Gott zugesprochen, er hätte Gott gegeben, was doch uns allen zukommt. Diese absolute Freiheit aber ist eben für uns durch das Phänomen der Nichtung bestimmt. Mein Wesen ist eben der jeweilige Neuanfang. Der Mensch ist, so erklärt Sartre in »Die Wörter«, sich gegenüber ein *Verräter*, weil er nicht festgelegt ist. Gleichwohl ist der Mensch doch ein bestimmtes Individuum. Die Individualität kann aber nicht durch die äußere Situation erklärt werden. Es ist hier erfordert, auf das jeweilige Innere des einzelnen Menschen zurückzugehen und dieses zu erforschen. Diese Erforschung vollzieht sich in der Form einer *existentiellen Psychoanalyse*. Es finden sich nämlich in jedem Menschen »Fixierungen«, die zumeist in der Kindheit vollzogen wurden. Diese Fixierungen sind die eigentlichen Urentscheidungen, durch die ein Mensch das ist, was er ist.

Es ist nun aber wesentlich, daß das Für-sich – hier zeigt sich ein radikaler Unterschied zu Heidegger und einen die Tradition bestimmenden Solipsismus – an eine Grenze stößt, die unaufhebbar ist. Es sind *Andere* da: das ist ein Faktum, eine kontingente und zufällige Tatsache und keineswegs eine notwendige Wahrheit. Vor allem ist dieses Faktum außerordentlich mißlich. *Der Andere stört meine Freiheit*. Das zeigt Sartres berühmte Analyse des Blicks. Ich erblicke einen anderen Menschen, genauer: *ich beobachte ihn.* Indem ich ihn beobachte, begreife ich, daß der Andere sich als Mittelpunkt seine Welt genauso aufbaut wie ich das für mich tue. Ich bemerke aber zugleich, daß meine eigene Umwelt durch den Anderen gestört wird. Der Andere raubt mir die Geschlossenheit meiner Welt. Sie rinnt auf ihn hin aus, wie Sartre formuliert. Diese Störung meiner Welt als »innere Ausblutung« wird noch überboten, wenn der Andere mich ansieht. In diesem Moment werde ich selbst getroffen; ich bin mir durch den *Blick des Anderen* als ein Objekt des Anderen gegenwärtig. Indem ich erfahre, daß der Andere mich durch seinen Blick *objektiviert,* begreife ich ihn als den »Tod meiner Möglichkeit«. Meine Freiheit und die Freiheit des Anderen vertragen sich nicht. Sartre radikalisiert Hegels Analyse von Herr und Knecht. *Entweder ist man Subjekt, das heißt Herr, oder Objekt, das heißt Knecht.*

Die Analyse der *Liebe,* die Sartre gibt, ist ein raffiniertes Meisterstück hintergründiger Dialektik. Ich will, daß der Andere mich freiwillig liebt – das ist natürlich ein Widerspruch. Was in der Liebe wirklich geschieht, ist der dauernde Umschlag von Sadismus in Masochismus. Gleichwohl kommt der sexuellen Liebe ein zweideutiger Vorrang zu: wenn nur noch die Trägheit des Fleisches existent ist, das heißt, wenn das Bewußtsein der Liebenden in das reine An-sich zurückfällt, dann ist in der Liebkosung (caresse) nur noch pure Gegenwärtigkeit und insofern so etwas wie Erfüllung – das Bewußtsein ist ja ausgeschaltet. Grundsätzlich jedoch gilt: das Wesen der Beziehung zwischen Bewußtseinsindividuen ist nicht das Mit-sein, sondern der Konflikt.

Es ist, will man diese Analysen von der Ethik her durchdenken, ein Zweifaches zu beachten: einmal erklärt Sartre, darin Heideggers Ansatz vergleichbar: »Die Ontologie kann keine ethischen Vorschriften erlassen. Sie beschäftigt sich einzig und allein mit dem, was ist, und es ist nicht möglich, aus ihren Indikativen Imperative abzuleiten.«[9] Zugleich aber geht es doch um eine Mutmaßung, »wie eine Ethik aussehen würde, die sich ihrer Verantwortlichkeit angesichts einer *menschlichen Realität in Situation* bewußt ist«.[10]

Der Begriff *Verantwortung* ist maßgebend. Der Mensch ist für sich – gerade die existentielle Psychoanalyse zeigt dies – absolut verantwortlich. Er kann die Verantwortung nicht auf andere abschieben. Er muß sich zudem klarmachen, daß es keine Werte an sich gibt, die als Wesensstrukturen den Menschen bedingen; ontologisch formuliert: *die Existenz geht der Essenz voraus.* Gleichwohl: ich wähle in meinem Entschluß – Sartre hat dies immer wieder betont – für alle Menschen mit. »Tatsächlich gibt es nicht eine unserer Handlungen, die, indem sie den Menschen schafft, der wir sein wollen, nicht gleichzeitig ein Bild des Menschen schafft, so wie wir meinen, daß er sein soll . . . Wenn die Existenz der Essenz vorangeht und wir zur gleichen Zeit existieren wollen, wie wir unser Bild gestalten, so ist dieses Bild für alle und für unsere ganze Epoche gültig.«[11] »Man wählt sich im Angesicht der anderen . . . ich kann meine Freiheit nicht zum Ziel nehmen, wenn ich nicht zugleich die Freiheit der anderen zum Ziel nehme.«[12]

Sartre hat diese Bezüge ausführlich herausgearbeitet und aus ihnen Konsequenzen in politischer Hinsicht gezogen: man muß das Elend abstellen, soweit es geht. *Sartre setzt den Schriftsteller gegen den Dichter ab.* Der Dichter stellt die Misere in universaler Sicht dar, der Schriftsteller aber engagiert sich selbst. Er geht über allgemeine Angaben hinaus und setzt sich selbst ein. Diese Wende zur Realität stellt eine gewisse Abwendung vom früheren Werk dar. Sartre sagt in einem Interview über sein Erstlingswerk »Der Ekel«, daß ihm damals der Sinn für die Realität gefehlt habe, und er fährt fort: »Seitdem habe ich mich gewandelt. Langsam habe ich eine Lehre über die Realität durchgemacht. Ich habe Kinder Hungers sterben sehen. In Gegenwart eines Kindes, das stirbt, hat ›La Nausée‹ kein Gewicht.« Und er erklärt: »Von dem Schriftsteller verlange ich, daß er die Realität und ihre Grundprobleme nicht ignoriert.«[13]

Es ist klar, daß mit dem *Engagement* Probleme auftauchen, die die frühe Existenzphilosophie ausgeklammert hat: man muß sich festlegen und wird in politische Konfrontationen und Kämpfe verwickelt. Hier kann man nicht eine reine Gesinnung durchhalten, wenn man etwas ändern will. Man muß sich »die Hände schmutzig machen«. Hier bleibt nur die Alternative, sich im Wissen um die Notwendigkeit des Handelns der *Revolte* anzuschließen, so Sartre, oder nicht zu handeln und sich auf die Seite der Leidenden zu stellen, so Camus. Wir werden auf das Problem der »schmutzigen Hände«, das Sartre und Camus gegensätzlich lösen, noch zurückkommen; es ist ja eine Grundfrage der Ethik, wenn sie konkret vorgehen will – wir werden sehen, daß diese Frage durch die Aufstellung eines einfachen Gegensatzes von Gesinnungsethik und Verantwortungsethik nicht zu lösen ist.

Die Entscheidung Sartres ist von ihrem Grundansatz her durchaus dialektisch. Einerseits gilt es, illusionslos zu sein. Sartre erklärt, man brauche nicht auf den Erfolg zu hoffen, um etwas zu unternehmen. Aber das bedeutet nicht, daß man sich nicht festlegen dürfe. Der Entschluß zur Tat ist auf jeden Fall ein Bruch mit der Innerlichkeit und ein *Heraustreten in die Wirklichkeit*, ein Entschluß, der durch das Leiden motiviert ist. Aber daß man diesen Entschluß faßt, ist ein *reiner Akt der Freiheit.*

Die Umwendung aber verspricht neue Erfahrung. Von ihr geht die *»Kritik der dialektischen Vernunft«* aus und sucht sie zu fundieren. Sartre gibt, wie soeben angedeutet, seine frühere Position durchaus nicht auf. Aber der Philosoph muß sich totalisieren. Alle großen Philosophen taten es und steckten den Zeithorizont als den Boden, auf dem sie standen, ab. Die für uns maßgebende Totalität ist der *Marxismus.* Man muß die Tatsache der Veräußerlichung und Entfremdung erkennen. Die Entfremdung geschieht durch Arbeit, durch die der Lebensmangel aufgehoben werden soll. Diese Arbeit ist nur im Verband mit anderen möglich und wegen der Knappheit der Mittel als Konkurrenz gegen andere. Der Mensch erfährt hier sein Sein als Andersheit. Die positive Wende beginnt, wenn der Mensch sich im anderen entdeckt. »Im Anderen, der *mit mir* handelt, kann meine Freiheit sich als *dieselbe* wiedererkennen.«[14] Die Anderen und ich schließen sich zum Wir in einer Gruppe zusammen, die zur direkten Aktion übergeht und zur geschichtlichen Tat. Die Konstitution des geschichtlichen Handelns durch den revolutionären Entschluß muß aber mit der objektiven Zeittendenz zusammenfallen. Grundsätzlich gilt, wir totalisieren und werden totalisiert.

Wir werden auf die hier angedeutete Position, die als *Wende zur radikalen Praxis* gleichzeitig eine Wende zur geschichtlichen Situation bedeutet, noch einmal zurückkommen. Festzuhalten ist jetzt, daß der Übergang von einer ontologischen Philosophie zum praktischen Engagement gleichwohl keinen Bruch bedeutet, denn die in der ontologischen Philosophie entdeckte *grundsätzliche Negativität* bleibt ja Grundlage des konkreten Handelns. Dies Handeln wird durch keine Metaphysik der Vernunft abgestützt. Es beruht auf freier Wahl und ist zu rechtfertigen nur durch den Blick auf das reale Elend. Auszurichten ist es nur durch einen eigentlich nicht philosophischen Entschluß, sich den Gruppen zuzuwenden, die das Elend am besten abzustellen vermögen. Die *Festlegung auf eine Gruppe* ist notwendig, weil der einzelne nichts vermag. Freilich bleibt die Frage, ob eine politische Gruppe die Welt verändern wird angesichts der Tatsache, daß der Mensch eine »nutzlose Leidenschaft« ist, bestehen.

3. Die existentielle Reflexion und ihre Grenzen. Jaspers

Jaspers' Ansatz, den wir im folgenden darlegen, ist verglichen mit der Radikalität des Neuansatzes, der für Heidegger und Sartre wesentlich ist, traditionsbestimmter. Jaspers wiederholt Kierkegaard, das heißt: er setzt die Beschreibung der »objektiven Welt«, wie sie die Wissenschaft erforscht, zu der Dimension der existentiellen Erfahrung in Gegensatz. Diese Erfahrung ist nicht wissenschaftlich zugänglich. Sie bringt eine *radikale Verinnerlichung* mit sich. Die existentiellen Phänomene werden von der allgemeinen Öffentlichkeit strikt abgetrennt, sie sind nur *indirekt auszudrücken* und überhaupt nicht verbindlich zu machen. Wenn diese Erfahrung den Einzelnen überschreitet, dann geschieht es in einer *existenziellen Kommunikation* mit dem Anderen. Am Ende muß aber auch diese Kommunikation scheitern. Existentielle Wahrheit steht gegen existentielle Wahrheit. Das besagt: die existentielle Kommunikation muß überschritten werden in der Wende zur *Transzendenz.* Existenz verweist auf die Metaphysik. Die Existenz, die sich in der Welt nie endgültig gründen kann, sucht in einem übersinnlichen Reich zur Ruhe zu kommen. Aber diese Metaphysik bleibt unverbindlich, sie ist nur in Chiffren lesbar. Wir suchen diesen Ansatz nun ein wenig genauer darzulegen.

Jaspers' Denken setzt mit einer Besinnung auf die gegenwärtigen Möglichkeiten der Philosophie ein. Jaspers fragt: Was kann Philosophie heute dem Menschen bedeuten? Und er antwortet: Philosophie kann heute nur dann wesentlich werden, wenn sie den bewußt ungeborgenen, d. h. den dogmatisch nicht gebundenen Menschen anspricht. Philosophie ist nur als Philosophieren. Als solches hat sie die Aufgabe, »in die Schwebe zu bringen«, d. h. im Überschreiten aller fixierenden Welterkenntnis an die Freiheit des je Einzelnen zu appellieren und damit den Raum eines unbedingten Tuns zu eröffnen. Indem Jaspers die Philosophie mit Entschiedenheit von der Wissenschaft abgrenzt, bringt er sie auch in Gegenzug zu der durch die Wissenschaft geprägten Welt, die sich als technisierte Arbeitswelt konstituiert. Philosophie ist – das ist der Grundansatz – als echtes Philosophieren nur noch möglich im Raum einer *Innerlichkeit.* Die Dimension der Innerlichkeit aber ist als solche nicht vorfindbar, sie ist kein objektiver oder objektivierbarer Tatbestand. Die Innerlichkeit wird vielmehr erst durch den Aufschwung der Philosophie in *existentieller Reflexion* konstituiert. Die Struktur dieser Reflexion gilt es herauszuarbeiten, wenn man Japsers' Ansatz verstehen will.

Jaspers unterscheidet *Dasein* und *Existenz.* Dasein ist der Mensch als Gegenstand, der objektivierbar ist. Existenz dagegen ist nicht objektiv zu erfassen. Jaspers definiert: »Existenz ist, was nie Objekt wird, *Ursprung,* aus dem ich denke und handle, worüber ich spreche in Gedankenfolgen, die nichts erkennen; Existenz ist, was sich *zu sich selbst und darin zu seiner Transzendenz* verhält«.[15]

Das besagt nun aber: die existentielle Dimension ist kein Bereich, in dem andere Phänomene als die, die das Dasein schon kennt, vorkommen. Die existenzielle Dimension ist vielmehr die *Verinnerlichung der Daseinsbestimmtheiten.* Das Äußere als das Objektive, Allgemeine und Wißbare wird in das nicht Objektive, nicht Allgemeine und nicht Wißbare umgewandelt, wobei durch diese Umwandlung allererst der Raum der Innerlichkeit gewonnen wird. In dieser Dimension der Innerlichkeit kann man nicht »real leben«. Jaspers bezieht daher durchaus legitim die Existenz auf die Daseinswirklichkeit zurück, indem er erklärt, daß das existierende Selbst sich nur im *Zeitdasein verwirkliche.* In ganz unkantischer Weise wird diese Verwirklichung metaphysisch ausgedeutet als Erscheinung eines Zeitlosen in der Zeit. Wir weisen auf Jaspers' Erörterung der Kommunikation hin, um diese Dialektik beispielhaft zu erhellen.

Der Sache nach ist die *Kommunikation* in dreifacher Weise zu thematisieren, einmal als Daseinskommunikation, d. h. als die Tatsache des Miteinanderlebens der Menschen in der Vielfalt ihrer Beziehungen, sodann als existentielle Kommunikation und schließlich, da diese existentielle Kommunikation sich nicht in sich selbst realiter als wirksam erweisen kann, als deren »Erscheinung im Zeitdasein«. Diese Erscheinung aber bleibt durch eine Spannung bestimmt. Das besagt konkret: es ist unmöglich, von der existentiellen Kommunikation her direkte und allgemeinverbindliche Anweisungen für die Gestaltung des realen Zusammenlebens zu geben. Existentielle Kommunikation kann im Staat, der Gesellschaft oder dem Berufsleben »wirksam« werden. *Aber es gibt keine existentielle Ethik*, von der her diese Formen des Zusammenlebens allgemein verbindlich zu gestalten wären. Die Unmöglichkeit einer existentiellen Ethik zeigen die sogenannten *Ausnahmesituationen*: ich kann in geschichtlich bedingte Situationen geraten, in denen ich das allgemeingültige Gesetz »Du sollst nicht lügen« aus existentiellem Anlaß brechen muß; ich werde diesem Gesetz gegenüber schuldig und weiß doch, daß diese Lüge zuinnerst erfordert war.

Von der Dialektik her, die zwischen Dasein und Existenz waltet, läßt sich das Wesen der *Existenzerhellung* bestimmen. Existenzerhellung ist eine verinnerlichende Reflexion. Der Philosoph reflektiert auf das Dasein als das primär Gegebene in der Form, daß er dessen eindeutige und allgemeine Bestimmtheit zersetzt und aufhebt. Diese *Zersetzung* aber ist zugleich der Rückgang in eine Dimension, in der die Daseinsphänomene in ihrer *Eigentlichkeit* zu ergreifen sind. Diese Dimension ist kein Wesensreich, das in sich gültig wäre. Sie muß vielmehr ständig im Gegenzug gegen das Dasein gewonnen werden. Die existentielle Erhellung ist daher als Erhellung *»inneres Handeln«* und als solches ein paradoxes Tun. Die Frage, ob ich in der Erhebung zur Existenz mich selbst schaffe oder nicht, ist nicht eindeutig zu beantworten: »Ich kann nicht ich selbst sein, wenn ich nicht will, und ich bin nicht schon ich selbst, wenn ich ich selbst sein will; ich werde zwar, indem ich mich schaffe; aber bin ich ich selbst, so habe ich mich nicht geschaffen. Mich zu mir verhalten heißt nicht schon ich selbst sein, sondern in einem inneren Handeln mich erwarten«.[16]

Dieser Ausdruck »erwarten« ist bewußt gewählt, denn daß ich Existenz werde, hängt nicht von mir allein ab, sondern von der *Transzendenz*. Existenz ergreift sich, so sagt Jaspers, nur in bezug auf Transzendenz. Die Existenzerhellung verweist auf die *Metaphysik*. Das besagt: die Existenz, die sich im Dasein nie endgültig gründen kann, sucht in einem übersinnlichen Reich zur Ruhe zu kommen, wobei aber auch hier keine eindeutige Gewißheit zu finden ist.

Um den Übergang von der Existenzerhellung zur Metaphysik zu verstehen, ist es angemessen, davon auszugehen, daß Existenzerhellung *die innere Mitte* der Philosophie ist, und zwar in der Weise, daß sie einerseits Weltorientierung und Metaphysik *trennt* und andererseits beide *verbindet*. Die Trennung ist notwendig, denn Weltorientierung und Metaphysik sind grundsätzlich verschieden. Weltorientierung, die über metaphysische Phänomene Aussagen zu erbringen sucht, ist ebenso verfehlt, wie Metaphysik, die sich als Wissenschaft ausgibt. Die Existenzerhellung, die selbst nicht wissenschaftlich vorgehen kann und darf, hat daher die Aufgabe zu übernehmen, Metaphysik vor dem Versuch, Wissenschaft sein zu wollen, zu bewahren. Gleichwohl besteht zwischen

Weltorientierung und Metaphysik eine paradoxe Gemeinsamkeit: die von der wissenschaftlichen Weltorientierung vergeblich und zu Unrecht erstrebte Gesamtdeutung der Welt ist ja von jeher das Anliegen der Metaphysik. Metaphysik löst also die Aufgabe, die Wissenschaft nicht lösen kann. Aber sie tut dies in *gänzlich unwissenschaftlicher Form.* Daß aber die Metaphysik sich nicht auf wissenschaftliche Argumentationen einläßt, dies gründet eben in der ihr vorausgehenden Existenzerhellung. Indem die Existenzerhellung sich an ihr eigenes Ende bringt und solchermaßen ihrerseits auf die Metaphysik verweist, sucht sie die metaphysische Dimension als die Dimension eines Grundes zu erweisen, von der man doch nur in Andeutungen reden kann.

Jaspers setzt wie Kant über die theoretische Vernunft hinausgehend eine eigenständige Dimension an. Aber diese Dimension ist für Jaspers nicht wie bei Kant durch die praktische Vernunft, die verbindliche Gesetzlichkeiten eröffnet, bestimmt. Diese Dimension ist nur im Aufschwung möglicher Existenz zugänglich, wobei der Aufschwung in der Form eines Scheiterns geschieht, in dem das Sein erfahren wird.

Der Ansatz von Jaspers ist problematisch, denn eine klare und strikte Unterscheidung von wissenschaftlicher Daseinsanalyse und Existenzerhellung ist nur schwer durchzuhalten. Jaspers zeigt dies in großartigen Analysen ja selbst. Man kann wesentliche Phänomene des menschlichen Lebens *doppelt* beschreiben, wissenschaftlich und existentiell. Aber es gibt Übergänge, die in den Phänomenen selbst begründet sind. Jaspers redet von den *Grenzsituationen* wie Tod und Leiden und Liebe. Der Tod ist nicht unter wissenschaftliche Aspekte und rein existentielle Erfahrung »aufzuteilen«. Vor allem aber – dies ist für uns wichtig – geht der ganze ethische Bereich über eine klare Scheidung von Innerlichkeit und Äußerlichkeit hinaus. Die Ethik kann ja nicht auf inneres Handeln eingeschränkt werden, das Handeln muß, so legt Jaspers mit Recht dar, sich *in der Welt orientieren.*

Der späte Jaspers sucht seine frühe Unterscheidung von Innerlichkeit und Äußerlichkeit zu modifizieren, indem er sich den Formen des Handelns zuwendet, die in der *Politik* moralische Kategorien berücksichtigen. Wir suchen diesen Wandel ein wenig genauer darzulegen, da er über die Person von Jaspers hinaus für die Wandlungen der Zeitsituation außerordentlich aufschlußreich ist.

In *»Die geistige Situation der Zeit«*, einem Buch, das vielen in der Zeit um 1933 zu einem Trostbuch wurde, bedenkt Jaspers die Chancen einer *Aristokratie*, die gegen die *Masse* steht. Er setzt diese Chancen als gering an. Aber dies ist letztlich nicht von wesentlicher Bedeutung, denn der echte Adel ist nur durch die philosophierenden einzelnen zu verwirklichen. Diese leben notwendig unerkannt, »wie die unsichtbare Kirche eines corpus mysticum«. Jaspers erklärt: »In der Weise seines philosophischen Lebens liegt die Zukunft des Menschen. Es ist nicht als eine Vorschrift, nach der man sich zu richten hätte, auch nicht als idealer Typus vor Augen zu stellen, dem nachzuleben wäre. Das philosophische Leben ist überhaupt nicht das eine, das für alle identisch wäre. Es ist als das Heer der einzelnen der Sternschnuppenfall, der, unwissend woher und wohin, durch das Dasein zieht. Der einzelne wird, wenn auch noch so gering, in ihm mitgehen durch den Aufschwung seines Selbstseins.«[17]

Die späteren Schriften zur Politik – insbesondere das große Werk *»Die Atombombe und die Zukunft des Menschen«* – weisen weit stärker auf die Notwendigkeit eines politischen Tuns hin. Diese Notwendigkeit hat zunächst reale Daseinsgründe, denn die Vernichtung durch die Atombombe kann möglicherweise den totalen Untergang des Lebens bedeuten. Ihr muß daher im vorhinein begegnet werden. »Das erste ist heute, die

Angst zu steigern (vielleicht nicht die der führenden Politiker der Großmächte, die wissen und in ihr leben, sofern sie nicht in die abgestumpfte Verfassung geraten sind, die vital nur um die eigene gegenwärtige Macht kämpft, aber gleichgültig gegenüber dem Gang der Dinge im ganzen und daher verantwortungslos ist). Zu steigern ist die Angst der Völker, daß sie wächst zu einer überwältigenden Macht, nicht der blinden Nachgiebigkeit, sondern des hellen verwandelnden Ethos, das die ihm entsprechenden Staatsmänner hervorbringt und deren Handlungen trägt.«[18] Diese Angst ist sinnvoll, insofern durch sie die Menschen darauf aufmerksam werden, daß sie den geschichtlichen Prozeß zu steuern haben. Das geschichtliche Geschehen ist, so erklärt Jaspers grundsätzlich, kein Naturprozeß, sondern wird durch die Handlung einzelner Menschen bedingt: »Die Geschichte im ganzen geschieht doch durch Handlungen ungezählter einzelner. Im Ursprung und am Anfang stehen einzelne. Der einzelne ist mitverantwortlich für das Ganze, durch alles, was er tut. Er ist in irgendeinem noch so geringen Maße mächtig. Denn er nimmt teil an dem Geschehen, handelnd in seinem Bereich oder nicht handelnd. Durch jede kleine Tat und Unterlassung schafft er mit an dem Boden, auf dem schließlich wieder einzelne in Machtpositionen die für das Ganze entscheidenden Handlungen vollziehen. Was geschieht, geschieht durch Menschen.«[19]

Aber – und das ist nun wesentlich – Jaspers schränkt diese Aussage, daß die Steigerung des politischen Bewußtseins erfordert ist, wenn das Leben auf der Erde erhalten bleiben soll, in einer bestimmten Weise ein. Der sittliche Ernst existentieller Entscheidungen wird als *eigener Wert* herausgestellt. Jaspers ist hier sehr radikal, er erklärt, es wäre verfehlt, das existentielle Tun als Mittel zur Erhaltung des menschlichen Lebens zu verstehen, denn dieses Tun sei grundsätzlich kein Mittel. *Das Ethos muß um willen seiner selbst erstrebt werden, ohne jede Rücksicht auf mögliche Folgen.* »Die Unbedingtheit im überpolitischen Ethos kann die Rettung des menschlichen Lebens zur Folge, aber nicht zum Ziel haben. Das Ethos als Mittel einzusetzen, um das bloße Leben zu retten, ist vergeblich, weil in solcher Zweckhaltung das Ethos selber preisgegeben wird.«[20] Das Ethos, das den Politiker beseelen soll, kann sich zwar nur verwirklichen durch vernünftige Überlegungen, die als sachlich orientierte das bloße Machtdenken im Blick auf ein herzustellendes Ganzes einschränken, aber seiner inneren Struktur nach ist es *»überpolitisch«*, das heißt, es beruht auf einer sachlich gar nicht zu begründenden und nicht zu erzwingenden freien Entscheidung des einzelnen.

Jaspers weist darauf hin, daß sittliches Tun in der Politik nicht ohne weiteres positive Folgen hat. Aber er geht noch einen Schritt weiter, indem er erklärt, daß alle Folgen, also nicht nur die negativen, sondern auch die positiven, die Existenz letzthin nicht betreffen können. Die Existenz, die zu sittlichem Tun auch in der Politik verpflichtet ist, weiß, daß dieses Tun ein Handeln ist, das *metaphysisch* gesehen seinen Sinn nur im Transzendenten haben kann, weil es gar nicht in der äußeren Dimension des Daseins adäquat zu verwirklichen ist. In einem Aufsatz aus dem Jahre 1960, der den Titel trägt *»Wo stehen wir heute?«*, tritt dieser Ansatz sehr klar hervor. Jaspers spricht von der Unsicherheit desjenigen, der am Weltgeschehen teilnimmt, und in diesem Zusammenhang stehen die folgenden Sätze: »Ich bin gewiß, daß sein und getan werden soll, was ich nach meinem Gewissen für recht erkenne, ohne es darum in der Welt als das notwendig Siegreiche beurteilen zu dürfen. Ich stehe im Kampf der Mächte, die ich nicht übersehe: Ich habe weder die Ruhe, die das trügende Bewußtsein gibt, in jedem Fall bei der siegenden Sache zu sein, noch die Ruhe durch die Anerkennung seitens der faktischen Macht, der ich gehorche. Vielmehr kann ich nun, wenn es vergönnt wird, nur mit der ganz anderen

Ruhe leben, die der Gewißheit der Wahrhaftigkeit entspringt, welche unabhängig werden kann, so daß sie keiner Bestätigung bedarf, unbeirrbar noch in der Einsamkeit einer von Menschen erzeugten Wüste vielleicht standzuhalten vermag.«[21]

In der Philosophie von Jaspers wird deutlich, wie schwierig es ist, vom Aspekt der existentiellen philosophischen Reflexion des einzelnen her zu den Fragen der realen Situation eindeutig Stellung zu nehmen. Will man sich nicht zurückziehen und in reine Resignation verfallen, so muß man den Versuch wagen, Innerlichkeit und Äußerlichkeit im Handeln zu verbinden. Das Problem bleibt dann aber, oder besser: es verschärft sich, ob ethisches Tun die reale Negation aufheben kann. Gerade wenn die endliche Subjektivität sich nicht durch eine metaphysische Übermacht abgestützt weiß und auch nicht mehr der Intaktheit der Lebenswelt vertraut, scheint jede Garantie unmöglich zu werden in einer Welt, die im argen liegt und aus den Fugen ist, noch sinnvoll handeln zu können.

4. Erweiterung der Existenzphilosophie unter ethischem Aspekt

Überblickt man die Ansätze der Existenzphilosophie *vom Aspekt der Ethik her*, so sieht man, daß für die Ethik als eine besondere Disziplin eigentlich kein Raum ist. Einmal steht der Einzelne im Zentrum, der zwischenmenschliche Bezug – das eigentliche Gebiet der Ethik – wird weithin ausgeblendet oder privatisiert; sodann wird die Negativität zum bestimmenden Element, gegen sie gibt es keine Verbesserungsmöglichkeit. Das Gesagte bedeutet nicht, daß in der Existenzphilosophie keine ethisch relevanten Kategorien zu finden sind; man denke an Entscheidung, Entschlossenheit, Eigentlichkeit und Gewissen: Bestimmungen, die für Heidegger, und an Freiheit, Wahl und Verantwortlichkeit: Werte, die für Sartre wesentlich sind. Aber es gibt keine allgemeine Verbindlichkeit. Sartres Aussage bleibt bedeutsam, daß die Existenz der Essenz vorangeht. Die *Etablierung der Ethik als Existenzform*, die Kierkegaard durchführt, bleibt maßgebend.

Das Denken Heideggers und Sartres hat sich gewandelt, aber ihre späteren Ansätze bedeuten keine Annäherung an die Ethik. *Sartre* erkennt zwar die Notwendigkeit der Verbesserung der realen Situation, die aber nicht durch einzelne geschehen kann, hier muß die Politik ansetzen – wir haben dies dargelegt. *Heidegger* wendet sich der Seinsgeschichte zu. Man erinnert sich an die berühmte Stelle aus dem »Brief über den Humanismus«.[22] Dort wird Heidegger gefragt: »Wann schreiben Sie eine Ethik?« Der Wunsch nach einer Ethik sei, so heißt es, gerade jetzt wichtig, weil der Mensch hilflos der Übermacht der Technik ausgeliefert zu sein scheine.

Diese Notlage sei, so antwortet Heidegger, nicht zu übersehen. Aber man müsse zuvor fragen, was Ethik sei, und diese Frage verweise auf das *Sein* als das, was zu bedenken sei als das Zuschickende des Heilen und des Grimmigen. Als dem Sein hörig hat man auf das Geschick zu achten und es auszutragen. Das *Austragen* ist allein *»schicklich«*. Das Geschehen durch menschliche Arrangements ändern zu wollen, ist verfehlt. Für den späten Heidegger ist das Handeln, das der Sicherung dienen soll, ein Zeichen der Selbstherrlichkeit, insofern es das epochale Zeitgeschehen radikal aufzuheben sucht.

Jaspers nimmt eine gewisse Sonderstellung ein. Er erörtert durchaus ethische Probleme. Aber der Bezug der Ethik zur Existenz bleibt eigentümlich zweideutig. Er führt auf kaum lösbare Probleme, weil die existentielle Wahrheit angesichts der Transzendenz nicht allgemein verbindlich sein kann und darf.

Es gibt nun durchaus Ansätze, die Ethik in den Kreis der existenzphilosophischen Analysen einzubeziehen. Wir weisen zunächst auf die Arbeiten *Otto Friedrich Bollnows* hin. Der leitende Grundgedanke ist der folgende: die frühe Existenzphilosophie ist nicht nur sehr pessimistisch gestimmt und betont einseitig nur die Geworfenheit, sondern sie übersieht auch, daß Existenz auf dem Lebensvollzug aufruht, der durch andere Kategorien als Entscheidung und Wahl bestimmt ist. Im *Rückgriff auf die Lebensphilosophie* zeigt Bollnow, daß das Leben durch einen *Flußcharakter* und eine *Kontinuität* zugleich bestimmt ist. Es offenbart sich durch alle Krisen hindurch als ein sinnhaftes Geschehen. Es gibt nach Bollnow eine *natürliche und einfache Sittlichkeit*, die neben das hohe Ethos tritt. Beide Lebensformen sind notwendig. Bollnow arbeitet Züge der einfachen Sittlichkeit heraus, die nicht in Spannung zur Wirklichkeit stehen, sondern sich in diese – im Rahmen einer Lebensgemeinschaft – einfügen. Zur einfachen Sittlichkeit gehören etwa »die selbstverständliche getreue Erfüllung der Pflichten, wie sie durch den bestimmten begrenzten Wirkungskreis des betreffenden Menschen gegeben sind, die Offenheit und Ehrlichkeit im Verkehr mit den Mitmenschen . . ., die Rücksicht auf den Lebensspielraum des anderen Menschen und die ›Anständigkeit‹ des gesamten Verhaltens, . . . das heißt das Vermeiden alles Anstößigen und das Reinhalten des guten Rufs«.[23]

Diese Tugenden, auf die man leicht von oben her herabblickt, klammern die gesellschaftlichen und politischen Bezüge aus und orientieren sich an der *Lebenswelt*, insofern sie noch weitgehend intakt ist. Bollnow redet von *bürgerlichen Tugenden* und erklärt, daß »das alltägliche Leben, das still und unauffällig seinen gewohnten Gang geht, uns einer intensiveren moralischen Betrachtung kaum als würdig erscheint«.[24] Das sei aber nicht angemessen, »denn in Wirklichkeit liegt in diesen unscheinbaren Tugenden der Grund für das gesamte sittliche Verhalten des Menschen. Man kann sie darum gar nicht wichtig genug nehmen«.[25]

Grundlegend ist hier der Gedanke der Ordnung, denn nur von der Ordnung her läßt sich das Leben regeln. Ordnung muß dabei doppelt verstanden werden als Formung des Chaos und als Vorgegebenheit. Beides ist wichtig: »Unsere Kultur ist gleichzeitig ›gewachsen‹ und ›gemacht‹, um mit diesen beiden Begriffen die Verschiedenheit der beiden Ordnungsformen zu bezeichnen: Soweit sie ›gemachte‹ Ordnung ist, steht sie in der Hand des Menschen, und der menschliche Ordnungswille hat hier sein freies Betätigungsfeld. Soweit sie dagegen ›gewachsene‹ Ordnung ist, besteht die menschliche Tugend darin, ohne Störung sich in die vorhandene Ordnung einzufügen.«[26] Dieses Einfügen ist wesentlich. Ihm entspricht die Tugend der *Gelassenheit*. Bollnow sieht in der Gelassenheit eine Überlegenheit eigener Art. Er verweist zu ihrer Charakterisierung auf den Gleichmut, der im Gegensatz zur Gleichgültigkeit durchaus erschüttert werden kann. »Der Gelassene wird sehr wohl betroffen. Er hat nicht die Sicherheit, die aus dem Bewußtsein hervorgeht, jeden Angriff mit überlegener Kraft abwehren zu können. Im Gegenteil, er steht in der Gefährdung und weiß sehr wohl von dieser seiner Gefährdung.«[27] Hier zeigt sich noch einmal die Zweideutigkeit des Lebens. *Geborgenheit* und *Gefährdung* gehören ihm gleichermaßen zu. Maß und Harmonie bestimmen das Verhalten ebenso wie *Maßlosigkeit* und *Zwist*. Verhaltensweisen und Tugenden sind daher nicht in ein fragloses System zu bringen. –

In der Gegenwart ist es um die *frühe* Existenzphilosophie still geworden. Das hat vor allem den Grund, daß der *Abschied von der Innerlichkeit* in jeder Form zeitgemäß erscheint und daß die Einsicht in die Unhintergehbarkeit der Verbundenheit mit den anderen herausgestellt wurde. Unter diesen Aspekten sei auf eine Erweiterung der existenzphilosophischen Ansätze durch *Werner Marx* hingewiesen. Marx geht vom späten Heidegger aus, er modifiziert aber dessen Seinsgedanken in entscheidender Weise.

Marx fragt: »*Gibt es auf Erden ein Maß?*«, genauer: ein Maß für verantwortliches Handeln. Heidegger hat ein solches Maß nicht genannt, er hat den Menschen nur allgemein in das Sein eingewiesen, das als Geviert west. Marx sucht den Ort des Menschen im Geviert nun durch den Bezug zum *Tod* näher zu bestimmen.

Vom Gedanken des Sterbenmüssens als einer gemeinsamen Grunderfahrung her will Marx eine nichtmetaphysische Nächstenethik entwerfen. Wir »sterben ständig ... durch eine ›plötzliche Erleuchtung‹ tritt vor den Blick, was sich in dem Satz ausspricht ›ich sterbe fortwährend‹. Diese ›Anschauung‹ ist es, die in unmittelbarer Weise ›entsetzend‹ wirkt: Sie reißt den Menschen heraus aus seiner bisherigen Seinsverfassung und der ihr entsprechenden Gestimmtheit«.[28]

Der Mensch erfährt die anderen nicht als Fremde, sondern als von dem Schicksal gleichermaßen Bestimmte. Die Erkenntnis meiner eigenen Endlichkeit *verbindet* mich mit den anderen und kann eine Wandlung im Sinne des Heilen herbeiführen. »Das alles Feste auflösende Entsetzen vor der Gewalt des Todes bringt zunehmend mehr die Überzeugung, daß der verständige Wille nicht alles seinen Entwürfen entsprechend zu erreichen vermag. Sie kann dahin führen, auf jedes willentliche Sichdurchsetzen Verzicht zu leisten, wodurch das gewaltlose Verhältnis entstünde, das auch in gleicher Weise die Übernahme einer liebenden, gütigen und gerechten Verantwortung für den anderen selbstverständlich machen würde ... das Heilende könnte eine Gestalt gewonnen haben, die den Sachverhalten gleichkommt, die die Tradition etwa als Liebe, Mitleid und mitmenschliche Anerkennung bezeichnet hat.«[29]

Dieser Ansatz soll – das ist philosophisch das Entscheidende – die Subjektivität im Sinne des Willens zur Selbstermächtigung überwinden und in dieser Hinsicht Heideggers spätes Denken weiterführen. Das *Offensein* für das Seiende und die anderen soll in das Zentrum treten. Das Offensein ist nicht willentlich herbeizuführen. Ihm geht eben die Erfahrung der allgemeinen Sterblichkeit voraus und diese führt zum *Mitleiden-Können*.

Voraussetzung dieser ganzen Argumentation ist die Idee, daß das Leben sich konstituiert als »sinnerfahrendes Leben«, das sich als solches nicht abschließen kann. »Nur wenn man von vornherein das sinnerfahrende Leben als eine unabgeschlossene Eins ansetzt, läßt es sich einsehen, daß es uns möglich ist, aufgrund unserer Faktizität innerhalb des Verhältnisses der Koexistenz der Sinnzusammenhänge Ordnungszusammenhänge zu entwerfen und zu integrieren.«[30]

Überdenkt man diesen Ansatz, so erkennt man: hier wird *Husserls Gedanke der Lebenswelt als einer Sinnerfahrung* und *Heideggers Ansatz beim Sein als einem Wohnen im Geviert* zusammenzudenken gesucht durch eine Konstruktion der Nächstenethik. »Das Maß des Mit-Leiden-Könnens ist in besonderer Weise eine unserem Sinn erfahrenden Leben innewohnende Kraft. Es ist die im lebendigen Vollzug wirksame Potenz, die alles, was *anders* ist, freigibt und in diesem Freigeben unser sinnerfahrendes Leben durchwirkt; es durchwirkt in eins damit auch die erfahrenden Sinnzusammenhänge ... Das Vereinende, Einheit Stiftende selbst ist gerade das, was jedem einzelnen Sinnzusammenhang, jede einzelne Welt in der Vielheit von Sinnzusammenhängen und Welten in seinem und ihrem jeweiligen Eigenrecht hervortreten läßt: die verwandelnde heilende Kraft.«[31]

Diese Nächstenethik setzt eine Umwandlung des Selbstbezuges voraus. Aber es wird nicht recht deutlich, wie diese erwirkt werden kann. Marx spricht hier der *Dichtung* eine wesentliche Bedeutung zu. Es bleibt jedoch hervorzuheben, daß der Grundgedanke dieser Ethik durchaus traditionelle Elemente weiterbildet. Man denkt an *Schopenhauer*. Mitleid ist keine Forderung, die sich an den Willen wendet, sondern motiviert durch die Erfahrung des allgemeinen Leidens. An Schopenhauer erinnert auch der Hinweis auf die Gelassenheit, die bereits *Heidegger* mehrfach zur Sprache brachte, so zum Beispiel, wenn er erklärt, daß der Verzicht nicht nimmt, sondern gibt.

Die Gelassenheit ist freilich, wenn sie zur bestimmenden Grundhaltung werden soll, eine durchaus dialektische Bestimmung und keineswegs mit dem einfachen Verzicht auf die sogenannte Vorherrschaft der Subjektivität identisch. Gelassenheit muß sich auf die Zeitnöte einlassen, und dies bedeutet: sie hat die Möglichkeiten zu erkunden, die zur Abhilfe offenstehen. Erst wenn dies geschieht, kann das Handeln »sich selbst loslassen und seine Intentionen aus der Hand geben«.[32] »In diesem Sinn ist Gelassenheit nicht Passivität, Verzicht auf Veränderung der Welt, sondern Bejahung einer Wirklichkeit, die es überhaupt wert ist, daß man ihr durch Veränderungen zu Hilfe kommt«,[33] so legt *Robert Spaemann* dar.

Sich einlassen und loslassen sind miteinander zu verbinden zum »intermissiven, das heißt unterlassenden Handeln, das gerade ein *Nicht*-Handeln beinhaltet und uns unter den alltagssprachlichen Ausdrücken ›lassen‹ und ›unterlassen‹ bekannt ist«.[34] *Manfred Riedel* erläutert diese Bestimmungen und erklärt, daß die eigentliche Herausforderung an die praktische Vernunft darin läge, daß die Menschheit erkennen müsse, »was sie angesichts ihrer bedrohten Lebenssituation lassen muß, und zwar technisch wie strategisch und politisch, um überhaupt weiterzuleben und die Überlebensbedingungen zu sichern«.[35]

All dies bedeutet: *Gelassenheit und Reflexion gehören, wenn es um verantwortliches Handeln geht, zusammen.* Die Subjektivität darf sich gerade nicht ausschalten und das Geschehen sich selbst überlassen. Sie und ihr Geschick sind ja immer mit im Spiel. Davon wird im zweiten Teil zu reden sein.

II. Lebensweltethik und praktische Philosophie als Grundpositionen der gegenwärtigen Ethik

Vorbemerkung

Von einer *Lebensweltethik* als einer eindeutigen und geschlossenen Position in der gegenwärtigen Philosophie läßt sich nur bedingt sprechen. Gleichwohl: das Problem der Lebenswelt spielt im gegenwärtigen Denken eine wichtige Rolle und zwar unter sehr verschiedenen, zum Teil gegensätzlichen Ansätzen.

Die Lebensweltethik wird unter dem *Aspekt der Rationalität* betrachtet. Die Rationalität zerstört die Lebenswelt. Diese ist als *Ressource* zu erhalten, allerdings muß sie mit der Rationalität vermittelt werden. Ein weiterer Ansatz besagt, in gewissem Gegensatz zu dem eben ausgeführten stehend: die Lebenswelt hat nach wie vor ihr *eigenes Recht*, sie ist und bleibt der Boden, auf dem wir stehen. Sicher: die Lebenswelt ist gefährdet, es kommt daher darauf an, ihre Struktur nicht von traditionellen Ansätzen her zu deuten, das heißt, sie als intaktes Ordnungsgefüge im Sinn des Aristoteles zu verstehen, sondern sie auf mögliche Wandlungen hin als ein Gefüge der Ordnung, das unter Umständen auch Unordnung umgreift, zu betrachten. Diese Position sucht die Idee der Lebenswelt als philosophische Grundposition herauszustellen – freilich wird hier der Bezug zur Ethik mehr oder weniger ausgeklammert. Eine dritte Position ist durch den *Rückgriff auf die praktische Philosophie* gekennzeichnet: die Lebenswelt wird unter praktisch-pragmatischen Aspekten beschrieben. Ethik kommt vom Ethos: man befolgt das Tunliche und Geziemende. Es ist zwar nicht einfach so, daß das einzelne Handeln lediglich als eine Applikation verstanden wird, die durch Klugheit, das heißt Vorziehen des Besseren bestimmt ist, gleichwohl ist die Tradition wesentlich, die im Sinne des vorgegebenen Horizontes mein Tun und Lassen bestimmt.

Die genannten Positionen kommen in vielerlei Hinsicht überein. Wesentlich ist die *strikte Ablehnung der metaphysischen Ethik und der Moralität.* Innerlichkeit ist verpönt, die Kommunikation wird positiv gewertet, in der praktischen Philosophie wird die Einzelperson zwar unter dem Aspekt der Handlung beachtet, aber Kommunikation und Subjektivität sind keine Gegensätze, sie sind aufeinander verwiesen. Man kann die eine Seite mehr als die andere betonen. Wird die Kommunikation betont, so gibt es die Möglichkeit, das gewachsene Ethos und die Institutionen in ihrem Zusammenhang zu bedenken, oder das Entstehen von übergreifenden Normen herauszustellen. Wird die Subjektivität betont, so gibt es die Möglichkeit, unter dem Aspekt der Konstitution von Handlungen das Tun zu bedenken, das heißt eine »Theorie der Handlung« zu entwerfen.

Will man diesen Ansätzen gerecht werden, so ist es angebracht, sie gegen die Tradition abzugrenzen und zwar in zweifachem Sinn. Es ist einerseits der Unterschied zur Tradition darzulegen und es ist andererseits doch zu fragen, ob nicht gewisse traditionelle Ansätze modifiziert bewahrt werden.

Die *Abgrenzung gegen die Tradition* ist offensichtlich. Die Lebenswelt ist in der klassischen Epoche der Philosophie auf den Gedanken der Welt als einer Gesamtordnung bezogen. Wir erinnern an Aristoteles und Hegel. Für *Aristoteles* ist der Kosmos Ordnung und Vorbild für alles Seiende, man darf nicht vergessen, daß Aristoteles die Theorie als die höchste Praxis ansetzt, in der die Ordnung als Himmelsordnung anschaulich ist. Für *Hegel* ist die Vernunft als Weltgeist bestimmend in der Natur und in der Sphäre des objektiven Geistes, hier im geschichtlichen Raum gibt es durchaus auch Negativität, aber sie wird überwunden. Das besagt: Lebensweltethik ist festgemacht im Ordnungsgedanken. Fällt dieser Gedanke der *Gesamtordnung* weg, dann wird der Grundansatz der Lebensweltethik als eines Ordnungsgefüges problematisiert.

In der Gegenwart tritt in der Lebensweltethik, aber auch in der praktischen Philosophie, die Untersuchung des Verhaltens *im Alltag* in den Vordergrund. In diesen Analysen scheinen metaphysische Orientierungen überflüssig. Die Alltagswelt ist die Welt des kleinen Mannes, in der wir doch alle leben.

»Alltag ist Entlastungsmedium. Wir brauchen einen sozialen Raum, in dem wir es nicht nötig haben, jeden Schritt und jede Handlung in Frage zu stellen und zu begründen; wir brauchen ihn für uns selbst, aber vor allem auch zur Entlastung unserer Kommunikation, die den pausenlosen Diskurs nicht erträgt, sondern angewiesen ist auf ein Netz von Selbstverständlichkeiten, das unreflektiertes kommunikatives Handeln absichert... Hinweise auf gesellschaftliche Unerträglichkeiten werden in gewissem Maße absorbiert von den Gewohnheiten des als erträglich empfundenen Alltags.«[36]

Der Alltag wird weithin durch Selbstverständlichkeiten bestimmt. Alltag erscheint als noch nicht entfremdete Heimat. Der Nahhorizont gibt hier Sicherheit.

Es wäre sicher verkehrt, Lebensweltethik und Alltagsverhalten einfach zu gleichen. Die Beachtung des Alltags steht in der Gegenwart weit stärker als die Bestimmung von Lebenswelt und praktischer Philosophie in der Tradition unter *sozialen* und *gesellschaftlichen Aspekten*. Gleichwohl bleibt der Alltag hier das Paradigma eines Zusammenlebens, das sich mit Hilfe der Doxa, die vielfältig ist, zu orientieren vermag. Zugleich gilt es zu bedenken, daß heute der Alltag weithin von den *Superstrukturen* bestimmt ist. Man kann diesen Bezug nicht aussparen, und das heißt, man muß insbesondere das Vordringen *rational bestimmter Verhaltensformen* thematisieren.

Wir gehen im folgenden so vor, daß wir die einzelnen Ansätze, auch wenn sie sich überschneiden, für sich behandeln. Wir beginnen mit dem Ansatz, der an der *Idee der Lebenswelt* als einer unaufhebbaren *Grundposition* festhält, zugleich aber zeigt, daß die Lebenswelt, weil sie heute gefährdet ist, sich öffnen muß – es ist zu fragen, wieweit dies gelingen kann.

Wir thematisieren sodann die *Ansätze der praktischen Philosophie*, die Gedanken der Tradition aufnimmt, sich aber die Frage vorlegt, wie diese Positionen in der gegenwärtigen Situation *modifiziert* werden müssen. Insbesondere tritt hier die Frage nach dem Ursprung und der Geltung von *Normen*, die unser Handeln regeln, in den Vordergrund.

1. Lebenswelttheorie und Lebensweltethik

a) Zur Konzeption der Lebenswelt in der Phänomenologie. Husserl, Schütz, Merleau-Ponty

Die Geschichte der modernen Lebensweltkonzeption verläuft nicht geradlinig. Thematisiert wird der Begriff als solcher zunächst in durchaus dialektischer Form als *Gegenstellung zur wissenschaftlichen Welt*. Die Lebenswelt wird sodann zu einer *eigenen Domäne* der Untersuchungen erhoben, die unter ethnologischen, soziologischen und psychologischen Aspekten zu betrachten ist. Es deutet sich an, daß die Lebenswelt eine offene Sphäre darstellt. Sie darf jedenfalls nicht mehr eindeutig als intakt und geschlossen angesehen werden.

Husserl gilt als der Denker, der den Begriff der Lebenswelt zu einem entscheidenden Begriff der Phänomenologie erhob. Husserl setzt die Lebenswelt in gegensätzlichen Bezug zur modernen Welt, die wesentlich durch Rationalität bestimmt ist. Gleichwohl: Lebenswelt ist ein schillernder Begriff, Lebenswelt soll nicht mit einer historisch wirklichen Vergangenheit geglichen und natürlich auch nicht spekulativ als Paradies gedeutet werden. Die Lebenswelt beruht weitgehend auf einer Konstruktion. Diese Konstruktion ist notwendig. Man muß philosophisch davon ausgehen, daß wir immer schon oder immer noch irgendwie in einer Welt leben, die wir *unbefragt* als Boden unseres Verhaltens voraussetzen, wobei das Subjekt »welterfahrendes Leben« ist, mit Husserl gesprochen. Freilich ist die Welt für Husserl vom Subjekt konstituiert, das heißt, die ursprünglichen Weisen des Verhaltens müssen im Bewußtsein nachgewiesen werden. Die Lebenswelt ist das *»universale vorliegende Apriori«*. Die Lebenswelt ist für die Phänomenologie aber nur eine Komponente und eine Schicht im Aufbau der

Konstitution. Gleichwohl stellt sie die Grundschicht dar: sie weist die wesentlichen Bestimmungen des Weltbezuges aus.

Um zur Verdeutlichung nur auf den Grundansatz hinzuweisen: gegen die Subjekt-Objekt-Stellung wird die Welterfahrung abgehoben. Wir bewegen uns innerhalb von *Horizonten* – Heidegger hat diesen Begriff aufgenommen. Innerhalb von Horizonten begegne ich Dingen, die eine Bewandtnis haben und an denen ich interessiert bin, ebenso aber anderen Menschen. Ich selbst bin ein leibliches Wesen, der Leib ist der »Null-Punkt aller meiner Orientierung, um den meine Welt zentriert ist«.[37] Diese natürliche Einstellung, auf Grund deren wir in die Welt »*hineinleben*«, ist von der neuzeitlichen Wissenschaftseinstellung zu unterscheiden. Durch diese wird sie entstellt und erst die transzendentalphilosophische Reflexion deckt ihre Strukturen auf.

Der Vorrang, den die Lebenswelt erhält, gründet darin, daß sie allein der »*passende Gegensatz*« zur transzendentalen Reflexion ist und daher gleichsam den Blick des Philosophen auf sich zieht. Konkret: das in der Lebenswelt lebende Ich »leistet«, aber es leistet eben ohne reflektiertes Wissen um seine Leistung. Es ist naiv, und diese Naivität gehört zur Lebenswelt. Dieser Welt entspricht es eben, daß der Mensch *unmittelbar* in sie hineinleben muß, weil er schon immer in ihr ist und sie nicht durch freie Entscheidung gewählt hat. Alle Meinungen, die der naive Mensch über diese Welt ausbildet, sind schon vom Leben in ihr bestimmt. Gerade dieser Naivität entspricht aber *gegenteilig* die transzendentale Reflexion. Diese trifft hier nicht nur auf die tiefste Schicht auf, sondern sie hat hier ja allein die Möglichkeit, das *reine Faktum* der Leistung zu untersuchen. Das reine Faktum aber ist das Faktum, das noch nicht durch eine falsche Philosophie verunreinigt ist. Der Transzendentalphilosoph kann – das hat bereits Fichte gesehen – seine Aufgabe, eine Bewußtseinsanalyse durchzuführen, nur erfüllen, wenn er bei dem naiven Bewußtsein und nicht bei dem verfälschenden dogmatisch philosophierenden Weltglauben ansetzt. Freilich hebt die Transzendentalphilosophie das naive Bewußtsein auf, insofern dieses ja in Vergessenheit seiner Leistung lebt, weil es gar nicht philosophiert. Aber eben diese Aufhebung ist die *genuine* Auslegung dieses Bewußtseins selbst. Es wird nur gezeigt, was dieses schon faktisch in seinen Leistungen tut und tun muß. Grundsätzlich gesagt: die Lebenswelt ist als faktische immer schon im Recht. Hier kann noch gar nicht von Verfehlung die Rede sein. Verfehlung gibt es erst in der Dimension der *Wissenschaft* und der *Philosophie*. Und eben die *traditionelle* Wissenschaft und die *traditionelle* Philosophie haben nun, so erklärt Husserl, eine solche Verfehlung nicht nur nicht verhindert, sondern sie gerade gefördert. Das nachzuweisen, ist Husserls Anliegen. Genauer: Husserl sucht zu eruieren, daß die traditionelle Wissenschaft und die traditionelle Philosophie zweideutig sind. An sich sind sie im Recht, wenn sie das naive Leben aufheben, aber dies geschieht in einer weder diesem Leben noch der echten Transzendentalphilosophie angemessenen Form. Deswegen muß die Aufgabe einer angemessenen Begründung der Wissenschaft gleichzeitig mit der *Destruktion* der traditionellen Wissenschaft und der traditionellen Philosophie zusammenfallen.

Die moderne Wissenschaft ist *bodenlos* im Gegensatz zum natürlichen Bewußtsein *und* zur echten Transzendentalphilosophie. Die naive Einstellung ist ursprüngliche Befangenheit – man ist in die Lebenswelt hineingeboren –, die wissenschaftliche Einstellung dagegen beruht auf *freiem Entschluß*. Dieser Entschluß setzt zwar Ansätze des naiven Weltverhaltens fort, das heißt, der Forscher führt die Abstraktionen des naiven Menschen weiter. Es ist davon auszugehen, daß die Lebenswelt im Sinne

Husserls eine Kulturwelt ist. Gleichwohl: der Entschluß zur Wissenschaft ist ja der Entschluß zur Konstitution einer wissenschaftlichen Welt und als solcher eben doch ein Neuanfang. Der Neuanfang aber, wie ihn die neuzeitliche Wissenschaft durchführt, ist verhängnisvoll. Die Wissenschaft reißt sich zwar vom Urboden der Lebenswelt los, ohne jedoch den neuen Boden der Transzendentalphilosophie zu erreichen. Dadurch wird sie selbst eben zweideutig. Verschärft gesagt: diese Wissenschaft spiegelt einerseits Naivität vor, die sie nicht mehr besitzt, und sie spiegelt andererseits eine transzendentale Reflexion vor, die sie noch gar nicht richtig durchzuführen vermag. Die Wissenschaft wird zweifach schuldig, nicht nur an der Idee der reinen Wissenschaft, sondern auch an dem Faktum der Lebenswelt. Die Wissenschaft bleibt zwar im Urglauben der naiven Lebenswelt befangen, dem Glauben an die *Realität der Welt*, aber der Forscher trachtet doch andererseits danach, diese Lebenswelt zu begreifen und sie zu verändern auf Grund seiner wissenschaftlichen Analysen, und damit unterläuft er störend das naive Lebensbewußtsein. Der Transzendentalphilosoph tut dies aber nicht; er beläßt gerade das naive Lebensbewußtsein in seiner ursprünglichen Naivität, und er vermag dies, weil er einen *ganz* anderen Boden, die *weltlose* Subjektivität erreicht hat.

Es ergeben sich hier natürlich sofort kritische Fragen und Einwände. Es ist nicht verkehrt zu behaupten, daß das Grundproblem des Bezuges von Transzendentalphilosophie und Lebenswelt ungeklärt bleibt. Das lebensweltliche Verhalten ist und soll vorgeschichtlich sein, das heißt, in ihm soll die Reflexion noch keine Rolle spielen. Das Selbst, das so selbstvergessen dahinlebt, *»ist nicht beobachtbar, sondern nur in Reflexion für sich da und ist doch die letzte Quelle aller möglichen Evidenzen. So ist die Lebensweltvergessenheit Selbstvergessenheit,* und um eben diese Selbstvergessenheit aufzuheben, wird reduziert auf das Urfaktum des Ich-bin«.[38] Die transzendentale Subjektivität soll sich als der mögliche Grund und Boden ausweisen. Aber wie ist das Vorausliegen der natürlichen Einstellung, ihre Anonymität, und die transzendentale Konstruktion zusammenzudenken?

Die Schwierigkeiten der transzendentalen Phänomenologie dürfen aber nicht darüber hinwegtäuschen, daß Husserl offensichtlich wesentliche Phänomene der Lebenswelt in den Griff gebracht hat. Er hat die *Sinnlichkeit* im Zusammenhang mit der Wahrnehmung und dem leiblichen Ich aufgewertet. Mein leibliches Ich ist das, »wobei ich als Ich der Affektion und Aktionen in ganz einziger Weise und ganz unmittelbar bin, als worin ich ganz unmittelbar kinästhetisch walte«.[39] Aber wir sind in passiver Welthabe zugleich doch ständig aktiv. Husserl erklärt: »Die Akte selbst sind in der Beschäftigung mit den Objekten unthematisch. Aber wir vermögen auf uns selbst und unsere jeweilige Aktivität nachkommend zu reflektieren, sie wird nun thematisch-gegenständlich, in einem neuen, seinerseits nun unthematischen, dem lebendig fungierenden Tun.«[40] Dabei fungiert ständig im Hintergrund »ein Rest, der unthematisch, der sozusagen in Anonymität bleibt«.[41]

Husserl sagt, daß es sich bei diesen Analysen um die Selbstkonstruktion und das Selbstverständnis handelt, das reflektiert und gegenständlich werden kann. Er betont, daß sich hier ein unendliches Reich der *beständigen Voraussetzungen* des wissenschaftlichen und philosophischen Denkens eröffne.

Es sei noch einmal betont, daß Husserl durch die Entdeckung dieses unendlichen Reiches sich keineswegs veranlaßt sah, der transzendentalen Philosophie den Abschied zu geben und sich nun der Erforschung der Lebenswelt zu widmen. Husserl hat die Lebenswelt zwar für die Philosophie entdeckt, aber er wollte sich dort nicht ansiedeln.

Für seine eigene Person hielt er unabdingbar an der Idee der reinen Wissenschaft fest. Die viel diskutierten Sätze aus der Beilage XXVIII in »Die Krisis der neuzeitlichen Wissenschaften und die transzendentale Phänomenologie«: »Philosophie als Wissenschaft, als ernstliche, strenge, ja apodiktisch strenge Wissenschaft – der Traum ist ausgeträumt«,[42] besagen nicht, daß Husserl selbst der Lebenswelt einen Vorrang einräumt. Gleichwohl: insofern Husserl gezeigt hat, daß die Wissenschaft der Lebenswelt »entspringt«, hat er seinen Nachfolgern vorgearbeitet, wenn diese nun die Wissenschaft als »derivierten Modus« der Lebenswelt deklarieren.

Husserls Nachfolger kehren den Rang um: sie geben den transzendentalphilosophischen Ansatz in mehr oder weniger radikaler Form auf und wenden sich der Beschreibung zu. Phänomenologie wird hier auf die einfache Parole reduziert: zu den Sachen selbst. Das zeigt sich in gewisser Weise schon bei *Heidegger*. Seine Beschreibung der Strukturen des In-der-Welt-seins stellt die Dinge unter den praktischen Aspekt des besorgenden Umgangs, wobei Heidegger allerdings fundamentalontologisch vorgehen will. Wesentlich für die Abwendung von der Transzendentalphilosophie aber ist der Sachverhalt, daß nun die Lebenswelt auch mit den empirischen Mitteln der Wissenschaft: der Psychologie, Soziologie und Ethnologie untersucht werden soll. *Lebenswelt gilt als ursprünglich:* »Deren einziges definitorisches Merkmal ist ihre Selbstverständlichkeit – und das heißt auch immer: ihre logische Unbedürftigkeit«, so stellt *Hans Blumenberg* in seinem Werk »Lebenszeit und Weltzeit« fest.[43]

Wir wollen den Fortgang durch den Rückgriff auf den Ansatz von *Alfred Schütz* verdeutlichen, weil Schütz noch eine gewisse Nähe zu Husserl wahrt, dabei aber in Schwierigkeiten gerät. Schütz ist Soziologe. Sein Hauptwerk »Der sinnhafte Aufbau der sozialen Welt« soll »explizit eine phänomenologische Fundierung für die verstehende Soziologie sein« (Luckmann). Die soziale Welt ist der Ort und Boden, auf dem wir uns immer schon bewegen. Sie wird von Schütz nicht unter ökonomischen oder gar marxistischen Aspekten untersucht, sie wird auch nicht an moralischen Maßstäben gemessen, sondern weitgehend unter dem Aspekt der *Alltagswelt* beschrieben. Eine der zu bewältigenden Aufgaben ist es, so erklärt Schütz, eine Typik der Erfahrungsmöglichkeiten in der sozialen Welt aufzustellen, die das Leben in ihr als sinnvoll deutet. Die Bestimmung *»sinnvoll«* hat hier eine subjektive und objektive Bedeutung. Wenn man die Strukturen herausarbeiten will, die den Aufbau bestimmen, muß man vom einzelnen Subjekt und dessen Sinnintention ausgehen. Hier wird die Anlehnung an Husserl sichtbar: die einzelne Subjektivität ist der Grund und Boden der Analyse.

Aber die Analyse von Schütz ist nicht mehr so eindeutig wie der Ansatz von Husserl; das zeigt sich in der Konstruktion des *Fremdverstehens*. Für *Husserl* ist es selbstverständlich, daß das einzelne Ich von sich her den anderen konstituiert: dies geschieht für Husserl »durch den Akt des Appräsentierens, in welchem das Subjekt bei Wahrnehmen des anderen dessen Subjektheit und dessen ihm genuin zugehörigen Bewußtseinsstrom als mitgegenwärtig sich bewußt macht, wiewohl es solche Ichheit und Erlebnisfähigkeit nicht evident wahrzunehmen vermag. Die eigene Selbsterfahrung eines anderen wird als dessen reale Möglichkeit in den anderen gleichsam durch ›Einfühlung‹ übertragen«.[44] Für *Schütz* ist der Zusammenhang enger. Das soziale Handeln ist »sinnbezogen auf die Existenz eines Du«.[45] Grundsätzlich gesehen: Schütz erkennt, daß es verfehlt ist, von einem Subjekt auszugehen, das für sich gesetzt ist und alle Bezüge von sich aus konstituiert. Man verkennt damit den wahren Sachverhalt, daß das Subjekt immer schon in eine Welt *eingeordnet* ist.

Welt als natürliche Lebenswelt, in der ich mit den anderen lebe, wird faßbar als *Alltagswelt*. Die Alltagswelt ist, so legen *Peter Berger* und *Thomas Luckmann* in ihrem Buch »Die gesellschaftliche Konstruktion der Wirklichkeit« dar, vielfach gegliedert. Sie stellt sich aber als ein Ordnungszusammenhang dar. Dinge sind miteinander und mit mir im Umgang verknüpft. Aber vor allem sind die anderen als lebendige Wirklichkeit da. Das zeigt sich insbesondere in der Sprache, durch die man sich verständigt. *Luckmann* erklärt: »Tatsächlich kann ich in der Alltagswelt nicht existieren, ohne unaufhörlich mit anderen zu verhandeln und mich mit ihnen zu verständigen. Ich weiß, daß meiner natürlichen Einstellung zu dieser Welt die natürliche Einstellung anderer zu ihr entspricht, daß sie wie ich die Objektivationen erfassen, durch die diese Welt reguliert wird, und daß auch sie diese Welt rund um das ›Hier und Jetzt‹ ihres Daseins in ihr anordnen und wie ich Projekte in ihr entwerfen.«[46] Sicher: es gibt Grade der Vertrautheit, aber die Welt des Miteinander funktioniert schon immer und bildet die Grundlage.

Wenn man sich diese Strukturen verdeutlicht, dann ist nicht zu verkennen: Ich bin der ungefragte Mittelpunkt dieser meiner Welt, ich bin mir räumlich und zeitlich »am nächsten«, auch wenn ich von mir weg lebe und mich nicht mit mir beschäftige. Man denkt an Heideggers Beschreibung des Man. Es kommt aber darauf an, dies Allgemeine und zumeist Anonyme nicht als negativ abzuwerten im Sinn der Existenzphilosophie. Es wäre verfehlt, den Einzelnen im existentialen und existentiellen Sinn auf sich zu stellen und als eigentliches Dasein gegen das Man abzugrenzen. Gleichwohl geht unter methodischem Aspekt Schütz vom einzelnen Subjekt aus, weil ein wesentlicher Unterschied besteht »*zwischen der Selbstinterpretation der Erlebnisse durch das eigene Ich und der Interpretation fremder Erlebnisse durch das deutende alter ego*«.[47]

Das einzelne Subjekt baut sich sein Selbstverständnis auf. Ausgang sind die nicht reflektierten Akte des Bewußtseinsstromes. Das Dahinleben wird *gegliedert*. Faßbar ist aber nur das Vergangene, das Erlebte, nicht das Erleben selbst. »Das Sich-Verhalten in seinem Ablauf ist ein präphänomenales Bewußtseinserlebnis. Erst wenn das Verhalten vergangen ist, kann es als Erlebnis vom Untergrund abgehoben und von dem rückschauenden Blick erfaßt werden. Das phänomenale Erlebnis ist also streng genommen niemals das Sich-Verhalten, sondern das Sich-Verhalten-*haben*.«[48]

Die Selbstauslegung bildet das Fundament für das Fremdverstehen, dessen Auslegung ist nicht phänomenal zwingend. Edith Düsing sagt mit Recht: »Der Versuch des Erfassens fremder Erlebnisse bringt eine beträchtliche Ungewißheit hinsichtlich der Richtigkeit einer bestimmten Deutung mit sich.«[49] Schütz sucht seine Analyse des Miteinanders nun zu untermauern, indem er im Sinne *Webers* Idealtypen herausarbeitet, wobei man sich selbst als Beispiel setzt. Der Idealtyp trifft nicht den wirklichen Menschen, aber er erweitert die Möglichkeit des gegenseitigen Verstehens.

Überdenkt man die Analysen von Schütz, so drängen sich bestimmte Fragen auf. Diese betreffen den Bezug von transzendentalphilosophischer Konstruktion und gegebener Wirklichkeit. Es ist für die folgende Entwicklung wesentlich, daß in ihr der transzendentalphilosophische Ansatz, den Schütz ja noch beibehält, immer stärker in den Hintergrund tritt. Die nun in den Vordergrund tretende Beschreibung wird durch den *Rückgriff auf wissenschaftliche Forschung* abgestützt. Zugleich tritt die Beachtung der Alltagswelt immer stärker ins Zentrum. Ein gewisser Rückgang auf die Lebensphilosophie ist aber zumindest indirekt bestimmend: das Leben ist der tragende Hintergrund aller Verhaltensformen. Es umgreift aktives und passives Verhalten. Es ist aber nicht in einem System, wie Hegel es versuchte, zu erfassen, auch wenn man, mit Hegel gesprochen, das Leben als Identität der Identität und der Nichtidentität deuten kann.

Um diesen Ansatz zu kennzeichnen, insbesondere aber, um auf die Ausweitung der Lebensweltheorie in der Gegenwart hinzuführen, weisen wir auf *Maurice Merleau-Ponty* hin, wir greifen dabei zum Teil auf die Interpretation des Werkes von Merleau-Ponty durch *Bernhard Waldenfels* zurück, weil Waldenfels derjenige Denker ist, der Merleau-Ponty für die Lebensweltheorie in der Gegenwart fruchtbar zu machen suchte.

Merleau-Ponty will eine dritte Dimension eröffnen. Es geht ihm um das Zwischen. »Das *Zwischen* (membrure, jointure, charnière etc.) umgreift und übergreift die Gegensätze von Bewußtsein und Sein, Subjekt und Objekt, ego und alter ego, weil die Glieder dieser Gegensatzpaare vor dem Prozeß der Differenzierung keinen Sinn haben und weil die Scheidung selbst nur strukturell gedacht werden kann.«[50]

Das Zwischen ist wichtiger als die einzelnen getrennten Bestimmungen. Es ist als Struktur und Gestalt zu kennzeichnen, als eine Dimension »diesseits der Scheidung in reine Natur und reines Bewußtsein, in reine Äußerlichkeit und reine Innerlichkeit«.[51]

Merleau-Ponty will die Unterscheidung als ein Setzen von Extremen unterlaufen. Er geht phänomenologisch vor, im Rückgriff auf wissenschaftliche Forschung, zugleich denkt er aber dialektisch. Wir verdeutlichen dies am Phänomen der *Leibgebundenheit* des Menschen. Ich bin mein Leib, »und umgekehrt ist mein Leib wie ein natürliches Subjekt«. Ich existiere immer schon »zweideutig«.[52] Ich erlebe mich als Für-Sich-sein im Sein-zur-Welt. Ich bin kein reines cogito. Das Cogito ist »abhängig, doch undeklinierbar«. Ich bin für das Denken konstitutiv, »ohne doch je für irgendeinen meiner besonderen Gedanken konstitutiv zu sein, da ich diese nie in voller Klarheit entspringen zu sehen vermag und mich selbst nur im Durchgang durch sie hindurch kenne. Zu verstehen gilt es also, wie die Subjektivität in eins abhängig und undeklinierbar zu sein vermag«.[53]

In diesem Zusammenhang steht die Einsicht, daß es »in eins mit dem Selbstbewußtsein ein umgreifendes und unartikuliertes Erfassen der Welt«[54] gibt. *Nähe und Ferne zur Welt* bedingen sich in einer Verkettung unserer Perspektiven. Entscheidend ist es, offen zu sein, weil die Dinge »noch ›anders zu sehen‹ versprechen«.[55]

Wie ich zur Welt gehöre und sie zu mir, so sind die *Anderen* mit mir verbunden und getrennt. Gegen Husserl erklärt Merleau-Ponty: »In Wahrheit ist der Andere nie in meinen perspektivischen Ausblick auf die Welt eingeschlossen, weil diese meine Perspektive selbst keine bestimmten Grenzen hat, vielmehr spontan in die des Anderen hinübergleitet und beide gemeinsam in einer einzigen Welt versammelt sind, an der wir alle als anonyme Subjekte des Wahrnehmens teilhaben.«[56] Einsamkeit und Kommunikation sind »als zwei Seiten desselben Phänomens«. Merleau-Ponty stellt fest: »Meine Freiheit, mein fundamentales Vermögen, Subjekt aller meiner Erfahrung zu sein, ist von meinem Sein-in-der-Welt nicht verschieden.«[57] Aber dieses Sein-in-der-Welt ist eben nicht von den Anderen isoliert. »Vor allem Bewußtwerden existiert das Soziale auf dumpfe Weise als stumme Forderung.«[58] Grundsätzlich gesehen: ich öffne mich im Erleben dem Anderen, das heißt der Welt und den Mitmenschen, aber ich lege mich nicht fest. Immer ist es die eine und selbe Frage, »wie ich Phänomenen eröffnet zu sein vermag, die mich übersteigen und gleichwohl nur existieren, sofern ich sie fasse und erlebe«.[59]

Überblickt man diese Analysen, so erkennt man ihre außerordentliche Dichte und

Differenziertheit. Gleichwohl sind sie nicht frei von einer Ambiguität. Merleau-Ponty spricht von einem *Doppelblick*. Er erklärt: »Wir wählen unsere Welt, und die Welt wählt uns«, oder: »Das Sinnliche gibt mir nur wieder, was ich ihm leihe, doch habe ich noch dies selbst nur von ihm.«[60] Diese Dialektik wird von Merleau-Ponty ausdrücklich begründet: »Die dritte Dimension wird von ihren Extremen her bestimmt nach der Methode des Weder-noch (weder Natur noch Geist usf.), ohne daß sich eine Möglichkeit zeigt, diesen Bereich radikal von sich selbst her zu konzipieren.«[61]

Merleau-Ponty sucht in seinen *späteren Arbeiten* diese Zweideutigkeit einzuschränken. Er will eine *indirekte Ontologie* entwerfen. Dies bedeutet, daß er dazu tendiert, das Zwischen aufzuheben in eine *Weltstruktur*, und zwar geschieht dies, indem die Welt anthropologisiert wird. Merleau-Ponty spricht vom Leib oder Fleisch der Welt. »Dies besagt: mein Leib ist aus demselben Fleisch gemacht wie die Welt (er ist wahrnehmbar), und dieses Fleisch meines Leibes wird zudem von der Welt geteilt, diese *strahlt es zurück*, greift auf es über, und es greift über auf sie (das Empfundene zugleich Gipfel der Subjektivität und der Materialität), sie stehen zueinander im Verhältnis des Überschreitens oder des Übergreifens.«[62]

Merleau-Ponty gleitet nicht in einen Irrationalismus ab, er gibt aber auch keine Deutung, die zeigte, wie von der Indifferenz zur Differenz fortgeschritten würde. Merleau-Ponty will die Welt aus sich selbst auf dialektische Weise begreifen. Leitend ist »die Idee des *Chiasmus*, das heißt: jede Beziehung zum Sein ist *gleichzeitig* Ergreifen und Ergriffenwerden, der Zugriff ist ergriffen, er ist eingeschrieben, und eingeschrieben in dasselbe Sein, das er aufgreift«.[63] Es geht um eine Enteignung des Bewußtseins, die eine Öffnung auf die Welt ermöglicht. Merleau-Ponty hat diesen Vorgang insbesondere auch in bezug auf die Malerei dargelegt, die eine unmittelbare Erschlossenheit bedeutet. Die Abwendung von jeder konstitutiven Theorie bringt eine Nähe zur Metaphysik mit sich, insofern einzig und allein das Zwischen thematisiert werden soll. Dieses ist aber eben nur von den Extremen her anzugehen. Das Scharnier bleibt unsichtbar: »Keinem Sehen ist dieses unsichtbare Scharnier zugänglich; der Nominalismus hat recht: die Bedeutungen sind nur *bestimmte Abweichungen*«.[64]

Die Lebenswelt – Merleau-Ponty gebraucht diesen Ausdruck – soll und kann nicht vom Geist aufgebaut werden. Die Intuition wird maßgebend als ein intuitus mentis, eine »Einfügung des Sprechens und Denkens in die Welt des Schweigens«.[65] Das Ich wird ausgespart: »Ich, das ist in Wirklichkeit ein Niemand. Es ist das Anonyme. Es muß so sein, jeder Objektivierung, jeder Benennung voraus, um Fungierender zu sein oder derjenige, dem all dies zustößt. Das Ur-Ich ist der Unbekannte, die Negativität, – in eigener Person natürlich nicht zu fassen, da sie *nichts* ist«.[66]

b) Die Unhintergehbarkeit und Offenheit der Lebenswelt

Merleau-Pontys Ansatz stellt eine eigenständige und eigenwillige Konstruktion dar, die im Sinne einer indirekten Ontologie die Wendung zur Metaphysik nicht ausschließt. In dieser Richtung ist sie nicht weiter ausgebaut worden, wohl aber hat sie hohe Bedeutung für die weitere Entwicklung der *Lebensweltheorie*, insbesondere unter dem Aspekt des Zwischen, erlangt.

Die Entwicklung ist vielschichtig und nicht einheitlich. Das gründet in der der Lebenswelt eigentümlichen Problematik. Sie soll einerseits – das wurde mehrfach herausgestellt – kein historisches Faktum wiedergeben, aber andererseits auch keine bloße Konstruktion darstellen. Bei Lichte betrachtet sucht die Lebensweltheorie weitgehend beide Tendenzen zugleich zu erfüllen. Sie verweist auf die grundlegende menschliche Realität, die in intakten Zeiten stärker hervortritt als in Krisenzeiten. Diese Realität soll in ihrer zeitlosen Bedeutung erkannt werden, wobei die Alternative besteht, sie entweder stärker *unter ontologischem Aspekt* oder *von der Wirklichkeit des Alltags* her anzugehen. Der Alltag erscheint als ein sicherer Boden. Aber auch hier zeigen sich wieder Schwierigkeiten: Der Alltag ist geschichtlich überformt, und gerade heute muß man diese Überformung berücksichtigen. Aber alle diese Probleme können den einfachen Sachverhalt nicht aufheben, daß es in der Tat eine untere Schicht: Lebenswelt genannt, gibt, die *relativ* vorrational und vorgeschichtlich ist und eine vortheoretische Erfahrungswelt darstellt.

Es ist angebracht, in diesem Zusammenhang daran zu erinnern, daß der Weltbezug des Menschen gebrochen ist, und daß der Mensch mit der Vermittlung von Ich und Welt belastet ist. Aber jede Vermittlung verweist eben auf *Unmittelbarkeit*. Diese Unmittelbarkeit wird, wenn man nicht im Sinne Hegels von einer Begriffsdialektik ausgeht, *nie ganz aufgehoben*. Sie ist aber auch nicht gegen die Vermittlung zu sichern als eigene Position, gleichwohl – und dies ist für unseren Zusammenhang wesentlich – gehört die Tendenz, sie als solche herauszustellen, ebenso zur Analyse der menschlichen Situation, wie die Tendenz, sie aufzuheben.

Macht man sich diesen Sachverhalt klar, so versteht man, daß die Lebensweltheorie vielschichtig vorgehen muß. Es kann hier nicht unsere Aufgabe sein, diese Vielschichtigkeit an einzelnen Beispielen zu belegen. Es kommt vielmehr darauf an, auf die Tendenzen hinzuweisen, die direkt und noch stärker indirekt für die Ethik bedeutsam sind. Um ganz konkret anzusetzen: in der Anzeige einer Reihe, die den Titel *»Übergänge«* trägt und die *»Texte und Studien zu Handlung, Sprache und Lebenswelt«* veröffentlichen will, heißt es: »Die Bände der Reihe ›Übergänge‹ bewegen sich in einem Zwischenbereich, in dem *philosophische* Überlegung und *sozialwissenschaftliche* Forschung aufeinander stoßen und sich verschränken. Das thematische Schwergewicht sind Prozesse des gemeinsamen Handelns, Sprechens und leiblichen Verhaltens, die sich in einer sozialen Lebenswelt abspielen und deren Strukturen bereichern und verändern. Die Frage nach der Ordnung von Welt und Gesellschaft und nach den *Übergängen* von einer Ordnung zur andern stellt sich auf neue Weise, sobald man von einer Zwischensphäre ausgeht, die auf die Dauer von keiner Einzelinstanz zu steuern und durch keine bestimmte Ordnung zu erschöpfen ist. In dieser Begrenzung liegt das Potential zu einer Kritik, die nicht aufs Ganze geht.«

Diese Aussage ist in mehrfacher Hinsicht wichtig. Einmal wird die *Zwischensphäre* als die eigentlich wesentliche Dimension herausgestellt, es werden sodann bestimmte Themenkreise genannt: gemeinsames Handeln, Sprache und leibliches Verhalten im sozialen Umfeld, und schließlich und vor allem: es wird darauf hingewiesen, daß die Zwischensphäre »auf die Dauer von keiner Einzelinstanz zu steuern und durch keine bestimmte Ordnung zu erschöpfen ist«.

Das bedeutet ein Zweifaches: die Lebensweltheorie muß einerseits die Eigenständigkeit der Zwischenwelt darzustellen suchen, das geht andererseits aber nur durch Bezug zu bestimmten wissenschaftlich erforschbaren Sphären. Die Lebensweltheorie muß *offen* sein. Die Offenheit gehört ja zum Leben selbst.

Von diesem Ansatz her versteht sich das Leben im Alltag, in dem sich die Offenheit besonders deutlich zeigt. *Bernhard Waldenfels* sucht dies in einem Aufsatz, betitelt:

»Die verachtete Doxa. Husserl und die fortdauernde Krisis der abendländischen Vernunft« herauszustellen. Die *Doxa* steht gegen die große Philosophie, die Metaphysik und Transzendentalphilosophie einerseits und die wissenschaftlich-methodische Vernunftuniversalität andererseits. Diese Sphäre der Doxa ist »Vorfeld«, das es gerade nicht aufzuheben gilt.

Hier werden nun die Themen genannt, die für die Philosophie des Alltags wichtig sind. Alltag meint »das *Gewöhnliche, Ordentliche*, im Gegensatz zum *Außergewöhnlichen, Außerordentlichen*«. Der Alltag ist der Bereich des *»Konkret-Anschaulichen* und *Faßbaren«*. Das Erfahrungsgefüge spielt eine bedeutsame Rolle. Dies Gefüge, bei den Griechen *Ethos* genannt, bezieht sich auf all das, »was man gewöhnlich sagt, denkt, tut und fühlt«.[67] Es geht nun darum, wie schon angedeutet, die Alltagserkenntnis nicht als bloße Vorstufe der Philosophie oder der Wissenschaft anzusetzen, sondern sie als eine *eigene spezifische Vernunftausprägung* zu begreifen. Hier sind also bestimmte Praktiken, Methoden und Prozeduren herauszustellen, die sich in der alltäglichen Lebenswelt selbst gebildet und ihre eigene Gesetzlichkeit selbst entwickelt haben. Sie bewegen sich in bestimmten Ordnungen, zu denen als Kehrseite des Ordentlichen das Unordentliche und Außerordentliche gehört. Es geht im Verständnis des Alltags und in der Theorie über den Alltag nicht um einen Dialog, sondern um einen Polylog, »der die Vielstimmigkeit und Unstimmigkeit der Erfahrung wahrt, in dem er Verstimmungen zuläßt. Wir würden damit nicht abdanken vor dem Alltag, wie er leibt und lebt, aber auch nicht in eine höhere und umfassende Welt fliehen, die am Ende nichts wäre als ein Schatten ihrer selbst«.[68]

Der Gedanke der Vielstimmigkeit, insbesondere die Offenheit der Dialektik von Ordnung und Unordnung, ist nun aber gerade vom *Aspekt der Ethik* her zu beachten. Grundsätzlich gilt für die moderne Lebensweltheorie, daß in ihr das Problem der Ethik nicht eine zentrale Stellung einnimmt. Das gründet in der alles Verhalten bestimmenden Struktur des Lebens, die sich immer schon zwischen Ordnung und Unordnung bewegt hat und weiter bewegen wird. Im strikten Gegensatz zur Moral gilt: *Sein und Sollen sind im Leben nie nachhaltig getrennt.* Wesentlich ist eben das Ethos, das aus der Lebenswelt erwächst. Es erschafft Bedeutungsfelder, die von *praktischen Normen*, die dem Handeln als Richtschnur dienen, gegliedert sind. Man steht nie außerhalb, sondern immer schon im Gefüge. Es gibt keine absoluten Normen, denn die Normen bilden sich ja geschichtlich im Wechsel von Produktion und Reproduktion heraus. Man darf nicht pragmatische und ethische Normen strikt voneinander trennen, auch wenn zwischen beiden eine Spannung besteht. Man muß von einer »wechselseitigen *Durchdringung* des Ethischen und Pragmatischen ausgehen. Die Welt, in der wir handelnd uns bewegen . . ., ist weder eine Natur, die im Verborgenen unsere Ziele befördert, noch ein weißes Feld, in das wir unsere Werte einzeichnen, sondern eine kulturell geschichtlich durchformte und zu durchformende Wirklichkeit, die einen Untergrund von Natur in sich schließt. Als bereits geformte gebietet sie nicht, aber deutet an, was wir zu tun haben, als noch zu formende nimmt sie auf, was wir tun«.[69]

Es ist wesentlich, sich klarzumachen, daß menschliches Verhalten immer ein Verhalten im Kontext ist. Waldenfels weist auf die Sprache hin; der sprachliche Text stellt ein Gewebe dar, in dem eigenes und fremdes Verhalten sich ständig miteinander verbinden. Es gibt verschiedene Kombinationen des Verhaltens, die mehr oder weniger von Offenheit bestimmt sind. Es handelt sich um Strukturierung, Gestaltung, Organisation, Artikulation der Wirklichkeit, d. h. ein – immer auch gemeinsames – »*Schaffen* von

Kontexten und Situationen in Anknüpfung an vorgegebene Kontexte und Situationen«. Die Welt ist »unfertig«.

In der Konsequenz dieses Ansatzes liegt es, daß die Ethik faktisch in einen *nicht festgelegten Verhaltenskontext* aufgehoben wird, der dann seinerseits zu einer *offenen Geschehensmetaphysik* des Lebens ausgeweitet werden kann.

In seinem Buch »*Ordnung im Zwielicht*« durchmustert Waldenfels die Möglichkeit des Weltverstehens von dem Aspekt der Ordnung her und weist auf die verschiedenen und sehr unterschiedlichen Ansätze hin, Ordnung zu deuten. Ordnung kann als Weltordnung vorgegeben sein, von einem Subjekt gestiftet sein oder auf Beliebigkeit und Zufälligkeit beruhen. Wesentlich ist es, sich auf keine Deutung als absolut gültige festzulegen, sondern Ordnung dialektisch auf Unordnung und Außerordentliches zu beziehen. Ordnung und ihre Kehrseiten verweisen auf Schlüsselereignisse. Diese Schlüsselereignisse stellen die Übergänge dar. Sie sind nicht von einem einzelnen Tun her zu deuten. Es handelt sich »um ein Geschehen, in dem Ordnung sich produziert und reproduziert«.[70]

Die Urproduktion ist nicht faßbar. »Wir wählen innerhalb einer Tradition, wir wählen nicht diese selbst.«[71]

Von diesem Aspekt eines übergreifenden Geschehens her wird das Subjekt als Garant des Geschehens eingeschränkt. Es ist ja selbst eingespannt in das Ordnungsgeschehen, das es umgreift. Das Ich ist durch den *Selbstentzug* bestimmt. »Dieser Selbstentzug, der den Anderen so gut trifft wie mich, ist durch keine Selbstverdoppelung wettzumachen. Er resultiert aus einer Selbstüberschreitung, die an den verschiedenen Formen der Überschreitung teilhat und zwischen Selbstverfestigung und Selbstauflösung einen eigenen Weg offen hält.«[72]

Wichtiger als die rationale Setzung von Ordnung ist die *Ordnungskunst*. Sie bewegt sich zwischen Finden und Erfinden. Vor allem muß sie offen sein für Neues. »Es ist kein vages Ungefähr . . ., sondern ein jeweils leibhaftig bestimmtes Überhinaus, das sich an den Schwellen der Ordnungen bricht.«[73]

Am Schluß dieser Arbeit wird die Frage nach der Verantwortung des Ich aufgenommen. Sie wird durch den Hinweis auf den Selbstentzug folgendermaßen beantwortet: »Verantwortungslosigkeit? Ist es ein leichtsinniger oder sinnloser Traum, wenn man sich vorstellt, es könnte bisweilen etwas geben, das gesagt und gehört, geschrieben und gelesen wird, wie wenn es regnet, ohne daß ein namentlicher Absender dazwischentritt? ›Ich lese, also schreibt *es*‹ (I. Calvino). Und wie wäre es, wenn jede Äußerung, die über das Normale hinausgeht, etwas von der Botschaft eines Unbekannten hätte?«[74]

Wir haben diesen Ansatz der Lebensweltethik relativ ausführlich dargelegt, um an ihm beispielhaft zu zeigen, daß der Versuch, auf die Lebenswelt zurückzugehen, in zweifacher Hinsicht *problematisch* ist. Einmal: wenn das Vermitteltwerden durch das Geschehen überbetont wird, dann wird die Bedeutung der Subjektivität allzusehr eingeschränkt. Das Subjekt wird zumeist nicht gerade annuliert, aber es wird in das zeitliche und räumliche Weltgefüge eingepaßt, indem man sich an dem struktural und formal gedeuteten leibhaften und sprachlichen Verhalten als dem eigentlich maßgebenden Verhalten orientiert. Die Möglichkeit des Subjekts, daß es auf sich zurückgeworfen wird und sich unter Umständen nicht mehr zurechtfindet, wird nicht diskutiert.

Damit hängt das Zweite zusammen. Die *Negativität* erscheint nur als Kehrseite der Ordnung, aber nicht eigentlich im verderblichen Sinne, sondern als *Anreiz* und *Aufforderung zur Produktivität*, in der das Geschehen sich weitertreibt ohne Abstützung durch Normen, denn diese sind ja selbst dem Wandel unterworfen. Nähe und Ferne zu Hegel und Nietzsche werden sichtbar. Der junge Hegel verstand das Leben als umgreifende Macht und Nietzsche setzte es im metaphysischen Sinne für sich und feierte es. Jetzt wird das Leben selbst nicht mehr von dem Wechselgeschehen abgehoben. Man steht im Geschehen, bleibt immer an bestimmte Ordnung und Unordnung gebunden: man kann keinen Standpunkt außerhalb der Situation beziehen. Gleichwohl gibt sich diese Sicht, auch wenn sie sich selbst zu relativieren sucht, wie dies Waldenfels intendiert, nicht den wirklich realen geschichtlichen Wandlungen frei. Die entworfenen Strukturen erscheinen in *ihrer Allgemeinheit* zeitlos gültig. Das bedeutet, daß aktuelle Probleme wie die Verwissenschaftlichung und Technisierung und die Möglichkeit eines Endes der Menschheit, das diese selbst herbeiführt, ausgespart werden. Die Beachtung solcher Probleme muß wegfallen, *wenn man sich,* wie angedeutet, *einseitig am leiblichen und sprachlichen Verhalten orientiert und die Ethik wesentlich auf die Deskription des alltäglichen Umgangs festlegt.*

Es gibt – so deuteten wir an – durchaus verschiedene Ausprägungen der modernen Lebensweltthеorie. Wesentlich für alle Positionen ist es jedoch, die Kluft von Sein und Sollen zu überbrücken. Ethik soll nicht mehr imperativisch vorgehen. So führt *Helmut Fleischer* in seinem Buch: »*Ethik ohne Imperativ. Zur Kritik des moralischen Bewußtseins*« aus. Das Ethos entwickelt sich durch sich selbst. Es konsolidiert sich durch den indirekten Ausgleich der Interessenlagen und der Sachzwänge. Fleischer beruft sich auf Max Schelers Axiom der Nicht-Intendierbarkeit der sittlichen Gütequalitäten. Eine Kritik an den epochalen Verhältnissen muß davon ausgehen, »daß die Zukunft des Ethos nicht in der inspirativen und direktiven Kraft einer Ethik der Zukunft beschlossen liegt«.[75] Man kann nicht von oben, das heißt von allgemeinen Forderungen her, nach unten zu konkretem Handeln übergehen. Man muß umgekehrt vorgehen: »von der Wirklichkeit der lebendigen Kräfte zu den Gelegenheiten ihrer Freisetzung. Als das Herzstück in einem Ethos der Zukunft erweist sich ein Zugewinn an gemeinschaftlicher, kooperativer Handlungssouveränität bei der Selbststeuerung des Zivilisationsprozesses«.[76]

In der ganzen Argumentation zeigt sich ein Zirkel. Das Subjekt wirkt an der Entstehung des Ethos mit und soll doch seinerseits durch dieses bestimmt werden. Aber die Mitwirkung des Subjekts wird – das zeigen die konkreten Analysen – weithin ausgeklammert. Wenn man eine Zweischichtigkeit der ethischen Prozesse ansetzt, »(a) aus moralisch-bewußten und auf das Moralbewußtsein zielenden *Akten sittlich-normativer Rede* (moralisch-praktischen Diskurses) und (b) einem Prozeß des autochthonen *Sich-Auswirkens und Fortpflanzens praktischer Ethos-Potenzen*«, dann verdichtet sich die Erkenntnis, »daß dieser zweiten Instanz Autarkie zukommt. Ethos wird nicht durch Moralbewußtsein (oder gar durch Ethik) produziert, sondern allein durch Ethos – durch Ethik wird Ethos nur indiziert, nicht induziert«.[77] Das besagt faktisch: man soll den Prozeß des Werdens eines Ethos als »etwas Autochthones«[78] betrachten.

Die Aversion gegen Moral und Sollensethik neigt einem Positivismus zu, der das *faktische Geschehen* selbst als einzig maßgebenden Faktor anerkennt, aber in der Weise, daß ihm *Tendenzen zur Konsolidierung* zugeschrieben werden, die früher auf ein metaphysisches Subjekt begründet wurden. Man vertraut auf eine Art Sittlichkeit, die jedoch nicht mehr durch normative Essenzen im Sinne Hegels bestimmt ist, sondern sich als Ergebnis einer Gattungsgeschichte zeigt. Fleischer erklärt: »›Ohne Imperativ‹ – das heißt nicht nur, ohne das rhetorische Aufgebot von Sollsätzen zur moralischen

Willensbildung, es heißt, radikaler, ohne irgendwelche aus sich heraus normativen, allem Handeln absolut vorgeordneten Essenzen des sittlich Guten und Richtigen. Zur These zugespitzt: In Betracht kommt dann nur eine *normative Kraft im Wirklichen*, nicht eine autarke Norm, in deren Licht das Wirkliche sich zu einem Sollen bestimmt fände«.[79]

Es sei nicht in Abrede gestellt, daß bloße Forderungen, insbesondere allgemeiner Art, an der Wirklichkeit oft vorbeigehen, und daß es ein schwieriges Problem ist, sowohl unter philosophisch-allgemeinen als auch unter konkreten und zeitgeschichtlichen Aspekten herauszufinden, wie man die jeweilige Lage verbessern könne. Aber daß Engagement, Einsatz und Verantwortung – um traditionelle Werte der *Subjektivität* zu nennen – auch heute noch eine Rolle spielen und spielen müssen, ist nicht zu leugnen. Die Frage nach der Bedeutung der Subjektivität aber wird von vornherein ausgeklammert, wenn man das Ethos auf ein sich selbst steuerndes Geschehen zurückführt. Das Vertrauen auf »*lebendige Kräfte*«, die dem Ethos eigentümlich sein sollen, fördert einen Optimismus, der, wenn man die reale Situation der Gegenwart bedenkt, ein Zeugnis dafür ist, wieweit sich philosophische Ethik von der Wirklichkeit entfernen kann.

2. Rehabilitierung der praktischen Philosophie. Handlungsproblem und Normenproblem

Vorbemerkung

In der Gegenwart erlebt die *praktische Philosophie* eine kaum geahnte Rehabilitierung, die aber keineswegs eine einfache Wiederaufnahme der neuzeitlichen praktischen Philosophie bedeutet. Die praktische Philosophie der Neuzeit konsolidiert sich in der Schulphilosophie, wie sie insbesondere in der Nachfolge von Leibniz Wolff entworfen hat. Sie war durch und durch metaphysisch ausgerichtet. Die Ethik wurde *universalisiert*: Ethik durchwirkt alle Verhaltensformen des Menschen, in ihr verbindet sich der Gedanke der Sittlichkeit mit der Idee der *Vernunft*, die alles durchwaltet. So stimmen Naturrecht und Sittengesetz überein.

In der modernen praktischen Philosophie ist die Bindung an die Metaphysik und das Vertrauen auf eine allgemeine Vernunft nicht mehr maßgebend. Praktische Philosophie beansprucht keine Universalität. Sie beschränkt sich auf eine Analyse des *Tuns und Lassens in der Welt des menschlichen Miteinanders.* Zwischen der praktischen Philosophie und der Lebensweltethik gibt es Überschneidungen ebenso wie zwischen der praktischen Philosophie und der Diskursethik. Gemeinsam ist allen diesen Positionen die Überzeugung, daß *Lebenswelt* eine *Ursprungsdimension* darstellt, die nicht gänzlich aufzuheben ist. Im Gegensatz zur Lebensweltethik aber werden in der praktischen Philosophie und in der Diskursethik die ethischen Belange in den Vordergrund gestellt, und zwar in der praktischen Philosophie durch Anlehnung an *Aristoteles*, während die Diskursethik auf *Kant* zurückgreift. In der praktischen Philosophie erscheint die Sittlichkeit als die eigentliche Sphäre des Handelns. Es wird, allerdings in unterschiedlicher Weise, hier stärker auf die Handlungsstruktur und die Normenproblematik abgehoben als dies in der Lebensweltethik und in der Diskursethik geschieht.

a) Rückgriff auf Aristoteles. Joachim Ritter, Hans-Georg Gadamer

Aristoteles gilt als der eigentliche Begründer der Ethik, die nicht metaphysisch im Sinne Platos und nicht moralisch im Sinne Kants vorgeht. Beide Ansätze sind in der modernen praktischen Philosophie verpönt, wobei man sich weithin auf *Hegel* bezieht, der als Erneuerer der aristotelischen Ethik erscheint.

Der Rückgriff auf Aristoteles wird jedoch verschieden motiviert. Wenn man die Unterschiede zwischen antikem und modernem Denken betont, dann wird Aristoteles vorwiegend zum Vergleich und Ausgleich herangezogen. Wir verweisen auf die Arbeiten *Joachim Ritters*, die wesentlich für die Konzeption der praktischen Philosophie sind.

Ritter sieht die Vorherrschaft der Naturwissenschaft in der Neuzeit und der Gegenwart als verhängnisvoll an und sucht ihr gegenüber die Geisteswissenschaft als Ausgleich aufzuwerten. Ritter erklärt: Die *moderne Gesellschaft* hat sich von der Tradition befreit. Sie gründet sich auf das System der Bedürfnisse und deren Befriedigung durch Wissenschaft und Technik. Sie ist abstrakt – dies Wort im Sinne Hegels begriffen – und läßt daher den Menschen in seinem geschichtlich-kulturellen Sein leer. Dieser Mangel wird von den Geisteswissenschaften behoben. Auch die modernen Geisteswissenschaften sind – dies gilt es hier gerade zu beachten – ein Produkt der modernen Zeit. Sie gehen nicht unmittelbar, sondern historisierend vor. Es ist ja das Wesen des Historismus, der für die Entstehung der modernen Geisteswissenschaft maßgeblich ist, einen *Bruch* mit der Tradition, in der als solcher das Vergangene lebendig weiterwirkt, zu setzen. Gerade als solchermaßen »entfernt« ist die geschichtliche Vergangenheit aber durch die Geisteswissenschaften einholbar. *»So kann man sagen, daß die Gesellschaft selbst die Geisteswissenschaft als das Organ hervorbringt, das ihre Abstraktheit und Geschichtslosigkeit ausgleichen kann«.*[80]

Die Geisteswissenschaften greifen zur Orientierung auf den antiken Ansatz zurück. Sie legen dar, daß der Zwiespalt, der das moderne Denken durchdringt, in der Antike keine Rolle gespielt hat. Eben dieser Rückgriff könnte für uns eine *»heilsame Rückerinnerung«* sein.

Ritter sucht die allgemeine Bedeutung der Ethik des Aristoteles herauszuarbeiten. Ethik geht von dem Ethos aus. Das Ethische ist das zum Ethos Gehörige. »›Ethos‹ ist – bei Aristoteles noch im ursprünglichen Sinne des Wortes – auf Lebewesen überhaupt bezogen – Ort des Wohnens, sodann die dem Orte je eigentümliche ›Gewohnheit‹. Das Ethische sind so Sitte, Brauch, Herkommen, Weisen des rechten und geziemenden Verhaltens als Tugend, aber auch die diese tragenden Institutionen wie Haus, Kult der Götter, Freundschaftsbünde, Gemeinschaften des Krieges, des Festes, der Totenbestattung.«[81]

Entscheidend für Aristoteles ist nach Ritter die Tatsache, daß die Sophistik die Geltung des Ethos anzweifelt. Es gibt nun zwei Möglichkeiten: entweder man intendiert einen Entwurf von einem Prinzip her, vom Guten an sich, wie Plato es tut, oder man bemüht sich, das Vorliegende und Gewordene auf seine Strukturen hin zu durchforschen, »um aus ihm das Wahre hervorzubringen, es in ihm aufzuweisen«.[82] Ritter erklärt: wenn das Ethos das Geziemende vorgibt, dann konsolidiert es sich in Ordnungen, die dem Einzelnen Halt versprechen. Vor allem aber stellt es sich als umgreifende Sphäre dar, in der *Sittlichkeit, Recht* und *Politik* vereint sind.

Das bedeutet – so führt Ritter aus –, daß das ethische Leben wesentlich Leben in der

Polis ist. Menschliches Leben ist *bürgerliches Zusammenleben.* Die Praxis ist für den Menschen nichts Natürliches, sondern ein geregeltes Verhalten im Blick auf die Gemeinschaft und ihre Ordnung. Praxis ist Tun als tätiger Lebensvollzug, und dieser ist eben nur in der Polis möglich. »Dies ist das große Prinzip: Die Natur des Menschen als Möglichkeit kommt nicht von Natur zur Verwirklichung; ihre Wirklichkeit (Aktualität) sind die ethischen politischen Ordnungen, in denen der Mensch zum Stande eines menschlichen Lebens kommt. Hier scheint für Aristoteles auch das Wahre zu liegen, das die frühere Philosophie in der Stadt nicht herausgefunden und offengelassen hat.«[83] Ritter weist immer wieder darauf hin, daß die praktische Philosophie als Ethik mit der politischen Philosophie zusammenfällt. Sie thematisiert die *Institutionen,* die das Leben der Bürger als freier möglich machen. Es gibt keinen Bruch zwischen Einzelnem und Allgemeinem, denn in der Polis ist das Gute immer schon verwirklicht.

Liest man diese Ausführungen, so sieht man sofort, daß unsere Welt von der Welt des Aristoteles unterschieden ist. Aber es wird nun immer wieder von Ritter dargelegt, daß die geschichtliche Herkunft nie ganz verloren sei: *»Wir leben zugleich in der Gesellschaft und aus der geschichtlichen Herkunft.«*[84]

Die hermeneutische Wende ist für die praktische Philosophie bedeutsam. Sie besagt, daß die Vergangenheit uns wesentlich bedingt. *Hans-Georg Gadamer* hat dies sehr radikal dargelegt: die *Wirkungsgeschichte* ist unserem Tun immer schon voraus. Aristoteles zeigt uns exemplarisch, wie sich Leben vollzieht. Er hat »die Bedingtheit der menschlichen Lebenssituationen in den Mittelpunkt gestellt und als die zentrale Aufgabe der philosophischen Ethik wie des sittlichen Verhaltens die Konkretisierung des Allgemeinen und die Applikation auf die jeweilige Situation ausgezeichnet«.[85] Aristoteles zeigt, »daß Lohn und Strafe, daß Lob und Tadel, daß Vorbild und Nachfolge und der Grund von Solidarität, Sympathie und Liebe, auf dem ihre Wirkung beruht, noch vor aller Ansprechbarkeit der Vernunft das ›Ethos‹ des Menschen formen und so überhaupt erst Ansprechbarkeit durch Vernunft möglich machen«.[86]

Die Ethik des Aristoteles wird bei Ritter und Gadamer jedoch von ihren metaphysischen Voraussetzungen abgelöst, bestehen bleibt aber der Bezug auf die *Polis.* Gadamer erklärt: »Es gibt ein von Natur aus Rechtes. Aristoteles ist mit Plato der Überzeugung, daß die Ordnung des Seins sich in der Polis zeigt, und daß Platos Wort gültig ist: ›Wie stark ist doch die Polis aufgrund ihrer eigenen Natur.‹«[87] Gleichwohl ist zu bemerken, daß in allen diesen Analysen die Struktur der Polis eigentümlich unbestimmt bleibt; wesentlich politische Probleme, etwa das Problem der Macht, wie es Machiavelli und die Vertragstheoretiker diskutieren, werden in dieser praktischen Philosophie völlig ausgespart.

Gegen eine Rehabilitierung des Aristoteles im Sinn einer Wiederholung seines Ansatzes lassen sich mit Recht Bedenken anmelden. *Manfred Riedel* hat in einem Aufsatz *»Über einige Aporien in der praktischen Philosophie des Aristoteles«* die wesentlichsten Einwände eindrücklich herausgestellt.[88] Des Aristoteles eindeutige *Unterscheidung von theoretischem und praktischem Wissen und seine Differenzierung von Technik und Praxis* sind heute nicht mehr gültig. Unser theoretisches Wissen ist nicht mehr wie bei Aristoteles auf ewig feststehende Sachverhalte, das heißt auf das, was ohne unsere Betrachtung und ohne unsere Interessen existiert, bezogen. Die theoretische Wissenschaft geht heute ja als Forschungsprozeß mit Sachverhalten um, die allererst in und durch die Wissenschaft erarbeitet werden – man denke an die moderne Physik. Sodann: *das praktische Tun* ist längst Gegenstand der Wissenschaft geworden und bedient sich selbst weithin wissenschaftlicher und technischer Methoden. Und schließlich: auch die *Politik* hat sich verändert. Politik beruht für uns – wenigstens dem Grundansatz nach – auf dem Bekenntnis zur Gleichheit; ein Unterschied zwischen freien Bürgern und Sklaven, Männern und Frauen ist im politischen Leben obsolet.

b) Zum Handlungsproblem in der praktischen Philosophie

Die moderne praktische Philosophie setzt sich zur Aufgabe, das *Handeln* als solches zu beschreiben in seinen subjektiven und intersubjektiven Bezügen, wobei aber der Gedanke einer umgreifenden Gemeinschaft beachtet bleibt. Insofern besteht ein relativ enger Zusammenhang mit der Lebensweltethik. Der Unterschied ist, sehr schematisch gesehen, darin zu erblicken, daß die Lebensweltethik noch auf eine grundgebende Dimension abhebt, eben das Leben, das sich als das Zwischen etabliert, während die praktische Philosophie das Handeln des Einzelnen rein deskriptiv zu erfassen sucht.

Wesentlich für alles Handeln ist es, daß, ob es um Herstellen oder Handeln im Sinn des Aristoteles geht, diese Tätigkeit sich in einem Spielraum vollzieht. Man handelt als leibliches und soziales Wesen im Zusammenhang mit oder gegen andere, in der Weise des Sichauskennens und Vertrautseins oder der Aneignung des Fremden. Dabei ist subjektiv das Bewußtsein des *Könnens*, zumeist aber nur mitlaufend, wesentlich. Objektiv entspricht ihm das *Bemessen des Tuns am Maßstab des Besser und Schlechter.* Diese Prädikationen werden sowohl im technischen als auch im ethischen Bereich angewandt. Man muß jedoch die Geschicklichkeit im technischen Sinn von der Klugheit im pragmatischen und ethischen Sinn unterscheiden. In beiden Bereichen, insbesondere aber im zwischenmenschlichen Bereich, sind die Bezüge gegensätzlicher Natur. Der zwischenmenschliche Bereich kann durch Herrschsucht, Machttrieb, Zwietracht und Gewalt bestimmt sein ebenso wie durch Einvernehmen, Rücksichtnahme und friedliche Verständigung.

Der konkrete Aufriß einer Handlungsphilosophie kann von verschiedenen Aspekten des Handelns ausgehen. Hilfreich ist hier der Rückgriff auf die Sprache. Man redet in bezug auf die Handlung von tun, machen, arbeiten, hervorbringen, verhalten, bewirken, aber auch von lassen, unterlassen – um nur einige Handlungsarten zu nennen. Sodann ist die Beschreibung des Handelns von außen und von innen her zu unterscheiden. Und ebenso ist das Handeln im *zwischenmenschlichen Bereich* vom Handeln in bezug auf die *Natur* zu differenzieren. Das Handeln kann hier produktiv vorgehen; man denke an die Tatsache, »daß mit der neuzeitlichen Herrschaft vom Homo faber die handlungsphilosophische Begriffsbildung von einer Vorstellung über das Handeln abhängig wird, die die Lebenssituation des Menschen allein unter dem Aspekt der Naturveränderung (die der menschlichen Natur mit eingeschlossen) interpretiert«.[89] Im Gegensatz davon steht das Handeln in der Form des bewußten Unterlassens, das heißt des Verzichtes auf eine solche Herrschaftsstellung.

Vor allem aber ist der *innere Aspekt* des Handelns selbst zu beachten. Hier begegnet eine Fülle von schwer zu trennenden »Einstellungen«. Es geht um *Selbstaufforderung zum Handeln, Wahl* und *Entscheidung* für bestimmtes Tun und Wertung. In diesen Fällen spielt die eigene Reflexion eine bedeutsame Rolle. Auch hier kann man auf die Vielfalt der Sprache zurückgreifen. Wir reden von: vorhaben, vornehmen, sich vorsetzen, beabsichtigen, wollen, beschließen. Bei allen diesen Vorgängen ist zu fragen, wie sie motiviert sind, ob durch Bedürfnisse und Wünsche, zweckhaft-technische

Nutzenerwägungen oder moralische Überlegungen. In diesem Zusammenhang kommen wieder neue Probleme ins Spiel, so vor allem die Mittel-Zweck-Beziehung und der praktische Schluß. Die Frage der *Freiheit* spielt bei allem Handeln eine wesentliche Rolle, wobei aber zu beachten ist, daß Freiheit nie absolut ist, sondern relativ in bezug auf mein Können und die Situation.

c) Zum Normenproblem in der praktischen Philosophie

Die eigentlich ethische Ebene wird betreten, wenn man Handeln als Handeln unter *moralischen Normen* versteht. Ob es Normen als für sich bestehende Dimension gibt oder nicht, das eben ist in diesem Zusammenhang eine wesentliche Frage.

Normen begegnen uns im Leben in vielfältiger Gestalt und unter sehr verschiedenen Aspekten. Normen treten auf als Vorschriften, Gebrauchsanweisungen, Anordnungen, Aufforderungen, Befehle und Gebote im Forderungskatalog. Normen werden in Kraft gesetzt und sind nun gültig. Normen können aber auch aufgehoben werden. Zumeist gelten Normen unter bestimmten Bedingungen und in bestimmten Fällen. *Moralische Normen* sollen dagegen uneingeschränkt gültig sein und allgemein verpflichten. Sie betreffen das *Zusammenleben als solches* und zwar unter ethischem Aspekt. Man kann, so Manfred Riedel, Grundnormen kommunikativer Ordnung als die maßgebenden moralischen Normen herausheben. Diese »formulieren *die Bedingungen der Möglichkeit interpersonaler Kommunikation*«.[90]

Vom Selbstbezug her konzipiert heißt die Grundnorm: *»Handle so, daß du durch die Bestimmungsgründe deines Wollens dich jederzeit selbst als Person achten kannst.«*[91]

Die moralischen Normen sollen von eigener Provenienz sein. Sie gründen in *Wertungen*, die zwischen gut und böse unterscheiden. Es zeigt sich – beachtet man die Diskussion um die moralischen Normen in der praktischen Philosophie unter historischem Aspekt –, daß hier weithin auf Kant zurückgegriffen wird. In der Tat ist zu fragen, ob man in bezug auf das Aufstellen einer Grundnorm weiterkommt als *Kant* – wir werden später auf dies Problem zurückkommen.

Wesentlich ist, daß die Grundnorm nicht metaphysisch begründet wird. Für *Riedel* ist der Gedanke der Person entscheidend, das heißt, die Idee der *personalen Freiheit und Verantwortung*. Man spricht – so erklärt Riedel – von praktischer Freiheit, die sich mit dem Bewußtsein der Verantwortung verbindet. »Die Wirklichkeit der Verantwortung begründet zuletzt die dem Menschen mögliche Freiheit... Der Mensch ist nicht ›zur Freiheit verurteilt‹, wie der Existentialismus der Nachkriegszeit meinte, wohl aber dazu, Verantwortung zu übernehmen.«[92]

Es gibt nun aber innerhalb der praktischen Philosophie Bestrebungen, die scharfe Trennung von *Praktik* und *Pragmatik* zu unterlaufen. Eine solche Trennung ist ja nur angebracht, wenn man dualistisch vorgeht, das heißt, moralische und wirkliche Welt unterscheidet, wie Kant es tut. Diese Trennung ist für uns, so wird argumentiert, überholt. Die pragmatische Einstellung ist für uns wichtig geworden. Die pragmatische Vernunft umfaßt soziale Bezüge, sprachliche Kommunikation, Lebenswelt und Lebensform, Geschichtlichkeit und Gesellschaftsorientierung. Grundsätzlich ist zu bedenken, daß Vernunft nie eindeutig bestimmen kann. *Hans Lenk* erklärt: »Vernunft als Idee und Appell – besonders als ›praktische Vernunft‹ – ist kein Automat, der uns alle ethischen, praktischen oder politischen Entscheidungen abnimmt. Sie bildet keinen absoluten Ableitungsmechanismus für Wertungen oder Vorschriften..., sondern gibt Beurteilungsleitlinien und leistet vorbereitende Sondierungen. Sie erleichtert die Entscheidung, ermöglicht Orientierung. Verantwortlich entscheiden aber müssen wir selbst. Darin besteht unsere Freiheit.«[93]

Der Ausgang bei der praktischen Vernunft entspricht weithin einer hohen Schätzung der *Lebenswelt* und der auf deren Struktur abzielenden *hermeneutischen Methode.* In der geschichtlichen Erinnerung wird man dessen gewahr, was man zu tun hat. *Dietrich Böhler* erklärt, die Hermeneutik »soll nurmehr darin bestehen, die Bedingungen und die Kompetenz der Applikation zu begreifen«.[94] Von diesem Ansatz her wird der Konservativismus, insbesondere in politischer Hinsicht, verständlich – davon sogleich mehr.

Es ist offensichtlich, daß, wenn man die Unterscheidung zwischen moralischen und pragmatischen Normen lockert, die Frage nach der *Entstehung* und *Geltung von Normen* wichtig wird, insbesondere die Frage nach ihrer Verbindlichkeit. *Rüdiger Bubner* ist diesem Problem intensiv nachgegangen. Die Vielheit und der Wandel der Normen verweist auf die Geschichte. Setzt man keine Geschichtsphilosophie an, die alles Geschehen als sinnhaft deutet, dann ist es notwendig, auch den Zufall und die Kontingenz anzuerkennen. Es gibt keine Geschichtstheorie, die »das Unerklärte erklärt oder das vermeintlich Irrationale verständlich erscheinen läßt«. Aufstellung und Geltung der Normen sind »von unvorhersehbaren oder unverfügbaren Bedingungen abhängig«.[95]

Sicher: es geht in der Normendeutung weithin um Vermittlung des Zufälligen. Aber Vernunft und Geschichte lenken diese Vermittlung eben nicht. »Normen entstehen auf der Spur ungesteuerter Verwicklung im kollektiven Tun und deshalb bleibt die in ihnen sedimentierte Rationalität gebannt an die wechselnden Umstände.«[96]

Es gibt relativ eindeutige Fälle, in denen Normen gesetzt werden, und es gibt ebenso ein gewachsenes *Ethos.* »Das Ethos, wofür das ältere deutsche Wort ›Sitte‹ aus der Mode gekommen ist, stellt eine Institution dar, die vor aller Philosophie von geschichtlich aufgetretenen Gesellschaften im Sinne ihrer Organisation hervorgebracht worden ist. Das Ethos entstammt den jeweils gegebenen Lebensbedingungen, es unterliegt dem Wandel der Umstände, verändert sich in neuen sozialen Lagen und bewährt doch immer wieder und wieder seine Leistung der Ermöglichung kollektiven Handelns.«[97] Regelungsbedürftigkeit und Regelungsfähigkeit gehören zusammen, sie ergeben sich »unmittelbar aus der Struktur des Handelns«.[98] Gewöhnung, Stabilisierung und Vereinheitlichung sind wesentlich. Will man diese Vorgänge adäquat verstehen, so muß man aber auch die Bedeutung des *Subjekts* als Träger der Handlung bedenken und zwar unter dem Zusammenhang von Handlung, Maxime und Norm. Bubner definiert: »*Handlung* soll der tätige Vollzug heißen, der ein bestimmtes Ziel und einen darauf gerichteten Akt zusammenführt.«[99] *Maximen* erwachsen, so erklärt er, »aus der *überlegten* Auseinandersetzung mit den vielfachen Handlungsmöglichkeiten«. Diese Maximen stellen fest: »So entzieht sich das Handeln, das immer auch Weiterhandeln heißt und auf seine zukünftigen Vollzugsmöglichkeiten vorausblickt, dem Wechsel der Umstände und den Launen der je gegebenen Befindlichkeit.«[100] Von den Maximen sind die *Normen* durch allgemeine Verbindlichkeit unterschieden. Man geht vom einzelnen Subjekt zu *intersubjektiven Handlungsregelungen* über. Das setzt aber eine Umwandlung voraus. Wenn an die Stelle der Maxime die Norm tritt, dann muß das Handeln intersubjektiven Gesichtspunkten unterstellt werden. »Weil die normative Festsetzung der Vollzugsweise eines bestimmten Handelns von vornherein auf Konstituierung der Intersubjektivität zielt, reicht ihre Formulierung notwendig über den Horizont der praktischen Orientierung eines einzelnen Subjektes hinaus . . . ›Richtig‹ heißt jetzt die Übereinstimmung, in der die Pluralität der Maximen sich zusammenfaßt. *Unter Normen ist daher eine Koinzidenz von Maximen zu verstehen.*«[101]

Bubner erklärt nun, daß eine solche Koinzidenz *explizit gewollt* werden muß. Dazu bedarf es »einer Setzung, die über die Klugheitsüberlegungen Einzelner hinausgeht. Sie erfolgt in einem besonderen Willensakt, der die Koinzidenz, die alle Einzelnen umgreift, verbindlich macht«.[102] Eine solche Setzung ist aber *historisch vermittelt* durch die Tatsache, daß es schon immer ein Ethos gibt. Das Ethos liegt dem einzelnen Handeln voraus, »denn in ihm hat sich die historische Lage einer bestimmten Gesellschaft über längere Zeiträume objektiviert«.[103] Die geschichtliche Entwicklung gebietet aber, immer wieder zu fragen, ob das vorliegende Ethos *noch trägt.* Es muß geprüft werden auf seine Geltung hin. Das heißt, man muß fragen, »ob die normativ erlassene Anweisung mit dem selbstgeschaffenen Praxisverständnis überhaupt zusammenstimmt«.[104] Die Normen müssen ja in das Handeln der einzelnen übersetzbar sein.

In diesem Zusammenhang spielt nun die Frage der *Rationalität* der Normen eine Rolle. Rational heißen Normen, »weil kraft ihrer regelnden Leistung innerhalb des verwickelten Geflechts kollektiver Praxis die Identität handelnder Subjekte geschaffen und ausgebildet werden kann«.[105] Die Rationalität und das Lebensbewußtsein müssen sich ergänzen. Die Rationalität ist aber kein letzter Wert.

Die Untersuchung des Normenproblems durch Bubner zeigt, daß Aristoteles ebensowenig wie Kant einfach zu wiederholen ist. Hier tritt das Grundproblem der praktischen Philosophie hervor. Wenn man weder auf eine intakte Polis noch auf eine metaphysische Überwelt zurückgreifen kann, so muß man einen *Mittelweg* suchen. In den *»Ethischen Untersuchungen«* stellt sich *Oswald Schwemmer* die Frage, wie praktische Begründungen möglich sind und verstanden werden können im Wandel der moralischen Erfahrungen. »Die praktische Ohnmacht der reinen Vernunft«[106] – so der Titel eines Aufsatzes in dieser Sammlung – »ist ein nicht zu leugnendes Faktum«. Die Aufgabe ist, »selbstverständlich gewordene Komplexität der alltäglichen Pauschalverhältnisse aufzulösen«,[107] das heißt, die Handlungsformen und Gesellschaftsformen müssen verdeutlicht und geprüft werden. Dies geschieht durch rekonstruierende Rückgänge auf die Lebenserfahrung. Diese Rückgänge weisen auf die *Historizität* hin, in der die Normen immer schon durch die geschichtliche Handlungswirklichkeit bestimmt sind, die vielfältig strukturiert ist.

Das Verstehen der Normen und ihrer Entstehung setzt voraus, daß man sich von der Befangenheit in die Selbstverständlichkeit des Kausalmodelles löst. Dieses Modell geht von einem eindeutigen Hervorbringen und Erzeugen aus. Wendet man es auf die *Dimension der Freiheit* an, so wird diese aber eigentümlich verkürzt. Man versteht dann nicht mehr, »daß unser Handeln sich auch als eine ›Geschichte‹ ausschreiben läßt, in der die Identität einer bestimmten Handlung sich erst in der Entwicklung dieser Geschichte herausbildet«.[108]

Subjektive und objektive Bedeutungen der Handlung verbinden sich zu einem *einheitlichen Lebenszusammenhang.* Bei diesem Vorgang spielt der Bezug zu den anderen eine wesentliche Rolle. Dieser Umgang wird von einem pragmatischen Sinnverständnis geleitet. »Pragmatisch ist die Anerkennung des vernünftigen Willens anderer dann, wenn man sie als die tatsächliche Auseinandersetzung mit den Vorschlägen, Forderungen und Behauptungen anderer versteht.«[109] Zu diesem Verstehen gehört immer die Bereitschaft zur Anerkenntnis einerseits und zur Prüfung andererseits.

Schwemmer geht hier sehr umsichtig und subtil vor. Er zeigt, daß ein Zusammenhalt von subjektiver und objektiver Erfahrung, von mir und den anderen nur möglich ist durch die *Urteilskraft*. Die Urteilskraft ergänzt die Vernunft. Nur über die von ihr ausgebildeten und angewandten Verfahren kann die Vernunft eine Handlungswirklichkeit erreichen.

Bei der Konstitution der Handlung spielt die *Überlegung im Sinn der Rückkoppelung eine wesentliche Rolle*. Ständige Überlegungen zeigen, mit Kleist gesprochen, »eine ›allmähliche Verfertigung unseres Denkens beim Handeln‹ und zugleich eine ebenso ›allmähliche Verfertigung unseres Handelns beim Denken‹«.[110] Das eigene Wollen des Einzelnen ist solchermaßen zu verstehen als eine Transzendierung der einzelnen Subjektivität und aktive Partizipation *»an objektiv faßbaren*, weil in einer Gruppe oder Gesellschaft kultivierten *Handlungsformen«*.[111]

Der Gedanke der Handlungsgeschichte ist also vielschichtig und aus verschiedenen Elementen aufgebaut. Schwemmer stellt aber stärker als die an der Tradition orientierte praktische Philosophie die Konstitution der Handlung unter den Aspekt des *Selbstverständnisses* des Handelnden. Er will herausbringen, was es bedeutet, daß der Mensch ein frei handelndes Wesen ist, das Vernunft hat. In Erinnerung an Hegel und Kant könnte man sagen: *»Der Mensch ist das Lebewesen, das sich seine verläßlichen, verbindlichen und tragfähigen Überzeugungen in seiner Geschichte, das heißt seinem Handeln und Verhalten, bildet, und dessen Geschichte, das heißt dessen Handeln und Verhalten damit als die Ergebnisse seiner Vernunftleistungen begriffen werden müssen.«*[112] Hier ist aber auf die Nachträglichkeit des Begründungszusammenhangs zu achten. Erst im nachhinein zeigt sich in der »Geschichte der Selbstverwirklichung« das »Faktum der Vernunft – wie Kant formuliert«.[113]

d) Schlußbemerkung zur praktischen Philosophie

Wir brechen die Darstellung der praktischen Philosophie ab. Sie sollte zeigen, wie vielschichtig das Verhältnis zur Tradition ist. Auf der einen Seite wird deutlich, daß *Aristoteles* ein wesentlicher Orientierungspunkt bleibt, aber – das ist die andere Seite – wieweit man ihn direkt wiederholen kann, ist fraglich. Wird die faktische Geschichtsentwicklung beachtet, dann müssen Probleme der Normenentstehung unter objektivem und subjektivem Aspekt behandelt werden. Der Bezug zur Moral ist in der praktischen Philosophie enger als in der Lebensweltethik, insofern die *Struktur der Handlungen* in ihrer Vieldeutigkeit herausgestellt wird. Es wird aber – hier zeigt sich wiederum, daß die Lebensselttheorie weithin auch für die praktische Philosophie den maßgebenden Horizont darstellt – immer wieder versucht, eine *Position der Mitte* einzunehmen. Bestimmte Fragen, die für die klassische Ethik unabdingbar waren, werden nicht mehr gestellt. Ob die Weltstruktur unter dem Aspekt der *Positivität* oder *Negativität* zu beurteilen sei, wird ebensowenig diskutiert wie die anthropologische Alternative von *Geist* und *Trieb*. Mit diesen Einschränkungen hängt es zusammen, daß die praktische Philosophie keine Anweisungen für das Handeln gibt, weder unter allgemeinem noch unter zeitgeschichtlichem Aspekt. Die deskriptiven Analysen gehen auf die gegenwärtige Problematik, die durch das Phänomen der Superstrukturen, das heißt die Vorherrschaft von Wissenschaft und Technik bestimmt sind, kaum ein. Die ethische und moralische Argumentation, die Gesichtspunkte für das Handeln, die zeitgemäß wären, herausarbeitet, wird dadurch faktisch in den Hintergrund gedrängt. Auf jeden Fall soll eine scharfe Unterscheidung zwischen *pragmatischem* und *praktisch-moralischem* Verhalten aufgehoben werden zugunsten des geschichtlichen Vollzuges, der aber ganz allgemein definiert wird. Bubner erklärt, »daß zwischen den normsetzenden Akten und den eingeschliffenen Lebensvollzügen ein intimer Zusammenhang waltet. Aufs Große gesehen werden nur solche Normen Anklang finden und mit einer Befolgungschance rechnen können, die an die kontingenten Formen praktischer Vernunftwirklichkeit in den jeweiligen Ganzheiten gelebten Lebens anknüpfen können. Eine fixe Regel für die Verknüpfung kann nicht an die Hand gegeben werden, denn darüber entscheiden wieder die wechselnden historischen Verhältnisse«.[114]

Das *Vertrauen auf die Geschichte* ist gegenüber Aristoteles ein Novum. Es bestimmt aber weithin die praktische Philosophie, die sich dadurch die Möglichkeit geben will, sich nicht auf die Polisethik festzulegen, sondern die Wandlung auch im Sinne von Kontingenz in Rechnung zu stellen, aber immer unter Ausschluß jeder Art von Geschichtsphilosophie.

Dieser Ansatz kann sich vielfältig auswirken. Eine Haupttendenz ist es, *gegen revolutionäre Umstürze das Bestehende als solches abzusichern. Odo Marquard* hat dies in mehreren Aufsätzen darzulegen gesucht. Marquard verweist auf die vorläufige Moral Descartes' und proklamiert eine Philosophie der *provisorischen Lebensorientierungen.* Diese Philosophie »ist keine andere als die Philosophie der vorhandenen Üblichkeiten, die geltend macht: ohne diese vorhandenen Üblichkeiten – Traditionen, Sitten, Usancen des Wissens und Handelns – können wir nicht leben; sie sind – mit oder ohne Programm der Absolutmachung des Menschen – nicht zu umgehen: unvermeidlich. Die Wahl, die wir sind, wird getragen durch sie als die Nichtwahl, die wir sind: Zukunft braucht Herkunft; Wahl braucht Üblichkeiten«.[115] Wer verändern will, trägt die Beweislast. Dieser Gedanke wird immer wieder betont und zwar als Gegenzug gegen absolute Lösungsversuche. Es gilt »Abschied vom Prinzipiellen« – so der Titel einer Aufsatzsammlung von Marquard – zu nehmen.

Marquard greift bestimmte Ansätze *Ritters* auf. Wie dieser sucht er in den *Geisteswissenschaften* eine sinnvolle Ergänzung und einen Ausgleich zur technischen Wirklichkeit. Die Geisteswissenschaften aber geben keine Handlungsanweisung. Im Anklang an das postmoderne Denken wird erklärt: *Die Menschen sind ihre Geschichten,* Geschichten aber muß man erzählen, man kann sie nicht als eine Ganzheit konstruieren.

Wesentlich ist hier: wenn der Zusammenhang der Geschichte aufgelöst wird zugunsten der Vielheit von Geschichten, dann gibt es keine allgemeine, die Individuen übergreifende Konstitution mehr, auf die man sich einzustellen hat. Das wirkt sich auf die Handlungsfähigkeit der Menschen aus und macht die Möglichkeit einer allgemeinverbindlichen Ethik fraglich.

Dies zeigt sich insbesondere in bezug auf die Normenbegründung. *Hermann Lübbe* erklärt, daß die philosophische Diskussion, ob philosophische Letztbegründung moralischer Normen möglich ist, überflüssig sei. »Die Frage ist nämlich viel zu trivial, als daß sie so viel Aufmerksamkeit verdiente. In Wirklichkeit können wir täglich, wenn wir nur die Augen aufmachen, neue Beispiele für unproblematisch gelungene Normenbegründung zu sehen bekommen.«[116] Auch Lübbe greift auf Descartes zurück. Er erklärt: »Das cartesianische Programm, nichts anderes gelten zu lassen als das, was man in sich selbst oder ›im großen Buch der Welt würde finden können‹, ist aus tatsächlichen Gründen undurchführbar, und weil auch nur der Versuch dieser Unternehmung, wenn nicht in der Wissenschaft, so doch in der Praxis des Lebens viel zu riskant wäre, hat Descartes denn auch in demselben Buch, aus dem ich gerade zitierte, die praktische Tradition in der Form ›morale par provision‹ wieder zugelassen, so daß praktisch zunächst einmal alles beim Alten bleibt«.[117]

Das besagt aber keineswegs, daß es nicht *relative Normenbegründung in Theorie und Praxis* geben kann. Im Gegenteil: Normenbegründung erleben wir zum Beispiel ständig im Parlament und zwar zur Klärung von Konfliktsituationen. Lübbe unterscheidet mehrere Stufen der Überlegung: »1. Die Konfliktsituation wird beschrieben, zum Beispiel als eine Situation konkurrierender Nutzung einer Sache mit absehbar sachzerstörender Wirkung... 2. Es wird Gemeinsamkeit der Beteiligten im Willen festgestellt oder unterstellt, den Konflikt zu beenden... 3. Auf der Grundlage von Annahmen über die Wirklichkeit und auf der Grundlage zusätzlicher Annahmen über die wirklichkeitsändernden Wirkungen von Handlungen werden diejenigen Handlungen angegeben, die geeignet sind sicherzustellen, was man, wie festgestellt oder unterstellt, einvernehmlich zur Änderung der gegenwärtigen Konfliktsituation will... 4. Man formuliert diejenige Norm, die, wenn sie in Kraft gesetzt würde, allen Beteiligten vorschriebe, wie sie handeln müßten, um zu können, was sie, wie festgestellt oder unterstellt, wollen«.[118]

Der Konflikt muß soweit möglich *rational geregelt* werden. Noch wichtiger als die Klärung des jeweiligen Sachverhaltes aber ist das Problem der *Durchsetzung*. Es geht um soziale Geltung einer Norm. Diese besteht erst dann, »wenn der ernsthafte Wille, sie zu befolgen, unter allen Beteiligten ausdrücklich erklärt worden ist oder – und das ist der Regelfall sozialer Geltung von Normen – einschlägig legitimierte Institutionen die fragliche Norm rite (regelgerecht) beschlossen haben«.[119] In solchen Fällen – das ist sehr real gedacht – entscheidet schließlich die Mehrheit. Das Mehrheitsprinzip ist im politischen Entscheidungsverfahren wesentlich. »Nicht die ›Diskussion‹ stiftet die normative Verbindlichkeit, sondern die Abstimmung, die der Diskussion folgt«.[120]

Die Wahrheitsfrage tritt zurück. In bezug auf die Tradition erklärt Lübbe: »Die Traditionalität tradierter Sätze beweist nicht deren Richtigkeit, sondern begründet lediglich eine praktisch wirksame Vermutung ihrer Richtigkeit«.[121] Man darf keinen übergeordneten Willen voraussetzen, wie es die Diskursethik tut. Es mag allgemein anerkannte Normen geben – Lübbe zitiert Wilhelm Kamlah: »Es ist jedermann jederzeit geboten zu beachten, daß seine Mitmenschen bedürftig sind wie er, und demgemäß zu handeln« –, ein eindeutiges Durchsetzungsverfahren solcher Normen besteht nicht.[122]

In bezug auf die Geschichte bedeutet dies, daß man sich *möglichst in einer pragmatischen Einstellung an die Tradition hält.* Lübbe geht in diesem Zusammenhang auch auf das Problem der Technisierung ein, das unsere Tradition ja entscheidend verwandelt hat. Die Technisierung bedeutet, so erklärt Lübbe, eine Versachlichung und Entpersönlichung. Aber es wird keine absolute Versachlichung geben. Man muß immer wieder neu planen, und solche Planungen sind ohne politische Entscheidungen nicht möglich. Zwischen Sachdiskussion, politischer Dimension und Ideologie besteht eine nicht gleichwertige Dialektik. Sachdiskussion und politische Entscheidung müssen nach Möglichkeit, von pragmatischer Vernunft geleitet, *übereinkommen*. Ideologie jeder Art dagegen ist gefährlich. –

Es wurden im vorhergehenden bei weitem nicht alle Ansätze der modernen praktischen Philosophie dargestellt. Es gibt – dies sei jetzt nur angemerkt – auch sehr konkrete praktische Untersuchungen auf bestimmten Gebieten, die sich mit spezifischen Problemen befassen, so mit *ökologischen Fragen* oder – um ein anderes Beispiel zu nennen – mit *Problemen der sozialen Randgruppen.* Wir werden später auf diese Ansätze zurückkommen. Entscheidend ist hier das geringe Interesse an philosophischen Begründungsfragen überhaupt. Zwischen der Erörterung philosophischer Problematik und dem Erwägen konkreter Sachprobleme besteht faktisch eine *Kluft*. Ob diese Kluft zu überbrücken ist, ob es überhaupt notwendig ist, dies zu versuchen, wird zu fragen sein.

III. Diskursethik im Gegenzug zur Bewußtseinsphilosophie

1. Zum sprachanalytischen Ansatz

Eine sehr wesentliche Position in der gegenwärtigen Ethik stellt die sogenannte *Diskursethik* dar. Hier spielt die Besinnung auf die *Sprache* eine entscheidende Rolle. Dies sei im Hinblick auf die Ethik ein wenig genauer dargelegt.

Die Sprache ist für *Wittgenstein*, die *analytische Philosophie* und die *Hermeneutik* zu einem Grundthema der Philosophie geworden, aber in sehr verschiedenen Hinsichten. *Wittgenstein* betont die Sprachspiele im Zusammenhang mit den Lebensformen. Diese werden nicht unter historischem Aspekt genetisch betrachtet und auch nicht auf das Selbstverständnis des einzelnen bezogen: die Subjektivität ist ausgeschaltet. Wittgenstein überwindet, so heißt es, den methodischen Solipsismus: es gibt keine Privatsprache. *Sprachspiele* sind gesellschaftlich verankert. Sie sind *Regelverfahren*, die eingeübt werden, die der Einzelne versteht und durch die er mit anderen vermittelt wird. Wittgenstein erklärt: »Es kann nicht ein einziges Mal nur eine Mitteilung gemacht, ein Befehl gegeben oder verstanden worden sein, etc. – Einer Regel folgen, eine Mitteilung machen, einen Befehl geben, eine Schachpartie spielen sind Gepflogenheiten (Gebräuche, Institutionen). Einen Satz verstehen heißt, eine Sprache verstehen. Eine Sprache verstehen heißt, eine Technik beherrschen«.[123]

Der *soziale Aspekt der Sprache* steht im Vordergrund. Aber er wird nicht auf seine äußere oder innere Möglichkeit hin geprüft, sondern als gegeben hingenommen. Dietrich Böhler erklärt: »Die Wittgensteinianer wollen das Funktionieren einer vorgefundenen Sinntotalität deskriptiv rekonstruieren und bestimmen diese selbst als das letztlich Gegebene. ›Das Hinzunehmende, Gegebene – könnte man sagen – seien Lebensformen‹, die die logische Struktur von internen Relationen haben«.[124] Hier zeigt sich eine gewisse Nähe zur Lebensweltethik. Aber bei Wittgenstein ist das aristotelische Erbe: die Wahlmöglichkeit des Tunlichen ausgeklammert.

Will man Wittgensteins Ansatz im Zusammenhang mit der *Sprachanalytik* sich verständlich machen, so muß man auf die sprachanalytische Unterscheidung von Syntax, Semantik und Pragmatik zurückgreifen. Die Syntax ist das Studium der formalen Bezüge der Zeichen zueinander, die Semantik ist das Studium der Bezüge der Zeichen zu einem Objekt, die Pragmatik ist das Studium der Bezüge der Zeichen zu den Interpreten. *Morris*, von dem diese Unterscheidungen stammen, versteht die Pragmatik im Sinne des amerikanischen Pragmatismus als durch Lebensinteressen bestimmt.

Wesentlich ist, daß im Verlauf der Sprachanalytik die *Alltagssprache* immer mehr Beachtung findet. Dies zeigt sich insbesondere darin, daß man herausstellt, daß Sprache ja nicht auf Aussagen von Sachverhalten beschränkt ist. In der Sprache spielen ja auch Wünsche, Gefühlsausbrüche und Aufforderungen eine große Rolle und kommen ins Wort. Gerade diese Äußerungen weisen aber weitgehend einen ethischen Gehalt auf.

Die ethische Einstellung wird in der *Metaethik* untersucht. Die Metaethik thematisiert sowohl die alltägliche als die philosophische Ethik. *Sie vermeidet jede Wertung.* Es können daher zwei Forscher, die persönlich inkompatible ethische Ansichten vertreten, in metaethischen Fragen vollkommen einig sein. Wesentlich ist in der Metaethik die Klärung der Frage, ob ethische Aussagen als *emotiv* nur *Glaubenssätze* darstellen und ob ihnen solchermaßen nur eine Überredungsfunktion zukommt oder ob sie *rationale Verbindlichkeit* beanspruchen. Die Ethik, wie sie sich im Alltag und in der philosophischen Besinnung zeigt – das ist hier der Grundansatz – ist also ein gegebenes Faktum. Es muß wie alle Fakten *wissenschaftlich neutral* untersucht werden. Die Metaethik zeigt Verwendungsprinzipien und Gebrauchsregeln auf, sie unterstellt dabei Werte, und thematisiert deren Funktion, das heißt ihre Befolgung. Sie selbst aber ist ausschließlich analytisch und daher neutral.

Im Gegenzug zur Sprachanalytik steht die *hermeneutische Wendung* zur Sprache. Sie bleibt traditionell bestimmt. Gerade die geschichtlich geprägten Inhalte sind zu beachten. Man handelt – dies zeigt die hermeneutische Besinnung – immer in Konstellationen, die nicht nur durch die eigene Überlegung bestimmt sind, sondern weitgehend auf traditionellen Ausformungen beruhen. *Die Nähe zur praktischen Philosophie ist entscheidend.*

Sprachanalytik und Hermeneutik entwickeln keine Ethik, die unmittelbare Anweisungen gibt. Sie betrachten das Handeln als etwas, was für den Lebenszusammenhang wesentlich ist und von diesem her zu begreifen ist.

2. Die Reduktion der Lebenswelt und die Herausstellung der Bedeutung der Kommunikation

Die *Diskursethik* nimmt Ansätze der Sprachanalytik und der Hermeneutik auf, aber modifiziert sie. Gegen die *Sprachanalytik* wird die Beachtung der Geschichte und ihrer Wandlungen betont, es werden aber die genaueren Analysen des verschiedenen Sprachgebrauchs, die die Analytik darlegt, beachtet und insbesondere wird der pragmatische Gesichtspunkt herausgestellt. Gegenüber der *Hermeneutik* soll – die kritische Theorie macht sich hier bemerkbar – der gesellschaftliche und soziale Bezug stärker herausgestellt werden, so wird die instrumentale Vernunft und insbesondere die Technisierung als wesentliches Merkmal der Epoche beachtet; es wird sodann an der Hermeneutik als Mangel empfunden, daß sie sich der Tradition ohne Maßstäbe verschreibt, durch den Gedanken der Wirkungsgeschichte bestimmt, und solchermaßen die eigentlichen Probleme der Gegenwart ausklammert.

Es ist offensichtlich: der Diskurstheorie und ihrem Versuch, die *Gegenwartsprobleme* zu beachten, kommt hohe Bedeutung zu. Diese Theorie ist als die eigentlich relevante Grundlegung einer zeitgemäßen Ethik zu betrachten. Wir thematisieren unter diesem Gesichtspunkt die Ansätze von *Jürgen Habermas* und *Karl-Otto Apel.*

Wesentlich für den Gesamtansatz ist es, daß eine Einteilung zugrunde gelegt wird, von der her das gesamte Handeln interpretiert werden kann. Habermas hat bereits in einem Aufsatz über Hegels Jenenser Logik des Geistes zwischen *Arbeit* und *Interaktion* einen Unterschied gesetzt. Dort erklärt Habermas: »Unter ›Arbeit‹ oder *zweckrationalem Handeln* verstehe ich entweder instrumentales Handeln oder rationale Wahl oder eine Kombination von beidem. Instrumentales Handeln richtet sich nach *technischen*

Regeln, die auf empirischem Wissen beruhen... Unter *kommunikativem Handeln* verstehe ich andererseits eine symbolisch vermittelte Interaktion. Sie richtet sich nach obligatorisch *geltenden Normen,* die reziproke Verhaltenserwartungen definieren und von mindestens zwei handelnden Subjekten verstanden und anerkannt werden müssen.«[125] Marx wird vorgeworfen, daß er diese Unterscheidung nicht beachtet habe.

In den folgenden Untersuchungen von Habermas wird dieser Ansatz weiter ausgebaut. Vom Aspekt der Lebenswelt her sind zu unterscheiden: *Kultur, Gesellschaft* und die *einzelne Person.* Entsprechend werden Geltungsansprüche und Grundeinstellungen, Sprechakte und Handlungsformen unterschieden. Bei den Handlungsformen sind das *strategische Tun,* das instrumentales Handeln, insbesondere in bezug auf die Natur, betrifft, und die *normgeleitete Tätigkeit,* die die interpersonalen Bezüge regelt, voneinander abzuheben, und beiden gegenüber steht das dramaturgische Handeln, durch das das einzelne Subjekt sich ausdrückt.

Diese Differenzierung, so scheint es, erinnert von ferne an die aristotelische Schematik, in der Praxis und Poiesis als Handlungsweisen unterschieden werden. Die Einteilung des Aristoteles ist heute aber gerade nicht mehr anwendbar und zwar aus mehreren Gründen. Es gibt gesamtgeschichtliche Verläufe, die sich in allen Bereichen auswirken, aber in unterschiedlicher Weise. Es entsteht die Möglichkeit einer Vermischung und Überschneidung der verschiedenen Dimensionen. Ein Bereich kann zentral werden und die anderen mit ihrem doch anders angelegten Regelsystem zu beherrschen suchen, diese Bereiche werden dann *kolonialisiert.* Es kann auch eine Abkapselung bestimmter Bereiche eintreten, so daß kein übergreifender Zusammenhang mehr sichtbar wird; diese Vorgänge wirken sich dahin aus, daß das geordnete Nebeneinander, das eine universale Lebenswelt in ihrer Intaktheit auszeichnet, theoretisch zwar richtig bliebe, aber faktisch ungültig würde.

Es ist nun konkret ein bestimmter Faktor, der das Ganze der Entwicklung entscheidend bestimmt. Das ist das *Anwachsen der Rationalität.* Rationalität ist immer schon in der menschlichen Natur angelegt. Sie kann aber zentral werden und unter dem Zeichen des Fortschritts, der Aufklärung und der Vernunft das geschichtliche Geschehen zu gestalten suchen. Dies ist in der Neuzeit der Fall. Das Entscheidende im Vorgang der gegenwärtigen Rationalisierung aber ist, daß die im Begriff Vernunft mitschwingende philosophische Variante abgebaut wird zugunsten einer *instrumentalen Vernunft.* Die Bereiche der Wissenschaft und der Technik, der Arbeits- und Produktionswelt, die ganz entscheidend durch die Rationalität bestimmt werden, treten als die beherrschenden Dimensionen heraus.

Max Weber, auf den sich Habermas bezieht, hat diese Vorgänge herausgestellt. Er hat auch gezeigt, daß Rationalität in andere Bereiche übergeht, so zum Beispiel in die Politik als Vorgang der Bürokratisierung. Habermas nimmt diese These auf und radikalisiert sie. Während Weber noch den ethischen Bezirk von der Rationalität abzutrennen suchte, sieht Habermas, *daß auch die Lebenswelt durch die Rationalisierung in ihrer Eigenstruktur gefährdet ist.* Sie wird von anderen Bereichen her überformt – bereits Marx hat dies Phänomen gesehen. So zerstören ökonomische Steuermechanismen die Lebenswelt mit ihren Institutionen. Die kommunikative Alltagspraxis wird funktionalisiert und verfremdet.

Habermas argumentiert hier sehr genau. Nicht, daß es überhaupt zur Rationalisierung kommt, ist gefahrvoll. Das Verhängnis besteht eben in der »Kolonialisierung der

Lebenswelt und deren Segmentierung von Wissenschaft, Moral und Kunst«.[126] Die Folgen dieser Kolonialisierung der Lebenswelt sind Sinn- und Freiheitsverlust.

Macht man sich diesen Sachverhalt klar, dann begreift man, daß die heutige Gesellschaft gar nicht mehr von der Lebenswelt her allein zu deuten ist. »Das Konzept der Lebenswelt, das sich aus der begrifflichen Perspektive des verständigungsorientierten Handelns anbietet, hat nur eine begrenzte gesellschaftstheoretische Reichweite. Ich möchte deshalb vorschlagen, Gesellschaften *gleichzeitig* als System und Lebenswelt zu konzipieren. Dieser Begriff bewährt sich in einer Theorie der sozialen Evolution, die zwischen der Rationalisierung der Lebenswelt und Komplexitätssteigerung gesellschaftlicher Systeme trennt«.[127]

Man kann also nicht mehr von einem *undifferenzierten Begriff der Lebenswelt* ausgehen, insofern die Lebenswelt heute nicht mehr das Ganze darstellt und ihrerseits selbst durch Überfremdung weithin ihres ursprünglichen Charakters beraubt ist. Gleichwohl soll die Lebenswelt – dies ist für Habermas ein sehr wesentlicher Gedanke – doch als der selbstverständlich vortheoretische Hintergrund bestimmend bleiben, sie geht als »*Hintergrund impliziten Wissens* a tergo in die kooperativen Deutungsprozesse ein«.[128]

Dieser dialektische Sachverhalt wird nun in der Dimension des kommunikativen Handelns besonders sichtbar. Der Begriff des *kommunikativen Handelns* »bezieht sich auf die Interaktion von mindestens zwei sprach- und handlungsfähigen Subjekten, die (sei es mit verbalen oder extraverbalen Mitteln) eine interpersonale Beziehung eingehen. Die Aktoren suchen eine Verständigung über die Handlungssituation, um ihre Handlungspläne und damit ihre Handlungen einvernehmlich zu koordinieren«.[129] Das Handeln wird von Deutungsmustern geleitet und unterstellt sich Normen, die zumeist hintergründig wirksam sind. Diese Grundstruktur beherrscht den Alltag und die Lebenswelt und bildet den Horizont, in dem sich die Kommunikationsteilnehmer miteinander über etwas verständigen.

Dieser Ansatz bei der Lebenswelt ist und bleibt für alles verständigungsorientierte Handeln bestimmend. Und das bedeutet nun: er bekommt faktisch transzendentale Bedeutung. Habermas erklärt: »Die Lebenswelt ist gleichsam der transzendentale Ort, an dem sich Sprecher und Hörer begegnen«.[130]

Der Begriff *transzendental* ist hier vieldeutig. Er wird auch von den verschiedenen Denkern der Diskurstheorie unterschiedlich bewertet. Das zeigt sich besonders bei der Frage der Normenbegründung – darüber später Genaueres. Es ist sicher kein Zufall, daß Habermas in der hier zitierten Stelle »gleichsam« sagt, denn der Begriff transzendental soll und kann hier nicht im Sinne Kants in einer losgelösten, rein apriorisch gültigen Dimension geortet werden, die von der reinen Subjektivität begründet ist und über dem empirischen Bereich steht. Gemeint ist vielmehr die immanente Unhintergehbarkeit der Lebenswelt – indirekt wird hier der Ansatz Husserls deutlich.

Es ist nun aber eben – wie schon angedeutet – zu beachten, daß diese Lebenswelt heute *reduziert* ist. Dies geschichtliche Faktum ist nicht rückgängig zu machen. Man muß vielmehr der Rationalisierung Rechnung tragen, indem man sie auch zu einem konstituierenden Faktor der gegenwärtigen Lebenswelt erhebt, zugleich aber soll die Unhintergehbarkeit dieser Lebenswelt auf eine neue Weise *gesichert* werden. Dies geschieht im gemeinsamen *argumentativen Diskurs.* Dieser Diskurs kann, grundsätzlich gesehen, zwischen allen wirklichen und möglichen Partnern statthaben. *In ihm sollen die verallgemeinerungsfähigen Interessen auf einen einheitlichen Nenner ge-*

bracht werden. Die Lebenswelt behält ihre maßgebende Funktion, Voraussetzung und Ursprung zu sein, zwar bei, ihr früherer Charakter wird aber gerade umgekehrt, vom präreflexiven Stadium soll sie ins reflexiv-rationale übergehen.

So überraschend diese Argumentation erscheint: in ihr wird das alte idealistische Schema von Unmittelbarkeit und Vermittlung wiederholt, nur in einer von Hegel zurückgebogenen und an Kant erinnernden transzendentalen Wendung. Es soll weder spekulativ noch geschichtsphilosophisch ein Schema entworfen werden, in dem eine neue Unmittelbarkeit erreicht wird. Es bleibt bei der Vermittlung als Aufhebung der Unmittelbarkeit, das dritte Stadium einer vermittelten Unmittelbarkeit fällt aus. Aber die Vermittlung wird zweideutig: *es wird eine kontrafaktische ideale Position angesetzt, die immer schon in der Realität anwest und die doch zugleich idealiter nie erreicht werden kann.*

Diese Unterscheidung von »ideal« im Sinne von »kontrafaktisch« und »real« ist außerordentlich schwierig. Sie bewegt sich gleichsam im Zwischenraum zwischen rein geschichtlichen Analysen und einer ungeschichtlichen Betrachtung. Sie wird zudem durch den von *Apel* aufgestellten Entwurf einer *Transzendentalpragmatik* unterlaufen, der die ganze Theorie philosophisch abstützen soll. Dem universalen Charakter dieser Theorie widerspricht es aber, daß nach Habermas die die Lebenswelt betreffenden Vorgänge nicht das Ganze des gesellschaftlichen Lebens ausmachen, sondern daß neben die Diskurstheorie auch die *Systemtheorie* als ein berechtigter Erklärungsfaktor für bestimmte Vorgänge der modernen Welt tritt. Habermas erklärt, daß die Diskurstheorie die materielle Reproduktion der Gesellschaft nicht thematisiert. Insbesondere die Subsysteme, in denen, wie in der Wirtschaft, Geld und Macht bestimmend sind, folgen eigenen Gesetzen der Rationalität, die eben *nur* systemtheoretisch zu erklären sind. Es kommt aber, so erklärt Habermas, darauf an, daß diese Bereiche nicht die Lebenswelt in ihrer eigenen Entwicklung bestimmen in der Weise der Kolonisation.

Auf der anderen Seite hat Habermas seine frühere These, daß die gesellschaftliche Entwicklung im ganzen in den Griff zu bringen sei, nicht aufgegeben. So will er jetzt den kognitiv-instrumentalen Teilaspekt der Vernunft »einer umfassenden *kommunikativen Rationalität* einordnen«.[131]

3. Der Ansatz der Transzendentalpragmatik

Habermas und Apel wollen einen Paradigmenwechsel einleiten, das heißt, einen Wandel in den philosophischen Grundlagen herbeiführen. Dieser soll sich als *Abwendung von der Bewußtseinsphilosophie* vollziehen. Der Titel Bewußtseinsphilosophie bezeichnet nicht den erkenntnistheoretischen Ausgang vom Bewußtsein als dem Ort, an dem der Bezug zum Seienden konstituiert wird, sondern die Festlegung auf die Subjektivität als eine für sich seiende einsame Größe. Als solche Größe fungiert nicht nur der einzelne Mensch als Träger der transzendentalen Apperzeption, sondern auch Hegels Weltgeist. Habermas wirft Hegel vor, daß er, nachdem er die kommunikative Dimension erreicht habe, wieder solipsistisch vorgegangen sei. Bewußtseinsphilosophie ist bestimmt durch die Subjekt-Objekt-Spaltung, deren Folgen der transzendentale Objektivismus und Solipsismus ist. Mag diese Subjekt-Objekt-Spaltung in der Naturforschung verständlich oder sogar angemessen sein, bei der Bestimmung des Miteinanders ist sie grundverkehrt. Man muß zwischen theoretischen Naturwissenschaften und verstehenden Humanwissenschaften unterscheiden. *Böhler* erklärt: »Aus dem unterschiedlichen Gegenstandsbezug von Naturwissenschaften (theoretisch monologisch) und Humanwissenschaften (verstehend und quasi-dialogisch) ergibt sich eine *differenzierende Wissenschaftstheorie und Methodologie*«.[132]

Die Wahrheit ist in der Welt des Miteinanders nicht auf Gegenstandserkenntnis im Sinne der Abbildung und auch nicht auf Evidenz zu begründen, sondern auf den *Konsens vernünftiger Teilnehmer.* Die Grundlage des Konsenses ist das *Gespräch,* in dem und durch das mögliche Aussagen und Ansprüche auf ihre Geltung hin überprüft werden. Das Gespräch vollzieht sich natürlich unter Menschen in besonderen Situationen. Es hat jeweilige bestimmte Gegenstände zum Thema, und vor allem: es steht unter bestimmten geschichtlichen Voraussetzungen. Der *hermeneutische* und *lebensweltliche Aspekt* ist hier als wesentlich ins Spiel zu bringen. Unsere Lebenswelt ist nicht mehr wie die antike Lebenswelt eine festgefügte Ordnung, die das Tunliche vorschreibt, sondern hat sich gegenüber der Tradition wesentlich gewandelt. Diese Wandlung ist durch die Rationalität bestimmt. Aber man muß »die Rationalisierung der Lebenswelt und die Rationalisierung gesellschaftlicher Subsysteme klar auseinanderhalten«.[133]

Die Rationalisierung in der Lebenswelt ist vorgelenkt durch die *Sprache.* Dies kann durchaus positiv gewertet werden. »Das Rationalisierungspotential verständigungsorientierten Handelns kann in dem Maße entbunden und in die Rationalisierung der Lebenswelten sozialer Gruppen umgesetzt werden, wie die Sprache Funktionen der Verständigung, der Handlungskoordinierung und der Vergesellschaftung von Individuen erfüllt und dadurch zu einem Medium wird, über das sich kulturelle Reproduktion, soziale Integration und Sozialisation vollziehen«.[134]

Die Idee einer auf sprachlicher Verständigung beruhenden und durch rationale Argumentation zu fördernden Gemeinschaft ist von *Habermas* unter der Idee einer *Universalpragmatik* entwickelt worden, später wurde sie, insbesondere von *Apel,* dann zur Idee einer *Transzendentalpragmatik* ausgebaut. Transzendentalpragmatik will die Bedingungen möglicher Verständigung herausstellen. »Verständigung und schließlich Einverständnis kann jemand nur erreichen, wenn er mit geäußerten Sätzen fundamentale *Geltungsansprüche* erhebt: er beansprucht Verständlichkeit und Wahrheit für den Inhalt seiner Mitteilung, Wahrhaftigkeit für die geäußerte Absicht und ethisch rechtfertigbare Richtigkeit für die Äußerungen als Akte der sozialen Interaktion, die akzeptiert werden wollen«.[135] Maßgebend ist eine Grundnorm »im Sinne der *verallgemeinerten Gegenseitigkeit der Ansprüche aller Menschen als Vernunftwesen*«.[136] »Die Beziehung des Prinzips der zu verallgemeinernden Gegenseitigkeit auf Kommunikation ist eine doppelte. Sie enthält 1. die allgemeine Verständigungs-Gegenseitigkeit, 2. die universale Geltungs-Gegenseitigkeit«.[137]

Wir lassen die Einzelheiten dieser Diskurstheorie auf sich beruhen. Der Anspruch, den die Theorie erhebt, wird different bestimmt. Bei *Böhler,* dessen Buch »Rekonstruktive Pragmatik. Von der Bewußtseinsphilosophie zur Kommunikationsreflexion: Neubegründung der praktischen Wissenschaften« sehr radikal den Gedanken der Transzendentalpragmatik betont und von ihm her einen absoluten Wandel der Philosophie erreichen will, werden frühere Ansätze, auch die Kritische Theorie der Frankfurter Schule, als von solipsistischer Willkür bestimmt angeprangert. Im Gegenzug dazu wird die kommunikative Freiheit betont. »Transzendentalpragmatische Letztbegründung legt uns nicht auf ein konkretes Handlungsziel fest. Sie wirft Licht auf den Weg, auf dem wir gemeinsam und friedlich Ziele finden: den argumentativen Dialog. Sie zeigt, daß der

Weg des Gesprächs ohne vertretbare Alternative ist und daß er uns hinreichend klar sein kann. Der Dialog ist die Hoffnung des Überlebens einer Kulturmenschheit, weil er der Weg des Friedens und der Freiheit ist«.[138] Die Bestimmung Letztbegründung weist auf die Unhintergehbarkeit der Regeln und der Voraussetzungen des Gespräches hin. »Wir sind nicht imstande, zweifelnd hinter sie zurückzugehen, sei es, um unabhängige Gründe für oder gegen ihre Geltung anzuführen, sei es, um ihre Geltung in Form einer Entscheidung über die Anerkennung dieses Argumentationssystems zu problematisieren«.[139] Die einzige Gegenmöglichkeit gegen die Argumentation ist das Schweigen.

4. Die doppelte Bedeutung von Vernunft und Rationalität

Die Kommunikationstheorie stellt die Bedeutung der Vernunft in der Argumentation heraus. Auf sie ist man verpflichtet im rein formalen Sinn. Das *formale Konsensprinzip* ist nicht imstande »bestimmte inhaltliche Handlungsnormen als geboten oder verboten auszuzeichnen. Normen, in denen bestimmte Handlungstypen geboten oder verboten werden, wie etwa ›Du sollst nicht töten!‹ können nicht unmittelbar letztbegründet werden«.[140] Hier tritt der Ansatz klar hervor: das Thema und die Aufgabe der Diskursethik ist einzig und allein die Struktur des *Dialogs*. Es ist nicht unwichtig, den Terminus Pragmatik zu beachten, wie er in den Wendungen Transzendentalpragmatik, Universalpragmatik oder Rekonstruktive Pragmatik vorkommt. Für die Pragmatik ist der Begriff der *Sprachhandlung* wesentlich. Habermas erklärt: »Auf der Linie von Wittgenstein II über Austin bis zu Searle wird die formale Semantik von Sätzen auf Sprechhandlungen ausgedehnt. Sie beschränkt sich nicht länger auf die Darstellungsfunktion der Sprache, sondern öffnet sich einer unvoreingenommenen Analyse der Mannigfaltigkeit illokutionärer Kräfte. Die *Gebrauchstheorie der Bedeutung* macht auch die pragmatischen Aspekte des sprachlichen Ausdrucks einer begrifflichen Analyse zugänglich«.[141]

Diese an der Sprache orientierte Pragmatik hebt auf Sprachhandlungen ab, die unter dem Begriff der rationalen Verständigung stehen. Es geht um ein Handeln, das eben durchweg von Rationalität bestimmt ist. *Rüdiger Bubner* erläutert diesen Sachverhalt: »Rationalität wird dann zur erfüllten Lebensform, wenn man immer schon handelt, als ob man sich in einem Forscherdialog, einem Planungsgespräch, einer Koordinationssitzung bewegt, wo alles Handeln auf das Aushandeln eines Konsenses hinausläuft«.[142] *Die Rationalität wird als Heilmittel gegen ihre eigene zersetzende Möglichkeit angesetzt.* Sie soll die neue Form der Lebenswelt wesentlich mitbestimmen. Sie bleibt aber eben doch im Formalen stecken.

Will man diese Problematik verstehen, so ist es gut, auf die Gesamttendenz zu achten, von der her das Ganze konzipiert wird, und diese Tendenz zugleich in historische Bezüge zu stellen. Es geht um eine Auseinandersetzung, die philosophische und wissenschaftlich Entwicklungen nicht nur kritisch auf ihre Hintergründe durchleuchten will, sondern, im Blick auf die *Zukunft*, die durch sie bereitgestellten Ansätze abzuwägen sucht. In der Gegenwart hat sich diese Auseinandersetzung mit der Tradition – unter dem Titel »*Moderne und Postmoderne*« weithin zum Modethema geworden – zu einer Auseinandersetzung zwischen der Aufklärungstradition und den von Rationalität bestimmten Ansätzen einerseits und irrationalen Bestrebungen andererseits entwickelt. Diese irrationalen Bestrebungen vertrauen der Vernunft nicht mehr, sie verfallen deswegen aber nicht in Skepsis, sie sehen vielmehr die Aufhebung der Tradition als ein notwendiges Geschehen an: es wird nun eine neue Freiheit entdeckt, von der her die Geschichte neu zu bewerten ist, und in Anknüpfung an Nietzsche ist es sogar möglich, eine neue Metaphysik zu entwickeln, die die Vernunftgläubigkeit der Tradition überwinden soll – wir werden auf diese Konstruktionen noch zurückkommen.

Habermas übernimmt diesen Ansätzen gegenüber eine doppelte Aufgabe. Er will die Tradition der Aufklärung bewahren und das Konzept der Moderne weiterführen. Das ist aber nach ihm nur möglich, wenn man den *Ansatz der Tradition bei der Subjektivität* aufgibt. Es ist zu beachten, daß alle Grundstellungen der modernen Kultur vom Vorrang der Subjektivität geprägt sind. Die Subjektivität hat die Natur entzaubert und auch das Lebensbewußtsein seiner Ressourcen beraubt zugunsten einer expressiven Reflexionskultur. Habermas erklärt in seinem Buch »Der philosophische Diskurs der Moderne«, daß *Hegel* in seiner Jugendzeit die Gefahr dieser Philosophie der Subjektivität erkannt habe und ihr gegenüber eine *Vereinigungsphilosophie* gefordert habe; der junge Hegel entdeckt die Bedeutung der Kommunikation. In seinem Alter ist er allerdings hinter die Intuitionen seiner Jugendzeit zurückgefallen: »Er denkt die Überwindung der Subjektivität innerhalb der Grenzen der Subjektphilosophie. Daraus ergibt sich das Dilemma, daß er dem Selbstverständnis der Moderne am Ende die Möglichkeit einer Kritik an der Moderne bestreiten muß. Die Kritik an der zur absoluten Gewalt aufgespreizten Subjektivität verkehrt sich ironisch in die Schelte des Philosophen an der Beschränktheit der Subjekte, die ihn und den Gang der Geschichte noch nicht begriffen haben«.[143] Man muß, wenn man die Bewußtseinsphilosophie bekämpfen will, also zugleich die Metaphysik des Absoluten bekämpfen, in der sie sich, wie Hegels Philosophie eben bezeugt, vollendet.

Aufs Ganze gesehen: es gilt, gegen eine doppelte Front anzugehen, gegen die Subjektphilosophie der Tradition und gegen die irrationalen Strömungen der Gegenwart. Die Subjektphilosophie muß aufgehoben werden durch die *Kommunikation* ohne Absage an die Vernunft, und gegen die Postmoderne muß die *Rationalität* gerettet werden.

Diese Gegenmaßnahmen gelingen nur, wenn man sich nicht nur auf die immanente Philosophie verläßt, sondern sich auch auf die *Wissenschaften* stützt; auf maßgebende Soziologen wie Weber und Mead und auf führende Psychologen wie Piaget und Kohlberg wird wiederholt zurückgegriffen. Insbesondere aber ist die *Sprachwissenschaft* in ihren neuen Entwicklungen als mögliche *Basisgrundlage* zu beachten, denn hier wird die Kommunikation unter dem Aspekt der Universalpragmatik thematisiert; nur von diesen Ansätzen her ist die Subjektphilosophie als das eigentliche Übel zu überwinden.

5. Zur Vermittlung von Rationalität und Lebenswelt

Wir suchen nun die Rolle der Rationalität in bezug auf die Lebenswelt und deren Konsolidierung noch ein wenig genauer zu bestimmen. Auszugehen ist von der Spannung: *Form-Inhalt*. Die Struktur des Diskurses zeigt sich als durch formale Regeln bestimmt. Der Inhalt kommt von außen her, nämlich aus der Lebenswelt. Es gibt nun aber verschiedene Ansätze, Inhalt und Form miteinander zu vermitteln.

Apel setzt hier sehr hoch an. Mit Bezug auf Kant erklärt er, daß die Konsenstheorie

Kants formale Prinzipienethik mit den inhaltlichen Gegebenheiten verbände. Dies bedeutet auf den Geschichtsvollzug gesehen, daß sich die Konsensethik strategisch nicht nur mit der Vergangenheit, sondern auch der Zukunft befassen soll. Apel erklärt ausdrücklich, daß die Ethik *zweistufig* sei. Die *erste Stufe* stellt die Bedingung des Diskurses heraus: sie kann und muß nur darauf bestehen, daß es zu einem *diskursiven Konsensbildungsverfahren* kommt. »Sie kann – im Unterschied etwa zu einer aristotelisch-thomistischen Ethik der ›natürlichen Bestimmung‹ des Menschen – von sich aus nicht entscheiden, ob Privateigentum, Geburtenplanung, Abtreibung, Ausrottung von Tierarten im Interesse der Seuchenbekämpfung, Nutzung der Atomenergie usw. sein sollen bzw. dürfen«.[144] Es geht hier zunächst nur darum, den Einzelnen zu ermuntern, daß er sich auf der *zweiten Stufe* an konkreten Diskursen beteiligt. Er wird aufgefordert, »sich immer erneut und auf allen Ebenen nach Maßgabe seiner Kompetenz an jenen Diskursen zu *beteiligen*, in denen heute die Menschen ihre solidarische Verantwortung für die Folgen und Nebenfolgen ihrer Aktivitäten zu organisieren versuchen«.[145] Der Grundansatz ist es, auf beiden Stufen im Gegenzug zum methodischen Solipsismus »zur Realisierung der idealen Bedingungen konsensualer Kommunikation beizutragen«.[146]

Die Überlegenheit über die Bewußtseinsphilosophie zeigt sich, so meinen die Diskursethiker, darin, daß man, vom rein formalen Gesichtspunkt zum Inhalt übergehend, *diesen als vorgegeben und doch als kritisierbar ansetzt.* Man vertraut auf die Rationalität des Verfahrens. Dies Vertrauen darf aber nicht mehr durch geschichtsphilosophische Thesen oder durch den metaphysischen Glauben an die Weltvernunft abgestützt werden. Es gibt kein geschichtliches Gesamtsubjekt. In dieser Hinsicht bietet sich nur ein Ausweg an, der auf die Möglichkeit der Selbstreflexion setzt. Habermas betont in einem Aufsatz »Über das Subjekt der Geschichte«: »Das sich selbst herstellende Subjekt der Geschichte war und ist eine Fiktion; keineswegs sinnlos ist aber die darin zugleich ausgesprochene und verfehlte Intention, die Entwicklung soziokultureller Systeme an den Steuerungsmodus der Selbstreflexion ... zu binden«.[147]

Auch in diesem Zusammenhang muß wiederum auf die Bedeutung der Wissenschaft hingewiesen werden. *Waldenfels* erklärt sicher mit Recht: »Wo der Hegelsche Weg des Geistes zu sich selbst unbegehbar geworden ist, bietet sich Piagets Weg des kognitiven und sozialen Lernens an, der ebenfalls auf die Höhen des Logos führt, aber mit weniger Aufwand«.[148]

Habermas und Apel beziehen sich auf psychologische Theorien, in denen eine Entwicklung des Handelns aufgewiesen werden soll unter dem Gesichtspunkt des Autonomwerdens. Es werden *Evolutionstheorien der Moral* entworfen. Im Anschluß an *Piaget* und *Kohlberg* wird ein Stufenaufbau vorgelegt, der von der vorkonventionellen über die konventionelle Ebene zu der nachkonventionellen Dimension führt. Auf dieser Ebene herrscht ein deutliches Bemühen, »moralische Werte und Prinzipien zu bestimmen, die unabhängig von der Autorität der Gruppen und Personen sind, die diese Prinzipien vertreten«.[149] Die höchste Stufe ist bestimmt durch *Eigenorientierung*: »Das Rechte wird bestimmt auf Grund der Gewissensentscheidung im Einklang mit selbstgewählten ethischen Prinzipien, die sich auf logischen Zusammenhang, Universalität und logische Widerspruchslosigkeit berufen«.[150]

Habermas hat sich ausführlich mit den Theorien *Kohlbergs* auseinandergesetzt und sie unter dem *Aspekt des Rollenhandelns* ausgebaut. Während man auf den früheren Stufen sich mit einer Rolle identifiziert und in ihr aufgeht, tritt auf der höchsten Stufe das Bewußtsein der *ichhaften Identität* hervor: »Die Rollenidentität wird durch

Ichidentität abgelöst; die Akteure begegnen sich, sozusagen durch ihre objektiven Lebenszusammenhänge hindurch, als Individuen«.[151] Die Identität wird auch dann bewahrt, wenn man die Rollen wechselt. Sie bewährt sich in der Fähigkeit, »neue Identitäten aufzubauen und zugleich mit den überwundenen zu integrieren, um sich und seine Interaktionen in einer unverwechselbaren Lebensgeschichte zu organisieren«.[152] Das Individuum bestimmt sich als *Vernunftträger*, wenn es die postkonventionelle Stufe erreicht hat.

Nun muß aber Kohlberg in gewisser Weise revidiert werden. Kohlberg geht ja vom einzelnen Subjekt aus und stellt es in den Vordergrund. Der Übergang von Kohlbergs Gewissensethik zur kommunikativen Ethik erscheint aber nicht schwierig. Kohlberg und auch Kant haben, so legt *Apel* dar, ja nicht beachtet, daß man in der Gewissensethik sich ja auch auf andere bezieht und solchermaßen auf die ideale Gemeinschaft verweist. »Deshalb vollendet sich die ethische Kompetenz des Menschen in der Fähigkeit zur Teilnahme am ›praktischen Diskurs‹ in einer politisch freien Gemeinschaft aller Menschen, die – im Idealfall – alle Konflikte und Meinungsverschiedenheiten durch Verständigung und Konsensbildung lösen würde«.[153] Die höchste Stufe ist also durch den Zusammenschluß aller Diskursteilnehmer bestimmt, die sich darum bemühen, eine universale Bedürfnisinterpretation unter der Idee der moralischen und politischen Freiheit durchzuführen.

Habermas erläutert den Ansatz bei der Kommunikation, indem er eine *Dreiteilung* vorlegt, die den sozialen Raum als das Feld der Kommunikation ausweist. Man muß unterscheiden zwischen »der objektiven Welt (als der Gesamtheit aller Entitäten, über die wahre Aussagen möglich sind); der sozialen Welt (als der Gesamtheit aller legitim geregelten interpersonalen Beziehungen) und der subjektiven Welt (als der Gesamtheit der privilegiert zugänglichen Erlebnisse des Sprechers)«.[154] Während die erste und die dritte Welt wesentlich monologisch bestimmt sind, ist die soziale Welt durchgängig kommunikativ strukturiert. Ihr kommt ein Vorrang zu, wenn es um die Fragen möglicher Gestaltung und Verbesserung des Lebens geht. Es ist aber zu beachten, daß Habermas die Bedeutung der sozialen Welt nicht dahin versteht, daß *allein* von dieser her das Handeln gelenkt wird. Der Grund dafür ist, daß das Handeln eben unter drei Faktoren zu betrachten ist: *als Handeln in der objektiven Welt, als normengeleitetes Handeln in der sozialen Welt und als dramaturgisches Handeln, in dem sich ein Subjekt darstellt.* Bubner erklärt angesichts dieser Dreiteilung, daß der eigentliche Sinn von Praxis nicht deutlich hervortritt: »Der allem Handeln gemeinsame Zug des Praktischen liegt unter den vielfältigen Distinktionen, so einleuchtend sie sein mögen, im dunkeln«.[155] Handeln ist in der ersten Sphäre objektiv und sachbezogen, in der dritten Sphäre dagegen Ausdruck des einzelnen Subjektes, und wenn man die soziale Sphäre bedenkt, dann geht es in ihr wesentlich doch nur darum, die Bedeutung der Rationalität im Diskurs herauszuarbeiten. Habermas spricht hier von einem *evolutionären Trend.* Von ihm her ergeben sich »für die Kultur ein Zustand der Dauerrevision verflüssigter, reflexiv gewordener Traditionen; für die Gesellschaft ein Zustand der Abhängigkeit legitimer Ordnungen von formalen Verfahren der Normsetzung und der Normbegründung ... diese Trends signalisieren die Entbindung des im kommunikativen Handeln angelegten Rationalitätspotentials«.[156]

Möglicher Fortschritt ist als ein *formaler Lernprozeß in Sachen Rationalität* zu bestimmen, wobei aber zu beachten ist, daß Rationalität eben in sich zersplittert ist. Rationalität im Verfahren der Wissenschaft ist ja nicht gleichzusetzen mit der Rationalität in der Kommunikation, auch wenn man sich darum bemüht, deren Formen psychologisch abzusichern.

6. Zum Verhältnis von Moralität und Sittlichkeit unter dem Aspekt der Diskursethik

Wir wiesen wiederholt darauf hin, daß der Fortschritt zur Rationalität in Richtung auf die Verwirklichung der idealen Kommunikationsgemeinschaft nicht geschichtsphilosophisch im Sinne Hegels abzustützen ist. Gleichwohl weichen die Diskursethiker der Frage nach einer *Verwirklichung der idealen Kommunikationsgemeinschaft* nicht aus. Sie wird zumeist zwar nicht als Zentralthema diskutiert, aber man stellt doch heraus, daß hier ein grundsätzliches Problem aufgegeben ist. Aufschlußreich sind in dieser Hinsicht die Beiträge in einem Band, der den Titel trägt »*Moralität und Sittlichkeit. Das Problem Hegels und die Diskursethik*«. Um die hier behandelten Fragen zu klären, ist es aber zunächst erst einmal nötig, die Diskursethik von diesem Aspekt her zu orten.

Der Sache nach lassen sich die Ansätze der Diskursethik natürlich weder auf Moralität noch auf Sittlichkeit festlegen. In gewisser Hinsicht steht die Diskursethik der *Moralität* nah. Sie stützt sich nicht auf Inhalte, sondern will die Ethik formal fundieren im Sinne der *Letztbegründung*. Sie erhebt Anspruch auf *Universalität* ebenso wie Kant. Es wird sodann eine Unterscheidung zwischen Idealität und Realität gesetzt. Aber hier ist eine Differenz zu Kant zu beachten. Die Idealität ist in der Realität schon immer anwesend, sie bestimmt jeden sinnvollen Diskurs. Sodann: die Inhalte der Lebenswelt werden nicht als nur empirisch abgewertet; sie sind als *anzuerkennende Gegebenheiten* auf ihre Verträglichkeit und Vernünftigkeit zu überprüfen.

Bedenkt man dies, so zeigt sich: die Diskursethik bewegt sich, wenn sie über das Formale hinausgeht, in einem Zwischenbereich, der aber eben nicht mehr selbstverständlich und unproblematisch ist wie die Lebenswelt im Sinne der Lebensweltethik, sondern eher auf mögliche Verbesserung hin zu untersuchen ist angesichts der Überfremdung, durch die er bedroht ist. Das Ziel könnte aber durchaus so etwas wie eine *neue Sittlichkeit* sein. Es ist des öfteren, auch bei Habermas, vom »*guten Leben*« die Rede. Dieser Begriff bleibt aber unbestimmt. Jedenfalls gibt es keinen einschränkenden Gegensatz zwischen Sittlichkeit und gutem Leben. Herbert Schnädelbach erklärt: »Eine Lebenswelt, in der *universelle*, die individuelle Freiheit garantierende Prinzipien institutionalisiert sind, verkörpert nicht nur ein *historisch-kontingentes*, sondern ein *rational-universalistisches* Ethos, und mit ihm kann man auch als ein rationales und auf seiner rationalen Autonomie bestehendes Individuum ›versöhnt‹ sein«.[157]

In mehreren Aufsätzen dieses Sammelbandes wird wiederholt gefordert, daß man sich nicht allzusehr auf Formalität beschränken solle, eine der Diskursethik entsprechende *Institutionenethik* sei notwendig. Die Ethik soll auf soziale Gerechtigkeit abheben und auf eine Gesellschaft, »die sich durch eine normative Infrastruktur auszeichnet, die allen Gesellschaftsmitgliedern gleichermaßen die Freiheit zur moralischen Stellungnahme gewährt«.[158] Und schließlich ist hervorzuheben, daß in der wirklichen Vernunft auch Wollen und Entscheidung immer im Spiel sind. »Gerade die Sprechakttheorie nötigt die Ethik zur Erinnerung an die prohaíresis; sie ist so eine Gestalt des Neoaristotelismus«.[159]

In bezug auf eine direkte Antwort, ob sich die Diskursethik zu einer neuen Sittlichkeit ausformen lasse, sind die Antworten unterschiedlich. *Habermas* ist in dieser Hinsicht vorsichtig. Er erklärt, daß ein bescheidenes Selbstverständnis der Moraltheorie entspreche. Sie muß auf eigene substantielle Beiträge verzichten. Die großen Weltprobleme wie Hunger und Elend in der Dritten Welt, Folter, Arbeitslosigkeit, selbstzerstörerische Risikos und das atomare Wettrüsten kann die Philosophie nicht aus der Welt schaffen. Dies schließt nicht die Verantwortung in bezug auf die Praxis aus, die auch der Philosoph aufzubringen habe. Er tut gut daran, »sich zunächst einmal ein klares Bild von der Situation zu verschaffen. Dazu können die Geschichts- und Sozialwissenschaften aber mehr beitragen als die Philosophie«.[160]

Apel ist offensichtlich positiver eingestellt. Er betont, daß das Verfahrensprinzip der Diskursethik umzusetzen sei in eine normative Ethik, die verbindliche Handlungsmaximen herausstellt. Erfordert ist eine Verantwortungsethik, die die *»Vermittlung zwischen Moralität und (substantieller) Sittlichkeit«*[161] leistet. Die Zusammengehörigkeit der idealen und der realen Kommunikationsgemeinschaft ist von der Wirklichkeit her zu bedenken gemäß einem doppelten regulativen Prinzip: »Erstens muß es in allem Tun und Lassen darum gehen, das *Überleben* der menschlichen Gattung als der *realen* Kommunikationsgemeinschaft sicherzustellen, zweitens darum, in der realen die *ideale* Kommunikationsgemeinschaft zu verwirklichen. Das erste Ziel ist die notwendige Bedingung des zweiten Ziels; und das zweite Ziel gibt dem ersten seinen Sinn, – den Sinn, der mit jedem Argument schon antizipiert ist«.[162]

Überdenkt man diese Argumentation, so fällt auf, daß zwar die Notwendigkeit des Überlebens als Grundlage des Diskurses betont wird, daß aber jede Überlegung, *wie* dieses Überleben zu sichern sei, ausgeschlossen bleibt. Wir stoßen hier wieder auf den entscheidenden Sachverhalt: die wesentliche Beschränkung auf Formalität bedeutet ja nicht nur, daß konkrete Fragen der Vermittlung ausgeblendet werden, sondern ebenso, daß auch *grundsätzliche Fragen anthropologischer oder moralphilosophischer Relevanz* vermieden werden. Diese grundsätzliche Fragestellung ist aber von der Sache her erfordert, denn die Vorstellung, wie ich konkret vorgehen kann, ist ja weitgehend von meiner grundsätzlichen Einsicht in bezug auf die Strukturen und die Möglichkeiten des Handelns bestimmt. Sicher: es geht weithin in der Realität um technische und politische Probleme. Aber gerade in bezug auf die Technik taucht doch die Frage auf, ob und wie ihre *Entwicklung* zu steuern ist, und in bezug auf das politische Geschehen muß man sich dem Problem stellen, ob die *Negativität im Sinne des Freund-Feind-Schemas* ein natürliches Erbe ist, das man nicht aufheben kann.

Es zeigt sich hier eine Konstellation, die uns bereits bei der Erörtertung der Lebensweltethik und der praktischen Philosophie begegnete. Das ganze Vokabular der Tradition und das in dieser sich aussagende *Grundverständnis von Mensch und Welt* wird als überholt beiseite geschoben. Es wird nicht von *gut* und *böse* oder von *Aggressions-* und *Destruktionstrieb* gesprochen, ebensowenig von *Gewissen* und *Schuld*, und nur selten ist von Engagement, Entscheidung und Wahl die Rede. Das hängt natürlich mit der radikalen Abwendung von der Subjektivität zusammen. Man will nicht wahrhaben, *daß die Subjektivität ein wesentlicher Faktor für alle Ethik ist und bleibt*, gerade in einer Zeit, in der die Verbindlichkeiten fraglich geworden sind.

Zweiter Teil
Ethik unter dem Aspekt der dialektischen Wirklichkeit

Vorbemerkung

Sucht man die *Gegenwart* unter ethischem Aspekt gegen die Tradition abzugrenzen, so zeigt sich ein Dreifaches: Abwertung der Metaphysik und der Individualethik, Zuwendung zur objektiven und wertfreien Wissenschaft und Technik und Zunahme der Negativität, das heißt der Unübersichtlichkeit und Unklarheit der Situation und des damit verbundenen Gefühls der Ohnmacht.

Alle diese Punkte hängen zusammen. Das zeigt der Vergleich mit der *Tradition*. Dort wurden Negativität und Unübersichtlichkeit, wenn sie aufkamen, durch eine *Übergröße*: Gott und Hinterwelt abgefangen oder durch das unreflektierte Vertrauen auf die Lebenswelt abgedrängt. Das Hin und Her von Negativität und Positivität wurde durch das Überwiegen der Positivität erträglich gemacht: Die Negativität hat nicht das letzte Wort.

Die Situation hat sich geändert. Im Blick auf die Entwicklung zeigt sich *Negativität im dreifachen Sinn*. Erstens: Negativität ist als wissenschaftlich entdecktes *anthropologisches Faktum* im Verhalten des Menschen zu sich selbst und zu der Welt nachzuweisen; Schopenhauer, Nietzsche und Freud zeigen, daß der Trieb stärker ist als der Geist. Dies wird erklärbar durch die Evolution: die sich regulierende Naturentwicklung vollzieht sich als Sichdurchsetzen des Stärkeren. Zweitens: Negativität bestimmt den *Geschichtsverlauf*. Sie ist feststellbar und rückführbar auf »schlechte« Verhältnisse im sozialen Bereich – das Gefälle von oben und unten ist maßgebend – und auf »schlechte« politische Verhältnisse – der Machttrieb ist beherrschend. Das war schon immer so, aber die Rückendeckung durch eine metaphysische Geschichtsphilosophie und den Fortschrittsglauben ist weggefallen. Drittens: Negativität ist durch die *Superstrukturen* bedingt. Die Realfaktoren greifen ineinander über, soziale, wirtschaftliche und politische Bezüge werden mit der Wissenschaft vermittelt und vermitteln diese, wobei die wissenschaftliche Forschung die Folgen des politischen Tuns steigern und verändern kann. Der *Fortgang der Wissenschaft* selbst scheint ungesichert. Descartes' Konzeption der Weltverbesserung durch die Wissenschaft ist fraglich geworden. Der Mensch hängt in diesem Geschehen darin. Er muß offenbar dem Geist der Wissenschaft entsprechen. Das Subjekt bedingt das Objekt, es versachlicht es. Das Subjekt aber kann auch sich selbst zu einem reinen Weltstück machen, *sich verdinglichen und den Methoden der Objektivität unterwerfen*. Die Rationalität ist vorherrschend. Das Problematisieren wird hier abgebogen durch instrumentelle Einstellung. Sicher: die Wissenschaft lenkt nicht wie ein Gott. Sie ist kein Subjekt für sich, sondern wird durch den Charakter der dialektischen Wirklichkeit bestimmt: Ich werde vermittelt und gleichzeitig vermittle ich, ohne daß ich das Ineinandergreifen durchschaue.

Es ist zu fragen: Was ist in bezug auf diese vielfältige Negativität zu tun? Die »richtigen Antworten« sind leicht zu finden. Vernunft und Geist sind aufzuwerten gegenüber der Übermacht der Triebe, insbesondere des Machttriebs; die Lebensumstände sind angesichts der bedrückenden Realität zu verbessern und das Bewußtsein der Verantwortung ist gegen das Ohnmachtsgefühl zu motivieren. Diese Auskünfte sind bekannt und im allgemeinen auch anerkannt; aber viele, wohl die meisten, glauben nicht an ihre Verwirklichung. Es lassen sich dafür Gründe anführen. *Es gibt kein Vertrauen in das Geschehen mehr.* An die Stelle des Vertrauens ist, wie soeben dargelegt, die Einsicht in die vielfältige Negativität getreten. Diese ist aber nicht einfach durch den guten Willen zu beheben. Sicher: an dem geschichtlichen Verlauf hat der Mensch mitgewirkt, aber er ist für die Folgen nicht gänzlich verantwortlich; vor allem: an der ihm als Mensch vorgegebenen gebrochenen Weltstruktur und der dadurch bedingten Verunsicherung ist er ganz und gar unschuldig. Das nicht festgestellte Wesen ist seiner Struktur nach *unzuverlässig* und in Verhältnisse eingefügt, denen es kaum gewachsen ist. Das ist der entscheidende Sachverhalt, der nicht zu ändern ist.

In dieser Struktur und den Zeitumständen liegt die *Kalamität der Ethik* beschlossen. Sie zu bedenken, ist eine der möglichen, wenn nicht heute die vordringlichste Chance, die ethische Fragestellung zu »begründen«, nachdem die Sicherung durch die Metaphysik ganz und gar fraglich wurde und die Lebensweltethik nur in begrenztem Umfang als tragend fungiert. Angesichts dieser Situation nach möglichen Ausrichtungen des Handelns zu fragen, ist vielleicht in der gegenwärtigen Situation ein aussichtsloses Unternehmen, aber es ist angemessener als der bloße Appell, so notwendig dieser auch sein mag.

Eine solche grundsätzliche Fragestellung ist Sache einer Reflexion, die auf die Grundlagen zurückgeht und unter totalphilosophischem Aspekt von der gebrochenen Weltstellung aus *das Nichtfestgestelltsein und die ihm eigenen widersprüchlichen Tendenzen* bedenkt, im allgemeinen und auf konkrete gegenwärtige Konstellationen hin. Wir thematisieren die *Tendenz zur Weltgebundenheit* und die *Gegentendenz zur Weltdistanzierung*. Es handelt sich um eine ontologische Besinnung, die aber zur ethischen Fragestellung in Bezug zu setzen ist. Beide Frageansätze sind nicht identisch. Man kann die ontologische Besinnung als Theorie der Ethik als Praxis entgegensetzen. Die theoretische Einsicht ist, so erklärt *Schelling*, von ihrer ersten Konstruktion durch Aristoteles an »kontemplativ« bestimmt. In ihr erhebt sich das Ich über das praktische und natürliche Wissen. Man darf bei dieser Betrachtung aber nicht stehen bleiben, man muß handeln und in bezug auf das Handeln begreift man, daß der Zwiespalt, der das Leben bestimmt, nicht aufgehoben ist.[1]

Gleichwohl verweisen anthropologische und ethische Einstellung aufeinander, weil die Grundlage des Nichtfestgestelltseins immer schon von einer vielfältigen Reflexion durchsetzt ist, zu der eine *Differenzierung in entgegengesetzte Werte* gehört, eine Differenzierung von Positivität und Negativität, Wahrheit und Falschheit, Gutem und Bösem, Angenehmem und Unangenehmem. Der Mensch ist, grundsätzlich gesehen, von Natur aus das wertende Wesen, weil er ständig in *Auseinandersetzung* steht. Die Ethik ist also kein lebensfremder Luxus, sondern eine harte Notwendigkeit. Ohne normative Ausrichtung seines Tuns kann der Mensch nicht existieren. Aber die Ethik ist und bleibt trotz aller Notwendigkeit ein Unternehmen, das nicht ontologisch fundiert werden kann. Man muß den faktischen Tatbestand sehen. *Albert Schweitzer* erklärt: »Die Welt ist das grausige Schauspiel der Selbstentzweiung des Willens zum Leben. Ein Dasein setzt sich auf Kosten des anderen durch, eines zerstört das andere«.[2] Der ethisch Handelnde handelt ohne Rückendeckung, dem faktischen Weltlauf entgegen. Darum sagt Schweitzer: »Resignation ist die Halle, durch die wir in die Ethik eintreten«.[3]

Die Aussage von Albert Schweitzer ist wesentlich, nicht nur, weil sie auf die Negativität als faktische Grundlage aller Ethik hinweist, sondern weil sie deutlich macht, daß die Ontologie die Ethik nicht fundieren kann und darf im Sinne einer Absicherung. Die Ontologie, die vom gebrochenen Weltbezug ausgeht, und das heißt, die die Subjektivität zum Ausgangspunkt nimmt, ist und bleibt an ihr selbst gebrochen und zweideutig. Das ist für sie ein wesentliches Merkmal. *Sie ist nicht objektivierbar im Sinn der Wissenschaft, da der Selbstbezug ja nicht festlegt.* Das bedeutet aber auch, daß hier eigentümliche Täuschungen auf Grund der Undurchschaubarkeit der Subjektivität möglich sind. –

Wenn man so will, kann man die folgenden Ausführungen als *Prolegomena* betrachten, und zwar in zweifachem Sinn. Grundsätzlich gesehen: *es gibt keine abgeschlossene Ethik,* es wird immer nur Prolegomena zur Ethik geben; und geschichtlich gesehen: wir wissen heute, daß wir nicht eingeweiht sind in das Geschehen, und das erfordert eine allseitige Reflexion, die nicht zu Ende kommt, sondern immer *vorläufig* bleibt.

Wir gehen im folgenden so vor, daß wir die gegenwärtigen Möglichkeiten der Ethik unter bestimmten Aspekten betrachten. *Ausgangspunkt* ist eine totalphilosophische Besinnung auf die grundlegenden *Strukturen der Subjektivität,* wobei natürlich ständig zu bedenken ist, daß Selbstbezug und Weltbezug sich gegenseitig bedingen. Dieser Abschnitt, der, traditionell formuliert, unter ontologischen und anthropologischen Aspekten steht, ist *Vorbereitung* für die folgenden Abschnitte. Das *zweite* Kapitel thematisiert die *zwischenmenschlichen Bezüge,* diese gelten ja als das eigentliche Feld der Ethik. Es gilt, das Verhalten im Nahhorizont und im Fernhorizont in seiner Vielfältigkeit und seiner Dialektik aufzuzeigen und, soweit möglich, Grundforderungen herauszustellen, von denen her das zwischenmenschliche Verhalten zu steuern ist. Das *dritte* Kapitel thematisiert den Bezug zur *Natur.* Er soll zunächst die Wandlungen aufzeigen, durch die unser Naturverständnis bestimmt ist und sodann dem Gedanken Rechnung tragen, daß Ethik heute nicht nur auf den zwischenmenschlichen Bereich beschränkt ist, sondern sich auch auf das Verhältnis zur Natur bezieht. Das *vierte* Kapitel umkreist das Problem der *Geschichte* und der *Geschichtlichkeit.* Hier soll deutlich gemacht werden, daß jede Gebietseinteilung ein problematisches Unternehmen ist. Es geht nicht darum, daß Natur und Geschichte als zwei Bereiche, in denen der Mensch lebt, nebeneinander abgehandelt werden. *Geschichte ist* – das ist ja ein Grundsatz dieser Arbeit – *ein alle Gebiete umgreifendes Gesamtgeschehen,* dem wir zwar nicht einfach ausgeliefert sind, das uns aber als endliche Wesen betrifft, deren Vermittlung immer schon vermittelt ist. Daß die uns bestimmende Wirklichkeit einen dialektischen Zusammenhang im Sinne des Ineinander und des Gegeneinander von Ich und Welt darstellt und daß dieser Charakter sich in der Gegenwart besonders deutlich und belastend zeigt, ist ein Grundgedanke, unter dem dieser zweite Teil der Arbeit steht.

Der erste und der vierte Abschnitt können nicht nur deswegen »zusammengesehen« werden, weil hier Grundfragen thematisiert werden, sondern auch, weil in diesen Abschnitten der Gedanke der *dialektischen Wirklichkeit* zentral ist und zwar in der Form, daß die *Negativität* als heute überwiegender Aspekt herausgestellt wird. Der zweite und der dritte Abschnitt verweisen aufeinander, insofern es hier um Möglichkeiten des konkreten Handelns geht angesichts der bedrohenden Negativität.

Natürlich hängen die Erörterungen der verschiedenen Abschnitte zusammen und verweisen aufeinander. Das bedeutet konkret, daß Wiederholungen nicht ganz ausgeschlossen werden können. Das wird insbesondere in dem Abschnitt, der die Geschichte thematisiert, deutlich. Er greift auf die vorausgehenden Analysen des ersten Teiles zurück und fragt, ob nicht in der Tradition ethische Möglichkeiten herausgestellt wurden, die nicht aufzugeben sind. Hier wird die Frage wach, ob nicht im Grunde die menschliche Natur unter dem Aspekt der Dialektik von Negativität und Positivität sich merkwürdig gleichgeblieben ist.

Das *fünfte* Kapitel soll noch einmal die Bedeutung der reflektierenden Subjektivität für die Ethik herausstellen und solchermaßen den Ort anzeigen, von dem her die historischen und systematischen Analysen konzipiert sind.

Erstes Kapitel
Konstruktion und Dekonstruktion der Subjektivität

Vorbemerkung

Wir gehen in unseren Untersuchungen der *Subjektivität* so vor, daß wir zunächst die ontologischen oder besser: die quasiontologischen Grundprobleme darlegen, die die Subjektivität betreffen, und zwar in der Form, daß wir die *gegensätzlichen Tendenzen* thematisieren, durch die die Subjektivität bestimmt ist. Wir konkretisieren diese Ansätze sodann, indem wir auf die verschiedenen Möglichkeiten des Verhaltens hinweisen, die die Subjektivität kennzeichnen. Diese Untersuchung stützt sich auf die *Vermögenspsychologie*, nicht um diese zu restaurieren, sondern weil hier die Ambivalenz des Verhaltens unter dem Aspekt der Wertung klar heraustritt; im Gegeneinander der Vermögen wird solchermaßen klar, daß die Subjektivität nicht nur keine Einheit ist, sondern daß ihre Tiefe, mit Heraklit gesprochen, nicht auszuschöpfen ist. An diese Analysen schließt sich ein Abschnitt, der auf einige Grundprobleme hinweist, durch die das Verhalten der Subjektivität zur Welt bestimmt ist und die in der Tradition sehr different ausgelegt wurden. Wir thematisieren unter dem Titel *»Der Selbstbezug und seine Grenzen«* das Problem der *Identität* und der *Individualität*, sodann weisen wir paradigmatisch auf einige Phänomene hin, durch die das Gesamtverhältnis des Menschen zur Welt und zu sich selbst bestimmt wird; es sind dies die Bestimmungen: *Angst*, *Verantwortung* und *Glück*.

I. Grundtendenzen im menschlichen Verhalten. Weltgebundenheit und Weltunabhängigkeit

Die grundsätzliche Besinnung auf die Subjektivität, die als mitlaufendes Selbstbewußtsein der Anfangs- und der Endpunkt aller den Menschen und sein Verhalten betreffender Analysen ist, muß von dem oben in der Einleitung angedeuteten Sachverhalt ausgehen, daß der Mensch nicht wie das Tier oder der Gott in sich voll-endet ist. Diese abhebende Bestimmung ist – das wurde mehrfach betont – positiv und negativ zugleich. Sie stellt die *Sonderstellung* des Menschen heraus. Der Mensch muß sein Leben selbst führen; er ist zugleich – dies ist ein Indiz der Freiheit – mit allen daran hängenden Bestimmungen, wie Verantwortung und Entscheidung, die dem Tier gegenüber einen Fortschritt darstellen, dem Gott gegenüber aber ein Minus bedeuten – Gott ist nicht zweideutig – belastet.

Es kommt im Hinblick auf die Ethik darauf an, sich klarzumachen, daß die Tendenzen, durch die das Nichtfestgelegtsein bestimmt ist, *nicht* zu vermitteln sind. Der Sinn der folgenden Analyse ist es, dies herauszustellen und zu zeigen, daß die Ethik, wie schon angedeutet, nicht ontologisch gesichert werden kann.

Unterscheidet man die Tendenz zur *Weltbindung* und die Tendenz zur *Weltunabhängigkeit*, so ist diese mehrfach herangezogene Differenz keine freie Erfindung, sondern stützt sich auf die Geschichte, die deutlich einen Einschnitt zeigt. Weltorientierung wird zu Beginn der Neuzeit zugunsten der Weltdistanz, das heißt der Freiheit, aufgehoben. Dies bedeutet kein Ausschalten des anderen Faktors. Beide überkreuzen und ergänzen sich, und zwar von jeher, weil Weltbindung ebenso in der Epoche der Freiheitsorientierung erhalten bleibt, wie umgekehrt Freiheit auch in Zeiten der Weltbindung, so als Phänomen der Entscheidung, wirksam ist.

Es kommt nicht auf die Namengebung dieser beiden Tendenzen an. An die Stelle des in ihnen angesprochenen Weltbezuges könnte an sich auch der Selbstbezug mit seinen gegensätzlichen Tendenzen gesetzt werden. Wir gehen aber von der historischen Tatsache eines *gewissen Vorrangs der Welt* im orientierenden Bewußtsein aus und verstehen hier unter Welt das Ganze des Seienden, dem sich der Mensch zurechnen muß, das er jedoch problematisierend in Frage stellen kann.

In der Tendenz zur *Weltbindung* sucht das Subjekt sich an die Objekte zu halten, das heißt, sich an ihnen zu orientieren und sich als vorgegeben zu erfassen. Dieser Grundzug ist ebenso legitim wie der entgegengesetzte, sich von der Welt zu lösen. Diese Tendenz zur *Weltlosigkeit* vollzieht sich in einem Gedankenexperiment, das nie reale Erfüllung findet. Aber dies Experiment bezeugt die Möglichkeit eines problematisierenden Denkens, das nicht zum Abschluß kommt, weil die Subjektivität das welthaft Seiende und sich selbst *infinit zu reflektieren* vermag. Beide Tendenzen sind nicht, wie schon angedeutet, in einer höheren Einheit zu vermitteln. Die Subjektivität kann sich nicht von einem Außerhalb ihrer selbst zu ihren Möglichkeiten einsetzen, weil sie faktischer Selbstvollzug ist. Allerhöchstens läßt sich von einer indirekten Vermittlung reden, in der Weise, daß bei der einen Tendenz immer schon die andere in der Form des Gegenzuges wirksam ist. Es handelt sich also um Tendenzen, die nie rein, sondern eben immer dialektisch-zweideutig auftreten.

Wenn man dies begreift, so muß man erkennen, daß *Metaphysik* als eine eindeutig geschlossene Ontologie ein *fragliches Unternehmen* ist. In großartiger Weise hat *Kant* dies Problem der Widersprüchlichkeit unserer Weltauslegung in bezug auf die möglichen Grundkonzeptionen in seiner Antinomienlehre untersucht. Diese *Antinomien* sollen die Metaphysik problematisieren. Dies sei kurz in Erinnerung gebracht.

Untersucht man Kants Ausführungen, so sieht man deutlich, daß die These auf ein Un-bedingtes aus ist, das heißt auf ein *Erstes* oder *Letztes*, was feststeht und fraglos ist als Grund der Bedingungen. Gemäß den großen Grundansätzen der Metaphysik handelt es sich um *kosmologische*, *psychologische* und *theologische* Leitbestimmungen: Welt hat einen Anfang und ist begrenzt, die Seele ist unsterblich und es gibt einen Urheber alles Seienden.

Dem *Hang zur Festgelegtheit*, der sich im Feststellen von Anfang und Unbedingtheit zeigt, steht nun aber die *Antithese als Gegentendenz* entgegen: es geht immer weiter im Sinne der Unendlichkeit, es gibt keine Grenze und keinen Abschluß, man kann nicht die Reihe der Bedingungen durch einen postulierten Gott abbrechen, und man darf das begleitende Selbstbewußtsein, die transzendentale Apperzeption, nicht zum Anlaß nehmen, das menschliche Ich als substantielles Etwas auszudeuten.

Es wäre verkehrt, diese Antithese als eine Aussage, die im Geiste der Wissenschaft geschieht, zu verstehen und die Wissenschaft als Grundmöglichkeit gegen die Metaphysik anzusetzen, das heißt, das Problem sozusagen durch Gebietseinteilung zu lösen. Es mag sein, daß Kant selbst als neuzeitlicher Denker, der die Wissenschaft als einen Fortschritt ansetzt, zu einer solchen Differenzierung neigt, aber es geht auf das Wesentliche hin gesehen um die Grundtendenzen, durch die der Mensch sich und seine

Weltstellung ausdeuten will. Und hier zeigt sich: *der Mensch sucht etwas, woran er sich halten kann, das heißt, er will sein Nichtfestgelegtsein aufheben oder zumindest einschränken, aber dagegen setzt sich immer die Gegentendenz durch, als problematisierende und hinterfragende Reflexion, die immer weiter treibt und ins Haltlose führt.* Davor hat man sich zurückzuhalten. Wir zitieren die berühmte Stelle, in der Kant diese Forderung des Zurückhaltens aufstellt.

Am Schluß des Abschnittes, in dem Kant den kosmologischen Gottesbeweis kritisiert, heißt es: »Die unbedingte Notwendigkeit, die wir, als den letzten Träger aller Dinge, so unentbehrlich bedürfen, ist der wahre Abgrund für die menschliche Vernunft ... Man kann sich des Gedankens nicht erwehren, man kann ihn aber auch nicht ertragen: daß ein Wesen, welches wir uns auch als das höchste unter allen möglichen vorstellen, gleichsam zu sich selbst sage: Ich bin von Ewigkeit zu Ewigkeit, außer mir ist nichts, ohne das, was bloß durch meinen Willen etwas ist; *aber woher bin ich denn?* Hier sinkt alles unter uns, und die größte Vollkommenheit, wie die kleinste, schwebt ohne Haltung bloß vor der spekulativen Vernunft, der es nichts kostet, die eine so wie die andere ohne die mindeste Hindernis verschwinden zu lassen«.[1]

Die von Kant herausgestellte Dialektik ist der Widerspruch von *Endlichkeit* und *Unendlichkeit*, wobei Endlichkeit einen positiven Sinn hat: faßbar und begrenzt und vollendet in sich ruhend. Daß der Anfang der Geschichte durch die Entscheidung für die These bestimmt ist, haben wir mehrfach betont. *Parmenides* legt das Denken auf das Sein fest und schließt das Nichts aus. Er will die Beunruhigung über den faktisch gebrochenen Seinsbezug der Subjektivität beheben, indem er das problematisierende Denken als verfehlt proklamiert. Problematisierendes Denken wird als nichtiges Denken gekennzeichnet. Denken ist – positiv bestimmt – als *Erkennen* zu interpretieren. Das ist der Sinn der These von der Einheit des Denkens und des Seins.

Es ist hier nicht unsere Aufgabe, diese Dialektik von Endlichkeit und Unendlichkeit weiter zu verfolgen. Daß sie die Geistesgeschichte bestimmt und zwar in der Form, daß sich die These der Endlichkeit im positiven Sinne in der Tendenz zur Weltbindung konkretisiert, von der her sich die Subjektivität versteht, und daß die These der Unendlichkeit als Tendenz zur Weltlosigkeit unter das Signum der Freiheit gestellt wird – es soll immer weitergehen –, ist nicht zu leugnen; ebenso offensichtlich aber ist es, daß sich die Begriffe *verkehren*: ist »endlich« zunächst als positives Prädikat gemeint gegen die Unendlichkeit als ein Sichverlieren im Grenzenlosen, so wird die Endlichkeit später negativ abgewertet, sie gilt als Freiheit behinderndes Gebundensein und Eingeschränktheit.

Entscheidend ist, überblickt man die gesamte Entwicklung, daß für das Ich beide Tendenzen in ihrer Gegensätzlichkeit konstitutiv sind, nicht nur in »objektiver« Weise von den Vermögen her – Gebundenheit zeigt sich in der Körperlichkeit und Ungebundenheit in der Möglichkeit des transzendierenden Denkens –, sondern auch in bezug auf das Selbstverständnis des Ichs: das Ich kann sich selbst in Frage stellen in einer radikalisierenden Reflexion und solchermaßen sein Nichtfestgelegtsein als die *Aporie* seiner selbst erfahren. Um diese radikale Selbstreflexion zu verstehen, muß man sich klarmachen, daß die Reflexion und insbesondere die Selbstreflexion ein unendliches Verfahren ist. Es gibt keine Möglichkeit, die verschiedenen Ansätze der Selbstreflexion in eindeutiger Form auf einen begrifflichen Nenner zu bringen, und es gelingt auch nicht, zwischen ihnen eine verbindliche Rangordnung herzustellen. Am legitimsten wird Struktur und Wesen der Selbstreflexion durchsichtig gemacht werden können, wenn von der Selbstreflexion im Sinne des *alltäglichen* Umganges mit sich selbst ausgegangen wird und die *philosophische* Selbstreflexion als ein Sonderfall der Reflexion verstanden wird, ein Sonderfall, der aber nicht nur ein eigenes Gewicht, sondern auch so etwas wie eine eigene Gesetzlichkeit zu entwickeln scheint, und der – das ist entscheidend – die Tendenz hat, sich vom Leben abzutrennen.

Diese Tendenz ist einerseits legitim, andererseits stellt sie die Gefahr eines Irrweges dar. Legitim ist es, daß der Reflektierende sich in einer philosophischen Besinnung auf sich selbst richtet und die Struktur der Reflexion nicht nur in ihrer Wirklichkeit, sondern auch ihrer Möglichkeit nach zu klären sucht. Die alltägliche Reflexion nimmt sich gleichsam hin, das heißt, sie setzt das reflektieren könnende Ich voraus, während die philosophische Reflexion diese Naivität aufzuheben sucht. Das ist ein wesenhafter Unterschied, der den *Übergang* von der alltäglichen zur philosophischen Selbstreflexion als einen *Bruch* erscheinen läßt. Andererseits muß dieser Übergang aber als natürlich angesehen werden: es gehört zur Reflexion, *unendlich* zu sein, das heißt, immer weiter und tiefer zu fragen und solchermaßen eben auch die Möglichkeit der Reflexion selbst zu thematisieren.

Die *philosophische Selbstreflexion* ist in radikaler Weise durch Kant und den Deutschen Idealismus eingeleitet worden, und zwar als ein Problem des absoluten Anfanges, der sich als *absolute Freiheit der Selbstsetzung* etabliert. In der *»Kritik der reinen Vernunft«* erklärt Kant, daß man vom Ichbewußtsein her keine Fundierung der traditionellen Seelenlehre durchführen könne. Die Subjektivität ist keine Substanz, die für sich besteht. Der »Natur unseres denkenden Wesens« können wir nichts anderes zugrunde legen »als die einfache und für sich selbst an Inhalt gänzlich leere Vorstellung: *Ich*; von der man nicht einmal sagen kann, daß sie ein Begriff sei, sondern ein bloßes Bewußtsein, das alle Begriffe begleitet. Durch dieses Ich, oder Er, oder Es (das Ding), welches denkt, wird nun nichts weiter, als ein transzendentales Subjekt der Gedanken vorgestellt = x, welches nur durch die Gedanken, die seine Prädikate sind, erkannt wird, und wovon wir, abgesondert, niemals den mindesten Begriff haben können; um welches wir uns daher in einem beständigen Zirkel herumdrehen, indem wir uns seiner Vorstellung jederzeit schon bedienen müssen, um irgend etwas von ihm zu urteilen; eine Unbequemlichkeit, die davon nicht zu trennen ist, weil das Bewußtsein an sich nicht sowohl eine Vorstellung ist, die ein besonderes Objekt unterscheidet, sondern eine Form derselben überhaupt ...«.[2]

Fichte und *Schelling* radikalisieren diese Fragestellung. Fichte sieht, daß das setzende Ich, um sich zu setzen, das heißt, Ich zu sagen, sich schon immer als setzenkönnendes voraussetzen muß. Fichte erklärt sehr instruktiv in »Versuch einer neuen Darstellung der Wissenschaftslehre«: *»Du mußt deinem gegenwärtigen, zum deutlichen Bewußtsein erhobenen Selbst-Setzen ein anderes solches Setzen, als ohne deutliches Bewußtsein geschehen, voraus denken, worauf das gegenwärtige sich beziehe und dadurch bedingt sei«*.[3] Und am Ende des idealistischen Denkens wiederholt Schelling die Einsicht in die Undenkbarkeit der Subjektivität noch einmal ausdrücklich. Schelling erklärt, daß die Vernunft – der Inbegriff der absoluten Subjektivität – sich selbst eben in ihrem Denkenkönnen als einer reinen Tätigkeit nicht mehr zu begreifen vermag. Sie muß sich in ihrem Daß, das doch das Daß ihres Selbstvollzuges ist, immer schon hinnehmen.

Um noch einmal den entscheidenden Sachverhalt herauszustellen, unterscheiden wir *drei Stufen. Erstens:* Der Geist, der sich entsubstantialisiert und ineins damit die Welt als Anderes aufhebt, *konstituiert sich selbst*. In dieser seiner Vermittlung begreift er sich als unendlich. Dieses Begreifen vollzieht sich innerhalb des Deutschen Idealismus, insbesondere im Denken Hegels, der diese Konstitution geschichtlich-systematisch als das Zusichkommen des Geistes darstellt. *Zweitens:* Dieser solchermaßen sich auf sich selbst stellende Geist *entdeckt sich als Zirkel:* daß er selbst nichts anderes als dieser sich in sich zusammenschließende Kreis ist. In diesem Zirkel erfährt sich der Geist selbst auf sein eigenes »Zu-Sein« schon immer verwiesen. Er erkennt, daß er sich zu seinem Sichsetzen nicht noch einmal vom Außerhalb seiner selbst einsetzen kann – er ist, wenn man einmal eine Bestimmung Sartres aufnehmen darf, zu seinem Seinsvollzug schon immer »verurteilt«. Bereits innerhalb des Deutschen Idealismus wird mit den Mitteln der Selbstreflexion der Umschwung zum Sein als der endlichen Faktizität vollzogen: der Geist erfährt *sich selbst* als seines »Zu-seins« nicht mächtig. *Drittens:* Diese Entdeckung des sich in seinem Vollzuge als endlich und wirklich erfahrenden Geistes führt dann dazu, *das Denken zu entwerten.* Der Nachidealismus zeigt die Stufe der Philosophie der Subjektivität an, auf der das Subjekt nicht mehr denkendes Subjekt, sondern *seiendes* Subjekt ist. Aber dies seiende Subjekt ist entsubstantialisiert. Es ist nicht mehr Seiendes im Sinne des dinglich Vorhandenen, sondern sein Subjektsein ist die undenkbare Wirklichkeit, die es seiend zu vollziehen (zu-sein) hat.

Wir können dieser Problematik hier nicht weiter nachgehen.[4] Es sei nur darauf hingewiesen, daß innerhalb der Philosophie die Idee der *Dekonstruktion* der Subjektivität auch in der Gegenwart thematisiert wird, daß sie aber keineswegs zu einer Ausklammerung der Subjektivität führt. Das Subjekt entgeht sich und geht in den Zustand des Schwebens über. Das Sich-entgehen kann phänomenologisch als Phänomen der Zeitigung verstanden werden. Nach dem Vorgang Husserls haben hier französische Philosophen angesetzt. Insbesondere ist auf *Jacques Derrida* zu verweisen. Derrida hat herausgestellt, daß das Subjekt sich nie in seiner Präsenz, genauer: in seiner Selbstpräsenz, wirklich haben kann. Das sich suchende Subjekt verspätet sich immer, oder es ist sich immer schon vorweg, idealistisch formuliert: als setzendes hat es sich nie als gesetztes und umgekehrt. Derrida spricht von der différance und bestimmt sie als Grundbedingung der Subjektivität. »Diese Bewegung der différance kommt nicht zu einem transzendentalen Subjekt hinzu. Vielmehr erzeugt sie dieses erst. Die Selbst-Affektion ist keine Erfahrungsmodalität, die ein bereits zuvor als Selbst verfaßtes Seiendes charakterisierte. Sie bringt das Selbst als Beziehung zu sich in der Differenz mit sich, das Selbst als das Nicht-Identische hervor«.[5]

Dieser Ansatz kann dann wiederum bedeutsame Folgen haben. Er vermag zu einer Art *Dauerreflexion* zu führen, in der sich das Ich als unendliches Forschungsfeld entdeckt. Man reflektiere nur einmal im nachhinein, was man so im Verlauf eines Tages »zusammengedacht« und »zusammenphantasiert« hat. Es ist wirklich ungeheuerlich. *J. Joyce* hat eine Beschreibung der Subjektivität von innen her versucht. Aber natürlich ist es unmöglich, auf tausend Seiten die Gefühle und Gedanken, die einen so im Verlauf eines Tages »bewegen«, zu beschreiben, dazu brauchte man weit mehr Raum, und schließlich und vor allem: das Beschreiben – vom philosophischen Begreifen ganz abgesehen – glückt nie so recht: *man ist sich schon immer entgangen.*

Neben Joyce haben *Kafka* und *Musil*, aber insbesondere *Beckett* diese Destruktion des Ich eindrücklich dargelegt.[6] Hier zeigt sich, daß die zweideutige Entdeckung der alles übergreifenden problematischen Reflexion, wenn sie sich auf das Ich bezieht, zu dessen *Entmachtung* führt. Es ist – ethisch gesprochen – nicht mehr Herr im eigenen Hause und kann sich nicht steuern. Damit ist auch die Möglichkeit der Täuschung gegeben und der Zweideutigkeit: man ist, mit Sartre gesprochen, was man nicht ist und umgekehrt. Die Kategorie der Potentialität wird wesentlich, aber nicht im Sinne des einfachen Könnensbewußtseins, sondern im negativen Sinne der Vieldeutigkeit der endlosen Reflexion. Auch hier ist die mögliche Folge sehr verhängnisvoll: der positive Gedanke der Lebensentwicklung, der unter der Idee der entelechialen Ganzheit steht und mit dem Gedanken der Identität und Individualität verbunden ist, schwindet dahin. Unter Umständen kommt es zu einem Prozeß, in dem das Ich nicht mehr sein Mich findet, sondern zerfällt, davon wird zu reden sein.

Diese hier nur angedeuteten Phänomene unterstehen den *geschichtlichen Wandlungen* und den sich in ihnen zeigenden grundsätzlichen Möglichkeiten. Gleichwohl sind sie durch den Wandel nicht in der Weise betroffen, daß frühere Phänomene endgültig verschwunden wären. Es gibt Ungleichzeitigkeiten im Gleichzeitigen; und vor allem: es gibt, systematisch gesehen, sich durchhaltende Grundkonstanten, die eben den gebrochenen Weltbezug als solchen kennzeichnen. Im Hinblick auf die folgenden Analysen suchen wir dies ein wenig genauer zu verdeutlichen.

Die von uns herausgestellten Grundtendenzen der Weltbindung und der Weltdistanzierung treten in der geschichtlichen Entwicklung in *differenten Ausformungen* auf. Dies gilt es sich klarzumachen, wenn man die Wirkungsweise dieser Tendenzen adäquat begreifen will. Wir zeigen dies zunächst in bezug auf die Tendenz zur *Weltbindung* auf.

Weltbindung kann erstens positiv als Einfügung in eine Weltordnung gedeutet werden: der Mensch versteht sich als endlich Seiendes unter anderem Seienden. Zweitens kann Weltbindung den Vorgang der Verdinglichung anzeigen, der negativ als Knechtschaft, positiv als Berechenbarkeit des Verhaltens ausgedeutet werden kann. Weltbindung kann drittens unter die Bestimmung Naturalisierung gebracht werden: der Mensch versteht sich wesentlich als Naturwesen und Naturprodukt, auch – um ein extremes Beispiel zu geben – in dem Sinne, daß er zur anorganischen Natur zurückkehren will (Todestrieb). Viertens: Weltbindung konstituiert sich unter dem Aspekt der Welt des Miteinander als Bindung an die anderen.

Diese Möglichkeiten gewinnen Gestalt und verändern sich gemäß den geschichtlichen Gesamtkonstitutionen. Die *erste Möglichkeit* der Weltbindung zeigt sich in der *antiken Philosophie:* der Mensch nimmt zwar eine gewisse Sonderstellung ein, er kann im Gegensatz zur Natur irren, aber die Welt als Natur und Geschichte wird von dem Gedanken bestimmt, daß Mitte und Maß regieren. Wesentlich ist die Orientierung an der Idee der Voll-endlichkeit: der *Entelechie.* Alles Seiende ist von ihr bestimmt, auch das künstlich Seiende, das Ding, ruht in sich selbst als Einheit von Form und Inhalt – wir haben bei der Bestimmung des Objektes auf diesen positiven Dingcharakter hingewiesen.

Gänzlich anders ist der *zweite Ansatz,* der sich vor allem im *späteren 19. Jahrhundert* durchsetzt. Objektivieren heißt zum Objekt machen, eine Welt erstellen, die beherrschbar und berechenbar ist. Das Subjekt ist hier am Werk, aber in der gegensätzlichen Weise, daß es sich einerseits als denkend aus dem Weltzusammenhang herausnimmt (Descartes), und daß es sich andererseits *selbst objektiviert* und zwar schließlich so radikal, daß es sich keine Sonderstellung mehr einräumt. Aber die Spannung bleibt, der Vorgang des Objektivierens ist ja vom Subjekt gesteuert und gründet in dessen Überlegenheit. Gleichwohl: das Subjekt will sich eben selbst ganz und gar versachlichen. Die Tendenz ist hier leitend, eine welthafte Ordnung herzustellen, die auf einer *Transformation der natürlichen Welt* beruht.

Die *dritte Möglichkeit* setzt die Welt wesentlich mit der *Natur* gleich. Dieser Ansatz durchwaltet in verschiedenen Ausformungen die Entwicklung. Im 19. Jahrhundert radikalisiert er sich. Die Sonderstellung des Geistes oder gar seine Existenz wird abgestritten. Die *Naturalisierung* kann sehr verschiedene Grade und Ausformungen haben. Sie kann wissenschaftlich fundiert werden, so in der Entwicklungslehre von Darwin, oder metaphysisch ausgedeutet werden, wie es Schopenhauer und Nietzsche versuchen. Hier zeigt sich besonders deutlich, daß man nur von einer Tendenz reden kann, denn eine restlose Naturalisierung der Subjektivität gelingt nicht. Diese bleibt in der gegebenen Natur ein Fremdkörper, insofern sie reflektiert. Um noch einmal auf *Freud* hinzuweisen: der späte Freud unterscheidet ja Todestrieb und Eros. Beide Triebe werden naturalistisch vom Vorbild der Biologie her entwickelt. Gleichwohl: die Tendenz zur Weltgebundenheit ist hier eigentümlich radikalisiert: man will nicht nur zur Natur überhaupt, sondern zur anorganischen Natur zurückkehren. Die *Verdinglichungstendenz als Entmachtung des Menschen* findet hier ihre Vollendung. Insofern diese Tendenz als Destruktion und Aggression auch auf andere angewandt wird, setzt sich in dieser Anwendung die Egoität als bestimmend durch – wir werden auf diese Möglichkeit der Annihilation in der Erörterung des Bösen zurückkommen.

Die *letzte Möglichkeit:* Weltbindung als Bindung an die *anderen* ist in der ganzen Geschichte wirksam. Aber auch sie tritt erst im späteren 19. Jahrhundert radikaler hervor: die *zwischenmenschliche Welt erhält einen Vorrang.* Man orientiert sich nicht an sich selbst, sondern am Anderen, am *generalisierten Anderen,* oder am *Du.* Diese Orientierung zeigt in ihren Ausformungen, daß es sich hier um den Vorgang der Sicherung handelt. Nachdem die Möglichkeit der metaphysischen Sicherung durch ein höchstes Wesen fraglich geworden ist, tritt nun die andere Subjektivität eben als das Objekt heraus, an dem man Orientierung und Halt sucht. Freilich gilt: der Andere ist Subjekt wie ich und das heißt ein zweideutiges Wesen. Orientierung und Halt im zwischenmenschlichen Bereich sind nur relative Größen.

Überblickt man die angedeuteten Möglichkeiten unter dem Aspekt der Sicherung, das heißt, setzt man Weltgebundenheit und Weltvertrauen in Bezug, so zeigt sich ein merkwürdiges Bild: Weltbindung beruht nicht eindeutig auf Weltvertrauen, wie in der ersten Stufe; sie kann auch auf die Subjektivität, die Welt umschafft, zurückgeführt werden; vor allem aber: Weltzuwendung kann sich – siehe die dritte Stufe – gerade gegensätzlich als Steigerung der Negativität auswirken, als Ausschaltung selbstbewußter Freiheit im Übergang zur Naturalisierung.

Sucht man nun die Gegenposition: die Tendenz zur *Weltdistanzierung* und *Weltlosigkeit* näher zu bestimmen, so bietet sich auch hier in den Ausformungen ein sehr buntes Bild, aber die »Gründe« dieser Tendenz sind relativ einheitlich: Erwachen des *Freiheitsbewußtseins* und Verstärkung der *Reflexion,* beides verstanden als *Steigerung des Selbstbewußtseins.* Auch hier regiert zunächst Positivität: Selbstvertrauen und, dadurch vermittelt, Weltvertrauen: wir bauen eine neue Welt auf. Dieses Bewußtsein aber ist im Gegensatz zu einem Weltvertrauen, für das Welt eine vorgegebene Ordnung ist, ambivalent, insofern es durch Freiheit bestimmt ist. Der Wille als liberum arbitrium und möglicher oder wirklicher Gegenzug zu allem Vorgegebenen wird entdeckt.

Setzt man diese Idee der *freien Subjektivität* zu den oben dargelegten Möglichkeiten der Weltbindung in Bezug, so erkennt man, daß sie in der Antike noch nicht deutlich hervortritt, insofern hier an der Vorgegebenheit der Ordnung festgehalten wird. Dagegen sind die Möglichkeiten des Objektivierens und der Naturalisierung immer schon von Subjektivität und Reflexion bestimmt. So steht der Todestrieb als der Trieb der Selbstauslöschung des Ichs in innerer Verbindung mit dem reflexiven Ausdenken von Vernichtungsmöglichkeiten überhaupt. Bei der Bestimmung dieser Tendenzen muß man, wenn man nicht von einer absoluten Subjektivität ausgeht, immer beachten, daß die Tendenz zur Weltlosigkeit, ob sie nun zweifelnd oder transformierend ausgerichtet ist, nie eine freie Schöpfung aus dem Nichts ist. Die Welt ist vorgängig, und insofern bleibt die Subjektivität hier faktisch weltgebunden.

Die vielfältige Entdeckung der *Unkraft der Subjektivität* in sich selbst in moralischer, ontologischer und biologischer Hinsicht führt nun ihrerseits dazu, die Idee der Herrschaft der Subjektivität abzuschwächen. Das bedeutet nicht, daß die Subjektivität als solche ausgeschaltet wird. Es gibt auch und gerade ein Festhalten, besser: ein Nichtloskommen der Subjektivität von sich selbst, wenn sie unter das Signum der Negativität gerät. Auch diese Möglichkeit ist, seit die Subjektivität auftritt, immer schon anvisiert worden, zumindest steht sie hinter der Frage, wie man sich grundsätzlich zu sich selbst verhalten soll, ob man zu sich selbst freundschaftlich oder feindlich eingestellt sein muß. Man kennt sich ja im Grunde genommen eigentlich nicht, wie Sokrates am Anfang des platonischen »Phaidros« erklärt.

Wir brechen diese sehr vorläufigen Hinweise ab und betonen noch einmal: es ist nicht möglich, für die Subjektivität eine endgültige Ontologie zu erarbeiten. Es geht um eine verquere Ontologie, die jede festgelegte Ontologie, die sie doch irgendwie voraussetzt, destruiert, indem sie die *Aporien* und *Schwierigkeiten* des gebrochenen Weltbezuges darlegt. *Konstruktion und Dekonstruktion bedingen sich in bezug auf die Subjektivität gegenseitig, sie greifen, sich überschneidend, ineinander über.*

Es ist nun zu fragen: Wie kommt es von dieser verqueren Ontologie zur Moral? Daß zwischen Ontologie und Moral Unterschiede walten, ist offensichtlich. Es ist möglich, eine positive oder negative Ontologie zu entwerfen ohne Rücksicht auf die Moral. Sartre erklärt mit Recht: »Die Ontologie kann keine ethischen Vorschriften erlassen. Sie beschäftigt sich einzig und allein mit dem, was ist, und es ist nicht möglich, aus ihren Indikativen Imperative abzuleiten.« Sartre fährt aber ebenso mit Recht fort, daß die Ontologie eine Mutmaßung abgibt, »wie eine Ethik aussehen würde, die sich ihrer Verantwortlichkeit angesichts einer menschlichen Realität in Situation bewußt ist«.[7]

Es muß in der Tat solche *Übergänge* von der Ontologie zur Moral geben, sowohl in theoretischer als in praktischer Hinsicht, wobei beide Sichten zwar nicht zusammenfallen, aber auch nicht zu trennen sind. Die Antwort in theoretischer Hinsicht, die gleichsam die Möglichkeit und die Notwendigkeit der Moral zeigt, ist durch die Zweideutigkeit des gebrochenen Weltbezuges gegeben. Das Verhältnis von Ich und Welt, Natur und Geschichte und vor allem die Bezüge in der Menschenwelt zeigen sich als ungesichert, und es geht darum, sie zu *stabilisieren*. Es ist, wie schon angemerkt, von der Tatsache auszugehen, daß jeder Bezug unter einer Skala von Wertungen steht, die sich zwischen Extremen bewegen. Hier stoßen wir wieder auf den entscheidenden Sachverhalt, daß der Mensch wesenhaft *ur-teilend* ist. Indem er sich als das auseinandersetzende, und das heißt als das trennend-vermittelnde Wesen konstituiert, tritt er immer schon in Ur-Teilung und Wertung ein.

Das urteilende Verhalten gründet in der Reflexion, die in Graden der Radikalität auftretend als grundsätzliches Merkmal gefaßt besagt: der Mensch *ver-hält* sich, das heißt, er geht nicht einfach »darauf los«, sondern bedenkt seine Lage und richtet sein Tun angesichts seiner Ungesichertheit aus.[8]

Hier meldet sich eine unabwendbare Frage: *Woher kommt eigentlich die Negativität?* Auch hier muß die Antwort mehrdeutig sein. Einmal ist offensichtlich: Negativität ist durch die Weltstruktur bedingt, wie sie sich in der Natur zeigt, und wie sie sich auch in der vielfältigen Anlage des Menschen auswirkt. Der Mensch ist ein *Mängelwesen*, biologisch nicht gut ausgestattet, wie es schon der platonische »Protagoras« darlegt. Aber: wie man sie auch begründet, ob naturalistisch als unvermeidbar oder als moralisch und verschuldet: Negativität wird auch und zwar in hohem Maße *vom Menschen produziert;* darin sind sich alle einig. Angesichts dieser differenten Situation gibt es ebenso differente Beurteilungen, nicht nur für den Einzelfall, sondern für die Gesamtlage. Ein Extrem besagt: es ist im Grunde trotz aller Negativität alles in Ordnung, man soll sich nicht zuviel Gedanken machen und in Pessimismus verfallen. Schon die rituellen und mythischen Weltanschauungen schreiben bestimmtes Verhalten vor, um das Weltvertrauen zu fördern und die Lebensweltethiken folgen ihnen in dieser Hinsicht. Die gegensätzliche Meinung besagt: die Welt liegt im argen, man muß sie zu verbessern suchen, und wenn dies nicht gelingt, zieht man sich am besten zurück oder verzichtet zumindest auf den Erfolg.

Beurteilung und Handlung bedingen sich gegenseitig, und vor allem: sie sind außerordentlich vielseitigen Motiven und Aspekten unterstellt. Das Verhalten ist ja nicht nur moralisch motiviert und moralisch zu beurteilen. So ist *technisches* und *ästhetisches* Verhalten sui generis. Oder, um ein Beispiel aus der Vermögenspsychologie zu geben: die Gefühle von Lust und Unlust sind weithin physisch bedingt – Schmerz und Freude kennen auch die Tiere. Die Wertbegriffe sind eigentümlich unbestimmt und weit. Das Wort *»gut«* ist besonders vielfältig verwendbar: Der Wein ist gut, das heißt, er schmeckt mir; A hat eine gute Tat getan, das ist von allen anzuerkennen. Die vieldeutige Verwendung weist auf die Tatsache hin, daß Reflexion und Urteil unendlich sind. Die *Urteile* beziehen sich nicht nur auf verschiedene Dimensionen, sondern können auch mehr oder weniger in mitmenschlicher Hinsicht schwanken: sie können dem Üblichen entsprechen, *»nachgesagt«* werden, oder der eigenen Überlegung entspringen. *Sein und Sollen sind zu unterscheiden und gehen doch ineinander über.*

Um noch einmal auf den Begriff gut zurückzukommen: »Gut« kann besagen, etwas ist in Ordnung im Sinn des subjektiv Angenehmen und Nutzbringenden, aber auch im Sinn des objektiv Geordneten und Vorliegenden. »Gut« kann aber auch auf das zukünftige Verhalten bezogen werden, auf einen Zustand, der erst erstrebt werden soll. Die Grenze zwischen Vorgegebenem und Gesolltem, Gefordertem und Gewünschtem verschiebt sich dauernd, *da es ja keine wirklich feste eindeutige Ordnung gibt.*

Entsprechendes gilt für den Gegenbegriff zu »gut«: *»schlecht«* und »böse«. Hier wirkt sich der geschichtliche Wandel aus. Nach *griechischem* Weltverständnis ist »schlecht« privatio boni, das heißt Mangel an Sein. Nach *christlichem* Denken ist das Böse eine eigenständige Macht, die aktiv eingesetzt werden kann. Der historische Gegensatz wirkt auch bis in unseren Alltag hinein. So gibt es selbstverständlich erscheinende moralische Verurteilungen, die bestimmtes Verhalten als böse charakterisieren, so zum Beispiel Kindesmißhandlungen und Lust an der Grausamkeit, mit der andere gequält werden.

Der Bereich der Moral ist nicht genau einzugrenzen. Er stellt sich für uns wesentlich im *zwischenmenschlichen* Verhalten dar. Er ist nicht mehr wie in der Metaphysik und der religiös bestimmten Epoche primär an dem Verhalten zu Gott orientiert. Auch die sogenannten Pflichten gegen uns selbst, die Kant durchaus als wesentlich darstellt, sind für uns keine primären Anliegen, das heißt natürlich keineswegs, daß nicht ethische

Antriebe positiver und negativer Art aus uns selbst kommen, sondern daß zum Beispiel Pflichten gegen uns selbst als animalische Wesen, die die Selbstentleibung verbieten, problematisch geworden sind. Wir werden auf den Selbstmord noch zurückkommen.

Zu der Dimension der Ethik, die das zwischenmenschliche Verhalten betrifft, ist als ein neuer Bereich der Ethik in der Gegenwart das Verhalten zur *Natur* »dazugekommen«. Hier zeigt sich: Ethik entspringt weithin *pragmatischen Erwägungen:* unser Verhalten zur Natur kann nicht mehr im Sinne der einfachen Ausnutzung der Natur weitergeführt werden. *Das Gebiet der Ethik weitet sich aus.* So ist die *Wissenschaft,* die für Aristoteles nicht der Ethik unterstand, für uns keine wertfreie Dimension mehr. Die Superstrukturen stellen sich als dialektische Wirklichkeit dar: wir werden ebenso vermittelt wie wir vermitteln, und hier meldet sich die bedrückende Frage, wieweit die Möglichkeiten unseres Tuns reichen.

Wir suchen nun die Grundstrukturen des menschlichen Verhaltens unter »ontologisch-anthropologischem« Aspekt zu erörtern, wobei der Grundgedanke ist, daß dieser Aspekt sehr weit und von der reflektierenden Beurteilung, in der der Mensch zu sich selbst Stellung nimmt, in hohem Maße abhängig ist. Die folgenden Analysen greifen auf traditionelle Ansätze zurück. Dies besagt keineswegs, daß wir diese Ansätze fraglos übernehmen wollen, aber in ihnen ist der Bereich der Subjektivität detailliert ausgeformt worden und deswegen können sie auch in der Gegenwart noch hilfreich sein.

II. Zur Unterscheidung von Geist und Körper. Zum Problem des Todes

In der Tradition gilt der Mensch als ein *Zwischenwesen,* das zwischen Tier und Gott steht. *Er ist eine Synthese von Leib, Seele und Geist.* Seele und Geist sind vom Körper zu unterscheiden. Wir wiesen mehrfach darauf hin, daß diese traditionellen Begriffe für uns belastet sind. Wenn man die wirklichen Möglichkeiten der Subjektivität untersuchen will, sind diese Termini aber nicht zu vermeiden. Es ist durchaus möglich, sie zunächst als *hypothetische Sammelbegriffe* für die einzelnen Vermögen anzusetzen. Es geht nicht um eine Definition der Seele oder des Geistes an sich; die Bedeutungen von Seele und Geist haben sich im Verlauf der Geistesgeschichte gewandelt. Wesentlich aber ist es, Seele und Geist anzusetzen, wenn anders man die höheren Vermögen – *Fühlen, Wollen und Denken* – in ihrem Bezug zueinander thematisieren will.

Auch diese Vermögen können nicht als feste Gegebenheiten angesehen werden. Es gibt zwischen ihnen fließende Übergänge. Gleichwohl: diese drei Vermögen haben nicht nur in der Tradition eine wesentliche Rolle gespielt, sondern gehören auch zum Grundbestand der Umgangssprache. Hier werden bei aller Unbestimmtheit doch deutliche Unterschiede zwischen Denken, Fühlen und Wollen gesetzt.

Faktisch haben auch die modernen Anthropologen und die modernen Existenzphilosophen, wenn sie *konkret* auf die menschlichen Möglichkeiten zu sprechen kommen, auf die genannten drei Grundvermögen zurückgegriffen. So steht Heideggers Interpretation der Existenz zwar im Gegenzug zu der Vermögenslehre. Gleichwohl ist nicht abzustreiten, daß die Stimmung etwas mit dem Gefühl, das Verstehen und die Erschlossenheit etwas mit dem Denken und die Entschlossenheit etwas mit dem Wollen zu tun hat. Seit Aristoteles haben sich die Namen für die philosophische Bestimmung der menschlichen Möglichkeiten und ihre ontologische Ausdeutung sicher gewandelt, die Vermögen unter dem Aspekt ihrer Leistungen sind sich aber wesentlich gleichgeblieben.

Gegen die modernen Versuche, die das bloße Verhalten thematisieren und die dementsprechend die Vermögen ableugnen wollen, ist zu sagen, daß die Reflexion, die die Subjektivität auf sich selbst und ihre Weltbezüge durchführt, die Vermögenslehre, die sie zur Erhellung dieser Bezüge ansetzt, ja durchaus – wie oben dargelegt – als *notwendiges Konstrukt* durchschaut.

Die Unterscheidung von Geist, Körper und Seele und die Einteilung in einzelne Vermögen ist sowohl im philosophischen als auch im alltäglichen Umgang dialektisch auf den oben entwickelten Gegensatz von *Unmittelbarkeit* und *Vermittlung* einerseits und *Anschaulichkeit* und *Begrifflichkeit* andererseits zu beziehen, wobei die Unmittelbarkeit und Anschaulichkeit die Ausgangspunkte des Verhaltens sind, wie es sich insbesondere im Nahhorizont darstellt.

Das bedeutet konkret, daß der Mensch zunächst im Umgang als Leib-Seele-Einheit auftritt. Diese Einheit ist und bleibt die Grundlage, wenn ich mit dem welthaft Seienden, vor allem mit den anderen Menschen umgehe, denn hier fungiere ich eben realiter immer als der *ganze Mensch*. Das Ich vermag nun reflektierend diese Einheit aufzuheben. Ich kann meinen *Körper* als solchen thematisieren. Diese Möglichkeit zeigt sich insbesondere in negativen Erfahrungen, wie dem Schmerz oder dem Altern. Der Körper folgt den Lebensgesetzen, die ich nicht willentlich beeinflussen kann. Diese biologischen Gesetze entziehen sich weitgehend der Selbsterfahrung. Sie sind dann »nur« Gegenstand einer rein objektiven Erforschung, die die vitalen Funktionszusammenhänge als die Grundlagen meines Daseins überhaupt untersucht, die meine Freiheit als bestimmte in biologischer Hinsicht ermöglichen.

Wie schwierig die *Abhebung* einer rein objektiven Erforschung von den subjektiven Erfahrungsmöglichkeiten ist, zeigt sich am Problem möglicher Wechselwirkung von seelisch-geistigen Vorgängen und körperlichen Zuständen, die einerseits der objektiven Außenbetrachtung unterliegen, aber andererseits auch *in Grenzen* vom Aspekt der Selbsterfahrung her zu thematisieren sind. Aber ob man die Aussagen der Wissenschaft, die im Detail oft unumstößlich erscheinen, zur Grundlage nimmt, oder die schwankende Selbsterfahrung: das Problem des Wechselbezuges als solches ist nach wie vor rätselhaft. Man kann es durch einen wissenschaftlichen Machtspruch lösen, indem man die seelisch-geistigen Prozesse als im Grunde materielle Vorgänge erklärt, oder zwischen beiden einen Gegensatz ansetzt und die biologischen Vorgänge nur als Bedingungen der geistigen Prozesse, nicht als deren Wesen ansetzt; von der *Selbsterfahrung* und der auf dieser aufbauenden Philosophie der Subjektivität her bleibt das Paradox, daß ich Einheit und Zweiheit zugleich bin, daß ich meinen Körper, den ich als materielle Grundlage meines Lebens *erfahre*, als letztlich ein Eigenleben führend ansetzen muß. Er untersteht dem Gesetz der Abnützung, und eines Tages sind die biologischen Vorgänge des Verfalles so weit fortgeschritten, daß ich sterbe.

Die Frage nach dem Verhältnis von Körper und Geist ist heute obsolet geworden. Es wird zwar nicht geleugnet, daß der Mensch Körper und Geist »hat«, daß beide voneinander verschieden sind und sich doch gegenseitig beeinflussen können. Die psychosomatische Medizin hat die Einwirkung des Seelischen auf den körperlichen Organismus herausgestellt und der Gebrauch von Psychopharmaka hat die uralte Lebenserfahrung, daß der Mensch sich durch physische Mittel seelisch und geistig beeinflussen kann, bestätigt. Diesen Tatsachen sucht man heute wesentlich in pragmatisch-praktischer Hinsicht beizukommen. Gleichwohl bleibt für die Wissenschaft, insbesondere die *Gehirnphysiologie*, die Frage nach dem Zusammenhang von Körper und Geist nach wie vor bedeutsam. Selbst wenn man dem Geist nicht eine Eigenexistenz zubilligt – wie dies der cartesianische Gehirnphysiologe *John C. Eccles* tut[9] –: Der Sachverhalt, daß ich mich als Geist auf meine physischen Bedingungen richten kann, und daß es gerade gilt, diese als notwendige Bedingungen in ihrer materiellen Struktur rein objektiv zu erfassen, ist nicht zu leugnen.

Es kommt, wenn die Analyse sachangemessen sein soll, entscheidend darauf an, einerseits die Einheit des Menschen im Umgang zu betonen und andererseits hervorzuheben, daß es natürliche Erfahrungen gibt, in denen die Differenz von Körper und Geist aufbricht, insbesondere handelt es sich hier um eine Grenzerfahrung, von der her die Ganzheit zum Problem wird. Dies ist der *Tod*. Der Tod erscheint dem naiven Bewußtsein nicht als ein Gang in ein absolutes Nichts. Ein solcher Umschlag ist unvorstellbar. Er erscheint als eine Umwandlung: der Mensch verliert seine Lebendigkeit und existiert nur noch als Abbild seiner selbst, d. h. als Psyche oder Geist. Seele oder Geist stellen hier den Menschen als Nicht-Lebendiges dar; aber dies Nicht-Lebendigsein ist eine eigene Seinsweise: der Tote als *kraftloser Schatten*.

Die entscheidende Umwandlung zur nächsten Stufe in der Entwicklung besteht darin, daß Seele und Geist ihren niederen Rang verlieren. Die Möglichkeit dieser Aufwertung liegt darin, daß man zu der Überzeugung kommt, daß Seele oder Geist, wenn sie nach dem Tod das Dasein des Menschen ausmachen, doch auch schon im Leben anwesend sein müssen, und zwar – darin besteht die Aufwertung – als *Lebensprinzip* und als *Prinzip von Tätigkeiten*, die *nicht körperlicher Art* sind oder nicht direkt auf vitale Vorgänge zurückgeführt werden können.

Beides, *Lebensprinzip* und *geistige Tätigkeit*, wird als nicht mehr vom Körper her erklärbar entdeckt. Damit ist der Anfang der Vermögenslehre gesetzt.

Platos Seelenlehre zeigt diesen Ansatz sehr erhellend auf. In seinen Dialogen trennt Plato Seele und Körper und zwar in der Weise, daß beide entgegengesetzte Tätigkeiten vollziehen. Der Körper, gleichsam als selbständiges Subjekt erscheinend, wird Träger der Verrichtungen, die aus dem Physischen kommen, wie Essen und Trinken, oder am Äußeren orientiert sind – es sind dies die Verhaltensweisen, die auf Sichtbares und dessen Erwerb gerichtet sind. Die Seele dagegen ist auf die nicht-sinnlichen Ideen bezogen. Im genaueren Sinn gilt jedoch die Seele *allein* als der eigentliche Akteur. Sie ist es, die sich dem Körper ausliefert oder umgekehrt den Körper sich unterwirft. Dies bedeutet: die Seele ist das *»Prinzip«* des Menschen, das heißt der Anfang als Wesensbestimmung. Der Seele kommt das Prädikat des »Von sich aus«, das heißt nicht nur der *Selbständigkeit*, sondern auch und vor allem der *Selbsttätigkeit* zu. Die Seele muß als das Tätige bestimmt werden, das *alle* Handlungsmöglichkeiten des Menschen, seien sie vernünftig oder unvernünftig, umfaßt.

Aristoteles differenziert den platonischen Ansatz und vollzieht damit die Grundlegung der bis zu Max Scheler gültigen abendländischen Anthropologie. Er setzt *Körper* und *Geist* als *Gegensätze* an und thematisiert in eins mit dieser Differenzierung den Gegensatz zwischen *Tier* und *Mensch*. Alle Phänomene der Lebendigkeit gehören der *biologischen* Sphäre zu, die vorzüglich durch die Tiere, die dem Gesetz der Sterblichkeit unterworfen sind, repräsentiert wird. Der Geist ist dem Lebenszusammenhang entnommen. Als *übernatürlich* erscheint er als das dem Leben geradezu entgegengesetzte

Prinzip. Jetzt bricht die »Verlegenheitsfrage« auf, wie man diesen Geist orten soll, und welche Seinsweise ihm zukommt. Die Auskunft des Aristoteles, der Geist trete von außen an den Menschen heran, ist ontologisch einleuchtend, insofern der Geist einer höheren Seinsstufe, dem *Göttlichen*, zugehört.

Das Problem meines Körpers oder wie man zumeist sagt: des *Leibes* ist in der gesamten klassischen philosophischen Tradition unter *metaphysisch-ontologischem Aspekt* und in eins damit in der Form einer Wertung abgehandelt worden. Die platonisch-christliche Tradition setzt Geist und Leib als Gegensätze an. Der Mensch ist ein widersprüchliches Wesen. Er hat an der reinen Vernunft, wie sie einem Gott zukommt, ebenso Anteil wie an der reinen Vitalität, durch die die Tiere bestimmt sind. Als *animal rationale* ist er auf der einen Seite dem Geistigen und auf der anderen Seite dem Leiblichen zugehörig. Dies bedeutet: der Mensch hat in sich selbst ständig den *Konflikt von Vernünftigkeit und Triebhaftigkeit* auszutragen.

Diesem ontologischen Ansatz entspricht die *Ethik der Tradition.* Nur im Aufstieg zum Göttlichen vermag der Mensch seine Erfüllung zu finden. Er muß sich dem Ewigen zuwenden, nur auf diese Weise vermag er die Triebe, die ihn an das Sinnliche und Äußere, das heißt, an das Irdische und Vergängliche binden, zu beherrschen. Daß der Geist oder die Vernunft nicht nur dem Rang, sondern auch der Kraft und der Stärke nach das maßgebende Prinzip im Menschen ist, diese Vorstellung ist für die gesamte klassische Ethik bezeichnend. Alles Tun ist ontologisch vorgelenkt und ausgerichtet von der Idee einer *dualistischen Seinsordnung*, der als einer Hierarchie der Mensch zu entsprechen hat und der er auch entsprechen kann, weil die ursprüngliche Macht in ihm der Geist ist.

Diese Voraussetzung, daß der Mensch wesentlich Geist ist und daß er als Geist einer höheren Welt angehört, von deren Ordnungsgesetzen her er sein ganzes Tun und Lassen zu dirigieren hat, wird im *späteren 19. Jahrhundert* fraglich. Vom späten Schelling und Schopenhauer zu Nietzsche und schließlich zur modernen Anthropologie und zur Psychoanalyse setzt sich in zunehmendem Maße die Meinung durch, daß Geist und Vernunft ohnmächtiger seien als die *Triebe.* Nietzsche erklärt: Nicht die Vergeistigung, sondern die *Verleiblichung* ist die Aufgabe, die dem Menschen gestellt ist.

Es gibt in der *neueren Philosophie* aber Ansätze, die die Einseitigkeit der Betrachtung zu vermeiden suchen. Wir verweisen auf *Schopenhauer* und die *moderne Anthropologie.* Schopenhauer erklärt, daß es zwei verschiedene Erkenntniszugänge zum Leib gibt. Auf der einen Seite ist der Leib und zwar nicht nur der fremde, sondern auch der eigene, *Gegenstand der Vorstellung*, ein im Raum vorhandenes materielles Etwas, das mechanisch und kausal erklärbar ist. Auf der anderen Seite ist er »jenes jedem unmittelbar Bekannte, welches das Wort *Wille* bezeichnet. Jeder wahre Akt seines Willens ist sofort und unausbleiblich auch eine Bewegung seines Leibes: er kann den Akt nicht wirklich wollen, ohne zugleich wahrzunehmen, daß er als Bewegung des Leibes erscheint ... und diesem entsprechend ist andererseits jede Einwirkung auf den Leib sofort und unmittelbar auch Einwirkung auf den Willen: sie heißt als solche Schmerz, wenn sie dem Willen zuwider; Wohlbehagen, Wollust, wenn sie ihm gemäß ist«.[10] Schopenhauer sucht herauszustellen, daß zwischen Leibeserregungen und objektiven Organen eine Zweckeinheit besteht. Er erklärt: »Die Teile des Leibes müssen deshalb den Hauptbegehrungen, durch welche der Wille sich manifestiert, vollkommen entsprechen, müssen der sichtbare Ausdruck derselben sein: Zähne, Schlund und Darmkanal sind der objektivierte Hunger, die Genitalien der objektivierte Geschlechtstrieb, die greifenden Hände, die raschen Füße entsprechen dem schon mehr mittelbaren Streben des Willens, welches sie darstellen«.[11] Schopenhauer ordnet, auf das Ganze seiner Argumentation gesehen, den Leib dem Intellekt vor. Er ist gleichsam der umgekehrte Cartesianer. Wie Descartes die menschliche Ganzheit zugunsten des Intellekts auflöst, so löst Schopenhauer sie auf zugunsten des Leibes. Gleichwohl: Schopenhauers Entdeckung unserer *durchgängigen Leibbedingtheit* und seine Unterscheidung zwischen dem Körper als *ausgedehntem Etwas* und *erlebtem Leib* sind wesentlich.

Eine adäquate Thematisierung des Bezuges von Geist und Leib führt erst der Existentialismus und die moderne Anthropologie durch. *Sartres* phänomenologische und dialektische Analyse des Leibes ist berühmt: Der Leib ist meine Faktizität, er ist »nicht-thetisches Selbstbewußtsein«; in den den Leib betreffenden Erfahrungen des physischen Schmerzes »existieren wir unsere Zufälligkeit«. Andererseits: der Leib fungiert als Werkzeug meines Agierens, und schließlich: als Leib werde ich für den anderen gegenständlich.[12]

In der anthropologischen Forschung sind für das Leibproblem in hervorragendem Maße aufschlußreich die Untersuchungen *Plessners*. Plessner denkt dialektisch: als Organismus gliedert sich der Mensch in das Raum-Zeit-Ganze ein, als Geist aber ist er exzentrisch. Der *Exzentrizität* entspricht »der unaufhebbare Doppelaspekt seiner Existenz als *Körper* und *Leib*, als Ding unter Dingen an beliebigen Stellen des Einen Raum-Zeitkontinuums und als um eine absolute Mitte konzentrisch geschlossenes System in einem Raum und einer Zeit von absoluten Richtungen«.[13]

Ganz entscheidend für das Gesamtverständnis eines leiblich bestimmten Geistes sind Plessners Analysen des *Ausdrucks*. Sie zeigen die innige Verbindung von Geist und Leib an. *Lachen* und *Weinen* sind nicht – jedenfalls ursprünglich nicht – vom Willen her gesteuert. Sie überkommen einen angesichts einer nicht mehr rein geistig zu bewältigenden Grenzsituation. Plessner spricht von »unbeantwortbaren Lagen«. »Unbeantwortbare Lagen von nichtbedrohlichem Charakter erregen Lachen oder Weinen. Der Mensch kapituliert in ihnen als leib-seelische Einheit ... Noch in der Kapitulation hat er seinen Triumph. Die Desorganisation wird geradezu seine Antwort auf die Grenzlage, in die er geraten ist, und zur Antwort auf das Unbeantwortbare. Und in diesem An-die-Grenze-Geratensein dokumentiert sich ein Verständnis für das, was außer allem Verhältnis zur Verständlichkeit ist«.[14] Gleichwohl ist der Ausdruck nach Plessner – hier zeigt sich sein genaues Vorgehen – konventionell und geschichtlich bedingt: Lachen und Weinen zeigen diese Gebundenheit an. In bestimmten Fällen und für bestimmte Menschen ist Lachen und Weinen nicht schicklich.

Wir haben gerade die Bedeutung des Ausdrucks für das Problem Leib-Seele-Geist herausgehoben, um das Mißverständnis zu vermeiden, als ob eine Analyse der Subjektivität, die sich wesentlich der Methode der Reflexion unterstellt, die *Einheit* von Körper, Seele und Geist leugnen und im Sinne der idealistischen absoluten Reflexion als nicht ursprünglich darlegen wolle. Für uns steht nur die *endliche Subjektivität* im Blick, und deren Untersuchung erfordert, wie mehrfach betont, daß sich die Reflexion ihre faktischen Grenzen vor Augen führt, das heißt: die »Berechtigung ursprünglicher Unmittelbarkeit« anerkennt. Und diese zeigt sich vorzüglich eben in der Einheit meines körperlichen und geistigen Seins, die aber – das ist die andere Seite – von Grund aus eine *dialektische* und daher graduelle ist.

Hochbedeutsam unter dem Aspekt der Dialektik ist die oben herausgestellte Einsicht *Pascals*, daß es eine Rangordnung gibt, die aber keine Ordnung der Stärke bedeutet. Das

Denken umgreift alles und ist seinerseits doch vom Gehirn abhängig. Der Geist ist ein Faktor, der bestimmt und ebenso bestimmt wird. Er ist – wir werden dies noch genauer sehen – den Trieben unterworfen und weithin biologisch bestimmt. Die alte traditionelle Bestimmung von Endlichkeit und Unendlichkeit ist nicht sinnlos. Der Leib ist endlich als räumlich-zeitliche Größe, der Geist ist un-endlich, das heißt kein dinghaftes Etwas. Descartes erklärt mit vollem Recht, daß der Geist durch Selbsthaftigkeit bestimmt ist. Selbstbewußtsein gehört ihm zu in individueller und allgemeiner Form. Aber er bleibt gleichwohl von den unteren Schichten abhängig. *Der Tenor: Sein, Leben, Denken, von dem Augustin spricht, stellt klar heraus, daß das Untere das Tragende ist.*

Wir wollen diese Diskussion abschließen durch einen kurzen Hinweis auf das *Todesproblem*, in dem die Dialektik von Differenz und Einheit des Menschen deutlich hervortritt.

Die Bedeutung des Todes unter dem metaphysischen Aspekt der Unsterblichkeit ist für uns fraglich geworden auf Grund der Einsicht in unsere leibhafte Gebundenheit. Aber das ändert nichts daran, daß der Tod nicht nur durch eine Außenbetrachtung in den Blick gebracht werden kann. Diese Außenbetrachtung hat sich in unserem nichtspekulativen Zeitalter durchgesetzt. Gleichwohl gibt es nach wie vor auch eine Innenbetrachtung des Todes. Im wirklichen Verhalten dem Tod und dem Sterben gegenüber sind objektive und subjektive Momente miteinander »vermischt«. Die Schwierigkeiten liegen darin, daß man die verschiedenen Aspekte methodisch isolieren muß, sie aber nicht absolut voneinander trennen darf, und sie doch nicht in einer höheren Einheit miteinander vermitteln kann.

Der Tod ist ein biologisches Faktum, seine Ursachen und Gründe müssen objektiv untersucht werden. Es geht mir aber um *meinen* Körper und seine Erhaltung. Der Umgang mit Todkranken beweist es, daß jeder nur auf sich, das heißt *seinen* Körperzustand achtet. Der eigene Körper wird zum Weltzentrum. Die objektiven Vorgänge des Krankheitsverlaufs sind nur wichtig, weil sie *mich* betreffen. Gleichwohl verlange ich als Kranker gültige Auskunft über den objektiven Zustand meines Körpers, es sei denn, daß die Todesangst in mir so groß ist, daß ich offen oder heimlich wünsche, daß der Arzt nichts Negatives sagt, sondern es mir vorenthält.

Die Angriffe auf meinen Körper betreffen mich *als innerweltlich Vorhandenes*, das im Wirkungszusammenhang der belebten Dinge steht. Dieser Wirkungszusammenhang als objektiver Weltzustand ist jetzt für mich das *Feindliche*. Es geht jetzt ja nicht mehr primär darum, daß ich mich an die Objekte halte und an diesen orientiere, die Objekte werden mir ja im Tod genommen – davor habe ich ja Angst –, sondern darum, daß *ich selbst ein welthaftes Objekt bin, das betreffbar ist.* Deswegen setze ich zunächst, wie angedeutet, alle Hoffnung auf den Arzt als den, der für die objektive Betreuung im vitalbiologischen Bereich zuständig ist, und erwarte von ihm Hilfe, weil er sich objektiv auskennt, und gerade dies objektive Wissen eines objektiven Sachverhaltes gibt schließlich doch den Ausschlag: »hier ist nichts mehr zu machen«. Allgemein formuliert: lebende Körper sind eben nicht unsterblich.

Das Wissen, von der Welt und aus der Welt her bedroht zu werden, ist am stärksten, wenn es, wie etwa im Krieg, um den gewaltsamen Tod von außen geht, aber dies Wissen ist auch und gerade dort lebendig, wo es sich um eine Krankheit handelt, die *in* meinem Körper entsteht, ohne daß ich es wußte. Mein Körper hat als Weltstück ein *eigenes* Leben, das den biologischen Gesetzen der Natur untersteht. Natürlich bleibt auch für den Todkranken, solange er lebt, die Hoffnung auf Hilfe. Diese Hilfe kann aber eben nur aus der Welt kommen, man hofft unter Umständen auf ein neu zu entdeckendes Wundermittel oder auf eine neu zu erfindende Therapie.

Daß der Körper für den Todkranken zentral wird, ändert nichts daran, daß es hier um mich *als ganzen Menschen* geht, das heißt, daß das Ich selbst im ganzen auf dem Spiel steht. Es wäre völlig abwegig, dies Ich, um das es geht, auf den biologischen Lebenswillen zu reduzieren. Das zeigt sich in der *Trennungsangst: ich ängstige mich, weil ich alles verlassen muß.* Diese Angst ist weit stärker existentiell als biologisch bedingt. Die Vorstellung des *Abschieds* trägt am weitesten. Unter ihrem Aspekt vermag die Subjektivität eine sonst nicht zu erreichende Radikalisierung des Differenzbewußtseins von Ich und Welt zu gewinnen.

Das Wissen um den Tod und die Todesangst, insbesondere die Trennungsangst, begleitet uns als *mitlaufendes Bewußtsein,* und als solches bestimmt es das Ganze des Lebens. Dies Wissen und diese Angst können jederzeit aktualisiert werden. Das geschieht naturgemäß, wenn Sterben und Tod realiter als unabwendbar erscheinen. Das mitlaufende Bewußtsein nimmt den Tod aber nicht vorweg. Es ist nichts anderes als eine *Reaktion* auf die wesentlich biologisch begründete Tatsache des Ablebens, die mich im ganzen betrifft und daher für mich konstitutiv ist. Hier am Tod zeigt sich die *Paradoxie meines Seins.* Wir sind in die *Naturwelt* als körperbedingt eingeordnet. Diese Welt ist *allein* die Stätte unserer Existenz. Sein gibt es nur in der Welt, Welt als Naturwelt verstanden. Eben diese Einsicht hat zum Ergebnis die ontologische Ratlosigkeit in bezug auf den *Geist.* Daß die Subjektivität, sei sie nun als Geist, Ich oder Selbstverständnis bestimmt, ihrer Struktur nach höherrangig ist als die Natur, ist offensichtlich. Die Erkenntnis aber, daß etwas, was dem Rang nach höher steht, der Existenz nach an physische Materialität gebunden ist, mag sie wissenschaftlich auf Grund der Gesetze der Evolution auch verständlich sein, bleibt dennoch absurd. Daß wir *denken* können, daß es vielleicht einmal keine Materie gibt und daß dann das Denken und das Gedachte überhaupt nicht mehr sind, dies zeigt an, daß die denkende Subjektivität ontologisch ortlos ist, insofern sie alles Seiende überschwingt.

Abschließend sei noch einmal betont: das Problem des Verhältnisses von Geist und Leben ist, sobald man über die grundsätzliche Lage des Menschen nachdenkt, insbesondere von den Grunderfahrungen her, unvermeidbar und hat die Menschen immer schon bedrängt. Gleichwohl gilt im *alltäglichen Leben,* insbesondere insofern es durch die Kategorien des Umgangs bestimmt ist, der ein gewisses Von-sich-weg-leben bedeutet, daß der Mensch sich primär als Einheit und Ganzheit weiß, als ob er ein Seiendes unter anderem Seienden sei. Im Alltag ist das Hin- und Herschwanken zwischen einem dinglichen und einem nichtdinglichen Verständnis der Subjektivität durchaus üblich und erscheint natürlich. Je nach Bedarf kann – zumeist geschieht dies jedoch in relativ unausdrücklicher und vorläufiger Form – die eine Sicht der anderen vorgezogen werden.

Daß die Subjektivität sich heute mehr von der Tendenz zur Weltgebundenheit versteht als von der Tendenz zur Weltlosigkeit, gründet in der *Negation der Geistmetaphysik.* Und diese Negation wirkt sich auch dahin aus, daß der Geist sich als un-endliche Reflexion etabliert, die vor nichts haltmacht und doch zugleich gezwungen ist, ihre eigene Endlichkeit und Weltgebundenheit anzuerkennen.

III. Zur Dialektik der Vermögen

Vorbemerkung

Wir wollen nun die Problematik der *oberen Vermögen* unter dem Aspekt ihres Bezuges zur ethischen Fragestellung erörtern. Leitend ist dabei der Gesichtspunkt, der für die historische Untersuchung maßgebend war. Dort suchten wir zu zeigen, daß die Abwendung vom *kosmologischen Ordnungsprinzip* und die Zuwendung zum *subjektiven Freiheitsprinzip* die Entwicklung im ganzen bestimmt. Die Distanzierung von der Welt ist die maßgebende Tendenz auch in bezug auf die Dialektik der oberen Vermögen. Das bedeutet aber natürlich nicht, daß bestimmte Verhaltensformen, die die Weltbindung kennzeichnen, nun ganz und gar aufgehoben werden. Es treten aber Differenzierungen und Umänderungen ein. Man kann dies einerseits am Wandel der Auffassung bestimmter Phänomene des Verhaltens und andererseits an der Bevorzugung bestimmter Vermögen feststellen. Diese Veränderungen zeigen sich insbesondere im Bereich der Menschenwelt, wir werden im nächsten Abschnitt darauf zurückkommen.

1. Die Ambivalenz der Gefühle. Unmittelbarkeit und Wertung

Wir beginnen mit der Erörterung der *Gefühle*. Gefühle haben es weitgehend mit der *Sinnlichkeit* zu tun, aber in der Weise des gegensätzlichen Wertens. Man denke an Kants berühmte Unterscheidung des Angenehmen und Unangenehmen. Kant definiert: »*Angenehm ist das, was den Sinnen in der Empfindung gefällt*«.[15] Kant führt weiter aus, daß das Gefühl der Lust oder Unlust *Empfindung* genannt wird und als solches keine objektive Erkenntnis vermittelt, sondern nur subjektiv sei, genauer: Kant unterscheidet objektive Empfindung als Element der Wahrnehmung und Annehmlichkeit als subjektive Empfindung, »wodurch kein Gegenstand vorgestellt wird«. Diese Empfindung gehört zum Gefühl. Hier wird der Gegenstand nur als Objekt des Wohlgefallens betrachtet.

Die Nähe von Gefühl und Empfindung wird auch von *Hegel* herausgestellt. Hegel erklärt: »Das Empfinden überhaupt ist das gesunde Mitleben des individuellen Geistes in seiner Leiblichkeit.«[16] Hegel legt weiterhin dar, daß Empfinden und Fühlen schwer voneinander zu trennen seien. Er erklärt aber zugleich, daß man wohl nicht von einer Empfindung des Rechts oder einer Selbstempfindung, sondern vom Gefühl des Rechts und dem Selbstgefühl spricht. Hegel stellt sodann heraus, daß es Gefühle gibt, die nicht auf sinnliche Güter bezogen sind, und daß den Gefühlen überhaupt Erkenntniswert zukomme. Vor allem aber wendet sich Hegel gegen das kästelnde Neben- und Übereinander der traditionellen Vermögenspsychologie angesichts der Tatsache einer Umwandlung der einzelnen Vermögensformen. So erklärt Hegel: »*Alles ist in der Empfindung*, und wenn man will, alles, was im geistigen Bewußtsein und in der Vernunft hervortritt, hat seine *Quelle und Ursprung* in derselben; denn Quelle und Ursprung heißt nichts anderes als die erste unmittelbarste Weise, in der etwas erscheint«.[17] Hegel sieht sehr klar, daß die Distanzierung von der Unmittelbarkeit nicht bloße Subjektivierung bedeutet. So erklärt er vom Selbstbewußtsein, »daß seine Bestimmungen ebensosehr gegenständlich, Bestimmungen des Wesens der Dinge, als seine eigenen Gedanken sind«.[18] Er stellt aber zugleich heraus, daß »nach oben hin«, das heißt zum Denken hin, eine Abständigkeit zur sinnlichen Welt durchgeführt wird. Denken und Vernunft sind und bleiben für Hegel eben das maßgebende Prinzip. Das bedeutet aber, daß der Geist sich in den anderen Vermögen als seinen Vorformen wiedererkennt, die er *aufhebend* durch sein eigenes Verhalten, eben das Denken, *begreift*.

Diesem Ansatz gegenüber gilt es daran festzuhalten, daß das Gefühl durch das Denken nicht einfach aufgehoben wird, auch wenn es natürlich möglich und notwendig ist, daß man zu seinen Gefühlen *reflektierend Stellung nimmt*.

Wir deuten nun einige Grundzüge des Gefühls an. Auch hier geht es uns nicht um eine möglichst umfassende Analyse, sondern darum, die Vielfältigkeit der Gefühle zu zeigen und zugleich ihre relative Eigenständigkeit gegen Willen und Denken herauszuheben. Die Darstellung geht schematisierend und vereinfachend vor.

Das Fühlen ist in seinen vielfältigen Ausformungen, vom Körpergefühl, den gegenstandsgebundenen und den nicht gegenstandsgebundenen Gefühlen, bis zur Stimmung hin, eine »sich einstellende Existenzweise der Seele«. Es ist eine *Antwort*, die wir auf die Widerfahrnisse und Erlebnisse geben, genauer: schon immer gegeben haben. Wir finden uns schon immer als in bestimmter Ausrichtung und in bestimmter Stärke fühlende vor. *Unmittelbarkeit* ist hier in doppelter Form bestimmend: wir kommen mit den Mitteln des Denkens und Wollens immer in bezug auf das Fühlen zu *spät*, und: der Weltbezug hat sich in sehr differenten, aber durchaus verstehbaren Gefühlen immer schon ausgeformt. Insbesondere gilt dies für den Bezug zu den anderen. Dieser Bezug – für die Interpretation der Gefühle von hoher hermeneutischer Bedeutung – ist außerordentlich fluktuierend und unfestgelegt. Er ist immer wesentlich *Aktion und Reaktion*. Um beides wird »mitgewußt« in der Weise des Fühlens, das reflektiert werden *kann*, aber nicht reflektiert werden *muß*. Besonders wenn es sich um »positive« Gefühle handelt, »stört« bekanntlich die »zersetzend-aufhebende Reflexion«.

Die heutige systemtheoretische Bezugsinterpretation, die das Verstehen meiner selbst am Verstehen der anderen festmacht, auf deren Einstellung ich mich erwartend einstelle, wobei ich weiß, daß die anderen darum wissen: diese Theorie kann die Tatsache des *lebendigen und dauernd schwankenden Flutens* des mitbegleitenden Gefühls im Nahhorizont des Umgangs nicht negieren. Das Erwartungserwarten, das sich auf die Gewöhnung stützt, vermag dies Fluktuieren nicht *gänzlich* zu verfestigen und zu normieren. Gerade der reflexive Blick auf uns selbst im alltäglichen Umgang zeigt, wie wenig wir unsere Gefühle in uns selbst wirklich beherrschen, auch wenn wir nach außen hin das Schwanken nicht zeigen.

Gefühle sind schon immer *wertend* und werden selbst *bewertet* in der Weise, daß ich um ihren positiven oder negativen Beitrag unmittelbar weiß und ihn, erscheint er negativ, zu ändern suche im Sinn der mir günstigen Optimierung. Es ist mit *Freud* geredet ein ursprünglicher Grundzug des psychischen Seins, *Unlust* zu vermeiden und *Lust* zu schaffen. Auch wenn ich mit *Aristoteles* statt von der Lust vom Glück rede, ändert sich an diesem Grundgesetz nichts. Sicher: die Bestimmungen des höchsten Glücks differieren, aber daß das Lebewesen ursprünglich nicht unglücklich sein möchte, bleibt bestehen.

Gefühle haben immer einen *Anlaß*. Sie stellen sich nicht ohne Grund ein, auch wenn der Grund manchmal verborgen bleibt. Ob der Anlaß für die Gefühlsreaktion zwingend ist, das ist nicht verbindlich auszumachen. Die Gefühls*reaktion* kann »unerwartet«, »übertrieben« und »in keiner Weise dem Anlaß entsprechend« sein, sie kann nach der communis opinio sogar »unangebracht« sein. Es gibt erlaubte und unerlaubte Gefühle. Ein wesentliches Gesetz der ursprünglichen Entsprechungsethik besagt: der Feind ist zu *hassen*, der Freund ist zu *lieben*. Gefühle können also »gefordert« oder zumindest eingeübt und kultiviert werden. Ich kann Zurückhaltung gegen unmittelbare Gefühlsäußerungen als eine »Gefühlshaltung auf Dauer« zu erwerben suchen. Man denke an die berühmte Meeresstille der Stoiker.

Es ist ein Schlüsselphänomen für die Interpretation des Gefühls, daß der Anlaß der Gefühlsreaktion in das Gefühl hineingenommen wird. Er bleibt nicht wie beim objektiven Denken »draußen«, sondern verliert auch als gewußter nicht seine Ursprünglichkeit. Im Beispiel: ich ärgere mich über jemanden und weiß genau den Anlaß. Dies Wissen hebt den Ärger nicht auf, im Gegenteil: ich umkreise den Anlaß, und das macht mich noch ärgerlicher.

Um das Gesagte zu konkretisieren, heben wir das Phänomen der *Stimmung* hervor. Stimmungen sind die *grundgebenden* Möglichkeiten des Fühlens. Stimmungen dauern relativ lange, sie sind relativ unbestimmt und bilden solchermaßen einen schwer erhellbaren seelischen Hintergrund. Die hohe Bedeutung der Stimmungen hat *Heidegger* in einer schlechthin genialen Form herausgestellt. Heidegger hat in seiner Analyse der Stimmungen gezeigt, daß Stimmungen einen *Weltbezug* darstellen, der nicht auf einzelne Erfahrungen zu verrechnen ist. Heidegger thematisiert primär und bewußt einseitig die Angst. Die *Weltangst* steht in dialektischem Gegensatz zum *Weltvertrauen*. Von diesen beiden Grundstimmungen her, der Weltangst und dem Weltvertrauen, läßt sich die ganze Skala der Stimmungen und der Gefühle interpretieren, wobei beide Extreme, die in Reinheit empirisch kaum zu erreichen sind, in gleicher Weise zum Leben gehören. Ein Minimum von *Weltvertrauen* ist notwendig, um überhaupt sinnvolle Intentionalität auf die Welt hin zu entwickeln. Weltvertrauen ist und vermittelt als gestimmtes das Gefühl der Einigkeit mit der Welt, das sich zum *grundlosen Glücksgefühl* steigern kann. Nietzsche, aber auch Kierkegaard – der letzte in ironischer Absicht – haben die Möglichkeit und die Hinfälligkeit dieses Glückes geschildert.

Auch die *Weltangst* unterliegt wesentlichen Differenzierungen. Sie kann sich steigern zum Gefühl des *Unzuhauseseins überhaupt*, die äußerste Möglichkeit dieser Angst ist das pathologische Leiden, das sich nicht mehr verständlich aussagen kann.

Auf Gefühle ist, so sagt der Volksmund, kein Verlaß. Gefühle und Stimmungen können auf das Lebensganze bezogen keine Garantie für Kontinuität bieten. Gleichwohl: das Fühlen und die Stimmung bleiben die *Grundlage* unseres Weltbezuges. Das zeigt sich nicht zuletzt darin, daß die Reflexion über die Subjektivität am Ende selbst von einer Stimmung eingeholt wird, nämlich der Stimmung, die wir als *Schweben* charakterisieren. Dies Eingeholtwerden geschieht »nicht ohne Grund«. Wenn die Unlösbarkeit der Problematik der Subjektivität auf rationaler Basis sich zeigt, hat dies zur Folge, daß die Subjektivität auf nicht mehr denkend zu vermittelnde Gefühle und Stimmungen *zurückfällt*.

Eine genauere Analyse der Gefühle ist nur in bezug auf den intentionalen »Gegenstand« des Gefühls möglich. Und hier gilt es, dessen eigene Aktionen zu berücksichtigen. Gefühle sind faktisch, wie wir sagten, *aktiv und reaktiv zugleich*. Darum werden wir unter der Thematisierung des Bezuges zum *Anderen* als des wesentlichsten intentionalen »Gegenstandes« noch einmal auf die Gefühle zurückkommen. Auch in bezug auf die personalen Gefühle bleibt allerdings der Schatten der *Instabilität*: »Denn wir, wo wir fühlen, verflüchtigen« (Rilke).

Diese kurze Charakteristik zeigt ein Mehrfaches; einmal: die Nähe des Gefühls zur *Unmittelbarkeit* und zur *Anschaulichkeit*. Gefühle sind aber nicht an diese Dimension gebunden, das zeigt sich in übergreifenden »großen« Gefühlen, wie Vaterlandsliebe, und vor allem in den Stimmungen, die, vom Anlaß ausgehend, sich ausweiten und alles umgreifen. Gleichwohl ist eine nahe Zusammengehörigkeit von Fühlen und Unmittelbarkeit und Anschaulichkeit nicht zu leugnen, wenn man auf den Umgang im *Nahhorizont* und in der Alltäglichkeit achtet. Wir müssen ja davon ausgehen, daß unser Leben sich weitgehend im Nahhorizont vollzieht, der räumlich durch *Abgegrenztheit* und zeitlich durch die *Präsenz* bestimmt ist; wir stehen im Zentrum und wir sind Gegenwart, wobei natürlich räumliche Veränderungen und zeitliches Einbeziehen von Vergangenheit und Zukunft nicht nur möglich, sondern lebensnotwendig sind.

Sodann: das Gefühl ist welterschließend und vermittelt *Erkenntnis*. Sicher ist zwischen den gegenstandsgerichteten objektiven Erkenntnisakten und der *Gefühlsevidenz* zu unterscheiden. Aber daß das Gefühl erschließende Funktion hat, ist offensichtlich. Es zeigt uns, woran wir sind. Diese Erschließung ist nicht gegenstands- oder dimensionsmäßig eingeschränkt. Sie umgreift alle Bezüge zum Seienden.

Weiterhin: ebenso wie Gefühle nicht vom Erkennen eindeutig abzutrennen sind, ist es nicht möglich, ihnen einen eigenen Urteilscharakter abzusprechen. Gefühle bewegen sich immer im Horizont von Wertungen. Dies ist der Beweis ihrer anthropologischen Grundstruktur und der Nähe zur Ethik, oder umgekehrt: es ist der Beweis, *daß die Ethik das Lebensganze durchstimmt*. Gefühle sind wie Affekte *gegensätzlich* bestimmt. Der Sympathie steht die Antipathie, der Liebe der Haß, der Zuneigung die Abneigung gegenüber. Es gibt nun aber Schemata und Normen, die die Gefühle ausrichten und Ordnung schaffen. Der Maßstab kann natürlich sehr verschiedenartig sein: das eigene Wohlbefinden oder die Rücksicht auf den anderen, davon wird beim Bezug zu den Mitmenschen zu reden sein. Wesentlich und die Grundsituation des Menschen sehr deutlich hervortreten lassend ist die Tatsache, daß der *Gegensatz von Negativität und Positivität*, von angenehm und unangenehm, von erhebend und niederdrückend für die Struktur des Fühlens kennzeichnend ist, wobei das Gefühl mitbestimmt wird durch das latente Bewußtsein von: richtig und angemessen und falsch und unangemessen. Im 18. Jahrhundert sprach man vom *moralischen Gefühl*. Hier wird die intuitive Einsicht als für die Wertung unerläßlich herausgestellt.

Versucht man das Gefühl als Grundlage der Ethik auszugeben, wie es bestimmte Richtungen der Tradition und der Lebensweltethik tun, dann kann man die Ethik nicht vernünftig begründen. Dann muß man das Leben als die Negativität und Positivität übergreifende Grundlage ansetzen, die, mit Hegel geredet, sich als Identität der Identität und der Nichtidentität erweist.

Gleichwohl ist die Tatsache der wertenden Beurteilung durch die Gefühle ein nicht zu leugnendes *Grundphänomen* in anthropologischer Hinsicht. Es kommt darauf an, es als solches zu thematisieren, und es nicht sofort, wie es maßgebende englische Philosophen tun, auf das Problem einzuengen, ob nun die Ethik kognitiv oder emotiv vorgehe. Selbst wenn man das Gefühl als nicht zureichende Beurteilungsbasis der Ethik deklariert und wie Ayer behauptet, moralische Begriffe seien als gefühlsbedingt nicht nachprüfbar und fungierten nur als illokutionäre Sprechakte, so bleibt die Tatsache bestehen, daß im und durch das Gefühl *Ansprüche* erhoben werden, auch den anderen gegenüber, wobei es natürlich möglich ist, diese Ansprüche hinterher zu überprüfen.

Gefühle *überkommen*; sie können aber auch *herbeigeführt werden*. In beiden Fällen besteht aber, wie wir sahen, eine Werteskala, die zwischen positiv zu bejahenden und negativ zu vermeidenden Gefühlen unterscheidet, wobei Gefühlswertung und Gefühlsreaktion ineinander übergehen können: man schlägt zurück, wenn man angegriffen wird, oder man umarmt den Freund, der einem etwas Angenehmes sagt. Die Reaktion ist unmittelbar: *man hat immer schon geantwortet.* Aber die Antwort ist *»entsprechend«*, sie bewegt sich ethisch gesehen in einem Umgangsverhalten, das weithin durch den Freund-Feind-Bezug bestimmt ist, aber insbesondere im Nahhorizont nicht festliegt und leicht umschlagen kann.

Hier zeigt sich das Nichtfestgestelltsein des Menschen in der Weise eines Ausgeliefertseins: *Man ist seiner Gefühle nicht Herr.* Gefühle zeigen als unmittelbare Aktionen und unmittelbare Reaktionen die *Weltgebundenheit* als unaufhebbare Grundlage an. Sie machen auf der anderen Seite aber gerade die Tatsache eines Bruches von Ich und Welt deutlich. Welt, auch die Mitwelt, ist das Andere, das mich als Für-sich-sein immer schon *beansprucht, beglückt* und *bedrängt,* aber eben als Anderes nur erfahren werden kann, weil ich eine Eigensphäre habe, die als solche jedoch ungesichert ist.

Daß hier die geschichtlichen Konstellationen entscheidend sind, zeigt der Wandel der Grundeinstellungen an, die alles durchdringen. Weltvertrauen steht gegen Weltangst. Beide Stimmungen können in sehr verschiedenen Formen auftreten. So kann Weltangst metaphysisch begründet sein und kann wie in der Gegenwart als einem nichtmetaphysischen Zeitalter durch reale Probleme bedingt sein, die im ganzen das Gefühl der Unsicherheit erzeugen.

Die Grundstimmungen sind, wie schon angedeutet, schwer zu steuern. Angabe von Gründen, die sie erklären sollen, können sie unter Umständen gerade nicht beheben, sondern verstärken. Man kann gegen negative Stimmung nur indirekt angehen, indem man mit Mitteln des instrumentellen Denkens eine Besserung der Situation zu erbringen sucht. Wieweit aber durch solche Mittel eine wirkliche Beruhigung gelingen kann, ist ungewiß: wenn die Metaphysik nicht mehr tröstet und die Fügung Gottes in Frage gestellt ist, und wenn wir uns in der Welt nicht mehr sicher glauben, das heißt, wenn die Dialektik des Weltbezuges unter *negativen Aspekt* gerät, dann wirkt sich das auf das gesamte Verhalten und auch auf die Ethik aus. Jedenfalls muß die Ethik die Ausrichtung des Handelns auf die *Unhintergehbarkeit der alles Tun und Lassen durchwaltenden Grundstimmungen* beziehen, wenn sie sich nicht in hintergrundslose Ungeschichtlichkeit und abstrakten Formalismus verlieren will.

Daß Gefühle in der metaphysisch bestimmten Tradition dem Denken untergeordnet werden, wurde bereits dargelegt. Das Denken ist die auszeichnende Fähigkeit, durch die der Mensch den intelligiblen Bereich ergreift. Gleichwohl: *Plato* preist den Eros, der offensichtlich Gefühl und Trieb zugleich ist. Der Eros zeigt: es gibt Grundkräfte, die nicht als niedere abgewertet werden können, sondern offenbar variabler Natur sind.

Grundbeispiel ist eben die *Liebe.* Als *Sexualität* ist sie biologisch bedingt, als personale Liebe mit Hingabe und Öffnung für den anderen verbunden. Liebe ist, so heißt es, nicht rational zu begründen, sie verstellt den Blick und läßt alles im positiven Lichte erscheinen. Gleichwohl ist ihr eine erschließende Bedeutung nicht abzusprechen. Sucht man Liebe in Bezug zur *Leidenschaft* zu setzen, und das ist möglich, insofern sie überkommt und freie Wahl und Überlegung ausschaltet, oder versteht man sie als *Begierde* und *Libido* im Sinne von Freud, so wird die Ausdeutung nicht einfacher. Die Libido kann ja sublimiert werden, sie kann sich aber auch mit dem Bemächtigungstrieb, Sadismus und Masochismus verbinden. Hier zeigt sich, daß die Grenze zwischen

Anthropologie und Biologie nicht eindeutig zu ziehen ist. Man kann bestimmte Verhaltensweisen nicht als *nur* tierisch oder *nur* menschlich erklären. Es ist ebenso offensichtlich, daß wir in bezug auf die Gefühle mit den Tieren viele Gemeinsamkeiten haben, und daß wir als gebrochene Weltwesen doch eine Sonderstellung einnehmen: wir werten reflektierend unsere Gefühle und erheben uns damit zu der Möglichkeit, für den anderen offen zu sein.

Darwin legt dar, daß der Mensch mit den Tieren verglichen vieles mit ihnen gemeinsam hat, ihm kommt aber nach Darwin eine besondere Auszeichnung zu, die den Tieren fehlt. Dies ist das Gefühl für andere, dessen Vollendung das moralische Gefühl ist. Auf das moralische Gefühl wurde in der Tradition, wie schon angedeutet, immer wieder hingewiesen, um die Moralität nicht allzusehr der Rationalität zu unterstellen. Es ist ganz zweifellos, daß hier eine Quelle des ethischen Handelns zu finden ist; man denke an das Mitleiden, aber ihm stehen andere Gefühle wie die Grausamkeit entgegen – das Gefühl ist eine unsichere Sache.

Eine letzte abschließende Bemerkung: in bezug auf den geschichtlichen Paradigmenwechsel, den Übergang von der Leitidee der Ordnung zu der Leitidee der Freiheit, ist zu sagen, daß hier eine gewisse *Abwertung des Gefühls* bemerkbar wird. Gefühle sind, so wird argumentiert, Zeugen der Gebundenheit, sowohl der Gebundenheit an die Welt als an sich selbst. Gefühle sind keine Sache der Freiheit. Gleichwohl: Macht und Ohnmacht der Gefühle sind schwer abzuschätzen. Macht kommt ihnen zu, indem sie uns überkommen und uns »überwältigen«. Aber, um nachhaltig und auf Dauer zu wirken, müssen zum Gefühl Trieb und Wille »dazukommen«.

2. Einheit und Differenz von Trieb und Wille. Der dranghafte und der verständige Wille

Die höheren Vermögen erscheinen in bezug auf ihre systematische und geschichtliche Ausformung sehr different. Dies zeigt insbesondere der Begriff des *Willens*. Der Gebrauch der Umgangssprache weist auf die Weite und Ungenauigkeit dieses Vermögens hin. »Ich will« hat oft die Bedeutung des Wunsches »ich möchte«. »Ich will« besagt des öfteren auch »ich werde«. Es bedeutet hier aber keineswegs den festen Entschluß zur Tat, der auf einer Wahl beruht.

Vor allem aber ist zu beachten, daß der Begriff des Willens als einer vom *Subjekt ausgehenden Spontaneität* der Antike fremd ist, wir haben dies ausführlich dargelegt und erinnern nur kurz an die Unterschiede zum modernen Ansatz. Dem *antiken Denken* nach ist das Subjekt auf die vorgegebene Ordnung verwiesen, sei diese nun innerweltlich oder metaphysisch als Scheidung von Ideenwelt und Erscheinungswelt bestimmt. Das Seiende zeigt sich gebietsmäßig in seinen unterschiedlichen Strukturen. Der Mensch ist nicht wie das Tier auf bestimmtes Verhalten programmiert. Er kann *wählen* und *sich entscheiden*, das heißt, er kann eben auch *irren*. Das gehört zu seinem Wesen. Vom metaphysischen Aspekt her gesehen steht er vor einer Alternative grundsätzlicher Art. Er kann sich an den vermeintlichen Genüssen des Leibes vergnügen und damit sein wahres Glück verfehlen und in innere Unordnung geraten, oder er kann sich den Ideen und dem Ewigen zuwenden und solchermaßen seine Arete erlangen.

Aristoteles geht davon aus, daß die Lebenswelt ein relativ intaktes Ordnungsgefüge ist. Das Tunliche ist allgemein bekannt. Aber natürlich gibt es auch im Alltagsleben und im Umgang Verfehlungen vielfältiger Art. So kann die subjektive Vorwegnahme eines leitenden Ideals, das auf Extreme abzielt und nicht an der Mitte ausgerichtet ist, eine verhängnisvolle Rolle spielen. Man kann auch, durch Eile und Unüberlegtheit bedrängt, einen Entschluß fassen, der nicht auf einer angemessenen Orientierung beruht. Das ändert aber nichts daran, daß an sich die Sittlichkeit, konkret wirksam als Gewohnheit und Erziehung, das Leben bestimmt. Sittlichkeit ist durch die Polis geprägt, die aber letzthin auf die Gesamtordnung des Seienden verweist, so daß das Wollen in der Gestalt der *Prohairesis* festgemacht ist und sich nicht als Willkürfreiheit im Leeren bewegt.

Daß in der *Neuzeit* sich eine Uminterpretation vollzogen hat, wurde ausführlich dargelegt. Der Wille wird zu einer zentralen Bestimmung in der klassischen Philosophie der Subjektivität – man denke an *Fichtes* Philosophie der Tat. Dies gründet in der Interpretation der Subjektivität vom *Selbstbewußtsein* her. Selbstbewußtsein gilt als Wurzel der Subjektivität. Fichte formuliert: »Sei ein Ich« und setzt den Idealisten, der das Ich in den Mittelpunkt stellt, gegen den Dogmatiker ab, der sich von den Dingen bestimmen läßt.

Daß die neuzeitliche Bestimmung des Willens für uns angesichts einer Entwicklung, die nicht mehr zu steuern ist, fraglich geworden ist, wurde bereits erörtert. Wir sind, so scheint es, in bezug auf das Gesamtgeschehen zur Ohnmacht verurteilt. Dementsprechend ist auch die Bestimmung des Willens heute vieldeutig. Es ist in diesem Zusammenhang zunächst aber zu beachten, daß die allgemeine und umgreifende Bedeutung der Vermögenspsychologie, die die einzelnen Vermögen genau festlegt, heute verpönt ist. Der Wille wird in bestimmten Zusammenhängen thematisiert; man spricht vom *Willen zur Macht*, vom *Herrschaftswillen* oder *Bemächtigungswillen*. Gerade diese Bezeichnungen weisen darauf hin, daß heute offensichtlich die *Überbetonung* des Willens als verhängnisvoll angesehen wird.

Die eigentliche Schwierigkeit aber liegt darin, daß die Bestimmung Wille verdrängt wird durch die Bestimmung *Trieb*, wobei die allgemeine Tatsache der *Naturalisierung* sich durchsetzt, die den Willen nicht mehr von oben her im Sinne der Metaphysik als vom Geist bestimmt ansetzt.

Man muß von diesem Sachverhalt ausgehen. Er führt ins Innere des ganzen Willensproblems. *Kant* hat in seiner metaphysischen Vermögenstheorie den Willen identisch gesetzt mit *praktischer Vernunft, Freiheit* und *Autonomie* und von der Willkür unterschieden. In der Folgezeit wird der Wille als *dunkler Drang, Begierde* und *Trieb* bestimmt. Hier beginnt die Auffassung maßgebend zu werden, daß der Wille nicht mit der Vernunft identisch sei, daß sich in ihm aber eine *machtvolle nach außen drängende Aktivität* zeige, die der Urgrund der Subjektivität sei. Wir müssen diese verwickelten Zusammenhänge kurz in Erinnerung rufen.

Das Ich konstituiert sich selbst als das allen Dingen überlegene Selbstbewußtsein. Dies Selbstbewußtsein erscheint als ein Positivum. Wie will ich Verantwortung tragen, wenn ich nicht in mir das Bewußtsein erwecke: *»es liegt an mir«?* Zugleich aber ist dieser Akt der Selbstkonstitution des Ichs die Ermöglichung des *Egoismus*.

Kant hat auf Grund der ihm eigenen Welterfahrung in seiner »Anthropologie« diese Dialektik herausgestellt. Der § 1, überschrieben »Vom Bewußtsein seiner selbst«, beginnt mit folgender Feststellung: »Daß der Mensch in seiner Vorstellung das Ich haben kann, erhebt ihn unendlich über alle andere auf Erden lebende Wesen. Dadurch ist er eine Person . . .«. Als Person hat der Mensch Rang und Würde und unterscheidet sich von den Tieren. Im § 2, überschrieben »Vom Egoism«, heißt es: »Von dem Tage an, da der Mensch anfängt, durch Ich zu sprechen, bringt er sein geliebtes Selbst, wo er nur darf, zum Vorschein, und der Egoism schreitet unaufhaltsam fort; wenn nicht offenbar (denn da widersteht ihm der Egoism anderer), doch verdeckt, um mit scheinbarer Selbstverleugnung und vorgeblicher Bescheidenheit sich desto sicherer im Urteil anderer einen vorzüglichen Wert zu geben«.[19]

Noch schärfer hat *Fichte* die Zweideutigkeit des Ich expliziert. Als aktive Intention »von mir auf Andere zu« ist das Ich »aggressiv«. Die *Aggression* ist der Ausgriff, das *Tätigseinwollen* und *Durchsetzen* gegen und im Außen als dem bloßen Material. Aggressivität ist als *menschlicher* Trieb aber zugleich rückbezüglich, und das heißt »egoistisch«: *ich will etwas durch mich und für mich.* Das ist der primitive Sinn meiner Tätigkeit.

Schelling hat Fichtes Ansatz bedeutsam radikalisiert und, wie wir oben darlegten, die Vernunftethik von Grund aus in Frage gestellt. Schelling behauptet, daß die Unordnung in der Welt und das Chaos weithin bestimmend seien. Beides zeigt sich bereits in der Natur, insbesondere aber im Menschen. Für den Menschen ist der *selbsthafte Drang*, der Trieb und die Sucht wesentlich, und gerade diesen Drang bezeichnet der späte Schelling als Willen. Er sagt zwar gelegentlich, daß dieser Drang noch nicht der verständige Wille sei, sondern den Verstand nur »ahne«.

Mit dieser *Gleichsetzung von Wille und Drang* vollzieht Schelling eine entscheidende Neuinterpretation in der Bestimmung des Menschen. *Schopenhauer* erklärt den Willen zum Ding an sich und legt dar, daß der Wille stärker als der Verstand sei. In sich selbst betrachtet ist der Wille *blinder Trieb.* Er konkretisiert sich als Wille zur *Selbsterhaltung* und als Wille zur *Fortpflanzung*. Schopenhauer geht weiter als Schelling, wenn er diesen dranghaften Willen nur rein negativ ansieht als die eigentliche Quelle aller Leiden. Und auch darin unterscheidet Schopenhauer sich von Schelling, wenn er sagt, daß der Mensch seinen Verstand nur gebrauche, um sich mit seiner Hilfe das, was der Wille erstrebt, zu verschaffen. Der Verstand steht für Schopenhauer also eigentlich ganz und gar im Dienst des Willens, der Wille hat sich im Verstand, so sagt Schopenhauer, »ein Licht angezündet«. Gleichwohl sinnt Schopenhauer auf Abhilfe. Er hält zwei Auswege für möglich: die Kunst und die Askese. In der Kunst – in der Betrachtung des Kunstwerkes – kann sich der Mensch verlieren, er vergißt seinen Willen und wird gleichsam reine Anschauung. Das geschieht aber nur für Augenblicke. Tiefer dringt die Askese, in der man sich des Mitspielens am Treiben der Welt enthält und gleichsam für seine eigene Person zu ihr nein sagt; für Schopenhauer heißt dies konkret, man solle sich der Fortpflanzung enthalten.

Dieser Ansatz Schopenhauers hat auf *Nietzsche* gewirkt. Nietzsche behält die wesentlichen Charaktere, die Schopenhauer dem Willen zuspricht, bei, und ebenso betont er den Vorrang des Willens über die Vernunft. Aber er kehrt die Bewertung dieses Willens nun gänzlich um. Nietzsche bejaht den ziellos in sich kreisenden und von keiner Vernunft mehr bestimmten Willen, denn wenn sich in diesem Willen der eigentliche Grundcharakter des Lebens zeigt, dann ist es sinnlos und eigentlich unmöglich, gegen diesen Willen anzugehen, weil man selbst durch ihn ja allein lebendig ist. Nietzsche bestimmt diesen Willen als Willen zur Macht, der sich im Schaffen und im Zerstören gleichermaßen am Werke zeigt. In einem berühmten Aphorismus aus der als »Wille zur Macht« bezeichneten Sammlung später Aphorismen nennt Nietzsche dies Geschehen das Dionysische und erklärt: »*Diese Welt ist der Wille zur Macht – und nichts außerdem!* Und auch ihr selber seid dieser Wille zur Macht – und nichts außerdem!«[20]

Aus dem Dargelegten wird deutlich, wie sehr sich die Entdeckung Schellings, daß der Wille an sich ein dunkler und naturhafter Drang sei, im späteren 19. Jahrhundert ausgewirkt hat, und zwar – das ist entscheidend – in der Weise, daß man nicht nur Wille und Vernunft nun scharf voneinander trennte, sondern daß man auch immer deutlicher erklärte, daß der Wille das *stärkere Element* sei.

Von dieser Umkehrung aus ist nun auch die moderne Interpretation der Triebe zu verstehen. Wille und Trieb werden geglichen und als von mir ausgehende Aktion verstanden. Bei Freud kommt dieser Ansatz auf den Höhepunkt. Freud erklärt: »Der Triebreiz stammt nicht aus der Außenwelt, sondern aus dem Inneren des Organismus selbst«.[21] Der Trieb ist nicht als momentane Stoßkraft, sondern als konstante Kraft zu verstehen. Seine Funktion ist biologisch bestimmt, das heißt, Unlust soll vermieden und Lust gesucht werden. Das Ziel des Triebes ist allemal die Befriedigung und schließlich ein Objekt, »an welchem oder durch welches der Trieb sein Ziel erreichen kann«.[22]

Freud unterschied ursprünglich von den Sexualtrieben die sogenannten Ichtriebe. Deren Aufgabe ist die Selbsterhaltung. Diese erscheint als ein Urprinzip. Von ihr her sind auch negative Verhaltensformen wie Haß und Aggression zu deuten. Aggression stellt sich gegen die Objekte ein, die dem Ich schaden wollen und damit die Erhaltungsbedürfnisse einschränken. Später setzte Freud *Eros* und *Todestrieb* als die beiden maßgebenden Triebe an. In dieser Unterscheidung zeigt sich, daß der Trieb nicht mehr als negativ angesehen wird. Der Trieb gewinnt umgreifende Bedeutung, insofern das Hin und Her zwischen Eros und Todestrieb das gesamte Geschehen bestimmt, dessen Ausgang ungewiß ist. *Die Psychoanalyse und eine ihr entsprechende Psychotherapie ersetzen in theoretischer und praktischer Hinsicht die Ethik,* die unrealistisch den Menschen überfordert. Die traditionelle Ethik, so wird argumentiert, baut auf falschem Fundament auf, wenn sie behauptet, daß der Mensch als Geist und Vernunft über den Trieben, die wesentlich nur körperbedingt sind, stände.

Angesichts dieser Entwicklung kommt die Interpretation der Subjektivität vom Aspekt des Willens her in eine schwierige Lage. Sie kann weder den Begriff Willen noch den Gegenbegriff Trieb unbefangen als maßgebend ansetzen. Man muß versuchen, beide Größen in ihrer Struktur zu kennzeichnen, sie dialektisch gegeneinander abzugrenzen und solchermaßen aufeinander zu beziehen.

Zunächst zur Bestimmung *Trieb.* Man kann – das zeigt schon das alltägliche Leben – von den Trieben nicht absehen. Gleichwohl wäre es verfehlt, die Triebe zur alleinigen Grundlage des Seelenhaushaltes zu machen. *Nietzsche* hat dies versucht. Alles Wollen, so erklärt er, ist auf bestimmte Triebe, die »dahinterstehen«, zurückzuführen. Den Ausschlag im ständigen Konkurrenzkampf der Triebe gibt, so erklärt er, immer der stärkste Trieb. Aber – dies muß festgehalten werden – Nietzsche stellt die offensichtlichen Schwierigkeiten dieser Konzeption heraus. Man kann mit ihr nichts ausrichten, denn der Haushalt der Triebe ist gar nicht zu durchschauen. Wir sind im Durchdenken der Triebe viel zu grob, die »feineren Gründe« entgehen uns. Nietzsche erklärt: »Wir sind alle nicht *das*, als was wir nach den Zuständen erscheinen, für die wir allein Bewußtsein und Worte – und folglich Lob und Tadel – haben«.[23] Sodann – und dies ist gegen Nietzsches Ansatz im ganzen zu sagen –: die Deutung, die jede Handlung aus Triebmotiven zu erklären sucht, kommt, wie oben dargelegt, immer »hinterher« und kann keine Initiative zum Handeln abgeben.

Die Schwierigkeit, einzelne Triebe genau einzugrenzen und gegeneinander abzuheben, ist in der Tat enorm. Man hat daher in der *Verhaltensforschung* und in der

Anthropologie – so *Gehlen* –, aber auch in der Psychoanalyse versucht, ein allgemeines Triebquantum anzusetzen, das verschieden ausgeformt wird. Freud stellt als Grundlage seiner ökonomischen Triebtheorie die Hypothese auf, daß psychische Vorgänge im Umlauf und in der Verteilung einer meßbaren Triebenergie beständen.

Ob man nun bestimmte Triebe ansetzt, oder ob man nur eine allgemeine Triebenergie anzunehmen hat: daß uns das Triebgeschehen auf Grund unserer Naturanlage *überkommt*, ist sicher nicht zu leugnen. Triebe treiben uns, nicht wir als geistige Wesen setzen sie in Gang. Triebe stellen eine dynamische Komponente dar, die den Organismus dazu energetisiert, seine Bedürfnisse zu befriedigen.

Wenn man diesen Grundcharakter ansetzt, dann kann man die Bestimmung Trieb natürlich sehr weit fassen. Hegel hat dies schon gesehen und erklärt, daß man schlechthin alles Tun auf Triebe zurückführen könne. Die wohlfeile Auskunft: wir finden die vielfältigen Triebe als Tatsache im Bewußtsein vor, ist immer möglich. So gibt es neben dem Trieb zum Recht »*auch* den Trieb zum Eigentum, zur Moralität, *auch* den Trieb der Geschlechterliebe, den Trieb zur Geselligkeit u.s.f.«.[24] Hegel betont das Wörtchen »auch«, weil eben alles Tun auf Triebe zurückzuführen sei. Demgegenüber erscheint es angebracht, mit Freud den *biologischen* Charakter der Triebe zu betonen und ihn zugleich von der Grundstruktur der Subjektivität, das heißt dem *Selbstbezug* her zu erläutern. Triebe, so sahen wir, überkommen uns, und wir wissen darum im allgemeinen und im konkreten. Wir brauchen ihnen aber nicht unbedingt zu folgen, wir können uns »zügeln«, »gegenhandeln« und Triebe »aushängen«.

Das führt auf den Begriff Willen zurück. Wir suchen, auch diesen Begriff mit aller Vorsicht zu bestimmen. Wir sehen zunächst von seiner Verankerung auf Vernunft oder Drang ab und gehen phänomenologisch vom Verhalten, genauer dem Selbstverhalten aus.

Wille hat es mit dem *Ich* zu tun, das sich auf etwas einstellt in der Form, *daß es ein Ziel anstrebt.* Wollen besagt: soweit es an mir liegt, soll etwas sein bezugsweise verändert werden. Wille und Wollen sind aber keine aus dem Nichts hervorbrechenden Akte der absoluten Freiheit. Dieser an der Vorstellung des schöpferischen Wollens Gottes orientierte Begriff überschreitet die menschliche Situation. Unser Wollen vollzieht sich in der Welt und in bezug auf Weltgehalte.

Der Wille ist nicht – dieser Sachverhalt ist wesentlich – Gegensatz zur Reflexion, sondern steht mit dieser ursprünglich im Bunde. *Wille, Vorsatz und Wahl hängen zusammen.* Der Wille geht von mir aus, in der dialektischen Weise, daß ich etwas *beschließe* und damit anderes ausschließe, mich also *festlege.* Dies Festlegen bedeutet den Abschluß des Hin und Her zwischen den Möglichkeiten, das heißt der Reflexion darüber, was zu tun sei.

In der klassischen Philosophie der Subjektivität wird weithin der Entschluß als ein besonders bewußter Akt vorgestellt, in dem ich mich im Stil von Kierkegaards Selbstwahl als Entschließender selbst wähle. Die Möglichkeit eines solchen Entschlusses als einer Umkehr und Bekehrung, so von der ästhetischen zur ethischen Lebenseinstellung, sei nicht grundsätzlich in Frage gestellt. Im Alltag geht diese Bewegung von der Reflexion zum Entschluß und zur Ausführung zunächst und zumeist sehr viel undramatischer vor sich. Sie betrifft als solche auch nicht nur ethisch besonders relevante Alternativen. Das Überlegen kann völlig utilitaristisch-pragmatisch zwischen den Vorteilen und Nachteilen eines bestimmten Verhaltens, besonders im Hinblick auf die möglichen Folgen, vollzogen werden.

Vor allem aber: die Reflexion und die Wahl bleiben wesentlich *»bei der Sache selbst«. Diese* steht im Blick und wird beurteilt. Auch wenn die »Sache selbst« mein Verhalten ist, das ich auf mögliche Änderung hin bedenke, so ist das Bewußtsein, »es liegt an mir und es hängt von mir ab«, zunächst und zumeist *nur mitlaufend* und nicht ausdrücklich gesetzt. Gleichwohl: dies mitlaufende Bewußtsein ist entscheidend. Es ist ja nichts anderes als das *Könnens-Bewußtsein*, von dem schon wiederholt die Rede war. Das Bewußtsein, »ich kann auch anders« ist und bleibt, so sagten wir, die wesentliche Weise, in der das Ich *alltäglich* von sich weiß. Das Könnens-Bewußtsein muß aber begleitendes Bewußtsein bleiben, weil es primär immer um die *sachlichen* Entscheidungen über welthafte Möglichkeiten und Wirklichkeiten geht.

Das angemessene Verständnis dieses Sachverhaltes wird weithin verdunkelt durch die Vorstellung, daß, um den Willen in Gang zu setzen, ein *Bruch* eintritt als eine den Lebensfluß unterbrechende Hemmung. Ich werde, so argumentiert man, von der Sache weggewendet und auf mich zurückgeworfen. Erst nachdem ich *in mir* einen Entschluß gefaßt habe, komme ich auf die Sache wieder zurück. Diese Vorstellung ist nicht *ganz* verfehlt. Im Überlegen unterbreche ich in der Tat das unmittelbare Tätigsein, aber ich bedenke eben die Sache unter den mit *ihr* mitgegebenen oder von *ihr* ausgehenden Handlungsaspekten. Das Bedenken ist – etwa als Planen oder als phantasievoller Entwurf – dadurch bestimmt, daß ich mir ein Bild mache von dem, »was am Ende herauskommen könnte«, wenn ich dies oder jenes tun würde. Alle diese Formen der Reflexion sind keine Weisen unmittelbaren Umgehens, wie es etwa im mechanischen Gewohnheitshandeln vorliegt, aber insofern sie bei der Sache, um die es geht, bleiben, sind sie auch keine reine Innenreflexion.

Natürlich kann es auch zu einem *bewußten Einschnitt* kommen, in dem und durch den ein Bruch von außen gesetzt wird, etwa wenn ich sehe, daß meine Pläne, an deren Verwirklichung mir so viel liegt, meine Kräfte übersteigen, oder daß die Umstände dagegen sprechen. Dann setzt die Reflexion der *Innerlichkeit* ein: »es hat keinen Zweck, etwas zu unternehmen«; ich umkreise das Phänomen in meinem Innenraum, und unter Umständen verdränge ich es: »es war eben nur ein Traum, der nie Wirklichkeit werden konnte«.

Vom Mitbewußtsein meiner Subjektivität als des Ichs, das auch anders kann, her ist es zu verstehen, daß die dem Willen zugehörige Reflexion Sachreflexion *und* Selbstreflexion *zugleich* ist. Im Wollen von etwas will ich immer zugleich *mich* als den dieses Etwas wollenden. *Nietzsche* hat dies Problem des sich wollenden Willens, das bereits *Fichte* bewegt, eigentümlich verstellt in der Form des Willens, der sich selber will. Einen reinen auf sich bezogenen Willen gibt es aber nicht, nur im Wollen von *etwas* findet der Wille als sich selbst wollender seine *Wirklichkeit. Schopenhauer* hat diesen Sachverhalt klar herausgestellt und, seiner Metaphysik entsprechend, negativ bewertet. Daß der Wille rastlos ist, das heißt immer wieder etwas will und als Wille von keinem Etwas befriedigt wird, dies ist der Motor des Wollens, das sich wie im Tretrad immer weiter treibt.

Die Bezogenheit des Willens auf einen Sachverhalt ist ihrerseits zugleich immer schon ausgerichtet – hier tritt wiederum die mitbewußte Rückbezüglichkeit hervor – auf *Normen* und *Sanktionen*, unter denen das Tun und Lassen steht in inhaltlicher und formaler Hinsicht. Das Wollen kann, kantisch gesprochen, zwar auf seinen Inhalt hin betrachtet legal sein, es kann jedoch einer inneren Gesinnung entspringen, die negativ zu bewerten ist. Grundsätzlich: im Wollensbewußtsein sind gesellschaftliche und ethische Maßstäbe *mitzubedenken*. Auch dieser Sachverhalt kann zur Abspaltung der

Innerlichkeit beitragen. Im Extremfall: wenn ich ein bestimmtes Tun nicht einmal den geltenden Normen gemäß *wollen* darf, kann ich diesem verbotenen Wollen nur in Phantasievorstellungen nachgehen; hier bin ich, so vermeine ich, freier als in der Wirklichkeit.

Ob Wollen in der Form verständiger Überlegungen nur Instinktersatz ist, das heißt, ganz und gar instrumental ausgerichtet nur der Selbsterhaltung dient, oder nicht: es bezeugt das Nicht-Eingeordnetsein in die Welt. Wollen entspringt – darin dem Trieb verwandt – einem *Nichtbefriedigtsein.* Wollen ist immer ein Verändernwollen, dessen höchstes und letztes Ideal eben das Wollen wäre, das absolut weltlos die Möglichkeit hätte, sich »seine« Welt allererst zu setzen. Da dies Ziel nicht erreichbar ist, bleibt das Wollen immer hinter seinem Gewollten zurück. Es kann die Negativitäten der Welt nie endgültig aufheben und es ist ihm verwehrt, das endgültige Einverständnis mit dem Seienden – die geglückte Indifferenz – zu schaffen.

Wille und Wollen – so sahen wir – setzen das *mitlaufende* sachgebundene Könnensbewußtsein voraus, das sich unter Umständen mit dem Bewußtsein »es liegt an mir« verbindet. Aber zumeist bleibt dies Bewußtsein eben unausdrücklich im Hintergrund, insofern die Sachbezogenheit des Handelns im Vordergrund steht.

Von diesem Sachverhalt her wollen wir noch einmal den *dialektischen Zusammenhang von Wille und Trieb* herausstellen. Wir gehen davon aus, daß beide Phänomene der einen Subjektivität, die trotz ihrer Widersprüche und ihrer Paradoxien ein Entwurf sui generis ist, zugehören. Das besagt: Triebe sind für die Subjektivität nie Triebe im tierischen Sinn. So weitgehend wir auch durch das tierische Erbe bestimmt sind, es geht grundsätzlich nicht an, in undialektischer Weise den Unterbau der Subjektivität als leiblich-biologische Triebschicht vom Oberbau, in dem das geistige Ich seinen Sitz habe, abzutrennen. Freud hat sehr gut gesehen, daß Triebreize immer schon im Seelenleben »repräsentiert« sind. Nur darum machen die Triebe uns so außerordentlich zu schaffen. Anders: Triebe stehen der Möglichkeit nach immer schon *im Umkreis der sich selbst verstehenden und beurteilenden Subjektivität,* die sich eben mit ihren Möglichkeiten auseinanderzusetzen hat.

Es wäre jedoch verfehlt, nun das Seelenleben als eine Kampfstätte zu verstehen, auf der die Triebe einerseits und der Wille andererseits dauernd miteinander stritten. Geht man vom *Alltagsverhalten* aus, dann ist durchaus von einem eingespielten Tun zu reden, in dem Wollen und Trieb gar nicht auseinanderzuhalten sind. Dies Verhalten, besonders in der Form des *Gewohnheitsverhaltens,* charakterisiert in außerordentlich hohem Maße unser Tun und Lassen. Es ist sodann zu beachten, daß triebgeleitete und willensgesteuerte Handlungen oft *nebeneinander* ablaufen, das heißt, sich gar nicht stören. Die Befriedigung vitaler Lebensbedürfnisse hat im Gesamthaushalt der Tätigkeiten ebenso ihren Platz wie Handlungen, die auf ausdrückliche Willensentschlüsse zurückgehen.

Die *»eigentlichen«* Handlungen kommen – wie schon angedeutet – zustande, wenn sich Problemsituationen ergeben – Schwierigkeiten, Störungen und Krisen im Umgang mit anderen oder in der Bewältigung von Vorhaben, die eigene Überlegung und eigenen Einsatz erfordern. Problemsituationen sind aber nicht primär durch Konflikte zwischen Trieben und Wollen bestimmt, sondern betreffen Konflikte der Lebensführung, die weitgehend *umgangsbedingt* sind. Es ist also ein Irrtum zu meinen, die Willenskonflikte seien immer Konflikte zwischen Willen und Trieb. Die klassische Tradition begeht weithin diesen Irrtum.

Das Gesagte bedeutet aber keineswegs, daß es nicht *auch* und durchaus Krisen gibt, die auf einer Diskrepanz zwischen Trieb und Willen beruhen, und an diesen zeigt sich *exemplarisch*, wie vielschichtig und dialektisch das Verhältnis von Trieb und Willen ist.

Nicht nur das Wollen, sondern auch die Triebe unterliegen einer *differenten Wertung*. Es gibt formal die Möglichkeit vielfältiger Unterscheidungen. Im Beispiel: der »positive« Trieb, aus Mitleid einem Leidenden in Not zu helfen, wird nicht befolgt, weil dies Nachteile für mich mit sich bringt; ich beschließe, nur meinen Vorteil zu bedenken, und handle entsprechend nach dieser »bösen Maxime« meines Willens. Umgekehrt: der »negative« Trieb, nicht zu helfen, weil dies Unannehmlichkeiten für mich bringt, wird durch den »guten Willen zur Nächstenliebe« negiert: ich setze mich für den anderen ein. Es lassen sich natürlich noch andere Kombinationen darstellen. Jedenfalls – darauf kommt es hier nur an – läßt sich nicht sagen, daß der Wille immer *nur* positiv und der Trieb immer *nur* negativ zu bewerten sei. Dies wäre eine verfehlte Deutung. Es gibt einen verhärteten bösen Willen, und es gibt umgekehrt die gütigen und gutmütigen Menschen, denen, sich für andere einzusetzen, zur zweiten Natur geworden ist.

Es ist – und damit kommen wir auf ein für die Ethik wesentliches Problem – herauszustellen, daß Wille und Trieb ebenso wie das Gefühl *zweideutig* sind. Von da aus muß noch einmal das Phänomen der Egoität thematisiert werden. Die Herausstellung des nicht geistigen Urgrundes, wie sie Schelling darlegt, zeigt auf die Tatsache hin, *daß das Ich sich gar nicht ganz erhellen kann.* Man kann den Zusammenhang von Egoität und Willen aber nicht dahin auslegen, daß man nun den zweckbezogenen Willen einfach auf triebhafte Egoität zurückführt. Ohne daß man den Willen fraglos mit der Vernunft identifiziert, muß man ihn doch in Gegensatz zur Triebschicht ansetzen als das von mir ausgehende Könnensbewußtsein. Dies Könnensbewußtsein, das sich darin zeigt, daß ich mir überlege, wie ich vorgehen soll, steht in dialektischem Bezug zum *Denken*. Denken steht formal gesehen im Gegenzug gegen die Egoität aus dem einfachen Grunde, weil es nicht auf die Einzelheit, sondern auf Allgemeinheit bezogen ist.

Im Willen dagegen ist das Moment des Meinigen angelegt. *Hegel* erklärt: »Im Willen hat das Allgemeine zugleich wesentlich die Bedeutung des Meinigen, als *Einzelheit*, und im unmittelbaren d. i. formalen Willen, als der abstrakten noch nicht mit seiner freien Allgemeinheit erfüllten Einzelheit«, aber im Willen ist, insofern er intelligibel ist, der Bezug zum Allgemeinen mitgesetzt. Hegel fährt daher fort: »Nur dadurch, daß der Wille sich zum Denken wieder erhebt, und seinen Zwecken die immanente Allgemeinheit gibt, hebt er den Unterschied der Form und des Inhalts auf und macht sich zum objektiven, unendlichen Willen«.[25]

Der Wille ist durch diese *Spannung* von Einzelheit und Allgemeinheit bestimmt. Das heißt: der Wille unterliegt der Dialektik, die *das Ich* als solches und im ganzen kennzeichnet: der Wille steht sich selbst im Wege: er ist als denkender zugleich durch Egoität bestimmt. Der Wille ist sich daher selbst *Aufgabe*. Das durch den Willen bestimmte Ich muß den »verhängnisvollen und unergründlichen Willen« zum »sich habenden, das heißt freien Willen« umwandeln, mit *Schelling* gesprochen. Dies ist aber eine Aufgabe, die nie eindeutig und endgültig gelöst wird.

Auch als wollendes, nicht nur als fühlendes erreicht das Ich nie absolute Freiheit. Sicher: es geht wollend über die Unmittelbarkeit des Fühlens als eines Schongeantwortet-habens hinaus in die Möglichkeit eines gesteuerten Verhaltens, aber dieses Verhalten ist immer nur relative Freiheit in doppelter Hinsicht. Einmal in bezug auf die Welt: diese kann nur umgestaltet, nicht frei gesetzt werden, *die Inkongruenz von Ich und Welt bleibt;* und sodann und vor allem: in bezug auf die Uneinigkeit des Ichs als eines wollenden: *der Widerstand von Egoität und Denken ist mit dem Ich mitgesetzt und nicht aufzuheben.* Nicht nur in bezug auf die Welt, sondern auch in bezug auf das Ich selbst ist das Gesetz der relativen Transzendenz bestimmend: das Ich kann sich selbst nie eindeutig und endgültig zur Allgemeinheit hin überschreiten, sondern nur seine Egoität in Richtung auf diese hin »*läutern*«. Gerade vom Aspekt des Wollens her zeigt sich, daß das Ich nie »reines« Ich ist. Es gilt, wenn man diese Dialektik adäquat erfassen will, aber vor allem sich klarzumachen: Erhebung zum Denken bedeutet nicht ohne weiteres Erhebung im moralischen Sinn, das heißt Erhebung zur praktischen Vernunft. Das Denken kann als instrumentales Denken in den Dienst einer Handlung gestellt werden, die moralisch gesehen gut oder schlecht ist. Auf diese Zusammenhänge wird bei der Erörterung der Problematik der zwischenmenschlichen Bezüge einzugehen sein.

Daß das Denken zwar formal als Wende zum Allgemeinen über die Egoität hinausgeht, besagt also nicht ohne weiteres, daß Denken eine Nähe zur Moralität hat. Dies haben Hegel und Schelling gut gesehen. Hegel spricht von der Wendung zum objektiven, unendlichen Willen, und Schelling führt eine Unterscheidung zwischen blindem und sich habenden Willen ein. Schelling fordert eine Umwandlung des Willens in sich selbst. Diese ist nicht als eine Art Bekehrung ein für allemal zu vollziehen, sondern als die ständige Aufgabe, sich gegen die Partikularität der *Universalität* zu unterstellen, das heißt, den Anderen in Betracht zu ziehen. Daß diese Umkehrung eine Sache des Willens ist, zeigt, daß der Wille weder auf Egoität und Triebhaftigkeit noch auf praktische Vernunft einseitig festzulegen ist.

Wille – dies weist darauf hin, daß er »höher« als Gefühle zu orten ist – ist nicht nur ambivalent. Er kann und muß über seine Ambivalenz selbst entscheiden. Die Egoität beim Menschen ist zweideutig. Sie ist einerseits Grundlage des organischen Lebens, dem es um Selbsterhaltung geht. Sie soll andererseits dem alle Individuen übergreifenden universalen Willen untergeordnet werden.

Schelling – auf den wir noch einmal verweisen – hat diese Doppelheit gut herausgestellt. Er spricht vom *Eigenwillen* und vom *Zentralwillen.* Der Eigenwille partikularisiert alles, das heißt, bezieht alles nur auf sich selbst. Das ist der Ursprung des *Bösen* als der *Selbstsucht* und des *Verkrümmtseins in sich selbst.* Der Mensch kann den Eigenwillen nie ganz brechen. Er soll es auch nicht, er würde ansonsten seine Lebenskraft aufgeben. Aber er muß die mögliche Wende zum Zentralwillen in sich selbst und durch sich selbst vollziehen. Der Wille soll zum *verständigen* Willen werden, ohne sich ganz als Drang aufzugeben. Erst die Einheit von Lebenskraft und Verstand ist der wahre Wille. Schelling erklärt demgemäß, daß der Wille als Drang für sich betrachtet auch Wille sei, »aber Wille, in dem kein Verstand ist, und darum auch nicht selbständiger und vollkommener Wille, indem der Verstand eigentlich der Wille in dem Willen ist«.[26] Diese Einheit sieht Schelling in Gott immer schon verwirklicht. Auch in Gott ist als Grund der Existenz ein Dunkles, aber es ist schon immer gelichtet. Der Mensch hat die Aufgabe, seinen Eigenwillen dem göttlichen Willen unterzuordnen. Auch im Menschen sind zwei Prinzipien wirksam, zuerst das Prinzip, das dem Grunde entstammt und dunkel ist. Es ist »der Eigenwille der Kreatur, der aber, sofern er noch nicht zur vollkommenen Einheit mit dem Licht (als Prinzip des Verstandes) erhoben ist (es nicht faßt), bloße Sucht oder Begierde, d. h. blinder Wille ist. Diesem Eigenwillen der Kreatur steht der Verstand als Universalwille entgegen, der jenen gebraucht und als bloßes Werkzeug sich unterordnet«.[27]

Schelling hat klar erkannt, daß der Wille eine *dialektische Größe* ist. Er ist weder bloßer Drang noch durch den Verstand geleitet, sondern die problematische Einheit beider Bestimmungen. Schelling erklärt: »In uns sind zwei Prinzipien, ein bewußtloses dunkles und ein bewußtes. Der Prozeß unserer Selbstbildung, wir mögen nun suchen, uns in Ansehung der Erkenntnis und der Wissenschaft, oder sittlich, oder auch ganz unbeschränkt durch das Leben oder für das Leben zu bilden, so besteht dieser Prozeß immer darin, das in uns bewußtlos Vorhandene zu Bewußtsein zu erheben, das angeborene Dunkel in das Licht zu erheben, mit einem Wort: zur Klarheit zu gelangen«.[28]

Daß der Drang als Eigenwille zum verständigen allgemeinen Willen sich erheben soll, das ist der entscheidende Ansatz der *Ethik*. Aber hier zeigen sich Probleme. Daß Schellings Konstruktion für uns nicht einfach wiederholbar ist, ist kaum zu leugnen. Schelling ist Metaphysiker. Er setzt Gott als übergreifendes Prinzip an, das garantiert, daß der Weg nach oben führt. In diesem Prinzip aber sind dunkler Drang und Verstand geeint, und diese Einheit ist das *Gute*. Schelling versteht das Gute als Ordnung, in der das Untere sich dem Oberen unterordnet. Hier kommt die traditionelle Rangordnung zum Tragen, aber in modifizierter Form. In der ungebrochenen platonischen und christlichen Tradition ist das rangmäßig Obere auch das kraftmäßig Stärkere: daß das Gute sich durchsetzt, ist nicht zu bezweifeln. Für Schelling gilt dies nur in bezug auf Gott, nicht für den Menschen, denn der Mensch hat ja im Sündenfall die Prinzipien *verkehrt*. Durch diese Umkehrung wird die Richtung des Vernünftigwerdens pervertiert. Das Unterste wird das Oberste. Das Naturhafte, das an sich dienendes und tragendes Fundament des Geistes sein soll, wird in der Perversion gerade zur bestimmenden Macht freigesetzt, so daß es nun seinerseits den Geist unterjochen kann.

Schelling hat diese Perversion beispielhaft verdeutlicht, so am Phänomen der Grausamkeit als einer Perversion des Geistes. »Wer mit den Mysterien des Bösen nur einigermaßen bekannt ist (denn man muß es mit dem Herzen ignorieren, aber nicht mit dem Kopf), der weiß, daß die höchste Korruption gerade auch die geistigste ist, daß in ihr zuletzt alles Natürliche und demnach sogar die Sinnlichkeit, ja die Wollust selbst verschwindet, daß diese in Grausamkeit übergeht, und daß der dämonisch-teuflische Böse dem Genuß weit entfremdeter ist als der Gute«.[29] Der Grausame will an sich und zunächst die Destruktion des Anderen genießen, aber er zerstört damit auch sich selbst.

Für Schelling ist diese Perversion aber durch seinen metaphysischen Rückgriff auf Gott revidierbar. Die Denker des späteren 19. Jahrhunderts, insbesondere Freud, zweifeln am Sieg des Guten. Wir werden auf diesen entscheidenden Sachverhalt noch zurückkommen, jetzt nur soviel: der Geist oder das Denken gilt nun in der nicht metaphysisch bestimmten Zeit als *wertneutral*. Es kann eingesetzt werden von positiven und negativen Instanzen her. Rationalität ist als instrumentale Rationalität für differente Zwecke »verwendbar«. Sicher: dem Denken kommt die Aufgabe zu, das Allgemeine herauszustellen, aber die Wende zum Allgemeinen ist eben nicht, wie wir bereits andeuteten, ohne weiteres Erhebung im moralischen Sinn, das heißt, Erhebung zur praktischen Vernunft. Die Umkehrung des Einzelwillens unter den allgemeinen Willen kann realiter betrachtet zum Beispiel auf das Gruppeninteresse im Freund-Feind-Bezug festgelegt werden und katastrophale Folgen haben. Man denke an die Massenvernichtungen, die rational geplant sind. Der Trieb zur Grausamkeit wird hier vom Allgemeinen sanktioniert; er kann solchermaßen den einzelnen »entlasten«. Wir werden auf diesen Sachverhalt zurückkommen bei der Diskussion des Aggressionstriebes. Jetzt nur soviel: das Können als solches genügt eben nicht. Es muß der *Wille zum Sozialen* dazukommen. Erfordert ist die *Anerkenntnis des Anderen als eines mir gleichberechtigten Wesens.* Kant hat in der zweiten Formel des kategorischen Imperativs diesen Sachverhalt sehr klar herausgestellt. Diese zweite Formel lautet: »Handle so, daß du die Menschheit sowohl in deiner Person als in der Person eines jeden anderen, jederzeit zugleich als Zweck, niemals bloß als Mittel brauchst«.[30]

Die *Ambivalenz* ist das Grundmerkmal der menschlichen Struktur. Sie zeigt sich nicht nur in bezug auf das Verhältnis von Trieb und Willen, sondern kennzeichnet jedes dieser Vermögen in sich selbst. Es gibt, so sahen wir, einen guten und einen bösen Willen und gute und böse Triebe. Das bedeutet, daß man bei der Bestimmung des Ichs eben vorsichtig sein muß. Man darf das Ich nicht mit Egoität einfach gleichsetzen. Daß in dieser eine Wurzel der Subjektivität zu sehen ist, haben Fichte und Schopenhauer herausgestellt. Das Ich will ursprünglich auf Selbsterhaltung bestehen und als solches die Anderen negieren. Die Negation der Anderen kann sich mit dem Todestrieb verbinden. Aber dieser kann zur totalen Negation ausarten, in der das Ich sich gegen sich selbst wendet, um die Qual seines Daseins loszuwerden. Selbsterhaltung und Herrschaftstrieb können in den Zweifel an sich selbst und in das Bewußtsein der Ohnmacht umschlagen: man negiert andere, um sich selbst loszuwerden.

Von der reinen Triebtheorie her gibt es keine Lösungen für dies Dilemma. Man muß die Triebebene überschreiten, nicht nur den Todestrieb, sondern auch den Eros, der ja als Trieb überkommt und nicht in unserer Macht steht. Diese Überschreitung ist dialektisch. Ihr Medium ist eine von der Ethik geleitete *Reflexion*: man sucht auch vom anderen her zu denken und setzt damit die Unmittelbarkeit der Selbstbehauptung im Sinne einer absoluten Größe außer Kraft. Eine solche relative Selbstnegation ist ethisch ein Ideal, insofern das Ich auf sich als ausschließende Absolutheit verzichtet und selbstlos wird. Die Reflexion eröffnet dazu die Möglichkeit, aber sie ist an sich selbst weder selbstlos noch selbsthaft. Selbstlosigkeit ist nur zu verwirklichen als Negation der Negation, als Gegenzug zur Zerstörung der Anderen und meiner selbst, das heißt als allgemeiner Wille zur Anerkenntnis des Lebens als der Grundlage alles Verhaltens.

Das Ich erkennt seine Grenzen und begreift die Möglichkeit und Notwendigkeit der indirekten Vermittlung in all ihren Formen als Freigabe für andere. *Kierkegaard* spricht von der Offenheit als einem ausweitenden Verhalten, das durch den Bezug zum Anderen möglich wird und durch das man sich selbst, wie Kierkegaard erklärt, »in Freiheit durchdringt«. Der späte *Schelling* hat diesen Gedanken der Selbstlosigkeit in spekulativer Form durchdacht. In seiner »Philosophie der Offenbarung« hat er *Christus* als die Gestalt der absoluten Vermittlung dargestellt. Als absoluter Vermittler ist Christus nur für andere da. Er übernimmt die Aufgabe, Zusammenhang zu stiften im Sinn einer Aussöhnung von Feindlichem. *Dostojewski* hat in seinen großen Romanen die Idee der Selbstlosigkeit immer wieder umkreist und sie in Chiffren und Symbolen auszudeuten versucht. Innerhalb der menschlichen Bezüge wird sie bei denjenigen sichtbar, die schlecht weggekommen sind. Das hat einen bestimmten Grund: diesen Menschen fehlt eine Eigenschaft, die für das Menschsein konstitutiv ist: der Wille zur Egoität und zur Selbstbehauptung. Dostojewski schreibt, als er an der Abfassung von »Schuld und Sühne« arbeitet, daß er in diesem Roman einen wahrhaft selbstlosen und schönen Menschen darstellen wolle. »Diese Aufgabe ist unendlich schwer. Es gibt in der Welt nur eine einzige positiv-schöne Gestalt: Christus. Menschen nähern sich diesem Ideal nur in Schwachheit an«. Der Fürst Myschkin in »Der Idiot« verkörpert die Schönheit der

Selbstlosigkeit, aber er ist Epileptiker. Und im »Traum eines lächerlichen Menschen« heißt es, daß das Böse doch kein Normalzustand sei. Die Hauptsache: Liebe die anderen wie dich selbst, sei doch eine alte Wahrheit, die »aber – und abertausendmal wiederholt und gelesen worden ist, und doch hat sie sich nirgendwo eingelebt«.

Die reine Selbstlosigkeit, wie Christus sie repräsentiert, ist ein Ideal, das nicht erreicht wird und erreicht werden kann, denn es würde die Aufgabe des Ich als solchem einschließen. Das ist für uns nicht möglich. So bleibt die moralische Forderung, daß ich mit den anderen zusammen *das gemeinsame Wohl* erwäge. Es gilt, ein uns Gemäßes und Mittleres zu finden, mit Aristoteles gesprochen. Der Spielraum des einzelnen soll ja nicht absolut aufgehoben werden. Kant hat klar herausgestellt – wir haben mehrfach darauf hingewiesen –, daß das allgemeine Wohl ja das Prinzip der Gleichheit voraussetzt. Es »*erlaubt* dir, dir selbst wohl zu wollen unter der Bedingung, daß du auch jedem andern wohl willst«.[31]

Eine letzte Bemerkung: wenn gute Neigungen mich überkommen und der gute Wille sich gleichsam von selbst einstellt – es gibt solche Situationen, darin hat die Lebensweltethik recht –, dann ist alles in Ordnung. Dies Verhalten weist sich in sich selbst durch das mitlaufende Bewußtsein des Richtigen aus. Dies Bewußtsein ist als mitlaufend relativ unmittelbar; es vermag aber jederzeit durch positive oder negative Reflexion, die ihrerseits auch triebgesteuert sein kann, aufgehoben zu werden. Die Subjektivität als der Ort der Reflexion ist und bleibt – das zeigt sich insbesondere in Krisensituationen und ungeklärten Lagen – der Endpunkt und der Ausgangspunkt möglichen Verhaltens, insofern das Subjekt zu seinem Handeln überlegend und wertend Stellung nehmen muß.

3. Denken als höchste Tätigkeit und als Signum der Freizügigkeit des Menschen

Die Untersuchung des *Denkens* im Zusammenhang der ethischen Problematik hat die Weite dieser Bestimmung zu beachten und zugleich die geschichtliche und systematische Differenz herauszustellen, durch die das Denken konkrete Gestalt gewinnt. Denken vermag alles zu überschreiten, aber nur in Gedanken. Denken ist ohne Willensbezug ohnmächtig. Wille und Denken sind dialektisch gegeneinander abzuheben, um so deren je eigene Struktur herauszuarbeiten. Das Denken hebt das Wollen über den Trieb hinaus. Es steht hier aber selbst durchgängig im Dienst der gesteckten Ziele, das heißt, der vom Wollen gesteckten Ziele. Will man das Denken an ihm selbst thematisieren, dann gilt es, diese Dienststellung aufzuheben und das Denken in gewissen Gegenzug zum Wollen zu bringen als ein selbständiges und eigenständiges Vermögen, das zwar mit dem Wollen und mit dem Fühlen in ständiger Wechselwirkung steht – sie bedingend und durch sie bedingt –, *aber eine eigene Einstellung der Subjektivität ist.*

Denken gilt in der Tradition als höchste Auszeichnung des Menschen. Das ist von Aristoteles bis Hegel die Grundvoraussetzung der Metaphysik. Als Denkender ist der Mensch Gott am nächsten. Der Gott des Aristoteles übt die höchste Tätigkeit aus. Er denkt sich selbst als das zuhöchst Seiende. Und nach Hegel wird das Absolute über Religion und Kunst hinausgehend in der Philosophie begriffen, die Philosophie stellt die äußerste Möglichkeit dar: in ihr ist das Absolute als das, was es ist, nämlich als sich denkender Geist vollkommen adäquat erfaßt.

Denken im Sinne der *Metaphysik* ist auf die Vernünftigkeit des Seienden bezogen. Dieser Bezug wird in der Antike und in der modernen Philosophie aber unterschiedlich interpretiert. In der Antike ist die Vernünftigkeit in der Ordnung des Seins vorgegeben und sichtbar. In der Neuzeit beruht die Vernünftigkeit auf der Subjektivität, wie sie in Gott repräsentiert ist. Hier ergibt sich aber das Problem, ob die höchste Subjektivität an bestimmte objektive Gehalte gebunden ist oder ob sie diese freisetzt – wir haben die auch für die Ethik wichtige Frage, ob in Gott Wille oder Intellekt vorgängig sind, oben ausführlicher erörtert. Bei Hegel ist diese Kontroverse eindeutig zugunsten der Vernunft entschieden. Welt stellt eine vernünftige Ordnung dar, die als solche vollkommen einsichtig ist.

Der *Gegenstandsbezug des Denkens* kann des näheren – dies zeigt die geschichtliche Entwicklung – unterschiedlich bestimmt werden. Denken ist *dem antiken Ansatz* zufolge eine höhere Wahrnehmung. *Denken ist nicht sinnliches Vernehmen.* Denken ist wie das Sehen auf Seiendes bezogen, das Nichts ist nicht zu denken. Man muß sich diesen Ansatz in seiner Radikalität klarmachen. Selbst wenn man der Relativität das Wort redet, wird auch diese Relativität noch ontologisch begründet: wie es sich dir darstellt, so ist es für dich.

Parmenides hat in seinem Lehrgedicht die These von der Identität von Denken und Sein aufgestellt. Diese These soll die Beunruhigung über den faktisch gebrochenen Seinsbezug der Subjektivität beheben, indem sie das *problematisierende* Denken als verfehlt proklamiert. Problematisierendes Denken wird als nichtiges Denken gekennzeichnet. Denken ist – positiv bestimmt – als Erkennen zu interpretieren. Das ist der Sinn der These von der Einheit des Denkens und des Seins. Die These des Parmenides hat die abendländische klassische Philosophie bestimmt. Die Argumentation, durch die sie Parmenides zu beweisen sucht, zeigt aber, daß er das problematisierende Denken als eine Möglichkeit des Denkens notgedrungen anerkennt: nur darum warnt er ja so nachdrücklich vor ihm. Diese Warnung ist der eigentliche Zweck des Gedichts.

Noch stärker als in bezug auf das Wollen ist also beim Denken in der Antike die Gegenstandsbestimmtheit maßgebend. Daß Wollen fehlgehen kann, wird gesehen, die Praxis legt ja nicht fest, sondern eröffnet einen Spielraum. Daß Denken als Erkennen irren kann, ist weit schwerer einzusehen.

Die Umwandlung des antiken Ansatzes in der Neuzeit ist, so scheint es, von innerer Notwendigkeit bestimmt, denn sie trägt dem Sachverhalt des *gebrochenen Weltbezuges* des Menschen Rechnung. Entscheidend ist der christliche Ansatz. Das Denken kann sich vom Gegebenen ablösen und in die Innerlichkeit zurückziehen. Dieser *reditus in se ipsum* ist von Augustin glänzend herausgestellt worden. Augustin hat die Konstitution des Innenraumes unter dem Aspekt der Zeit und des Gedächtnisses thematisiert. Ich kann die äußere Zeit im Inneren behalten und zusammenfassen. Verinnerlichung bedeutet *zeitübergreifendes Behalten*, das sich in der Weise eines bedeutungsvollen Verstehens aufbaut.

Das Innere der *memoria* ist weiträumig. Es umfaßt Bilder der äußeren Dinge, aber auch Grundbestimmungen, wie Zahlen und logische Regeln, die gar nicht im Äußeren vorkommen. Die Setzung des Inneren ist gleichbedeutend mit dem zumeist unausdrücklichen Wissen, daß alles, was im Inneren ist, als *Gedanke* ist. Wieder wird hier die Bestimmung Mitbewußtsein, aber in sehr reflektierter Form, wesentlich. Das primär Gewußte ist natürlich der *Inhalt* des Gedachten; aber es wird mitgewußt, daß es nur ein Gedanke und nichts Reales ist, und daß es *mein* Gedanke ist.

Diese Wendung nach innen eröffnet eine neue Möglichkeit des Welt- und Selbstbezuges. Eine Alternative bricht auf. Die Subjektivität kann sich auf ihren Innenraum zurückziehen und sich vom Äußeren abwenden; das Subjekt kann aber auch den Rückzug als eine Möglichkeit verstehen, das Äußere nun von der Gedankenwelt her zu gestalten; das ist die Intention der neuzeitlichen Wissenschaft und Technik. Beide Möglichkeiten gehen aber ineinander über. So ist auch für die zweite Möglichkeit wesentlich, *daß man sich erst im Inneren eine neue Welt aufbaut*. Das bedeutet aber, daß man den Wirklichkeitsbezug beim Umbauen der alten Welt nicht einfach ausklammert.

Denken wird in der Neuzeit als *aktive Konstruktion* verstanden. Die *Begriffe*, die diese Konstruktion leiten, sind nicht gegeben, sie sind durch die Handlungen des Verstandes erzeugt. Kant erklärt, daß der Ursprung der Begriffe auf der Reflexion und Abstraktion vom Unterschied der Dinge besteht, und er stellt sich die Frage, wie die Handlungen des Verstandes des näheren zu bestimmen sind, die »zur Erzeugung eines Begriffes aus gegebenen Vorstellungen« nötig sind. Begriffe haben es nicht mit dem Einzelnen, sondern dem Allgemeinen zu tun. Durch das begriffliche Denken sollen Sachverhalte festgestellt und objektiviert werden.

Das Entscheidende dabei ist, daß das Denken die Sphäre der Willkür überschreitet. Das Denken unterstellt sich dem Gedanken *objektiver Nachprüfung*. Die Kontrolle ist sicher, den gegenstandsgebundenen Wissenschaften entsprechend, zu differenzieren, aber auf allen Gebieten ist die Methode der *Verifikation* maßgebend. Verifizieren heißt den Nachweis erbringen, daß die Aussagen in formaler, aber auch inhaltlicher Hinsicht sachangemessen und sinnvoll sind. Kant hat diese Konzeption des Denkens maßgebend vorbereitet, und das Denken solchermaßen als die Grundlage des empirischen Wissens ausgegeben. Diese Methode hat sich bewährt: das Denken bleibt erfahrungsbezogen, aber die Erfahrung wird gestaltet innerhalb eines Forschungsprozesses, der sich der Methode von Versuch und Irrtum unterstellt.

Wissenschaft im traditionellen Sinn, wie sie in der *Antike* ausgebildet wurde, ist die Erforschung des Seienden als die Frage nach seinem Wesen. Der Wissensbezug läßt sich vom Symbol des Raumes her ausdeuten: das Objekt steht mir gegenüber und soll auf seine wahre Struktur hin abgefragt werden. Auch als das sinnliche Sehen entwertet wird, bleibt dieser Ansatz seiner Grundstruktur nach erhalten: das Subjekt gewinnt als denkendes Wesen Einblick in die rationalen Zusammenhänge, die das Objekt konstituieren.

Ganz anders der gegenwärtige Ansatz: der Gegenstand der Wissenschaft ist nicht mehr unmittelbar die Natur als solche und deren Wesenszusammenhang. Die Erkenntnis der Natur ist schon immer vermittelt durch die Untersuchungen, die die Wissenschaft erbracht hat und erbringen kann. Der Wissenschaftler muß sich in den *Prozeß der Forschung* einordnen im Wissen, daß dieser Prozeß endlos ist und sich als Aufhebung jeweiliger Kenntnis konstituiert – Aufhebung im negativen und positiven Sinne verstanden.

Pragmatische und technologische Gesichtspunkte treten in den Vordergrund. Sicher ist die subjektive Neugier, das Herausbekommen als solches, nach wie vor »effizient«, vielleicht nicht mehr in der Form, daß die Neugier als das letztinstanzliche Rechtfertigungsprinzip von Wissenschaft überhaupt angesehen wird – so *Hans Blumenberg* in seiner Deutung der neuzeitlichen Wissenschaft.[32] Als persönlich-individuelles Motiv ist sie natürlich nach wie vor bedeutsam. Aber auf das Ganze gesehen ist es entscheidend, daß die grundsätzliche Bedeutung des Widerspruchs von Ding an sich und Erscheinung, das heißt das Faktum, daß die Subjektivität als Subjektivität so eingerichtet ist, daß wir die Welt nie angemessen erkennen *können*, abgemildert wird zu der sehr allgemeinen Einsicht, daß die Wissenschaft keine endgültige Gewißheit gibt, und daß wir uns zu bescheiden haben.

Die Wandlung ist grundsätzlicher Art. Sie hat sich gleichsam über die Köpfe hinweg vollzogen, sehr allmählich und doch mit innerer Konsequenz. Und das Ergebnis ist, daß der *Forschungsprozeß selbst* ins Zentrum gerückt ist. Er ist zur Instanz geworden und in diesen Prozeß ist der Wissenschaftler selbst eingeordnet, er ist von ihm umgriffen und geleitet. Eben dieser Vorstellung: Wissenschaft ist Prozeß, aber ist es gemäß, das Problematisieren als zum Forschungsprozeß gehörend zu legitimieren und solchermaßen zu »orten«.

Wir haben diesen Prozeß oben dargelegt. Er ist für die Gesamtentwicklung wesentlich. Denken als Konstruieren vermag sich mit der *Technik* zu verbinden, weil es selbst weithin technisch bestimmt ist. Es geht nicht mehr einfach um die Erkenntnis der »wahren Welt«, sondern um die Steigerung des Wissens: der Forschungsprozeß ist geleitet von der Intention, das, was man sich »ausdenkt«, auch machbar zu machen. Die Ausrichtung auf den Nutzen hin verbindet sich mit der Idee der Wissenschaftlichkeit. Das problematisierende Denken wird instrumentalisiert und bleibt auf den Fortschritt von Wissenschaft und Technik bezogen.

Diesem Ansatz steht die Möglichkeit entgegen, das Denken abzuspalten vom Gegebenen und es nicht als Umweg zur Steigerung der Praxis zu verstehen. Die *Wende zur Innerlichkeit* durchläuft ihrerseits eine Entwicklung. Sie ist zunächst ja wesentlich auf die obere als die wahre Welt bezogen. Wenn man sich von der äußeren Welt abwendet, begegnet man Gott und der Wesenswelt im Inneren. Die entscheidende Umwandlung setzt erst mit dem Verlust der Metaphysik ein. Hier zeigt sich die Möglichkeit, *die Innenwelt selbst als problematisch anzusehen*. Und am Ende stellt sich der Vorgang der Verinnerlichung als ein Verhängnis dar. Man begreift, daß die Wende zur Innerlichkeit nicht Sicherheit verspricht. Die Erkenntnis wird wach und setzt sich in der Gegenwart durch, daß die Innerlichkeit keineswegs eine gegen das Äußere abgedichtete Welt für sich selbst darstellt. Innerlichkeit kann auch, durch die Entdekkung des nicht geglückten Weltbezuges vermittelt, die Form *reiner Negativität von Außen und Innen* annehmen, wenn man die negativen Folgen der Verwissenschaftlichung und Technik bedenkt.

Denken problematisiert am Ende die Subjektivität selbst. Seine Möglichkeit, sich vom Sein zu distanzieren – eine Möglichkeit, vor der Parmenides zurückschreckte – radikalisiert sich in der Form, daß die Subjektivität ihr eigenes Sein in Frage stellt. Die Subjektivität entdeckt sich, wie wir sahen, als ein Zirkelgeschehen, durch das die eigene Identität problematisch wird. Daß das Subjekt sicherer Halt und Ausgangspunkt sei, wie Descartes vermeinte, erscheint nun als Irrtum. Hier zeigt sich der innere Zusammenhang von Subjektivität und problematisierendem Denken. Das Problematisieren als ein Durchleuchtenwollen ist ein widersinniges Geschäft, denn die Subjektivität vermag ja nicht aus sich herauszutreten und aus dem Jenseits ihrer selbst auf sich zuzukommen und sich solchermaßen angemessen zu erfassen. Diese Einsicht hat erhebliche methodische Bedeutung. Alle Grundbegriffe der Subjektivität, wie Ichkern, Egoität, Selbstbezug, Selbstverhalten, Selbstreflexion sind *keine zureichenden Definitionsbegriffe, sondern deuten nur auf die Problematik der Subjektivität als Zirkelbegriffe hin.*

Wir haben auf die Entwicklung, die die Bestimmung des Denkens durchläuft, hingewiesen, um die *Nichtfestgelegtheit* des Denkens herauszuheben. Es zeigt sich: Denken läßt sich in sehr unterschiedlicher Weise ausdeuten. Sein Bezug zur Praxis ist vieldeutig. Die Wechselwirkung von Denken und Wollen vermag sich positiv und negativ auszuwirken. Denken kann sich als instrumentelles Denken der Technik und Wissenschaft unterordnen, um die Praxis zu fördern. Es kann natürlich auch unabhängig von durch Wissenschaft und Technik vorgegebenen Möglichkeiten im Sinne des Ausdenkens Verbesserungen in Gang setzen. Aber es vermag eben auch in negativer Hinsicht tätig zu werden, so zum Beispiel den Willen zur Aggression verstärken, indem es Möglichkeiten totaler Vernichtung ersinnt. Es zeigt sich hier eben, daß die Erhebung, die dem Denken eigentümlich ist, nicht ohne weiteres positiv gewertet werden kann.

Aufs Ganze gesehen: Denken ist kein statisches Vermögen, das gegen andere Vermögen genau abzugrenzen ist. Denken ist unter dynamischem Aspekt betrachtet der Prozeß des *Klärens und des Hellwerdens*. Diese Bestimmung hat den Vorteil, daß sie das Denken nicht isoliert, sondern aus bildhaften Weisen des Welthabens hervorgehen läßt. Wir suchen dies zu konkretisieren, indem wir Denken und *Phantasie* in vergleichenden Bezug setzen. Es zeigt sich hier allerdings, daß Denken nicht nur die Phantasie voraussetzt und aus ihr hervorgeht, sondern daß Denken und Phantasie gerade unter dem Aspekt der Konstitution des Innenraums betrachtet weitgehend *gemeinsame Strukturen* aufweisen.

Die Problematik von Innen und Außen, die dem Denken zukommt, läßt sich gar nicht ausdrücklich klären ohne Rückgriff auf die *Einbildungskraft*. Die Einbildungskraft und das Denken werden als die Möglichkeit bestimmt, etwas da zu haben, was *nicht* leibhaft vor Augen steht; bei der Einbildungskraft handelt es sich um Bilder, beim Denken um Begriffe – in vereinfachender Schematisierung formuliert.

Als gemeinsamer Oberbegriff für Bild und Begriff fungiert in der Tradition die Bestimmung *Vorstellung*. Vorstellung bedeutet zugleich den Akt des Vorstellens und das Vorgestellte, wobei das Vorgestellte, als und insofern es vorgestellt ist, sich im Inneren befindet. Vorstellung ist, so noch *Descartes* nach dem mittelalterlichen Sprachgebrauch, die Sache, insofern sie von mir objektiviert wird: die realitas objectiva steht der realitas formalis oder actualis als der Sache selbst gegenüber. Ein gewisser Mangel der Bestimmung »Vorstellung« liegt darin, daß dieser Begriff viel zu stark die Aktivität betont: ich stelle mir vor, das heißt, ich bringe vor mich hin. Will man die Fluktuation des Inneren begreifen, so kommt es gerade darauf an, auch die »Passivität im Inneren« zu beachten.

Diese Ambivalenz von Aktivität und Passivität bringt die Bestimmung *»Gedanke«* angemessen zum Ausdruck. Das *»Gedanken haben«* ist eine weite und sehr unbestimmte Bezeichnung, nicht nur in bezug auf das Wort »Gedanke«, sondern auch auf das Wort »haben«. Das Wort »haben« kann auf ein Erzeugen zurückgehen. Die Erzeugung von Gedanken ist ein *dialektischer* Vorgang. Einerseits gilt: Gedanken werden nicht kausal verursacht. Daß es Anlässe gibt, die mein Denken in Aktion bringen, ist selbstverständlich. Aber meine Gedanken sind nicht einfache Wirkungen dieser Anlässe. Gedanken sind frei. Andererseits: die Erzeugung meiner Gedanken durch mich selbst setzt die *imaginative Phantasie* voraus. Voraussetzung besagt hier nicht: es ist ein Reservoir von Phantasievorstellungen da, aus dem das Denken sich etwas herausnimmt, sondern das Voraussetzen ist eine *immanente Bestimmung des Denkens selbst*, die sich nur paradox formulieren läßt. Denken setzt als aktive Tätigkeit immer schon voraus, besser: Denken bedeutet, daß sich Gedanken *einstellen*. Die Aktivität und die Passivität im Denken ist nie rein zu scheiden. Beides bedingt sich gegenseitig. Gedanken tauchen auf. Gedanken kommen und gehen, und nicht *nur* in der Weise assoziativer Verkettung. Es gibt auch ein konzentriertes Sich-Einstellen von Gedanken, das mehr als bloßer Einfall ist. »Mir kommt der Gedanke, daß dies die Lösung sein kann«: so rede ich nur, wenn ich vorher über die Lösung nachgedacht habe.

Was soeben umschrieben wurde, ist nichts anderes als die *Urform* der Reflexion, das aktiv-passive Hin- und Herwenden. Wenn man *Denken* verstehen will, dann muß man von dieser ursprünglichen Struktur von Reflexion als einer eigentümlichen Vermittlung von Aktivität und Passivität ausgehen. Denken als Reflexion ist natürlich immer Reflexion über etwas, in der Weise des umkreisenden und immer erneuten Ansetzens, einschließlich eines gewissen assoziativen Weitergleitens; wobei man aber aufpassen muß, nicht den Faden zu verlieren. Daß Passivität und Aktivität im Denken verschränkt sind, bedeutet nicht, daß ein Moment nicht überwiegen kann. Denken als objektivierendes Feststellen, das sich in Urteilen aussagt, erfordert mehr Aktivität als das bildhaft phantasierende Denken.

Denken ist angemessen nur zu thematisieren, wenn man sich die Weite der Bedeutung von Denken als einer inneren *menschlichen Tätigkeit* klarmacht. Sie deutet sich in den verschiedenen umgangssprachlichen Begriffen an, die Denken kennzeichnen, zumeist in Verbindung mit einer dem räumlichen oder zeitlichen Bezirk entnommenen Vorsilbe: nachdenken, überdenken, ausdenken, durchdenken, vordenken, andenken, bedenken. Auf einige dieser verschiedenen Begriffe sei kurz eingegangen, um beispielhaft die »Reichweite« des Denkens anzuzeigen. *»Ich denke an ...«* kann den Sinn des Erinnerns und der Vergegenwärtigung haben – »ich denke oft an Piroschka« –, oder es kann im Sinne der Aufforderung, nichts zu vergessen, gebraucht werden: »denke daran, daß du um 5 Uhr zu Hause sein wolltest«. Das *Denken über etwas* ist umgangssprachlich zu unterscheiden vom *Überdenken*. Ich überdenke etwas: das besagt, ich habe etwas an sich schon ganz durchdacht, und will es nun nur noch einmal daraufhin durchgehen, ob es wirklich hieb- und stichfest ist. Ich denke über etwas nach: dies weist dagegen auf den von mir gesteuerten Vollzug des Denkens hin, unter Umständen verbunden mit der Aufforderung an andere, dieses konzentrierte Fürsichsein nicht zu stören. »Ich denke über etwas nach« kann aber auch in *Richtung* auf einen Entschluß vollzogen werden: ich überlege hin und her, ob ich morgen reisen soll. Das Nachdenken über etwas und ebenso das Durchdenken von etwas machen mehr als das erinnernde Andenken das *Anhalten der unmittelbaren Vollzüge* sichtbar, das Stoppen, das bedeutet, daß ich mich genauer auf etwas einlassen will, im Sinne des tiefer auf die Sache Eingehens.

Der Unterschied der Ausdrücklichkeit des Ichbewußtseins ist für die Differenz von Phantasie und Denken – Denken im engeren Sinn als zielgesteuertes Problemlösen verstanden – entscheidend. Gerade vom Gesichtspunkt *der Genesis der Innenwelt* her zeigt sich aber, daß die Unterscheidungen von Phantasie und Denken gleitend und durchaus problematisch, wiewohl notwendig sind. Dies sei genauer entwickelt.

Jede Interpretation der *Phantasie* ist daraufhin zu untersuchen, von welchem Gesamtaspekt der Subjektivität sie ausgeht. Wird die *Selbsterhaltung* als Sinn der Subjektivität angesetzt, so ergibt sich folgendes Bild: Phantasie erscheint als zweckdienliche Verarbeitung und Umsetzungsleistung. Die von außen kommenden Eindrücke, das heißt die Empfindungsreize, werden im Gedächtnis behalten. Das Gedächtnis ist aber mehr als eine bloße Aufbewahrungskammer. Im Zusammenhang mit der Phantasie gibt es die Möglichkeit einer Modifikation des Gegebenen vor. Diese Modifikation untersteht besonderen Gesetzen, so den Gesetzen der Bewegungs- und Empfindungsphantasie. Die Eindrücke werden zu Gestalten zusammengefaßt, und die Verarbeitung kann in ihrer höchsten Stufe, der Vorstellungsphantasie, schließlich *produktiv* werden: es werden Modelle und Pläne in bezug auf zukünftiges Handeln entworfen.

Im Gegenzug zu dieser wesentlich an der Selbsterhaltung orientierten instrumentellen Auffassung der Phantasie soll hier die Phantasie als Möglichkeit der *Konstituierung des Innenraums* herausgearbeitet werden. Entscheidend ist für diese Interpretation, daß der Entwurfscharakter der Phantasie *sehr weit* gefaßt wird. Phantasie ist Spiel-Phantasie, nicht nur als einfaches Nachahmungsspiel, sondern als »frei phantasierendes« Sich-Versetzen in unwirkliche Rollen, entbunden vom Hier und Jetzt. Die Phantasiegestalten sind von mir »ausgedacht« und zugleich gilt: sie überkommen mich.

Der Anspruch der Phantasie, ein *eigenes Reich* zu konstituieren, wird problematisiert vom Denken und vor allem vom *Willen* her. Denken greift auf die Phantasie zurück im Zirkelschluß. Es entnimmt ihr nicht einfach Bilder, sondern dirigiert das Bildentwerfen selbst. Im Ausdenken muß immer etwas von Phantasie als das Gegebene überschreitender Entwurf anwesend sein, vom Wollen her aber wird die Phantasie gleichzeitig in Richtung auf mögliche Verwirklichung gesteuert. Denken und Phantasie werden hier gleichermaßen in den Dienst des Willens gestellt.

Vom Gesichtspunkt der Freiheit, genauer: der *Tendenz zur Freiwerdung der Subjektivität von der Welt*, stellt sich die Sachlage anders dar. Die Phantasie hat einen eigenen und hohen Rang, weil sie sich den biologisch oder moralisch gesteuerten Lebensgesetzen zu *entziehen* vermag. Das »Abirren« der Phantasie vom »Gesunden« bezeugt diesen Sachverhalt auf eine gefährliche Weise, denn das Abirren zeigt sich ja nicht nur in luxurierenden und fiktiven Betätigungen, sondern das Abirren bekundet sich auch darin, daß die Phantasie ein Reich des Negativen, des Furchtbaren und des Schreckens, das zur Subjektivität als solcher gleichwohl gehört, allererst erschließt.

Kierkegaard hat in einer instruktiven Weise diese Möglichkeit der Phantasie herausgestellt. Seine Beurteilung der Phantasie ist zweideutig. Einmal: Kierkegaard tadelt, dem moralischen Zug der abendländischen Ethik folgend, das »phantastische Wollen«: das Selbst, das die wirkliche Existenz und deren Realitätsbezug mißachtet, verliert sich ins Abstrakt-Unwirkliche. Aber Kierkegaard sieht auch die positive Bedeutung der Phantasie und zwar im Zusammenhang mit der Reflexion. »Die Phantasie ist die unendlich machende Reflexion; weshalb der ältere Fichte selbst in bezug auf die Erkenntnis mit Recht annahm, daß die Phantasie der Ursprung der Kategorien sei. Das Selbst ist Reflexion, und die Phantasie ist Reflexion: ist Wiedergabe des Selbst, also die Möglichkeit des Selbst. Die Phantasie ist die Möglichkeit aller Reflexion; ohne Intensität der Phantasie keine Intensität des Selbst«.[33] Und von diesem Aspekt her stellt Kierkegaard die Möglichkeit der Entdeckung der dunklen Seiten des Daseins durch die Phantasie heraus. Niemand werde so »gebildet«, wie derjenige, der durch die *Schrecken der Phantasie* erzogen wurde.

Die Phantasiewelt ist unheimlich, und das Unheimliche und doch zugleich Beruhigende der Phantasie ist eben ihre »Heimlichkeit«; daß die anderen mein Inneres nicht kennen und kennen können. Jeder ist froh darüber, daß kein anderer darum weiß, wenn er, genauer: die *triebvermittelte Egoität* in ihm, sich Grauenvolles und Schreckliches ausmalt, was er als bewußtes Ich gar nicht will. Hier kommt Angst und schlechtes Gewissen mit ins Spiel. Und dennoch ist an Goethes Wort zu erinnern, daß es kein noch so brutales Verbrechen gebe, das er nicht einmal in Gedanken und im Traum begangen hätte. Das Ausmalen dieser negativen Bilder ist nicht mein beabsichtigtes Tun, und doch bin ich es, der *sich* in diesen Bildern dechiffriert.

Gerade in dieser *Freizügigkeit* liegt das Problem des Denkens und der Phantasie, auch vom Aspekt der Ethik her gesehen. Die Doppeldeutigkeit des Denkens ist in der Tradition durchaus beachtet und sehr verschieden bewertet worden. Denken galt als höchstes Vermögen und Denken galt als Zerstörung und Widersacher des Lebens. Für beides lassen sich »einleuchtende« Gründe angeben, die jedoch, wenn man sie durchdenkt, deutlich machen, daß eine eindeutige Ortung des Denkens unmöglich ist.

Bereits die positive Bestimmung des Denkens als des obersten Vermögens ist ja doppeldeutig. Sie ist einerseits von der Metaphysik her fundiert. Das höchste Reich der wahren Wesensbestimmungen ist nur vom Denken zu erfassen. Denken erwirkt wesentlich durch den Einstieg in den Bezirk der reinen Wesenheiten eine *Erhebung* über die sinnlich-faßbare Erscheinungswelt. Diese Erhebung teilt die frühe Wissenschaft mit der Philosophie: man erinnere sich an Platos Hochschätzung der Mathematik. Die positive Bestimmung des Denkens kann aber auch ganz anders begründet werden. Im Gegenzug zu Metaphysik und Ontologie wird gerade die Freiheit des Denkens als sein absoluter Vorzug proklamiert. Die höchste Möglichkeit des Denkens ist eben das *Problematisieren.* Formal ist es zu bestimmen als Aufhebung des Festen und als Verflüssigung, mit Hegel gesprochen. Hier kündet sich die schrankenlose Macht des Gedankens und der Phantasie an, die bestehen bleibt, auch wenn man die biologischen Bindungen und Voraussetzungen des Denkens, zum Beispiel die Intaktheit des Gehirns, anerkennt.

Von der *Ethik* her gesehen ist die erste Möglichkeit, das heißt die Fundierung der Ethik durch die Metaphysik, in der Tradition maßgebend. Für uns ist dies sicher eine verlorene Position. Die zweite Möglichkeit, die die Freizügigkeit des Denkens herausstellt, erscheint an sich als wertneutral, aber insofern sie dazu tendiert, Festes zu zersetzen, ist sie gefährlich. Dies gilt nicht nur für die Lebenswelt und ihre Ordnungen, sondern für jede Art von Bindung, auch für die Bindung, die durch das Gefühl vermittelt das Leben als Geborgenheit versteht. Vor allem aber ist zu beachten, daß die Freizügigkeit in Dienst genommen und insofern ausgerichtet werden kann von Trieb und Willen in der Weise der Positivität *und* Negativität.

Überdenkt man diesen Sachverhalt, so zeigt sich, daß *Macht und Ohnmacht des Denkens* zusammenhängen, und zwar in der Weise, daß hier die Dialektik von Gebundenheit und Freiheit bestimmend ist. Weder absolute Gebundenheit noch absolute Freiheit kommen dem Denken zu. Sie sind auch keine anzustrebenden Ideale, weil sie, ins jeweilige Extrem sich verfestigend, nicht der Dialektik der gebrochenen Weltstellung entsprechen. Denken kann und muß *ausgerichtet* werden, und es muß seine Freizügigkeit einschränken in der Einsicht, aus sich allein nicht wirklichkeitsnah und real sein zu können. Denken kann und muß zugleich seine Freiheit betonen, sein *Transzendieren* des Vorliegenden, durch die das Leben sich weitertreibt. Denken ist weder auf Ordnung noch auf Freiheit festzulegen. Vor allem aber: Denken kann kein Gleichgewicht zwischen den Tendenzen zur Gebundenheit und zur Freiheit herstellen, weil die Subjektivität sich nicht vom Außerhalb ihrer selbst in Ordnung bringen kann.

Jedes Vermögen verweist, wie wir sahen, auf die *anderen* Vermögen in doppelter Weise. Es kann sich ihnen *unterordnen* oder *sie in Dienst nehmen.* Das gilt für Gefühl, Trieb und Willen ebenso, wie für das Denken. Jedem Vermögen kommt ein besonderer Rang und eine besondere Leistung zu. Wille und Trieb gehen auf Verwirklichung aus;

sie stehen in der Nähe zur Ethik, insofern ihre Ziele gewertet werden. Denken dagegen scheint nicht unmittelbar am Tun und Handeln beteiligt zu sein. In der Tat kann Denken Distanz vermitteln und im Überblicken die gegebenen Möglichkeiten abwägen. Das ist sein Vorzug. Nicht der Wille als liberum arbitrium, sondern das *Denken als Reflexion* mag das Gegebene zu vermessen. Zugleich aber ist daran festzuhalten, daß in diesem Vermessen das Denken von den anderen Vermögen her direkt oder indirekt beeinflußt oder gesteuert werden kann. Mag Denken in formaler Hinsicht absolut frei sein, in inhaltlicher Hinsicht ist es dies nicht.

Hier stoßen wir auf einen entscheidenden Sachverhalt: alle Vermögen, insbesondere aber das Denken, sind abhängig von den *großen geschichtlichen Konstellationen.* Denken wandelt sich vom Vernehmen zum Setzen und Erfinden. Sicher: die eine Bestimmung verweist auf die andere. Im Fall des Setzens und Erfindens ist das Vernehmen nie ganz ausgelöscht. Denken fungiert daher weithin als *Transformieren.* Gleichwohl: in dieser Umorientierung von Ordnung auf Freiheit hin wandelt sich die Subjektivität im ganzen. Die mit dieser Wandlung verbundenen Vor-urteile gehen in das Denken ein und bestimmen es.

Das Denken, sich auf sich richtend und reflektierend, vermag diese Unterschiede nicht aufzuheben, aber zu begreifen und zu bedenken. Dies geschieht zwar zumeist im nachhinein. Sicher: das Denken hat den geschichtlichen Wandel nicht allein bewirkt, auch wenn es als vorwärtstreibendes Moment wesentlich an ihm beteiligt war. Diese Wandlungen entsprechen keinem Plan, aber das Denken kann das Gewordene *rekonstruieren* und vermitteln und solchermaßen Entscheidungen und Auseinandersetzungen vorbereiten. Wesentlich dabei ist, daß man nicht einfach Denken im traditionellen Sinn mit Geist und Vernunft identifiziert. Diese Schematik der Vermögenslehre der Tradition ist aufzugeben. Denken als Freiheit der Reflexion vermag ja auch die Vernunft zu hinterfragen und das Problem aufzuwerfen, ob und in welchem Maße Vernunft wirksam sein kann, und ob es Negationen gibt, die nicht zu vermitteln sind.

Das Denken, zwischen Bindung und Freiheit hin und her schwankend, wird durch die Not des Daseins genötigt, sich zu binden und in den Dienst des *Lebens* zu stellen. Schellings Wort: »Das Aufgeben des Handelns läßt sich nicht durchsetzen, es *muß* gehandelt werden« weist auf die Grenze des Denkens hin. Gegen diese Grenze kann das Denken angehen, es vermag sie aber nicht aufzuheben. Geboten ist es, daß das Denken nicht nur seine Freizügigkeit und seine Macht, sondern auch seine Endlichkeit und Ohnmacht erkennt. Daß dies durch die Anerkenntnis der *Anderen* und von den Anderen her geschieht: dieser für die Ethik entscheidende Sachverhalt, wird zu thematisieren sein.

Schlußbemerkung zur Vermögenslehre

Die Vermögen des Menschen sind vielfältig strukturiert. Sie weisen auf die Möglichkeit, besser auf die Notwendigkeit hin, daß der Mensch sein Leben selbst zu führen hat. Er ist nicht in eine Umwelt eingefügt, auch wenn er biologischen Lebensbedingungen untersteht, die den Unterschied zum Tier relativieren. Die Vermögen als Vermögen richten das Tun und Lassen des Menschen nicht eindeutig in bestimmter Hinsicht aus. Sie schreiben nicht konkretes Verhalten vor – wiederum mit Ausnahme biologischer »Reste«. Die Weite als der Spielraum eines Hin und Her ist zugleich eingegrenzt zwischen Extreme, die jeweilig Gegensätze bilden und einer Wertung unterliegen. Die Wertung ist vorgegeben, aber sie zwingt den Handelnden nicht. Man kann die objektive Wertordnung in Frage stellen. Aber der Vorgang der Wertung bleibt. Auch wenn man wie Sartre behauptet, daß es keine Werte an sich gibt und die Existenz jeder Wertung vorangehe, bleibt der Mensch in Wertungsschemata eingespannt.

Zwischen Vermögenstheorie, Selbstbezug, Könnensbewußtsein und Wertung waltet eine Dialektik. Selbstbezug ist nur möglich im Rahmen von endlichen Möglichkeiten der Subjektivität, das heißt von Vermögen, die, als widerstreitend und nicht eindeutig abgrenzbar, Chancen eröffnen, vorgeleitet von Wertungen, die das Tun und Lassen des einzelnen Subjekts zwar nicht bedingen, aber ausrichten. In diesem Zusammenhang gilt es noch einmal an das Gesetz der *indirekten Selbstvermittlung* zu erinnern, das heißt an die Tatsache, daß der Selbstbezug durch den *Weltbezug* und vor allem durch den *Bezug zu den Anderen* ebenso vermittelt wird wie er diese Bezüge vermittelt.

IV. Identität und Individualität. Zur Dialektik des Freiheitsproblems

Das Problem des Selbstbezuges sei nun im folgenden noch ein wenig genauer erörtert durch den Rückgriff auf die Grundbestimmungen der *Identität* und *Individualität*. Diese Bestimmungen kommen dem Selbstbezug strukturmäßig zu. In der geschichtlichen Entwicklung wandeln sie sich aber in ihrem Sinngehalt. Wir haben auf diese Wandlungen im ersten Teil hingewiesen, jetzt sei nur noch einmal herausgearbeitet, was diese Wandlungen für die Ausformungen der Ethik, insbesondere unter dem Aspekt der Selbstgestaltung des *einzelnen*, bedeuten.

Identität und Individualität sind nicht zu allen Zeiten, insbesondere nicht in der frühen Epoche der abendländischen Geschichte, als maßgebende Bestimmung der Subjektivität thematisiert worden. Dafür zwei Beispiele. *Sokrates* erklärt, daß jeder für seine Seele selbst sorgen müsse, diese Sorge könne niemand dem anderen abnehmen, aber die Aufforderung zu dieser Sorge und deren nähere Strukturierung ist überindividuell und von allgemeiner Bedeutung. Das zweite Beispiel: der Bezug der Seele zu Gott ist für das *christliche Denken* personell und einmalig und in die Lebensgeschichte des einzelnen verflochten, Augustins »Confessiones« zeigen dies; aber die Lebensgeschichte untersteht den umgreifenden Rahmenbedingungen und ist durch die *Stadien der Heilsgeschichte:* Abwendung von Gott, Bekehrung, neues Leben bedingt.

Auch dort, wo die Individualität ausdrücklich thematisiert wird, wie dies in der Neuzeit, insbesondere bei Leibniz geschieht, lassen sich für sie allgemeine Merkmale angeben, von denen her deutlich wird, daß die Individualität in ein vernünftiges Ganzes eingeordnet ist.

Bei *Leibniz* tritt insbesondere ein Gedanke hervor, der bereits in der Tradition den Selbstbezug, die Identität und die Individualität weithin bestimmt hat. Es ist dies der Gedanke: *Entwicklung*. Das Subjekt entwickelt sich einerseits nach allgemeinen anthropologischen Gesetzen, die den Menschen vom Tier unterscheiden. Andererseits aber verläuft diese Entwicklung doch in einer spezifischen Weise ab, die durch die *besondere Anlage*, die *Umstände* und das *Schicksal* bestimmt ist. Durch diese zuletzt genannten Faktoren gewinnt der einzelne eine *unverwechselbare Identität*.

Es ist nun aber wesentlich daran zu erinnern, daß der Gedanke der Entwicklung in der Tradition von den Griechen an mit dem Gedanken der *Entelechie* verbunden wurde. Die Idee der Entelechie ist von teleologischen und biologischen Aspekten her konzipiert. Das natürlich Seiende durchläuft einen bestimmten Entwicklungsgang. So erwächst eine Rose aus dem Samen, findet ihre volle Wesenswirklichkeit in der Blüte und wird verwelken und untergehen, aber aus ihrem Samen werden neue Rosen entstehen. Natur stellt sich im ganzen als rhythmische Ordnung dar, sie wirkt sich im einzelnen Organismus so aus, daß dieser durch innere Zweckmäßigkeit bestimmt ist und sich selbst gestaltet.

Dieser Gedanke der entelechialen Entwicklung wird auch für die Deutung des Entwicklungsganges der Subjektivität wesentlich. Auch die Subjektivität ist eine »geprägte Form, die lebend sich entwickelt«. *Goethe* hat diese Zeilen des Gedichts »Urworte Orphisch« selbst kommentiert und in diesem Kommentar die Dialektik des Lebenslaufs aufgewiesen. Jedem ist ein Dämon beigegeben. Goethe erläutert diesen Begriff *Dämon*: »Der Dämon bedeutet hier die notwendige, bei der Geburt unmittelbar ausgesprochene, begrenzte Individualität der Person, das Charakteristische, wodurch sich der Einzelne von jedem anderen, bei noch so großer Ähnlichkeit, unterscheidet.« Goethe zeigt sodann aber die Möglichkeit der Selbstbestimmung auf, unter die sich der selbständig Gewordene stellt, um »lebenslängliche Sicherheit« für sich selbst und durch sich selbst zu gewinnen. Der Mensch »fühlt nun, daß er nicht allein durch Natur bestimmt und gestempelt sei; jetzt wird er in seinem Innern gewahr, daß er sich selbst bestimmen könne«. Aber zum Schluß erkennt man eben doch das Walten der Ananke, der Nötigung, als bestimmend an. Wir sind »nach manchen Jahren, nur enger dran, als wir am Anfang waren«. Gegen diese Nötigung setzt Goethe die Hoffnung, er nennt sie leicht und ungezügelt und überläßt ihre Kommentierung dem sittlich und religiös gebildeten Gemüt. In der ersten Strophe dieses Gedichtes stehen nun aber die schon zitierten Zeilen: »Und keine Zeit und keine Macht zerstückelt / Geprägte Form, die lebend sich entwickelt«. An der Gewißheit, daß Identität eine entelechiale Bestimmung ist, hält Goethe fest. In einem kurzen Essay stellt er unter der Überschrift »Bedenklichstes« fest, daß der wunderbarste *Irrtum* derjenige sei, »der sich auf uns selbst und unsere Kräfte bezieht«. Aber er fährt fort: »Und doch sehr oft, wenn wir uns von dem Beabsichtigten für ewig getrennt sehen, haben wir schon auf unserm Weg irgend ein anderes Wünschenswerte gefunden, etwas uns Gemäßes, mit dem uns zu begnügen wir eigentlich geboren sind«.[34]

Auch der *christliche Denkansatz* verbindet sich mit dem Gedanken der Entwicklung. Es ist ja letzthin Gott, der die Schicksale der Welt und des einzelnen lenkt und zu einem guten Ende hinausführt.

Im *gegenwärtigen Denken* ist – das ist ein wesentlicher Sachverhalt – der Gedanke der Individualität und der Gedanke der Identität nicht mehr zentral; nicht nur die Verbindung von Entelechie und Individuum wird aufgehoben, die Orientierung am eigenen Selbst als solchem ist als Innenkultur verpönt. Identität gewinnt der Mensch nicht durch sich selbst. Die Identität eines Menschen, so legt *Wilhelm Schapp* dar, dies sind seine Geschichten, in die er verstrickt ist.[35] Es ist offensichtlich, daß diese Geschichten der einzelne nicht übersehen kann, eben weil er in sie verwickelt ist. Seine Identität kann nur von anderen im nachhinein erkannt und begriffen werden. Identität ist eine narrative Bestimmung. Der Selbstbezug ist unwesentlich geworden. Wir haben auf diese Entwicklung hingewiesen, weil sie für die Ethik wesentlich ist.

Es gibt nun aber im modernen Denken auch Tendenzen, am Gedanken der Identität festzuhalten. Die Identitätsbildung soll jedoch nicht vom Selbstbezug des einzelnen her begründet werden. Sie ist überhaupt nicht philosophisch, sondern psychologisch und empirisch zu erhellen. Wir greifen zur Verdeutlichung auf den Ansatz der *Kommunikationsethik* zurück. Diese Ethik hat die einzelnen Subjekte in den Hintergrund gestellt. Ihr Ziel ist es, eine mögliche Übereinkunft durch Argumentation zu erreichen. Die Voraussetzung dieser Theorie ist es, daß die Teilnehmer an den Diskursen sich von Vernunft und Einsicht leiten lassen, das heißt emanzipiert sind. Diese Voraussetzung wird psychologisch abgestützt – es ist ja die Tendenz von Habermas, ethische Theorie nach Möglichkeit wissenschaftlich zu untermauern – durch Theorien der Entwicklung, wie sie Piaget und Kohlberg entworfen haben.

Die Identität als Autonomie wird hier also nicht im Sinne Kants als intelligible Bestimmung angesetzt, sondern – wir wiesen oben darauf hin – als ein *empirischer Sachverhalt,* der sich aus der Entwicklung ergibt. Aber der empirische Blick auf die Realität zeigt nun, daß die Entwicklung des einzelnen durchaus nicht immer und zwanglos zu einer solchen Stufe führt, auf der postkonventionelle Einsichten maßgebend sind, im Gegenteil; im Alter nimmt – das zeigen empirische Untersuchungen – die Tendenz sich anzupassen eigentümlich zu.

Die Konstruktion einer Entwicklung zur vernünftigen Identität mit Hilfe der Psychologie scheint genauso die Realität zu verfehlen wie die gegensätzliche Idee, daß der Gedanke der Identität ganz vom Selbstbezug zu lösen sei. Im Gegenzug zu diesen Ansätzen gilt es, die *Wechselbedingung von Selbstbezug und Weltbezug* herauszustellen und von ihr her den Gedanken der Identität neu zu durchdenken.

Die Bestimmung Identität im modernen Sinne ist vom Gedanken der unaufhebbaren Bedingtheit her anzugehen. Man ist vermittelt, so kann man sagen, ohne eigenes Zutun. Identität weist zurück auf *Geworfenheit,* nicht nur in das Weltdasein überhaupt, sondern auch in eine *bestimmte Zeit* und einen *bestimmten Ort.* Die Individualität und Identität weisen ebenso zurück auf biologische und soziale Ausstattung und die durch sie bestimmten Lebensumstände. Es gibt natürlich Handlungen, die von mir ausgehen. Aber das ändert nichts daran, daß mein *individuelles Schicksal* nicht von mir abhängt. Daß die moderne Bestimmung der Individualität vom Gedanken der Faktizität in allen ihren Nuancen geprägt ist, hat Kierkegaard klar herausgestellt. Kierkegaard zeigt, daß sich das Individuum nicht mehr wie in der klassischen Tradition von oben her, das heißt vom vernünftig Allgemeinen, versteht, sondern – hier wirkt sich der Gedanke der Faktizität aus – als ein in seinem Sosein und Daßsein sich selbst vorgegebenes Ich. Ich bin ein mir Zugefallenes, etwas, was einfach der Fall ist, wie Kierkegaard sagt. Ich vermag mich in meinem Sein also nie ganz zu erhellen. Im Gedanken des Ichs bleibt nicht nur unter allgemeinem, sondern auch unter individuellem Aspekt ein dunkler Grund, ein Unausdenkbares.

Das Problem der individuellen Bedingtheit ist ein Problem, das auch die klassische Philosophie bedrängt hat und das sie zu lösen versuchte durch die *Konzeption des intelligiblen Charakters.* Es geht hier um das Problem der Freiheit, oder genauer: der Dialektik von Freiheit und Unfreiheit, die für den Menschen wesentlich zu sein scheint. Es bedürfte einer Sonderabhandlung, um die Konzeption der Freiheit vom Aspekt des intelligiblen Charakters her zu erörtern. Wir müssen uns hier mit einigen Anmerkungen begnügen.

Schelling hat das Problem klar formuliert. Warum, so fragt er, ist eben dieser bestimmt, »böse und ruchlos, jener andere dagegen fromm und gerecht zu handeln?«[36] Die christliche Tradition hat für diese Frage eine klare Antwort: es ist Gottes Wille gewesen, der in der Prädestination den einen zum Guten und den anderen zum Bösen bestimmt hat. Wenn man diese theologische Auskunft für unangemessen hält und den Sachverhalt philosophisch zu deuten sucht, ergibt sich die folgende Sachlage: die Individualität wird einschließlich ihrer moralischen Qualifikation als zufällig erklärt und läßt sich nur rein kausal aus bestimmten Ursachen deuten; wenn man eine solche Erklärung nicht anerkennen will, dann muß man eben auf die Theorie vom intelligiblen Charakter zurückgreifen. Die metaphysische Philosophie hat sich von Plato an für diese Lösung entschieden bis zu Kant, Schelling und Schopenhauer. Die intelligible Wahl – Plato versetzt sich in die Zeit vor der Geburt – legt den empirischen Charakter fest. Der Mensch muß jetzt im Leben so handeln, wie er veranlagt ist, aber im metaphysischen Sinn ist er dafür verantwortlich.

Schopenhauer deutet den empirischen Charakter rein kausal und spricht ihm die Konstanz eines Naturgesetzes zu, aber Schopenhauer will das Gefühl der Verantwortlichkeit nicht leugnen; er weist auf die Freiheit als eine verlorene und vertane Möglichkeit hin. Die Freiheit zeigt sich nach ihm nicht als intentionales Bewußtsein zukünftiger Lebensgestaltung, sondern Freiheit meldet sich als verlorene, das heißt nach der Tat als Schuldbewußtsein. »Wenn ich doch anders gehandelt hätte«: diese Redewendung meint: »Wenn ich doch ein anderer gewesen wäre als ich bin«. Schopenhauer erklärt: »Daß aber er, wie es sich aus der Handlung ergibt, ein Solcher und kein Anderer ist, – das ist es, wofür er sich verantwortlich fühlt: hier, im Esse liegt die Stelle, welche der Stachel des Gewissens trifft«.[37]

Die Lehre vom intelligiblen Charakter ist der Versuch, Freiheit gegen den faktischen Anschein der Gebundenheit und Bedingtheit zu verteidigen. Sie ist geleitet von der Überzeugung, *daß ohne Freiheitsbewußtsein keine Verantwortung möglich wäre.* Sie entspricht der dualistischen Metaphysik, die zwei Reiche ansetzt: ein Reich der Bedingtheit und ein Reich der Unbedingtheit. *Kant* hat diesen Ansatz ausführlich zu begründen gesucht, man denke an die dritte Antinomie. Für uns ist dieser Ansatz nicht nur fraglich geworden im Zuge der Entwertung der Metaphysik, sondern auch im praktischen Sinne. Die Scheidung von zwei Welten ist lebensfern und abstrakt. Man springt zwischen metaphysischem und empirischem Standpunkt hin und her. Es ist daher angebracht, daß man überhaupt das starre Entweder-Oder aufgibt und sich für eine Dialektik freigibt, in der Freiheit und Unfreiheit miteinander verbunden sind. Anders gesagt: es geht dem heutigen Menschen ja gar nicht mehr primär um philosophische Thesen, die grundsätzliche Einsichten intendieren, sondern um Auslegungen des Lebensbewußtseins und seiner Problematik.

Die Selbsterfahrung zeigt, daß das Ineinander von Freiheit und Unfreiheit für das Selbstbewußtsein bestimmend ist und zwar in der Weise eines zumeist nicht eindeutig zu klärenden Zusammenhangs. Hier wird insbesondere deutlich, wenn wir noch einmal den Gesichtspunkt der einzelnen und individuellen Subjektivität berücksichtigen, daß diese Subjektivität durch die sie betreffenden Umstände und ihre Struktur bedingt ist und daß sie doch zugleich um ihre relative Freiheit weiß. Das Bewußtsein schwankt dementsprechend hin und her zwischen dem Gefühl des Nicht-anders-könnens, des Versagens und der Schuld. Aufs Ganze gesehen vollzieht sich ein Neben- und Gegeneinander von gar nicht bewußt werdender *Getragenheit* im Sinne eines relativ unproblematischen Gewohnheitsverhaltens und Eingespieltseins und dem Auftreten von *Reflexion* in den verschiedensten Stadien und unter sehr verschiedenen Aspekten. Wir haben dies oben dargelegt und heben nur noch einmal heraus: das Selbstbewußtsein als mitlaufendes Ichbewußtsein ist zumeist unauffällig. Es meldet sich jedoch, eben so beiläufig, immer wieder im Bewußtsein des *Anderskönnens* wie im Gefühl, *nie ganz im Gegebenen,* bei dem wir gerade sind, aufzugehen. Die Freiheit ist das Miteinander von Selbst- und Weltbezug, sie wird durch Sachbezüge und die Einstellung auf die Umstände eingegrenzt. Und in bezug auf das Selbstverhältnis gilt: ich mache mich selbst mehr oder weniger ausdrücklich zum Gegenstand meiner Betrachtung. Der Betrachtende und der Betrachtete sind eine Einheit, die zugleich eine Zweiheit ist. Einheit und Zweiheit sind Bestimmungen eines »wirklichen« Ich. Nicht nur das betrachtete, sondern auch das betrachtende Ich ist *»konkret-individuell«*.

Die Dialektik von Freiheit und Unfreiheit erfordert eine dialektische Bestimmung von Identität und Individualität, die unter konkreten und abstrakten Aspekten zu betrachten ist. Es ist natürlich möglich, daß die Selbstreflexion sich nach oben hin formalisiert und sich zum Gedanken eines *formalen Ichbewußtseins im Sinne der transzendentalen Apperzeption* erhebt. Der Mensch entdeckt seine Ichhaftigkeit als seine Grundstruktur und zwar im Sinne eines nicht weiter aufzuhellenden Mitbewußtseins, wie Kant herausstellte: Die Reflexion verstrickt sich, sobald sie sich auf sich selbst konzentriert und ihren Vollzug zu erklären sucht, in einen Zirkel. Bei diesem muß man stehen bleiben; hier zeigt sich noch einmal das reine Daß als der dunkle Grund der Subjektivität: daß ich als Ich überhaupt zu sein und zu existieren habe, ist ebensowenig zu begründen wie die Tatsache, daß ich faktisch in meine Individualität eingewiesen bin.

Die konkrete Einzelheit kann selbstverständlich in bezug auf ihre Bedingtheiten, soweit dies möglich ist, unter empirischem Aspekt thematisiert werden. Hier sind die geschichtlichen Faktoren zu beachten, wobei die geschichtliche Identität wiederum eine Dialektik von eigenen Entscheidungen, Fremdeinflüssen und schicksalhaften Ereignissen darstellt.

Die Klärung der Identität ist also nur möglich, wenn man einerseits auf das *formale Ichbewußtsein* zurückgreift – in ihm gründet es, daß ich zu mir Stellung nehmen kann – und andererseits die *inhaltlichen Bestimmungen* in ihrer ganzen Vielfalt beachtet: meinen Körper, meine geistigen und charakterlichen Anlagen, meine Erziehung und meine Geschichte. In und durch alle diese Bestimmungen, das heißt durch ihr Wechselspiel, konstituiert sich die Identität, und zwar in der Weise, daß ich die äußeren und inneren Ereignisse, die mein Leben ausmachen, »auf mich beziehe«, unter Umständen in sehr naiver und sehr egozentrischer Form. Auf allen diesen Stufen werde ich meine dialektische Grundstruktur wieder antreffen. In dieser Dialektik gründet die Möglichkeit, daß ich immer noch mehr bin, als ich faktisch bin. Meine Identität ist fertig und ist andererseits doch nie abgeschlossen.

Um die konkreten Möglichkeiten der Herausarbeitung der Identität zu erfassen, ist es notwendig, die Dialektik von Selbst- und Weltbezug auch unter dem *Aspekt der großen geschichtlichen Wandlungen* zu beachten. Heute ist das Ich, wie wir sahen, nicht mehr von dem Bewußtsein bestimmt, von der Ordnung einer Welt umgriffen zu sein. Es ist sich seiner aber auch nicht mehr als einer weltgestaltenden Freiheit sicher. Das wirkt sich dahin aus, daß das Ich sich vielfältig in Frage zu stellen versucht. Wir begegnen heute dem Phänomen einer *Ichdestruktion,* die sich als Ambivalenz zeigt. Das Ich schwankt zwischen Größenwahnsinn und Ohnmachtsgefühl hin und her; der Trend zur Selbstaufgabe und der Trend zur hybriden Selbstbehauptung wechseln ab und dieser Wechsel radikalisiert sich bis zu dem Gedanken, daß das Ich gar keine einheitliche Größe mehr sei.

Die moderne Dichtung thematisiert, wie wir sahen, diesen Sachverhalt in eindringlicher Form. Die Dichtungen *Becketts* bezeugen dies in großartiger Form. In ihnen tritt deutlich hervor: das Ich ist es selbst, das sich ständig seiner selbst vergewissern will, und das Ich ist es selbst, dem dies eben nicht gelingt, so daß schließlich solche Aussagen zustande kommen, wie die, daß es gar kein Ich gibt, wobei aber eben zu beachten ist, daß das Ich *selbst* dies sagt.[38] Dieser Widerspruch, das heißt dieses Hin und Her ist ein Geschehen, das endlos ist und endlos bleiben muß, weil die Ichstruktur sich nicht ändern wird.

Wenn man diese dichterische Dimension beachtet, dann zeigt sich das Paradox: das Ich macht sich in formaler und inhaltlicher Hinsicht selbst fraglich, *aber zugleich weiß es um sich und begreift seine eigene Dialektik.* Diese kann sich sodann konkretisieren im Gegensatz von Freiheit und Gebundenheit, Aktivität und Passivität, von Allgemeinheit und Privatheit. Durch eben diese Gegensätze hindurch, die sich nicht eindeutig miteinander vermitteln lassen, bildet sich das *Lebensbewußtsein* eines Menschen im Sinne einer bestimmten Haltung heraus. Bereits Aristoteles kennt die hier waltende Dialektik.

Aristoteles legt dar, daß jeder Mensch durch eine bestimmte Haltung, *Hexis,* bestimmt ist. Die Freiheit des Menschen, sich in seiner Wahlmöglichkeit zeigend, ist nicht absolut. Unsere Freiheit ist den Umständen nach und von Natur immer schon in einer bestimmten Richtung festgelegt und durch einen bestimmten Stil ausgerichtet, der die Entschlüsse vorgängig umgreift, ohne sie festzulegen. Die Wahl, Prohairesis, gehört zur Haltung dazu. Zwischen beiden besteht ein Wechselbezug. *Mein Sein bestimmt den Vorsatz und die konkrete Wahl, und diese bestimmen andererseits mein Sein, das ja wandlungsfähig ist.*

Der Zwiespalt meiner selbst ist, wie schon angedeutet, nicht aufhebbar, er wird faktisch durch den Lebensvollzug aber immer schon *konkretisiert* und, von den Extremen fort, *überspielt.* Anders: der Lebensvollzug zeigt sich als die paradoxe Identität, in der Identität und Nichtidentität »aufgehoben« sind.

Man muß sich, um diesen Gedanken adäquat zu erfassen, von der Idee einer Initiierung meines Lebenslaufes allein durch meine Direktiven lösen. Hinter dieser Vorstellung, daß ich mich als Freiheit selbst gestalten kann und muß, steht der neuzeitliche Gedanke des absoluten Ichs, wie ihn *Fichte* zur Aussage bringt. Fichte führt in den Vorlesungen »Über die Bestimmung des Gelehrten« aus, daß das Ich sich verselbständigen solle, und das heißt formal, es muß sich als »absolute Einigkeit, stete Identität, völlige Übereinstimmung mit sich selbst« etablieren. Die Erfüllung dieser Forderung ist nach Fichte möglich, weil die genannten Wesensprädikate die Struktur des Ichs ausmachen.[39]

Kierkegaard, auf den wir oben hinwiesen, hat die Unmöglichkeit der Erfüllung dieser Forderung erkannt. Er stellt die unaufhebbare Zwischensituation der menschlichen Struktur heraus. Kierkegaard bleibt aber immer noch indirekt am Gedanken eines absoluten Subjekts orientiert. Demgegenüber ist von vornherein anzuerkennen, daß das *gebrochene Weltbewußtsein* einerseits eine Auszeichnung darstellt, und daß es andererseits zugleich grundsätzlich Bescheidung fordert. Die *Auszeichnung* besagt: dem Menschen ist die Aufgabe gestellt, sein Leben zu führen, aber er kann dies eben nur im Bewußtsein der *Bescheidung* tun, daß es weithin und letztlich nicht an ihm selbst liegt, wie das Leben sich gestaltet. Es wäre verfehlt, entweder den Gedanken der Selbstverwirklichung oder den Gedanken, daß alles eben sich aus dem Vollzug selbst ergibt, als absolutes Maß oder gar als Vorschrift für das Handeln anzusetzen. Die Nichtfestgelegtheit des Lebensvollzuges, die sich in seiner zeitlichen Erstreckung und Wandlungsfähigkeit konkretisiert, bringt es mit sich, daß der einzelne nicht nur zwischen den Möglichkeiten hin und her schwankt, sondern sie in der Durchschnittlichkeit des alltäglichen Lebensbewußtseins gar nicht zur Ausdrücklichkeit erhebt.

Hier zeigen sich die Grenzen der Ethik. Sicher: die ethischen Forderungen bleiben in Geltung. Meine Verantwortung nimmt mir niemand ab. Aber ich kann meine Vollendung des Lebensvollzuges nicht garantieren. Das Wort, mit dem der »König Ödipus« des Sophokles schließt, daß sich nur der selig zu preisen vermöchte, der, vom Leid nicht berührt, bis zum Ziel des Lebens durchdrang – dies Wort behält seine Gültigkeit. Die Ethik, um diesen Sachverhalt wissend, muß erkennen, daß sie wirkliche Bedeutung für das Selbstverständnis des einzelnen in bezug auf die Weltverhältnisse nur gewinnt, wenn sie sich der Reflexion nicht verschließt, durch die sie die Grenze der Handlungs- und Gestaltungsmöglichkeit begreift. Wir werden auf diesen Sachverhalt im Schlußkapitel noch einmal zurückkommen.

V. Relationen zwischen Selbstbezug und Weltbezug unter den Aspekten von Angst, Verantwortung, Glück

Vorbemerkung

Der Reflexion kommt in der gegenwärtigen Situation, die durch Unsicherheit gekennzeichnet ist, eine bedeutsame Rolle zu. Der einzelne – er ist ja der primäre Träger der Reflexion – muß sich zu orientieren suchen, welche Chancen es in der Gegenwart gibt, *ethisch zu handeln*. In der Antwort auf diese Frage wird er zwischen Hoffnung und Resignation hin und her schwanken. Wir werden die Grundzüge einer reflektierenden Ethik am Schluß dieser Arbeit herausstellen. Jetzt sei nur auf einige Sachverhalte verwiesen, die der einzelne bedenken muß, wenn er zwischen Selbstbezug und Weltgeschehen *vermitteln* will. Es wird sich gerade in dieser Überlegung zeigen, daß der Selbstbezug nicht ohne Rücksicht auf die *Weltkonstellation* möglich ist.

Wir stellen diese Erörterung unter die drei Begriffe: *Angst, Verantwortung, Glück*. Es geht hier nicht um eine Klärung dieser Begriffe als solcher, sondern darum, *mit Hilfe dieser Bestimmungen* die spezifischen Schwierigkeiten und Chancen, die der ethischen Fragestellung heute entgegenstehen, zu verdeutlichen. Der Rückgriff auf gerade diese drei Begriffe mag relativ zufällig erscheinen. Er hat aber bestimmte Gründe. Mit dem Begriff Angst gehen wir auf eine Grundbefindlichkeit zurück, wir wollen aber ihre konkrete Ausführung in der Gegenwart zu erfassen versuchen. Der Begriff Verantwortung weist auf die Möglichkeit hin, sich mit der Zeitsituation unter dem Aspekt der Erkenntnis und des Handelns auseinanderzusetzen. Die Erörterung des Begriffes Glück, die auf die Bestimmungen Identität und Individualität zurückgreift, soll noch einmal auf die grundsätzliche Problematik des In-der-Welt-seins vom Aspekt der Selbstfindung her verweisen.

1. Zum Problem der Angst

Überblickt man die Undurchsichtigkeit der gegenwärtigen Situation und sucht sie auf Begriffe zu bringen, so genügt es nicht, auf die Grunddifferenzen des Verhaltens zurückzugreifen, das heißt auf den Gegenzug der Weltangst zum Weltvertrauen. Der Rückgriff auf die Grundkonstellationen ist zwar durchaus angemessen, insofern man die Struktur des gebrochenen Weltbezuges beachten muß. Wenn man aber auf die gegenwärtige Situation konkret eingehen will, so muß man herausstellen, daß in ihr nicht mehr metaphysische, sondern *reale Probleme* als bedrückend gelten. Es sind dies die großen Weltprobleme: Überbevölkerung, Differenz von reichen und armen Völkern, die ökologische Frage und vor allem die Gefahr eines Atomkrieges. Gleichzeitig aber bleiben, sicher in unterschiedlichem Maße, für den einzelnen die Fragen, wie er sein eigenes Leben in dieser Situation sinnvoll führen kann, wesentlich.

Es zeigt sich, daß in beiden Fällen sich eine »allgemeine Angst« meldet, die man als *Angst vor dem Wirklichkeitsdruck* bezeichnen kann. Der Bezug zur Wirklichkeit ist ja immer mit dem Bewußtsein verbunden, sich auf die Wirklichkeit einstellen zu *müssen*. Dies bringt eine unbestimmte und doch ständig zu spürende Belastung mit sich. Der Druck durch die Wirklichkeit ist eine Urerfahrung. Er äußert sich zwar in differenzierenden Formen, aber immer liegt in ihm die Aufforderung, die *Auseinandersetzung* mit dem Seienden zu leisten. Ob diese Auseinandersetzungen glücken oder nicht glücken, die Belastung, die sie darstellen, ist nie zu beheben.

Dieser Sachverhalt ist von den Anthropologen und Biologen immer wieder herausgestellt worden. Im Vergleich zum Tier zeigt sich – wir haben darauf hingewiesen –, daß der Mensch »schlecht weggekommen« ist. Der Mensch ist biologisch unspezialisiert. Als solchermaßen ungesichert muß er sich selbst im Gegensatz zum umweltgebundenen Tier eine Welt allererst aufbauen. Der Wirklichkeitsdruck läßt sich hier genauer bestimmen als die Belastung durch den *Leistungsdruck*.

Die Bestimmungen Wirklichkeitsdruck und Leistungsdruck treffen offensichtlich das gegenwärtige Verständnis der für unsere Zeit besonders charakteristischen Angst. Diese Bestimmungen bewegen sich gleichsam in einer Zwischendimension zwischen metaphysischer Weltangst, in der es um das Sein in der Welt überhaupt geht, und den konkreten Furchtsituationen. In dieser *Zwischendimension* werden überindividuelle Schemata sichtbar, die uns heute weitgehend bestimmen und dem eigenen Erfahren schon vorausgehen.

Es ist in diesem Zusammenhang wichtig, daß man diese Bestimmungen, insbesondere die Bestimmung Leistungsdruck, nicht zu eng ansetzt, etwa in der Form, daß man den Leistungsdruck mit der »bürgerlichen« Kategorie des Erfolgsstrebens im Konkurrenzkampf zusammenbringt.

Der Wirklichkeitsdruck konkretisiert sich als Druck von den *Superstrukturen* her, das heißt dem funktionalen Geflecht von Wissenschaft, Technik, Wirtschaft und Politik. Jeder ist heute innerhalb dieser konkreten Wirklichkeit tätig, ohne das Ganze überschauen oder vernünftig gestalten zu können. Es ist offensichtlich, daß das *Nichtdurchschauen* ein Gefühl der Bedrängung im realen Sinn verstärkt. Die Angst, die sich aus dieser Situation ergibt, betrifft nicht nur den einzelnen. Sie ist, wie schon angedeutet, allgemein begründet. Der einzelne kann sich gleichsam nur als ein Beispiel für sie verstehen, auch im Hinblick auf die Möglichkeiten, wie dieser Angst zu begegnen ist. Gleichwohl ist der einzelne mit seiner eigenen Überlegung hier nicht ausgeschaltet.

Ein wenig konkreter: angesichts der uns drohenden Gefahren kann der *Wille zum Leben* und zu seiner Bewahrung heute als Grundprinzip der Ethik gelten. Dieses Grundprinzip wird auch allgemein anerkannt. Jeder ist dafür, daß es verwirklicht wird, aber in concreto brechen sofort entscheidende Gegensätze auf in bezug auf die Durchführung dieser Verwirklichung. Man denke nur an die Schwierigkeiten, die eine Diskussion über den § 218 in bezug auf die Lebenserhaltung mit sich bringt oder an die Frage, inwieweit atomare Abschreckung friedensdienlich ist oder nicht.

Hier ist sachliche Klärung notwendig, aber letztlich bleibt die persönliche Entscheidung dem einzelnen nicht erspart. Auch sie scheint nicht eindeutig begründbar zu sein. So bewegt sich der einzelne zwischen den Extremen, *sich einzusetzen,* wobei das Engagement für eine bestimmte Lösung nicht beweisbar ist, sondern in Anbetracht der Ungewißheit der Zukunft mit Risikofaktoren verknüpft ist, und der Gegenmöglichkeit, *sich allem zu entziehen.* Die Dialektik ist offensichtlich: es ist erfordert, angesichts der Gefahren unsere Wirklichkeit, wie auch immer man sie bewertet, zu erhalten, und gegen diese Tendenz meldet sich die Gegentendenz: der Wille zu entfliehen und die Wirklichkeit möglichst »auszuklammern«. Der Wille zur Selbsterhaltung bezeugt unseren Willen zur Weltbindung und der Wille zur Weltdistanz steht hinter unserem Willen, uns nicht zu engagieren.

Man kann in diesem Zusammenhang durchaus an *Freuds* Argumentationen erinnern. *Todestrieb* und *Lebenstrieb* kämpfen miteinander. Die Angst vor der Katastrophe als einer totalen Negation verbindet sich mit dem Lebenstrieb, und die gleiche Angst tendiert auch dazu, dem Leben zu entsagen, und zwar dem eigenen Leben in eins mit dem Leben der anderen. Es ist von der Ethik her gesehen klar, daß man dem Lebenstrieb den Vorzug geben muß. Negation zu verhindern, ist ja das oberste ethische Gebot. Aber das ändert nichts daran, daß die Angst sich immer wieder meldet. Weltbezug und Selbstbezug sind in dieser Angst miteinander und ineinander verschlungen. Die negative Erfahrung der Wirklichkeit geht in negative Selbsterfahrung über. Auf diese negative *Selbsterfahrung* sei unter dem Aspekt der Angst noch ein wenig genauer hingewiesen, da sie für die Ethik bedeutsam ist.

Angesichts der bedrängenden Wirklichkeit wächst im Einzelnen das Gefühl einer negativen Selbsteinschätzung und das Bewußtsein des *Versagens.* Die sich hier meldende Angst ist nicht primär ethisch bestimmt, sondern, mit Freud geredet, Anzeige einer *psychischen Hilflosigkeit:* man weiß nicht mehr weiter. Das Wesentliche ist hier, daß es nicht bestimmte Phänomene sind, die diese Angst des Versagens auslösen, sondern daß diese Angst sich zur flottierenden Angst ausbreiten kann, die das Verhalten im ganzen destruiert.

Diese Angst, in der der Selbstbezug an den Aufgaben des Weltbezuges gemessen wird, ist wohl zu unterscheiden von der Angst vor sich selbst, die Schelling und Kierkegaard so eindrücklich darlegten: daß in einem Kräfte wach werden, die herausbrechen und einen überwältigen. Diese Angst wird heute von der Triebtheorie her ausgelegt. Diese ist nicht mehr von dem metaphysischen Gegensatz von Geist und Trieb bestimmt. *Perversionen,* zu denen *Triebverirrungen* sich steigern können, müssen vom Psychiater und dem Richter beurteilt werden. Sicher ist es auch heute noch möglich, daß diese Angst vor mir selbst verinnerlicht wird, und mit der Phantasie, den Tagträumen und verborgenen Wünschen verbunden wird, so daß diese Verinnerlichung ihrerseits die *Destruktionstendenz* gegen andere und gegen sich selbst verstärkt.

Entscheidend ist auch hier, daß der Selbstbezug nicht gegen den Weltbezug abgehoben werden kann in der Weise, daß Verinnerlichung Sicherheit gegen das Außen bedeutet. Diese Möglichkeit ist ja gerade fraglich geworden. Worte wie Selbstwerden und Persönlichkeit und insbesondere alle an die Bestimmungen der Entelechie gemahnenden Begriffe, die auf eine personale Entwicklung der Subjektivität in sich selbst hinweisen, sind, wie schon herausgestellt, heute verpönt. Verinnerlichung bedeutet heute Einsicht in die *Ohnmacht der Subjektivität, sich selbst und die Welt zu steuern.*

Das Bewußtsein der Ungesichertheit kann auf das Phänomen der allgemeinen *Weltangst* hinweisen und philosophisch zur Aussage gebracht werden in einer negativen Metaphysik, wie sie *Heidegger* entworfen hat. Heidegger redet von der *Befindlichkeit,* in der der Mensch sich als Dasein-Müssen erfährt. Die ausgezeichnete Befindlichkeit, in der dem Dasein die Geworfenheit erschlossen ist, ist die Angst. In der Angst geht es um das pure Faktum des In-der-Welt-seins. Die volle Grunderfahrung der Angst macht offenbar, daß jeder innerweltlichen oder außerweltlichen Sicherung immer schon vorausgeht die grundsätzliche Ungesichertheit, die dem Dasein als Dasein zukommt. Diese Ungesichertheit hat das Dasein gerade auf sich zu nehmen, um so zu erfahren, daß es als Dasein in das Nichts hineingehalten ist, wie Heidegger in seiner bildhaften Sprache sagt.

Diese allgemeine Angst der Ungesichertheit betrifft den Lebensvollzug im ganzen: es gibt keine Garantie mehr, daß mein Leben sinnvoll ist, und es ist ungewiß, ob ich überhaupt mein Leben meistern kann. Die Destruktionstendenz kann sich so radikalisieren, daß auch der formale Gedanke der Identität fraglich wird. Dies Phänomen hat dann existentiell sein Pendant in der Angst vor dem *Ichverlust,* die sehr verschiedene Formen annehmen kann, von der Angst, daß mein Leben gleichsam ohne mich gelebt wird, bis zur pathologischen Angst, daß das Ich nicht mehr sein Mich findet.

Jaspers hat in seinem großen Werk »Philosophie« die Angst unterteilt in *Daseinsangst,* zu der auch die Todesangst gehört, und *existentielle Angst* als Angst vor dem eigentlichen Selbstsein. Das eigentliche Selbstsein gewinnt man als Ergreifen der Freiheit im absoluten Bewußtsein. Das absolute Bewußtsein ist seiner nicht sicher, »es muß sich vielmehr stets ursprünglich wiederholen und bleibt in seiner Vergewisserung gebunden an faktische Angst. Daher heißt Überwindung nicht Aufhebung. Es ist möglich, aus der leeren Indifferenz heraus die Angst geradezu zu wollen, um wieder zu sich zu kommen. Der Mut zur Angst und ihrer Überwindung ist Bedingung für das echte Fragen nach dem eigentlichen Sein und für den Antrieb zum Unbedingten«.[40]

Jaspers schließt an den Abschnitt, der die Angst thematisiert, einen Abschnitt, der vom *Gewissen* handelt. Das Gewissen als Stätte der vorgreifenden oder nachfolgenden Prüfung meines Verhaltens, vor allem aber als »schlechtes Gewissen«, ist mit der Kategorie der Schuld und der entsprechenden Angst verbunden. Diese Phänomene sind heute – wir haben bei der Darstellung der Psychoanalyse darauf hingewiesen – reduziert; das negative Verhalten ist entschuldbar. Aber die Angst, die bei Fehlverhalten sich meldet, wird dadurch nicht behoben.

Es wäre – mit dieser Bemerkung schließen wir diesen Abschnitt – verfehlt, metaphysisch bestimmte Formen der Angst, auch wenn ihre konkreten Ausprägungen uns fremd geworden sind, in Bausch und Bogen fraglich zu machen. »Uralte Ängste« können in verwandelter Form auftauchen, weil die Angst zum Leben gehört und weil die Alternative: *Weltvertrauen* und *Weltangst* nicht auszuschalten ist, auch wenn sich beide Grundstimmungen vielfach differenzieren und unter unterschiedlichen Weltaspekten auftreten können.

Zudem ist zu bedenken, daß auch die Formen der *Überwindung* der Angst trotz allen Wandels relativ konstant bleiben. Beschwichtigung und Nichtwahrhabenwollen stehen auch heute noch dem Aushalten und Austragen und dem Bedenken von Gegenzügen und Gegenmaßnahmen gegen die Angst gegenüber. Vor allem aber: die Tendenz zum Oberflächenoptimismus ist gerade in unmetaphysischen Zeiten zu bemerken: »Es wird schon alles gut gehen«. In diesen Zeiten zeigt sich, daß Heideggers Charakteristik des Man unter dem Aspekt der Einebnung, der Entlastung und Unselbständigkeit auch und gerade in bezug auf die gegenwärtigen Ängste zutreffend ist.

2. Zum Problem der Verantwortung

Das Hin und Her zwischen einem Rückzug auf sich selbst als letzter Instanz der Entscheidung und dem Bedenken allgemeiner Sachzwänge, bei denen die einzelne Subjektivität nicht das Maß ist und sein kann, zeigt sich auch in bezug auf das Phänomen der *Verantwortung*. Die Kategorie der Verantwortung wird heute sehr stark in ethischen Überlegungen herausgestellt. Ihr berechtigter Sinn liegt, so wird argumentiert, darin, daß hier vom einzelnen, seinem Glück und seiner Selbstverwirklichung abgesehen wird. Es ist zu beachten, daß der Mensch nicht nur ein Wesen der Nähe, sondern auch ein Wesen der *Ferne* ist. Und die Gestaltung der persönlichen Sphäre hängt wesentlich von der Formung des gesellschaftlichen Raumes im ganzen ab. Sicher: die Großformationen sind nur schwer zu fassen, aber dies berechtigt uns nicht, sie sich selbst zu überlassen mit der Begründung, sie seien unserer Verantwortung entzogen.

Zunächst einige Erläuterungen zum Begriff Verantwortung. Verantwortung ist »Verantwortung *vor*...« und »Verantwortung *für*...«, wobei heute immer stärker das Für hervortritt. Daß das Vor zurücktritt, hat gute Gründe, denn die Bezugsgrößen Gott oder das maßgebende Du sind anonym geworden. Ursprünglich ist ja der personale Bezug zwischen Gott und Mensch entscheidend. Der Mensch hat Gott Gehorsam zu leisten. Er kann jederzeit zur Rechenschaft gezogen werden, denn Gott ist sein Schöpfer und sein Herr. Der Mensch hat die relative Freiheit, die Gott ihm gab, aber mißbraucht. Diese Verschuldung ist jedoch von Gott bereinigt worden durch die Menschwerdung Gottes. Der Sinn dieser Menschwerdung ist es, daß dem Menschen ein Zugang zu Gott eröffnet wird, so daß er Gott wieder angemessen antworten kann.

Im späteren 19. Jahrhundert wird der Ich-Du-Bezug wesentlich. *Feuerbach* betont die Differenz zwischen den Menschen unter dem Aspekt der Zweigeschlechtlichkeit, er hebt aber die Zusammengehörigkeit ausdrücklich hervor. Diese Mitmenschlichkeit ist das eigentliche Maß allen Verhaltens. *Martin Buber* betont, daß der Ich-Du-Bezug vom Ich-Es-Bezug ausdrücklich abzugrenzen ist. Für den Ich-Du-Bezug ist das Zwischen wesentlich; es ist mehr als die beiden Partner, Buber redet von ihm als dem Geist – Geist ist das verbindende Medium. Die beiden Partner aber sind einander verantwortlich. Ihr Verhalten ist überhaupt wesentlich ein Antwortverhalten.

In bezug auf die moderne Bestimmung der Verantwortung muß an *Max Weber* erinnert werden.[41] Weber unterscheidet Gesinnungsethik und Verantwortungsethik. Die *Verantwortungsethik* ist subjektiv orientiert. Sie besagt, daß der einzelne für sein eigenes Tun einsteht, sich unter Umständen die Hände schmutzig macht, aber auf jeden Fall bereit ist, die Folgen zu übernehmen. Ganz anders der *Gesinnungsethiker*, er achtet nur auf die Reinheit des Herzens und klammert die Wirkungen seines Tuns aus.

Im Gegenzug zu diesen Ansätzen ist heute der Sachbezug in eins mit der verantwortlichen Gestaltung des geschichtlichen Geschehens wesentlich geworden. *Hans Jonas*, einer der maßgebenden Ethiker der Gegenwart, erklärt: man muß sich Selbstbeschränkung auferlegen, das heißt, man darf heute nicht mehr alles tun, was man technisch und wissenschaftlich machen kann. Die neue Ethik wird ausdrücklich als eine Ethik der Fernverantwortung deklariert. Sie geht nicht nur über das einzelne Subjekt und sein Glücksstreben hinaus, sondern auch über die Bedürfnisse der Gegenwart und richtet den Blick auf die Zukunft. Man soll auf die Spätergekommenen achten. Der neue kategorische Imperativ lautet nach *Jonas*: »Handle so, daß die Folgen deines Tuns mit einem künftigen menschenwürdigen Dasein vereinbar sind, d. h. mit dem Anspruch der Menschheit, auf unbeschränkte Zeit zu überleben«.[42]

Es ist problematisch, ob und wie eine solche Einstellung, die Zurückhaltung und Vorsicht fordert, durchführbar ist angesichts der Verquickung des Fortschrittes mit dem Machtstreben, das nach wie vor das politische Handeln bestimmt. Diese Frage läßt sich nur klären, wenn man über die bloße Forderung des Verantwortungsbewußtseins hinausgeht und auf die »Naturveranlagung« des Menschen zurückgreift – davon später.

Wir weisen jetzt in bezug auf das Problem der Verantwortung zunächst auf die Komplexe hin, die für die Erörterung der Subjektivität unter ethischem Aspekt in grundsätzlicher Hinsicht wesentlich sind und schon mehrfach zur Sprache kamen. Hier ist zunächst der *Unterschied zwischen Nahhorizont und Fernhorizont* zu beachten. Es ist ein bekanntes Phänomen, das in der Soziologie seit jeher diskutiert wurde, daß man sich anders verhält, wenn man mit jemandem *von Angesicht zu Angesicht* umgeht in *kleinen Gruppen*, als wenn man sich in *Großgruppen* auf *abstrakte Partner* bezieht. Der Nahhorizont, so läßt sich der Sachverhalt darlegen, ist der relativ enge und relativ abgeschlossene Gesichtskreis, der durch die Ordnung der Primärgruppen bestimmt wird. Der Fernhorizont dagegen ist der offene Gesichtskreis, der durch die Ordnung der Sekundärgruppen gebildet wird. Für unseren Zusammenhang ist es wichtig, sich klarzumachen, daß das Verhalten in diesen beiden Horizonten unter dem Aspekt der Verantwortung zu differenzieren ist. Die Verantwortung im alltäglichen Umgang mit dem Nächsten, das heißt die Verantwortung im Nahhorizont, spielt sich weitgehend auf der Grundlage der *Gegenseitigkeit* ab. Verantwortung ist hier wesentlich *Antwortverhalten*, und dieses wird primär in und durch den Umgang erlernt. Im Fernhorizont wird Verantwortung, eben weil der unmittelbare Personenbezug nicht relevant ist, unbestimmt und dennoch oder gerade darum so außerordentlich belastend und bedrückend.

Wir werden auf die sich hier eröffnenden Probleme später unter dem Aspekt der zwischenmenschlichen Bezüge eingehen, jetzt nur einige Andeutungen, die das Verhältnis im Fernhorizont betreffen. Angesichts des unübersehbaren Prozesses, der sich gleichsam über die Köpfe der einzelnen hinweg zu vollziehen scheint, wird die Frage wach, ob die Kategorie der Verantwortung, die ja mit der Kategorie der *Zuständigkeit* im Sinne der *Verantwortlichkeit* zusammenhängt, in bezug auf das Geschehen im Großen noch sinnvoll ist.[43] Der einzelne Wissenschaftler arbeitet im Rahmen eines bestimmten Problemzusammenhanges, dessen internen Vollzug innerhalb des Forschungsprozesses er mehr oder weniger angemessen begreifen kann, aber die externen Folgen hat er nicht mehr in der Hand. Wenn nun Verantwortung für die Zukunft gefordert wird und der Forscher als Treuhänder oder Heger in prospektiver Sicht angesehen wird, dann bedeutet dies, daß er mit ethischen Forderungen ständig neu belastet wird angesichts der sich ändernden Aktionsmöglichkeiten und ihrer Folgen.

Es gibt angesichts dieser Situation verschiedene Lösungsvorschläge. Einmal wird behauptet – so argumentieren die meisten Wissenschaftler –, daß der Forscher nur *interne* Verpflichtungen hat, das heißt, daß er sich der sogenannten objektiven Wahrheit seiner Erkenntnisse unterzuordnen hat; die externen Folgen hat er nicht zu tragen. Der andere Ansatz besagt: auch wenn der Forscher die Zukunft nicht überblickt, muß er nicht nur versuchen, den Gesamttrend zu erkennen, sondern auch die eigene Aufgabenstellung soweit möglich zu reflektieren, und mittels dieser Reflexion, selbst wenn sie sich später als irrig erweisen sollte, muß er sein Handeln positiv oder negativ ausrichten.

Wesentlich ist, daß diese Überlegungen immer Sache eines einzelnen sind, der sich in seinem Bewußtsein bescheidet, wir werden bei der Erörterung des Bezuges von Naturwissenschaft und Ethik auf diese Zusammenhänge noch zurückkommen. Jetzt nur eine allgemeine Anmerkung. Die Kategorie der Verantwortung gewinnt eine Nähe zur Kategorie der *Moral* im Sinne Kants, insofern beide nicht eindeutig am Erfolg gemessen werden können. Die Bestimmung der Moral bleibt für die Subjektivität entscheidend, weil und insofern diese ja nicht von übergreifenden Zusammenhängen in ihrem Handeln eindeutig bestimmt werden kann, seien diese Zusammenhänge nun als Sittlichkeit, Lebensweltethik oder kommunikative Diskursethik verstanden. Insbesondere in Krisenzeiten wird die Subjektivität auf sich zurückgeworfen, sie muß sich selbst für sich selbst zurechtfinden. Hier ist die Ethik als *reflektierende Ethik* des Einzelnen maßgebend. Die Moralität wird solchermaßen nicht mehr durch eine bestimmte Vernunft im metaphysischen Sinne abgestützt, wohl aber ist und bleibt Vernunft im Sinne verbindlicher Überlegung das bestimmende Medium.

In bezug auf die Unterscheidung von Gesinnungs- und Verantwortungsethik von Max Weber ist zu sagen, daß diese reflektierende Moralität keine Gesinnungsethik in dem Sinn ist, daß sie nur die Reinheit des Wollens betont. Wenn Selbstbezug immer schon den Weltbezug involviert und umgekehrt, ist eine solche Abwendung vom Wirken in der Welt und seinen Folgen nicht mehr möglich. Aber zugleich gilt doch, daß wir alle im Gesamtgeschehen nur Teilfunktionäre sind. Das Handeln ist auf Verwirklichung bezogen und doch nicht denkbar ohne Rückgriff auf die dahinter stehende Gesinnung, unter beiderlei Aspekten bleiben die Folgen aber ungewiß.

Man sieht, daß die Idee der Subjektivität die letzte Bastion ist, die nicht hintergehbar ist, und daß sie zugleich in bezug auf das Gesamtgeschehen doch nur eine sehr vorläufige Funktion ausübt, weithin mehr zur Ohnmacht als zur Macht verurteilt. Daß sich diese Dialektik in den verschiedenen Bereichen im Nahhorizont und im Fernhorizont jeweilig anders darstellt, sei noch einmal betont. Darüber wird im nächsten Abschnitt, der den zwischenmenschlichen Bezug behandelt, zu reden sein.

3. Zum Problem des Glücks

Wir suchen nun zum Abschluß dieses Kapitels kurz auf das Problem des Glücks einzugehen. Auch diese Bestimmung hat – darum greifen wir hier auf sie zurück – etwas mit dem Problem des Verhältnisses von Selbstbezug und Weltbezug zu tun, insbesondere unter dem Aspekt der Selbstgestaltung und Selbstfindung. Wir haben mehrfach betont, daß heute in bezug auf die Zielvorstellungen in der Ethik die Herausstellung von Minimalforderungen und Randbedingungen wesentlich ist. Es ist offensichtlich, *daß die untersten Güter die Voraussetzung für die höheren Güter sind und daß die Bereitstel-*

lung der ersteren vordringlich ist. Dies gründet in der geschichtlichen Lage, in der die absolute Negation des menschlichen Seins möglich erscheint. Es hat sich also hier durchaus eine »Umwertung« aller Werte vollzogen. Die sogenannten Minimalforderungen sind als die *Grundbestimmungen* allen Tuns und Lassens anerkannt und auf sie als »oberste Werte« hat die Ethik abzuheben. Man kann mit gewissem Recht sagen, daß die Verwirklichung dieser Werte nun zum eigentlichen Ziel der Ethik geworden ist.

Der *Wert des Lebens* hat heute den höchsten Rang, denn Leben ist die Grundvoraussetzung allen Tuns. Es ist aber zu bedenken, daß gerade die ethische Einstellung in bezug auf diesen Wert eigens geleistet werden muß und zwar im Zusammenhang mit sachlicher Besinnung. In einem Beispiel: eine optimale Lebensordnung für alle herbeizuführen, wird heute gefordert. Kein Mensch soll hungern und jeder soll die Chancen haben, sein Leben ohne Unterdrückung führen zu können. Um diese Forderungen zu erfüllen, ist es aber erfordert, Möglichkeiten der Verbesserung unter verschiedenen Aspekten zu durchdenken und zu verwirklichen. Das Problem der unterentwickelten Länder und des möglichen Ausgleichs zwischen armen und reichen Ländern ist in politischer Hinsicht zu bedenken, ebenso wie die Frage, ob und wie durch die Wissenschaft neue Ernährungsquellen zu finden sind.

Die untersten Güter, die die Voraussetzung des Lebens überhaupt sind, sind nun aber sicher nicht für den einzelnen die *»eigentlichen« Glücksgüter.* Sie stellen nur die Grundbedingung dar, die aber wesentlich ist, damit jeder für sich selbst und zugleich im Blick auf die andern das Glück erstreben kann, von dem er sich ein erfülltes Leben verspricht. In diesem Streben aber wird die Ebene der Ethik als Forderungsethik überschritten. Dies sei ein wenig genauer dargelegt.

Aristoteles hat das Streben nach dem Glück zum Ansatzpunkt seiner Ethik erhoben, wobei er das Glück den verschiedenen Anlagen und Tätigkeiten des Menschen gemäß näher zu bestimmen versucht. Man hat nun in der Tradition immer wieder auf die Vielfältigkeit dessen, was Glück heißt, hingewiesen, und *Kant* hat die Tatsache dieser Vielfältigkeit zum Anlaß genommen zu erklären, daß der Begriff des Glücks keine tragbare Grundlage für eine verbindliche Ethik abgebe. Es ist sicher nicht möglich, ein für alle verbindliches Glück festlegen zu wollen, aber man kann doch davon ausgehen, daß es soziologisch-anthropologisch betrachtet relativ allgemein anerkannte Stufungen der Glücksvorstellungen gibt.

Die unterste Glücksmöglichkeit ist das Herbeiführen eines Zustandes, der ein lebenswertes Leben *möglich* macht. Maßgebend sind hier durchaus die materiellen Bedürfnisse, die als Grundlage einer menschlichen Existenz überhaupt angesehen werden müssen. Die nähere Bestimmung dieser Bedürfnisse mag im einzelnen schwanken. Es gibt hier keine absolute Eindeutigkeit. Gleichwohl sind gewisse Grundbedingungen, wie ausreichende Ernährung und Gesundheit, allgemein anerkannt. Auch diejenigen, die an sich höhere Vorstellungen von Glück haben, werden sicher nicht gern auf die Erfüllung dieser primären Bedürfnisse verzichten, tun sie es dennoch – etwa als Anhänger einer asketischen Ethik –, dann legen sie sich einen »unnatürlichen« Zwang auf. Historisch gesehen ist in der Neuzeit der Trend, die *Wohlfahrt* als Maß zu setzen, immer stärker herausgestellt worden. *Gehlen* hat dies in seiner Ethik aufgezeigt und als Verfall getadelt.[44] Man könnte dagegen behaupten: erst nachdem die metaphysischen Hinterweltswerte abgebaut wurden, wagte man es, die *primitiven* Werte, das heißt die natürlichen Anforderungen des Lebens, als die maßgebenden Werte zu deklarieren.

Die unteren Glücksgüter fungieren als Voraussetzungen des *höheren Glücks.* Dies Glück ist in weit stärkerem Maße differenziert. Hierher gehören – um nur einiges gegeneinander sehr Unterschiedliches äußerlich aufzuzählen – das private Hobby der Freizeitbeschäftigung ebenso wie die Freude an wissenschaftlicher Tätigkeit und schließlich auch die sogenannten »weltanschaulichen Bedürfnisse«. Verglichen mit den Lebensnotwendigkeiten sind alle diese Möglichkeiten »Luxusgüter«. Sie sind daher erst erfüllbar – Aristoteles hat dies aufgrund seiner Lebensklugheit erkannt –, wenn die primitiven Bedingungen des Lebens gewährleistet sind.

Entscheidend ist nun, daß die hohen Werte nicht direkt und unmittelbar planbar sind im Gegensatz zu den äußeren Gütern. Sie sind Angelegenheit der *privaten* Sphäre, das heißt »frei auswählbar« – daß anthropologisch und soziologisch gesehen diese Auswahl bedingt ist, etwa durch Anlage oder durch Gruppenzugehörigkeit, ist klar.

Allgemein gilt für die Bestimmung des Glücks als solchem, daß das Glück nicht in meiner Hand liegt. Das ist von jeher bekannt, aber diese Tatsache hat heute eine besondere Bedeutung. Daß etwas glückt, das ist weitgehend zu einer Bestimmung des Bezuges geworden, das heißt, es sind die *Verhältnisse*, durch die unser Tun und unser Selbstverständnis vermittelt wird.

Hier ist an das oben über die Identität Gesagte zu erinnern. Solange Identität und Entelechie zusammengebracht wurden, ist in gewisser Weise das Glück des einzelnen seiner Struktur nach garantiert. Es können ihm Erfolge und Möglichkeiten versagt werden, es kann ihm von außen her Unglück zustoßen: das ändert nichts daran, daß der einzelne sich auf sein eigentliches Sein besinnend und sich für das Rechte einsetzend glücklich sein kann. Das große Beispiel ist Sokrates, er erklärt: Der Gute ist, was auch immer ihm zustößt, aufgrund seiner Tugend glücklich.

Wenn dagegen die Herstellung der Identität fraglich wird und von vielen *Faktoren, die man nicht in der Hand hat,* abhängt, wird die Möglichkeit des individuellen Glücks, die eben im Gedanken der Entelechie angelegt ist und mit der Weltordnung letztlich harmonisiert, fraglich. Ja noch mehr: die Bestimmung Glück wird selbst problematisch. Sie verliert ihren hohen Klang, den sie in der Tradition hatte. Man denke daran, daß in der metaphysischen Epoche die *Glückseligkeit* als das höchste Ziel galt, das sich in der visio beatifica verwirklichte. Das Wort Glück ist heute weithin entwertet. Man spricht vom Glück, als ob es sich um ein Lotteriespiel handele. »Er hat Glück gehabt« ist heute eine gängige Redensart, ebenso wie die Formulierung, daß es »noch einmal gut ging«. Sodann: an die Stelle des Glücks treten andere Begriffe wie etwa das Lustprinzip im Gegensatz zum Realprinzip. Das Streben nach Lust wird nicht mehr von philosophischer Warte aus als Hedonismus gebrandmarkt. Das Lustprinzip untersteht dem Gesetz der Triebe und ihrer Konstellation. Der Gewinn an Lust wird zum heimlichen Motor alles Verhaltens, das von der Phantasie und den Wünschen gespeist wird, die mit der Realität erst vermittelt werden müssen. Diese Vermittlung muß – das ist ihre primäre Aufgabe – den negativen und verbrecherischen Trieben, wie dem Todestrieb und dem Destruktionstrieb, Einhalt gebieten, damit die positiven Triebe, insbesondere der Eros, sich entwickeln können. Vorgängig aber ist es, wie wir herausstellten, das Leben zu sichern – dies ist ja auch nach Freud die Intention des Eros.

In bezug auf die oberen Glücksgüter ist es kaum möglich, darzulegen, welche Güter hier zu nennen sind und wie diese rangmäßig einzuordnen wären. Festzustellen ist jedoch, daß, anthropologisch gesehen, die oberen Glücksgüter *Entlastung* bringen. Unter dem Gesichtspunkt der Entlastung aber ist es möglich, die höheren Güter einer gewissen einteilenden Wertung zu unterziehen. Dies sei zunächst im Blick auf die *Kunst* dargelegt durch eine historische Erinnerung.

Man denke an *Schopenhauer*. Schopenhauer erklärt: In der Kunstbetrachtung hält man sich nicht mehr an den Leitfaden des Willens, das heißt, man fragt nicht mehr nach dem Wo, Wann, Wozu und Warum, sondern ist nur auf das reine Was bezogen. Hier geschieht es, daß der Mensch »die ganze Macht seines Geistes der Anschauung hingibt, sich ganz in diese versenkt und das ganze Bewußtsein ausfüllen läßt durch die ruhige Kontemplation des gerade gegenwärtigen natürlichen Gegenstandes, es sei eine Landschaft, ein Baum, ein Fels, ein Gebäude oder was auch immer; indem man, nach einer sinnvollen deutschen Redensart, sich gänzlich in diesem Gegenstand *verliert*, das heißt, eben sein Individuum, seinen Willen, vergißt und nur noch als reines Subjekt, als klarer Spiegel des Objektes bestehen bleibt; so daß es ist, als ob der Gegenstand allein da wäre ohne jemanden, der ihn wahrnimmt und man also nicht mehr den Anschauenden von der Anschauung trennen kann, sondern beides Eines geworden sind«.[45] Die hier geschilderte Verwandlung ist eine doppelte. Auf der Objektseite ist der Gegenstand den Relationen des Willens entnommen und auf der Subjektseite ist der Erkennende nicht mehr ein bestimmtes Individuum, das Zielen nachjagt, sondern »reines, willenloses, schmerzloses, zeitloses Subjekt der Erkenntnis«. Schopenhauer – dies wird hier deutlich – betrachtet die Kunst in ihrem Verhältnis zum Leben. Vom Leben her bestimmt er die Kunst als *Befreiung* und aus diesem Gesichtspunkt heraus betont er immer wieder, daß die Erlösung durch die Kunst nicht von Dauer sein könne, sondern nur bestimmte Augenblicke währe. Die Kunst versetzt ja in einen Ausnahmezustand. Das Leben setzt sich aber immer wieder durch und mit ihm der Anspruch des Willens.

Zu bedenken ist in diesem Zusammenhang aber eins: die Struktur der Entlastung durch Kunst hat sich heute gegenüber der Situation Schopenhauers modifiziert. Kunst ist heute nicht mehr ontologisch gebunden, sie ist heute subjektiviert und durch eine gewisse Zweideutigkeit bestimmt. Sein und Schein, Wahrheit und Täuschung, Sinnlichkeit und Reflexion verbinden sich miteinander.[46] Durch diesen Sachverhalt kommt der Kunst nun ein besonders hoher Rang in bezug auf die Entlastung zu. Es zeigt sich hier – dies ist zu beachten –, daß die geschichtlichen Wandlungen doch einen gewissen Spielraum eröffnen nicht nur für mögliche Unterscheidungen zwischen höheren und niederen Dimensionen, sondern daß sie auch innerhalb der höheren Dimension eine Rangordnung eröffnen.

Dies sei nun ein wenig genauer dargelegt, weil sich von diesem Aspekt her grundlegende Wandlungen der Glücksvorstellung explizieren lassen. Gehen wir in bezug auf die höchsten Güter von *Hegels* Bestimmung des absoluten Geistes aus. Die Dimension des absoluten Geistes umfaßt *Kunst, Religion* und *Philosophie*. Es sind dies die Bereiche, in denen der Mensch seine wirkliche Erfüllung findet, wobei die Voraussetzung ist, daß diese Erfüllung überhaupt nur in der Welt des reinen Geistes und nicht im empirischen Bereich zu erlangen ist. Die Scheidung höherer und niederer Glücksgüter läuft hier mit der Differenz innerer und äußerer Werte parallel, wobei die inneren Werte letztlich nur im Bereich der Metaphysik zu finden sind.

Im absoluten Geist zeigt sich eine Rangfolge an. Die *Kunst* steht unten: sie ist noch an das Sichtbare gebunden, ihr Genuß ist vorübergehend. *Religion* dagegen gibt das Glück als das wahre Seelenheil, die ganze Tradition geht ja davon aus, daß der homo interior sein Glück nur in der Schau Gottes findet, er erlangt es, wenn er sich von den äußeren Gütern, die vergänglich sind, abwendet. Hegel ordnet die *Philosophie* über die Religion, die Philosophie vermag das nur im Glauben Ergriffene im Gedanken der Vernünftigkeit durchsichtig zu machen. Das höchste Glück ist das reine Denken. Hegel schließt die »Enzyklopädie« mit einem Zitat aus der »Metaphysik« des Aristoteles, dort wird der Gott, weil er nur sich denkt, als die höchste Möglichkeit des Glückes herausgestellt.

Im späteren 19. Jahrhundert kehrt sich die Anordnung um. Kunst steht, wie angedeutet, nun oben. Kunst entschlägt sich im Gegensatz zu Religion und Philosophie allgemeiner Verbindlichkeit. Der wesentliche Maßstab der Rangordnung ist nun nicht mehr die Idee der metaphysischen Erfüllung, sondern eben der Aspekt der Entlastung. Kunst befreit und erhebt, indem sie, aber in unverbindlicher Weise, »mit den Wurzeln der Welt« verbindet (Cézanne). Daß Entlastung und Erhebung vieldeutig sind, erscheint als ein Positivum: jede Dogmatisierung wird aufgehoben.

Zugleich vollzieht sich mit dem Verlust der Metaphysik eine allgemeine Umordnung der Bedürfnisse. Sie führt schließlich dazu, daß die ganze Einteilung in obere und untere Glücksgüter in den Hintergrund tritt. An die Stelle einer ontologischen Differenzierung tritt die Anthropologisierung des Glücks, das heißt seine *Fundierung in positiver Zuständlichkeit.* Diese positive Zuständlichkeit aber soll physische und psychische Zustände berücksichtigen. Es zeigt sich – dies ist die äußerste Folge dieses Ansatzes –, daß die Möglichkeit des »Auslebens« im Sinne einer Erfüllung der Triebanlagen durchaus Möglichkeiten des Glückes erschließt. Der Eros bringt Erfüllung und Befriedigung mit sich. Seine vollkommene Selbstverwirklichung ist heute aber noch nicht erreicht, an sich ist sie aber gerade auf Grund der Entwicklung von Technik und Wissenschaft möglich, so legt *Herbert Marcuse* in seinem Buch »Eros und Triebstruktur« dar.

Insbesondere *Ernst Bloch* hat den Aspekt eines erfüllten Lebens in seinem großen Werk »Das Prinzip Hoffnung« herausgestellt. Das erfüllte Leben erfordert aber eine Negation der Negation, durch die die Gegenwart bestimmt ist – wir haben auf dieses Konzept unter dem Aspekt der Herstellung einer vermittelten Unmittelbarkeit bereits in der Einleitung hingewiesen. Daß diese Projektion als vorlaufende Ausrichtung des Handelns bedeutsam sein kann, sei nicht abgestritten, aber ihr Kerngedanke entspringt dem Reich der Wünsche und der Phantasie. Es wird nicht sichtbar, wie die Verwirklichung dieser Utopie geschehen kann. Die Moral spielt dabei jedenfalls keine entscheidende Rolle; sie ist in Reinheit ja erst in einer besseren Welt zu verwirklichen. Dieser Ansatz ist in geschichtsphilosophischer und anthropologischer Hinsicht aufschlußreich. Er besagt: *Glück ist das, was noch aussteht, das Noch-Nicht.* Es muß im Gegenzug zur Gegenwart als der Zeit der Negation konzipiert werden.

Es gibt in der modernen Kunst, insbesondere im modernen Roman, wesentliche Konzeptionen einer *Vermittlung zwischen dem negativen Zustand der Gegenwart und dem noch ausstehenden positiven Zustand.* Wir weisen zur Verdeutlichung auf *Robert Musil* hin, dessen Werk »Der Mann ohne Eigenschaften« diesen Sachverhalt sehr eindrücklich darlegt.

Musil erkennt klar, daß der Mensch heute sich selbst entfremdet ist und seine Identität verloren hat. Ulrich – es ist der Mann ohne Eigenschaften – erklärt dies sehr instruktiv. Er schildert die Einheit mit der Welt, in der er als Kind lebte: »Wenn ich mich an meine früheste Zeit erinnere, so möchte ich sagen, daß damals Innen und Außen kaum noch getrennt waren. Wenn ich auf etwas zu kroch, kam es auf Flügeln zu mir her; und wenn sich etwas ereignete, das uns wichtig war, so wurden davon nicht etwa bloß wir erregt, sondern die Dinge selbst begannen zu kochen. Ich will nicht behaupten, daß wir dabei glücklicher gewesen sind als später. Wir besaßen uns ja noch nicht selbst, eigentlich waren wir überhaupt noch nicht, unsere persönlichen Zustände waren noch nicht deutlich von denen der Welt abgeschieden«.[47] Ulrich sucht diesen Zustand noch genauer zu umschreiben und erklärt: »Wir waren noch nicht ganz von uns entfernt. Denn wenn du dich heute, wo du ganz im Besitz deiner selbst zu sein glaubst, ausnahmsweise einmal fragen solltest, wer du eigentlich seist, wirst du diese Entdeckung machen. Du wirst dich immer von außen sehen wie ein Ding. Du wirst gewahren, daß du bei einer Gelegenheit zornig wirst und bei einer anderen traurig, so wie dein Mantel das eine Mal naß und das andre Mal heiß ist. Mit aller Beobachtung wird es dir höchstens gelingen, hinter dich zu kommen, aber niemals in dich. Du bleibst außer dir, was immer du unternimmst, und es sind davon gerade nur jene wenigen Augenblicke ausgenommen, wo man von dir sagen würde, du seist außer dir. Zur Entschädigung haben wir es allerdings als Erwachsene dahin gebracht, bei jeder Gelegenheit denken zu können ›Ich bin‹, falls uns das Spaß macht. Du siehst einen Wagen, und irgendwie siehst du schattenhaft dabei auch: ›ich sehe einen Wagen‹. Du liebst oder bist traurig und siehst, daß du es bist. Im vollen Sinne ist aber weder der Wagen noch ist deine Trauer oder deine Liebe, noch bist du selbst ganz da«.[48]

Diese Situation wird näher ausgelegt und als Erstarrung gekennzeichnet, genauer: als ein *Verlust des personalen Bezuges.* »Es ist alles, was du berührst, bis an dein Innerstes verhältnismäßig erstarrt, sobald du es erreicht hast, eine ›Persönlichkeit‹ zu sein, und übrig geblieben ist, umhüllt von einem durch und durch äußerlichen Sein, ein gespenstiger Nebelfaden der Selbstgewißheit und trüber Selbstliebe«.[49]

Diesem Zustand soll abgeholfen werden durch die Konstruktion eines Zustandes, in dem der Mensch ganz sein wird. Man muß diesen Zustand projektieren, das heißt konkret, man muß ihn erst in einer Planung verdeutlichen. Diese soll die *»Utopie eines geglückten Lebens«* darstellen.

Ulrich spricht von diesem Leben zumeist als von dem »anderen Zustand«. Aber dieser Zustand und der Übergang zu ihm bleiben eigentümlich in der Schwebe. Der andere Zustand soll eine Vereinigung darstellen, das heißt, er soll die gegensätzlichen Sphären des *tatenlosen Denkens* und des *gedankenlosen Tuns* aufheben; ebenso soll Gedankenreichtum mit dem Reichtum des *Gefühls* zusammenfallen. Wie diese ganzheitliche neue Wirklichkeit zu erreichen sei, das wird verschiedenartig dargestellt. In den Notizen Musils ist von einem *dritten Weg* die Rede, der neben die Versuche des Generalsekretariats für Genauigkeit und Seele und der Geschwisterliebe tritt. Kennzeichen dieses dritten Weges sind nicht geschlossene, sondern offene Ideologien. Die Induktion als Zielsetzung soll hier eine wesentliche Rolle spielen, ebenso wie der Geist, er ist »als etwas Quellendes, Blühendes, das zu keinen Resultaten kommt«, zu verstehen.

Gleichzeitig gilt es, eine Änderung der *gesellschaftlichen Zustände* zu erwirken, und zwar unter Berücksichtigung der sozialen Frage. Erstrebt werden soll im ganzen eine Erlebniswirklichkeit, die durch *Mystik* und *Ekstase* im Bunde mit der *Liebe* bestimmt ist. Geglückte Liebe, durch den Ich-Du-Bezug gekennzeichnet, aber ist die eigentliche Begegnung mit der Wirklichkeit als Gegensatz zur Möglichkeit. Liebe ist ebenso wie Mystik und Ekstase das wahrhafte Gefühl der *Grenzenlosigkeit* im Inneren und im Äußeren. Sie eröffnet den anderen Zustand, der zeitlos ist. Alle Erscheinungen werden anders. Der Erlebnischarakter ändert sich radikal, Farben und Formen werden aufgelöst und zugleich scharf hervorgehoben. Man erinnert sich glücklicher Momente in der

Vergangenheit. Aber diese sind eigentlich nur in der Erinnerung gegeben und sind zeitlich gesehen Momente von kurzer Dauer.

Nicht nur die Verwirklichung des anderen Zustands scheitert, sondern bereits die *Form seiner Darstellung*. Die Vermutung legt sich nahe, daß der andere Zustand eben doch nur eine Illusion ist, denn jeder Ausstieg aus den Möglichkeiten des *gebrochenen Selbstbewußtseins*, das von Haus aus zweideutig lebt und ständig reflektiert, müßte – das ist eben offensichtlich – das prüfende Denken aufheben oder wesentlich einschränken. Eben das aber will Ulrich nicht. Termini wie »Genauigkeit oder Exaktheit der Seele«, »taghelle Mystik« zeigen, daß das angestrebte Ziel eine Vereinigung widersprüchlicher Möglichkeiten sein soll. Man kann den Widerspruch kennzeichnen als den Gegensatz von Metaphysik und Wissenschaft, wobei Metaphysik nach Musil als »*Ganzheit der Wirklichkeit*« verstanden wird, der gegenüber Wissenschaft hypothetische Vorläufigkeit und Möglichkeit ist.

Entscheidend ist, daß Planung und Projektion von der *Reflexion* durchsetzt sind. Diese Reflexion aber ist es, die Ulrich zu der Erklärung veranlaßt, daß man das Leben in der Schwebe lassen müsse, und er bringt diesen Vorsatz in Zusammenhang mit der Ironie als einer Haltung der Gleichgültigkeit.

Gleichgültigkeit entspringt hier nicht aus einer uninteressierten Einstellung. Sie soll das *Zwischensein* des Menschen verdeutlichen. Dies Zwischensein ist widersprüchlich. Es ist durch zwei Zustände gekennzeichnet: einen zu überwindenden Partialzustand und den Zustand eines kompletten Seins. Der zweite Zustand ist aber nur in Gedanken erreichbar. Das ist das Dilemma. Musil demonstriert dies vorbildlich an der Gestalt Ulrichs, der gerade deswegen so wirklichkeitsnah erscheint, weil er den zweiten Zustand nicht erreicht. Würde ihm das gelingen, dann hätte das dem Möglichkeitsmenschen das Leben gekostet.

Schlußbemerkung

Die Zeit, in der die Subjektivität im Einklang mit der Welt zu stehen schien, ist ebenso vorüber wie die Zeit, in der die Subjektivität sich als Prinzip der Weltbemächtigung ausgeben zu können glaubte. Wir leben in einer Zeit, in der die Subjektivität im ganzen abgewertet ist. Sie erscheint heute in allen ihren Ausführungen, nicht nur in bezug auf die Gestaltung des Äußeren, sondern auch in bezug auf sich selbst zur Ohnmacht verurteilt.

Die durch diese Entwicklung herbeigeführte Belastung der Subjektivität ist aber nur verständlich, wenn man sich klarmacht, daß in ihr differente Möglichkeiten der Subjektivität überhaupt zum Zuge kommen. Diese Möglichkeiten manifestieren sich sowohl *im zersetzenden Negieren der Tradition* und ihrer Werte als in den Versuchen, *in der paradoxen Form der Selbstaufhebung* sich zu konsolidieren. Die Subjektivität zeigt sich in ihrer ganzen widersprüchlichen Struktur. Es ist aber gerade in dieser Hinsicht angebracht, sich immer wieder klar zu machen, daß Weltbezug und Selbstbezug sich gegenseitig bedingen. Und das besagt eben: ein Weltbezug kann nicht glücken, wenn die Subjektivität sich selbst auszuschalten sucht.

Wir erinnern zum Abschluß noch einmal daran, daß die Überschrift dieses Kapitels lautet »Konstruktion und Dekonstruktion der Subjektivität«. Das besagt ein Doppeltes: Subjektivität ist nichts Gegebenes, das einfach beschreibbar wäre wie äußere Gegenstände, und es besagt zugleich, *daß Konstruktion und Destruktion der Subjektivität nicht eindeutig voneinander zu trennen sind.*

Der Hang zur *Konstruktion* gründet im Vertrauen auf die Intaktheit der Subjektivität. Dies Vertrauen kann im entgegengesetzten Sinn auftreten. Es bedeutet einmal, daß das Subjekt sich in die Welt eingeordnet glaubt, und daß es demgemäß dazu tendiert, diese welthafte Vorgegebenheit anzuerkennen. Das Vertrauen kann aber im Gegensatz zu dieser Einstellung auch darauf beruhen, daß sich die Subjektivität aus der Welt herauszunehmen sucht und sich als Freiheit zur Weltgestaltung versteht.

Der Hang zur *Dekonstruktion* kann ebenfalls in entgegengesetzter Form auftreten. Einmal: das Subjekt tendiert dazu, sich selbst, sich depotenzierend, als Ding zu verstehen und läßt sich konditionieren. Der Gegensatz dazu: das Subjekt dekonstruiert sich denkend in einer Dauerreflexion. Es entdeckt, daß es in seinem Setzen sich immer schon voraussetzen muß und solchermaßen seiner selbst nicht Herr ist.

Es gilt zu begreifen: wenn Konstruktion und Dekonstruktion in bezug auf die Subjektivität ineinander übergehen, dann kann das Subjekt nicht in sich selbst Halt finden. Es muß über sich selbst hinausgehen. Die *indirekte Vermittlung* zeigt sich hier als wesentlich und zwar in der *Wendung zum Anderen.* Nachdem die Möglichkeit der metaphysischen Sicherung durch ein höchstes Wesen fraglich geworden ist, tritt nun die andere Subjektivität als das Objekt heraus, an dem Orientierung und Halt gesucht und gefunden werden kann. Der Andere ist einerseits ein Ich wie ich selbst und zugleich eben doch als der Andere von mir unterschieden. Die Welt des Miteinanders gilt von jeher als das eigentliche Feld der Ethik. Dies soll im nun folgenden Abschnitt genauer erörtert werden.

Zweites Kapitel
Die Menschenwelt als Ort der Ethik

Vorbemerkung. Nahhorizont und Fernhorizont

Die Thematisierung des *Miteinanders,* der Dimension der *Menschenwelt,* unter ethischem Aspekt ist von einer besonderen Problematik bestimmt. Einerseits ist klar, daß die Mitmenschlichkeit von der Antike bis zur Gegenwart der zentrale Bereich war und ist, in dem die Ethik sich bewegt. Hier ist der Raum für Maximen und Normen, Forderungen, Gebote und Verbote. Diese Bestimmungen sind – das zeigt die Geschichte – dem Inhalt und der Form nach verschiedenartig und auch in bezug auf den Bereich ihrer Geltung und ihrer Rangordnung differenziert. Sie weisen aber weitgehend alle auf eine Grundforderung hin: der Andere soll als ein Mensch, wie ich selbst es bin, behandelt werden, er hat wie ich die gleichen Rechte und Pflichten.

Nun ist – das ist zunächst herauszustellen – der zwischenmenschliche Bereich keineswegs allein vom Aspekt der Ethik her konstituiert und zu entschlüsseln. Er ist zum Gegenstand vielfältiger Befragungen durch die Wissenschaft geworden. Um nur einige Beispiele zu nennen: das Verhalten der Menschen untereinander ist weithin von *natürlich begründeten Regelungen* bestimmt, die als solche von der *Biologie* thematisiert werden, so zum Beispiel der Eltern-Kind-Bezug, der sich beim Menschen natürlich anders darstellt als beim Tier, den man aber nur mit Hilfe der Ethologie adäquat erfassen kann. Die *Entwicklung* des Einzelnen vollzieht sich als ein *Reifungsprozeß,* der Gegenstand der *Psychologie* ist. Biologie und Psychologie suchen allgemeine Gesetzlichkeiten herauszuarbeiten. Das Verhalten im *alltäglichen Umgang* und in der *Öffentlichkeit* ist Gegenstand der *Sozialwissenschaften.* Die Sozialwissenschaften sind heute die eigentliche Quelle, die uns über das menschliche Miteinander zu orientieren vermag in den vielfältigen Ausgestaltungen, in denen der Einzelne auf Gruppen und Institutionen bezogen ist. Die Sozialwissenschaften zeigen insbesondere in bezug auf die Großgruppen, wie Volk und Gesellschaft, auf, wie schwierig es ist, allgemeingültige Gesetze des Verhaltens zu finden. Die *gesellschaftlichen* Bezüge sind ja nicht zu klären ohne Berücksichtigung der *politischen* Konstellationen, und diese sind heute wiederum durch die Verflechtung der Superstrukturen bestimmt.

Die Untersuchung der zwischenmenschlichen Bezüge ist aus der Philosophie ausgewandert. Die Situation hat sich nach Hegel, der noch das Ganze zu umfassen versuchte und der in Anknüpfung an die aristotelische Tradition den Zusammenhang von Politik, Gesellschaft und Sittlichkeit als wesentlich thematisierte, gewandelt. Heute ist die philosophische Ethik eine einzelne und besondere Disziplin, sie steht vor dem schwierigen Problem, wieweit sie sich den wissenschaftlichen Forschungen anschließen soll. Die Diskursethik hält die Anlehnung an die Wissenschaften für notwendig, die psychologischen und sozialen Aspekte, die die Wissenschaft thematisiert, müssen als eine gewisse Grundlage für die ethischen Forderungen angesehen werden. Man kann einen solchen Ansatz nicht einfach ablehnen, wenn man sich klar macht, daß der heute alles Verhalten bestimmende Zug der *Verwissenschaftlichung* dazu geführt hat, daß bestimmte Begriffe, die in der Ethik der Tradition eine Rolle gespielt hatten, wie gut und böse oder Schuld und Gewissen, heute nicht mehr fraglos gültig erscheinen, und daß selbst solche

Unterscheidungen wie Sittlichkeit und Moralität nur zögernd und mit neuen Erklärungen versehen gebraucht werden.

Die Frage nach dem Verhältnis von Ethik und Wissenschaft wird uns später noch einmal genauer beschäftigen. Daß die wissenschaftliche Forschung für die ethischen Fragen wesentlich ist, ist ebenso offensichtlich wie der Sachverhalt, *daß ethische Probleme nicht objektiv wissenschaftlich zu lösen sind.*

Die Ethik ist ein wesentlicher Versuch, mit dem Faktum des gebrochenen Weltbezuges fertig zu werden, wobei die mit diesem Weltbezug zusammenhängende Diskrepanz von Negativität und Positivität, Ordnung und Freiheit als zentral angesehen werden muß, insofern sich Weltbezug und Selbstbezug gegenseitig bedingen. Diese Diskrepanz bestimmt alle Bereiche der zwischenmenschlichen Bezüge, im ethischen Bereich in der Form einer *Bewertung* von Einstellungen, Vollzügen und Verhaltensformen. Das Tun und Lassen, das Entschließen und das Handeln, die Gefühle und Urteile sind in der zwischenmenschlichen Dimension weithin *konventionell eingeschliffen* und von Gewohnheiten geleitet. Der Spielraum ist abgesteckt, wobei die Normen hierfür nicht nur ethisch, sondern auch biologisch und sozial bedingt sind. Erst in *Krisensituationen* wird man sich der Ungesichertheit und der Diskrepanz in bezug auf die zu wählenden Möglichkeiten klar. Diese Situationen haben *hermeneutischen* Charakter, sie zeigen an, daß der Mensch, der Einzelne und die Gruppen, in bezug auf ihr Können nicht festgelegt sind. –

Um die vielfältigen und differenten Bezüge des menschlichen Miteinanders adäquat zu erfassen, sind nicht nur die ethisch relevanten Bestimmungen wie gut und böse im Sinne von Positivität und Negativität zu beachten, sondern auch allgemeine Grundbestimmungen des menschlichen Miteinanders zu thematisieren. Als eine solche Grundbestimmung wesentlicher Art stellen wir die *Differenz von Nahhorizont und Fernhorizont*, auf die wir schon mehrfach zurückgriffen, heraus.

Der Gegensatz von Nahhorizont und Fernhorizont durchzieht, aber in sehr unterschiedlicher Weise, die gesamte geschichtliche Entwicklung. Er deckt sich weithin einerseits mit der Unterscheidung von Sittlichkeit und Moralität und andererseits mit dem Gegensatz von Anschauung und Begriff. Er ist jedoch von eigener Strukturprägung. Dies zeigt sich sehr deutlich in bezug auf das ethische Verhalten.

Die Differenz von Nahhorizont und Fernhorizont ist nicht nur vom soziologischen Aspekt und der Formation von Gruppen aufzuschlüsseln. Man muß die soziologische Außenbetrachtung erweitern und den Begriff des *Horizontes* auf die Struktur des sich orientierenden Verstehens beziehen. Der Horizont ist nichts anderes als der Gesichtskreis, der zum Verstehen gehört. *Gadamer* stellt in seiner Hermeneutik die anthropologische Bedeutung der Bestimmung »Horizont« vom Begriff der Situation klar heraus: »Wir bestimmen den Begriff der Situation eben dadurch, daß sie einen Standort darstellt, der die Möglichkeiten des Sehens beschränkt. Zum Begriff der Situation gehört daher wesenhaft der Begriff des *Horizontes.* Horizont ist der Gesichtskreis, der all das umfaßt und umschließt, was von einem Punkt aus sichtbar ist«.[1] Der Horizont wandelt sich mit unserem Verstehen und zwar in dialektischer Form. Das Verstehen vollzieht sich immer innerhalb eines Horizontes. Aber der Horizont seinerseits wird durch das Verstehen selbst abgegrenzt und solchermaßen konstituiert. Der Begriff Horizont ist also keine von außen herangetragene Bestimmung. Die Begriffe Horizont und Selbstverständnis gehören, sich gegenseitig bedingend, zusammen.

Man kann die Unterscheidung von Nahhorizont und Fernhorizont geschichtsphilosophisch erweitern. Für den antiken Menschen ist die *Welt* als der geordnete Kosmos der *abschließende* Horizont. Dieser Horizont ist nicht mehr sichtbar wie der sinnlich-räumliche Horizont, aber er ist gleichwohl eine alles regelnde Grundbestimmung. Innerhalb seiner gibt es bestimmtes Seiendes, das sich auf anderes Seiendes bezieht, wobei die Ordnung des Einzelnen eben von der Ordnung des Ganzen bestimmt ist. Der Zusammenhang ist übersichtlich, und man selbst bleibt in der Gesamtordnung der Welt, auch wenn man sich räumlich bewegt und von einer Stelle zu einer anderen geht, einbehalten.

Der *Fernhorizont* ist nicht, dem modernen Verständnis nach, geschlossen und abgerundet. Er ist von der Grundvorstellung der Verschiebbarkeit und Unendlichkeit bestimmt; *»es geht immer noch weiter«*. Der von einem Ort zum anderen wechselnde Beobachter erfährt ein Zweifaches, einmal, daß er auf keine Umwelt festgelegt ist, und sodann, daß diese Umwelten sich relativieren. Das Ganze ist immer nur vom eigenen Standort her faßbar. Die Bestimmung Welt wird keineswegs unwesentlich, aber sie hat nicht mehr die Bedeutung des umgreifenden und bestimmenden Horizontes. Man weiß: es hängt alles mit allem zusammen, aber der Zusammenhang ist *unübersehbar* und unter Umständen *beunruhigend*: man wird von unvorhergesehenen Ereignissen betreffbar. Diese Umwandlung wirkt sich aus. An die Stelle des unmittelbaren Verhaltens tritt die Notwendigkeit, sich erst zu orientieren. Die Bezüge werden indirekt. Die Vermittlung als Konstitution der Bezüge wird zur Grundaufgabe. Sie bewegt sich weithin in einer abstrakt-begrifflichen Dimension, die der Anschauung nicht mehr zugänglich ist.

Obwohl der Mensch im ganzen durch eine gebrochene Weltstellung bestimmt ist, ist es also notwendig, innerhalb dieser Bestimmung *Grade* anzusetzen. Es geht durchaus an, eine Stufe gewisser *Unmittelbarkeit* gegen eine Stufe der Vermittlung abzugrenzen. Unmittelbarkeit steht im Zusammenhang mit der Anschaulichkeit. Daß *Anschaulichkeit* ein Grundphänomen des Verhaltens zu Menschen und Dingen ist und bleibt, ist ja offensichtlich. Man darf die Anschaulichkeit hier allerdings nicht erkenntnistheoretisch verkürzen, sondern muß sie phänomenologisch in ihrer ganzen Fülle begreifen. Im Beispiel: Familienglieder und Berufsgenossen sind uns vertraut mit ihren positiven und negativen Zügen. Sie sind als ganze in ihrer Eigenheit präsent und erscheinen uns sympathisch oder unsympathisch. Ihr *Anblick* erweckt in uns *unmittelbar* bestimmte Gefühle, ob dies zu Recht oder Unrecht geschieht, muß erst die Überlegung klären.

Im Fernhorizont spielt die Vermittlung eine wesentliche Rolle. Es handelt sich hier um das Verhalten innerhalb von *Großgruppen*; als solche fungieren zum Beispiel Völker, Staaten, Stände, Klassen, politische Parteien, Religionsgemeinschaften, kommerzielle Betriebe. Der Zusammenhang beruht hier auf ganz verschiedenen Faktoren. Er ist oft unbestimmt und unübersehbar, unabhängig davon, ob er durch Organisation geordnet ist oder nicht. Die Gesellschaft, die heute als alles umgreifende Macht gilt, erscheint trotz ihrer Einteilung in Schichten und Klassen an ihr selbst nicht mehr übersichtlich und geordnet. Dies soll die Bestimmung *»anonyme Massengesellschaft«* anzeigen.

Die Unbestimmtheit der Großgruppen ist nicht systemtheoretisch zu bewältigen, weil es sich um ständig ineinander und gegeneinander verschiebbare Einheiten handelt. Eine Gruppe, so zum Beispiel eine bestimmte Klasse, wird gegen eine andere aus bestimmten ökonomischen Gesichtspunkten konstituiert, beide Gruppen sind aber zugleich von übergreifenden und durchaus differenten Aspekten her geprägt, etwa von politischen oder sich aus der Entwicklung von Wissenschaft und Technik ergebenden.

Sucht man die im *Fernhorizont* maßgebenden Strukturen vom Aspekt des zwischenmenschlichen Umgangs und den Begriffen Unmittelbarkeit und Anschaulichkeit her zu erfassen, die für den Nahhorizont, Verläßlichkeit darstellend, konstitutiv sind, so sieht man, daß diese Bestimmungen hier nicht mehr »greifen« und passen. Das besagt nicht, daß nun im Gegenzug Vernunft und Begriff eindeutig angesetzt werden könnten als Möglichkeit eines anders gearteten, aber durchaus positiven Erfassens. Man muß sich hier an die oben dargelegte Charakteristik des Horizontes in der Bestimmung Fernhorizont erinnern. Die umgreifend-eingrenzende Ordnung, die dem Horizont eigentümlich ist und bei der Bestimmung des Nahhorizontes anschaulich und unmittelbar faßbar wird, wird im Fernhorizont problematisch. *Die Horizonte verschieben sich hier ständig.* Einsicht und Orientierung zu gewinnen, wird hier zur Aufgabe. Es kann eigentlich nur in der Form des Hin und Her der Reflexion geschehen, nicht nur zwischen moralischen und sachlichen Aspekten, sondern auch und vor allem eben zwischen *Unorientiertheit* und *Durchblick.*

Entscheidend dabei ist aber natürlich, daß man nicht bei der Reflexion der Aspekte stehenbleiben darf, sondern daß man die Reflexion zugunsten des *Handelns* abbrechen muß. Aber da zwischen Reflexion und Handlung kein eindeutiger Zusammenhang besteht, geschieht das Handeln weithin, wie man heute zu sagen pflegt, desorientiert oder ist bloßes Mitmachen in den von der Gruppe festgelegten Regeln, deren Berechtigung zumeist nicht ganz durchsichtig und deren Erfolg nie ganz gewiß ist.

Es ist – dies ist nun entscheidend – nicht sinnvoll, es ist sachlich gesehen sogar unmöglich, *für den Nahhorizont und für den Fernhorizont dieselben ethischen Bestimmungen anzusetzen.* Der Fernhorizont und der Nahhorizont sind voneinander getrennt und verschieden und verschränken sich doch miteinander und wirken aufeinander ein. Der Nahhorizont wird – das ist heute besonders deutlich geworden – von den großen Geschehnissen im Fernhorizont bestimmt, aber die Möglichkeit, vom Nahhorizont her in den Fernhorizont einzugreifen, ist nicht auszuschließen, weder für die Einzelnen, noch für die Gruppen – davon später.

I. Zum Verhalten im Nahhorizont

1. Rückgriff auf die Lebenswelt

Wir suchen nun zunächst die Möglichkeiten des ethischen Verhaltens im *Nahhorizont* herauszustellen, wobei wir an unsere Darlegung der *Lebensweltethik* und der *Sittlichkeit* anknüpfen. Wenn wir auf diese Schilderung zurückgreifen, so deswegen, weil im Nahhorizont auch heute noch weitgehend die Strukturen einer intakten Lebenswelt maßgebend sind. Wir zeichnen zunächst in einem ersten Schritt in gewisser Hinsicht ein Idealbild oder genauer: ein Oberflächenbild des Lebens im Nahhorizont. In einem zweiten Schritt gehen wir möglichen und notwendigen Einwänden gegen dieses Bild nach.

Beim Verhalten im Nahhorizont spielen *Gefühle* und *Affekte* eine entscheidende Rolle. Es ist hier natürlich nicht möglich, eine Phänomenologie dieser Gefühle zu entwickeln und ihre sehr verschiedenartigen genetischen Bedingungen zu untersuchen. Es ist nicht zu bezweifeln, daß viele Gefühle *biologische Wurzeln* haben. Man denke an die Mutter-Kind-Bezüge oder an die Schematik Freund-Feind-Verhältnis. Freilich sind diese Bedingungen beim Menschen nicht festgelegt, er kann sie durch Einsicht ändern. Wesentlich aber ist, daß diese Gefühle, wie wir oben darlegten, unmittelbarer sind als Denken und Wollen und daß sie einsetzen im Umgang mit den anderen, die mir anschaulich in ihrer Ganzheit begegnen. Stimme und Gesten spielen eine Rolle. Mein Verhalten ist weitgehend *Antwortverhalten*. Im Antwortverhalten werde ich durch die anderen Personen ebenso »genötigt«, wie ich diese »nötige«. Ich kann aus diesen Verhältnisbezügen, die situativ sind, nicht einfach aussteigen. Es handelt sich hier um Bezüge im Ich-Du-Verhältnis oder in Kleingruppen wie der Familie.

Wir suchen diese Bezüge beispielhaft am *Ich-Du-Verhältnis* zu verdeutlichen. Wesentlich ist hier die Relation. Der Andere ist keine fürsichseiende Person, sondern ein Du, das heißt ein in Bezug stehender Partner, genauer: der Andere ist relativ zu mir von mir auf mich bezogen. Ich bitte, wünsche und fordere ihn, ich beanspruche ihn im positiven und negativen Sinne, und der Andere handelt ebenso. Wesentlich ist die Gemeinsamkeit des Verstehens. Buber spricht von einem Tertium als einer Voraussetzung des geglückten Bezuges.

Dies *Tertium* konstituiert sich in der gegenseitigen Wechselbedingung: ich werde durch den Anderen zu mir selbst vermittelt, und ich vermittele zugleich den Anderen zu sich selbst. Es ist mehr als das Eingeständnis der Angewiesenheit aufeinander, insofern es die Konstitution eines *Wir* ist. Wenn ich weiß, daß wir uns grundsätzlich aufeinander verlassen können, dann ist dies die Anerkenntnis eines *Geschehens zwischen uns*. Dies Geschehen übergreift uns, wir sind seiner nie ganz mächtig, es vollzieht sich in *relativer* Eigengesetzlichkeit.

Das Zwischen wird durch vielerlei Faktoren direkt und noch stärker indirekt bestimmt: durch die Bedeutsamkeit, die der Andere für mich hat, die Intimität unseres Bezuges und vor allem durch seine äußere und innere Geschichte. Die Zeitlichkeit der je eigenen Geschichte bildet den Hintergrund, auf dem das geschieht. Bestimmte Menschen waren oder sind für mich entscheidend. Sie haben mich geformt und geprägt. Was ich bin, ist nicht ohne sie geschehen. Aber meine Geschichte ist nie nur Vergangenheit, sie ist auch Zukunft und je neue Gegenwart. Anders: in der Vergangenheit haben sich mögliche Konstellationen herausgebildet, die nun für die Gegenwart und die Zukunft als bestimmend angesetzt werden können. Ich weiß bei aller grundsätzlichen Ungewißheit, die dem Anderen gegenüber bleibt, *woran ich mit ihm bin*.

Die sich herausbildende Gemeinsamkeit läuft zumeist unthematisiert mit in der Weise einer *Grundstimmung*, die das Verhältnis begleitet, genauer: das Verhältnis *ist*. Die oben entwickelte Differenz von Gefühl und Stimmung wirkt sich hier aus. Gefühle gehen und kommen. Im Gegensatz zu ihnen und den Affekten hat die Stimmung längere Dauer. Es gibt grundgegebene Einstellungen, die durch Grundstimmungen mitkonstituiert werden. Nur durch sie läßt sich das Leben führen. Das Erwartungserwarten kann von der gestimmten Gewißheit des Vertrauens als einer personalen Erfahrung fundierend getragen werden. Es ist als *vorgreifendes Offensein* für den Anderen der Gegenzug zu einem reflektierenden Berechnen des Anderen, das ein Zeichen der Unsicherheit ist und diese doch zugleich beheben soll.

Heute ist die Zweierbeziehung weithin *versachlicht*. Der Andere ist mir nun nicht mehr wie in der Zeit der großen Liebesleidenschaft der Inbegriff der Welt oder derjenige, der mir die Welt erschließt. Der Zweierbezug ist weithin ersetzt durch *Kleingruppen*, die nicht oder nur sehr locker institutionalisiert sind.

Diese *Kleingruppen* sind durchaus ihrem Zweck und ihrer Gestaltung nach verschiedenartig. Es handelt sich nicht nur um sachbezogene Zusammenschlüsse oder um an bestimmte Ziele gebundene Aktionseinheiten, sondern auch um Lebens- und Wohngemeinschaften und Gruppen, wie die sogenannten Selbsterfahrungsgruppen, die durch das gemeinsame Leben Möglichkeiten finden wollen, sich besser kennenzulernen und zu entfalten und die Bezüge zu anderen Menschen zu verbessern. Bei aller Differenzierung scheint der Trend der Kleingruppenbildung dahin zu gehen, daß die individuelle Problematik des Einzelnen von und durch das Verhalten der Gruppe bestimmt werden soll.

Wesentlich ist für alle diese Bezüge, daß das gegenseitige Verstehen durchaus vieldeutig ist und nicht nur von Positivität getragen wird. Verstehen kann ja in Negativität und Mißklang umschlagen; aus vielerlei Gründen ist der Bezug ungesichert – wir werden darauf zurückkommen. Bedeutsam aber ist, daß das gesamte Verhalten im Nahhorizont sich nach der Lebensweltethik immer wieder konstituiert, und zwar nicht nur und nicht einmal primär durch ethische Anstrengungen, sondern durch *Gewohnheit, Konvention* und *Sittlichkeit* im Sinne von Ethos. Selbst wenn man die Lebenswelt als weithin durch die geschichtliche Entwicklung modifiziert begreift, so bleibt doch nach der Lebensweltethik als Faktum bestehen, daß im Nahhorizont sich die Positivität gegenüber der Negativität in der Weise der *Durchschnittlichkeit* durchsetzt. Diese Welt ist die Welt der Doxa, die nicht vom Einzelnen durchreflektiert wird.[2] Die Durchschnittlichkeit darf daher nicht negativ im Sinne des Man, wie es Heidegger darlegt, gesehen werden. Es ist hier zu beachten, daß sich gerade im Nahhorizont Individualität im Sinne der Eigenart und Eigenwilligkeit entwickelt. Die Individuen stehen ja in einem konkreten Lebenszusammenhang, der nicht durch das Prinzip der formalen Gleichheit bestimmt ist. Jeder hat eine eigene Sphäre, die sich von den Sphären der anderen unterscheidet, schon durch die eigene Lebensgeschichte. Das Ich ist »kontextabhängig«, das heißt von positiven und negativen Begegnungen und Widerfahrnissen in positiver und sachlicher Hinsicht bestimmt und geprägt.[3]

Man darf hier offenbar durchaus von einer Ethik reden, die weitgehend, wie wir oben bereits darlegten, durch *Pragmatik* bestimmt ist. Pragmatik ist von Ethos und Sittlichkeit jedoch zu unterscheiden.

Ethos im Sinne des Aristoteles und Sittlichkeit im Sinne Hegels sind zu »hohe« Begriffe, um das durchschnittliche Leben im Nahhorizont zu kennzeichnen. In beiden Bestimmungen schwingt der Gedanke einer übergreifenden Ordnung mit, die letztlich am Charakter des Ganzen der Welt orientiert ist. Dieser Charakter der Welt zeigt sich in der Welt der Natur und der Welt des Geistes, in beiden Fällen ist er vom Begriff des Guten bestimmt.

Die *Pragmatik* ist durch die Bestimmung des *Nützlichen* und *Förderlichen*, des *Realisierbaren* im Sinne des Zuträglichen geprägt. Tun und Lassen, Fordern und Gefordertwerden vollziehen sich innerhalb von Spielräumen. Zwischen Freiheit und Unfreiheit, Leben und Gelebtwerden besteht eine Spannung, die durch den Lauf der Ereignisse bestimmt wird. Es gibt allgemein anerkannte Regeln für das Verhalten, die auf Handlungsverläufe zurückgehen, die sich bewährt haben. Diese gewinnen applikative Bedeutung. Es bilden sich *Maximen für den Einzelnen* und *Normen für das allgemeine Verhalten* aus, denen in der Tradition die Bestimmung des Geziemenden und Tunlichen und der Tugendkataloge entsprach, die heute aber weit eher als *angemessenes Umgangsverhalten* innerhalb von Institutionen im Sinne des entsprechenden Rollenverhaltens zu verstehen sind: *ich habe in einer bestimmten Institution dies oder jenes zu tun.* Der Begriff der *Rolle* schreibt ein eben dieser Rolle gemäßes Verhalten vor. Rollenfigurationen sind in hohem Maß geschichtlichen Wandlungen unterworfen. Gleichwohl gilt allgemein, daß die Rollen übergreifende Bestimmungen des mitmenschlichen Verhaltens darstellen, an denen die objektive Außenbetrachtung des Miteinanders ansetzen kann. Das Entscheidende aber ist, daß im Nahhorizont nicht radikal zwischen der Rolle als etwas Äußerem und mir selbst unterschieden wird. Für das Leben im Nahhorizont ist auf Grund seiner Unmittelbarkeit, Anschaulichkeit und Eingespieltheit eine radikale Scheidung zwischen Rollenträger und dahinter verborgener Privatperson nicht charakteristisch.[4]

Will man die genannten Bezüge auf einen Begriff bringen, so kann man von *einfacher Sittlichkeit* reden, und zwar in mehrfachem Sinn. Der Umgang innerhalb des Nahhorizontes ist nicht durch abstrakte Prinzipien bestimmt. Er ist von der konkreten Ordnung in der Weise geprägt, daß diese Ordnung in den Menschen so unmittelbar inkorporiert ist, daß es nur abstrakt möglich ist, die Ordnung vom persönlichen Verhalten zu unterscheiden. Wir geben für diese Bindung der Ordnung an persönliche Kontakte ein einfaches Beispiel: Wenn ein Kind von seiner Mutter aufgefordert wird, nicht Süßigkeiten zu stehlen, und es diese Forderung erfüllt, so tut es dies nicht aufgrund moralischer Vernunfteinsicht, sondern aus Liebe zur Mutter, oder noch einfacher formuliert: um das Verhältnis zur Mutter nicht zu stören. Der persönliche Bezug ist hier also mit dem Bezug zur Aufrechterhaltung der Ordnung verknüpft und nicht davon ablösbar. Entscheidend ist, daß dieser Sachverhalt für die Primärgruppen überhaupt bestimmend ist. Auch dann, wenn die Partner gleichberechtigt sind, bleibt die *»persönliche Verpflichtung«* maßgeblich. Man tut oder unterläßt etwas »dem Anderen zuliebe«.

Auch in den Primärgruppen muß das Bezugsverhältnis – Familie, Nachbarschaft oder Freundschaft – von den Personen, die in diesem Verhältnis stehen, unterschieden werden. Das darf aber nicht bedeuten, daß das Bezugsverhältnis für sich gesetzt und hypostasiert wird. Im Gegensatz zu dieser Tendenz, das Bezugsverhältnis zum Subjekt zu erheben, gilt es, die wechselseitige Dialektik herauszuheben, die zwischen dem Verhältnis und den Partnern waltet.

Wenn die Forderungen in anderen Personen begegnen und übernommen werden, dann ist dies weder als sinnlos gewordene Konvention noch als »postmoderne Gleichgültigkeit« zu verstehen. Das Verhalten ist eingespielt auf sinnvolle Bezugsbestimmungen, die personal bedingt und als solche zu werten sind, insofern sie das Leben im Sinn des Erträglichen und Erfreulichen gestalten. Entgegenkommen und Einstellung auf die anderen zahlen sich aus. *Rationalität* und *Praktikabilität* können in der Erwägung dessen, was zu tun sei, zusammengehen. Vor allem: das Gute ist nicht vom Nützlichen abgetrennt. Die Bestimmung »Gut« ist nicht auf die moralische Gesinnung eingeschränkt.

Zugleich ist zu beachten, daß das situative Verhalten *relativ offen* bleibt. Es kann und soll nicht eindeutig und streng geregelt werden. Die Normen sind mit den Maximen verwachsene Lebensregeln. Ihre Erfüllung, bezugsweise Nichterfüllung, ist relativ immer in den Personenbezug eingebunden und insofern affektiv bestimmt; sie ist nicht als abstrakte Ausführung eines kategorischen Imperativs zu deuten; *man »entspricht« den Normen, so wie man dem Verhalten zu anderen im »Antwortverhalten« entspricht.*

Die Normen selbst sind unterschiedlich, denn auch der Nahhorizont ist institutionell betrachtet kein einheitliches Gebilde. Die *Verhaltensnormen* in der Familie oder der

Freundschaft sind andere als im Beruf; die *Grade der Intimität* sind zu beachten. Die Verbandszugehörigkeit setzt Maßstäbe, man kann in verschiedenen Gruppen, die sich gegenseitig ergänzen, nicht berühren oder sogar ausschließen, tätig sein und leben.

2. Problematisierung des Verhaltens im Nahhorizont

Wir müssen nun versuchen, dies Bild des geregelten Miteinanders, das weithin den Analysen der Lebensweltethik folgt, zu »unterlaufen«. Das ist geboten, wenn man nicht, wie es heute weithin der Fall ist, nur eine *»Oberflächenethik«* geben will, das heißt, sich auf das Verhalten bezieht, wie es sich in *reiner Außenbetrachtung* darstellt. Eine solche Außenbetrachtung ist nicht falsch. Sie trifft auch durchaus die wirklichen Verhältnisse. Gleichwohl blendet sie mögliche Hintergründe und Gefahrenherde aus und beschränkt sich auf die Beschreibung relativ intakter Verhältnisse.

Es ist natürlich nicht möglich, im einzelnen anzugeben, wieweit die Intaktheit des Nahhorizontes, die wir eben zu schildern versuchten, auch heute noch »reicht«, bezugsweise »nicht reicht«. Mag die Redewendung, daß die auch heute noch bestehenden Formationen des Nahhorizontes gleichsam Inseln darstellen, nicht ganz falsch sein, so verkennt sie doch den Sachverhalt, daß Nahhorizont und Fernhorizont sich dialektisch bedingen, weil die *Gesamtkonstitutionen* sich verändern. Wir wollen hier nicht unsere Schilderung des geschichtlich bedingten Wandels wiederholen. Offensichtlich ist: im Zusammenhang mit der Versachlichung und Verwissenschaftlichung werden Außenbetrachtung und Einklammerung personeller Motive des Einzelnen in bezug auf das Gruppenverhalten wesentlich. Der allgemeine Trend geht dahin, daß man die anthropologischen Fragen nicht mehr unter dem Aspekt der individuellen Problematik des Einzelnen angeht, sondern das *Verhalten von der Interaktion her* ins Zentrum stellt. Es scheint völlig verfehlt, in einer Retrospektion in der Weise einer Kausalkette die Frage nach der Ursache seelischen Leidens im Sinne der Psychoanalyse durchzuführen. Wichtig ist das Erfassen kommunikativer Bezüge im Jetzt und Hier. Wenn diese nicht funktionieren, muß interveniert werden. Das heißt: die Steuerung ist Steuerung von außen her. Sie orientiert sich allein daran, wie das gute Einvernehmen der Partner in einer Gruppe in Zukunft möglich sei, und diese Frage läßt sich, so argumentieren heute maßgebende Psychologen, nur unter Berücksichtigung kybernetischer Gesetze wie etwa des Gesetzes der *Rückkopplung* klären.

Ebenso ist zu beachten, daß die großen Leitworte der Tradition verklungen sind, so die Bestimmung Gewissen, Tugend, sittliches Empfinden oder Schuld. Die Leitworte unserer Epoche haben nicht mehr eine spezifisch ethische Ausrichtung im Sinn der Tradition. Das gilt vor allem für die Begriffe *Emanzipation, Aufklärung* und *Rationalität*.

Wir weisen zur Verdeutlichung dieses Sachverhaltes auf den Begriff der *Schuld* hin. Schuld ist an sich ein wesentlicher Begriff, ohne den die Struktur der menschlichen Seinslage nicht zu deuten ist. Schuld kann objektiv sein, dies zeigt die antike Tragödie. Der Verblendete lädt Schuld auf sich, aber diese Schuld ist kein Verfehlen der Ordnungen auf Grund bewußter Entscheidung. Um an den »König Ödipus« von Sophokles zu erinnern: daß Ödipus seinen Vater erschlägt und seine Mutter heiratet, bedeutet, daß er sich objektiv vergangen, daß er einen Frevel auf sich geladen hat, aber er ist subjektiv vollkommen unschuldig. Gleichwohl: er muß für dieses Vergehen büßen.

Nach dem neutestamentlichen Verständnis gründet die Verschuldung im Hang zum Bösen, der seine Wurzel darin hat, daß der Mensch sich gegen Gott auflehnt. Schuld kann aber auch im Charakter und im Milieu begründet sein und als solche dem Menschen nicht eigentlich zugerechnet werden. Im modernen Denken tritt die Tendenz deutlich heraus, *den Menschen von einem belastenden Schuldbewußtsein zu befreien*. Seit Freud ist jedem die Reflexion vertraut, mit der man das Tun und Lassen der Menschen, sobald es nicht mehr eindeutig zu sein scheint, *»hinterfragt«*. Man sucht nach dem, was eigentlich dahinter steht. Dieses Hinterfragen ist grundsätzlich immer möglich, denn jeder Mensch trägt im Verborgenen nicht sanktionierte Triebwünsche in sich. Natürlich wird nur in den eklatanten Fällen, wo das Verborgene in die Realwelt ausbricht und diese negiert, die Problematik des Verantwortungsbewußtseins wirklich sichtbar, aber die Grenzen zwischen Verantwortlichkeit und Nichtverantwortlichkeit erscheinen heute nicht mehr eindeutig. Der Begriff der moralischen Schuld ist suspekt geworden. Man sucht ihn weitgehend zu vermeiden. Das negative Tun soll verständlich gemacht werden, der sogenannte Schuldkomplex soll aufgelöst werden und der Inhaber soll *»ent-schuldigt«* werden.

Es wäre aber – dies ist jetzt als Einwand zu beachten – abwegig, die Situation als eindeutig darzustellen. Die Abwendung von den »vorbelasteten« Begriffen der Tradition besagt nicht unbedingt, daß auch die »Sache« entschwunden sei. Die Tendenz zur Versachlichung, verbunden mit der Scheu vor großen Worten, führt dazu, untertreibende Vokabeln aus der Alltagswelt einzusetzen: »etwas ist schiefgegangen«, »aus der Hand geglitten«, »gegen die eigene Absicht passiert, man weiß nicht wie«: aber die eigene Betroffenheit und das Bewußtsein, daß man selbst versagt hat, wird durch diese Redewendungen nicht unbedingt aufgehoben.

Bedenkt man diesen durchaus nicht eindeutigen Sachverhalt, so erkennt man, daß es notwendig ist, die Verschiebungen erst einmal zur Kenntnis zu nehmen und auf ihre Hintergründe hin zu befragen. Das besagt aber auch, daß man an der Bestimmung des *Selbstbezuges* festhält, das heißt, daß man sich daran erinnert, daß formal gesehen alle Bezüge auf den Einzelnen zurückweisen, als und insofern er durch das Selbstverhältnis bestimmt ist. Er kann sich im positiven oder negativen Sinn *beurteilen* und auf sein Verhalten einwirken, wobei dieses immer schon vorgängig von den anderen her bedingt ist. Diese Bedingungen bleiben erhalten. Das Einwirken ist also keine selbständige Gestaltung im Sinne der Inszenierung. *Es schwingt zwischen Anpassung und Spontaneität.* Wenn der Einzelne zu sich Stellung nimmt, dann muß das natürlich nicht nur rational geschehen, sondern wird weit eher den bestimmten Bezügen entsprechend gefühlsbedingt sich vollziehen. Entscheidend aber ist, daß dies In-sich-zu-Rate-gehen von einer unaufhebbaren Zweideutigkeit von Grund aus bestimmt ist.

Kierkegaard hat diesen Sachverhalt immer wieder in eindringlicher Weise dargelegt: Ich kann in mir selbst und von mir selbst her den Bezug nicht garantieren, nicht nur weil der Andere mir fremd bleibt, sondern weil ich selbst in mir ambivalent bin. In der Subjektivität sind *widerstreitende Tendenzen* lebendig. Ich will zu dem Anderen hin und ich kann es nicht, ich will zugleich von dem Anderen weg – Kierkegaard redet von dem »Sich-Abstoßen« – und ich vermag es nicht. Diese Tendenzen sind nicht auf einen ethischen Nenner zu bringen oder mit Hilfe der Ethik abzustellen. Nächstenliebe als Überwindung des Egoismus durch Altruismus mag in solchen Situationen möglich sein, aber sie garantiert kein geglücktes Zweierverhältnis, unter Umständen ruiniert sie es.

Es ist hier nicht möglich, die ganze Tragweite dieses Zwiespaltes im Selbstverständnis, wie Kierkegaard sie entwickelt, aufzudecken. Keiner seiner Nachfolger in der Existenzphilosophie, auch Sartre nicht, hat die außerordentlich dialektische Intensität, die Kierkegaards Analysen bestimmen, erreicht. Erst in der Psychoanalyse, bei Freud und seinen Nachfolgern, finden sich adäquate Erwägungen in bezug auf die Ambivalenz. In einer Analyse des »Rattenmannes« erklärt Freud: »Es tobt in unserem Verliebten ein Kampf zwischen Liebe und Haß, die der gleichen Person gelten ...«.[5]

Diese Zweideutigkeit des Bezuges gründet weitgehend darin, daß ich für mich in mir selbst nicht hell werde. Das wirkt sich aus. Wir haben in bezug auf die Idee der Individualität auf diesen Sachverhalt schon hingewiesen. Individualität bedeutet nicht mehr, daß sich der Einzelne im Rahmen einer Gesamtordnung sinnvoll entwickelt, wie Leibniz vermeint. Individualität bedeutet, daß ich in meinem Sosein und Daßsein mir selbst vorgegeben bin. Ich bin ein mir Zugefallenes, etwas, was einfach der Fall ist, wie Kierkegaard sagt.

Noch weit mehr als ich für mich ist der *Andere* ein mir unbekanntes Wesen. Das mag im Alltag weitgehend verdeckt bleiben; der Umgang ist hier eingeschliffen durch Gewohnheit. *Aber grundsätzlich kann ich im Verstehen des Anderen nie sicher sein.* Ich bin Mißverständnissen und Überraschungen ausgesetzt, Heuchelei und Berechnung von arrangierter Wirkung ist beiden Partnern möglich. Ich habe den Anderen ja immer nur in der Erscheinung, nie an sich. Es kommt alles auf den Umgang an, aber der Umgang bleibt unsicher. Das Erwartungserwarten, das sich als notwendige Lebensleistung gleichsam von selbst herausbildet, ist immer auf durchschnittliche mittlere Erfahrungswerte eingestellt.

Die Negativität im Umgang – so wird man einwenden – ist nicht die Regel. Es gibt positive Begegnungen und, über das durchschnittliche Erwartungsverhalten hinausgehend, gibt es doch das *Vertrauen* zum Anderen, die *Offenheit* und das *Entgegenkommen*. Es sei noch einmal gesagt, daß diese Sachverhalte natürlich nicht abgestritten werden sollen und können, die Lebenswelt – das wurde oben ja dargelegt – bestimmt, durch Erziehung und Gewöhnung eingeübt, in der Form einfacher Sittlichkeit immer noch weithin den Alltag.

Es geht aber darum zu erkennen, daß es für eine solche Haltung *keine Garantie* gibt, daß sie nicht von der Menschennatur her zu fundieren ist, sondern daß gerade die Menschennatur sich als *zweideutig* erweist. Das besagt, daß auch im Nahhorizont die Notwendigkeit besteht, über den augenblicklichen Zustand, der sich im und durch das schwankende Antwortverhalten ergibt, hinaus, Verhaltensregeln zu fordern. An dieser Tatsache der Ungesichertheit und Unzuverlässigkeit des menschlichen Verhaltens hat die Ethik anzusetzen.

3. Möglichkeit und Notwendigkeit der Erweiterung der Ethik im Nahhorizont

Hier zeigt sich die Notwendigkeit des Übergangs zu einer Einstellung, durch die die schwankenden Gefühle auf Dauer gestellt werden. Die Gefühle sind zu »entpersönlichen«. Dieser Sachverhalt ist angemessen nur zu begreifen, wenn er von den Grenzen der Ethik, insbesondere der moralisch fordernden Ethik, her bedacht wird. Das besagt: soweit gerade im Nahhorizont das Miteinander in positiven Bahnen verläuft, selbst wenn diese nur auf Gewohnheit basieren, spielt die Ethik insofern keine zentrale Rolle, als sie ja nicht positive Gefühle, die aus dem Herzen kommen müssen, fordern kann – ein Sachverhalt, den schon Kant richtig gesehen hat. Die Ethik kann hier nur weitgehend in vermittelter Form wirksam werden. Wenn sie das Verhalten beschreibt, so muß sie dies, insofern sie Ethik ist, natürlich in wertenden Kategorien tun, in »positiven Fällen« anerkennend, indirekt oder direkt appellierend, um das Verhalten zu festigen und nach Möglichkeit zu erwirken, daß es zur Hexis wird, mit Aristoteles gesprochen.

Wir geben zwei Beispiele, an denen der *Übergang von der Unmittelbarkeit zu einer Grundeinstellung* besonders deutlich sichtbar wird.

Das erste Beispiel betrifft das Mitleid. Mitleid – wir haben oben bei der Analyse Schopenhauers diesen Sachverhalt näher untersucht – setzt ein im Einzelfall. Wenn man einen Leidenden sieht, vergißt man sich und die andere Person, will helfen, das heißt, identifiziert sich mit dem Anderen. Hier ist Sympathie im wörtlichen Sinne Mitleiden. Man kann von da aus durchaus eine allgemeine Moralformel aufstellen. Schopenhauer tut es: »Neminem laede, imo, potes juva«. Das besagt: hier geht Mitleiden über Sympathie in Nächstenliebe über: Man kommt zu einer Grundeinstellung, die die Negativität als Gesamtkennzeichen des Seins anerkennt, und das heißt, nicht utopisch die Welt verbessern will, aber jederzeit zu helfen bereit ist. Mitleid setzt zwar im Einzelfall im Anblick eines Leidenden ein. Mitleid ist zwar eine Tugend des Nahhorizontes, das heißt des unmittelbaren Umgangs mit anderen, aber Mitleid kann – das meint Schopenhauer – auf Grund einer Besinnung, die mir klar macht, daß ich als Leidender mich mit allem Lebendigen identisch weiß, weil wir alle eins sind, habituell werden.

Von da aus ist es auch nicht ganz und gar utopisch, *Mitleid zur Ferntugend zu erweitern* und zu erheben. Hier werden grundsätzliche philosophische Probleme wesentlich, die für die Konstitution einer jeden Ethik entscheidend sind. Es sind dies die Probleme des möglichen Übergangs von Tugenden im Nahhorizont zu Ferntugenden oder umgekehrt. Um jetzt nur das Problem in bezug auf den ersten Übergang anzudeuten: die Einschränkung auf begegnende Fälle, das heißt, die Haltung der *Reaktion* kann auf Grund einer bestimmten Einstellung zu einer *aktiven Bereitschaft* umschlagen. *Arnold Gehlen* hat diesen Sachverhalt erkannt und gut zur Aussage gebracht: es bildet sich das Ethos einer Fernethik heraus, »ein tatbereites Gefühl der Verantwortlichkeit für abstrakte Partner. Man spürt in dem Willen, eine Abwehrfront gegen das Elend aufzurichten, den Haß gegen die äußersten Grade der Erniedrigung, der Dumpfheit und der Brutalität des Leidens, die man nicht länger dulden will«.[6]

Freilich ist dieser Übergang nicht oder nicht nur im Sinn einer moralischen Forderung zu erreichen. Er setzt einmal äußerlich betrachtet eine relative Bekanntschaft mit fremdem Leiden voraus. Man darf hier auf die Tatsache zurückgreifen, daß fremdes und räumlich entferntes Elend heute durch die Massenmedien in Bild und Ton unmittelbar vermittelt wird. Ähnlich wie im Schauspiel erscheint hier das Leiden trotz seiner Anschaulichkeit eigentümlich irreal. Es ist aber neben der negativen Wirkung der Massenmedien doch auch ein positiver Effekt zu beachten. Wenn man das Leiden von Menschen in fernen Ländern auf Grund dieser Medien anschaulich vor sich hat, drängt sich doch die Forderung auf, zu helfen. Grundsätzlich gesagt: in der technisch erwirkten Vereinheitlichung der Welt schrumpft die äußere und die innere Möglichkeit einer Isolierung auch in moralischer Hinsicht zusammen. Es ist nun erfordert, »allgemein zu helfen«.

Der innere Grund einer möglichen Erweiterung aber ist darin zu sehen, daß über den Gedanken der Sympathie der *Wille zum Leben* als *allgemeine Grundtatsache* veranschaulicht und schematisiert werden kann. *Horst-Eberhard Richter* weist mit Recht darauf hin, wie im »instinktartigen Mitempfinden die Schranke des Ich, dem ein Nicht-Ich entgegensteht, aufgehoben wird«.[7]

Gegen die Idee einer fraglosen Erweiterung der Ethik ist nun aber daran zu erinnern, daß Sympathie ein Gefühl ist und als solches ungesichert gegen andere Gefühle steht, insbesondere – so zeigt Richter auf – gegen alle Gefühle, die dem *Machtprinzip* unterstehen: das Machtprinzip als Beherrschenwollen und Sichdurchsetzenwollen weist seinerseits auf die Urwurzel der Subjektivität zurück: das Prinzip der Selbstbehauptung. Es ist mit dem Phänomen der Egoität verbunden. Und eben dieser Wille zur Selbstbehauptung kann ausarten und über die Anforderung der Selbsterhaltung und des eigenen Wohles hinausgehen. Er kann zum Phänomen der Grausamkeit werden. Schopenhauer, aber auch Freud haben die Verbindung von Macht und Lust im Phänomen der Grausamkeit klar erkannt. Es gibt einen Hang zum Bösen, der jede mögliche positive Einstellung zu durchkreuzen vermag.

Diese Phänomene sind zu beachten, wenn man die Ethik im Nahhorizont und ihre mögliche Erweiterung angemessen erfassen will. Hegel hat diesen Sachverhalt klar herausgestellt. Er erklärt: »Nur dadurch, daß der Wille sich zum Denken erhebt und seinen Zwecken die immanente Allgemeinheit gibt, macht er sich zum objektiven unendlichen Willen.« Mit Schelling gesagt: der Wille ist sich selbst Aufgabe. Er muß vom dunklen Drang zum freien Willen werden.[8]

Als zweites Beispiel der Erweiterung sei auf das Gebot der *Nächstenliebe* hingewiesen. »Liebe deinen Nächsten wie dich selbst«, so drückt das Neue Testament diese Dialektik sehr einfach aus. Nächstenliebe ist zunächst wie das Mitleid auf den einzelnen Bezug eingeschränkt, in dem man gefordert wird. Das Gleichnis vom Samariter zeigt dies an. Als Hilfsbereitschaft, die nicht auf bestimmte Fälle eingeschränkt ist, konstituiert es sich durch die *solidarische Gleichsetzung aller Menschen.* Es ist in diesem Zusammenhang wichtig, den Grundansatz der christlichen Nächstenliebe zu beachten. Alle Menschen sind Gottes Geschöpfe. Gott ist der Bezugspunkt für alle. Er vermittelt die Einzelnen und verpflichtet sie zu der Sorge füreinander. Die Liebe zum Anderen ist geboten ohne Ansehung der Person, weil in ihr sich das Verhältnis zu Gott manifestiert. Die Liebe zu Gott schließt die Liebe zum Nächsten ein: »Was ihr einem meiner geringsten Brüder getan habt, das habt ihr mir getan«.

Das Gebot der Nächstenliebe in seiner ursprünglichen Gestalt betrachtet ist also theologisch motiviert. *Carl-Friedrich von Weizsäcker* erklärt, daß dies Gebot in einer autonomen Moral unerfüllbar sei, »denn anders als in Gott kann ich auch mich selbst nicht sehend lieben; je sensibler ich bin, desto weniger dürfte ich mir verzeihen, daß ich bin wie ich bin«.[9] Anders gesagt: der Mitmensch tritt mir nicht als er selbst, sondern als »Bote Gottes« entgegen. »Im aktiven Leben mit dem Anderen entsteht für ihn und für mich ein Raum des Friedens«.[10]

Wesentlich ist hier ein Zweifaches: die Vermittlung durch Gott, sie allein verschafft die Möglichkeit, von Liebe zu reden; und sodann: der ursprüngliche Umgang mit dem Anderen begreift diesen als Partner, der nicht objektiviert wird. Weizsäcker erklärt: »Die Nächstenliebe knüpft an die Verhaltensweise in der kleinen Gesellschaft an und steigert sie. Wahrnehmung des Mitmenschen geschieht durch den Affekt, nicht durch die Abgemessenheit«.[11]

Es soll – das ist für unser Problem der Erweiterung zur Allgemeinheit wichtig – Nächstenliebe in diesem radikalen Sinn aber eben nicht nur auf den Glaubensgenossen bezogen sein. Nächstenliebe darf nicht auf die Gesinnungsgemeinschaft im Nahhorizont, auf die Zuneigung zum Angehörigen der gleichen Polis, von der Antike her formuliert, eingeschränkt werden. Auch der Nichtzugehörige und sogar der Feind ist zu lieben. Jesus erklärt: »Ihr habt gehört, daß gesagt worden ist: Du sollst deinen Nächsten lieben und deinen Feind hassen. Ich aber sage Euch: Liebet eure Feinde und betet für die, die euch verfolgen ... Wenn ihr nämlich nur die liebt, die euch lieben, welchen Lohn könnt ihr dafür erwarten? Tun das nicht auch die Zöllner? Und wenn ihr nur eure Brüder grüßt, was tut ihr damit Besonderes? Tun das nicht auch die Heiden? Ihr sollt also vollkommen sein, wie es auch euer himmlischer Vater ist«.[12]

Anmerkung. Die Übergangsmöglichkeit zur Allgemeinheit beruht, wie *Hegel* es herausgestellt hat, zunächst auf der *Anerkennung des Anderen*. Diese Anerkennung ist vom Gedankengang der »Phänomenologie des Geistes« her gesehen aber insofern abstrakt, als sie vom isolierten Selbstbewußtsein ausgeht. In Wirklichkeit aber ist der Einzelne schon in Gemeinschaften eingebunden, die auf hierarchischen Gliederungen beruhen. Der Sinn der Phänomenologie Hegels ist es ja, gerade die erst später thematisierten Partien als die grundlegenden und umfassenden Wirklichkeitsbezüge, die schon immer gelten, zu betrachten.

Gleichwohl ist der Ausgang vom isolierten Selbstbewußtsein aufschlußreich, weil er ja gerade zeigen soll, wie ein solches Selbstbewußtsein die *Unmöglichkeit seiner Isoliertheit* an sich selbst erfährt. Dies Selbstbewußtsein erblickt sich im Anderen als in seinem Außer-sich-sein, insofern der Andere ebenfalls ein Selbstbewußtsein ist. Zwei Selbstbewußtseine treten sich entgegen und wollen sich behaupten. Der Kampf wird entschieden durch die Unterwerfung des einen; der Unterworfene bearbeitet als Knecht Gegenstände und dient dem Herrn, aber eben in seiner Arbeit ist er das selbständig tätige Subjekt. Wesentlich ist, daß beide sich über sich als Einzelheit erheben zu einem *Übergreifenden*, der *Vernunft*. Die Anerkennung des Anderen ist für Hegel nicht im personalen Ich-Du-Bezug festgemacht, sondern in einem Tertium, das als Zwischen vermittelt. Erst von diesem Dritten her werden beide als gleichberechtigt angesehen und als gleichberechtigt miteinander verbunden. Die Vernunft als das Allgemeine hat die Besonderheit der Person überschritten.

Dies gilt es festzuhalten. Freilich ist die Vernunft als das vermittelnde Prinzip im Sinne Hegels für uns nicht wiederholbar. Hegel geht ja davon aus, daß die Negativität nie das letzte Wort ist und die Vernunft sich auf jeden Fall durchsetzt. Wir neigen weit eher der Meinung zu, daß der Negativität ein Vorrang einzuräumen sei. Das ändert aber nichts an dem Sachverhalt, daß der Übergang zum Allgemeinen einer *Vermittlung* bedarf, die sich in der *Anerkenntnis übergreifender Zusammenhänge* konstituiert. Zu dieser Anerkenntnis muß sich der Einzelne entschließen, er darf sie weder bei sich selbst noch bei den anderen als fraglos wirksame Macht voraussetzen.

Wenn Hegel das isolierte Selbstbewußtsein kritisiert, so wendet er sich gegen den *Grundzug der Tradition*. Diese versteht den Einzelnen als in sich selbst beschlossenes Wesen, das ohne andere existieren könnte und das die anderen als Beeinträchtigung der eigenen Machtsphäre versteht. Diese Auffassung des Selbstbewußtseins wird durch *Descartes* radikalisiert zu der Vorstellung, daß die anderen, theoretisch gesehen, nur Puppen sein könnten. Zur Gewißheit der eigenen Existenz wird ihre Anwesenheit nicht benötigt.

In dieser Selbstbewußtseinstheorie wird der *stoische Gedanke der Autarkie* aufgenommen und überboten. Dieser Gedanke ist seinerseits in dem Bild, das *Aristoteles* vom

Großgesinnten zeichnet, vorgebildet. *Gerhard Krüger* hat diese Zusammenhänge untersucht.[13] Die Tugend der cartesianischen générosité verweist auf den Großmut desjenigen, der sich großer Dinge als würdig erachtet und es auch ist. In dieser Tugend ist der Stolz begründet, mit dem jemand auftritt als einer, der um seinen Wert weiß und sich nicht zu verkleinern braucht, Bescheidenheit und Demut sind ihm fremd.[14]

In der *Stoa* wird dieser Gedanke ausgeweitet zum Gedanken der Untreffbarkeit: man ist allen Schicksalsschlägen überlegen und hält stand. »Verglichen mit dem aristotelischen Stolz ist diese Überlegenheit nicht mehr von der gleichen Unbefangenheit. Angesichts der *Übermacht* des Schicksal, die in der hellenistischen Philosophie zum Problem wird, tritt in der aristotelischen Großgesinntheit das latente Moment des Selbstvertrauens ausdrücklich hervor«.[15]

Die Auffassung des Selbstbewußtseins als einer in sich beschlossenen Größe, für die der Andere störend ist, bestimmt auch noch, wie wir sahen, *Sartres* Analyse des Für-sich. In der Gegenwart ist sie in eins mit der Destruktion der »Bewußtseinsphilosophie« zurückgetreten. Es hat sich die Einsicht durchgesetzt, daß der Mensch ein nicht autarkes und seiner selbst mächtiges Wesen ist. Der Gedanke der Kommunikation als Grundgedanke wird leitend, in durchaus, wie oben dargelegt, verschiedenen Ausprägungen, so in der Form des vernünftigen Diskurses, der die Idee der übergreifenden Vernunft in abgeschwächter Form übernimmt.

Wesentlich für den Umgang im *Nahhorizont* ist nun die Tatsache, daß der Andere dem in sich zerfallenen und seiner selbst nicht mehr sicheren Ich *Halt* bedeuten kann. Diese Funktion ist verschiedenartig. Der Andere kann, so in den Fällen des Selbstverlustes, zur ausschließlichen Bezugsperson werden. Man kann sich aber auch an einer *Gruppe* zu orientieren suchen. Alle diese Fälle weisen auf das allgemeine Phänomen hin, daß die Subjektivität heute von der Tendenz bestimmt wird, sich nicht mehr als zentral zu erachten.

II. Zum Verhalten im Fernhorizont, insbesondere unter dem Aspekt der Politik

Vorbemerkung

Der *Fernhorizont* ist, wie oben dargelegt, ein komplexes Gebilde und zwar in verschiedener Hinsicht. Im Nahhorizont werden die Bezüge geprägt durch die anschaulich präsente Begegnung mit den anderen, sei es im Ich-Du-Bezug oder in kleinen Gruppen. Im Fernhorizont haben sich die Bezugsarten und die Bezugsdimensionen relativ voneinander abgelöst, auch wenn sie sich überkreuzen und verbinden, wobei die Durchsichtigkeit der Verbindung nicht mehr gewährleistet ist. Entsprechend sind die diesen Dimensionen zugeordneten Gruppen *Großverbände*, deren Mitglieder sich nicht kennen und anonym bleiben, ihre Bezüge sind weithin nicht persönlich bestimmt. Der Zusammenhang der verschiedenen Gruppen ist durch ein *undurchsichtiges Ineinander, Miteinander und Gegeneinander* bestimmt, er ist vom Einzelnen her nicht mehr zu gestalten. Die Ordnung ist keine feststehende Statik mehr, aber sie wird auch nicht ersetzt durch einen dynamischen Fortgang, der neue Ordnungen schafft. Die Möglichkeit, von strukturalistischen Gesichtspunkten auszugehen, die zwar die Subjektivität ausschalten, aber den Prozeß regeln, gilt nicht für die »heiße« Geschichte, sondern wesentlich nur für die »kalte« Geschichte der primitiven Gesellschaften. Man gewinnt den Eindruck, *daß sich das Ganze über die Köpfe hinweg vollzieht*, gleichsam als selbständiger Prozeß, man weiß zugleich aber eben doch, daß die im Prozeß Tätigen als die Akteure zu verstehen sind, durch die das Ganze, wenn nicht gesteuert, so doch vorangetrieben wird.

Überdenkt man diese Situation, so drängt sich die Frage auf: *Hat die Ethik hier überhaupt noch eine Chance?* Diese Frage ist schwer zu beantworten, und es wäre leichtfertig, hier vorschnell eindeutige Antworten zu geben oder gar von der Ethik her verbindliche Richtlinien oder Leitsätze entwerfen zu wollen.

Die Situation ist merkwürdig paradox. *Im allgemeinen* besteht in bezug auf die *Fernziele Einigkeit*. Jedermann will Frieden und Fortschritt in bezug auf Erfüllung der einfachen und notwendigen Lebensbedürfnisse, den Kampf gegen die Armut gilt es zu aktivieren, die Menschenrechte sollen beachtet werden, die Natur soll »geschützt« werden, weil man sieht, daß die radikale Naturausnützung nicht mehr weiter getrieben werden kann. Dies ist die eine Seite. Sobald man auf *konkrete Maßnahmen* zu sprechen kommt, gibt es nicht nur unterschiedliche Wege und Ziele, sondern auch die Zielvorstellungen selbst werden vieldeutig. Im Beispiel: natürlich ist *Friede* zu erstreben. Aber was Frieden konkret heißt, wird sehr verschieden bestimmt. Frieden im Sinne eines friedlichen Miteinanders aller Menschen als Weltfriede ist ein utopischer Gedanke, Friede ist nur möglich als der Zustand des Gleichgewichtes durch Abschreckung, der die Gegner vom Angriff abhält: so argumentieren die einen; die anderen erklären, daß ein solcher Zustand labil und ungesichert sei und daß in ihm die Gesinnung der Unfriedlichkeit weiter bestehe. Man müsse »radikal umdenken«.

Es ist angesichts des hier aufbrechenden *Gegensatzes von allgemeinen, abstrakten und unverbindlichen Forderungen einerseits und den konkreten Wegen ihrer Ausführung und Verwirklichung andererseits* offensichtlich, daß im Fernhorizont die Ethik des Nahhorizontes überschritten werden muß im doppelten Sinne. Verhalten ist nicht mehr geregelt durch Antwortverhalten im Sinne eines Entsprechens im Horizont des Tunlichen, und die Vorstellung, daß mögliche Konflikte durch das Leben selbst aufgehoben werden, ist im Fernhorizont fraglich geworden.

Und doch: es sind dieselben Menschen, die in beiden Horizonten handelnd und leidend auftreten, oder genauer: die *Menschennatur* ändert sich nicht grundsätzlich im Übergang von einem Horizont zum anderen. Dies gilt es zunächst darzulegen, auch wenn dabei der Eindruck entsteht, daß wir uns in bezug auf frühere Ausführungen widersprechen. Der Bezug zwischen Personalität und Sachlichkeit ist im Fernhorizont nicht so verändert, daß hier nur noch sachliche Bezüge anonymen Personen gegenüber walteten. Es ist hier zu beachten, daß in beiden Horizonten *personelle* und *sachliche Bezüge* immer verbunden sind. Man kann nicht, wie Buber vermeint, den Personen-Bezug vom Ich-Es-Bezug trennen. Auch im Fernhorizont geht es um Menschen, die bestimmte Positionen nicht nur in politischer, sondern auch in »weltanschaulicher« Hinsicht vertreten, auch wenn diese Positionen oft undurchsichtig sind. Umgekehrt: die Versachlichungstendenz hat sich ja auch, wie wir sahen, im privaten Umgang weitgehend durchgesetzt. Aber in beiden Horizonten ist die Gefühlsbasis nach wie vor ein wesentlicher Faktor des Verhaltens.

Daß wir die *Politik* im Zusammenhang des menschlichen Miteinanders behandeln und sie als das zentrale Gebiet des Verhaltens im Fernhorizont thematisieren, ist vom Aspekt der Ethik her verständlich. Grundzüge und Grundtendenzen des politischen Verhaltens haben sich aber, wie wir sahen, wesentlich gewandelt. Ethik und Politik werden in der Praktischen Philosophie von Aristoteles an als in einem systematischen Zusammenhang stehend betrachtet; Ethik konnte sogar als ein Teil der Politik erscheinen. Im Mittelalter und insbesondere zu Beginn der Neuzeit bereitete sich eine Trennung vor. Die Lehre von den zwei Reichen räumt der Politik eine *Sonderstellung* ein, auch wenn das politische Verhalten von der Ethik her gestaltet werden soll. In der Neuzeit und insbesondere im 19. Jahrhundert setzt sich dann die Tendenz durch, daß die Politik *eigengesetzlich* sei, es wäre unangemessen, sie ethischen Gesetzen zu unterwerfen.

Ebenso wie der Bezug zur Ethik ist der Bezug der Politik zum *Recht* und zu anderen der Politik nahestehenden Gebieten wie der *Wirtschaft* und der *Wissenschaft* im Laufe der Geschichte bedeutsamen Wandlungen unterworfen.

Der *Bezug zwischen Politik und Recht* wurde im vorhergehenden des öfteren herausgestellt. Wir werden in späterem Zusammenhang darauf zu sprechen kommen, wie er sich in der Gegenwart, insbesondere vom Prinzip der Macht her gesehen, gestaltet. Jetzt nur eine Anmerkung, die auf die Eigenständigkeit des Rechts gegenüber der Politik hindeutet, wie sie in den modernen Demokratien gefordert wird.

Bei aller Ungleichheit in sozialer Hinsicht sind die Personen in *juristischer Hinsicht gleichberechtigt*. Das Recht ist formalisiert in Rechtsbestimmungen, die das Funktionieren in Staat und Gesellschaft möglich machen sollen. Dabei ist wesentlich, daß moralische Kategorien eigentlich nicht entscheidend sind. Natürlich setzt die Urteilsfindung und Urteilsverkündung voraus, daß es ein Unrechtsbewußtsein bei Richtern und Gerichteten gibt. Gleichwohl kommt dem Recht ein Sonderstatus zu: es legt fest, was *gültig* ist und gewährt solchermaßen *Sicherheit*. »Diese Sicherheit ist jedoch innerhalb der Gesellschaft nur erreichbar, wenn allein das Rechtssystem über Recht und Unrecht befindet und dies nicht außerdem noch abhängen kann von Stand oder Schicht, von Reichtum oder politischer Opportunität. Außerdem darf nur ein einziges System der Gesellschaft diesen Code, der das Recht bestimmt, benutzen«.[16] Der Sinn des Rechtes ist der Schutz der Freiheit des Einzelnen, die sich in vielfältigen Aspekten zeigt und eben mit allgemeinen Ansprüchen zu verrechnen ist. Hier ist das Prinzip der *Güterabwägung* zu beachten, von dem her der zu erwartende Nutzen oder Schaden für den Einzelnen und die Allgemeinheit in eine vertretbare Ordnung gebracht werden soll. Das Rechtssystem verweist auf die Politik, und die Politik verweist ihrerseits auf das Recht.

Es gilt als Aufgabe der Politik, Rechtsnormen zu ändern und zu verbessern, wenn die geschichtliche Situation es zu erfordern scheint.

Auch zwischen *Politik und Wirtschaft* bestehen enge Wechselbezüge. Die wirtschaftliche Entwicklung ist wesentlich für die Struktur der Politik. Von ihr hängt Reichtum und Macht eines Staates ab. Der Staat muß auf die Förderung der Wirtschaft bedacht sein. Die Wirtschaft versucht, auf die politischen Entschlüsse und Richtungskämpfe Einfluß zu nehmen, meist in der Weise *gegensätzlicher Interessenvertretung der Arbeitnehmer und Arbeitgeber. Der Markt ist auf Tausch, Kooperation und Konkurrenz eingestellt*, das heißt der Idee des Kreislaufes unterstellt, der Erhaltung und Reproduktion von Zahlungsfähigkeit bedeutet: der Wirtschaft kommt also ein gewisses Eigenleben zu.

Das Verhältnis von *Politik und Wissenschaft* wird später genauer behandelt werden. Grundsätzlich gesehen ist in der Demokratie die Wissenschaft frei. Sie muß und soll ihren eigenen Gesetzen folgen, die durch die Suche nach Wahrheit bestimmt sind. Faktisch aber fördert der Staat die *Großprojekte* der Wissenschaft und solchermaßen gerät die Wissenschaft in Abhängigkeit zur Politik. Diese hat verständlicherweise an bestimmten Förderungen besonderes Interesse, so etwa an der Waffentechnik. Dafür soll ein Teil der Gelder eingesetzt werden – die Innenpolitik verweist hier auf die Außenpolitik und umgekehrt.

Politik, Recht, Wirtschaft und Wissenschaft sind ebenso wie die Ethik von der *Gesamtentwicklung* abhängig. Wir haben auf die Gesamtentwicklung hingewiesen und wollen jetzt zunächst nur fragen, ob sich in der Gegenwart Tendenzen zeigen, die neue Fragestellungen erfordern. Als solche Ansätze können herausgestellt werden in bezug auf die Außenpolitik und das Miteinander der Staaten die immer stärkere Einsicht in die technische und wirtschaftliche *Verflochtenheit der verschiedenen Machtblöcke* und damit verbunden der *Grundansatz der Einheit der Menschheit*. Zugleich ist ein gewisser *Rückgang des Nationalgefühls* festzustellen: der Gedanke der Macht im Sinne einer Verherrlichung des Führungsanspruchs einer Nation und der Unterdrückung anderer Nationen tritt zurück. Ebenso wächst die Einsicht, daß es bedrängende Weltprobleme gibt, die es zu lösen gilt, vor allem aber ist der Gedanke des Friedens wesentlich geworden und zwar als einer Notwendigkeit angesichts der Steigerung der Kriegstechnik, die zu einer totalen Vernichtung aller führen kann.

In bezug auf die *Innenpolitik*, die ihrerseits natürlich auch die Außenpolitik bestimmt, wie sie von dieser bestimmt wird, ist der *Unterschied zwischen Demokratie und Diktatur* wesentlich, wobei die Demokratisierungstendenzen die fortschrittlichen zu sein scheinen, auch in Richtung einer Öffnung nach außen. Die Demokratietendenz entspricht der Gesamttendenz zur *Vergesellschaftung*, das heißt zur kommunikativen Systembildung, die den Einzelnen in bestimmte Systeme einpaßt, ihn zugleich aber in anderer Hinsicht, insbesondere als Privatperson, freiläßt oder freizulassen scheint.

Wir suchen nun das Verhalten im politischen System in seiner relativen Eigengesetzlichkeit ein wenig genauer zu durchleuchten und gehen dabei zunächst vom *Gegensatz der Außenpolitik zur Innenpolitik* aus. Der alte Streit, ob Politik unter ethischem Gesichtspunkt steht oder nicht, ist wesentlich von dieser Alternative bestimmt. Wird Politik als *Innenpolitik* gefaßt, dann ist – so wird in der Tradition weithin argumentiert – die mögliche Einheit auf einem natürlichen Zusammenhalt begründet, der durch Ethos, Recht und Gewohnheit und durch biologische und geographische Gegebenheiten bestimmt ist. Sobald dagegen die *Außenpolitik* ins Zentrum rückt, verschiebt sich der Gesichtspunkt. Hier gilt fast ausschließlich das *Freund-Feind-Verhältnis*. Der Krieg ist die ultima ratio.

Es ist nun wesentlich, daß man diese Unterschiede relativiert. *Bereits im politischen Nahhorizont herrscht nicht nur positives Verhalten.* Es gibt Machtkämpfe, die auf verschiedene Ursachen zurückzuführen sind. Unter dem Aspekt der Herrschaft werden Rivalenkämpfe der Führenden untereinander geführt, »von unten her« ist mit Aufständen zu rechnen, wobei das soziale Gefälle eine Rolle spielt. Offensichtlich ist, daß es Gruppenkonflikte und Spannungen gibt. Die Tyrannis und die Diktatur suchen diese zu beheben im Sinne einer Zwangseinheit, oft mit einer Zustimmung der »Unteren«, wie der noch zu besprechende Führerkult zeigt.

Man kann alle diese Spannungen und Kämpfe auch unter moralischem oder sogar metaphysischem Aspekt interpretieren, wie *Plato* es tut. Die Voraussetzung dabei ist: es muß eine Parallele von Einzelnen und Gruppen bis zum Staat hin geben; alle diese Größen sind eben moralisch zu beurteilen, *weil es überall eine beste Verfassung gibt, die erreicht oder verfehlt werden kann.*

Es ist notwendig, sowohl eine gewisse *Gemeinsamkeit* wie eine gewisse *Differenz* zwischen Nahhorizont und Fernhorizont zu beachten. Die Gemeinsamkeit zeigt sich darin, daß menschliches Miteinander, wie oben dargelegt, durch zwei Tendenzen bestimmt ist, einmal die positive Tendenz des Miteinanders und einmal die negative des Gegeneinanders. Man kann diese Tendenzen verschieden interpretieren. So scheint es angemessen, im *Nahhorizont* von den *Gefühlen* auszugehen, dem Gefühl der Zusammengehörigkeit, des Vertrauens und der Sympathie und den Gegengefühlen: der Antipathie und dem Haß. Im *Fernhorizont* ist die *Gruppenzugehörigkeit* entscheidend, wobei die oberste Gruppe der Staat ist. Die anderen Staaten sind mehr oder weniger ausgeschlossen. Es ist damit nicht gesagt, daß nicht ein gewisses Einvernehmen durch Verträge hergestellt werden kann. Aber der relativ abgeschlossene Horizont ist und bleibt eben die *eigene Gruppe*. Es ist wesentlich, daß Streitigkeiten innerhalb dieser Gruppe mehr oder weniger friedlich durch das Recht bereinigt werden können. In bezug auf andere Staaten erscheint dies viel schwieriger. Hier herrscht eben das Gesetz der Abgrenzung, und durch die Abgrenzung wird das Bewußtsein der Zugehörigkeit zur eigenen Gruppe wesentlich verstärkt.

Vor allem bestimmt die Idee der Zugehörigkeit weithin die Struktur des Moralischen im politischen Verhalten. Man denke an das *humanistisch-nationale Ideal der Tugendkataloge.* Vaterlandsliebe, Gehorsam, Tapferkeit, ständige Einsatzbereitschaft bis zum Tode gelten als fraglos positiv. Von diesen Tugenden her wird das allgemeine Bewußtsein bestimmt. Der sich im politischen Leben Auszeichnende gilt als der Sieger, dem Ruhm und Ehre gebührt. Diese politische Ethik wird zwar gelegentlich unterlaufen, so bereits in Rom durch die Stoa. Aber in der Neuzeit und insbesondere im 19. Jahrhundert etabliert sie sich gleichsam als Ersatz der alten religiösen Metaphysik, die zur Privatsache wird. Als *Öffentlichkeitsmoral,* die man nicht verraten darf, wird sie durch den *Staat* abgestützt, *der als der Träger der Werte, die gültig sind und gültig sein sollen, erscheint.* Man kann in gewisser Weise sagen, daß sich im Staat die Nahhorizontethik als Lebensweltethik und Sittlichkeit fortsetzt oder besser: fortsetzen soll. Allerdings ist eine solche Aussage problematisch, einmal in strukturaler Hinsicht: der Staat ist ein Großgebilde, in dem Anschaulichkeit und Unmittelbarkeit nicht statthat, und sodann: die Ethisierung des Staates übersieht, daß in jedem Staat zumindest latente Auseinandersetzungen um Macht und Interessenkämpfe stattfinden, die nicht mit den personalen Gegensätzen im Nahhorizont vergleichbar sind. Der Feind ist nicht persönlicher Gegner. Die *Machtkämpfe* sind hier weithin *sozial* und *gesellschaftlich* bedingt. Der Staat ist ja *auch* ein gesellschaftliches Gebilde, auch wenn die Kategorie Gesellschaft als Gegenbegriff zum Staat erst für die Moderne wesentlich wird. Es gibt eine Spannung zwischen dem übergreifenden Wirgefühl des Vaterlandes und der Differenzierung in *Schichten.* Der Landarbeiter und später der Industriearbeiter haben nicht das gleiche Bewußtsein der Zugehörigkeit zum Staat wie der Adel und die Beamten. Daß die Gesellschaft schließlich zu einer Grundbestimmung wird und als *Bedürfnisgesellschaft* verstanden wird, soll später diskutiert werden.

Staatsgebilde sind hierarchisch gegliedert. Es gibt Führer und Geführte. Das Herdenprinzip im Sinne der Ungleichheit ist und bleibt bestimmend, wobei die Rolle der

Führenden und der Geführten durchaus differiert. Die Führer sind nicht nur Besorger ihrer Gruppe, sondern können die Geführten als ihre Untergebenen oder gar ihren Besitz ausnützen und mißbrauchen.

Es ist hier natürlich nicht möglich, die Wandlungen der Bezüge *Führer – Geführte* in ihren geschichtlich relevanten Ausprägungen darzustellen. Eine solche Darstellung müßte auch die verschiedenen Verfassungsmöglichkeiten beachten. Wir stellen nur einige Merkmale heraus, wobei mehr oder weniger das gängige Bild der Demokratie leitend ist.

Daß sich ein *Trend zur Demokratie* im Sinn formaler Gleichheit in der geschichtlichen Entwicklung seit der französischen Revolution durchsetzt, ist nicht zu leugnen. Ebenso wirkt der Fortschritt der Technisierung, Verwissenschaftlichung und Ökonomisierung sich in Hinsicht einer gewissen *Aufhebung der Unterschiede* aus. Die Ergebnisse der Technik und der Wissenschaft sind an sich ja intersubjektiv. Sie sind nicht nur nicht klassenspezifisch eingeschränkt, sondern gelten für alle.

Der allgemeine Zug zur Demokratisierung ist zunächst eine Sollbestimmung. Faktisch ist allerdings herauszustellen, daß sich die Gesamtsituation in sozialer Hinsicht doch verbessert hat. Das soziale Gefälle, wie es in der Sklavenwirtschaft, der Leibeigenschaft und der Feudalwirtschaft sich ausprägte, gehört, wenigstens ideologisch, der Vergangenheit an. Früher waren die Untertanen zu reiner Passivität in politischer Hinsicht verurteilt. Heute beruht die Passivität in bezug auf die Politik weithin auf dem Gefühl der Ohnmacht gegenüber dem Geschehen, und das Gefühl bedrängt alle, auch die »Oberen«.

Gleichwohl ist es geboten, einige allgemeine Züge herauszustellen, die die Dialektik *von Führer und Geführten* grundsätzlich kennzeichnen, auch wenn sie sich in verschiedenen Verfassungen unterschiedlich ausprägen. Dies zu zeigen ist angebracht, um zu erkennen, *wie wenig die Vergangenheit für uns überwunden ist.*

Da ist einmal – wir argumentieren »von unten her« – das weithin durch den sozialen Status, die Herkunft, den Beruf und die Bildung mitbedingte Gefühl wirksam, man sei zur Führung nicht berufen und nicht geeignet. Der Wunsch, *geführt zu werden,* das heißt, die politischen Geschäfte anderen zu überlassen und sich zurückzuhalten, wird maßgebend. Hier wirkt sich der *Herdeninstinkt* und das Sich-Solidarisieren in der Masse aus, und zwar in vielfacher Form. Man schließt sich mit anderen zusammen, fühlt sich mit ihnen verbunden und ihnen gleich, aber nur in oberflächlicher Form. Das Wirgefühl wird seinerseits gefördert durch das Tun der Führenden, die tonangebende Meinungsbildner und Repräsentanten sind. Hier waltet aber ein Wechselbezug. Selbst wenn die Führer die Meinung oktroyieren und dirigieren – das geschieht heute in der Massengesellschaft in vielfältigen Formen, schon im Hinblick auf Wahlen –, so müssen sie ein Gespür für den allgemeinen Trend haben: es muß ihnen aus der Masse etwas »entgegenkommen«.

Das Verhältnis von Führenden und Geführten ist sehr differenziert. Die Führenden können im Hintergrund bleiben als die »eigentlichen Manager«. Es kann sich aber auch um »wirkliche« Führer handeln, die nicht nur das äußere Verhalten, sondern die *Gesinnung* gestalten. Es findet in diesem Fall eine *Übertragung* statt. *Freud* hat dies Phänomen in seiner immer noch aktuellen Arbeit »Massenpsychologie und Ich-Analyse«, 1921 geschrieben, eindrücklich dargelegt. Im Führer erblickt die Menge das, was sie selbst sein und haben möchte. Der Führer ist das *Idealbild* dessen, was den verborgenen Wünschen zugrunde liegt.

Wesentlich ist, daß durch den Führer die Gefühle im *Freund-Feind-Schema* ausgerichtet werden. Dies geschieht, so zeigt Freud, mit Hilfe der *sozialen Angst, die zum Zusammenschluß auffordert.* Das dadurch entstehende allgemeine Machtgefühl ist nicht auf eine bestimmte Sparte festgelegt, sondern verschiebbar. Man muß hier einen Faktor beachten, der von großer Bedeutung ist. Jede Gruppe, sei es der Staat im Gegensatz zu anderen Staaten oder eine Gruppe innerhalb des Staates, ist mehr oder weniger weltanschaulich ausgerichtet, selbst dort, wo es sich primär um Interessenverbände handelt. Traditionen, Gebräuche und Einrichtungen sind maßgebend. Es gibt grundsätzliche Ausrichtungen: man ist fortschrittlich, revolutionär, konservativ.

Der »weltanschauliche« Faktor ist vom ethischen Aspekt her gesehen wesentlich. Er ermöglicht die *Identifizierung.* Diese verbindet die Gruppenmitglieder untereinander und mit ihrem Führer. Man denkt und fühlt in bestimmten Hinsichten, die ideologisch wesentlich sind, übereinstimmend. Ob und wieweit diese Ideologie den Einzelnen in seinem Tun und Lassen leitet, bleibt offen und muß offen bleiben, da die Ideologie nur als *Hintergrund* im Sinne allgemeiner Abstützung wirksam ist. Die Politik in der Demokratie soll ja liberal und tolerant sein und nicht festlegen. Es muß hier allerdings beachtet werden, daß der mögliche Zusammenschluß weithin auf einer Abgrenzung beruht, in der Aspekte der Innen- und der Außenpolitik ineinander übergehen. Die Einigung in der Innenpolitik vollzieht sich als *Gegenzug gegen andere Völker,* insbesondere wenn diese politisch und wirtschaftlich anderen Zielen nachstreben.

Man kann diese Sachverhalte nicht beiseite schieben, wenn man die Möglichkeiten der Ethik im Fernhorizont bedenken will. Sie sind ein nicht zu überschätzendes Grundelement der politischen Realität. Dies sei noch einmal an einem bestimmten Phänomen: dem *Mitläufertum* verdeutlicht.

Die Mehrheit der Menschen wird von Trieben und Gefühlen, von Vorurteilen und Antipathien geleitet, fürchtet sich, wird schwach, wenn man sie bedroht, sucht ihren Vorteil, will es zu Ansehen und Macht bringen und – vor allem – ist pflichteifrig und beflissen gegenüber den Personen, von denen man sich etwas für das eigene Fortkommen verspricht.[17]

Wenn diese Menschen nun merken, daß es in dem regierenden System unmoralisch zugeht, daß Menschen gefoltert und umgebracht werden, dann setzt eine gewisse Differenzierung ein. Eine bestimmte Menge, quantitativ sicher eine Minderheit, beteiligt sich aktiv an der Vernichtung und genießt es, andere zu quälen in kalter und bürokratisch gelenkter Grausamkeit. Die anderen sehen von diesem Tun weg oder suchen es mehr oder weniger fadenscheinig zu rechtfertigen: die Führer zeigen ja, daß eine bestimmte Gruppe das Böse verkörpert, schädlich und gefährlich ist, sie muß bekämpft, wenn nicht sogar ausgerottet werden. *Entscheidend ist, daß die eigene Urteilskraft und das eigene moralische Bewußtsein ausgeklammert wird.* Der Opportunismus erzeugt eine nun das Durchschnittsniveau charakterisierende Unfähigkeit, sich spontan moralisch zu verhalten, eine Unfähigkeit, die zum Ausfall ethisch wertender Intelligenz führt.

Wir suchen das Gesagte von konkreten politischen Aspekten her zu ergänzen und weisen auf den *Gegensatz zwischen dem Westen und dem Osten* hin. Hier werden verschiedene Basisideologien vertreten. Dies zeigt die Differenz von Demokratie und Marxismus. *Arnold Gehlen* hat diese Differenz folgendermaßen charakterisiert: »In jedes dieser Systeme ist eine politische Ideologie eingearbeitet, jedes ist bis in die letzten Fasern durchgefärbt von einer solchen, sie durchdringen jeweils die innere Form des

Menschseins und setzen sich fort bis in die Äußerlichkeit des Alltags. Dabei ist die demokratische Idee die ältere, die elastischere, sie geht mit vielerlei Regierungsformen zusammen, sie ist weltoffen und tolerant, sie besteht mehr in Haltung als in Lehre und Dogma. Die marxistische dagegen ist doktrinär und prinzipiell, sie setzt eindeutige Gegnerschaften und engagiert definitiv, sie ist dem Anspruch nach universal, macht Aussagen über die objektive Welt im materialistischen Sinne. Beide Ideologien stehen sich in ihrer Auffassung vom Menschen exklusiv gegenüber, sie haben unverträgliche Auffassungen davon, was für den Menschen gut ist, es sind zwei Ethiken, die im Blutkreislauf dieser Riesensysteme pulsieren«.[10]

Beide Basisideologien sehen an sich in der anderen Ideologie den *Feind, das Reich des Bösen, des Verderblichen,* dem soweit möglich entgegenzutreten ist, jedenfalls – das ist notwendig – in der Ideologie. Die *östliche Ideologie* glaubt an das Gesetz der geschichtlichen Entwicklung im Sinne des Fortschritts. Sie ist weltanschaulich genau ausgerichtet. Das Wesentliche ist hier, die Einheit von Lehre und Praxis zu realisieren. Es soll die ökonomische Ungleichheit aufgehoben werden und diese Aufhebung soll zur Verbesserung des Menschseins überhaupt führen, weil – das ist das weltanschauliche Dogma – nicht die Ideen, sondern die ökonomischen Gegebenheiten der bestimmende Faktor sind. Die *westliche Ideologie* ist nicht eindeutig auf einen Nenner zu bringen. Das Demokratieideal ist maßgebend. Es fordert die freie Entfaltung des einzelnen ebenso wie die Freiheit der Wirtschaft. Aber auch hier wird die Vielheit eingeschränkt durch das Geschehen, das in der Form der Superstrukturen Politik, Wirtschaft und Wissenschaft ineinander greifen läßt.

2. Der Trend zur Welteinheit als möglicher Aspekt des außenpolitischen Handelns

Über die Gegensätze von Ost und West hinweg ist im ganzen der Entwicklung eine *übergreifende Tendenz zur Einheit* nicht zu verkennen. *Marx* hat klar gesehen, daß geschichtliche Veränderungen realiter immer ein Subjekt brauchen, das Theorie in Praxis umsetzt bis zur Revolution hin. Diese Veränderungen aber werden ihrerseits vorbereitet nicht nur durch ökonomische Verhältnisse, sondern durch allgemeinen Sinneswandel. Dies hat *Hegel* eindrücklich herausgestellt. Im Beispiel: die stoische und christliche Lehre von der Gleichheit der Menschen ist zunächst eine innere Angelegenheit in bezug auf Gott, aber sie setzt sich allmählich auch im politischen Leben durch. Man denke an die *französische Revolution.* Ebenso ist die *allgemeine Aufklärungstendenz* ein bedeutsamer geschichtlicher Faktor, der sich im Inneren und Äußeren auswirkt. Jedenfalls hat er die Selbstverständlichkeit früherer Zeiten, nicht nur äußere, sondern auch innere Einstellung, wie zum Beispiel die Religionszugehörigkeit, durch Zwangsmaßnahmen zu ordnen, problematisch gemacht. Daß diese Aussagen nicht absolut gelten, daß gegensätzliche Auskünfte möglich sind, wird sogleich zu erörtern sein.

Es gibt – nur das sollte angedeutet werden – jedenfalls Gesamtwandlungen, die zwar langsam, aber doch offensichtlich Bewußtsein und Tun verändern – wir werden bei der Besprechung der Geschichte unter ethischem Aspekt auf diese Sachverhalte zurückkommen.

Zu diesen Faktoren gehören, wie schon mehrfach angedeutet, *Wissenschaft* und *Technik.* Wissenschaft und Technik bringen Ergebnisse zustande, die nicht religiös oder national ihrer Gültigkeit nach eingegrenzt werden können. Die Forschung versteht sich als *wertfrei*. Ihre Ergebnisse sind nachprüfbar in objektiver Form. Die Forscher können sich, auch wenn sie differente weltanschauliche Einstellungen vertreten, in bezug auf ihre Untersuchungen verständigen. In gewisser Weise kann sogar der Laie, nicht zuletzt auf Grund der Medientechnik, den Fortschritt der Wissenschaft zur Kenntnis nehmen und erkennen, daß es notwendig ist, gerade angesichts negativer Folgen dieses Fortschritts über die nationalen Grenzen hinwegzugreifen. *Karl Jaspers* hat diese Entwicklung zur Einheit hin in vorbildlicher Weise herausgestellt. Er erklärt: »Unser technisches Zeitalter ist nicht bloß relativ universal, wie das Geschehen in jenen drei voneinander unabhängigen Welten der Achsenzeit, sondern absolut universal, weil planetarisch. Es ist ein nicht nur dem Sinne nach zueinander gehöriges, aber faktisch getrenntes Geschehen, sondern es ist in ständigem gegenseitigem Verkehr ein Ganzes. Es geschieht heute mit dem Bewußtsein der Universalität. Sie muß eine andere Entscheidung über das Menschsein bringen, als jemals erfolgt ist. Denn während alle früheren Wendezeiten lokal waren, der Ergänzung durch anderes Geschehen, an anderen Orten, in anderen Welten fähig waren, bei ihrem Scheitern eine Rettung des Menschen durch die anderen Bewegungen möglich ließen, ist jetzt, was geschieht, absolut entscheidend, es gibt kein Außerhalb mehr«.[19]

Die *planetarische Universalität* erfordert ein bisher unbekanntes Vorausbedenken der Zukunft. Prognose und Planung werden total. Jaspers warnt auch hier davor, Wunschbilder, die sich als wissenschaftlich ausgeben, zu entwerfen. Es gibt keine eindeutige Prognose und keinen einwandfreien Totalplan. Gleichwohl müssen wir auf die mögliche *Einheit der Menschheit* als reale Welteinheit vorausblicken. Vorsichtig abwägend erklärt Jaspers, das Zeitalter der Welteinheit sei nicht vorwegnehmend zu entwerfen, aber man dürfe Chancen und Grenzen dessen, was sein wird, erörtern. Die Tatsache, daß es bisher noch keine Welteinheit gab, kann kein unbedingter Gegengrund gegen ihre Möglichkeit sein. Das Vorbild ist die bürgerliche Freiheit in demokratischen Ordnungen, diese Freiheit ist zwar unvollkommen, aber doch faktisch in Ausnahmefällen, wie Jaspers erklärt, gelungen. Jaspers versucht in concreto zu zeigen, wie hier und jetzt die Verwirklichung der Einheit von der politischen Ebene her in Angriff zu nehmen sei, denn der Weg führt »geschichtlich über die faktischen politischen Machtpotenzen«.[20]

Der letzte Satz ist entscheidend, denn er zeigt die Schwierigkeiten an: reale Veränderungen sind nur durch politische Kräfte möglich. Werden diese Veränderungen – das ist eben die Frage – durch den *allgemeinen Trend* zur Welteinheit nicht nur vorgegeben, sondern auch in gewisser Hinsicht gefördert und unter Umständen sogar gewährleistet? Wie steht es um die Kraft solcher Tendenzen? Sind sie als Komponenten für die Lösung der Weltprobleme, um die man heute allgemein bangt, wirksam?

Es gibt hier keine eindeutige Antwort, nicht zuletzt auf Grund der unaufhebbaren Dialektik, der zufolge Realität und Trend einerseits zusammengehören und andererseits eben doch sich immer wieder zeigt, daß die reale Entwicklung durchaus nicht dem Trend entspricht. Die reale Politik ist weithin *»Blockpolitik«*, und Blöcke sind durch die Freund-Feind-Bezüge konstituiert. Die alles übergreifende Menschheit ist heute noch nicht als Gesamtsubjekt zu verstehen.

Gleichwohl: eine *Tendenz zur Erweiterung* ist wirksam. Das zeigt sich sowohl in bezug auf die Innenpolitik als auch die Außenpolitik, die beide nicht mehr eindeutig voneinander zu trennen sind. Außenpolitik und Blockpolitik bestimmen die Innenpolitik und zwar insofern sie wesentlich durch *wirtschaftliche Faktoren* determiniert sind.

Es gibt überstaatliche Organisationen des Kapitals; die Wirtschaft ist in bezug auf Rohstoffe und Absatzmärkte von den Blöcken abhängig, die sich ihrerseits den Wirtschaftsinteressen zu beugen haben. Der Staat wird versuchen, das Funktionieren des Wirtschaftssystems, das heißt, die Steigerung der Produktion, die unter der internationalen Konkurrenz zu leiden hat, zu fördern. Er ist hier auf andere Staaten ständig im positiven und negativen Sinn bezogen. Es ist in diesem Zusammenhang aber zu bedenken, daß offensichtlich der Politik immer noch ein gewisser Vorrang zukommt, insbesondere in bezug auf die Entscheidung zwischen Krieg und Frieden. Hier spielen die vielfältig realen und idealen Faktoren wie Macht- und Herrschaftsansprüche im Freund-Feind-Bezug und zwar in ihrer ideologischen Verbrämung, das heißt, verbunden mit dem Anspruch, das Gute zu verkörpern, *immer noch* die entscheidende Rolle.

Wenn man vom Gesamttrend der Entwicklung her, der ja heute, wie sich insbesondere in Wissenschaft und Technik zeigt, durch das Anwachsen der *Rationalisierung* bestimmt ist, sich die Frage vorlegt, ob sich die Rationalität auch in der Politik durchgesetzt hat, so daß ihr ein Übergewicht über die Emotionalität zukommt, so ist die Antwort zweideutig. Es ist klar, daß Politik von der Antike an immer von beiden Faktoren bestimmt war, *daß rationale Berechnung des eigenen Vorteils* – so legt bereits Thukydides dar – ein in der Politik stets wesentlicher Faktor war. Aber zumindest in bezug auf die Gewinnung von Massen muß die *Emotionalität* beachtet werden, einmal als das erhebende Gefühl der eigenen Machtsteigerung und des Anspruches auf Herrschaft, das Volk und Führer verbindet, und sodann muß der Eindruck, nicht schlechthin gegen die Gerechtigkeit zu handeln, gewahrt werden, man muß vom Glauben, der gerechten Sache zu dienen, besessen sein. Plato hat diese Sachverhalte eindrücklich dargelegt.[21]

Heute ist die Proklamation eines unverhohlenen Macht- und Herrschaftsanspruches im Öffentlichkeitsbewußtsein zurückgedrängt. Die *Parolen auf Ausgleich* müssen angesichts der Möglichkeit, in einem Konfliktfall selbst vernichtet zu werden, als wesentlich eingesetzt werden. Rationalität spielt also eine bedeutsame Rolle, wenn man unter ihr die vernünftige Überlegung versteht, wie differente Interessen dadurch auf einen Nenner zu bringen sind, *daß man auch die Vorteile und Nachteile der anderen Seite berücksichtigt.* Rationalität ist Mittel zur Selbsterhaltung, die nach wie vor oberstes Gruppengebot ist. Diese Selbsterhaltung – das ist das Verhängnisvolle – aktualisiert sich heute aber angesichts der Verschwisterung von Politik, Wirtschaft und Wissenschaft in der Form der *Selbststeigerung.* Es werden immer neue Möglichkeiten ersonnen und verwirklicht, insbesondere im Sinne einer allgemeinen Aufrüstung: man muß, so wird argumentiert, bereit sein, wenn der andere – man selbst tut dies nicht – Konflikte in Richtung auf einen Krieg inszeniert. Ein Eventualfall ist immer gegeben, weil ja keiner die Entwicklung, wenn sie einmal aufgeheizt ist, in der Hand hat. So bleibt, wenn man auf die Gesamtlage achtet, nur die Hoffnung, daß es gut geht, das heißt, daß die Menschheit zur Vernunft kommt und die Einsicht siegt, daß Verständigung lebensnotwendig ist. Aber diese Hoffnung ist verbunden mit dem Gefühl der Angst und dem Gefühl, daß der Einzelne auf außenpolitische Entscheidungen keinen Einfluß gewinnen kann, zumal angesichts der Tatsache, daß er die Komplikationen, die sich heute ergeben, einerseits durch die Verflechtung von Blöcken und andererseits durch die Superstrukturen, nicht durchschaut.

Wir beschließen diesen Gedankengang durch einen Hinweis auf *Thukydides.* Thukydides ist der erste Historiker, der das politische Geschehen von der Natur des Menschen her auslegt. Das besagt konkret: *das Streben nach Macht ist die Triebfeder der geschichtlich Handelnden*. Thukydides illustriert diesen Ansatz in einer außerordentlich eindrücklichen Weise. Wir haben oben auf den berühmten *Dialog zwischen den Meliern und einer athenischen Gesandtschaft*, von dem Thukydides berichtet, hingewiesen.[22]

3. Differente Positionen in der Innenpolitik

Blicken wir nun noch einmal auf die politische Praxis zurück, und zwar vom Aspekt des Durchschnittsbürgers, der Politik nicht als Hauptberuf betreibt. Diese *Durchschnittsbürger* sind, wenn sie politisch wirken wollen, auf den Bereich der Innenpolitik, im wesentlichen jedenfalls, verwiesen. Ihre Arbeit vollzieht sich, wenn wir von den westlichen Demokratien ausgehen, als aktive oder passive Mitarbeit innerhalb einer Partei. In bezug auf die Parteigegensätze wiederholt sich die oben dargelegte Struktur: das In- und Gegeneinander von Herrschaftsansprüchen und Interessenvertretungen einerseits und moralischen Ansprüchen andererseits. Gefühlsappelle und rationale Vorteilsberechnungen sind verbunden mit der Überzeugung, daß die eigene Partei auf die Gesamtentwicklung und das Wohl des einzelnen gesehen den richtigen Weg eingeschlagen hat. Es ist hier die Aufgabe, ein *kollektives Subjekt* innerhalb des Staates zu konsolidieren zum Zwecke, durch Mehrheitswahl die Regierung zu übernehmen. Wesentlich ist es, die Selbstdarstellung der Ziele in so umfassender Weise zu leisten, daß nicht nur wirtschaftliche Interessen, sondern auch weltanschauliche Bedürfnisse befriedigt werden.

Hier ist der Punkt, an dem *ethische Aspekte* mit *geschichtsphilosophischen Gesamtdeutungen* verbunden nach wie vor eine wesentliche Rolle spielen. Die Gegensätze: konservativ und revolutionär, reich und arm, wirken sich im gesellschaftlichen Gefüge so aus, daß sie sich zu ausschließenden Positionen verfestigen, deren Anspruch jedoch nicht mehr unter ethischem Aspekt beweisbar ist. Erscheint das Festhalten an traditionellen Werten, wie Volk, Vaterland, Religion, und vor allem die Orientierung an traditionellen Normen, deren Anerkennung als Voraussetzung eines intakten Gemeinwesens gefordert wird, als unabdingbar, dann muß der Änderungswille, der diese Werte als Ideologie verdammt, im negativen Licht als zerstörend erscheinen. Wird umgekehrt der revolutionäre Einsatz und der revolutionäre Elan als notwendig und zukunftsträchtig verkündet, weil er ein besseres Leben zu verwirklichen verspricht oder zumindest als möglich in Aussicht stellt, dann muß das Festhalten am Alten verhängnisvoll erscheinen. Gerade wenn es durch Rückgriff auf Werte begründet wird, zeigt sich, so meint man, sehr deutlich eine Verbindung von Realität und Idealität: die ökonomische und politische Machtstellung der Oberen wird sanktioniert durch die Betonung der Erhaltung des Bestehenden als moralisch notwendig.

Man kann im Gegensatz: *konservativ* und *revolutionär* unschwer den allgemeinen Gegensatz von Ordnung und Freiheit erkennen. Es zeigt sich, daß im *Konservatismus* die Ordnung als ein Prinzip angesetzt wird, das mehr als eine abstrakte Forderung ist. Es ist, mehr oder weniger vollkommen, schon immer verwirklicht. Sittlichkeit und Lebensweltethik sind dieser Einstellung konform. Hier ist die Überzeugung maßgebend, daß die Positivität die Negativität überwiegt. Freilich setzt diese Einstellung voraus, daß die großen Weltgefahren und Weltprobleme mehr oder weniger ausgeblendet werden.

Die Gegenposition, die dem Gedanken der *Freiheit* untersteht, ist sehr viel uneinheitlicher und, von ihren Ansätzen her betrachtet, zum Teil gegensätzlicher Natur. Die Gruppen, die sich als revolutionär oder als liberal verstehen, unterstellen sich beide dem Prinzip der Freiheit, aber in sehr verschiedener Form. Der *Liberalismus* negiert den Anspruch, vorgegebene Ordnung als unabdingbar anzusetzen. Er setzt auf den Vorgang eines Autonomwerdens des Einzelnen auf allen Gebieten. Durch dieses Selbständigwerden ist faktisch die Konkurrenz freigesetzt, sie wird aber tragbar durch das hintergründige Vertrauen auf eine sich selbst herstellende Ordnung des Ganzen. Es gibt zwar kein übergreifendes Gesamtsubjekt, sondern nur reale Einzelsubjekte. Daß diese zusammen bestehen können, liegt, so wird deklariert, an dem *natürlichen Gesetzeszusammenhang*. Dieser konstituiert die Verträglichkeit. Der Gesetzeszusammenhang ist rational einsichtig und nicht drückend im Gegensatz zu Herrschaftsmächten, die den Menschen von außen zur Ordnung zwingen. Die Vernünftigkeit ist die Natürlichkeit des Menschen.

Die Idee des reinen Liberalismus hat sich mit dem Sozialismus in gewisser Weise verbunden zum Gebilde des *Rechts- und des Sozialstaates*. Die staatliche Gesamtmacht wird eingeschränkt zugunsten der Freiheit der Individuen und für diese hat der Staat Sorge zu tragen, indem er ein Existenzminimum sichert.

Der Staat hat also einen *Ausgleich* zu schaffen: er muß das Allgemeinwohl und das Wohl des Einzelnen berücksichtigen. Freilich: dieser Gedanke wird, wie wir sahen, ständig durchkreuzt von der *Konkurrenz des freien Wirtschaftssystems mit der staatlichen Lenkung*. Die Politik kann sich mit der Wirtschaft verbinden, aber das geht eben nicht ohne Probleme ab, denn die mögliche Alleinherrschaft der Wirtschaft, die nur dem Gesetz der Maximierung folgt, führt unter Umständen zu Katastrophen. Es gilt daher, die wirtschaftlichen Interessen zu zügeln.

In radikaler Weise – das heißt: über die Vermittlung des Sozialstaates hinausgehend – ist diese Zügelung das Ziel der *revolutionären Avantgarden*, ob sie sich nun im Sinne des Umsturzes oder der demokratischen Umänderung verstehen. Das Bild dieser Bewegung ist uneinheitlich. Wir haben oben Extreme in Richtung der Utopie, die vom Marxismus beeinflußt sind, herausgestellt und wollen dies hier nicht wiederholen. Aufs Ganze gesehen ist der Avantgarde nicht ein ethischer Elan abzusprechen, aber die Propagierung der ethischen Werte soll den Raum der Innerlichkeit überschreiten. Erfordert ist es, ökonomische und soziale Interessen zu bedenken. Dies ist aber nur möglich auf Grund eines *Gesamtwandels*, der auch Verantwortung für die kommenden Generationen übernehmen will. Zugleich wird in bezug auf die Verwissenschaftlichung die Forderung eines Einhaltens aufgestellt. Man darf nicht alles machen, was man an sich machen könnte. Hier in diesem Punkt unterscheiden sich die radikalen Gruppen, die »aussteigen« wollen, von den Gruppen, die in verschiedenen Graden die Notwendigkeit der Wissenschaft betonen oder zumindest erklären, daß die Forderung eines Ausstieges eine Naivität sei, insofern sie die Parole »Zurück zur Natur« mit einem Zurück in die vorwissenschaftliche Epoche verbände.

Die offizielle Politik sucht dies Problem zu klären, indem sie *Fachausschüsse* einsetzt – die politischen Volksvertreter sind ja weitgehend Laien. Man will auf Grund von Gutachten zu Beschlüssen kommen. Die Sachlage ist hier aber außerordentlich problematisch. Man denke, um ein Beispiel zu geben, an den Streit um den Bau von Kernkraftwerken. Es ist dem Laien ja fast unmöglich, sich ein angemessenes Bild zu verschaffen. Wendet er sich an die Forscher, die für die konkreten Probleme der Kernenergie zuständig sind, so muß er erfahren, daß er die wissenschaftlichen Details gar nicht angemessen zu verstehen vermag. Zugleich merkt er jedoch: auch die Fachleute sind voreingenommen. Die streitenden Parteien kennen zum Teil die Einstellung der möglichen Gutachter im vorhinein und wählen sie dementsprechend aus. Die Gutachten differieren, und diese Differenz ist unter Umständen nicht zu beheben, weil wissenschaftliche und weltanschauliche Einstellung, politische und soziale Interessen unlösbar miteinander verbunden sind.

Die *Undurchschautheit,* die wesentlich auf dem unklärbaren Ineinandergreifen verschiedener Bereiche beruht, macht Politik im Sinne einer ursprünglichen Demokratie unmöglich; *ursprüngliche Demokratie,* wie sie sich im alten Athen den Berichten nach konstituiert haben soll, wenn alle freien Bürger zusammenkamen, um über die Fragen zu entscheiden, für die sie alle zuständig waren oder sich für zuständig halten konnten, gehört der Vergangenheit an.

4. Der Bezug von Diskursethik und praktischer Philosophie zur Politik

Wenden wir uns nun nach dieser Analyse unserer Situation wieder dem ethischen Problem zu. Es geht um eine Antwort auf die Frage, welche Möglichkeiten es unter dem *Aspekt der Ethik* gibt, der Schwierigkeiten Herr zu werden.

In der gegenwärtigen Philosophie bieten sich zwei Alternativen an. Das ist einmal die *Diskursethik* und das ist sodann die *praktische Philosophie.* Die erste steht der politischen Avantgarde, die zweite Position dem Konservativismus näher. Um nicht in Wiederholungen zu verfallen, deuten wir hier nur die sich zeigenden Möglichkeiten, der politischen Lage adäquat zu entsprechen, an.

Die *Diskursethik* will eine doppelte Aufgabe lösen. Es soll durch Rückgriff auf die kommunikative Vernunft die formale Struktur der Prozesse, in denen Normen konstituiert werden, erklärt werden, und sodann sollen auf dieser Basis konkrete Fragen erörtert werden, die die Bedürfnisse der einzelnen betreffen, insofern sie verallgemeinerungsfähig sind. Daß dies glückt, gründet nicht nur im Glauben an die Vernunft, sondern auch im Rückgriff auf die Lebenswelt als das nie ganz zerstörte »Woraus man lebt«. Es ist, wenn man diese Position auf die jetzt behandelten politischen Probleme bezieht, offensichtlich, daß sich hier eine gewisse Realitätsferne zeigt. Das gründet im Absehen von den realen politischen Konflikten einerseits und dem Nichtthematisieren der anthropologischen Grundstrukturen andererseits. So bleibt es bei einer mehr oder weniger *formalen Konstruktion,* die zwar durchaus als solche berechtigt ist, die aber von den wirklichen Stellungnahmen zu unterscheiden ist. Hier zeigt sich der unvermeidliche Mangel jeder philosophischen Grundsatztheorie. Habermas hat diesen Sachverhalt selbst herausgestellt. Er erklärt: »Der Moraltheorie kann zugemutet und zugetraut werden, daß sie den universellen Kern unserer moralischen Institutionen aufklärt und damit den Wertskeptizismus widerlegt. Darüberhinaus muß sie aber auf eigene substanzielle Beiträge verzichten«. Zur Klärung dieser Probleme »können die Geschichts- und Sozialwissenschaften mehr beitragen als die Philosophie«.[23]

Die zweite Position, in der ethische Probleme der gegenwärtigen Philosophie zentral behandelt werden, ist die *praktische Philosophie.* Hier wird der Bezug zur Realität und auch zur Politik beachtet. Dies sei ein wenig genauer dargelegt.

Man setzt einerseits auf den *common sense,* den gesunden Menschenverstand, der die

Menschen weithin leitet und ein mögliches Miteinander gewährleistet, wobei keineswegs eine Überzeugungsgleichheit erfordert ist, weder in bezug auf weltanschauliche Einstellungen noch soziale Interessen. Im Gegenteil wird durchaus die Vielheit und Gegensätzlichkeit als gegeben anerkannt. Diese Vielheit ist weithin von den traditionellen Quellen her bestimmt, und diese kann und soll man nicht »zuschütten«. *Insbesondere in weltanschaulicher Hinsicht ist der geistesgeschichtliche Pluralismus eine gute und notwendige Ergänzung zur heute technisierten Welt.*

Das Handeln verläuft nach gestuften Ordnungen. Oben stehen allgemeine Verbindlichkeiten, wie sie der Staat und das Recht fordern, unten stehen die besonderen Interessen. Das Oben ist die Sphäre der Legalität und weithin formal bestimmt, das Unten weist inhaltliche Differenzen in ihrer Vielheit auf. Natürlich waltet zwischen Oben und Unten eine Wechselwirkung. Rahmenordnungen können zudem durch Beschlüsse abgewandelt werden. Innerhalb der formalen Ordnungen können und sollen nun die von den verschiedenen Gruppen vorgebrachten Vorschläge durch Abstimmung im Sinne der Mehrheitsentscheidung entschieden werden.

Dieser Ansatz hat, so wird argumentiert, wesentliche Vorteile gegenüber der Diskursethik. Er verzichtet auf Allgemeinheit und Letztbegründung, nicht nur, weil beides schwer zu erreichen ist, sondern auch und vor allem, weil beides für das konkrete Handeln *überflüssig* erscheint. Es gab und wird unter weltanschaulichem Aspekt immer Unterschiede geben, es kommt aber unter dem Aspekt der Politik darauf an, zu einem konkreten Ergebnis in bezug auf das Handeln zu kommen, wobei die Mitglieder demokratischer Institutionen eben daran gebunden sind, das Ergebnis anzuerkennen.

Ein weiterer Vorteil dieses Ansatzes ist es, daß hier die Tatsache anerkannt wird, daß es in der Politik ja nicht primär um allgemeine Fernziele geht, die jeder anerkennt, sondern um *konkrete Maßnahmen* in bestimmten Situationen, in denen gehandelt werden muß. Natürlich soll und kann auch hier argumentiert werden und natürlich sind auch hier Kompromisse angebracht. Entscheidend bleibt aber das *Mehrheitsprinzip innerhalb eines tragenden Rechtssystems,* das reales Handeln ermöglicht.

Es ist wesentlich, daß dieses politische Verfahren seinerseits auf Lebensgewohnheiten aufruht, in denen und durch die sich Normen herausgebildet haben, die in Geltung sind, ohne daß man den Anspruch erhebt, sie erst durch Vernunft zu begründen. Diese Normen haben sich im Sinne sozialer Geltung durchgesetzt und als solche werden sie anerkannt.

Die praktische Philosophie in ihrer modernen Gestalt unterscheidet sich vom antiken Ansatz wesentlich. Was der Einzelne über die Grundstruktur des politischen Lebens denkt, das ist seine Privatsache. Ob er vom Freund-Feind-Schema ausgeht oder von der Möglichkeit einer Weltgemeinschaft, das ist nicht, jedenfalls nicht primär, ein politisches Problem. Daß jemand Politik für böse hält, wie Burckhardt, oder daß jemand vermeint, daß der Mensch als soziales Wesen gut sei: das sind philosophische Fragen, die wahrscheinlich unlösbar sind, die aber auf jeden Fall in der realen Politik keinen Ort haben.

Wenn Politik mehr oder weniger *pragmatisch* zu betreiben ist, dann bedeutet dies, daß Politik eigentlich auch nicht mehr mit Leidenschaft ergriffen und, wie *Max Weber* meinte, von einer Verantwortungsethik getragen wird. Politik betrifft eigentlich nicht mehr den ganzen Menschen. An ihr ist der Mensch als ein *»verrechnendes«* Wesen beteiligt, das innerhalb bestimmter Interessenverbände auf Ausgleich aus ist und aus sein soll.

Bedenkt man zudem, daß, wie oben angedeutet, die Politik von der Superstrukturen bestimmt ist, daß man zur Lösung vieler anstehender Probleme Sachverständige braucht, so legt sich eine mögliche Folgerung nahe: Politik ist eine so schwierige Sache, daß man entweder von ihr weitgehend Abstand nimmt – das ist eine Möglichkeit der Delegierenden – und sie anderen überläßt, oder – das ist die Möglichkeit der Delegierten –, daß man sich an die Parteilinie hält, wie sie von der Parteispitze festgelegt wird, beziehungsweise, wenn die eigene Partei an der Regierung ist, daß man den Regierungsmitgliedern als den Maßgebenden zutraut, daß sie das Richtige tun.

Diskursethik und praktische Philosophie nehmen zum politischen Leben durchaus Stellung. Beide Positionen bleiben aber wesentlich bei formalen Überlegungen stehen. Die Diskursethik thematisiert die Möglichkeit eines allgemeinen Argumentierens und sucht sie unter ein verbindliches Prinzip zu stellen. Die praktische Philosophie geht vom Mehrheitsprinzip aus, das sie als Heilmittel für die Lösung von Konflikten versteht. *In beiden Fällen aber werden die Inhalte mehr oder weniger ausgespart*; vor allem aber werden die anthropologischen Komponenten, die alles Verhalten bedingen, ausgeblendet und ebensowenig wird die konkrete geschichtliche Situation genügend thematisiert. Im Gegenzug zu diesen philosophischen Ansätzen gilt es, in *anthropologisch-politischer Hinsicht* die Komponente *Macht* und das *Freund-Feind-Schema*, und in *geschichtlicher Hinsicht* die *Verflechtung der Politik in die Superstrukturen*, deren Unübersichtlichkeit das Handeln lähmt, zu thematisieren.

III. Das Böse als Vernichtungswille und Destruktionstrieb und die Grenzen des ethischen Tuns im zwischenmenschlichen Bereich

Die Überschrift dieses Abschnittes verlangt eine Erklärung. Sie geht von einer bestimmten Voraussetzung aus, nämlich der Meinung, *daß die Welt nicht in Ordnung* ist. Diese Voraussetzung ist in der Tat für unsere Analyse, insbesondere die Analyse der Gegenwart bestimmend. Sie unterscheidet sich in dieser Hinsicht von den heute maßgebenden Theorien. Wir haben gerade im letzten Abschnitt darauf hingewiesen, daß in der gegenwärtigen Philosophie das Bewußtsein der Negativität zurückgedrängt wird zugunsten einer »*Oberflächenanalyse*« – dies Wort ist nicht wertend gemeint. Eine solche Analyse entspricht dem Grundansatz einer Epoche, die die traditionellen Fragen nach gut und böse und nach dem Verhältnis von Negativität und Positivität unter totalphilosophischem Aspekt als überholt ansieht, insofern sie metaphysikverdächtig sind. In der Tat fungieren diese Fragen in der traditionellen Metaphysik als Grundprobleme, von deren Lösung die Ausgestaltung der Ethik wesentlich abhing.

Es gilt den modernen Ansätzen gegenüber sich daran zu erinnern, daß nur der Blick auf die *Tiefenstruktur* des Menschen die Chance eröffnet, die Realität des Menschen, »*wie er wirklich ist*«, zu begreifen, und dies ist die Grundlage aller Ethik, vor allem der Ethik, die in bezug zur Politik wirksam sein will.

Wir führen die Negativität, die das menschliche Tun, insbesondere das politische Handeln, durchstimmt, der Tradition folgend auf das *Böse* zurück, das sich hier als *Vernichtungswille* und *Destruktionstrieb* zeigt, weitgehend in Verbindung mit technischen Mitteln. Wir haben auf diese Sachverhalte bereits bei der Erörterung des

Mitläufertums hingewiesen, als wir anmerkten, daß beim Mitläufer ein Aussetzen der moralischen Urteilsdimension zu konstatieren ist.

Bedenkt man die politische Situation, so muß man erkennen, daß ein Fortschritt der Menschheit zum Besseren im moralischen Sinn nicht wahrscheinlich ist, im Gegensatz zum Fortschritt im technischen Bereich. Es ist, als ob der Mensch wesentlich nur zum instrumentellen Denken eingerichtet sei. Die rationale Verbesserung der *Mittel* glückt ihm. Aber diese Mittel werden nach wie vor für die alten Zwecke der absoluten Durchsetzung meiner selbst und meiner Gruppe eingesetzt. Daß im Nahhorizont, wie oben angedeutet, die intakten Bezüge vorherrschen, oder vorsichtiger: daß sich hier das Antwortverhalten in relativ erträglichen Formen eingeschliffen hat, ändert nichts daran, daß im *Fernhorizont* die Tendenz zur *radikalen Negation der anderen* maßgebend bleibt. Die Verhältnisse im Fernhorizont sind – hermeneutisch gesehen – besonders aufschlußreich, weil sie, insbesondere in Krisenzeiten und bei sogenannten Ernstfällen, zeigen, *wozu der Mensch als solcher fähig ist.*

Beispiele für solches Verhalten sind leicht beizubringen. Wir greifen paradigmatisch, um nicht im Abstrakten zu verbleiben, auf die Analysen zurück, die *Eugen Kogon* in »Der SS-Staat« vom System der deutschen Konzentrationslager gegeben hat.[24] Kogon zeigt, wie vielfältig und different die Voraussetzungen des Verhaltens der SS-Leute waren. Eine gründliche Untersuchung muß gerade die ethische Perspektive zuerst einmal zurückstellen und von politischen, soziologischen, sozialpsychologischen und tiefenpsychologischen Gesichtspunkten ausgehen. Es seien nur einige Fakten erwähnt. Die ideologische Einstellung ist wesentlich. Der Nazismus geht von der Idee der rassischen Unterschiedenheit der Menschen als einer *Naturgegebenheit* aus. Der Stärkere ist der Bessere, er ist zur Herrschaft berufen. Ihm stehen die »Untermenschen« entgegen, auf sie hat man nicht Rücksicht zu nehmen, denn solche Sentimentalitäten entsprechen nicht dem Lebensgesetz, das heißt dem *Kampf ums Dasein.* Dieser Kampf ist der »permanente Ausnahmezustand«, gewaltsame Auseinandersetzungen um willen der sogenannten besseren Ziele sind an der Tagesordnung. Auf Härte hin muß der Mensch eingeübt werden. Diese Disziplinierung setzt, weil sie die Terrorherrschaft über die anderen bedeutet, die Möglichkeit zu *differenten Triebentladungen* frei. Kogon sagt mit Recht, daß auf diese Weise gerade den *individuellen Perversionen* außerordentlich weiter Raum gegeben wird.

Bei *Massenexekutionen* steht die rationale maschinenhafte Technisierung im Vordergrund. In dem Schwurgerichtsurteil über die Judenmorde in der Babi Jar-Schlucht heißt es: »Die Opfer wurden vom Rand der Schlucht zur Sohle hinab und zum Exekutionskommando getrieben. Sie mußten sich dann mit dem Gesicht zur Erde auf die blutigen Leichen der bereits Erschossenen legen. Wenn sie es nicht freiwillig taten, wurden sie geschlagen und niedergerissen. Die Schützen traten dann, auf den schwankenden Haufen der Leichen hin- und hergehend, hinter die Opfer und schossen von hinten auf den Kopf. So wurde die Schlucht mit mehreren Schichten der Opfer von hinten nach vorne und von Rand zu Rand gefüllt«.[25]

Daß eben die selben Menschen »nach Hause gingen, um brav und bieder mit ihren ahnungslosen Kindern zu spielen«, ist bekannt. *Kogon* sucht dies zu erklären – ob diese Erklärung zureicht, sei dahingestellt –: »die Natur schafft sich, um unter dem Druck der Naturwidrigkeit überhaupt noch bestehen zu können, also bevor Bewußtseinsspaltung, Wahnsinn oder Umnachtung eintritt, ein System von einander abgetrennter Erlebniskammern und flüchtet oder schleicht sich oder schreitet voll Stolz von der des

Schreckens in die der Einfalt, aus dem Raum des Grauens in eine Behausung der Illusionen von Friede, Liebe und Güte«.[26]

Wir übergehen weitere Beispiele. Daß diese Exzesse nicht seltene Ausnahmen sind, die politisch einseitig verwendbar wären, sondern im politischen Raum durchaus an der Tagesordnung sind, beweist die *Weltgeschichte* zur Genüge.

Freud, der zu den wenigen Denkern gehört, die diese Sachverhalte von Grund aus zu durchdenken suchen, hat herausgestellt, daß ein sehr enger, aber durchaus vielfältiger Zusammenhang von »Massenpsychologie und Ichanalyse« besteht. In den Massenexzessen wird das individuelle Ausleben der Triebe dem Einzelnen *erlaubt*. Die Einschränkungen entfallen zugunsten eines anerkannten oder sogar geforderten Durchbruchs, in dem Ichideal und Ichwünsche zur Deckung gelangen. So kommt es zur Empfindung von Triumph. Sodann: die soziale Angst entschwindet, wenn nicht die Unterdrückung »böser Gelüste«, sondern ihre Freisetzung geboten ist, »und die Menschen begehen Taten von Grausamkeit, Tücke, Verrat und Rohheit, deren Möglichkeit man mit ihrem kulturellen Niveau für unvereinbar gehalten hätte«.[27]

Freud konstatiert, daß dies Verhalten kein *Rückschritt* der Menschen ist. »In Wirklichkeit sind sie nicht so tief gesunken, wie wir fürchten, weil sie gar nicht so hoch gestiegen waren, wie wir's von ihnen glaubten«. Grundsätzlich gesehen: es gibt keine Möglichkeit des sittlichen Fortschritts. Freud erklärt: »In Wirklichkeit gibt es keine ›Ausrottung‹ des Bösen. Die psychologische – im strengeren Sinne die psychoanalytische – Untersuchung zeigt vielmehr, daß das tiefste Wesen des Menschen in Triebregungen besteht, die elementarer Natur, bei allen Menschen gleichartig sind und auf die Befriedigung gewisser ursprünglicher Bedürfnisse zielen. Diese Triebregungen sind an sich weder gut noch böse. Wir klassifizieren sie und ihre Äußerungen in solcher Weise, je nach ihrer Beziehung zu den Bedürfnissen und Anforderungen der menschlichen Gemeinschaft«.[28]

Freud sieht, daß der Mensch von verschiedenen Tendenzen bestimmt wird, die er nicht zur Deckung zu bringen vermag. Der Mensch muß eine Balance von Es, Ich und Über-Ich finden. Diese Balance wäre der ideale Zustand, denn das Verhalten des Ich ist nur dann in Ordnung, wenn es gleichzeitig die Anforderung dieser drei Instanzen erfüllt und sie miteinander zu versöhnen vermag. Die endgültige Herstellung einer solchen Balance ist jedoch eine Unmöglichkeit, denn ein Gleichgewicht zwischen den verschiedenen Ansprüchen könnte der Mensch nur erringen, wenn er als Ich Abstand zu sich selbst zu gewinnen vermöchte und seine Kräfte solchermaßen von außen her ordnete. Dies ist ihm aber verwehrt, weil das Ich keine neutrale Größe ist, sondern schon immer mit im Spiel steht.

Diese *Zerspaltenheit* ist als die Grundstruktur der Subjektivität aufzuweisen. Dies gelingt aber nur, wenn man die Subjektivität in ihren Möglichkeiten, ihren Anlagen und ihren Vermögen topologisch und dynamisch thematisiert und sie nicht nur behavioristisch und objektivistisch vom beobachteten Verhalten her beschreibt; solche Analysen bleiben an der Oberfläche. Die Diskrepanzen im Menschen erkennen aber bedeutet die Einsicht aufnehmen, daß der Mensch das Tier ist, das die Mittel des Geistes einsetzt. Der Mensch ist als nicht festgestellt nicht nur das unzuverlässige, sondern auch und vor allem das böse Tier.

Kant hat herausgestellt, daß das Böse ebenso wie das Gute dem Menschen von *Natur* zukommt und doch zugleich in der *Freiheit* gründet. »Wenn wir also sagen: der Mensch ist von Natur gut, oder: er ist von Natur böse, so bedeutet dieses nur soviel als: er enthält einen (uns unerforschlichen) ersten Grund der Annehmung guter oder der Annehmung böser (gesetzwidriger) Maximen, und zwar allgemein als Mensch, mithin so, daß er durch dieselbe zugleich den Charakter seiner Gattung ausdrückt. Wir werden also von einem dieser Charaktere (der Unterscheidung des Menschen von anderen möglichen vernünftigen Wesen) sagen: er ist ihm *angeboren*, und doch dabei uns immer bescheiden, daß nicht die Natur die Schuld desselben (wenn er böse ist) oder das Verdienst (wenn er gut ist) trage, sondern daß der Mensch selbst Urheber desselben sei«.[29]

Es ergeben sich nun in bezug auf die *Verantwortlichkeit* des Menschen mehrere Probleme. Erstens: die Anteile von Naturanlage und biologischem Erbe einerseits und reflexiver Selbsttätigkeit andererseits lassen sich gar nicht eindeutig trennen; sodann: das Rangverhältnis ist kein Kräfteverhältnis, vor allem: das jeweilig Ausschlaggebende ist gar nicht im vorhinein auszumachen, man weiß letztlich eben nicht – gerade dies zeigen die oben angegebenen Beispiele –, wenn, warum und auf welche Weise die Destruktion durchbricht.

Das Einsetzen der instrumentellen Rationalität zum Zwecke der Destruktion ist wesentlich. Es wurde oben, als der Widerstreit von Trieb, Wille und Denken entwickelt wurde, dargelegt, daß dem Denken die Aufgabe zukäme, das Allgemeine zu bedenken, aber wir wiesen zugleich darauf hin, daß diese Wende zum Allgemeinen nicht ohne weiteres eine Wende zur praktischen Vernunft im Sinne Kants sei. Gerade die *organisierte Triebhaftigkeit* beweist, daß die spezifische menschliche Destruktivität weithin durch Rationalität formiert wird.

Die Grundproblematik verweist auf das Ich zurück. Das Ich ist kein Kraftzentrum im rein biologischen Sinne, das heißt, es unterliegt nicht einfach dem mechanischen Gesetz der Entladung. Es verkürzt den Tatbestand, wenn man die menschlichen Reaktionen als bloße Antwort auf Reize im behavioristischen Sinne versteht, jede Reaktion ist der Möglichkeit nach aktionsbezogen. So ist die *»Anpassung an die gesellschaftliche Aggression«* kein nur reaktiver Vorgang. Das »Mitmachen« konstituiert sich als ein eigentümlich ursprüngliches, das heißt den verborgenen Trieben des Ich entstammendes Bejahen auf der Grundlage der Anreizung. In all diesen Verhaltensweisen sind die biologische und soziale Komponente, der rationale und irrationale Faktor mitbeteiligt, jeweilig sich gegenseitig bedingend.

Geht man den Dingen auf den Grund, dann zeigt sich als letzte Bastion das *problematisierende Denken* in seiner ganzen Hilflosigkeit: es vermag die Möglichkeiten durchzuspielen, aber keine endgültige Lösung zu finden. Als Fazit bleibt: »Auch bei seiner größten Anstrengung kann der Mensch sich nur vornehmen (se proposer), den Schmerz der Welt mengenmäßig zu vermindern«.

Anders gesagt: die Ethik stellt eine Aufgabe, von der, mit *Kierkegaard* gesprochen, der Schüler nicht dispensiert werden kann, auch wenn diese Aufgabe ihn überfordert. Die Aufgabe besteht gar nicht einfach darin, die grundsätzliche Änderung der Welt zu propagieren, sondern eben, mit *Camus* gesprochen, soweit möglich, das faktische und konkrete Leiden zu mindern. *Adorno* erklärt einmal mit Recht, daß er den Vorwurf des Negativismus auf sich nähme, denn: »Das Positive liegt heute darin, zu versuchen, so gut es in unserer Kraft steht, dem Negativen, dem Zustand der drohenden realen und dem der schon verwirklichten geistigen Entmenschlichung, doch das Ende zu bereiten«.[30]

IV. Zum Verhältnis von Sittlichkeit und Moralität in der Gegenwart

Wir suchen im folgenden Abschnitt vom Aspekt der Negativität und der Forderung des Engagements her, die Frage nach dem Verhältnis von Sittlichkeit und Moralität noch einmal zu beleuchten. Beide Begriffe sind auch heute noch zur Interpretation der ethischen Situation hilfreich, auch wenn ihnen in der Gegenwart, insbesondere insofern man die Differenz von Nahhorizont und Fernhorizont beachtet, ein verschiedenes Gewicht zukommt.

Wir haben das Leben im *Nahhorizont* in bezug zum Phänomen der *Sittlichkeit* gesetzt und der *Lebensweltethik* hier einen entscheidenden Raum eingeräumt, weil diese Ethik nicht fordert, sondern wesentlich beschreibend darlegt, wie das Leben sich regelt. Es sei aber noch einmal gesagt, daß wir Sittlichkeit nicht im Sinne Hegels oder des Aristoteles verstehen, das heißt, wir gehen nicht von mehr oder weniger durchgeformten Institutionen oder Gruppen aus. Die Gesamtentwicklung hat sich dahin ausgewirkt, daß heute alle Ordnungsgebilde dynamisiert und versachlicht sind infolge der Verwissenschaftlichung und Technisierung. Die allgemeine Rationalisierung setzt sich auch im Nahhorizont durch. Sie macht selbst vor den intimen Ich-Du-Beziehungen nicht Halt.

Zudem ist vom *Einzelnen* her zu bedenken, daß dieser nie ganz in den vorgegebenen Ordnungen aufgeht und sich fraglos in diese einfügt. Auch im Nahhorizont ist das Phänomen der *Moral* als wesentliches Element der Ethik anzusetzen, denn, mögen die Beziehungen als Antwortverhalten das Verhalten weithin regeln, der Einzelne ist immer und überall nicht nur Glied bestimmter Gruppen, sondern *»für sich«*. Ihm steht nicht nur die Möglichkeit der Isolierung und Aussonderung offen, er muß heute, insofern die traditionellen Rollen nicht mehr fraglos gültig sind, die Bezüge neu zu gestalten suchen – man denke, um nur ein Beispiel zu geben, an die veränderte Situation der Familie infolge der notwendigen Emanzipation der Frau.

Moralität – dies Wort sehr weit genommen im Sinne eigener Überlegung – muß eigens aktualisiert werden. Ich bin aufgefordert, die Verhältnisse zu überdenken und, soweit es an mir liegt, zu verbessern. Moralität so gesehen dient dazu, eine neue Möglichkeit der Sittlichkeit herzustellen.

Das Verhalten im *Fernhorizont* ist sehr viel schwerer von ethischen Begriffen her zu erfassen. Das zeigt sich ja schon in der nachidealistischen Tradition, die die Politik aus der Ethik austrennt und die Ethik auf das Verhalten im Nahhorizont beschränkt. Wir sahen, daß in dieser Situation der *Einzelne* in gewisser Weise auf sich zurückgeworfen wird. Er muß entscheiden, ob er sich zurückhält oder sich im politischen Geschehen engagiert. Wir haben die sich hier eröffnenden Möglichkeiten zu charakterisieren gesucht und dabei insbesondere den *Trend zur Welteinheit* herausgestellt. Wir werden auf dies schwierige Problem später im Zusammenhang mit dem Problem der Geschichte noch einmal zurückkommen. Jetzt nur soviel: der Trend auf Welteinheit hin, der sich in Wissenschaft und Technik gleichsam fast von selbst vollzieht, ist auch in der Politik zu verfolgen. Die politische Welteinheit ist ein *Fernziel*, aber, im zeitlichen und räumlichen Sinn uns doch unmittelbar angehend, eine *notwendige Aufgabe*. Die Welt ist kleiner geworden und enger zusammengerückt. Die Einigkeit des Ganzen ist auf die Verträglichkeit der Teile angewiesen und umgekehrt.

Vom ethischen und politischen Aspekt her ist ein Doppeltes nötig, einmal, wie schon angedeutet, die Notwendigkeit, mit Gleichgesinnten oder vorsichtiger gesagt: mit den

Menschen, die die *Dringlichkeit der Probleme* erkennen, sich zusammenzuschließen, um überhaupt wirksam werden zu können. Dieser Zusammenschluß setzt voraus, daß der Einzelne sich über die Lage *orientiert*. Es geht beim Handeln im Fernhorizont ja nicht um ein gefühlsorientiertes Antwortverhalten wie im Nahhorizont, sondern auch wesentlich um *Sachprobleme*. Man muß – das ist das Zweite – die Konstellationen zu erfassen versuchen; die Einstellung der Machtinhaber ist zu bedenken, und in bezug auf die Gesamtentwicklung ist zu fragen, ob diese nicht insbesondere unter dem Aspekt der Verwissenschaftlichung negative Folgen haben kann.

Es ist in bezug auf die Möglichkeit und Notwendigkeit der Orientierung also erfordert, den *Zukunftstrend* herauszustellen, ohne der Skepsis oder der reinen Hoffnungslosigkeit zu verfallen. Der Zukunftstrend läuft nicht ohne unser Zutun ab. Es ist in dieser Hinsicht erfordert, der Tendenz entgegenzutreten, daß die Fernziele nicht so vordringlich seien oder gar als unrealisierbar in den Hintergrund gedrängt werden müßten. Es wäre sicher verkehrt, wenn sich die Ethik in einem allgemeinen moralischen Appell erschöpfte, das heißt, wenn sie sich damit begnügte, die Realpolitiker immer wieder auf die »letzten Aufgaben« hinzuweisen. Die Ethik muß, wenn sie zeitgemäß ist, auch ins politische Detail gehen. Faktisch bleibt ihr aber immer die Aufgabe des *mahnenden Appells* auferlegt. Das war zu allen Zeiten so, von Sokrates an. Die primären Träger dieser »Mahner-Rolle« aber sind weitgehend die *»Intellektuellen«*. Ihnen liegt es vor allem ob, immer wieder auf die Bedeutung der Fernziele fordernd hinzuweisen.

Die Mahner-Rolle muß aber sachlich begründet sein. Wir wollen in diesem Zusammenhang auf den Begriff der *Totalisierung* hinweisen, wie er von Sartre dialektisch entwickelt wurde. Die Totalisierung betrifft den Bezug des Teils zum Ganzen und umgekehrt. Sartre fragt zunächst, wie gemeinsame Aktionen eigentlich zustandekommen, wenn »wirkliches Handeln« doch immer nur Tun von Einzelnen ist. Sartre erklärt, daß politische Aktionen immer *Gruppenaktionen* sind, die aber aus *gesellschaftlichen Gesamtkonstellationen* hervorgehen müssen. Sartre spricht in diesem Zusammenhang von einer *konkreten* Totalisierung. Totalisierungen als solche sind Vollzugsakte, sie stiften Einheiten, durch die Teile zusammengeschlossen werden.

Die Bewegung des Totalisierens ist aber nicht nur vom Aspekt des Gruppenverhaltens her zu analysieren, sondern ebenso vom Gesichtspunkt der *Geschichte* her. Die Totalisierung ist ja ihrerseits vom geschichtlichen Geschehen bedingt. Die Geschichte selbst ist, so sagt Sartre, Totalisierung, auch wenn hier kein bestimmtes Subjekt vorhanden ist. *Geschichte gibt Zusammenhänge vor*, die die Individuen in ihrem Tun aufnehmen müssen. Geschichte totalisiert uns also, indem wir sie totalisieren, und wir totalisieren sie, weil und insofern sie uns totalisiert.

Überdenkt man all diese Sachverhalte, dann erkennt man, daß hier gerade der Einzelne zu Überlegungen aufgefordert ist, von denen her er sein Tun *auszurichten* vermag, wenn es verantwortlich sein soll. Der Begriff der *Verantwortung*, das ist hier aber zu beachten, darf nicht »überstrapaziert« werden und zu einem Modewort werden. Es ist ohnehin schon riskant, von einer Verantwortung für die Geschichte zu reden, Verantwortung ist ja ursprünglich als Antwortverhalten ein personaler Bezug, und *Verantwortlichkeit* ist eingeschränkt auf ein Gebiet, für das man zuständig ist. Wenn man trotzdem die Redewendung gebraucht, man sei vor und für die *Geschichte* verantwortlich, so muß eben die *Dialektik* beachtet werden: daß wir hier *in ein Geschehen verflochten sind*, in bezug auf das wir weder zuständig noch unzuständig sind, und das wir dennoch, *soweit wir dazu in der Lage sind*, zu gestalten haben.

V. Allgemeine Leitlinien des ethischen Verhaltens

Vorbemerkung. Tugendethik und Regelethik

Wenn man die Geschichte der Ethik im Abendland betrachtet, insbesondere, wenn man vom Unterschied zwischen Sittlichkeit und Moral oder allgemeiner gesprochen von der Differenz relativ intakter Perioden und relativ ausgeprägter Krisenzeiten ausgeht, so zeigt sich im Verlauf der Entwicklung ein bedeutsamer Umbruch. In der Neuzeit ist das Bemühen, für das ethische Verhalten *eindeutige Leitlinien und Regeln* aufzustellen, maßgebend. In der Antike und im Mittelalter, soweit sie von der Lebensweltethik bestimmt sind, spielt dies Verfahren keine wesentliche Rolle.

Die Gründe für diese Umkehrung sind offensichtlich. Wenn eine Gemeinschaft ihre Verhaltensformen relativ fraglos anerkennt und diese trotz mancher Mängel grundsätzlich als in Ordnung erachtet, dann ist es die Aufgabe der Ethik, das Zusammenleben als solches zu *beschreiben*, wie es sich vom Tunlichen leiten läßt. Hier ist das Handeln in seiner Vielfalt, die auf einer hierarchischen Stufung beruht, nicht auf *eine* Formel zu bringen. So läßt sich das Gute, wie Aristoteles darlegt, nicht abstrakt kennzeichnen, sondern nur von den Lebensformen her, in denen ein Gut erstrebt wird und zwar in einer Gemeinschaft, die im ganzen von der Gerechtigkeit bestimmt ist. Die Einzelnen sind in die Ordnung eingebunden, die sich doch *differenziert* zeigt und zwar von den Tugenden her. Diese Ethik ist wesentlich *Tugendethik*.

Erst als im Beginn der Neuzeit das *Individuum* ins Zentrum tritt, wird die Frage wach, wie die Individuen zu einer Einheit verbunden werden können, und zwar so, daß ihre private Freiheitssphäre gewahrt bleibt. Ob man das Individuum als durch den Egoismus bestimmt ansieht im Sinne von Hobbes oder ob man ihm einen sozialen Instinkt zubilligt, es müssen *Regeln* gefunden werden, von denen her ein Zusammenleben konstituiert werden kann. Wesentlich ist, daß hier jeder diese Regeln für sich und die anderen anerkennt. Dies Verfahren gewinnt seinen Höhepunkt in *Kants Philosophie. Alasdair MacIntyre* hat diese Zusammenhänge eindringlich untersucht. In bezug auf Kant erklärt er: »In Kants moralischen Schriften haben wir einen Punkt erreicht, an dem der Gedanke, daß Moral etwas anderes als Befolgen von Regeln ist, fast, wenn nicht sogar ganz aus dem Blickfeld verschwunden ist. Und so bündeln sich die zentralen Probleme der Moralphilosophie in der Frage ›Wie sollen wir wissen, welchen Regeln wir folgen sollen?‹ Tugend-Begriffe werden für den Moralphilosophen ebenso nebensächlich, wie sie es für die Moral der Gesellschaft sind, in der er lebt«.[31]

Es setzt in der Neuzeit eine Bewegung ein, die die Ethik gleichsam als eine *fundierte Wissenschaft* etablieren will. Diese Tendenz ist ja bis in die Gegenwart maßgebend, man denke an *Apels* Versuch, in kritischer Anlehnung an Kant ein Prinzip der *Letztbegründung* zu finden.

Es wäre verkehrt, diesen Streit abstrakt schlichten zu wollen. Er entspringt ja einem historischen Geschehen, das nicht eindeutig zu werten ist. Die Frage, ob es einen Fortschritt darstellt, ist nicht zu entscheiden: einerseits zeugt das Geschehen vom Verlust der Gewißheit und der Sicherung durch das Hinschwinden der Metaphysik, andererseits bringt es durch die *Wendung zum Allgemeinen* faktisch eine gewisse Verbesserung im Blick auf die Humanität mit sich – man denke an die Anerkennung der Menschenrechte. Für uns aber ist es offensichtlich, daß nicht mehr eine *Tugendlehre* im Sinn des Aristoteles als verbindliche Verhaltensmaßnahme aufgestellt werden kann, aber es geht auch nicht mehr an, ein *eindeutig unbedingtes Prinzip* herauszustellen, wie Kant es tat, für den die Zugehörigkeit zum mundus intelligibilis die Unbedingtheit gesichert hat.

Alle diese Bedenken besagen aber nicht, daß übergreifende Formeln unnütz wären. Sie müssen jedoch dialektisch vorgehen, das heißt, *einerseits der Realität Rechnung tragen und andererseits im Sinne der Moral doch das Gegebene überschreiten*. Es muß sich um *Minimalforderungen* handeln. Solche Formeln – wir haben darauf schon hingewiesen – sind gerade in der Zeit einer Unsicherheit und Uneinigkeit wesentlich.

Wir thematisieren im folgenden unter dem Aspekt einer allgemeinen Grundlegung, die als Leitlinie fungiert, die sogenannte *Goldene Regel*. Diese Regel scheint zu allen Zeiten gültig gewesen zu sein. Gleichwohl tritt sie, wenn man genauer zusieht, in bestimmten Problemzusammenhängen auf. Unter dem Aspekt der heute möglichen grundlegenden Moralforderungen wird sodann auf die Forderung hingewiesen, den *Willen zum Leben* als allgemeines Prinzip anzusetzen.

1. Die Goldene Regel

Überdenkt man die Ausformungen der abendländischen Ethik, so ist festzustellen, daß sich offensichtlich die Inhalte der Moral in den Grundzügen relativ gleichgeblieben sind. Dies bezeugt die Goldene Regel. Volkstümlich formuliert besagt sie: »*Was du nicht willst, daß man dir tu, das füg' auch keinem anderen zu*«. Anders formuliert: »Verhalte dich zu deinem Mitmenschen so, wie du willst, daß er sich zu dir verhält«. Die entsprechende Forderung begegnet auch in der *christlichen Aussage*: »Du sollst deinen Nächsten lieben wie dich selbst«. Als weiteres Beispiel sei auf die zweite Fassung des kategorischen Imperativs bei Kant hingewiesen: »Handle so, daß du die Menschheit, sowohl in deiner Person als in der Person eines jeden anderen, jederzeit zugleich als Zweck, niemals bloß als Mittel brauchst«. Diese Regel ist nicht auf den europäischen Sprachraum beschränkt. Sie findet sich auch bei Konfuzius und im Islam. Immer ist die *Erweiterung auf alle Menschen* intendiert. Dies weist zugleich aber auf die Problematik dieser Regel hin.

Es ist angebracht, sich daran zu erinnern, daß die uneingeschränkte Anerkenntnis im Sinne der Gleichberechtigung aller Menschen sich theoretisch – von der Praxis ganz zu schweigen – erst sehr allmählich durchgesetzt hat. Wir haben oben die *griechische Grundformel* angeführt, die besagt: dem Fremden ist Böses und dem Freund Gutes zu tun. Plato diskutiert diese Formel am Anfang der »Politeia«. Sie ist in bezug auf die Außenpolitik, so scheint es, gültig. Plato destruiert sie kritisch, indem er auf den Begriff des Freundes aufmerksam macht. Er legt zunächst dar, daß der Freund der Gute und der Feind der Schlechte ist, aber er zeigt schließlich, daß der Gerechte niemand schaden darf, denn das Schaden bedeutet, den anderen zu einem schlechten Menschen zu machen. Fazit: »Wir haben erkannt, daß der Gerechte überhaupt niemandem Schaden zufügt«.[32]

Die allgemeine Anerkennung des Anderen ist als möglicher Grundansatz der Ethik im *stoischen* und *christlichen Denken* herausgestellt worden. In der Stoa wird sie dadurch begründet, daß allen Menschen Vernunft zukommt, und im Christentum wird sie auf die Gleichheit der Menschen vor Gott zurückgeführt. Zieht man aus dieser Erkenntnis der grundsätzlichen Gleichheit die praktische Konsequenz, so zeigt sich: man muß daran mitarbeiten, daß die immer noch bestehenden Schranken aufgehoben werden. Es darf keine Herren und Sklaven geben, sondern nur Weltbürger, die *einem* Gesetz, *einem* Recht unterstehen und nur in *einem* Staat leben, so lehren einige Stoiker. Das sind Ideen, die weder damals noch jetzt verwirklicht wurden. Wesentlich ist in diesem Zusammenhang aber, daß man erkennt, daß diese Erweiterung auf der Voraussetzung einer allgemeinen Humanität beruht, und daß sie solchermaßen eine *Entpolitisierung* bedeutet, zugleich aber doch gerade auf die Politik zurückwirken und sich in dieser aktualisieren soll.

Hegel hat die Idee der Freiheit als Schlüsselbegriff der gesamten Entwicklung in seiner Geschichtsphilosophie eindrücklich dargelegt. Er zeigt, wie sich diese Idee in der abendländischen Geschichte durchsetzt. Der Weg führt von der religiös-innerlichen Freiheit, die das Christentum herausstellt, zu der bürgerlichen Freiheit. Das Christentum hat ja noch nicht die Sklaverei abgeschafft, erst die Umsetzung der religiösen Freiheit in *»weltliche Allgemeinheit«* hat hier Abhilfe geschaffen.

Hegel argumentiert im Konzept einer Metaphysik, die sich in der Geschichte bewährt. Es geht in der Entwicklung um die Darstellung des Geistes, »wie er zum Wissen dessen zu kommen, sich erarbeitet, was er an sich ist«. Die Durchführung erfolgt, auf die reale Geschichte betrachtet, erst sehr allmählich, wobei wiederum zu unterscheiden ist zwischen der Erkenntnis des Prinzips und seiner Durchsetzung. Es ist ja möglich und geschieht sehr oft, daß die Erkenntnis durchaus schon da ist, aber im Raum der Innerlichkeit verbleibt. Daß dieser Raum überschritten wird, ist für Hegel aber eben keine Frage, insofern der Geist der Welt sich im Inneren und Äußeren manifestieren muß.

Für uns ist offensichtlich, daß zwischen der allgemeinen Anerkennung und ihrer Verwirklichung ein Hiatus klafft. Diese Tatsache aber ändert nichts daran, daß die Goldene Regel – das zeigt ja ihre Verbreitung – ein eigentlich nicht zu bezweifelndes *Grundelement aller Moral* darstellt. Über alle Unterschiede hinweg wird sozusagen ein *Minimalbestand an Gemeinsamkeit* angefordert, der den Gegensatz von metaphysisch und antimetaphysisch, von empirisch und apriorisch unterläuft. Sicher: es wird eine Forderung ausgesprochen, aber es geht nicht um reine Vernunftmoral. Es wird offensichtlich eine *praktisch-pragmatische Klugheitserwägung* in Rechnung gestellt, die sich im Alltag bewährt. Wenn man sich an diese Regel hält, dann, so darf man folgern, müßte der Umgang sich reibungslos vollziehen. Aber die Realität zeigt nun, daß die Goldene Regel keineswegs das Verhalten im ganzen regiert. Es scheint, daß sie im Nahhorizont weithin befolgt wird. *Carl Friedrich von Weizsäcker* weist mit Recht darauf hin, daß dort, wo man sich von Angesicht zu Angesicht begegnet, also in kleinen Gruppen, das Verhalten durch persönliche Bekanntschaft geregelt werden kann.[33] Hier ist das berühmte *Erwartungsverhalten* maßgebend. Die Erwartung kann habitualisiert werden, wobei es dann zum Dauerbedürfnis wird, sich auf die bestätigende Reaktion der anderen einzustellen. Diese Stabilisierung bedeutet keineswegs so etwas wie ein Sichhineinversetzen in den anderen, sie führt jedoch zu einer *gewissen Verpflichtung* im Sinne des Regelverhaltens. Das besagt: das entsprechende Verhalten wird auch von mir dann gefordert, wenn der Partner es nicht ausdrücklich verlangt. Der Umgang im Alltag ist weitgehend durch die Gewohnheit eingeschliffen. Aber – wir haben wiederholt darauf hingewiesen – Gewohnheit und Umgangsansprüche stellen keine Garantie für das Verhalten dar. Und vor allem: wenn man sich dem Verhalten im Fernhorizont zuwendet, muß man erkennen, daß die Goldene Regel keineswegs das Verhalten bestimmt.

Angesichts dieses Sachverhaltes sucht man nach einer *Möglichkeit der Fundierung*. Man setzt ein *Tertium* an, das übergreifend das Miteinander regelt und begründet. Dieser Ansatz – dies zeigt die geschichtliche Entwicklung – ist weithin von der *Metaphysik* bestimmt. So wird in der platonischen Philosophie das Gute als das Prinzip des Seins, das alles geordnet hat, angesetzt. In der christlichen Epoche vermittelt der Bezug zu Gott den Bezug zu anderen. Der Gedanke, daß mitmenschliches Miteinander fundiert werden muß, wird aber auch und gerade in der Ethik der Neuzeit herausgestellt. Die Idee der Freiheit, die jetzt maßgebend wird, wird ihrerseits von der *Vernunft* übergriffen. Hegels Metaphysik – wir haben ja soeben auf sie hingewiesen – führt diesen Ansatz außerordentlich eindrücklich durch.

Wesentlich auf das Ganze der Entwicklung gesehen ist aber, daß das Dritte einen Forderungscharakter behält. Man soll sich zu Gott oder der Vernunft erheben. Diese Erhebung ist nicht selbstverständlich, denn gegen die Hingabe an Gott wehrt sich die Hybris und gegen die Anerkennung der Vernunft die Unvernunft der triebhaften Egoität. Gleichwohl ist dies Bewußtsein einer Vermittlungsgröße *beruhigend*. Es verweist auf die Möglichkeit, daß die Formel eben doch auf Grund der metaphysischen Fundierung erfüllbar ist.

Die geschichtliche Entwicklung zeigt, daß im späteren 19. Jahrhundert sich eine entscheidende Wende durchsetzt. Die metaphysischen Stützungsversuche werden unwirksam, weil die Metaphysik am Ende ist. Man sucht zunächst nach *Ersatzmöglichkeiten*. Wissenschaft und Technik scheinen den Fortschritt zu garantieren. Aber dieser Fortschrittsglaube wird fraglich.

Wendet man sich der Gegenwart und der heute maßgebenden Diskussion ethischer Grundfragen zu, so zeigt sich ein merkwürdiger Sachverhalt. Die Goldene Regel bleibt durchaus weiterhin in Geltung, aber man sucht sie abzustützen, natürlich nicht mehr im Sinne der Metaphysik, sondern von der *Anthropologie* her.

Insbesondere in der *angelsächsischen modernen Ethikdiskussion* finden sich solche Stützungsargumente für die Goldene Regel. Es ist hier zu bedenken, daß diese Ethikdiskussion weithin an die Tradition anknüpft, die die Ethik *vom Umgang her* zu fundieren sucht. Ethik, so heißt es, hat den Charakter der Verpflichtung, aber dieser muß eben begründet werden. Sucht man nach einem Begründungsprinzip, so bietet sich zunächst die Idee der *Gerechtigkeit* an. Aber um wirkliches Miteinanderleben zu ermöglichen, genügt es nicht, sozusagen ein reziprokes Verteilerprinzip als Interessenausgleich aufzustellen, zur Gerechtigkeit muß *Achtung* und *aktive Sympathie* hinzukommen als Haltung des *Wohlwollens* anderen gegenüber. Gerechtigkeit und Wohlwollen ergänzen sich und sind gleichermaßen notwendige Dimensionen moralischen Verhaltens. *Kohlberg* erklärt: »Wohlwollen kontrolliert das angebliche Interesse an Gerechtigkeit so, daß es mit der Förderung des Wohlergehens aller vereinbar bleibt; und Gerechtigkeitserwägungen schränken Wohlwollen so weit ein, daß es sich mit einer Respektierung der Rechte anderer als autonomer Subjekte verbinden läßt«.[34] Kohlberg fährt fort: »Wir sind der Ansicht, daß es genau diese Koordination ist, die die ›Goldene Regel‹ als so zwingend und zeitlos gültig erscheinen läßt. In der positiven Version ›Gehe mit anderen so um, wie du willst, daß man mit Dir umgeht!‹ gelangt die Haltung des Wohlwollens zum Ausdruck, die in der christlichen Maxime ›Liebe deinen Nächsten wie dich selbst!‹ noch stärker betont wird. In der negativen Version ›Was du nicht willst, das man dir tu, das füg auch keinem anderen zu!‹ gelangt die Haltung der Gerechtigkeit zum Ausdruck, mit der die Rechte und Autonomie anderer respektiert und geschützt wird«.[35]

Die Theorie wird weiter ausgebaut. Ethik soll ja fundamental gelten. Man soll also von sich als einem in geschichtlich konkreten Konstellationen stehenden Individuum *absehen* und eine *allgemeine und originäre Position* »unter dem Schleier der Unwissenheit« einnehmen, wie *John Rawls* in seinem weithin anerkannten Buch »A theorie of justice« darlegt. Das heißt konkret: wenn man andere beurteilt und bewertet, soll man nicht wissen, »welchen gesellschaftlichen Rang sie besäßen und ob sie arm oder reich, schwarz oder weiß, männlichen oder weiblichen Geschlechts, Christ, Buddhist oder Jude wären«. Kohlberg erklärt zu diesen Ausführungen: »Rawls' Gedankenexperiment kann als eine Variante oder eine Ausformulierung der Goldenen Regel verstanden werden. Indem wir unsere Position in der Gesellschaft nicht kennen, müssen wir uns in die Rolle eines jeden möglichen Mitglieds der Gesellschaft und vor allem in die Situation der am meisten Benachteiligten versetzen oder uns eine solche Rollenübernahme zumindest vorzustellen versuchen«.[36]

Dieser Ansatz kann unterstützt werden durch die Forderung von *Sympathie* und *Fairneß*. Eben diese Forderungen lassen sich nur verstehen auf Grund wechselseitiger Rollenübernahme. Noch einmal sei *Kohlberg* zitiert: »Die Intention, einen Interessenausgleich herbeizuführen, wird durch die mentale Operation einer idealen wechselseitigen Rollenübernahme erleichtert. Dieser Prozeß beinhaltet *erstens* eine Übernahme der Perspektive des anderen in bezug auf eine vorliegende problematische Situation ... *Zweitens* beinhaltet die Intention, durch eine ideale wechselseitige Rollenübernahme einen Interessenausgleich herbeizuführen. Aufgrund der Gemeinsamkeit dieser Verhaltenserwartungen kann in einem *dritten* Schritt eine Bewertung der Forderungen und Interessen aus der Perspektive aller vom Dilemma betroffenen Personen vorgenommen werden«.[37]

Durch diese Rollenübernahme kann, so meinen die angelsächsischen Forscher, die Diskurstheorie abgestützt werden. Faktisch aber geht dieser Weg ins rein Abstrakte über: man soll sich in den anderen versetzen, ebenso, wie dieser es tun soll. Solchermaßen soll eine Unparteilichkeit erzeugt werden und auf dieser beruht der moralische Standpunkt. »Den moralischen Standpunkt einnehmen heißt, die Partikularität eines jeden individuellen Standpunktes überschreiten und die Situation von einem Gesichtspunkt aus betrachten, von dem aus jedes individuelle Wertsystem gleichermaßen berücksichtigt wird«.[38] Diese ideale wechselseitige Rollenübernahme ist – das ist der springende Punkt – nichts anderes als die fundierende Ausführung der Goldenen Regel, sie stimmt, so meint Kohlberg, auch mit *Kant* überein: »Das Interesse dafür, wie *jedermann* handeln sollte, entspricht derjenigen Form von Kants kategorischem Imperativ, die lautet: ›Handle so, daß die Maxime deines Willens jederzeit zugleich als Prinzip einer allgemeinen Gesetzgebung gelten könne‹«.[39]

Das Problem ist lediglich, wie man den moralischen Standpunkt erreicht. Das geschieht aufgrund der *Entwicklung*. Auf der letzten Stufe der Entwicklung ist, wir haben dies oben dargelegt, der Standpunkt der *Autonomie* erreicht, der über individuelle und konventionelle Maßstäbe hinausgreift, und der es möglich macht, das, was Moral ist und sein soll, rein zu erfassen.

Allgemein formuliert: der Streitpunkt, welche Moral die richtige ist, kann mit den Mitteln der höheren Einsicht grundsätzlich entschieden werden. *Habermas* erklärt: »Ich bin prinzipiell der Auffassung, daß sich mit guten Gründen entscheiden lassen muß, welche Moraltheorie den allgemeinen Kern unserer moralischen Intuitionen, d. h. einen universelle Geltung beanspruchenden ›moralischen Gesichtspunkt‹ am besten rekonstruieren kann«.[40] Und dies ist eben die Diskurstheorie. Die *Rationalität* im Sinne eines argumentativen Diskurses vermag alle Moralen zu beurteilen, weil sie die lokalen Umstände und traditionellen Ordnungen überschreitet. Gleichwohl bleibt auch für sie die Forderung bestehen, daß die Sorge um den anderen mit der Sorge um das *Gemeinwohl* und der Sorge um die *Identität einer Gruppe* verbunden werden soll. Das bedeutet: man muß Gerechtigkeit ergänzen, nicht durch Wohlwollen und Sympathie – das ist zu subjektiv –, sondern durch Solidarität. Habermas erklärt: »Dieses Prinzip wurzelt in der Erfahrung, daß einer für den anderen einstehen muß, weil alle als Genossen an der Integrität ihres gemeinsamen Lebenszusammenhanges in derselben Weise interessiert sein müssen«.[41]

Überdenkt man diese Ansätze, so fällt auf, daß der Rückgriff auf die Goldene Regel mit *allgemeinen Hinweisen auf lebensweltliches ethisches Verhalten* verbunden wird. Aber die Frage, ob Gerechtigkeit, Fairneß und Solidarität sich durchsetzen können, unterbleibt. Der Blick auf die Negativität wird, wie wir oben darlegten, als totalphilosophisches Erbe ausgeblendet.

Will man die Bedeutung der Goldenen Regel unter theoretischem und praktischem Aspekt gerade in bezug auf unsere Situation adäquat erfassen, so ist die Epoche des späteren 19. Jahrhunderts nicht auszuklammern, das heißt der Zeit, in der die *Negativität* in vielfacher Hinsicht ins Thema gehoben wurde. Wir denken an die »Gegenmetaphysik« zur Tradition, die Schopenhauer und Nietzsche entwarfen, aber auch an den Marxismus, die Evolutionstheorie und die Psychoanalyse. Der entscheidende Punkt ist, daß hier unter ganz verschiedenen Aspekten und unter ganz verschiedenen Wertungen herausgestellt wird, *daß das Geschehen in Natur und Geschichte sich nicht nach ethischen Gesetzen richtet*, und daß der Mensch vom Willen zur Selbsterhaltung oder dem Willen zur Macht bestimmt ist. Ob man die Verhältnisse anklagt oder die Naturentwicklung im ganzen, ob man vom Destruktions- und Aggressionstrieb oder vom Todestrieb spricht, ist sekundär. Negativität ist jedenfalls ein Sachverhalt im Verhalten der anderen zu mir und meinem Verhalten zu ihnen, von dem man nicht absehen kann.

Dies ist auch in bezug auf die Goldene Regel zu bedenken. Wenn ich mir sage: der eigene Vorteil gebietet mir, den anderen gut zu behandeln, so erfordert dies eine *Brechung* des naiven Auslebens. Ich muß mich auf den anderen hin entwerfen und zwar – das ist wesentlich – in der Einsicht der Gegenseitigkeit und Wechselwirkung. Ich darf dabei gerade die konkrete Situation nicht außer acht lassen. Das besagt aber: *ich muß mir klarmachen, daß ich durch die anderen immer schon vermittelt bin, ebenso wie ich sie vermittle*. Ich muß mir eine doppelte Rücksichtnahme auferlegen. Das geschieht gerade aber durch die Moral, die solchermaßen an das Wohl aller denkt.

2. Der Wille zum Leben

Wenn man die metaphysische Vermittlung der Tradition nicht mehr für möglich hält, dann müssen wir uns selbst übernehmen und uns unter ein Tertium stellen, das mir und den anderen vorgegeben ist und das mich zwingt, meine Egoität und die Egoität der anderen zu berücksichtigen. Unter diesem Aspekt sei der *Wille zum Leben* als ein Prinzip herausgestellt, das für unser Handeln verbindlich sein kann, ohne metaphysische Geltung zu beanspruchen.[42] Der Wille zum Leben ist eine *Grundtatsache*, die allem

Lebendigen zu eigen ist, insofern es ihm um *Selbsterhaltung* geht. Ob es sich um biologische Bedingungen handelt oder um das Phänomen der Egoität, das ist vom jetzt geforderten Aspekt der Fundierung der Gegenseitigkeit her eine sekundäre Frage. Es geht hier lediglich darum, den Willen zum Leben als unhintergehbare Tatsache und Grundlage allen Tuns zu verstehen, das heißt, dieser Wille ist bei mir und bei den anderen als solcher anzuerkennen. Daß es höhere Werte als das bloße Leben gibt, für die man sich als Individuum einsetzen kann und muß, sei nicht abgestritten, aber deren Vermittlung setzt das *biologische Leben als Grundlage* voraus. Hier hat wiederum die Goldene Regel Geltung: wenn ich will, daß der andere mich nicht tötet, darf auch ich ihn nicht töten.

Hier beginnt nun aber – darauf wurde schon hingewiesen – ein nicht leicht zu lösendes Problem. Mit dieser sehr allgemeinen Formel ist ja nicht alles Verhalten abgedeckt und eindeutig vorgeschrieben. Ist Kriegsdienstverweigerung heute, angesichts der Situation, nicht die einzig legitime Einstellung? Soll man im Sinne der Bergpredigt radikal aller Gewalt entsagen?[43] Hier muß – dies bleibt trotz aller ethisch relevanter Prinzipien in Gültigkeit – letztlich der Einzelne für sich mit Hilfe einer problematisierenden und reflektierenden Ethik eine Entscheidung herbeizuführen suchen. Auf diesen Sachverhalt wurde mehrfach hingewiesen.

VI. Instanzen der Ethik

Vorbemerkung

Im folgenden sei kurz auf ein Problem eingegangen, das in der Tradition eine wesentliche Rolle spielt. Es ist dies die Frage, auf welche *Vermögen* die ethischen Forderungen im Sinne ihrer Leitlinien und Regeln zu beziehen sind. Als solche Vermögen stellen wir die *Vernunft* und das *Mitleid* heraus. Da beide Instanzen wiederholt zur Sprache kamen, begnügen wir uns jetzt mit rekapitulierenden Zusammenfassungen.

1. Vernunft

Es geht für uns bei der Erörterung der ethischen Grundsätze nicht darum, Unbedingtheit und Bedingtheit theoretisch gegeneinander auszuspielen. Wesentlich ist es, daß die Grundsätze als Leitlinien mit den *Mitteln der Vernunft* angegangen werden.

Kant erklärt in der »Grundlegung zur Metaphysik der Sitten«: »Praktisch gut ist aber, was vermittels der Vorstellung der Vernunft mithin nicht aus subjektiven Ursachen, sondern objektiv, d. i. aus Gründen, die für jedes vernünftige Wesen als ein solches gültig sind, den Willen bestimmt«.[44] Für Kant ist Vernunft ein metaphysischer Begriff. Er setzt die Zugehörigkeit aller vernünftigen Wesen zum *mundus intelligibilis* voraus. Darauf beruht ja nach Kant die *Allgemeinheit*, in der alle übereinkommen. Wird diese Idee einer höheren und in sich gültigen Vernunftwelt fraglich, dann muß auch Vernunft als in der Möglichkeit des Irrtums stehend angesehen werden. Vernunft muß als vernünftige Überlegung sich in den wechselnden geschichtlichen Umständen bewähren.

Vernunft ist nicht festgelegt und solchermaßen ein *offenes* Vermögen. Sie muß als die Möglichkeit betrachtet werden, Ordnungen zu konstituieren, die nie endgültig und perfekt sind.

Vernunft ist als Überlegen in praktischer Hinsicht immer eine *Vermittlung von Selbstverständnis und Weltverständnis*. Es soll geklärt werden, was jetzt für uns zu tun möglich und erfordert ist. Als begründetes Argumentieren stellt Vernunft die Chance dar, daß der Einzelne sich übersteigt und zu Einsichten gelangt, die allgemeinverbindlich sind. *Das Sicherheben, das Denken aus Vernunft, setzt eine Umwandlung des Willens voraus*: die Egoität im Sinne der Einzelheit muß sich dem Allgemeinen einordnen, mit Hegel gesprochen, »der Wille muß sich zum Denken erheben und seinen Zwecken die Allgemeinheit geben.«

2. Mitleid

Der Wille zum Leben als eine Tatsache, die man bei allen Menschen anzuerkennen hat, erfordert als Grundeinstellung die Haltung des *Mitleids*. Das Mitleid ist bei den Philosophen im allgemeinen negativ bewertet worden. Mitleid gilt als sentimental und zufällig, es ist als Mit-Leiden auf die Negativität des Lebens einseitig hin ausgerichtet und daher für eine Philosophie, die von der Positivität der Welt ausgeht oder diese fordert, störend. *Nietzsche* hat diese Tendenzen radikalisierend auf einen Nenner gebracht. Mitleid ist Aufwertung des Leidens und des schwächlichen Lebens; aber nur das gesunde und starke Leben ist im Recht. Wenn man das kranke Leben als abwegig deklariert, muß man es verachten und darf ihm nicht helfen. Nietzsche erklärt: »Der Kranke ist ein Parasit der Gesellschaft. In einem gewissen Zustand ist es unanständig, noch länger zu leben. Das Fortvegetieren in feiger Abhängigkeit von Ärzten und Praktiken, nachdem der Sinn vom Leben, das Recht zum Leben verlorengegangen ist, sollte bei der Gesellschaft eine tiefe Verachtung nach sich ziehen«.[45] Sicher: das sind Äußerungen Nietzsches, denen durchaus gegensätzliche gegenübergestellt werden können. Nietzsche legt dar, daß Gesundheit eo ipso Borniertheit bedeute. Gleichwohl spricht sich in der Negation des Mitleides ein grundsätzliches Verständnis des Lebens aus, das von dem antiken Ideal der Stärke und Gesundheit bestimmt in der Tradition eine nicht unerhebliche Rolle spielt.

Es sind, so kann man sagen, zwei Quellen, von denen her das Mitleid negativ bewertet wird. Einmal: Mitleid vermittelt *kein Ideal*, es gewährt keine Ausrichtung nach vorn; und sodann: Mitleid, einsetzend beim Anblick des Leidenden, ist *als Gefühl* für die Konstitution einer ethischen Grundeinstellung untauglich.

Es soll hier nicht gegen beide Einwände theoretisch argumentiert werden. Daß unsere Analysen von einem gewissen Vorrang der Negativität ausgehen, wurde mehrfach dargelegt. Und in bezug auf die Frage nach der Bedeutung des *Gefühls*: es ist – auch dies wurde mehrfach betont – nicht möglich, ethische Ansätze in eindeutiger Form entweder auf Vernunft und Rationalität oder auf Gefühl zu begründen. Das wäre der menschlichen Psyche nicht angemessen. Man muß ja auch unter dem Aspekt der Ethik davon ausgehen, daß das Verhalten des Menschen sich aus verschiedenen Quellen ableiten läßt, und es ist offensichtlich, daß eine dieser Quellen eben das Gefühl in seiner ganzen Zweideutigkeit ist. Gerade diese *Zweideutigkeit* wird aber schon immer von *wertenden Aspekten* begleitet. Gefühle werden positiv oder negativ beurteilt, sie stehen unter

…schem Aspekt und geben den Blick auf die Möglichkeiten des menschlichen …teinanders frei.

Das Mitleid gehört, wenn man nicht von den elitären Philosophen, sondern vom alltäglichen Durchschnittsverständnis ausgeht, zu den *positiven Gefühlen*. In ihm zeigt sich ein Gegenzug zur reinen Egoität und zu der Tendenz, den Anderen nur von meinem Aspekt her und unter Umständen sogar als Einbruch in meine Sphäre zu betrachten. Im Mitleid liegt eine *Sympathie* und eine *Identifikation* mit dem Anderen. Wir haben diese Sachverhalte oben ausführlich dargelegt und wollen sie jetzt nicht wiederholen. Nur an ein Zweifaches sei erinnert. Das ist einmal die Einsicht, daß es offenbar im Gegenzug zum Freund-Feind-Schema auch so etwas wie *Offenheit* und *Bereitschaft* den anderen gegenüber gibt, das heißt, es wäre verkehrt, menschliches Verhalten grundsätzlich nur unter ein Prinzip, sei es das Prinzip der Feindschaft oder der Zuneigung, zu stellen. Das Miteinander ist vom Gegeneinander und Füreinander in sehr unterschiedlichen Ausprägungen bestimmt.

Das Mitleid beruht, wie Schopenhauer richtig sah, auf einer bestimmten Konstellation. Es sieht nicht davon ab, daß Negativität in erschreckenden Formen bis zur Grausamkeit hin durchaus das menschliche Miteinander bestimmt. *Die Negativität zeigt sich in der Natur und in der Geschichte: der Wille zum Leben und die Machtkämpfe sind bestimmend.*

Bedenkt man diese Sachverhalte, dann begreift man, daß jeder in Situationen kommen kann, in denen er Mitleid »braucht«. In diesen Situationen aber setzt jede Verrechnung aus. *Hier regiert nicht das Prinzip der Gegenseitigkeit*, sondern das Bewußtsein der *Kreatürlichkeit* und ihrer Gefährdung – diese Kreatürlichkeit ist nicht durch Vernunft aufzuheben.

Das zweite Problem – wir haben es oben schon diskutiert – betrifft die Frage, ob Mitleid von einer Tugend des Nahhorizontes zu einer *Ferntugend* umgewandelt werden kann. Daß es, grundsätzlich gesehen, Erweiterungen der Handlungszonen gibt, zeigt sich ja gegenwärtig im technisch-wissenschaftlichen Bereich. Der Trend zu Großgruppen und übergreifenden Einheiten ist nicht zu verkennen. Daß Mitleid zu einer vorgreifenden Bereitschaft werde, setzt aber nicht von selbst auf Grund der geschichtlichen Entwicklung ein. Das Leid der Welt im Großen, wie es uns heute durch die Massenmedien zugänglich gemacht wird, berührt uns eben nicht so wie das Leiden, was uns unmittelbar angeht. Zudem versagt hier die Goldene Regel im Sinne der *gegenseitigen Hilfe*, denn die sogenannten unterentwickelten Länder können uns kaum helfen. Wenn man trotzdem von der Forderung der Erweiterung des Mitleids ausgeht, so muß man den Gedanken des Nächsten aus seiner Bindung an eine Begegnung im Nahhorizont lösen. Die Ethik geht damit in die Dimension der *moralischen Forderung* über, bei der es immer ungewiß ist, ob und wieweit sie erfüllt wird.

Wir brechen die Hinweise auf mögliches ethisches Verhalten ab. Sie sollten in Aufnahme früherer Ausführungen in Erinnerung bringen, daß dieses Verhalten im allgemeinen auf *sehr einfache Strukturen und Leitlinien* gebracht werden kann, die weithin anerkannt werden. Dieser Sachverhalt darf aber nicht die Einsicht verdecken, daß die Anerkenntnis dieser Regeln ja keineswegs ihrer Befolgung gleichzusetzen ist: daß der Mensch ambivalent ist und daß er auch durch den Hang zum Bösen bestimmt ist, bleibt bestehen.

Drittes Kapitel
Zum Verhältnis des Menschen zur Natur unter anthropologischem und ethischem Aspekt

Vorbemerkung

Die Einbeziehung der *Natur* in eine Analyse, die ethische Fragen betrifft, bedarf der näheren Erläuterung. Es liegt nahe, sich auf den Bezug zum schonenden Umgang mit der Natur zu konzentrieren, das heißt, sich der Tendenz der Naturbeherrschung und der Naturausnutzung entgegenzustellen, wobei nach Meinung einiger Denker zu erwarten oder zu erhoffen ist, daß sich der Mensch, der dies tut, im ganzen wandelt, zumindest aber nicht mehr den Fortschritt der Technik und der Wissenschaft als den Weg zu den höchsten Möglichkeiten des Menschen ausgibt. Es geht aber heute nicht nur darum, die *äußere Natur* pfleglich zu behandeln, sondern ebenso wichtig ist es, *unsere eigenen Anlagen gegen Manipulationen* zu schützen: das Thema der *Gentechnologie* steht heute im Vordergrund. Es ist gleichsam zum Paradefall geworden in der Auseinandersetzung zwischen Wissenschaft und Ethik. Zentral ist hier die Frage, ob die wissenschaftliche Forschung eingeschränkt werden soll, das heißt, ob sie ethischen Maßstäben untersteht oder ob man in der Wissenschaft, wenigstens im Experiment, das durchführen darf, was man kann.

Die Frage nach den Grenzen der Wissenschaft ist mit der Frage verbunden, ob die neuzeitliche Einstellung weiterhin gelten soll, die besagt: Natur ist, ob es sich um äußere oder unsere eigene Natur handelt, in der Wissenschaft als ein *Objekt* zu betrachten, auf das man sich *theoretisch forschend* einstellt, zugleich vom Bewußtsein begleitet, daß Wissenschaft *technischen Fortschritt* mit sich bringt. Die Gegenposition zu dieser Einstellung weist demgegenüber darauf hin, *daß wir ja selbst in den Naturzusammenhang gehören und ein Teil der Natur sind.* Die Notwendigkeit des pfleglichen Behandelns der Natur wird also nicht nur aus utilitaristischen Gründen betont. In der Neuzeit und in der Gegenwart treten immer wieder Denker auf, die herausstellen, daß die Natur unser eigentlicher Ursprung sei. Ihr gegenüber sei nicht nur hochmütiges Erhabenheitsgefühl nicht angebracht, sie müsse als umgreifende Ordnung erkannt werden.

Die Analyse unseres Bezuges zur Natur muß, so wird hier argumentiert, unter *ethischen Aspekt* gestellt werden. Es erschließt sich ein neuer Bereich der ethischen Fragestellung. Selbst wenn man nicht, wie es radikale Gegner der neuzeitlichen Einstellung fordern, zu einem unmittelbaren Naturumgang zurückgehen soll, sondern durchaus die Freiheit der Forschung im Auge behält, muß unser Verhalten zur Natur außer uns und in uns neu überdacht werden.

Man kann zu diesen Fragen angemessen nur Stellung nehmen, wenn man mehrere Aspekte beachtet, auch Aspekte, die über konkrete Probleme der ethischen Fagestellung hinausgehen, die aber zu deren Klärung nützlich sind, insofern sie dazu beitragen, die Fragestellung zu verschärfen, oder noch radikaler: auf die *Schwierigkeit*, eine verbindliche Lösung zu finden, hinzuweisen.

Hier geht es einmal um die Frage nach der Grundeinstellung zur Natur überhaupt. Diese *Grundeinstellung* ist durch eine Zweideutigkeit bestimmt. Der Mensch ist einerseits von Anfang an gezwungen, sich *gegen* die Natur zu behaupten, sie *auszunutzen* und sie zu *beherrschen*. Dieser Prozeß ist der Prozeß der »*Kultivierung*« des Menschen: als Kulturwesen erhebt sich der Mensch über die Natur. Diese Erhebung bringt eine gewisse weltanschauliche Degradierung der Natur, oder besser: eine Einschränkung des Aspektes, daß Natur eine auch den Menschen umgreifende Ordnung ist, mit sich. Der Fortschritt bewirkt eine *Verwissenschaftlichung* und *Technisierung* der Natur. Die Natur wird der Macht des Menschen unterworfen. *Bacon* hat dies Programm eindrücklich dargelegt. Er führt, so erklärt Ernst Cassirer, »die Sprache des Kriminalisten«, der berufen ist, der Natur ihre schuldigen Dienste abzuverlangen. Es gibt – und hierin zeigt sich die Zweideutigkeit – Gegenbestrebungen. Man denke an *Rousseau* oder die *Romantik*. Der entscheidende Gegenschlag aber ereignet sich erst, wie dargelegt, im nachidealistischen späteren 19. Jahrhundert, als der *Mensch selbst* via wissenschaftlicher Forschung als Geistwesen im metaphysischen Sinn *degradiert und in die Naturentwicklung zurückgenommen wird*. Dieser Ansatz wirft dann wiederum die Frage auf, ob der Mensch seine eigene Natur beherrschen kann, wenn er nicht als Geistwesen ihr überlegen ist, sondern durch natürliche Affekte und Triebe geleitet wird.

Die Diskussion dieser Lage nimmt groteske Züge an. Bestimmte Wissenschaften, wie die Ethologie und die Soziobiologie, die die Zugehörigkeit des Menschen zur Natur betonen und dies mit wissenschaftlichen Mitteln darlegen, suchen den *Geist als Degeneration* anzuprangern, weil er naturfeindlich sei. Der Geist als wissenschaftlicher Verstand führt uns in das Verderben. Es gilt, das Zuviel an Geist einzudämmen und den Mensch wieder in die natürliche Natur zurückzunehmen. Die Einsicht, daß der Mensch ein Naturwesen ist, wird aber zugleich unterhöhlt durch die Einsicht, daß der Mensch als Geistwesen bessere Mittel als das Tier erfunden hat. Aber eben diese Erhöhung ist der Weg ins Verderben.

Aber ob sich nun der wissenschaftliche Anthropologe negativ zum Geist einstellt oder ob er im Gegensatz zu diesem modernen Trend die Aufhebung der Natürlichkeit als Faktum der geschichtlichen Entwicklung anerkennt, das Problem des Verhältnisses von Geist und Natur, das heute längst zu den Akten gelegt zu sein schien, ist, wenn man auf die Hintergründe achtet, keineswegs überholt.

Um diesen Problemkomplex eben von seinen Voraussetzungen und Hintergründen sachgemäß anzugehen, suchen wir die hier anstehenden Fragen von drei Aspekten her zu thematisieren, die zwar von differenten Ansätzen ausgehen, aber doch miteinander zusammenhängen. Der *erste Aspekt* betrifft das *Verständnis der Natur*, insbesondere wie es sich nach den antiken Ansätzen in der Neuzeit darstellt, in der Wissenschaft und Technik herrschend werden, der *zweite* betrifft die Frage *nach dem Verhältnis von Geist und Natur*, und der dritte sucht sodann das ökologische Problem des *Umgangs mit der Natur* vom Phänomen der Verantwortung her anzugehen.

I. Wandlungen des Naturverständnisses

Für den primitiven Menschen ist Natur der umfangende freundliche und feindliche Zusammenhang, in den er verflochten ist und den er nicht ganz beherrschen kann. Es geht um die Sicherung des Weltvertrauens und die Möglichkeit, die Weltangst zu beheben.

Wenn das Leben mit den anderen Menschen und mit der Natur abgesichert werden soll, so ist dies ein wechselseitiges Verfahren. Die Stabilisierung der Natur soll ihrerseits den Menschen stabilisieren. Technik und Magie gehen zusammen mit dem Ziel, das Vertrauen in die Welt zu stärken.

Wesentlich ist, daß die Dialektik, die hier waltet, von den »Primitiven« nicht durchschaut wird. Der Mensch *anthropologisiert* die Natur, aber sie ist und erscheint doch *als die bedingende Wirklichkeit,* als das Ganze der Welt. Die Welt ist der maßgebende Orientierungshorizont. Die Welt ist aber eben nicht nur positiv zu deuten. Wenn sie von freundlichen und feindlichen Mächten beherrscht wird, dann muß man versuchen, einen Einklang mit ihr zu finden.

Diese Einstellung zur Natur wird aufgehoben in und durch die Möglichkeit, die Natur zu rationalisieren, das heißt, sie als Ordnungszusammenhang wirklich zu verstehen. Das besagt einmal, daß man versuchen muß, das Unvertrautsein mit der Natur zu beheben. Dieses Unvertrautsein zeigt sich ja dann besonders, wenn Naturkatastrophen eintreten und die Elemente ihre Zerstörungskraft gleichsam gegen den Menschen aktualisieren.

Diese Überlegenheit der Natur gilt es auszuschalten, indem man sie als »Kosmos« begreift. Dies geschieht in der vorsokratischen Philosophie.

Die *vorsokratische Philosophie* erklärt Natur nicht mehr mythisch oder anthropologisch. Selbst dort, wo von Liebe und Haß in bezug auf die Physis die Rede ist, wie bei *Empedokles,* sind diese Worte Anzeigen für natürliche Phänomene: Liebe für den Vorgang der Mischung, Haß für den Vorgang der Entmischung. Die Ordnung liegt in der Physis selbst, sie repräsentiert sich durch die Elemente, deren Zusammenhang und Wandel. Wenn *Thales* das Wasser als Ursprung deklariert, so liegen sicher empirische Beobachtungen zugrunde – der Same ist feucht. Das Element Wasser zeigt aber zugleich die Wandlungsfähigkeit an. Nietzsche hat dies treffend zum Ausdruck gebracht, wenn er erklärt, Thales schaue die Einheit im Wandel des Seins und sage: Wasser. Das Entscheidende ist in der Tat, daß *Einheit und Wandel* zusammen gedeutet werden. Einheit ist nicht als abstraktes Naturgesetz gefaßt, sondern als durch die Beobachtung verifiziert und im Rückgriff auf bestimmte Elemente auf den Begriff gebracht.

Das Denken der Vorsokratiker geht auf die gegenständliche Welt der Natur, aber es denkt diese Natur im Zusammenhang. Im Begriff Welt ist hier beides gemeint: das Vorhandensein von naturhaften Dingen und deren Ordnungszusammenhang. Ordnung und Geordnetes gehören wesenhaft zusammen in der Weise, *daß die Ordnung in den Erscheinungen sichtbar wird.*

Aristoteles vollendet die Naturbetrachtung der Antike. Er setzt die Physik als ein eigenes Gebiet an. Natur ist ein geordnetes Ganzes, das in sich selbst den *Ursprung der Bewegung* trägt. Das Naturseiende ist bestimmt durch *Materie* und *Form.* So ist eine Pflanze, etwa eine Rose, ein materielles Etwas, das ein bestimmtes Aussehen hat, durch das es als Rose kenntlich ist. Die Rose erwuchs aus einem Samen und ging über die Knospe in ihre volle Wesenswirklichkeit, die Blüte, über. Diese einzelne Rose wird verwelken und untergehen, aber aus ihrem Samen werden neue Rosen entstehen. Der sich hier zeigende Zusammenhang ist eine Bewegungseinheit, die sich in einem bestimmten Rhythmus vollzieht. Natur hat ihren Sinn in sich selbst als das sich selbst Gestaltende.

Es ist nicht unsere Aufgabe, diesen Ansatz des Aristoteles in seinen Einzelheiten zu untersuchen. Wesentlich ist, daß hier bestimmte Begriffe herausgestellt werden, die, zumindest indirekt, – dies wurde bereits dargelegt – auch für die Ethik verbindlich sind. Die Ethik hat es zwar mit dem Menschen zu tun, dessen Leben sich nicht ohne weiteres als geordnet zeigt. Deswegen muß der Philosoph, der die höchste menschliche Tätigkeit ausübt, auch das Leben in der Polis, in dem sich das menschliche Tun und Lassen vollzieht, überschreiten und sich dem Gott, der in sich selbst ruht, zuwenden. Gleichwohl ist das Schema von Dynamis und Energeia, Möglichkeit und Wirklichkeit und die Bestimmung der Entelechie als der Wesenswirklichkeit auch für den Menschen bestimmend. Aristoteles bestimmt die Seele als Entelechie. Er unterscheidet die erste und die zweite *Entelechie*. Die erste Entelechie ist das Können des Lebens in seinen verschiedenen Verrichtungen – zum Beispiel Bewegen, Begehren, Ernähren –, dieses grundsätzliche Können ist von der jeweilig relativ freien Ausübung – dies ist die zweite Entelechie – zu unterscheiden.

Zugleich gibt die Natur den Raum des technischen Handelns vor. Die *Techne* ist Nachahmung des natürlich Seienden; sie kann gelegentliche Fehlgriffe, die in der Natur vorkommen, verbessern, aber grundsätzlich gesehen erfindet sie nichts, was über die Natur hinausgeht. Dieser antike Ansatz wird zu Beginn der Neuzeit erheblich modifiziert. Diese Modifizierung darf zunächst nicht als Aufstand des Subjekts, das sich gegen das Gegebene richtet, verstanden werden. Es handelt sich vielmehr um eine *Radikalisierung* des griechischen Ansatzes: die Natur, so wie sie ist, soll *objektiv* erkannt werden. Der christliche Ansatz dagegen versteht Natur wesentlich theologisch, als gute Schöpfung von Gott her und als gefallene Schöpfung vom Menschen her. Was im Vergleich zu der vorausgehenden Tradition sich ändert, ist die Meinung, daß Natur, insofern sie anschaulich in Erscheinungen gegeben ist, bereits ihr wahres Wesen zeigt. Die Grundüberzeugung, daß Natur eine sinnvolle Ordnung darstellt, bleibt erhalten. Diese Ordnung muß nun aber als *berechenbarer Gesetzeszusammenhang* aufgewiesen werden.

Zur Verdeutlichung sei ein einfaches Beispiel angeführt, das durch *Newton* formulierte *Trägheitsgesetz*, das besagt: Jeder Körper verharrt in seinem Ruhezustand oder im Zustand der geradlinig-gleichförmigen Bewegung so lange, bis er durch Kräfte, die dem entgegenwirken, veranlaßt wird, diesen Zustand zu ändern. Dies Gesetz bildet nicht die unmittelbar anschaulich gegebene Wirklichkeit der Erscheinungen ab. Es stellt einen *idealen Sachverhalt* heraus, der im Konkreten gar nicht vorkommt. Dies Gesetz ist im Denken gewonnen. Aber dies Denken ist kein beliebiger Einfall, sondern es trifft – und das ist das Entscheidende – die Wesensdimension, die hinter den sichtbaren Erscheinungen steht und diese bestimmt. Der Beweis dafür, daß durch die im Denken erfaßten Gesetze die Natur getroffen wird, liegt darin, daß sich von den Gesetzen her die Erscheinungen erklären lassen, und daß sich mit Hilfe des Experimentes, das heißt, einer künstlichen Befragung Ergebnisse erzielen lassen, die dann in der Technik als angewandter Naturwissenschaft fruchtbar gemacht werden können. *Descartes* ist es insbesondere gewesen, der diesen Ansatz eindeutig herausgestellt hat. Das wahre Wesen der Natur kann nur erfaßt werden, wenn man sich nicht an den Sinnenschein hält, sondern sich der im Denken eröffneten Einsicht anvertraut. Descartes proklamiert die Idee einer sapientia universalis, die von der Mathematik geleitet ordo et mensura zu den Grundbestimmungen erhebt, von denen her alle Naturerscheinungen verständlich und beherrschbar werden. Blicken wir nun von hier aus auf Aristoteles zurück, so zeigt sich der Unterschied: Natur ist nicht gegebene Anschaulichkeit, die sich in innerer Teleologie regelt, sondern Natur ist ein im Denken zu erfassender Gesetzeszusammenhang, der *mathematisch* und *mechanisch* zu berechnen ist. Aber ein Gemeinsames bleibt: Natur ist als solche eine sinnhafte Ordnung, die einsichtig und verstehbar ist.

Der neuzeitliche Ansatz hat nun eine bestimmte Frage aus sich hervorgetrieben: Wenn sich Natur als Gesetzeszusammenhang zeigt, worin gründet dieser Zusammenhang selbst? *Kant* hat diese Frage beantwortet. Die Grundgesetze der Natur werden nicht vorgefunden, vorgefunden werden nur anschauliche Einzelheiten. Die allgemeinen Gesetze entspringen dem *Verstand*. Der Verstand aber ist ein fester Inbegriff von Gesetzlichkeiten. Die Naturordnung wird also auf die *Subjektivität* begründet, aber gerade als so fundierte bildet sie ein wirkliches System, weil der Verstand ja selbst ein systematisches Ganzes ist. Philosophie und Naturwissenschaft sind eine Einheit, beide erfassen die eine Natur. Der konkrete Forscher hat es mit den besonderen Erscheinungen zu tun, und der Philosoph deckt die Grundgesetze auf. Er vermag dies, weil die Ordnung, die in den Erscheinungen waltet, identisch ist mit der Ordnung, die die denkende Subjektivität bestimmt.

Die kantische Wende zeigt nun sehr deutlich an, was die Vorherrschaft der Subjektivität in bezug auf die Natur bedeutet: nicht Beliebigkeit, sonst wäre ja keine Erkenntnis und keine Ausnutzung der Natur möglich, sondern eine allerdings ihrer selbst bewußte Befragung nach den *Gesetzen*, denen die Natur untersteht. Die legitime Erklärung der Natur soll, wie die »Kritik der reinen Vernunft« zeigt, kausal-mechanisch vor sich gehen. Es ist das Ziel der Naturwissenschaft, andere Erklärungen, weil sie nicht streng wissenschaftlich vorgingen, überflüssig zu machen. Entscheidend ist zu klären, wie Naturerkenntnis überhaupt fundiert werden kann. Die *objektiv reflektierende Methode*, von der in unserer Einleitung die Rede war, setzt sich durch und radikalisiert sich. Die Bestimmung des Objektivierens läßt sich erweitern, indem man das, was an sich nicht Objekt ist, objektiviert.

Wir greifen zur Verdeutlichung auf eine Unterscheidung zurück, die *Max Planck* durchgeführt hat.[1] Planck unterscheidet drei Welten: die sinnliche Welt, die reale Welt und die Welt der Physik. Die sinnliche Welt ist die Welt, in der wir uns als Lebewesen vorfinden, es ist die Welt, die wir alle, ob Physiker, Philosophen oder unwissenschaftliche Menschen, im Alltag für die natürliche halten. Hinter dieser Welt muß aber, wie Planck sagt, die reale Welt angenommen werden. Diese Welt führt ein »selbständiges, vom Menschen unabhängiges Dasein«. Wir können sie nie direkt, sondern nur mittels gewisser Zeichen wahrnehmen. Zu diesen beiden Welten kommt nun eine dritte Welt hinzu, »die wohl von ihnen zu unterscheiden ist: die Welt der physikalischen Wissenschaft oder das physikalische Weltbild«. Der physikalische Forscher entfernt sich immer mehr von der Sinnenwelt; rein formale mathematische Operationen werden immer wesentlicher. Aber die Abkehr von der sinnlichen Welt involviert nach Planck eine Annäherung an die reale Welt. Diese Aussage ist nicht logisch zu begründen, gleichwohl: daß die reale Welt als die eigentlich zu erforschende für den Wissenschaftler anzusetzen ist, das ist ein notwendiges Konstituens der Forschung. Freilich ist diese Voraussetzung in sich selbst problematisch.

Diese Problematik zeigt sich in der Antinomie, die der Erkenntis *als solcher* eigentümlich ist. Diese Antinomie ist eine doppelte. Sie gründet nicht *nur* darin, daß wir das Ding an sich – oder moderner formuliert: die Sachverhalte selbst – unterscheiden müssen von den perspektivischen Ergebnissen, die die jeweilige Forschung erbringt, und daß wir diese Unterscheidung gleichsam mit uns mitnehmen und sie nicht aufgeben können, je weiter das Erkennen auch fortzuschreiten vermag. Die Antinomie liegt *auch* darin, daß wir uns selbst als transzendierendes Könnensbewußtsein nie einholen. *Beide Bestimmungen, die Unerreichbarkeit der wahren Welt und die Unauslotbarkeit unseres Könnensbewußtseins,* bedingen sich gegenseitig und treiben den Erkenntnisprozeß weiter. Wesentlich aber bleibt, daß wir die »imaginäre« Mitte des Wechselbezuges als »unseren Ort« erkennen. Das heißt, daß wir nicht vermeinen, uns in die wahre Welt versetzen oder uns als absolutes Ich etablieren zu können.

Bedeutsam ist hier ein Dreifaches, einmal: die sinnlich hingenommene *Alltagswelt,* in der wir uns alle bewegen, wird durch die *reale Wesenswelt,* die nur der Wissenschaftler erfaßt, überboten, diese Welt wird als ein feststehendes ruhiges Reich der Gesetze verstanden; der dritte Schritt aber hebt beide Weltbegriffe auf: der Welt als unmittelbarer Gegebenheit und der Welt als vermittelter Wesenswirlichkeit stellt sich nun die *wissenschaftliche Welt* entgegen als ein sich ständig weitertreibender Forschungsprozeß, der sich immer neu darstellt und verwandelt. Der Unterschied von Erscheinung und Ding an sich, der für Kant noch wesentlich war, wird hinfällig. Er wird abgemildert zu der Einsicht, daß die Wissenschaft keine endgültige Gewißheit gibt und daß wir uns zu bescheiden haben.

Zugleich aber bringt diese Wissenschaft ja erstaunliche Erkenntnisse zustande, die *technologisch* verwertbar sind. Diese Verwertbarkeit ist zumindest, wenn man an die Verflochtenheit in den Superstrukturen denkt, ein wesentlicher Grund, der die Forschung vorwärtstreibt. Der Sinn des Fortschritts mag für den einzelnen in der Neugier liegen, herauszubringen, wie die Welt aufgebaut ist, ihre allgemeine Rechtfertigung erlangt Wissenschaft durch ihre *nutzbaren Ergebnisse.*

Wir wollen jetzt auf die Verflochtenheit der Wissenschaft infolge der Superstrukturen nicht eingehen, sondern stellen zunächst einen Aspekt heraus, der auch für die ethische Beurteilung nicht unwesentlich ist. Es ist dies der *Abbau philosophischer Tendenzen,* insbesondere metaphysischer Tendenzen. Dieser Abbau zeigt sich darin, *daß die Wissenschaft nicht mehr weltanschauliche Bedürfnisse befriedigt.* Für den Wissenschaftler verstärkt sich die Überzeugung, daß die Frage nach der Entwicklung und ihren Gesetzen von weltanschaulichen Vorgriffen freizuhalten ist. Die Theorie der Entwicklung ist *empirisch* zu verifizieren, und dies gelingt nur in *Teilbereichen.* Wenn allgemeine Behauptungen über die Natur überhaupt und im ganzen abgegeben werden, so geschieht dies in der Form von extrapolierten Vermutungen, die eigentlich, als das Ganze betreffend, wissenschaftlich nicht legitim sind.

Reflektiert man diese Situation genauer auf ihre Hintergründe hin, so zeigt sich, daß die weltanschauliche Enthaltsamkeit der Wissenschaft faktisch einer negativen Auslegungsmöglichkeit des Ganzen Vorschub leistet. Wird die Deutung der Natur im ganzen fraglich, dann verschiebt sich die Alternative, ob Ordnung oder Unordnung maßgebend seien, *»in Richtung auf Unordnung«,* ohne jedoch objektiv entschieden zu werden. Der Forscher weiß, daß die Alternative »Ordnung – Unordnung« sehr viel komplexer ist als der naive Laie vermeint. Er setzt Ordnung unter *subjektivem* Aspekt als Forschungsmaxime an. Ordnung für das Ganze zu behaupten im *objektiven* Sinn, das hieße, etwas voraussetzen, das nicht verifizierbar ist. Dies aber wäre verfehlt.

Diese methodische Verschiebung wirkt sich weltanschaulich aus. Dies kommt allerdings von seiten der Wissenschaft nur in *Randbemerkungen* zur Sprache. Als ein relativ beliebiges, aber doch sehr instruktives Beispiel seien einige Sätze aus dem Schlußabschnitt des bekannten Buches von *Steven Weinberg* »Die ersten drei Minuten« zitiert: »Je begreiflicher uns das Universum wird, umso sinnloser erscheint es auch. Doch wenn die Früchte unserer Forschung uns keinen Trost spenden, finden wir zumindest eine gewisse Ermutigung in der Forschung selbst. Die Menschen sind nicht bereit, sich von Erzählungen über Götter und Riesen trösten zu lassen, und sie sind nicht bereit, ihren Gedanken dort, wo sie über die Dinge des täglichen Lebens hinausgehen, eine Grenze zu ziehen. Damit nicht zufrieden, bauen sie Teleskope, Satelliten und Beschleuniger, verbringen sie endlose Stunden am Schreibtisch, um die Bedeutung der von ihnen gewonnenen Daten zu entschlüsseln. Das Bestreben, das Universum zu verstehen, hebt das menschliche Leben ein wenig über eine Farce hinaus und verleiht ihm einen Hauch von tragischer Würde«.[2]

Hier zeigt sich eine erstaunliche Umwandlung. Natur erscheint nicht mehr als umgreifende Ordnung, von der her der Mensch sich verstehen kann, insofern auch er in diese Ordnung eingestellt ist. Die Natur wird zum Gegenstand der Wissenschaft und diese Wissenschaft wird dem Laien nicht mehr verständlich. Er weiß von ihrer ungeheuren Wirkungsmacht, *aber er hat den Glauben der Neuzeit an die Positivität der Wissenschaft*, der ja nach Descartes auf zwei Voraussetzungen beruht – Wissenschaft löst die Welträtsel und Wissenschaft macht uns zu Herren und Meistern der Natur – *verloren*. Auf die Frage, wohin der Weg der Wissenschaft uns führen wird, findet der Laie keine Antwort – der Wissenschaftler selbst weiß dies ja auch nicht.

Mit diesem Problem hängt nun ein weiterer Punkt zusammen: die Frage nach der *Verantwortung*. Daß hier ein kaum lösbarer Komplex besteht, wurde angedeutet. Der Wissenschaftler schiebt die Entscheidung über die *Anwendung* der Forschung dem Politiker zu. Der Politiker aber kann die Wirkung gar nicht beurteilen. Zugleich schwankt der Wissenschaftler selbst in seiner Einstellung hin und her. Einerseits beruft er sich auf die Wertfreiheit der Wissenschaft und trennt diese von der Politik ab, andererseits weiß er sehr genau, daß es eine solche Trennung nicht gibt, und daß er selbst ja unter bestimmten politischen und sozialen Vormeinungen steht. Das Bild der reinen Wissenschaft ist zwar keine bloße Illusion, *aber es ist von der gegenwärtigen Situation her kaum möglich, Wissenschaft aus dem Lebenszusammenhang auszutrennen*. So entsteht die Diskussion, ob der Wissenschaftler nur den wissenschaftsinternen Verpflichtungen, nach der Wahrheit zu fragen, nachzukommen habe oder ob er auch eine externe Verantwortung trage, und ob er, falls er eine solche Verantwortung anerkennt, nicht nur als einzelner für sich zu sprechen habe.

Es gibt, wie angedeutet, seitdem die Wissenschaft sich eine Vormachtstellung eroberte, *Gegenzüge* mehr oder weniger radikaler Art von *Rousseau* an, der noch, ohne konkrete Gefahren der Verwissenschaftlichung anzugeben, von der möglichen Verderbtheit durch die Wissenschaft sprach und zurück zur Natur wollte, über die *Romantik*, die die Naturverbundenheit als eine Möglichkeit des Weltumganges ansah, *zur Gegenwart hin*, in der die ganze Fragestellung aber nicht mehr primär von weltanschaulichen und kulturphilosophischen Erwägungen ausgeht, sondern wesentlich *pragmatisch-praktischen Aspekten* untersteht. Angesichts der negativen Folgen geht es zunächst darum zu erkunden, ob der wissenschaftliche Fortgang und in welchem Maße eingeschränkt werden müsse – freilich spielt hier die Frage eine Rolle, ob das überhaupt möglich ist. Darüber hinausgehend weisen maßgebende Denker heute darauf hin, daß eine *Einstellungsänderung* zur Natur überhaupt geboten sei. Anstatt wissenschaftlicher technischer Ausnutzung der Natur soll »Frieden mit der Natur« verwirklicht werden (Meyer-Abich).[3] Hier wird eine Haltung gefordert, die eine Wende zur unmittelbaren Wirklichkeit des Lebens herbeiführen soll. Die Mitwelt, andere Menschen und Natur, ist sinnlich gegeben und geht uns an. Es ist notwendig, unsere eigene Naturzugehörigkeit wieder zu entdecken. *Meyer-Abich* redet von der Einheit von Selbsterfahrung und Naturerfahrung und greift auf psychologische Einsichten zurück. Tastsinn, sinnliche Eindrücke überhaupt zeigen, daß wir ganzheitlich lebensweltlich gebundene Wesen sind.

An diesem Punkt ist es nun erfordert, den *zweiten Problemkreis* zu erörtern, der nach der Stellung des Menschen in der Natur fragt, genauer nach der Möglichkeit, ob – bezugsweise in welchem Maße – der Mensch sich für oder gegen eine Sonderstellung in bezug auf die Natur zu entscheiden habe. Dies Problem aber verweist auf die alte Frage nach dem Verhältnis von *Natur und Geist*.

II. Zur Problematik der Triebtheorie, insbesondere der Aggressionstheorie

Wir wiesen im vorhergehenden bereits darauf hin, daß sich bedeutende Wissenschaftler in das Lager der Naturschützer begeben haben und gegen die Überschätzung des Verstandes und der Rationalität zu Felde ziehen. Hier ist die Überzeugung leitend, *daß der Mensch primär ein Naturprodukt sei und daß er sich in die Natur einzufügen habe.*

Diese praktische Einstellung muß sich aber mit der im 19. Jahrhundert herausgestellten Theorie, insbesondere der *darwinistischen Evolutionstheorie*, in Einklang bringen. An den Thesen Darwins soll im grundsätzlichen festgehalten werden. Daß der Mensch als Naturprodukt wesentliche Gemeinsamkeiten mit den höheren nicht menschlichen Geschöpfen hat, ist ja experimentell erwiesen. Unterschiede zwischen Tier und Mensch sind natürlich nicht zu leugnen. Aber deswegen den Menschen als Gegenentwurf zu den natürlichen Lebewesen zu begreifen und ihn aus dem Naturzusammenhang herauszunehmen, wäre absurd. Es ist zudem, so wird weiter gefolgert, ja nicht unbedingt notwendig, die Evolutionstheorie auf ihre negativen Seiten hin festzulegen, wie es der Sozialdarwinismus getan hat, der den Kampf ums Überleben als Prinzip des Handelns deklariert.

Gleichwohl: daß der Mensch als biologisch bedingtes Wesen, schon von seinen Genen her, ein »eigennütziges« Wesen ist, auf das Überleben einzeln und in Gruppen eingestellt, und daß er sich gegen andere nicht mit absolut friedlichen Mitteln durchsetzt: das sind erwiesene Tatsachen. Gerade die heute weit verbreitete evolutionäre Erkenntnistheorie zeigt, daß Erkenntnis und Geist nicht eigenständig sind, sondern den *Lebensgesetzen* unterstehen. Der Geist ist entstanden. Die von Kant herausgestellten Kategorien gelten nicht apriorisch, sie sind erworben und als zweckmäßig beibehalten und gesteigert worden, so lehrt *Konrad Lorenz*. Grundsätzlich gesehen: »Die Evolution insgesamt ist ein informationsgewinnender Vorgang. Kognitive Strukturen evolvieren – so wie andere biologische Strukturen bzw. Funktionen – als Folge der natürlichen Auslese. Angeborene kognitive Strukturen des Individuums werden, in letzter Instanz, in den Informationsträgern (DNS) seiner Spezies gespeichert. Jede kognitive Struktur, auch bewußtes menschliches Wissen, ist prinzipiell einer (natur-)wissenschaftlichen Untersuchung zugänglich. Menschliche Bewußtseinsleistungen (bewußtes Wissen, Erkenntnis i.e.S.) sind das jüngste Ergebnis der Bio-Evolution«.[4]

Es wird nun aber als notwendig erachtet, diesen Ansatz mit der Theorie der

»Entgleisung« des Menschen durch den Geist zu verbinden, das heißt, man muß diese Theorie modifizieren. In praktischer Hinsicht ist offensichtlich: man kann der Ausnützung der Natur nicht einfach freien Lauf lassen. Man muß aber den Naturbezug im ganzen umwandeln. Von Forschern verschiedenster Denkansätze wird diese Umwandlung gefordert. Das aber setzt die Klärung der Entstehung unserer Situation voraus. Es ist, so erklärt *H. v. Ditfurth*, der *vormalige Sinn der Entwicklung jetzt zum Unsinn geworden*. Der vormalige Sinn lag darin, dem Kurs der Evolution zu folgen. Der Kampf ums Überleben hat sich gelohnt, insofern die Befolgung der Aggressionsneigung die Stärkeren zu Siegern machte, die ihr eigenes Revier gegen Feinde behaupteten. Von Ditfurth erklärt nun: »Der damalige Erfolg, der durch ihre erhöhte Reizbarkeit, ihre zunehmende Unduldsamkeit allem ›Fremden‹ gegenüber und ihre zunehmende Fähigkeit zum intraspezifischen Totschlag charakterisierten Menschenvariante hat sie und nicht ihre sanfteren, verträglicheren, zur Friedfertigkeit eher begabten Brüder, die es – vorübergehend! – ebenfalls gegeben haben mag, zu unseren direkten Vorfahren werden lassen«.[5] Aber nun entstand eben das Elend, daß diese Einstellung unter veränderten Umständen sich negativ auswirkt. Es gilt, »daß immer dann aus Sinn Unsinn wird, wenn unter bestimmten Umständen von der Evolution herausgezüchtete Eigenschaften auch unter veränderten Umständen beibehalten werden, auf die sie nicht gemünzt sind, wenn sie ihre Wirksamkeit entfalten in einer Welt, die von den charakteristischen Besonderheiten der Anpassung, die sie darstellen, sozusagen gar nicht ›gemeint‹ ist«.[6] Als Resümee stellt v. Ditfurth heraus: »Unserer Art sind, so kann man es kurz zusammenfassen, während unserer Vorgeschichte Eigenschaften angezüchtet worden, die uns in der Welt, mit der wir uns heute auseinanderzusetzen haben, nicht mehr helfen können, die uns heute im Gegenteil in Lebensgefahr zu bringen drohen. Wir sind aus der Kleiderkammer der Evolution gewissermaßen mit der falschen Ausrüstung in die moderne Gegenwart entlassen worden«.[7]

Ähnlich argumentiert der Biologe *Hans Mohr*. Mohr legt dar, daß der menschliche Verstand auf mittlere Dimensionen eingestellt und kaum in der Lage sei, das Verhalten komplizierter Sozialsysteme der Gegenwart zu verstehen. »Die uns aus der Evolution der Hominiden überkommene geistige Kraft hat ausgereicht, diese Welt zu verändern; sie scheint aber nicht auszureichen, die geänderte Welt zu verstehen und aus diesem Verstehen heraus eine Überlebensstrategie zu schaffen«.[8]

Diese Feststellung, daß die früheren Verhaltensformen heute nicht angebracht sind, ist allgemein anerkannt, aber die Konsequenz, die nun zu ziehen ist, wird unterschiedlich bestimmt. Eine Möglichkeit – es ist die radikalste – besagt: es ist nichts mehr zu machen; v. Ditfurth legt sie anschaulich dar, um zu zeigen, daß die Katastrophe unaufhaltbar fortschreitet. H. Mohr – das ist für einen Naturwissenschaftler eine bemerkenswerte Aussage – meint, daß die Wissenschaft hier keine verbindliche Lösung geben könne. Er erklärt: »Die ›sinnstiftende Tradition‹ kann uns nicht eindeutig leiten, wenn das Neue, das Unerhörte, uns bedrängt. In einer säkularisierten und pluralistischen Welt gibt es auch keine kollektive Lösung mehr. Ein jeder von uns muß sich auf *seine* Art die verschütteten Quellen der Kraft und der Zuversicht neu erschließen«.[9] Zugleich fordert H. Mohr auf, »den Herausforderungen unserer Zeit *angemessen*, vernünftig und kraftvoll zu begegnen.«

Aber hier ergibt sich das Problem: das Versagen wird weitgehend von der Evolution her erklärt. Wir sind eben auf Bedingungen eingespielt, die früher zur Sicherung genügten. »Diese Bedingungen aber haben sich«, so erklärt v. Ditfurth, »inzwischen einschneidend geändert. Außerhalb der ursprünglichen Selektionsbedingungen aber wird aus angeborener Vernunft im Handumdrehen angeborener, womöglich tödlicher Unsinn«.[10] Das besagt aber, wenn man konsequent in den Bahnen der Entwicklungstheorie Darwins denkt, daß es gar nicht zu verhindern ist, daß wir zugrunde gehen, denn die Nichtangepaßtheit einer bestimmten Art hat immer zum Untergang dieser Art geführt.

Diese konsequente Aussage wird aber zumeist abgeschwächt. Das besagt für den Wissenschaftler, daß er zwar die Tatsachen anzuerkennen habe, daß aber seine Erklärung über sie hinaus zu gehen vermag. Wenn man die Tatsachen durchschaut, dann ist, so wird argumentiert, ihre scheinbar absolute Gültigkeit gebrochen. So erklärt *Konrad Lorenz* in bezug auf die *Aggression*: »Wir haben guten Grund, die intraspezifische Aggression in der gegenwärtigen kulturhistorischen und technologischen Situation der Menschheit für die schwerste aller Gefahren zu halten. Aber wir werden unsere Aussichten, ihr zu begegnen, gewiß nicht dadurch verbessern, daß wir sie als etwas Metaphysisches und Unabwendbares hinnehmen, vielleicht aber dadurch, daß wir die Kette ihrer natürlichen Verursachung verfolgen. Wo immer der Mensch die Macht erlangt hat, ein Naturgeschehen willkürlich in bestimmter Richtung zu lenken, verdankt er sie seiner Einsicht in die Verkettung der Ursachen, die es bewirken. Die Lehre vom normalen, seine arterhaltende Leistung erfüllenden Lebensvorgang, die sogenannte Physiologie, bildet die unentbehrliche Grundlage für die Lehre von seiner Störung, für die Pathologie«.[11]

Man darf also das evolutionäre Geschehen nicht einseitig als zwanghafte Entwicklung auslegen, sondern muß es als Ausgangsbasis für Verbesserungen betrachten. Wir suchen ja auch bei Krankheiten, die früher als Schicksal galten, Abhilfe zu gewinnen. *Irenäus Eibl-Eibesfeldt* erklärt: »Der Blinddarm ist ein gutes Beispiel dafür. Deswegen, weil er immer wieder angelegt wird, nehmen wir ihn doch noch lange nicht als unabwendbares Schicksal hin. Nur wenige sterben heute noch an Blinddarmentzündung. Genausowenig müssen wir Dispositionen im Verhalten als unabwendbar – sprich unkontrollierbar – hinnehmen. Als Kulturwesen von Natur sind wir jederzeit in der Lage, unser Triebleben kulturell zu steuern«.[12]

Die Entwicklung – dies ist die Grundvoraussetzung – legt ja nicht fest. Gerade die evolutionäre Erkenntnistheorie zeigt, daß sich aus Fehlern lernen läßt. Zudem ist in der Evolution die Tatsache des *Sprunges* anzuerkennen, das heißt, die Emergenz neuer Systemeigenschaften in der Systemhierarchie höherer Komplexität. »Hier treten fulgurativ, also *spontan, Systemeigenschaften* auf, die nicht durch einfache additive Zusammenfügung der Elemente gewonnen werden können«.[13] All dies zeigt, so wird argumentiert, darauf hin, daß die Evolution eine schöpferische Komponente kennt. Gerade in dem Entwurf der Ideenwelt können die Menschen eine unbegrenzte Vielfalt von Hypothesen entwickeln und unblutig miteinander konkurrieren lassen, so *Karl Popper* unter Zustimmung von Konrad Lorenz.

Lorenz hat die hier kurz dargelegten Gedanken in seinem Werk *»Der Abbau des Menschlichen«* ausführlich entwickelt. In dem Kapitel »Die schöpferische Evolution« stellt er fest, »daß die Entwicklung menschlicher Kulturen ›zum Höheren hin‹ keineswegs ausschließlich durch menschliche Wertempfindungen, menschliche Einsicht und menschlichen Willen gesteuert wird«. Er erweitert diesen Gedanken: »Ich *glaube*, daß sowohl die Kunst wie das Erkenntnisstreben des Menschen Erscheinungsformen des großen Spieles sind, in dem nichts weiter festliegt als die Spielregeln; sie sind nur spezielle Fälle des schöpferischen Geschehens, dem wir unsere Existenz verdanken«.[14]

Man sieht – dies sollte durch Rückgriff auf diese Beispiele gezeigt werden –: es vollzieht sich eine gewisse Lockerung der strengen naturalistischen Theorien, insbesondere des strengen Darwinismus, von denen her eigentlich nur die Auskunft möglich ist, daß der Mensch mit Hilfe seiner kulturellen Mittel nun in der Lage ist, den Kampf ums Überleben als das Grundgesetz allen Lebens, das auch ihn bestimmt, zu radikalisieren, auch auf die Gefahr hin, daß er solchermaßen seine Art zur gegenseitigen Ausrottung treibt, denn daß der Mensch eine besonders bevorzugte Art sei, ist von der Naturentwicklung her eigentlich nicht zu begründen.

Die Lockerung der ursprünglich rein naturalistischen Ansätze vollzieht sich aber nicht eigentlich auf Grund wissenschaftlicher Erkenntnisse, sondern hier ist vielmehr die Hoffnung und der Glaube federführend, daß es uns noch gelingen könnte, »vernünftig zu werden«. Die Möglichkeit des Vernünftigwerdens wird jedoch nicht biologisch fundiert, sie wird lediglich als Möglichkeit angedeutet, daß, insofern die Evolution ein Spiel ist, es Emergenzen und Sprünge geben könne. Ganz selten wird diese Feststellung radikalisiert zu der Erkenntnis, daß der Mensch als Geistwesen nicht in der Natur aufginge und daß er solchermaßen die Möglichkeit habe, den tierischen Anlagen entgegenzutreten. In dem Buch von *Wolfgang Wickler* »Das Prinzip Eigennutz« finden sich Argumentationen, die auf einen solchen Ansatz hinweisen. Wickler erklärt, daß der Mensch nicht nur Naturwesen sei. »Die Begründung, der Mensch habe keine Aussichten, Zustände herzustellen, die seiner Natur nicht entsprechen, übersieht, daß der Mensch durch Vernunft und Technik Ziele erreichen und Zustände verwirklichen kann, die rein biologisch für die natürliche Selektion unerreichbar sind. Dann aber ist es unklug, sich nur an den Ergebnissen der natürlichen Selektion zu orientieren, um zu beurteilen, was für Menschen gut und passend ist«.[15]

Von diesem Aspekt her wird sogar die *moralische* Anstrengung aufgeboten und gefordert. Man warnt vor der Resignation, die auf einer verkürzten Fehleinschätzung des Menschen beruhe. Zur Realität gehöre auch die Tatsache, daß der Mensch Vernunft habe und dieser zu folgen vermöge. Jedoch wird immer wieder – wir erinnern an die oben zitierten Sätze von Hans Mohr – davor gewarnt, sich hier Illusionen zu machen. Es ist insbesondere die Tatsache zu beachten, so führt *Hans Mohr* aus, daß der Mensch ja bewußt gegen Normen verstoßen kann. »Das eigentlich Böse, die Sünde, entsteht aus der Diskrepanz von Sein und Sollen, die es in den vor-freiheitlichen Phasen der Evolution nicht gegeben hat. Der Löwe, der die Gazelle schlägt, sündigt nicht; der moderne Jäger, der *aus Lust* am Töten die Gazelle erschießt, begeht eine Sünde. Leiden und Sterben in der prähumanen Evolution sind konstitutive, wertneutrale Faktoren der Evolution; vom Menschen verursachtes Leiden und Sterben ist unter keinen Umständen mehr wertneutral«.[16]

Überdenkt man diese Argumentation, so fällt auf: das strenge Festhalten an naturalistischen Theorien wird aufgegeben, dem Menschen wird weitgehend eine gewisse Sonderstellung eingeräumt, es wird aber vermieden, in den »alten« Dualismus zurückzufallen und vom Geist als Gegenmacht zum Körper zu sprechen. Dadurch bleibt die ganze Diskussion unklar: die Informationssteigerung und die Erkenntnisfähigkeit des Menschen ist zwar dem Tier gegenüber außerordentlich gestiegen, *aber die Analyse verbleibt im allgemeinen im Rahmen einer biologisch-orientierten objektiven Theorie der Naturentwicklung*, und ebenso muß die möglicherweise gegen die Negativität der Entwicklung einsetzende Moralität von der Stellung des Menschen in der Entwicklung der Naturwesen her gesehen werden, sie überschreitet, so meint man, nicht deren Rahmen.

Grundsätzlich gesehen bricht hier nun aber die Frage auf, ob der Mensch, der ja in der Entwicklung steht und durch sie bedingt ist, etwas gegen den Trend ausrichten kann. Die geortete Subjektivität, das heißt, der Mensch als *objektivierte Naturgröße*, und die *ortende Subjektivität*, das heißt, sowohl der *Forscher* als auch der *reflektierende Denker*, decken sich nicht mehr. Die Subjektivität wird freigesetzt: sie denkt über den Prozeß nach. Sie nimmt ihn nicht einfach hin, sondern bezieht ihn auf mögliches Handeln.

Die Situation ist paradox. Die Subjektivität, die den Prozeß auf seinen Ertrag hin reflektiert, kann sich ja eben dieses Vorganges ihrer Reflexion bewußt werden. In der Sprache der Vermögenstheorie formuliert besagt dieser Sachverhalt: das Subjekt weiß um sich als *Geist*, nur als Geist kann es reflektieren, und in eben diesem Wissen ist das Problem impliziert, genauer: ist die Aufgabe mitgesetzt, die *Stellung des Geistes zum Körper* und zur biologisch-physiologischen Bestimmtheit der Subjektivität überhaupt zu klären.

Gerade dies ist aber heute sehr schwer zu leisten, weil wir ja keine verbindliche Ontologie mehr besitzen, wie es in der metaphysischen Tradition der Fall war. Gleichwohl bleibt die Aufgabe bestehen. Sie ist einerseits nur unter konkreten Aspekten zu bewältigen, das heißt in der Untersuchung bestimmten Verhaltens auf psychologische oder physiologische Hintergründe hin, sie muß andererseits aber davon ausgehen, *daß die objektiv naturwissenschaftliche Betrachtung und die Reflexion zwei verschiedene Aspekte darstellen.*

In diesem Zusammenhang ist es angebracht herauszustellen, daß die idealistischen Versuche, den Menschen als reines Geistwesen zu verstehen, ebenso verfehlt sind wie die biologischen Ansätze, ihn gänzlich in die Naturordnung zurückzunehmen. Will man diese Einseitigkeit vermeiden, dann ist man gezwungen, die *Zweideutigkeit* anzuerkennen, wie es die vorkantische Tradition tat. Freilich: die Unterschiede zu dieser Tradition sind sehr wesentlich. Wir können nicht mehr wie Descartes die Zweiheit metaphysisch-ontologisch auslegen, weil uns die Dimension des Göttlichen und die ideale Hinterwelt überhaupt fraglich geworden ist. Das darf aber nicht dazu führen, daß wir nun die Welt der empirischen Tatsachen absolut setzen in einer die Tradition umkehrenden Metaphysik, die vermeint, daß verifizierbare Gegebenheiten das eigentlich Seiende seien. Wir müssen auf jede Ontologie verzichten, die feste Seinsbereiche ansetzt, in die der Mensch eindeutig eingeordnet werden kann.

Wir wollen diese Problematik nun konkretisieren, indem wir noch einmal das Problem der *Aggression* bedenken. Dies Problem war eine Zeitlang das Paradebeispiel für die Überlegungen, in welchem Maße der Mensch und das Tier gemeinsame Züge aufwiesen und ob und wie man der Aggression beikommen könne. Auch hier gab es oder besser gibt es zwei Parteien. *Dieter E. Zimmer* erklärt: »Keine Frage hat die Kontroverse zwischen Naturalisten und Umwelttheoretikern mehr angeheizt. Daß der Mensch von Natur ein aggressives Wesen sei, schien diesen immer einem Todesurteil gleichzukommen: Wer die Aggression als naturhaft ausgab, nahm er nicht dem Menschen jede Hoffnung, sich doch noch aus den Massakern, die seine Geschichte ausmachen, zu lösen? Bestand seine einzige Chance nicht darin, daß seine Aggressionen nicht naturnotwendig waren, sondern hervorgebracht von unglücklichen gesellschaftlichen Umständen, die eben, da es sich um gesellschaftliche handelte, auch veränderbar waren? Worauf die Naturalisten unweigerlich antworteten: Wenn es aber tatsächlich eine erbliche Disposition zur Aggression gibt, wird sie sich eher unter Kontrolle bringen lassen, wenn man sie ins Auge faßt, als wenn man sie abstreitet«.[17]

Es ist nun zunächst tatsächlich festzustellen, daß sich der Mensch in seiner ganzen Geschichte als aggressives Wesen gezeigt hat. Die von Milieutheoretikern behauptete Tatsache, daß es nichtaggressive Völker gegeben habe – die Buschmänner werden als Beispiel angeführt – ist nicht allgemein anerkannt. In bezug auf diese erklärt *Zimmer*: »Zwar sind die Buschmänner auf staunenswerte Weise friedfertig; aber aggressive Impulse, auch Mord und Totschlag, gibt es bei ihnen wie bei allen Menschen«.[18] Als Tatsache bleibt bestehen: »Wo auch immer der Blick in die Vorgeschichte und Geschichte des Menschen fällt: Es hat Gewalt geherrscht, und diese Gewalttätigkeit wäre nicht denkbar, wenn uns die Natur nicht mit den Voraussetzungen dafür ausgestattet hätte«.[19]

Die Forschung hat es sich angelegen sein lassen, tierische und menschliche Aggression auf Gemeinsamkeit und mögliche Unterschiede hin zu untersuchen. Das geht nur an, wenn man die *verschiedenen Arten von Aggression* und ihre Ursachen unterscheidet. Insbesondere in bezug auf die *Ursachen* gibt es differente Theorien. Man kann unterscheiden: das *lernpsychologische Modell*, sodann das *Frustrationsmodell* und schließlich das *Triebmodell*, das nach Lorenz und Freud als das eigentlich wesentliche erscheint. Wir beziehen uns im folgenden wesentlich auf das dritte Modell. Die Aggression wird hier nicht als angelerntes Verhalten und auch nicht als situationsbedingtes Reagieren verstanden, als Reagieren auf Gefahren, denen man durch Flucht oder Angriff entspricht.

Wenn man die Aggression als *angeboren* versteht und auf einen Trieb zurückführt, so schließt das natürlich nicht aus, daß auch hier unterschiedliche Anlässe die mögliche Aktualisierung auslösen. Es gibt Aggressionen, die auf *»natürlichen Ansprüchen«* beruhen, etwa auf Ansprüchen auf ein Territorium. Es gibt Aggressionen aufgrund des *Freund-Feind-Schemas*, das sich innerhalb der Gruppen im *Dominanzverhalten* bemerkbar macht. Ob dieses Verhalten, wie Wickler behauptet, bei den Tieren gengesteuert ist, so daß das Verhalten denjenigen Artgenossen gegenüber, denen dasselbe Gen vererbt wurde, »ganz natürlich« ist oder nicht: Tatsache ist, daß die durch die Anlagen bestimmten Verhaltensweisen das Zusammenleben in ganz wesentlichem Maß beeinflussen.[20]

Tier und Mensch unterstehen in dieser Hinsicht den gleichen Gesetzen und diese sind offenbar kaum zu ändern. Man muß hier jedoch die spezifische Verschärfung bedenken, in der der Mensch diese Gesetze befolgt. Der Mensch hat, durch seine besondere Struktur begünstigt, die Chancen ausgenützt, die, vom instrumentellen Aspekt her betrachtet, weit über die tierischen Möglichkeiten hinausgehen. Aber hier zeigt sich die Schwierigkeit, das biologische Erbmaterial von seinen möglichen Überformungen genau zu unterscheiden.

Wir erwähnen einige dieser Grundzüge, insofern sie beim Menschen verstärkt werden, beziehungsweise tierisches Verhalten verändern. Es gibt das vielbeachtete Beispiel der *Tötungshemmung* bei den Tieren: das unterlegene Tier bietet dem Sieger demütig Angriffsflächen dar, aber dieser verzichtet, sie auszunutzen. Beim Menschen verändern sich die Kampfarten, das zeigen die modernen Kriege, in denen die Waffenentwicklung eine entscheidende Rolle spielt. Wenn die Gegner sich nicht mehr von Angesicht zu Angesicht gegenüber stehen und sich nicht mehr handgreiflich bekämpfen, sondern wenn der Gegner anonym bleibt und Atomabwürfe durch Knopfdruck ausgelöst werden können, ohne daß man ihre Wirkung im einzelnen sieht, fallen bestimmte Hemmschranken weg. Sodann spielt die Verführung und der Gehorsam eine wesentliche Rolle. Man folgt den Befehlen, auch wenn man ihre Folgen im Experiment nicht faktisch beobachten kann. Die bekannten Versuche von *Milgram* zeigen dies: man fügt den anderen empfindliche Schmerzen zu. Der Gehorsam ist dann stärker als das Mitleid. Hier begegnen wir wieder dem Phänomen der Massenwirkung, das wir oben schon thematisierten.

Es gibt die Möglichkeit der Steigerung der Aggressivität durch ihre Amalgamierung mit der Grausamkeit und dem Sadismus. Hier ist nun nicht nur die Tendenz zu erwähnen, die Schopenhauer herausgestellt hat, daß der Quälende Lust empfindet am Leiden des anderen, sondern die damit verbundene Rationalität, mit der man, so *Erich Fromm*, die Schmerzen des anderen kontrolliert: »Das kann ein Tier sein, ein Kind, ein anderer Mensch; immer kommt es darauf an, daß dieses andere lebende Wesen zum Besitz, zum Ding, zum Herrschaftsobjekt des sadistischen Menschen wird«.[21] Ob dieser Sadismus der Versuch ist, die ursprüngliche Ohnmachtsstellung des Menschen, die man sehr deutlich spürt und die unter Umständen sogar mit Angst verbunden ist, auszugleichen: man will auf keinen Fall der Unterlegene sein. Das Ohnmachtsgefühl schlägt um in den Machtrausch. Das bezeugen Beispiele wie Nero, Caligula und Hitler, auf die *Fromm* hinweist.[22]

Und hier wird nun ein Zusammenhang sichtbar, der mehr oder weniger alles menschliche Verhalten durchwirkt. Es ist der oben bereits erwähnte Trieb der *Egoität*, alles auf das Ich als eine spontane Kraft zu beziehen, die nach außen wirkt. Wir haben auf diesen Zusammenhang, den *Fichte* herausstellt, hingewiesen und wiederholen jetzt nur noch einmal die maßgebenden Bestimmungen. Das Ich ist ursprüngliche Triebkraft. Als aktive Intention »von mir auf anderes zu« ist das Ich »aggressiv«. Die Aggression ist der Ausgriff, das Tätigseinwollen und Durchsetzen gegen und im Außen. Aggressivität als menschlicher Trieb ist aber rückbezüglich, und das heißt »egoistisch«: ich will etwas durch mich und für mich. Das ist der primitive Sinn meiner Tätigkeit.

Das bedeutet aber, daß Konstruktion und Destruktion immer miteinander verbunden sind. Im Verändernwollen ist eo ipso eine gewisse Negation des Gegebenen mitgesetzt. Wenn man die Vieldeutigkeit des menschlichen Weltbezuges in Rechnung stellt, dann sieht man aber, wie unterschiedlich die Aggression sich ausgestalten kann. So unterscheidet Alexander *Mitscherlich* gekonnte und nicht gekonnte Aggression.[23] Er legt dar, daß es entscheidend darauf ankäme, die ungezügelten Ausbrüche von Aggression zu verhindern. Diese Unterscheidung ist jedoch zu einfach. Denn hier wird in unproblematischer Weise die *Rationalität* als Heilmittel angesetzt, dabei spielt die traditionelle Vorstellung, daß Trieb, Affektivität und Unbewußtes zusammengehören und daß Bewußtsein und Rationalität als Triebzügler eo ipso positiv zu werten seien, eine wesentliche Rolle.

Daß dieser Ansatz nicht fraglos gültig sein kann, beweist die Erfahrung. Sie zeigt, daß die Rationalität als solche keineswegs die Überwindung der zerstörenden Aggression mit sich bringt. *Hans Kunz* hat mit Recht betont, daß gerade die gewollte und rational gesteuerte Aggression das Gefährliche sei. Er weist auf das Verhalten in den Konzentrationslagern hin, das die Beziehung zwischen der Rationalität und der dem Menschen immanenten Destruktivität in erschreckender Deutlichkeit zeigt.[24]

Trotzdem ist an der Unterscheidung Mitscherlichs etwas Wahres. Man muß hier nur außerordentlich dialektisch vorgehen. Man kann einerseits den biologisch-tierischen

Anteil und unsere Naturbedingtheit nicht leugnen. Man kann aber andererseits auch nicht die *Überformung* und *Verbindung* dieses Anteils mit spezifischen Mitteln der Rationalität abstreiten, und zwar – das ist für unseren Zusammenhang wesentlich – in der doppelten Form, daß der Geist und die Rationalität entweder sich den triebhaften Tendenzen *unterwerfen*, oder daß sie diese zu *beherrschen* und zu *modifizieren* suchen in der Weise einer vernünftigen Steuerung. Dies ist aber letztlich nur von der *Moralität* her möglich. Moralität ist – das sei noch einmal betont – ein Verhalten, das weder auf Rationalität noch gegen Rationalität auf Gefühl festzulegen ist. Moralität betrifft die Steuerung des Menschen im ganzen. Um noch einmal beim Ich anzusetzen: *das Ich ist eine dialektische Größe, Einheit und Zweiheit von Triebgeschehen und Rationalität.* Das Ich als Kraftzentrum steht aber immer in Bezügen. Es ist als solches immer schon reaktiv, wobei aber zu beachten ist, daß jede Reaktion der Möglichkeit nach aktionsbezogen ist. Das Ich ist als spontan-reaktives Kraftzentrum immer schon auf Ordnung bezogen, und zugleich ist es immer schon von einem latenten Gegenzug zur Ordnung bestimmt. Es vermag die Ordnung zu pervertieren. Eigenkraft ist also ein außerordentlich dialektischer Begriff. Eigenkraft als Ichhaftigkeit kann sich positiv und negativ auswirken. Dieser Sachverhalt weist aber auf die hohe Bedeutung des *Selbstverständnisses* zurück. Sicher: das Selbstbewußtsein bewegt sich zunächst und zumeist in gewohnten Bahnen, es kann aber zu ihnen Stellung nehmen und sie reflektieren. Das besagt aber auch, daß das Problem des Bezuges von Natur und Geist nicht »neutral« zu erledigen ist. Wir selbst stehen hier in Frage, wobei die Lösung dieser Frage immer schon wesentlich praktisch-pragmatisch bestimmt ist und zugleich unter weltanschaulichen Aspekten steht, von denen das Verhalten gesteuert wird.

Bedenkt man diese komplexen Zusammenhänge, dann erkennt man, daß das Problem unseres Verhaltens in bezug auf die *Unterscheidung von Natürlichkeit und Geistigkeit* von einer vielseitigen Dialektik bestimmt ist. Auch wenn es von mir abhängt, ob ich mich meinen Trieben überlasse oder sie zu steuern suche, so spielt bei diesem Verhalten der Bezug zu den *anderen* eine wesentliche Rolle. Und hier ist wiederum an die Unterscheidung von *Nahhorizont* und *Fernhorizont* zu erinnern. Das Verhalten im Nahhorizont hat verschiedene Wurzeln. Hier wirken nicht nur gesellschaftliche Faktoren, sondern auch biologische Erbeigenschaften. Ethnologen weisen darauf hin, daß der Umgang im Nahhorizont weitgehend das Ausleben schwerer Formen der Aggression verhindert. Hier wird die Aggressionsneigung durch Verhaltenskodizes, die beschwichtigen, kanalisiert. *Dieter E. Zimmer* erklärt in diesem Zusammenhang, daß eine Verdammung der Triebe also nicht gerechtfertigt sei, der Mensch hätte auch die Möglichkeit zur Friedfertigkeit: »Daß unsere Evolution auch eine Entwicklung unserer Fähigkeit zu gegenseitiger Hilfe war, ist kein leeres Gedankenspiel des Anarchisten und Kommunisten Peter Kropotkin gewesen. Es ist inzwischen eine aus dem tatsächlichen Gang unserer Evolution abgeleitete Grundannahme der Verhaltensforschung«.[25] Es wäre aber nicht angebracht, die Tatsache des friedfertigen Umgangs im Nahhorizont dahin auszulegen, wie viele ethnologische Forscher es versuchen, daß sich dieser Trieb nun auch ohne weiteres im Fernhorizont durchsetzen würde. Hier ist vielmehr die Einschränkung der Triebkraft durch Rationalität geboten. Das besagt: die positiven und negativen Triebbindungen müssen zurücktreten zugunsten einer *neutralisierenden allgemeinen Einstellung der Anerkenntnis*, die diesseits oder, wenn man so will, jenseits von Liebe und Haß anzusiedeln ist. Daß diese moralische Forderung mit dem rationalen Argument der Notwendigkeit unter utilitaristischem Aspekt verbunden werden kann und soll, ist in bezug auf die Gefahr der absoluten gegenseitigen Vernichtung ebenso geboten, wie in bezug auf die ökologische Katastrophe.

Moralität und Rationalität gehen zusammen, oder besser: sollen zusammengehen und sich gegenseitig stärken. Durch die Moralität wird die Rationalität gehindert, nur als kalkulatorische Berechnung von Trieben diesen zu dienen, und durch die Rationalität wird die Moral in Richtung auf Durchführbarkeit und Wirksamkeit plausibel gemacht.

III. Zum Problem eines verantwortlichen Umgangs mit der Natur im Zeitalter der Verwissenschaftlichung

Daß man die geschichtliche Entwicklung, in der die Wissenschaft zur zentralen Macht wurde, nicht rückgängig machen kann, ist offensichtlich. Die *Naturwissenschaft* ist ebenso wie die Technik ein Faktor, der unser Leben bestimmt. Dies anzuerkennen bedeutet aber, daß auch die Verfahrensweisen, auf denen der Fortschritt wesentlich beruht, nicht fraglich gemacht werden. Die maßgebende Verfahrensweise ist die objektive wertfreie Methode, ohne sie ist Wissenschaft heute nicht denkbar.

Daß die Forschung *»entzaubert«*, ist ein unabänderliches Gesetz. Daß dadurch die Welt ärmer und inhaltsloser geworden ist, ist nicht abzustreiten, und ebensowenig läßt sich das Gefühl der Heimatlosigkeit im All und das Bewußtsein, daß Weltzeit und Lebenserfahrung sich nicht mehr decken, negieren. Der Triumph der Wissenschaft ist der Triumph der Subjektivität als Freiheit, und diese Freiheit treibt immer weiter in subjektiver und objektiver Hinsicht. Sie beweist ihre Macht im Vermögen der Subjektivität, sich von der Welt zu distanzieren und diese eben zu *objektivieren*. Die Philosophie kann sich nicht gegen die objektivierenden Wissenschaften stellen. Sie muß deren Ergebnisse anerkennen, eingedenk der Einsicht, daß die Tendenz zur Objektivität auch und gerade in der Form eines Objektivierens, das als *allgemeingültige Forschungsmethode* sich im Zirkel von empirischer Beobachtung und hypothetischer Theorie vollzieht, der Subjektivität selbst entspringt.

Es gibt gerade, seitdem die Wissenschaft die Herrschaft antrat, nun durchaus Bestrebungen, die im Gegenzug zur wissenschaftlichen Unterwerfung der Natur und ihrer technischen Ausnutzung stehen. Man soll die Natur in ihrer *Schönheit* erkennen und genießen. *Kant* hat in seiner »Kritik der Urteilskraft« die *ästhetische* Naturbetrachtung ja von der Erkenntnishaltung der theoretischen Einstellung abgetrennt und in bezug auf die *teleologische Naturbetrachtung* erklärt, daß diese durchaus sinnvolle Betrachtungen ermöglicht, insbesondere des Organischen, daß sie aber nicht konstitutiv sei, sie ist ontologisch nicht festzumachen. Hier zeigt sich eben die Aufhebung der Ordnungsmetaphysik, für die Ordnung wesenhaft ein kosmologischer Begriff war. Selbst wenn diese Ordnung nicht wie in der Antike als ewig gültige und sich in sich selbst regelnde verstanden wurde, sondern als von Gott geschaffen angesehen wurde, so galt Natur eben als der Repräsentant welthafter Ordnung; Natur konnte weder auf Erkenntnistheorie noch auf Ästhetik eingeengt werden.

Der *teleologische Aspekt*, der in der Neuzeit immerhin gleichsam als Ergänzungsaspekt für die theoretisch abstrakte Einstellung fungierte, ist heute nicht mehr maßgebend. Man kann zwar, wie viele Naturschützer und auch Konrad Lorenz, auf die Schönheit der Natur und auf ihre Zweckmäßigkeit hinweisen. Aber das sind Versuche, die in keiner Weise dem wissenschaftlichen und technologischen Trend gewachsen sind. Sie werden keine Umänderung unserer Einstellung zur Natur im Sinne eines Gesinnungswandels erwirken.

Wenn man die modernen Ansätze überdenkt, so zeigt sich, daß heute Natur nicht von weltanschaulichen oder totalphilosophischen Aspekten her gedeutet wird, die im Gegenzug zur exakten Wissenschaft ständen. Wenn man nach der Auffassung von Natur im ganzen fragt, so erscheint, vom wissenschaftlichen Aspekt her als dem maßgebenden gesehen, das Universum und die Natur als eine *zeitliche Erscheinung*, die einmal auf ein Ende zugeht. Angesichts dieses Universums ist die Frage, ob es als solches sinnhaft oder sinnlos sei, offensichtlich unangebracht – wir haben auf diese Sachverhalte bereits hingewiesen.

Überdenkt man diese Situation, dann sieht man, daß es kaum überzeugende theoretische Anhalte gibt, auf denen eine positive und rücksichtsvollere Einstellung zur Natur aufbauen kann. Man kann, so scheint es, für die Grundlegung ökologischer Maßnahmen und für das, was unter ethischem Gesichtspunkt in bezug auf die Natur zu tun sei, eben keine weltanschaulichen Gründe aufführen, sondern nur *praktisch-pragmatische* Maßnahmen bedenken. Aber hier zeigt sich nun ein merkwürdiger oder jedenfalls ein beachtenswerter Sachverhalt. Die praktisch-pragmatische Einstellung wirkt sich ihrerseits aus und beeinflußt die Naturdeutung in weltanschaulicher Hinsicht. Sie führt unter Umständen im Umkehrschluß dazu, die *Wandlung zu einer neuen Einstellung der Natur gegenüber* gleichsam nachträglich als *Grundvoraussetzung* zu deklarieren, von der her neue Maßnahmen getragen sein müßten. Es entsteht ein Wechselbezug von praktischen Maßnahmen und grundsätzlichen Einstellungen.

Es scheint jedenfalls eindeutig: das Konzept der Naturausnutzung im Sinne von Descartes und Bacon ist verfehlt. Es ist von seinen negativen Folgen her zu betrachten und angesichts dieser ist der neuzeitlichen Einstellung Einhalt zu gebieten. Das kann und soll durchaus auch aus Egoismus geschehen. Hier bewahrheitet sich wieder das Prinzip der Moral, *daß der Vorteil für alle auch ein Vorteil für mich ist.*

Erfordert ist weiterhin, die Angst vor den negativen Folgen zu steigern. Man darf entgegen gewissen Tendenzen der Lebensweltethik nicht behaupten, daß alles schon »gutgehen« wird, sondern muß erklären, daß, wenn es so weiter geht wie bisher, es bestimmt »schiefgeht«. Hier zeigt sich eine für die neue Ethik der Natur gegenüber charakteristische Alternative, die durch die Gegensätze von Negativität und Positivität und Pessimismus und Optimismus bestimmt ist, wobei weithin diese Aspekte vom utilitaristischen Selbsterhaltungstrieb gesteuert sind. Es geht dabei aber immer um *Sachprobleme*. Deren Erörterung reißt, wenn sie gründlich diskutiert wird, weltanschauliche Fronten auf. Jedenfalls werden weltanschauliche Argumente zur Verstärkung der jeweiligen Position angeführt, um diese zu fundieren.

Es ergibt sich, wie angedeutet, also ein Wechselspiel. Einerseits sollen die praktischen Maßnahmen von weltanschaulichen Hintergründen her gedeckt werden. Andererseits erkennt man aber, daß die *weltanschaulichen* Einstellungen so *allgemein* sind, daß man die praktischen Fragen von ihnen her gar nicht angehen kann. Zudem ist darauf zu achten, daß es nicht um globale Lösungen geht, sondern daß von den *verschiedenen Sachgebieten* her die Probleme angegangen werden müssen. Systemtheoretisch betrachtet müssen technische, wirtschaftliche und politische Aspekte, auch wenn sie sich miteinander verbinden, gesondert behandelt werden, wie *N. Luhman* in seinen Untersuchungen zur Ökologie darlegt.[26]

Wir suchen die differenten Einstellungen nun ein wenig genauer zu charakterisieren, insbesondere in bezug zur *Ökologie*.

Es gibt heute, wie angedeutet, Umweltprogramme, die auf eine grundsätzliche Haltung abzielen und dementsprechend Forderungen aufstellen. Wir greifen zur Verdeutlichung auf eine Arbeit von *Klaus Michael Meyer-Abich* zurück, ihr Titel ist bezeichnend: *»Wege zum Frieden mit der Natur. Praktische Naturphilosophie für die Umweltpolitik«*. Dies Werk bringt eine Kampfansage gegen den neuzeitlichen Standpunkt, der die Natur als Feind ansieht, der dem Menschen schaden kann, wie die Naturkatastrophen zeigen, und der darüber hinaus die Natur unterwerfen will, um sie auszunutzen. Das Programm des Friedens soll nun aber untermauert werden, und hier setzt nun die *Naturphilosophie* ein. Sie ist nicht spekulativ, wie etwa zu Zeiten Schellings, sondern praktisch ausgerichtet. An ihrer Spitze steht die Grundforderung, das anthropologische Weltbild nicht mehr als gültig anzuerkennen, der Mensch soll sich nicht mehr als Krone der Schöpfung ausgeben, dem nach der Genesis die anderen Lebewesen untertan wären. Diese anderen Lebewesen müssen als solche anerkannt werden. Von diesem Ansatz her wird eine *Rechtsgemeinschaft der Natur* gefordert. Der erste Satz lautet: »Menschen, Tiere, Pflanzen und die Elemente sind naturgeschichtlich verwandt und bilden eine Rechtsgemeinschaft der Natur. In ihr verbinden sich die Ordnung der Natur und die des Menschenrechts«. Dem entspricht der dritte Satz: »Tiere, Pflanzen und die Elemente sind unsere natürliche Mitwelt. Auf sie ist in unserem Handeln um ihrer selbst willen (in ihrem Eigenwert) und nicht nur um unseretwillen Rücksicht zu nehmen«.[27]

Hier ergeben sich sogleich Probleme. Das zeigt ein Vergleich dieser Forderungen mit dem Ansatz *Albert Schweitzers*, der den Willen zum Leben als Grundrecht alles Seienden herausstellt. Schweitzer ist in dieser Hinsicht aber Anhänger Darwins und Nietzsches; er weiß, daß der Wille zum Leben zum Kampf untereinander führt. Wenn der Mensch sich gegen den Kampf entscheidet, und zwar gegen den Kampf der Menschen untereinander und den Kampf gegen die außermenschliche Natur, *so handelt er gegen das Gesetz der Natur*, das heißt, ohne Rückendeckung und ohne Aussicht auf Erfolg. Es ergeben sich hier fast unlösbare Probleme und Widersprüche. Wir wissen ja, daß wir ständig gegen dieses Prinzip, das Leben überall zu schützen, handeln. Man denke heute nur an das pragmatisch-technische Untersuchungsfeld, auf dem das Leben zum experimentellen Faktor der Wissenschaft geworden ist. Die künstliche Befruchtung menschlicher Eizellen, die Wahl des Geschlechts der Nachkommen, aber auch die zahllosen Tierversuche zeigen, *daß das Leben keineswegs als unantastbar anerkannt wird*.

Die Anerkennung des Willens zum Leben ist ein problematisches Gebot. Wieweit es zu befolgen ist, besser: befolgt werden kann, ist kaum allgemein zu klären. Die von *Stefan Zweig* in seiner Novelle »Die Augen des ewigen Bruders« dargelegte Möglichkeit absoluter Schonung des Lebens ist faktisch unmöglich. Wir vernichten immer wieder Leben, um leben zu können. Wieweit wir hier um willen unseres eigenen Lebens gehen dürfen, ist nicht ein für allemal festzulegen. Das bedeutet aber zugleich, daß die Behauptung, daß Tiere und wir als Lebewesen gleichberechtigt und Glieder einer Naturgemeinschaft wären, die in eine Rechtsgemeinschaft umgewandelt werden sollte, weithin illusorisch ist. Der Mensch ist *ausgesondert* aus dem Naturzusammenhang. Er ist zwar nicht der Herr der Schöpfung in dem Sinne, daß er sich die Natur rücksichtslos unterwerfen solle. Ihm kommt auf Grund seines Weltbezuges aber kein einheitliches

Verhältnis zur Natur zu. Einerseits muß er vom pragmatisch-empirischen Aspekt her gesehen die Natur ausnutzen, und zugleich, ebenfalls von diesem Aspekt her gesehen, darf er aus Egoismus diese Ausnutzung nicht zu weit treiben, um sich nicht selbst zu schaden und die möglichen Quellen zu verstopfen.

Daß neben den praktisch-pragmatischen Aspekt die *moralische* Forderung zu treten hat, die als Gegenzug zur Herrschaftsdevise wesentlich im Sinne des Fernziels einen Umbruch einleiten will, ist ebenso erfordert. Es wird sich aber dabei nicht um einen Frieden handeln, der die Einsicht in die Negativität der Naturentwicklung als falsch deklariert und an ihre Stelle die Naturidylle setzt, sondern um eine dialektische Einstellung, die uns selbst an unsere Naturbindung erinnert: daß auch wir von Naturgesetzen bestimmt sind, und daß dies eben nicht eindeutig positiv zu deuten ist. Das besagt aber, daß wir das wahre Verhältnis zur Natur durch uns selbst zu gewinnen suchen müssen, *insofern wir nicht Natur sind.*

Es zeigt sich hier, was auch schon in bezug auf die *Politik* herausgestellt wurde, daß das ethische Verhalten nicht abgesichert ist. Es verweist auf die Notwendigkeit der *Reflexion*. Der Begriff einer reflektierenden Ethik ist von der Tradition her gesehen ein Widerspruch. Ethik soll entweder unbedingt sein, so im Falle der Vernunftethik, deren Vorbild Kant bleibt, oder Ethik soll den eingeschliffenen Bedingtheiten der Lebenswelt folgen. In beiden Fällen ist Reflexion, die ja immer als problematisierende Reflexion die Tendenz zur Zersetzung hat, dem Handeln hinderlich. Kant und Hegel haben das räsonnierende Vernünfteln als Triumph der Subjektivität gebrandmarkt. Heute ist es aber erfordert, *die möglichen Verhaltensweisen auf ihre Konsequenzen hin zu bedenken*, wenn anders man der Struktur der dialektischen Wirklichkeit gerecht werden will. Eine solche Reflexion gibt keine absoluten Lösungen. Gleichwohl ist sie der einzige Weg, der dialektischen Wirklichkeit, die sich unter dem Aspekt unserer Verflochtenheit in vielfältige und divergierende Naturbezüge darstellt, adäquat zu begegnen.

Die Problematik unseres Verhaltens zur Natur sei genauer dargelegt, indem wir den *Bezug der Wissenschaft zur Natur*, von dem schon mehrfach die Rede war, in seiner ganzen Schwierigkeit reflektieren.

Die Wissenschaft hat sich, wie wir sahen, in ihrer Struktur quantitativ und qualitativ verändert. Sie konstituiert sich selbst als *Forschungsprozeß*, der seine eigene dynamische Gesetzlichkeit entwickelt, die nicht vom Einzelnen her zu steuern ist. Die Probleme stellen sich durch den Forschungsprozeß. Wenn man an ihm teilnimmt, kann man ihnen nicht ausweichen. Es gibt hier zwar nach wie vor die Unterscheidung von theoretischer Forschung und praktischer Anwendung. Aber diese Unterscheidung ist heute eigentümlich unwirklich geworden. Die experimentierende Naturwissenschaft ist auf Wirtschaft und Politik verwiesen, weil sie ihre Großprojekte gar nicht ohne deren Hilfe finanzieren kann, und Politik und Wirtschaft rechnen mit den Ergebnissen, die sie im Konkurrenzkampf, auch gegen andere Nationen, einsetzen können.

Wesentlich ist nun, daß die *Technologie* die natürliche Umwelt verändert, zunächst im positiven Sinn. Die Kultivierung der »natürlichen Natur«, die der Mensch seit jeher betreibt, gibt die Möglichkeit besserer Erträge. Aber die Kultivierung bringt, je perfektionierter sie vorgeht, negative Folgen. Man denke an die Wirkung von Pflanzenschutzmitteln, an Gewässerverschmutzung und Waldschäden, an die Wirkung der Abgase und die Anhäufung von Radioaktivität.

In allen diesen Fällen ist entscheidend, daß hier unter dem *Aspekt der Auswirkung* nicht mehr zwischen rein theoretischen Forschungen und praktischer Ausnutzung klar zu unterscheiden ist; man muß zudem beachten, daß in bezug auf die Schädigung das *übliche Verursacherprinzip* versagt. *Hans Lenk* stellt fest: »Bei einem erst synergistisch schädigenden Effekt kann natürlich keine Einzelzurechnung der Ursache erfolgen. Kumulation und relative Unkontrollierbarkeit tun ein übriges«.[28] Wie tief die Veränderung eingreift, und zwar in verschiedenen Hinsichten, zeigt die Computertechnik. Lenk fragt: »Läßt sich mit der fortschreitenden Entwicklung der Mikroelektronik, der computergesteuerten Systemorganisation und der EDV-automatisierten Verwaltungsorganisation ein Drang zur ständig zunehmenden Technokratie feststellen, in der Bürokratie, Technokratie und Elektro(no)kratie eine überaus effiziente Verbindung eingehen, die geradezu das Kommen des technotronischen ›Großen Bruders‹ als sehr realistisches Menetekel an die Programmtafel industrieller hochentwickelter Gesellschaften schreibt?«[29]

Wesentlich ist, daß Wissenschaft selbst Probleme schafft, die es vorher nicht gab. Die Wissenschaft bringt Nutzen und sichert, indem sie zugleich Schaden stiftet und verunsichert. Sie bewegt sich im Zirkel oder in einem Spiralverfahren, denn gegen die negativen Folgeergebnisse müssen nun Auswege gesucht werden, und dies gelingt natürlich nur durch bessere Wissenschaft und bessere Planung. Negative Folgen, so die Meinung der meisten, *kann natürlich nur die Wissenschaft selbst beheben*. Andere aber sind der Überzeugung, es sei angesichts negativer Folgen geboten, *mit moralischen Forderungen an die Wissenschaft heranzutreten*. Die Mittellösung besagt: *die Wissenschaft soll sich bescheiden und einschränken*.

Es ist offensichtlich: der Mensch ist die Ursache dieser Problematik, und zugleich ist er doch das einzige Wesen, das Abhilfe schaffen kann, aber auf Grund seiner Unzulänglichkeit wohl nicht schaffen wird. Ein *pessimistischer Unterton* in bezug auf die weitere Entwicklung ist heute nicht zu überhören. Man sucht die Situation von der Biologie her zu deuten. Der Mensch ist überfordert und seiner Weltstellung nicht gewachsen. Der Ansatz dieser Argumentation ist die Meinung, daß die Natur als natura naturans für die Tiere gesorgt hat: wenn eine Art nicht lebensfähig ist, geht sie mittels der natürlichen Selektion zugrunde. Der Mensch dagegen als der *Freigelassene der Schöpfung* handelt diesen Gesetzen zuwider und stört oder zerstört die Naturordnung.

Es ist, wenn man sich in dieser Situation orientieren will, angebracht, bestimmte Fragestellungen zu unterscheiden. Es gibt *grundsätzliche Überlegungen*, die den allgemeinen Hintergrund der Verwissenschaftlichung und der Technisierung hervorheben in dem Bewußtsein, daß kein konkretes Vorgehen ohne Klärung der grundlegenden Vor-urteile auskommen kann. Es gibt sodann Analysen, die von der *spezifischen Lage der Forschung*, wie sie sich in der Gegenwart entwickelt hat, und vom *Stand des Wissenschaftlers* ausgehen, und von diesen Ansätzen her das Problem der Verantwortung, besser: der Verantwortlichkeit der Wissenschaft diskutieren. Drittens: man muß *innerhalb der Wissenschaften natürlich bestimmte Problembereiche unterscheiden*. Es ist ein Unterschied, ob man über die Folgen der Atomwissenschaft, der Ökologie oder der Genforschung diskutiert, auch wenn Überschneidungen nicht zu leugnen sind. Da wir diese Probleme im vorhergehenden schon wiederholt diskutiert haben, wollen wir jetzt nur zusammenfassend herausstellen, daß sich hier *kaum lösbare Aporien* auftun. Wir beginnen mit dem *zweiten* Problemkreis.

Der Wissenschaftler weiß heute, daß ihm das Problem der Verantwortung für die Folgen seiner Forschung mit Recht oder Unrecht zugeschoben wird. Er antwortet, so kann man feststellen, in recht differenter Weise. Einmal wird immer noch auf die

Wissenschaft im positiven Sinne verwiesen, sie stellt sich als ein *Fortschrittsprozeß* dar, an dem der einzelne teilnimmt. *Heinz Maier-Leibnitz* erklärt:

»Für eine unerwartete Entdeckung kann der Entdecker nicht verantwortlich sein, sondern nur dafür, daß er sich einem wissenschaftlichen Gebiet als Forscher zugewandt hat . . . Die Frage ist hier einfach, ist es gut für die Welt, wenn viel Forschung stattfindet. Das muß man sich überlegen. Diese Frage zu verneinen, würde bedeuten, daß die Umwelt mit Recht die Forscher verurteilen kann, weil sie Forscher sind. Für die Wissenschaftler wäre das umgekehrt ein Grund, sich für ihre Berufswahl verantwortlich zu fühlen, sich Vorwürfe zu machen. Es ist aber doch wohl so, daß es einen nahezu allgemeinen Konsens gibt, nicht nur darüber, daß die Wissenschaft ein Schatz der Menschheit ist, sondern auch darüber, daß die Probleme der Welt, gerade wie sie sich neuerdings entwickelt haben, nur mit großem Aufwand auch an neuer Forschung gelöst werden können«.[30]

Daß Wissenschaft positiv zu werten ist, das ist die Grundüberzeugung führender »konservativer« Wissenschaftler. Zudem wird nach wie vor weithin an der *Trennung von Forschung und Anwendung festgehalten. Maier-Leibnitz* klagt: »Die Trennungslinie zwischen Forschung und Anwendung wird so oft verwischt«.[31] Sicher: die Frage der Verantwortung für die Folgen ist nicht zu umgehen, aber, so wird erklärt, sie betrifft nicht nur die Forscher, sondern auch die Politiker; in gewisser Weise sind in der Demokratie eigentlich alle mündigen Bürger verpflichtet, über mögliche negative Folgen nachzudenken.[32]

Das Fazit ist: man soll nicht allzu schnell mit dem Begriff der Verantwortung der Wissenschaft oder der Wissenschaftler operieren. Das gilt insbesondere für die Erweiterung, in der bestimmte Wissenschaftler voller Hybris sich anmaßen, *so Maier-Leibnitz*, zu wissen, was zu tun sei. In Wirklichkeit aber weiß niemand, wie es weitergehen wird. Der Anspruch an die Wissenschaftler, als ob sie die Lenker des Geschehens seien, muß aufgehoben werden.[33]

Sinnvoll erscheint es aber durchaus, wenn Wissenschaftler und Laien, vor allem aber Wissenschaftler und Politiker, miteinander diskutieren. *Lorenz Krüger* unterscheidet dementsprechend eine Ethik der Wissenschaft, die dem Wissenschaftler als solchem zukommt, insofern sie die »Theorie der moralischen Regeln für die wissenschaftliche Arbeit« bedenkt, von einer »Ethik unter Mitwirkung von Wissenschaftlern in ihrer Eigenschaft als Wissenschaftler«.[34] Diese Mitwirkung ist besonders wichtig bei *Großunternehmungen*, die vom *Staat* oder der *Industrie* ausgehen. Die Experten müssen Auskunft über den Forschungsstand geben. Sie sollen das Problembewußtsein schärfen. Man darf in diesem Zusammenhang daran erinnern, daß es insbesondere in Amerika bereits Zusammenschlüsse für bestimmte Problemfelder gibt, in denen Wissenschaftler von verschiedenen Fächern her diskutieren, so arbeiten zum Beispiel in bezug auf die Genforschung Mediziner und Biologen mit Theologen und Philosophen zusammen.

Wesentlich ist, daß die Grenzen, vor allem die Grenzen zwischen Forschung und Anwendung, gelockert werden. Dies erfordert eine Präventivverantwortung, das heißt eine Verantwortung für absehbare Folgen in bezug auf Gesellschaftspolitik und soziales Leben. Gerade der Bezug zur Gesellschaft und zum sozialen Leben läßt sich aber nur dann angemessen durchdenken, wenn man bestimmte Probleme sowohl in ihrem grundsätzlichen Zusammenhang als von ihren möglichen Folgen her gesondert bedenkt. Wir weisen beispielhaft auf die Probleme der Atomkriege und der Gentechnologie hin.

Die *Atomtechnologie* und ihre Gefahren haben wir oben bereits im Zusammenhang mit der *Politik* thematisiert, wir wollen das dort Gesagte hier nicht wiederholen. Wir weisen nun noch einmal auf zwei Punkte hin. Dies ist zunächst die enge Verzahnung von Politik, Wirtschaft und Wissenschaft, insbesondere die Dialektik zwischen Politik und dem diese regierenden Machtgedanken und der Wissenschaft in bezug auf ihre eigene Ausrichtung ist zu beachten. Hier muß der *Einzelne* – das ist der zweite Punkt – sich für sich entscheiden und sodann in »Gruppenverantwortung« aktiv zu werden suchen, um seine Ziele zu verwirklichen. Dabei werden aber gerade die Übergänge zwischen grundsätzlichen Erwägungen des Einzelnen und konkreten Maßnahmen wesentlich sein. Der Vorbereitung von Atomkriegen entgegenzutreten, ist aus utilitaristischen und moralischen Erwägungen geboten. Der Begriff *Ent-Feindung* ist in diesem Zusammenhang wichtig.

Dieser Begriff greift tief in das anthropologische Gesamtverständnis ein. Der Gegner ist nicht Vertreter des Reiches des Bösen, demgegenüber Furcht – man muß ihn abschrecken, weil man sich fürchtet – angebracht ist. Wenn man so argumentiert, ist die Ausführung bis zu den Kriegsfolgen hin unvermeidbar. Hier hilft nur das Sichhineinversetzen in den Anderen. *Horst Eppler* hat diesen Sachverhalt sehr klar dargelegt. Entfeindung ist noch keine christliche Nächstenliebe, aber ein Gebot der Notwendigkeit angesichts der Gefahren unserer Situation. Eppler erklärt: »Versteht man Feindesliebe als Gefühl gegenüber dem Feind, so sind wir überfordert. Gefühle lassen sich weder fordern, noch kommandieren, tröstlicherweise nicht einmal der Haß«.[35] Gefühlen gegenüber ist die Ent-Feindung »eminent praktisch und wohl auch eminent politisch«. Hier wird dem Gegner die Chance eröffnet, »etwas anderes als unser Feind zu werden, nämlich unser Gegenspieler, unser Rivale, vielleicht sogar unser Partner bei gemeinsamen Aufgaben«.[36] Man muß versuchen, sich »in die Schuhe des Anderen zu versetzen und die Welt für ein paar Minuten aus seiner Perspektive zu sehen«.[37] Daß hier allgemein für die Gegenwart wesentliche ethische Grundsätze, so die Forderung der Ehrfurcht vor dem Leben, den maßgebenden Hintergrund bilden können, besser: bilden sollten, wurde oben dargelegt.

In bezug auf die *Gentechnologie* sind von der Medizin und Biologie her zwei Möglichkeiten des Machbaren zu unterscheiden. Eine »durch Diagnose Unerwünschtes der Vernichtung anheimgebende Möglichkeit der Machbarkeit ist die Amniozentese, die es gestattet, erbkranken Nachwuchs zu erkennen und damit zur Disposition (d. h. Abtreibung) zu stellen«.[38] »Ein noch anderes Feld der Machbarkeit ist gegeben durch die Gentechnologie oder Genmanipulation (die in der Amniozentese diagnostisch nur negativ, zu Zwecken der Ausschaltung von Nachkommenschaft auftrat) im positiven Sinne, wonach das Erbmaterial durch Eingriffe verändert werden kann«.[39] Diese zweite Möglichkeit wird hauptsächlich bei Nutzpflanzen und bei Nutztieren angewandt. Es handelt sich hier um »Erbgutveränderung oder Reinzüchtung, die nun durch moderne Verfahren wie Klonierung, Bestrahlung und, wo schon möglich, durch Chromosomenmanipulation erreicht wird«.[40]

Das Problem wird akut in bezug auf die Manipulation des *menschlichen Erbmaterials*. Hier erheben sich verschiedene Einwände: der Zeugungsakt darf nicht biologischen Aspekten unterworfen werden. Wenn dies geschieht, so wird die Technisierung und die Kommerzialisierung um sich greifen. Man muß sich fragen: »Ist die Produktion überzähliger Embryos für Zwecke von Retortenbabys angesichts ihrer späteren Vernichtung erlaubt, etwa angesichts der Nützlichkeit für die Pharmaindustrie oder die

Forschung; sind die Folgen der jetzt eröffneten Möglichkeit von Retortenbabys für die bisherige Normalität der Fortpflanzung nicht gefährlich?«[41]

In der Überlegung dieser Problematik sind grundsätzliche Fragen kaum zu umgehen. Die Gentechnik soll im Gegenzug zur Evolution den Menschen befähigen, *sich selbst und die Natur nach eigenem Willen umzugestalten.* Man argumentiert zunächst, daß es ja nur um Abwendung erbbedingter Krankheiten gehe. Aber dahinter steht doch der Wunsch, schöne und begabte Menschen zu schaffen als eine höhere Rasse. Aber wer soll hier die Entscheidung treffen? Die Eltern, die Gentechniker oder eine Kommission aus Professoren, Politikern und Kirchenvertretern?

Überdenkt man diese Probleme, so erscheint ein *Nein* zur Manipulation in bezug auf den Menschen angebracht. Der Mensch ist sich als endliches Wesen in seiner Geworfenheit vorgegeben, und dies hat er hinzunehmen. Zudem ist zu bedenken, daß in der Gentechnologie bereits unter dem Aspekt der biologischen Kriegsführung Forschungen angestellt werden, die biologische Schadstoffe herstellen sollen. Diese sind für den Feind bestimmt; die eigene Bevölkerung soll dagegen, etwa durch Impfung, gegen die Schadstoffe, die der Gegner erfindet, immunisiert werden.

Überblickt man die Forschung im ganzen, so zeigt sich eine große Uneinigkeit. Selbst wenn man zugibt, daß keine Notwendigkeit für weitergehende Manipulationen vorliegt, so wird erklärt, daß die Forschung sich in sich selbst und durch sich selbst weitertreibe. Das sei nicht zu ändern.

Die Entscheidung wird faktisch dem *Einzelnen* zugeschoben. Wenn er nicht pragmatisch vorgeht und sich dem vom Gesetz Erlaubten und Verbotenen fraglos unterwirft, das heißt, wenn er für sich selbst reflektiert, was er tun soll, so werden die den einzelnen Forscher bestimmenden Vor-Urteile ins Spiel kommen. Das kann natürlich in verschiedenen Graden geschehen. Aber im Hintergrund wird mehr oder weniger direkt das Grundproblem auftauchen, ob die Welt als solche in Ordnung ist oder nicht. Auch wenn man die metaphysischen Sichtweisen nicht übernimmt, so gilt es doch zu fagen, ob in bezug auf die Grundprobleme die Situation sich wirklich grundsätzlich geändert hat.

Sicher: historische Vergleiche helfen kaum weiter. Es ist offensichtlich, daß die Situation heute angesichts der Verwissenschaftlichung und der Technisierung und der Herrschaft der Superstrukturen *schwieriger* geworden ist und nicht mehr vom moralischen Aspekt her *allein* gelöst werden kann. Aber dieser Aspekt muß immer wieder angesichts der durch den Menschen herbeigeführten Negativität herausgestellt werden.

Wieweit die Wissenschaft außerwissenschaftlichen Anforderungen und moralischen Maßstäben folgen wird, das ist nicht auszumachen. Daß sich ein neues wissenschaftliches Ethos, wie *Hans Jonas* es fordert[42], durchsetzen wird, ist angesichts »eines Ausgeliefertseins an die Dynamik eines Systems, das seinen eigenen Fortschritt hat« (Klaus Hartmann), nicht wahrscheinlich. So bleibt in bezug auf die Wissenschaft nur die Möglichkeit einer *»Sensibilisierung«*. Aber hier kann die totalphilosophische Orientierung unter geschichtlichem Aspekt hilfreich sein, wenn sie den Faktor der Negativität vom Problem der *Dialektik zwischen Weltbindung und Weltdistanzierung* her in seiner gegenwärtigen Ausprägung bedenkt. Man wird dann erkennen, daß heute die Konzeption einer *unbedingten Freiheit* im Sinn einer Transformation der natürlichen Welt an ihre Grenzen gekommen ist.

Viertes Kapitel
Geschichte als Dialektik von Vermitteln und Vermitteltwerden unter anthropologischem und ethischem Aspekt

Vorbemerkung

Die Behandlung der *Geschichte* in einer Arbeit, die ethischen Problemen nachfragt, nimmt eine Sonderstellung, oder, wenn man so will, sogar eine Randstellung ein. Die Geschichte ist nicht und kann nicht sein unmittelbarer Bezugspunkt und Anhalt des Verhaltens, wie es die Mitmenschen sind, die mir leibhaft begegnen und an die ich Ansprüche und Forderungen stelle, ebenso wie sie an mich. Geschichte ist auch nicht ein Objekt wie die Natur, dessen Betrachtung unter bestimmte Regeln, auch unter Forderungen an ethisches Verhalten, gebracht werden kann. Anders gesagt: *Geschichte ist kein Gegenüber wie Mitmensch und Natur, sondern eine mich umgreifende Größe, die eigenen Gesetzen zu folgen scheint.* Daß Geschichte in der Tradition immer wieder moralisch betrachtet und gewertet wurde, ist durchaus legitim und notwendig, aber diese Betrachtung kann nicht kategorische Forderungen aufstellen, wie dies für die menschliche Zwischenwelt geboten ist. Geschichte umgreift, aber die Weisen des Umgreifens sind vieldeutig. Dies zeigt sich gerade in der Gegenwart. Die Undurchsichtigkeit ist so eminent, daß man kaum mehr von der Geschichte als einem sinnhaften Geschehen zu sprechen wagt.

Gleichwohl: *unsere ganze Arbeit hat sich faktisch »dem Aspekt der Geschichte« unterstellt, das heißt, die geschichtlichen Wandlungen beachtet, um unsere Situation besser verstehen zu können.* Wenn wir jetzt die Geschichte eigens zum Thema erheben, so geschieht es, um die vorausgehenden Analysen in der Weise einer kritischen Durchleuchtung gleichsam zu fundieren. Daß eine solche Durchleuchtung nicht an den Anfang der Arbeit gestellt wurde, sondern den Abschluß bildet, hat seinen Grund darin, daß diese Fundierung eben auf den dargelegten historischen Fakten aufbaut und sich nach ihnen richtet, wobei aber die Analyse ihrerseits übergreifenden Gesichtspunkten folgt. Diese Gesichtspunkte sind natürlich vom jeweiligen Geist der Zeit abhängig und von ihm her konzipiert. Sie sollen aber nicht auf eine bestimmte Zeit eingeschränkt sein, sondern allgemein aufschließende Bedeutung haben. Wir erinnern in aller Kürze an die uns *leitenden Grundgedanken*.

Der Mensch ist durch eine *gebrochene Weltstellung* bestimmt. Er ist nicht wie die Tiere in eine Umwelt eingepaßt, er ist nicht festgestellt, sondern muß seine Weltbezüge zu sichern versuchen. Welche Mittel dem Menschen in dieser Auseinandersetzung zur Verfügung stehen, ist in der Tradition sehr verschieden ausgelegt worden. Aber ob man von Vernunft, Geist oder Willen spricht und dem Menschen eine Sonderstellung zubilligt, oder ob man das tierische Erbe als bestimmend ansetzt und die Aufgabe nur in der Selbsterhaltung, die auch das Tier bestimmt, sieht: *der Mensch kann sich nur zu sich verhalten, indem er sich zur Welt verhält.* Weltverständnis und Selbstverständnis sind nicht voneinander abzulösen.

Wie sich Welt- und Selbstbezüge konkret entwickeln, das ist nur historisch festzustellen. Der Mensch hat eine Geschichte, Geschichte haben, das heißt, durch *Geschichtlichkeit* bedingt sein, ist ein Grundmerkmal des Menschen, das er nicht aufheben kann, auch wenn er versucht, sich einem übergeschichtlichen Wesen (Gott) anzugleichen. Geschichte gründet in der Zweideutigkeit des Menschen, aber das konkrete Geschehen kann nicht aus der Zweideutigkeit systematisch abgeleitet werden. Geschichte beruht weitgehend auf *Kontingenz*. Sie ist nie ganz begreifbar, und die Zufälligkeit in ihren differenten Konstellationen kann nicht in einer universalen einheitlichen Seinsgeschichte aufgehoben werden.

Die Universalgeschichte unserer Tradition steht unter metaphysischen Voraussetzungen, von denen her sie ihre Schematik entwirft. Ein solches Vorgehen ist in einer nachmetaphysischen Zeit nicht mehr möglich. Das besagt aber nicht, daß wir ohne Schematik auskommen könnten. Es ist jedoch ein Unterschied, ob man die Schematik spekulativ konstruiert und der Geschichte »überstülpt« oder ob man sie aus der Geschichte ableitet, das heißt, ihr die Vormacht läßt. Das erste tut eben die Metaphysik. Sie kennt den Sinn der Geschichte und vermag von da aus Stadien der Entwicklung aufzustellen, die zeitlich gegliedert auf einen positiven Zustand zulaufen, der entweder schon erreicht ist oder noch aussteht. Hegels Denken ist von der ersten, der Ansatz von Marx von der zweiten Konzeption geprägt.

Gegen eine solche geradlinige Konstruktion sprechen bedeutsame Einwände durchaus differenter Art. Nur auf einen Sachverhalt sei jetzt hingewiesen. Es gibt Grundprobleme, die in der Geschichte *immer wiederkehren*, aber in einer abgewandelten Form; so, um auf die Ethik zurückzugreifen, das Problem, *wie Normen zu begründen seien*, ob als überzeitliche Größen im Sinne der Metaphysik oder als Setzung des Menschen in der Zeit, durch Bedürfnisse bedingt. Ebenso taucht das *Problem des Bezuges von Sein und Sollen* und *das Problem von Moral und Sittlichkeit* immer wieder auf: ist Ethik auf ein Sein zurückzuführen oder auf ein Sollen, das im Gegenzug zum Sein steht? Hier zeigt sich aber sogleich eine Dialektik. Sein ist faktisch immer vom Sollen bestimmt, und Sollen ist immer im Blick auf ein Sein konstruiert; es gibt keine Moral ohne einen Rest von Sittlichkeit, und Sittlichkeit hebt Moral nie auf. Diese hier beispielhaft angedeutete Dialektik zwischen bestimmten Grundpositionen wird durch den geschichtlichen Gesamtverlauf aber in einer eigentümlichen Weise verändert und verschärft. Eben diese Veränderungen und Verschärfungen zeigen sich aber nur, wenn man die geschichtliche Entwicklung verfolgt und rekonstruiert.

Eine solche Rekonstruktion steht, wie angedeutet, unter bestimmten Voraussetzungen. Wir suchen im Gegenzug zu metaphysischen Theorien die differenten Auffassungen von Geschichte und das Geschichtsverständnis in der Tradition und in der Gegenwart zu explizieren, indem wir von der Idee der *dialektischen Wirklichkeit* her Geschichte als das *Zusammenspiel von Vermitteln und Vermitteltwerden* auslegen, wobei das Zusammenspiel durchaus nicht harmonisch ist.

Die Dialektik von Vermitteln und Vermitteltwerden ist heute maßgebend geworden. Das besagt, daß der Geschichte heute eine *übergreifende Bedeutung* zukommt. Methodisch gesehen stellt die Geschichte aber nur einen bestimmten Bereich dar, dem, wie der Natur oder der menschlichen Zwischenwelt, eine Sonderbehandlung zukommt, insofern sich hier spezifische »wissenschaftstheoretische Fragen« ergeben. Wir suchen beide Betrachtungsweisen – *Geschichte als Sonderthema und als übergreifende Grundstruktur* – miteinander zu verbinden. Es geht uns darum, daß Ineinander und Gegeneinander von Vermitteln und Vermitteltwerden in seiner *Vielfältigkeit* aufzuweisen, auch und gerade unter ethischem Aspekt. Es wird sich dabei zeigen, daß sich die Ethik über die Geschichte zu erheben vermag. Zwischen Geschichte und Ethik waltet eine Dialektik, die auch durch Gegensätzlichkeit bestimmt ist. Davon wird am Ende dieses Kapitels, insbesondere aber im nächsten Kapitel zu reden sein.

I. Zur Entwicklung der abendländischen Geschichtsproblematik[1]

In den vorausgehenden Analysen wurde dargelegt, daß in der Antike *die Welt als Ordnungszusammenhang* als maßgebende Orientierungsgröße galt, und daß diese Einstellung in der Neuzeit aufgehoben wurde zugunsten der sich als *Freiheit konstituierenden Subjektivität*. Eben dadurch wandelt sich das Paradigma im ganzen, ein neues Gesamtverständnis hat sich hintergründig als verbindlich durchgesetzt und bestimmt nun seinerseits das Tun und Lassen.

Das antike Denken räumt der *Natur* gegenüber der Geschichte einen Vorrang ein. Natur ist ein anschaulich unmittelbares Gegenüber, dessen Verlaufsgeschehen sich als geregelte Wiederholung darstellt – Natur ist hier noch nicht als Evolution gedacht, das heißt als eine Entwicklung, die Neues hervorbringt.

Geschichte hat es mit dem Wandel zu tun, wie er sich in der menschlichen Welt darstellt. Wir weisen auf Herodot und Thukydides hin, die beiden Historiker, durch die die abendländische Geschichtsschreibung inauguriert wurde.

Herodots Grundanliegen ist es, die Taten der Vergangenheit und der Gegenwart der Nachwelt zu überliefern, damit sie nicht vergessen werden. Er wählt das Außergewöhnliche aus, das, was aus dem Rahmen des Üblichen fällt und Staunen und Bewunderung erregt. Historie ist die Kunde von solchen Weltbegebenheiten. Diese Ereignisse werden aber nicht nach dem Gesetz äußerer Kausalität auseinander erklärt, sondern *»metaphysisch«* gedeutet. Herodot sucht zu zeigen, daß hinter dem zufällig erscheinenden Tun des Menschen die *Götter* als die eigentlichen Lenker der Geschichte stehen. Die Götter aber sind immer im Recht: das Orakel verkündet, daß im dritten oder vierten Glied ein bestimmtes Ereignis als »Folge« einer schlimmen Tat eintreten werde, der Anschein des Geschehens scheint dagegen zu sprechen, aber schließlich bewahrheitet sich das Vorausgesagte. Herodots Geschichtsdeutung ist dem Ansatz der klassischen griechischen *Tragödie* verwandt, deren Sinn es ist, die verborgene Macht der Götter zu erweisen. Der Mensch kann der Verblendung verfallen, er ist vom Schicksal jederzeit betreffbar. Dies zu erkennen, ist Aufgabe der echten Selbsterkenntnis, die nichts anderes ist als das Wissen um die *Begrenztheit des Menschen*. Dies Wissen aber gewinnt man nicht durch Introspektion, sondern durch *geschichtliche Erfahrung*. Dieses Motiv der Geschichtsschreibung, zur Einsicht in die Endlichkeit des Menschen zu führen, hat sich zumindest unterschwellig bis zur Gegenwart erhalten.

Im Gegensatz zu der metaphysischen Geschichtsdeutung Herodots kann *Thukydides* als der Inaugurator der *kritischen Geschichtsschreibung* gelten. Thukydides will geschichtliches Geschehen *erklären*. Diese Erklärung kann nicht durch den Rückgriff auf die Götter geleistet werden, von diesen hat der Historiker nicht zu reden. Er muß, wenn er das Geschehen erklären will, ein Zweifaches beobachten, einmal die Natur des Menschen, insofern sie für das geschichtliche Geschehen relevant ist. Dies besagt konkret: das *Streben nach Macht* ist als die Triebfeder der geschichtlich Handelnden in Rechnung zu stellen. Und sodann sind als die spezifischen Faktoren *die besonderen Konstellationen der Machtverhältnisse* zu analysieren. In beiderlei Hinsicht hat der

Historiker *kausal* vorzugehen, das heißt, die Verkettung der Ereignisse nach dem Schema Ursache – Wirkung zu deuten. Wenn er die wirklichen Ursachen entdecken will, muß er die vordergründigen absondern. Und dies erfordert wiederum die Prüfung der *Quellen* auf Verläßlichkeit hin. Geschichte ist *pragmatische Erforschung* des Menschen in seinem Tun. Darin liegt aber gerade für die Griechen ihre Grenze, denn eine solche Erforschung ist keine echte Wissenschaft.

Bei den *Römern* gewinnt die Geschichte in praktisch-politischer Hinsicht eine hohe Bedeutung. Die Geschichtsschreibung wird ausgerichtet am Gedanken des römischen Volkes, wobei sich der nationale Aspekt zum Universalen ausweitet, denn Rom wird Weltreich. Diese Geschichtschreibung trägt einen »moralischen« Charakter. Die großen Männer sind *Vorbilder*, denen man nachzustreben hat.

Das *christliche Verständnis* bringt eine Neuorientierung. Wir haben dies ausführlich dargelegt und erinnern jetzt nur an das Wesentliche. Der Christ ist in seinem Glauben auf eine Wirklichkeit verwiesen, die nicht von dieser Welt ist. Sein Sein in der Welt ist die *Fremdlingschaft*. Erfordert wird von ihm ein gebrochenes Verhalten. Er kann am Weltgeschehen teilnehmen, aber er darf diesem Geschehen kein letztes Gewicht beimessen. Alle welthaften Ordnungen sind zeitlich und vorläufig. Die Welt wird vergehen, und auf ihr Ende hin – es im Glauben vorwegnehmend – hat der Christ zu leben. Es bleibt jedoch zu bedenken, daß Gott die Geschichte dieser Welt inszeniert. *Weltgeschichte* ist nach ursprünglich christlichem Verständnis mit der *Heilsgeschichte* identisch. Gott hat die Welt gemacht und die durch den Sündenfall des Menschen ihm entfremdete Schöpfung durch die geschichtliche Tat seiner Menschwerdung in Christus wieder angenommen. Diese Zeitwende bedeutet für den einzelnen Menschen nun, daß er durch den Glauben an Christus sein Leben umändern kann. Für den Christen gibt es also eine doppelte Geschichte, einmal die *Weltgeschichte*, die die *Geschichte des Heils im ganzen* ist, und sodann die *persönliche Geschichte*, die zwischen Gott und der Seele geschieht. In dieser persönlichen Geschichte wiederholt der Mensch die Geschichte von Abfall und Versöhnung. Weltgeschichte und persönliche Geschichte sind beide auf ein Ziel hin ausgerichtet: die endgültige Aufhebung der Trennung von Gott und Mensch. Geschichtliches Geschehen ist also kein im Grunde sich gleich bleibendes Geschehen, sondern ein sinnhaft gegliederter Prozeß, der einen letzten Zweck hat, auf den hin der Mensch sich auszurichten hat. Ein angemessenes Verständnis des Menschen ist ohne den Rückgriff auf diese Geschichte, einen Rückgriff, den der Mensch je für sich selbst zu vollziehen hat, gar nicht möglich. Dies ist das eigentlich Neue der antiken Vorstellung gegenüber, nach der eine Wesenserhellung des Menschen ohne Bezug auf das Phänomen der Geschichte nicht nur möglich, sondern sogar notwendig ist.

Es ist nun aber die Dialektik zu beachten, in der die *Heilsgeschichte* und die *Weltgeschichte* gegeneinander stehen. Die civitas terrena ist als civitas diaboli verderbt. Sie ist von den Kämpfen, in denen es dem selbstbezogenen Menschen nur um seine Macht geht, bestimmt. Andererseits bleibt auch in diesem Geschehen Gott der Herr, er wehrt dem absoluten Verderben und gewährt eine äußere Ordnung. Diese Ordnung ist notwendig, damit die Welt überhaupt einen relativen Bestand hat. Ohne diesen Beistand Gottes wäre ihre Selbstauflösung unausweichlich.

Wir haben die *Zweiweltenlehre* bereits dargelegt und erinnern jetzt nur an die Grundproblematik. Geschichte als Weltgeschichte und politisches Geschehen ist und bleibt sündig. Aber der Mensch ist für ihren Verlauf nicht zuständig. Er kann dem geschichtlichen Geschehen gegenüber passiv bleiben. Grundsätzlich gilt: die Wege

Gottes sind wunderbar, aber Gott hat immer das Beste des Menschen im Auge. Es ist heute in einer unmetaphysisch gewordenen Epoche wohl kaum mehr möglich nachzuempfinden, wie dieser *Glaube an das göttliche Walten* jahrhundertelang den Menschen ein unbedingtes Sicherheitsgefühl gegeben hat. Die Erniedrigten und Beleidigten erzog er zur Geduld, dem vorbestimmten Geschick gegenüber, und den Handelnden gab er das Bewußtsein, das Werkzeug Gottes zu sein.

Es ist aber auch auf die christliche *Geschichtsphilosophie* hinzuweisen, die eine Gesamtdeutung des Geschehens vorlegt. *Joachim von Floris* sei als Beispiel genannt. Die Geschichte, die ihrem Ende zugeht, wird in ihrem Vollzug nach den drei Personen der Trinität aufgegliedert. Auf die Zeit des Vaters, die das Judentum bestimmt, und die Zeit des Sohnes, die die christliche Epoche kennzeichnet, folgt die Zeit des Geistes als die Zeit, die durch Freiheit und Liebe, Fülle des Geistes und Lobpreisung bestimmt wird. Joachim will die Gesetze des Reiches Gottes im jetzigen saeculum durchsetzen.

Wesentlich bleibt aber für das allgemeine Bewußtsein, daß Weltgeschichte und allgemeine Heilsgeschichte nicht ethisch zu verantworten sind. Sie werden nicht durch menschliches Handeln gelenkt, sondern unterstehen Gott.

Zu *Beginn der Neuzeit* tritt, wie oben dargelegt, der Gedanke der Subjektivität als freier Gestaltungsmacht in den Vordergrund. Die Idee des *Fortschritts* wird wach. Sie zeigt die Richtung auf, in der sich der geschichtliche Wandel vollzieht und fordert den Menschen auf mitzuwirken. Es entwickeln sich Ansätze zu einer »säkularisierten Geschichtsphilosophie«, der es obliegt, das menschliche Handeln auf weite Horizonte, Fernhorizonte, hin zu betrachten und vom Fortschrittsgedanken her kritisch zu werten. Wir weisen kurz auf Voltaire und Kant hin.

Der Sinn der Geschichte ist für *Voltaire* die Heraufführung der Vernünftigkeit. Diese zeigt sich in der Tatsache, daß der religiöse Glaube, der ja zumeist Aberglaube ist, nicht mehr die zentral bestimmende Macht ist, und daß Kultur und Bildung gewachsen sind. Andererseits bedeutet Vernünftigkeit eine moralische Anforderung an den Menschen, sich auf seine höheren Kräfte zu besinnen. Und schließlich: auch wenn der Fortschritt nicht eindeutig zu garantieren ist, so ist es doch angemessen, eine allmähliche Verbesserung der menschlichen Anlagen und Kräfte zu erwarten. *Die Vernunft sorgt für sich selbst: Es ist das Wesen des natürlichen Raisonnements, Unwissenheit und Schlechtigkeit aufzuheben.*

Kant legt dar, daß eine Geschichtsphilosophie im Sinne verbindlicher Wissenschaftlichkeit nicht möglich sei. Gleichwohl redet auch er dem Fortschritt das Wort. Kant greift auf die Idee der *Vorsehung* und der *Natur* zurück. Beide Bestimmungen setzt er in engen Zusammenhang. Die Natur wird als gütige Lenkerin bezeichnet. Sie wirkt zwar nicht wie ein allmächtiger Gott, aber Kant unterstellt ihr doch eine positive Absicht: »Die Natur hat gewollt: daß der Mensch alles, was über die mechanische Anordnung seines tierischen Daseins geht, gänzlich aus sich selbst herausbringe und keiner anderen Glückseligkeit oder Vollkommenheit teilhaftig werde, als die er sich selbst, frei von Instinkten, durch eigene Vernunft verschafft hat«.[2]

Es liegt in der Tendenz der Geschichtsphilosophie, sich in gewisser Anknüpfung an die christliche Geschichtsdeutung als verbindlich zu konstituieren. Es soll vom regulativen Prinzip zur ontologischen Konstitution der Geschichte fortgeschritten werden. Dies ist nur möglich, wenn die Vernunft die Gestaltung des Geschehens eindeutig übernimmt. *Hegel* führt diesen Ansatz radikal durch. Philosophie als ontologische Theorie des Seienden ist geschichtlich bedingt, weil das Seiende selbst sich erst in und durch die geschichtliche Entwicklung entfaltet und zur Verständlichkeit bringt. Der Gedanke der Vernunft ist mit dem Gedanken der Freiheit verknüpft. Die Freiheit aber wird durch die Reflexion vorwärtsgetrieben. Die Unmittelbarkeit wird negiert, aber durch diese Negation wird eine neue Stufe, die vermittelte Unmittelbarkeit, herbeigeführt. Bereits in der »Phänomenologie des Geistes« hat Hegel den Zusammenhang von Freiheit und Reflexion als Bestimmungen des Geistes unter dem Aspekt der Zeit dargelegt. Er erklärt: »Die Zeit erscheint daher als das Schicksal und die Notwendigkeit des Geistes, der nicht in sich vollendet ist«. Dies Schicksal aber nimmt der Geist auf sich, um das, »was erst *innerlich* ist, zu realisieren und zu offenbaren, d. h. es der Gewißheit seiner selbst zu vindizieren«.[3]

Wir heben die für die Ethik wesentlichen Momente heraus. Der absolute Geist manifestiert sich geschichtlich als der *Weltgeist*, der die Volksgeister, die Gestalten des objektiven Geistes, und die subjektiven Geister, die einzelnen Individuen, dirigiert und lenkt, oft gegen ihren eigenen Willen und ihr eigenes Selbstbewußtsein. Die berühmte Stelle, in der Hegel von der List der Vernunft handelt, zeigt diesen Ansatz sehr klar. Hegel sieht die *politische Geschichte*, die für ihn wesentlich ist, unter einem dialektischen Aspekt. Geschichte ist von Leidenschaften bestimmter Machtkampf, aber die geschichtlich Handelnden, die großen Männer, treiben das Geschehen voran. Sie werden dabei als Werkzeug gebraucht und unter Umständen geopfert, denn nicht die allgemeine Idee begibt sich in den Kampf, »sie hält sich unangegriffen und unbeschädigt im Hintergrund und schickt das Besondere der Leidenschaft in den Kampf, sich abzureiben. Man kann es die List der Vernunft nennen, daß sie die Leidenschaften für sich wirken läßt, wobei das, durch was sie sich in Existenz setzt, einbüßt und Schaden leidet. Denn es ist die Erscheinung, von der ein Teil nichtig, ein Teil affirmativ ist«.[4]

Der allgemeine Fortschritt der Geschichte zeigt sich darin, daß die subjektiven Geister sich in ihrem eigenen Entwicklungsprozeß vom Besonderen zum *Allgemeinen* zu erheben vermögen. Dieser Übergang ist das Wesen der *Bildung*. Während ich im Triebverhalten und in der Empfindung auf einzelnes bezogen bin, vermag ich denkend das Allgemeine, das heißt das, was die Welt in ihren Wesensbestimmungen ausmacht, zu erfassen. Bildung und Arbeit gehören zusammen. Das Wesen der Arbeit ist das Herausgehen des Menschen aus sich selbst. Der Mensch wendet sich einem Äußeren zu und sucht, es zu durchdringen. Nur auf diesem Wege einer umwegigen Vermittlung kommt er zu sich selbst.

Die Wechselwirkung von Allgemeinem und Einzelnem bestimmt auch, wie wir sahen, die Struktur der Ethik. Die *Sittlichkeit* hat für Hegel einen Vorrang. Aber das ändert nichts daran, daß die einzelne Subjektivität eine unaufhebbare Größe bleibt. Auch wenn und gerade wenn Hegel die Geschichte als Wechselgespräch der einzelnen Personen und des Allgemeinen bestimmt, so erkennt er doch die Möglichkeit des *Nichteinklanges* an. Er stellt heraus, daß das Individuum sich von der Geschichte zurückziehen kann und nur seinem Gewissen folgt, dem inneren Mittelpunkt seines Wollens, Entschließens und Tuns.

Das Individuum kann sich zudem der Dimension des *absoluten Geistes* zuwenden. Kunst, Religion und Philosophie unterstehen zwar auch der geschichtlichen Entwicklung, aber ihr Gehalt ist überzeitlich. Hegel bleibt als Metaphysiker an der Unterscheidung von Wesen und Erscheinung orientiert. Von dieser Differenz her ist auch die Geschichte zu bedenken. Sie ist Erscheinung im positiven und negativen Sinn. Sie stellt das Wesen in der Äußerlichkeit, als diese durchdringend, dar. Aber die Unterscheidung von Äußerlichkeit und Wesenhaftigkeit wird dadurch nicht aufgehoben. Dies besagt für die Geschichtsdeutung: sie muß von der *Philosophie* her gelenkt sein, denn ihre eigentliche Aufgabe ist es nicht, sich an das Faktische zu klammern, sondern es in seinem idealen Gehalt zu begreifen.

Die Geschichtsphilosophie Hegels ist als Metaphysik von dem Bestreben geleitet, den Menschen im Ganzen seines Seins totalphilosophisch zu verstehen und ihn abzusichern durch den Gedanken der Positivität der Vernunft, die mögliche Negativitäten in sich aufhebt.

Hegel vollendet die Tradition. Die *Folgezeit* ist nun wesentlich bestimmt durch die Frage, ob das Vertrauen in die Vernunft gerechtfertigt sei. Aber diese Frage wird nicht mehr unter totalphilosophischem Aspekt gestellt, sondern vom *realen Leben* und seinen Bedürfnissen her erörtert. Diesem Leben geht es um Selbsterhaltung in einer nicht vernünftig gestalteten Welt. Der Gedanke des Fortschritts muß mit der Forderung des realen Handelns verbunden werden.

Die Gegenwart ist, wenn man sie unvoreingenommen betrachtet, als negative Epoche zu kennzeichnen. Sie zeigt sich, so lehrt *Marx*, unter ökonomischem Aspekt gesehen, als durch Entfremdung bestimmt. Diese Enfremdung muß und wird aufgehoben werden. Die Geschichte geht vorwärts, allerdings nur, wenn die unterdrückte Klasse sich zur Handlung entschließt.

Hier wird der Gedanke des Fortschrittes als Zusammenwirken der objektiven geschichtlichen Entwicklungstendenzen und des pragmatischen menschlichen Tuns gefaßt. Wesentlich ist: die Negation ist nicht als unabwendbares Geschick hinzunehmen. Sie muß behoben werden, natürlich durch den Menschen, da es keine metaphysischen Mächte gibt. Das Gesetz der indirekten Vermittlung bleibt also bestehen: Menschen treiben die Geschichte voran, die selbst in ihren Tendenzen auf Aufhebung des jetzigen Zustandes drängt. Der Mensch handelt nicht gegen die Geschichte – das kann er gar nicht –, sondern im Sinn des Entwicklungsganges, und von diesem her läßt sich der positive Abschluß des Geschehens als relativ gewiß darlegen.

Es gibt auch im 19. Jahrhundert noch Geschichtskonzeptionen, die in ihrem Geschichtsdenken *universal* bestimmt sind, aber nicht mehr metaphysisch vorgehen. Sie sind ihrem Grundansatz nach von einer bestimmten Wissenschaft her konzipiert: der Ökonomie, der Soziologie und der Naturwissenschaft. Zwischen diesen Geschichtsbetrachtungen gibt es Verbindungen, insofern sie alle von den Realwissenschaften her denken, die es mit dem »konkreten Menschen« zu tun haben. Sie suchen ihre Forschung wissenschaftstheoretisch abzusichern. Die Wissenschaft gilt als wertfrei und schließt damit ethische Beurteilungen aus. Der Werturteilsstreit und insbesondere der Ansatz *Max Webers* sind dafür aufschlußreiche Beispiele; die Ethik gibt nach Weber nicht allgemeinverbindliche Direktiven, sie ist Angelegenheit persönlicher Entscheidung und hat es dementsprechend mit den Individuen zu tun. Der Forscher vermag aber *allgemein übergreifende Tendenzen* aufzuweisen, so hat Weber in historisch bahnbrechenden Arbeiten dargelegt, daß die abendländische Geschichte maßgebend durch das *Prinzip der Rationalität* geprägt ist.

Der *Neukantianismus* sucht in derselben Zeit die Wissenschaft neu zu orten. *Geistes- und Kulturwissenschaften* sind von den exakten Gesetzeswissenschaften, den Naturwissenschaften, zu unterscheiden. Für diese ist die geschichtliche Betrachtung nicht wesentlich. Man denke an die moderne Physik. Der Naturwissenschaftler baut sich eine eigene Welt mit eigenen Erkenntnismethoden auf, die sich vom Alltag unterscheidet.

Die Geschichte wirkt sich hier nur indirekt aus. Sie zeigt die Kontinuität des Forschungsprozesses, indem die Späteren negativ oder positiv auf den Ergebnissen der Vorgänger aufbauen.

Zu den Naturwissenschaften stehen die Geisteswissenschaften im Gegensatz. Sie haben es mit den uns durch die Geschichte vermittelten Schöpfungen der Menschen der Vergangenheit, insbesondere mit den Werken der Kunst und der Religion, aber auch der Wissenschaft und der Politik zu tun. Von diesen Werken her kann man das sie prägende Welt- und Selbstverständnis dieser Menschen erschließen und sich mit ihm auseinandersetzen. *Die geschichtliche Betrachtung, die von den Lebensäußerungen her das Vergangene zu verstehen und nachzuerleben sucht, enthält sich absoluter Aussagen über die Geschichte und deren Gesamtsinn.* Die Werke der Vergangenheit kommen zwar darin überein, daß sie alle Kunde vom Menschen geben und solchermaßen Zeugnisse des Menschlichen überhaupt sind. Aber die Verschiedenheit und Nichtübertragbarkeit der epochal bestimmten Äußerungen sind nicht auf einen Nenner zu bringen. Der *historische Relativismus* beginnt mit dieser Einsicht seinen Siegeszug. Er ist aber in gewisser Hinsicht zwiespältig; einerseits gilt: man muß jede Epoche von ihren spezifischen Strukturgesetzen her verstehen, andererseits wird behauptet: nur die historische Kenntnis sagt uns, was wir selbst sind und sein können.

Beide Einsichten verweisen aber aufeinander. Das zeigt die moderne auf *Schleiermacher* und *Dilthey*, aber auch auf Heidegger zurückgreifende Hermeneutik an. Geschichte konstituiert sich als ein Gespräch, in dem sich Frage und Antwort gegenseitig bedingen. Dies Gespräch findet keinen Abschluß. Wir sind schon immer in weit höherem Maße von der Vergangenheit bestimmt, als wir vermeinen. *Hans-Georg Gadamer* erklärt: »Wir sind als Verstehende in ein Wahrheitsgeschehen einbezogen und kommen gleichsam zu spät, wenn wir wissen wollen, was wir glauben sollen«.[5]

Daß dieser Ansatz für die Ethik eine eingrenzende Bedeutung gewinnt, zeigt sich, wenn man sich klarmacht, daß hier die Fortschrittsidee radikal negiert wird. *Es geht insbesondere in moralischer Hinsicht nicht aufwärts.* So merkwürdig es klingt: das Menschliche bleibt sich zwar nicht in seinen konkreten Ausprägungen, die sich wandeln, wohl aber in seinen Grundstrukturen gleich. Das verbietet uns, bestimmte Epochen eindeutig abzuwerten und andere aufzuwerten. Es muß aber immer wieder beachtet werden, daß die zugrundeliegende Struktur sich uns nur in geschichtlichen Ausformungen darbietet. Sie ist durch Reflexion nicht einholbar. Die Reflexion bringt zwar etwas vor mich, »was hinter meinem Rücken geschieht. Etwas – nicht alles. Denn wirkungsgeschichtliches Bewußtsein ist auf eine unaufhebbare Weise mehr Sein als Bewußtsein«.[6]

In zumeist nicht offen dargelegter Form wird hier die Ablehnung der totalphilosophischen Betrachtung im Sinne einer ontologischen Metaphysik aufgehoben durch das *Bewußtsein der Getragenheit von der Geschichte als der Macht des Lebens*, das sich in Ausprägungen manifestiert, die es wiederum negiert, um sich als die Identität der Identität und Nichtidentität zu erhalten.

Es ist kein Zufall, daß die moderne *Lebensweltethik* sich mit der modernen Hermeneutik im Bewußtsein treffen kann, daß es für das Selbstverständnis des handelnden Menschen notwendig ist, das geschichtlich Gewordene anzuerkennen, das heißt einzusehen, daß es, auch wenn es unter Umständen kritisch zu modifizieren ist, uns weithin bestimmt. Dies Bewußtsein wirkt sich in der Lebensweltethik dahin aus, daß man sich auch konkret an vergangenen Ethikentwürfen orientiert, so an der Ethik des *Aristoteles*.

In der modernen Hermeneutik sind, wie schon angedeutet, Ansätze *Heideggers* wirksam. Heidegger stellt die Klärung des Problems der Geschichte als eine zentrale und grundlegende Aufgabe der Philosophie in das Zentrum seiner Existenzanalyse. Die Existenz konstituiert sich als Selbstbezug und als Selbstverhältnis. Sie bewegt sich immer schon in bestimmten Bahnen eines Verständnisses, durch das ihr In-der-Welt-sein ihr mehr oder weniger durchsichtig wird. Das Verstehen der Existenz ist durch die *Zeitlichkeit* von Grund aus geprägt, das heißt durch den Bezug zur Vergangenheit, die man als Gewesenheit zu übernehmen hat, und zur Zukunft, die man durch Auseinandersetzung mit eben dieser Gewesenheit im vorlaufenden Entwurf gegenwärtigend gestaltet.

Von der Zeitlichkeit als einem Seinsmodus der Existenz, einem Existenzial, ist die *Geschichtlichkeit* als eine Wesensbestimmung der Existenz zu begreifen. Heidegger erklärt: »Die Bestimmung Geschichtlichkeit liegt vor dem, was man Geschichte (weltgeschichtliches Geschehen) nennt. Geschichtlichkeit meint die Seinsverfassung des ›Geschehens‹ des Daseins als solchem, auf dessen Grunde allererst so etwas möglich ist wie ›Weltgeschichte‹ und geschichtlich zur Weltgeschichte gehören«.[7] Anstatt also die Geschichtlichkeit aus der Geschichte zu begründen, muß man umgekehrt vorgehen, das heißt, die Vorstellung, daß der Mensch in der Geschichte steht, ist als Derivat aus der Geschichtlichkeit abzuleiten.

Geschichtlichkeit als Existenzial konkretisiert sich in den Modi der *Sorgestruktur* in unterschiedlicher Weise. Ich kann als uneigentliches Dasein mich sorglos weder um Gewesenheit noch Zukunft bekümmern, dann lasse ich mich durch das Leben im Man, das heißt, von der allgemeinen Durchschnittlichkeit bestimmen, in der die Möglichkeit der eigenen Entscheidung schon eingeebnet ist. Hier kommt die Vorstellung auf, daß es unabhängig von mir eine objektive Zeit gibt, in die ich durch meine Geburt hineingeraten bin. Demgegenüber bildet sich das eigentliche Dasein ein *eigenes Geschichtsverständnis* aus, indem es entschlossen die *Überlieferung wiederholt* und so die *Zukunft gestaltet*.

Heidegger treibt mit dieser Herausstellung der Geschichtlichkeit als eines Existenzials die Subjektivierung der Geschichte auf ihre Spitze. Es zeugt aber von Heideggers Radikalität, daß er im Verlauf seiner Philosophie erkennt, daß die Subjektivierung den faktischen Sachverhalt, daß wir geschichtliche Wesen und als solche *bedingt* sind, wesentlich verkürzt. Der späte Heidegger hebt diese Subjektivierung auf. Er spricht nun vom *Sein* als dem Initiator der Geschichte.

Heidegger entfaltet eine außerordentlich diffizile Dialektik, die der Absicht untersteht zu zeigen, daß das Sein nicht in der Weise eines für sich seienden Gottes gedacht werden kann. Das Sein selbst ist geschichtlich. Heidegger erklärt: »Die Seinsgeschichte ist das Sein selbst und nur dieses. Weil jedoch das Sein zur Gründung seiner Wahrheit im Seienden das Menschenwesen in den Anspruch nimmt, bleibt der Mensch in die Geschichte des Seins einbezogen, aber jeweils nur hinsichtlich der Art, wie er aus dem Bezug des Seins zu ihm und gemäß diesem Bezug sein Wesen übernimmt, verliert, übergeht, freigibt, ergründet oder verschwendet«.[8]

Heideggers Wende ist eine Rückkehr zur Metaphysik oder genauer: sie ist die Konstruktion einer Übermetaphysik. Es ist aber zugleich zu beachten, daß Heidegger über die formalen Analysen hinausgehend sehr konkret vorgeht. Er bedenkt insbesondere den Vorgang der *Technisierung*, die unser Dasein im Ganzen von Grund aus geprägt hat. Die Frage wird wach, ob hier nicht Irrwege beschritten wurden, so daß unserer Geschichte unter Umständen sogar ein Ende durch technische Mittel, wie durch einen

Atomkrieg, droht. Aber auch das möglicherweise eintretende Ende ist als zugeschickt vom Sein zu verstehen.

Das bedeutet nun auf unsere Grundfrage bezogen, daß das Pendel in der anderen Richtung ausgeschlagen ist: *die Dialektik von Vermitteln und Vermitteltwerden wird aufgehoben durch die Einsicht eines radikalen Vermitteltwerdens*, das sich kundtut in epochalen Einschnitten des geschichtlichen Geschehens, die den Menschen jeweilig im Ganzen seines Tuns bedingen und gegen die er nicht angehen kann. Auch und gerade die Neuzeit, die durch Hybris bedingt ist und sich im Willen zur Macht, der hinter der Technik steht, vollendet: auch diese Neuzeit ist vom Sein zugeschickt.

Diese Aussage hat in bezug auf die *ethische Problematik* eine eindeutige Konsequenz. Heidegger schaltet die Möglichkeit, durch das menschliche Tun die Entwicklung aufzuhalten oder gar aufzuheben, aus. Auch die Ethik ist von der Hybris bestimmt, daß das menschliche Tun entscheidenden Einfluß auf das geschichtliche Geschehen haben könne in der Weise, daß es das jeweilige Geschick, modern gesprochen, den jeweiligen Trend, ändert. Angemessen ist einzig und allein das Hören auf die lautlose Stimme des Seins, denn durch dieses Hören wird das Geschick anerkannt und die Hybris gebrochen.

Wir schließen an die Analyse von Heideggers Geschichtsverständnis einen Hinweis auf die Geschichtsphilosophie von *Karl Jaspers* an. Jaspers unterscheidet historisches und geschichtliches Bewußtsein. *Historisches Bewußtsein* ist, so erklärt er, Wissen von der faktischen Geschichte. Das vergangene Geschehen wird als objektive Voraussetzung unseres gegenwärtigen Daseins erfaßt, und zwar durch die Geschichtswissenschaften, die als Wissenschaften auf das Öffentliche gerichtet sind, das heißt hier genauer: auf das Soziologische, Politische, auf die Einrichtungen und Sitten, auf Werke und Wirkungen. *Geschichtliches Bewußtsein* dagegen ist das je eigene Engagement, durch das ich meine faktische geschichtliche Gebundenheit ergreife und sie als den Raum erfahre, in dem ich mich zu verwirklichen habe. Diese Verwirklichung aber geschieht nur im Hinblick auf die Transzendenz, die zwar verborgen ist, die sich mir aber als Gewißheit auch im Scheitern gewährt. Der letzte Teil von Jaspers Hauptwerk »Philosophie« ist »Metaphysik« überschrieben; er soll nachweisen, daß sich das philosophische Menschsein nur erfüllen kann in und durch diesen Bezug zur Metaphysik. Die Metaphysik gibt mir aber keine Auskünfte über Sinn und Verlauf der Geschichte. Objektives Wissen gibt es hier nicht.

Der Bezug auf Transzendenz bedeutet keineswegs eine Flucht aus der faktischen Geschichte. *Mein Handeln ist mit dem geschichtlichen Geschehen zu vermitteln.* Dabei kann und soll ich durchaus von Leitlinien bestimmt sein, wie dem Bestreben, die mögliche Einheit der Welt und der Menschheit herzustellen. Das geschichtliche Handeln hat sich aber letzthin nicht an den Realitäten, sondern an Werten zu orientieren. Hier ist das Bewußtsein leitend, daß die eigentlich zu verantwortende Vermittlung der Geschichte nur durch sittliches Tun zu leisten ist. Jaspers fordert ein politisches Ethos, dessen Träger die großen Einzelnen der Politik sein müßten. Jaspers erklärt, daß das Ethos des Politikers einen Wert in sich darstelle. Es darf nicht als Mittel eingesetzt werden, um das bloße Leben zu retten, »weil in solcher Zweckhaltung das Ethos selber preisgegeben wird«. Das Ethos ist seiner inneren Struktur nach »überpolitisch«, das heißt, es beruht auf einer sachlich gar nicht zu begründenden und nicht zu erzwingenden freien Entscheidung des Einzelnen. Hier ist eben zu beachten, daß es keine Art des Vermittelns gibt, durch die die Realpolitik von der Transzendenz her einsichtig begründet werden könnte.

Wir brechen unseren Exkurs, der die Bedeutung der Dialektik von Vermitteln und Vermitteltwerden in der traditionellen Geschichtsdeutung skizzieren sollte, ab. Wird zunächst in der Metaphysik *Gott* als der Herr der Geschichte bekannt und wird sodann der *Weltgeist* als Akteur herausgestellt, so tritt nach dem Ende der Metaphysik der *Mensch* als Gestalter des Geschehens ins Zentrum. Die Idee des Fortschrittes ist leitend, das gute Ende steht jedoch noch aus. Die Geschichte als Ganzes ist positiv zu fassen, insofern das Gesamtgeschehen nicht nur die Verbesserung äußerer Umstände, sondern auch der Humanität bewirkt.

Die Aufhebung dieser Tradition bahnt sich im späteren 19. Jahrhundert an und setzt sich in der Gegenwart durch. Sie vollzieht sich als »Wende zur Negativität«. Diese Negativität zeigt sich, wenn man sich vom Dogma des Vorrangs des Geistes abwendet und die Realität entdeckt. Beachtet man deren Nöte, insbesondere die Situation der Politik, dann sieht man, daß der Fortschritt durch Wissenschaft und Technik keineswegs eine Garantie dafür ist, daß Geschichte im ganzen sich zum Besseren wendet. Man muß immer deutlicher erkennen, daß wir die Gesamtsituation nicht mehr einsichtig steuern können. Die maßgebende traditionelle Vorstellung »Es wird, aufs Ganze gesehen, recht und schlecht so weitergehen« ist nicht mehr die selbstverständliche Basisvoraussetzung. Und eben in dieser Situation wird die *Frage der Ethik* mit neuer Dringlichkeit wach: Können wir gegen die mögliche Negativität überhaupt angehen, wenn wir nur noch von der Vorstellung eines *Vermitteltwerdens* bestimmt werden, die aber eben nicht mehr, metaphysisch oder vom Fortschrittsgedanken abgedeckt, mit unserem Vermitteln in positiven Bezug gebracht werden kann? Es scheint, daß wir nun, uns ganz und gar selbst überlassen, aufgefordert sind, das Geschehen durch uns selbst zu vermitteln, und daß wir doch immer wieder erkennen müssen, *daß wir zur Ohnmacht verurteilt sind.*

II. Gegenwärtige Aspekte der Geschichtsdeutung. Destruktion der Universalgeschichte

Will man die Geschichtsanalyse in der Gegenwart erfassen, so gilt es herauszustellen, daß heute zwei Tendenzen allgemein anerkannt sind. Dies ist einmal die Tendenz, sich *gegen die Idee einer Universalgeschichte zu wenden*, wie sie in der Tradition leitend war, und sodann die Tendenz, *übergreifende Sinnfragen nach Möglichkeit auszuklammern*. Beide Ansätze führen dazu, die Bedeutung des Menschen als eines wesentlichen Faktors im geschichtlichen Geschehen einzuschränken und zugunsten von *Strukturen* zu reduzieren. Und schließlich wird die Geschichte in *Geschichten* aufgelöst. Das Zeitalter, als Posthistoire und Postmoderne bezeichnet, zeigt sich an globalen Geschichtsbetrachtungen nicht interessiert.

Es wäre ein weites Feld und würde unsere Fragestellung übersteigen, wenn wir diese Tendenzen ausführlich darlegen wollten. Wir müssen uns begnügen, auf einige grundsätzliche Aspekte, die vom ethischen Ansatz her wesentlich erscheinen, hinzuweisen.

Zunächst zu den *Einwänden gegen die Universalgeschichte*. Die Geschichte zeigt, so wird argumentiert, keine eindeutige Ausrichtung, die als eine alles Geschehen durchwaltende Sinntendenz anzuerkennen wäre. Die Idee der Universalgeschichte beruht auf bestimmten Voraussetzungen. Sie setzt erstens eine gewisse Konstanz im Wechsel voraus, zweitens eine alle Gebiete gleichmäßig durchwaltende Änderungstendenz und drittens einheitlich leitende Gesichtspunkte.

Gegen diese nicht beweisbaren Voraussetzungen ist die *Vielfalt* in synchronischer und diachronischer Hinsicht zu beachten. Die verschiedenen Gebiete und die sie bestimmenden Faktoren müssen in ihren jeweiligen Vollzügen *gesondert* betrachtet werden. Vor allem wäre es verkehrt, die Vorgänge auf ein Subjekt hin zu konstruieren, das diese Geschehensfolgen lenkt oder zumindest überblickt.

Der *Strukturalismus* stellt allgemeine Strukturen heraus, die das Subjekt übergreifen. *Lévi-Strauss* erklärt im Anschluß an die moderne Sprachwissenschaft, daß es über die immer oberflächlichen bewußten und historischen Bekundungen hinaus objektive Realitäten gäbe. Diese bestehen aus Bezugssystemen, die jeweils Projektionen allgemeiner und unbewußter Tätigkeiten auf die Ebene gesellschaftlichen Denkens sind.

Von diesem Ansatz her wertet Lévi-Strauss die Geschichte ab. Er unterscheidet die heiße und die kalte Geschichte. *Heiße* oder *kumulative Geschichte* zeigt sich in den Gesellschaften, die auf Neuerung und Veränderung aus sind. *Kalte* oder *statische Geschichte* bestimmt dagegen die Gesellschaften, die Veränderungen möglichst zu vermeiden versuchen.

Strukturen sind als solche keine geschichtlichen Mächte im traditionellen Sinne. Sie sind *Bezugssysteme* und *Modelle*, die zum Teil quantitativ mathematisch berechenbare Zusammenhänge aufweisen. Vor allem aber wirken sie ja unbewußt. Anstatt zu fragen, wie ein Subjekt an die objektive Wirklichkeit der Strukturen herankommt, gilt es den Mechanismus zu beachten, durch den sich eine objektive Ordnung konstituiert. Insofern die Strukturen aber bestimmend sind, sind sie doch die eigentlichen Vermittlungsinstanzen, die sich über unsere Köpfe hinweg vollziehen.

Die Entmachtung der Subjektivität ist hier nicht praktisch-pragmatisch begründet. Sie wird propagiert als die Einsicht, *daß das Zeitalter der Subjektivität vorbei sei*. Diese Behauptung wird dann im Poststrukturalismus radikalisiert und in vielfältiger Hinsicht zu erhärten gesucht. So zum Beispiel von der Psychoanalyse her, wie die Schriften *Jacques Lacans* zeigen. Lacan erklärt, daß das Subjekt des Bewußtseins eine Funktion nicht der Erkenntnis, sondern der Verkennung sei, und daß mit der Einsetzung des Bewußtseins eine Elision des Seins des Subjekts verknüpft sei; das »Ich denke« sei eine besonders pointierte Fassung des »Ich lüge«.[9]

Sehr instruktiv ist die Argumentation von *Derrida*. Derrida behauptet, das Subjekt könne sich nicht erfassen. Es gibt keine wirkliche Selbstpräsenz. Von da aus sind alle Grundmerkmale der Subjektivität, die die Tradition herausstellte, auszuschließen. Das Subjekt verspätet sich immer; wenn es sich erfassen will, bleibt immer eine Differenz. Derrida erklärt: »Es gibt also nicht zunächst präsentes Leben, das sich anschließend zu schützen, zu verzögern und im Aufschub vorzubehalten begänne. Der Aufschub bildet das Wesen des Lebens«.[10]

Wir können die einzelnen Ansätze des Poststrukturalismus hier nicht näher untersuchen. Sie wirken sich auch in der Literaturgeschichte aus. Nur ein einziges Beispiel sei angeführt, weil es den neuen Ansatz sehr eindrücklich zeigt. *Deleuze* und *Guattari* haben in einem Buch über *Kafka* nachzuweisen gesucht, daß Kafka über ein hochentwikkeltes analytisches Instrumentarium ästhetischer Komponenten, wie zum Beispiel Symbole und Allegorien, verfügt. Kafka denkt in Duos und Trios, die er umwandelt. Er eröffnet sich ein »Immanenzfeld«, dessen Erforschung er »wie eine Analyse und Prognose der gesellschaftlichen Kräfte und Strömungen betreibt, der ›bösen Mächte‹, die zu seiner Zeit ›erst die Eingänge leicht betasteten‹ (denn die Literatur hat nur Sinn, wenn die Ausdrucksmaschine den Inhalten vorgreift, sie hinter sich herzieht)«.[11] Das Ganze ist ein Räderwerk, in dem das Verlangen regiert. »Nicht Verlangen als Mangelgefühl, sondern als Fülle, als Erfüllung und Vollzug, als richtiges Funktionieren – und zwar noch bei ihren untersten Funktionären. Gerade weil das Verlangen maschinelle Verkettung ist, fällt es ganz mit den Rädern und Teilen der Maschine, mit der Macht der Maschinerie zusammen, und der Wunsch *nach* Macht ist nur die Faszination von diesem Räderwerk, die Lust, ein paar dieser Räder in Gang zu setzen, selbst eins dieser Räder zu sein, oder zum mindesten das Material, das diese Räder traktieren, also ein Rohstoff, der auf seine Weise selber Teil der Maschine ist«.[12] Dahinter steht Kafkas »zentrale Idee: Sogar mit einem ›einsamen‹ Maschinisten ist die literarische Ausdrucksmaschine imstande, die Inhalte vorwegzunehmen und so weit zuzuspitzen, daß sie, im Guten wie im Schlechten, die Bedingung einer ganzen Kollektivität angeben«.[13]

Dies Beispiel ist aufschlußreich. Es zeigt, daß die Bezüge zur realen Welt, insbesondere zu deren gesellschaftlicher und technischer Ausgestaltung, durchaus gesehen werden. Aber sie werden nicht als bedrängend unter existenziellem Gesichtspunkt erfaßt – *das Subjekt mit seinen Sorgen und der Frage, ob und wie es handeln kann, ist unwichtig geworden.*

In der Tradition wird die Subjektivität als konstante Größe angesetzt, die durch Selbstbewußtsein und Identität gekennzeichnet ist. Diese Bestimmung der *Identität* vom Aspekt des Selbstbewußtseins her wird nun aufgehoben. Identität, so wird argumentiert, sei nicht eine Bestimmung, unter die ich mich stelle, Identität sei nur eine von anderen im nachhinein festgestellte Zusammenhangseinheit. Identität ist das Resultat einer Geschichte und verdankt sich nicht der Persistenz eines Willens. Identität ist kein Handlungsresultat. Sie ist das Resultat der Entwicklung eines Subjektes unter Bedingungen, die sich zur Raison seines jeweiligen Willens zufällig verhalten. Das Subjekt ist also hier nur als Referenzsubjekt der Erzählung dieser Geschichte zu verstehen.

Der Gedanke der Destruktion des Ich und die Wende zu der Geschichte gehen zusammen, wobei zu beachten ist, daß das *Referenzsubjekt* Ereignisse herausstellt und in Zusammenhang bringt, die es für das *handelnde Subjekt* noch nicht gab. Das handelnde Subjekt kennt ja gar nicht das Geschehen; es kann für sich natürlich nach Grundsätzen handeln, was diese bewirken, ist sowohl für es selbst als für die anderen ungewiß. Erst die Späteren werden es von ihrer Sicht aus in einen Zusammenhang bringen.

Geschichte ist vieldeutig und vielfältig und insofern durchaus interessant und entlastend. Geschichte vermag auch zu bereichern. Geschichte ist als *Multiversalgeschichte* und *Polymythie* anzuerkennen, so erklärt *Odo Marquard*.[14] In diesem Sinn sind die Geisteswissenschaften Heilmittel gegen die übertriebene Bevorzugung der Naturwissenschaften. Die Geisteswissenschaften werden, wie schon angedeutet, in die Rolle einer Kompensation zu den Naturwissenschaften eingewiesen und haben dementsprechend bestimmte Funktionen zu erfüllen. Sie bieten Sensibilisierungsgeschichten, Bewahrungsgeschichten und vor allem Orientierungsgeschichten.[15] Die Moderne wirkt ja desorientierend, und dies gilt es eben nach Möglichkeit auszugleichen, wobei aber keineswegs eine fraglose Identifikation mit dem Erzählten bezweckt ist. Das verbietet die skeptische Grundhaltung; es gibt keine absoluten Lösungen.

Dies herauszustellen ist ein wesentliches Merkmal der Postmoderne. Die *Postmoderne*

– dieser Begriff ist heute zum Modewort geworden – zeichnet sich aus durch den Gedanken der Unverbindlichkeit. Es gibt keine geschichtlichen Trends, auf die wir zu verpflichten wären. Wir sind von den Zwängen der metaphysischen Philosophie, so erklärt *Lyotard,* befreit und glauben nicht mehr an globale Lösungen. Auch die Wissenschaften bilden keine Einheit. »Die Gelehrten erzählen Geschichten, die überhaupt nicht vereinheitlicht sind. Im übrigen ist die Idee von einer einheitlichen Theorie überaus problematisch. Und wenn man auf eine solche stößt, ist es eine Theorie der Vielfältigkeit. Es gibt nur lokale Determinismen, es gibt nur kleine Erzählungen«.[16] Zusammengefaßt und gegen die Tradition abgegrenzt: »Die klassische Ordnung lehrt zugleich das Wirkliche, das Schöne und das Gerechte. All das ist seit langem aufgebrochen, und die Modernen Zeiten haben – mit der Aufklärung – eine große Erzählung von der Natur und von der Gesellschaft fabriziert. Der Roman ist die Ausdruckskunst und die Seinsweise dieser Modernität. All das löst sich in der Postmoderne auf. Unsere Lebenskunst, unsere Aufnahmefähigkeit experimentieren ohne große Erzählung«.[17]

Dies distanzierende und experimentierende Denken begnügt sich mit sich selbst und seinen Möglichkeiten der Destruktion. Die Dekonstruktion im Sinne von *Derrida* will die Tradition durchaus nicht einfach ablehnen, sondern durchleuchten, aber ohne aus ihr oder im Gegenzug zu ihr verbindliche Lösungen zu erwarten. Zugleich erlaubt es die neuentdeckte Freiheit, bestimmte Ansätze aufzunehmen – *Nietzsches* Philosophie spielt hier eine entscheidende Rolle, weil Nietzsche die traditionelle Ontologie aufhob und die Vielheit der Perspektivität pries.

Aber auch zu der *Technik* können positive Beziehungen aufgenommen werden, wie *Lyotard* erklärt. So zeigt die Computertechnik eine Möglichkeit, die vielen Erfindungen, die »Würfe« und die Sprachspiele miteinander zu verbinden im freien Spiel.[18]

Diese Ansätze zeichnen sich dadurch aus, daß sie versuchen, die traditionellen Theorien von ihren Grundvoraussetzungen her aufzulösen. Diese Grundvoraussetzungen sind alle durch das Festhalten an der Kategorie Sinn bestimmt. Es muß immer und überall nach einem *Sinn* gefragt werden, in der Natur und in der Geschichte und in der Menschenwelt. Wenn man keinen vorgegebenen Sinn findet, so muß man versuchen, Sinn herzustellen. Dies ist ja auch offensichtlich eine Aufgabe der Ethik. Die Ethik setzt Sinn voraus. Jedenfalls könnte sie, wenn absolute Sinnlosigkeit herrscht, nicht zum Zuge kommen, weder in idealer noch in realer Hinsicht. Ihre Aufgabe ist es, Sinnentleerungen, wenn sie auf einer Fehlentwicklung beruhen, aufzuheben.

Zusammengefaßt: die Voraussetzungen der Tradition werden in der Postmoderne problematisiert. Sie werden nicht dogmatisch ins Gegenteil verkehrt, das heißt in einen absoluten Nihilismus aufgehoben – metaphysische Theorien vom Elend der Welt, wie sie Schopenhauer entwarf, sind verfemt. Die Frage nach dem Sinn oder Unsinn des Ganzen wird ausgeblendet.

Die neue Haltung zeichnet sich dadurch aus, daß man, sich auf das *Spielerische* und *Unverbindliche* einlassend, sich jede totalphilosophische Überlegung versagt. Dieser Verzicht ist radikal. Die Scheidung von Idealität und Realität, Theorie und Praxis wird unterlaufen, denn die Aufhebung dieser Differenz ist ja gerade das Zeichen der Zeit, in der auf allen Gebieten probiert und experimentiert wird. Daß die Grenzen aufgehoben werden, gilt als Zeichen der Freiheit, wie Lyotard meint. »Ich stelle die Hypothese auf, daß sich diese Freiräume in der Gesellschaft wiederfinden. Wenn sich das als unmöglich herausstellte, wäre sie nichts als ein schwarzer und undurchsichtiger Block, in dem es nicht einmal mehr der Mühe wert wäre zu sprechen«.[19]

Das bedeutet aber auch – und dies ist für uns wichtig –, daß die Dialektik von Vermitteln und Vermitteltwerden als solche irrelevant erscheint und zwar in theoretischer und praktischer Hinsicht. Sie geht ja davon aus, daß menschliches Tun als ein bestimmender Faktor im Geschehen anzusehen sei, in welchem Maße auch immer. Eine solche Annahme aber ist, wenn der Tod des Subjekts verkündet wird, natürlich unrichtig. Dieser Einstellung entspricht es, daß politisch-gesellschaftliche Probleme, so die Frage, ob die Entwicklung der Wissenschaft und der Technik nicht zur Katastrophe führen wird, nicht diskutiert werden. Das entspräche nicht dem Geist der Postmoderne.

Werfen wir einen kurzen Blick auf die gegenwärtige *Geschichtswissenschaft.* Auch diese denkt nicht mehr im Schema einer Universalgeschichte, die philosophisch begründet wäre; philosophische Aspekte kommen wesentlich nur unter *wissenschaftstheoretischen* Hinsichten zur Sprache.

Die traditionelle Universalgeschichte beruhte auf bestimmten Mißverständnissen, so insbesondere der Vorstellung, daß in einer bestimmten Epoche alle Phänomene von einer gemeinsamen Bedeutung getragen werden. Es gibt aber nur »serielle Geschichten«, die nicht gleichzeitige Systementwicklungen darstellen. Es wäre vergeblich, hier nach einem gemeinsamen Sinn zu suchen oder gar vom Fortschritt zu reden.

Die Geschichtsbetrachtung sucht von ihrem eigenen Vorgehen her eine ihr gemäße Grundlegung zu entwickeln. *Jörn Rüsen* erklärt: »Die Eigenart der Geschichtswissenschaft besteht im narrativen Charakter ihrer Aussagen über Tatsächlichkeit und Bedeutung vergangenen menschlichen Handelns. Natürlich befassen sich auch andere Wissenschaften mit vergangenem menschlichen Handeln, und auch narrative Aussagen kommen in anderen Wissenschaften vor. Die Geschichtswissenschaft, die hier stellvertretend für alle genuin historischen Wissenschaften steht, unterscheidet sich von diesen Wissenschaften aber dadurch, daß es ihr bei der Erkenntnis vergangenen Handelns um dessen Zeitspezifik geht und daher die narrative Aussageform in ihr eine keinen anderen – etwa nomologischen – Aussageformen untergeordnete, sondern eine dominierende Rolle spielt«.[20]

Eine *narrative* Darstellung ist nur durchführbar, wenn man das Vergangene nicht an der Gegenwart oder der Zukunft mißt. Es ist methodisch gesehen notwendig, wenn man die Vergangenheit rein erfassen will, den Vorgang der Vergegenwärtigung des Gewesenen kritisch zu reflektieren und die möglichen Vor-Urteile der Darstellung in positiven und negativen Hinsichten zu bedenken. Die Geschichte wird ja immer wieder *umgeschrieben,* und es ist eine Aufgabe der Geschichtswissenschaft, die Zäsuren dieser Umschreibung, und das heißt, den *Wandel des Geschichtsbildes* und des Bezuges zur Geschichte überhaupt herauszuarbeiten. Das ist ohne Beachtung des jeweiligen zeitbedingten Bezugsrahmens nicht möglich. Man muß sich einmal klarmachen, wie different bestimmte Ereignisse, etwa eine Wirtschaftskrise oder ein Krieg, gedeutet werden können: als Strafe Gottes, als Ergebnis falscher Berechnung oder als durch Machtkämpfe verursacht.

Untersuchungen über die Änderung des Geschichtsverständnisses können weiträumig ansetzen. Man bewegt sich grundsätzlich gesehen in Alternativen. Geschichte kann als *Wiederholung des Geschehens* verstanden werden im Anklang an die Naturgeschichte. Geschichte kann auch als *Verlaufsgeschichte* gedeutet werden, die auf ein Endstadium, unter Umständen eine Endkatastrophe hin tendiert, und diese kann wiederum theologisch oder technisch gedeutet werden. Gegen das negative Ende steht die Utopie.

Es ergibt sich hier die Frage, die insbesondere für die Erfassung der Neuzeit wesentlich ist: wie steht es überhaupt mit dem *Zukunftsbezug*? Wenn es *Neues* im Geschehen gibt, kann man das, was noch nicht ist, prognostizieren? Um diese Probleme zu klären, ist es notwendig, das Zeitverständnis in formaler und inhaltlicher Hinsicht zu untersuchen. Der Zeitverlauf wird ja keineswegs immer gleichmäßig verstanden. In der Neuzeit wird der Vorgang der Veränderung wesentlich. Er vollzieht sich in der Weise beschleunigter Prozesse, wie *Reinhart Koselleck* nachzuweisen sucht. Das Geschehen wechselt so rasch, daß der Erfahrungsfaktor sich wesentlich verändert: frühere Erfahrungen tragen nicht mehr. Die Tatsachen des Wandels müssen auf ihre Konstituentien hin untersucht werden. So ist der *Bezug von Ereignis und Struktur* zu klären. Geschichte ist sicher nicht, wie frühere Zeiten meinten, nur als Abfolge von außerordentlichen Ereignissen, insbesondere der Taten großer Männer im politischen Raum zu verstehen, sondern Geschichte ist auch – man denke an die Sozial- und Wirtschaftsgeschichte – als Wandlung von Strukturen zu verstehen. Grundsätzlich gesehen: »Das, was eine Geschichte zur Geschichte macht, ist nie allein aus den Quellen ableitbar: es bedarf einer Theorie möglicher Geschichten, um Quellen überhaupt erst zum Sprechen zu bringen. Parteilichkeit und Objektivität verschränken sich dann auf neue Weise im Spannungsfeld von Theoriebildung und Quellenexegese. Das eine ohne das andere ist für die Forschung umsonst«.[21]

Überdenkt man diese Aussagen über das Vorgehen der Geschichtswissenschaft, so zeigt sich, daß eine Ortsbestimmung der Gegenwart auf Grund der geschichtlichen Entwicklung vermieden wird. Es wird nicht dargelegt, mit welchem Recht oder Unrecht die Tradition nicht mehr als für uns verbindlich angesehen werden kann. Die Frage, welche Wege für uns noch offenstehen, wird ausgeklammert, denn sie setzt voraus, daß die Klärung unseres Selbstverständnisses nur möglich ist durch Erhellung des *Gesamtprozesses*, der unsere Situation bedingt, nicht in der Weise einer Festlegung, wohl aber in der Weise, daß man erkennt, welche Spielräume uns verschlossen sind und welche noch offenstehen.

III. Grundzüge einer dialektischen Geschichtsbetrachtung

Vorbemerkung

Die universalen und metaphysischen Geschichtstheorien der klassischen Tradition sind *nicht wiederholbar*. Eine zeitgemäße Gesamtschau der Geschichte muß sich darauf beschränken,den faktischen Geschichtsverlauf auf seine Grundstrukturen hin zu durchleuchten. Dies setzt aber bestimmte *Vorgriffe* voraus. Als einen solchen sehr allgemeinen Vorgriff setzten wir den gebrochenen Weltbezug des Menschen an. Dieser Bezug wird durch das Faktum konkretisiert, *daß der Mensch durch das Geschehen ebenso vermittelt wird, wie er es vermittelt*. Diese Dialektik legt nicht fest. Sie überläßt es der historischen Forschung nachzuweisen, *welcher Faktor* in einer Epoche überwiegt; ja noch mehr: sie zeigt ihre Brauchbarkeit gerade dann, wenn sie selbst fraglich wird, insofern die Klärung nicht mehr möglich erscheint, ob Vermitteln oder Vermitteltwerden überwiegt. Die konkrete Erforschung der Geschichte und ihre systematische

Durchdringung sind beide notwendig. Sie ergänzen sich im Sinne der Gegensätzlichkeit und eröffnen solchermaßen die Chance, den geschichtlichen Prozeß so zu begreifen, daß man von ihm her die eigene Situation in ihren Möglichkeiten besser durchschaut, als wenn man die Geschichte von vornherein ausblendet.

Wir suchen im folgenden Grundzüge dieser Geschichtsbetrachtung herauszustellen, indem wir drei Schritte vollziehen. Zuerst grenzen wir die *Rekonstruktion* der Geschichte gegen ihre Konstruktion ab, wir weisen sodann auf die *Reflexion* als das vorwärtstreibende Movens der Entwicklung hin und suchen schließlich die These zu erörtern, daß sich die geschichtliche Entwicklung als ein *Dreischritt* darstellt, der von der Idee der Ordnung und dem Prinzip der Freiheit zum Komplex der dialektischen Wirklichkeit führt.

1. Rekonstruktion im Gegenzug zur Konstruktion der Geschichte

Im Gegenzug zu einer Konstruktion geht die Rekonstruktion von der Geschichte als einem *vorgegebenen Geschehen* aus. Vorsichtiger gesagt: Rekonstruktion schränkt die Konstruktion ein. Sie deutet das Geschehen nicht von einer spekulativen Idee her, sondern beobachtet den Verlauf und sucht zu erkennen, wie sich hier Verschiebungen und Paradigmenwechsel vollziehen. Die Voraussetzung dabei bleibt, daß man diese Prozesse verstehen kann. Wenn Sinn und Verstehen in engen Bezug gesetzt werden, so ist diese Betrachtung als *Sinngeschichte* zu deuten. Sinn ist für den Menschen eine konstitutive Kategorie auf Grund seines Weltverhältnisses, in dem sich Selbstverständnis und Weltverständnis gegenseitig durchdringen in der Weise, daß der Mensch sein Verhalten nicht nur unmittelbar vollzieht, sondern re-flektiert, sei dies Verhalten als Denken oder Handeln strukturiert.

Die Rekonstruktion beruht auf bestimmten Voraussetzungen, einmal, daß es in den einzelnen Epochen *übergreifende Grundeinstellungen*, einen bestimmten Zeitgeist, gibt. Das bedeutet nicht, daß dieser Zeitgeist sich in allen Gebieten gleichmäßig ausspricht. Gleichwohl läßt sich eine gewisse Einheitlichkeit innerhalb einer Epoche nicht leugnen. Selbst dort, wo man wie in der Gegenwart von der Vielheit von Geschichten spricht und keine Einheit anerkennen will, faßt man alle Erscheinungen unter einem Etikett wie Posthistoire und Postmoderne zusammen. Auch in der diachronischen Gesamtgeschichte gibt es unterschiedliche Entwicklungen auf den einzelnen Gebieten, wie überhaupt die Entwicklungsstrukturen und Entwicklungsverläufe in den verschiedenen Gebieten different sind. Die Entwicklung in der Religion oder der Kunst ist sicher nicht so eindeutig unter die Kategorie des Fortschrittes zu bringen wie die Entwicklung von Wissenschaft und Technik; auch auf diesen Gebieten ist die Entwicklung nicht stetig, es gibt in der Wissenschaftsgeschichte ja auch heute noch einen Streit darüber, ob die Entwicklung der Wissenschaft sich kontinuierlich oder in Sprüngen vollzieht, aber auch hier setzt sich die Vorstellung durch, daß die jeweiligen Epochen von einem bestimmten Paradigma geprägt sind.

Wenn man von dem Sachverhalt des gebrochenen Weltbezuges ausgeht, so sind eben die Grundwandlungen zu beachten, durch die dieser Weltbezug konkretisiert wird. Wir sahen, daß die Vorstellung einer vorgegebenen Ordnung der Welt, in die man eingefügt sei, zugunsten der Vorstellung, daß es Aufgabe des Menschen sei, sich seine eigene Welt zu erstellen, aufgehoben wird. An die Stelle der *Ordnung* tritt das *Bewußtsein der*

Freiheit: die Subjektivität stellt sich auf sich selbst. Diese Tatsachen sind nicht nur in der Geschichte der Philosophie längst anerkannt, sondern auch dem Allgemeinbewußtsein der Gebildeten vertraut. Was hin und her schwankt, insbesondere in der Gegenwart, ist die *Beurteilung* dieser Sachverhalte. Zuerst als Gewinn verbucht, wird heute dieser Prozeß negativ von seinen Folgen her beurteilt und weithin als Hybris oder gar als Gottesersatz durch den Menschen verurteilt. Wir sagen also gar nichts Neues, wenn wir die These vom Vorrang der Subjektivität für diese Epoche behaupten. Freilich enthalten wir uns hier jeder moralischen Wertung. Ob diese Wandlung Verlust oder Gewinn brachte, das ändert nichts an der Tatsache ihrer *inneren Notwendigkeit*.

2. Die Vielfalt der Reflexion als des vorwärtstreibenden Moments der Geschichte

Die Notwendigkeit der Herausstellung der *Subjektivität* ist totalphilosophisch betrachtet im Phänomen der *Reflexion*, genauer der problematisierenden Reflexion begründet. Wir haben bereits in der Einleitung auf die Bedeutung der problematisierenden Reflexion hingewiesen: es ist für den Menschen als gebrochenem Weltwesen notwendig, das Gegebene und Vorgegebene nicht einfach hinzunehmen, sondern es in Frage zu stellen. Dies Verhalten hat vielerlei Grade, Ausprägungen und Ausrichtungen. Es kann als *wissenschaftliches* und *technisches Problematisieren* sich dem Gedanken des besseren Ergründens der Realität und dem Gedanken des besseren Ausnützens der Natur unterstellen. Es kann aber auch um seiner selbst willen als *räsonnierendes Denken* inszeniert werden. Wesentlich ist es, von vornherein davon auszugehen, daß die Reflexion, auch wenn sie sachgebunden ist, dem Selbstbezug untersteht. Selbstbezug und Weltbezug sind ja nicht voneinander zu trennen. Weltbezug ist immer schon durch den Selbstbezug und Selbstbezug immer schon durch den Weltbezug vermittelt.

Die Reflexion ist für den Menschen konstitutiv und zu allen Zeiten, auch in der Antike, lebendig gewesen. Bedeutsam aber ist die Tatsache – und nur darum kann die Reflexion als geschichtlicher Akteur herausgestellt werden, oder vorsichtiger: als der rote Faden der Entwicklung gekennzeichnet werden –, daß sich die Reflexion *verstärkt* und zwar eben in der *Radikalisierung der Fraglichmachung des Vorgegebenen*. Die Wissenschaft ist dafür der Beweis. Man will hinter das Gegebene kommen. Reflexion nimmt hier die Form des Objektivierens an: im Hinterfragen soll die subjektive Bindung durch sachliche Einsicht überboten werden. Und ebenso ist der *Abbau der Metaphysik* ein deutliches Zeichen für das Wirksamwerden der Reflexion: die als gegeben hinzunehmende Hinterwelt wird ersetzt durch ein Übersubjekt – Gott, absolutes Ich, Weltgeist – und schließlich fallen diese Größen der problematisierenden Reflexion zum Opfer.

Die Reflexion kann, wie schon angedeutet, in vielfältigen Formen auftreten. Sie darf aber nicht einseitig als Zeichen der Freiheit verherrlicht werden. Dagegen spricht die Tatsache, daß sie auch und gerade in *aporetischen Situationen* eine hohe Rolle spielt, und zwar für den Einzelnen und für die Gesamtheit. Dies zeigt sich insbesondere in Krisenzeiten.

Bedenkt man diesen Sachverhalt, so zeigt sich: *Reflexion ist an ihr selbst weder positiv noch negativ zu werten*. Reflexion muß nicht zu positiven Erfolgen führen, wie dies in der wissenschaftlichen und in der technischen Überlegung weithin der Fall ist. Sie kann als *Dauerreflexion* alles in Frage stellen. Man sagt dann, daß nicht der Mensch die

Reflexion einsetzt, sondern daß die Reflexion ihn beherrscht. Und vor allem: Reflexion kann ebenso wie sie Auswege findet, sich auf Irrwege begeben.

Reflexion hebt, so heißt es, Unmittelbarkeit auf. In der Philosophie hat *Hegel* dies herausgestellt und spekulativ zu begründen gesucht. Reflexion ist Verstandesdenken und zersetzende Macht des Negativen. Aber sie erbringt ein positives Ergebnis. Als Aufhebung der naiven Unmittelbarkeit führt sie eine neue vermittelte Unmittelbarkeit als das eigentlich positive Stadium herbei. Auch in existenzieller Hinsicht wird dies Schema angesetzt. So erklärt *Jaspers*: »Bevor ich in Selbstreflexion trete, bin ich in meiner Unmittelbarkeit unbekümmert. Werde ich dann ungewiß, so ergreife ich die Selbstreflexion, um durch sie in die selbstgewisse Unmittelbarkeit zurückzukehren«.[22] Jaspers erläutert diese Bestimmung: »Selbstreflexion ist also ihrem Sinn nach ein jeweils *transitorisches* Medium verlorengegangener und wiederherzustellender Unmittelbarkeit«.[23]

Reflexion wird hier bei beiden Denkern als Mittel eingesetzt, als Mittel der Vernunft, so Hegel, als Mittel des Selbstwerdens der Existenz, so Jaspers. Wird diese Lenkung fraglich, so wird Reflexion an ihr selbst eigentümlich »ortlos«. Man muß ja bedenken, daß Reflexion keine absolute Macht ist, die das Geschehen lenkt. Sie ist ja schon immer *eingebunden in bestimmte Konstellationen*, auf die sie sich bezieht.

Macht und Ohnmacht der Reflexion werden besonders deutlich in bezug auf die Gesamtgeschichte. Reflexion lenkt nicht die Geschichte. Sie vermag nur *nachträgliche Einsicht* in das Geschehen zu vermitteln. Reflexion ist aber in bezug auf die Geschichte nicht nur auf das Vergangene gerichtet. Wenn sie unter die Leitfrage gestellt wird, welche Möglichkeiten uns offen stehen, so ist hier natürlich immer schon der Blick auf die *Zukunft* im Spiel. Eine der wesentlichsten Möglichkeiten der Reflexion ist es, von der Gegenwart her Vergangenheit und Zukunft aufeinander zu beziehen im Blick auf mögliches Handeln, wobei immer schon bedacht werden muß, daß wir der Geschichte nicht Herr sind: daß wir immer schon vermittelt werden.

3. Von der Idee der Ordnung und dem Prinzip der Freiheit zum Komplex der dialektischen Wirklichkeit

Reflexion auf das geschichtliche Geschehen kann sich in verschiedenen Ausprägungen und Graden vollziehen. Sie kann sich auf *bestimmte Gebiete* beziehen und deren Entwicklung bedenken, wobei in der Gegenwart eine solche isolierende Betrachtung sich in ihren Grenzen zeigt. Man wird daher dazu genötigt, *allgemeine Überlegungen* anzustellen, was die Zukunft überhaupt und im ganzen bringen wird. Hier werden die Alternativen Negativität und Positivität, Pessimismus und Optimismus in die Überlegungen hineinspielen. Es ist aber auch möglich, daß sich die geschichtliche Reflexion zu einer *philosophischen Theorie* erhebt und dementsprechend fragt, wie Geschichte überhaupt geschieht. In dieser Hinsicht wird das Thema der *dialektischen Vermittlung* wesentlich. Aber selbst in diesem Fall wird die auf das Grundsätzliche drängende Reflexion nie rein systematisch vorgehen. Sie wird sich im doppelten Sinn als *geschichtlich bedingt* erkennen, einmal: sie weiß, daß ihre Sicht der *Gegenwart* angehört und sich von deren Voraussetzungen nicht ablösen kann. Sie weiß, daß die Gegenwart geschichtlich vermittelt ist. Das aber bedeutet – und dies ist das Zweite –, daß alle Möglichkeiten, die das sehr formale Schema des gebrochenen Weltbezuges in sich schließt, nicht systematisch zu konstruieren, sondern aus dem *faktischen Verlauf* des Geschehens zu rekonstruieren sind.

Das Geschehen rekonstruierend erkennt die Reflexion einen Dreischritt als maßgebend an. Er führt von der Idee der *Ordnung* über das Prinzip der *Freiheit* zum Komplex der *dialektischen Wirklichkeit,* wobei eben herauszuarbeiten ist, daß und wie die Reflexion es war, die diesen Fortgang erwirkte.

Dieser Ansatz steht im Gegenzug gegen die heute maßgebenden Geschichtsperspektiven. Diese gehen davon aus, daß es eine grundlegende Geschichtsauffassung, die die Geschichte im ganzen betrachtet, also universalistische Züge hat, nicht geben kann. Man kann aus der Geschichte, so heißt es, keine Richtlinien für das eigene Tun, das heißt Anweisungen, wie es nun weiter gehen soll, entnehmen. Die Folge dieses Ansatzes ist es, daß man relativ ohne Blick auf den Gesamtverlauf der Geschichte ansetzt. In bezug auf die Wissenschaft und die Technik erscheint dies ganz natürlich. Der Vorzug der forschenden *Naturwissenschaft* wirkt sich dahin aus, daß das Geschehen in seiner Struktur durch die *Rationalität* bestimmt wird. Diese erscheint nun als Maßstab, und dies hat zur Folge, daß die *Geisteswissenschaften,* wie wir sahen, an den Rand gedrängt werden. Die Geisteswissenschaften aber, auch die Hermeneutik, gehen davon aus, daß sie nicht verbindliche Wahrheiten bieten können. Selbst dort, wo man sich mit der Vergangenheit unter systematischen Aspekten befaßt, geschieht dies nicht im Rückblick auf das uns bedingende Geschehen. Es werden vielmehr bestimmte Ansätze als immer noch gültig herausgestellt, wie dies in der praktischen Philosophie geschieht, wenn sie auf Aristoteles zurückgreift.

Die Rekonstruktion der vergangenen Geschichte sucht im Gegenzug zu diesen modernen Ansätzen die *traditionellen Möglichkeiten* zu bedenken, gerade nicht, um sie als solche zu wiederholen – sie sind vergangen –, sondern um in der *Auseinandersetzung mit ihnen die eigenen Möglichkeiten,* unter Umständen als Gegenmöglichkeiten, klarer zu erfassen.

Die Rekonstruktion sagt uns aber keineswegs in verbindlicher und eindeutiger Form, was wir tun sollen. *Die Geschichte ist nicht letzte Instanz.* Der Einzelne kann sich über sie erheben im Blick auf sich selbst als ein Wesen, das durch den je eigenen Selbstbezug bestimmt ist und auf den eigenen Tod zugeht und solchermaßen das welthafte Geschehen zu transzendieren vermag. Und entsprechend können und müssen auch Gruppen in ihrem Handeln sich immer wieder gegen den geschichtlichen Verlauf entscheiden und ihre Entschlüsse zu verwirklichen versuchen. Wir sind, ohne je dem Geschehen entfliehen zu können, im Blick auf unser eigenstes Sein nicht nur von der Tendenz zur *Weltgebundenheit,* sondern auch von der Tendenz zur *Weltlosigkeit* bestimmt. Hier kommt das Moment der Freiheit ins Spiel, nicht einer absoluten Freiheit, aber einer Freiheit, die von dem Bewußtsein des eigenen Selbst getragen wird: ich kann auch anders. Das wandelt die Geschichte als ganze nicht in ihrem Verlauf, aber es gibt das Bewußtsein, nicht gänzlich bedingt zu sein. Das Handeln hat eine Innenseite und eine Außenseite. Wir können zwar nicht aus der Welt aussteigen, aber wir vermögen das Weltgeschehen zu überschreiten. Dieser Sachverhalt ist gerade für die Ethik wesentlich.

Fünftes Kapitel
Dialektische Wirklichkeit und reflektierende Subjektivität

Vorbemerkung

Die folgenden Erörterungen greifen auf Probleme der Einleitung zurück, in denen die gebrochene Weltstellung des Menschen thematisiert und auf ihre möglichen Ausprägungen hin erläutert wurde, insofern diese für die Ethik wesentlich erscheinen. Am Schluß dieser Ausführungen wurde unter dem Titel »Ethik und reflektierende Subjektivität« darauf hingewiesen, daß die Probleme, die die gebrochene Weltstellung mit sich bringt, nicht von der Ethik allein zu lösen sind. Die Zweideutigkeit, sich zeigend in der Differenz von Weltgebundenheit und Welttranszendenz und in der Ambivalenz von Unmittelbarkeit und Vermittlung, durchstimmt alle Verhaltensweisen.

Wir wollen, nachdem in den vorangehenden Kapiteln die Grundstrukturen des menschlichen Verhaltens unter den Aspekten der Dimensionen, in denen sich dies Verhalten bewegt, für sich erörtert wurden, nun noch einmal die Dialektik herausstellen, die den *Bezug des Subjektes* zu den Regionen: Natur, Geschichte und zwischenmenschliche Welt bestimmt, das heißt fragen, *welche Bedingungen* von diesen Gebieten her der Subjektivität auferlegt werden und *welche Chancen* für die Subjektivität in ihnen eröffnet werden.

Hier bestehen Unterschiede. Die *Natur* zeigt unsere Abhängigkeit von übergreifenden, alles Lebendige bestimmenden Zusammenhängen an, und auch die *Geschichte* weist uns darauf hin, daß wir weit stärker bedingt werden als wir das Geschehen bedingen. Die *Menschenwelt* geht über die Bindung an Geschichte und Natur hinaus, insofern der zwischenmenschliche Bezug auf dem Prinzip der Gegenseitigkeit aufbaut. Alle diese Dimensionen, Natur, Geschichte und menschliche Zwischenwelt, sind aber auf die Subjektivität verwiesen. Diese ist der Ort, an dem diese Bezüge reflektiert werden können. Und hier ergibt sich wiederum die Frage, wieweit sich die Subjektivität von diesen Dimensionen, in denen sie sich bewegt, *isolieren* kann, darf und soll.

Diese Probleme sind im vorhergehenden schon mehrfach erörtert worden. Es kann sich jetzt, um möglichst Wiederholungen zu vermeiden, nur darum handeln, gleichsam zusammenfassend das *Fazit* aus diesen Analysen zu ziehen, und das heißt, die Vieldeutigkeit und die Nichtfestgelegtheit des Menschen als den Zustand zu kennzeichnen, der zwischen Gewißheit und Ungewißheit hin und her schwankt. Von der Ethik aus zeigt er sich in einer spezifischen Ambivalenz: *als Schweben zwischen Resignation und Engagement*.

Diese zusammenfassenden Schlußbemerkungen verstehen sich unserer gegenwärtigen ungeklärten Situation entsprechend als *»An-merkungen«* mit der Intention, aufmerksam zu machen.

I. Natur und Geschichte als bedingte Bedingungen der Subjektivität

Natur und Geschichte sind Bedingungen, von denen die Subjektivität abhängig ist und unter denen sie allein zu existieren vermag. Diese Bedingungen kann sie ihrerseits in gewisser Weise bedingen, wobei aber ihr Bedingtwerden von diesen Mächten das stärkere Moment ist. Dieses *Bedingtwerden* stellt sich zudem in bezug zur Natur als noch ausgeprägter dar als in bezug zur Geschichte.

Die Dimensionen Natur und Geschichte sind vom Aspekt der sich in ihnen und durch sie ortenden Subjektivität nicht reinlich zu trennen. Dies zeigt sich, wenn wir auf die Bestimmungen Nahhorizont und Fernhorizont zurückgreifen. Nahhorizont und Fernhorizont sind *räumliche Begriffe*. Das Subjekt, sich im Raum befindend, orientiert sich von der bestimmten Stelle aus, an der es ist. Im übertragenen Sinne kann die Bestimmung Horizont auch unter *zeitlichem Aspekt* gebraucht werden. Der Horizont, das heißt die Gegenwart, wird überschritten in Richtung auf Vergangenheit, die »vergegenwärtigt« wird, und in Richtung auf die Zukunft, die es zu bedenken gilt. Der Horizont wird so erweitert. Es wäre eine eigene Aufgabe, die Bezüge von Nahhorizont und Fernhorizont, Raum und Zeit genauer zu durchdenken. Dies können wir hier nicht tun. Nur einige Hinweise sind angebracht, um die Dialektik der gegenseitigen Bedingtheit aufzuweisen.

Daß Geschichte Natur übergreift, daß *Zeit* der maßgebende Horizont ist, ist, so scheint es, offensichtlich, denn auch Natur hat Geschichte. In der Naturgeschichte wird der Mensch geortet und an eine bestimmte Stelle der Entwicklung gesetzt, durch die seine Weltstellung bedingt ist. Der Mensch bleibt in seiner natürlichen und biologischen Ausstattung ein *Geschöpf der Natur* – wieweit, das ist aber die Frage. Der Mensch kann sich am Naturgeschehen orientieren und sein Verhalten von ihm her ausrichten, indem er die Natur zum Maßstab seines Handelns macht, aber er kann auch die Natur zu transzendieren versuchen, indem er das Ausleben der Natürlichkeit zügelt. Gleichwohl bleibt eine objektive Bindung an die Natur für den Menschen bestehen, nicht nur in bezug auf seine biologischen Bedürfnisse, sondern im *zeitlichen Ablauf* seines natürlichen Lebens, das von der Geburt über das Alter zum Tod voranschreitet. Die Geschichte des Menschen ruht auf natürlichen Gesetzen auf. *Die Natürlichkeit im Sinne der Lebendigkeit ist die faktische Grundlage des Daseins der Subjektivität.* Alle höheren Vermögen sind auf diese Basis verwiesen. Davon hat auch die Ethik auszugehen. Wir haben diesen Sachverhalt vom Aspekt der Forderung, den *Willen zum Leben* als ein Grundprinzip anzuerkennen, dargelegt.

Aber gerade in dieser Forderung zeigt sich, daß und wie die Subjektivität die Bindung an die Natur überschreitet. Nimmt sie die Natur zum Maßstab und befolgt sie insbesondere das Gesetz des Kampfes gegen die anderen, so beruht dies ebenso auf einer Entscheidung wie die gegenteilige Einstellung, die Natur nicht zum Vorbild zu nehmen. Bereits die antike Philosophie zeigt ja in eindrücklicher Weise, daß der Mensch nicht *nur* durch Natürlichkeit bestimmt ist. Er ist durch *Wahlfreiheit* ausgezeichnet und sein Tun verläuft nicht nach natürlichen Rhythmen. Und diese Sonderstellung wird auch dort anerkannt, wo die Geistmetaphysik destruiert wird. So erklärt *Freud*: Wo Es ist, soll Ich werden.

Vor allem zeigt sich das Überschreiten in bezug auf die äußere Natur, wie es schon die Genesis empfiehlt. Hier setzt sich der Herrschaftswille durch, aber in dialektischer

Form. Wenn *Kant* mit Bacon erklärt, der Mensch solle die Natur in der Form eines bestallten Richters befragen[1], so bleibt er eben doch auf die Antworten der Natur angewiesen. Das technisch-wissenschaftliche Objektivieren der Natur ist ein Bedingen, was unter Bedingungen steht. Natur ist und bleibt das menschlichem Denken und Tun vorgängige Seiende, mit dem der Mensch sich in vielfältiger und freier Form auseinanderzusetzen vermag. Dies kann, auch in *weltanschaulicher Hinsicht*, unter *negativen* oder *positiven Aspekten* geschehen. Die Natur kann als Kampfesstätte oder als teleologische Ordnung verstanden werden, die auch den Menschen umfaßt, bis zur Naturverherrlichung hin. In der Verschiedenheit dieser Auslegung zeigt sich die *Distanz* ebenso an wie im praktischen Umgang mit der Natur. Das wird ja gerade heute sichtbar: der Mensch ist genötigt, die Natur zu schonen, ob er dies aus praktischen Nützlichkeitserwägungen tut oder im Bewußtsein der Brüderlichkeit und Verbundenheit mit der Natur erscheint fast sekundär.

Wir sind, wie Herder vollkommen zutreffend sagt, die Freigelassenen der Natur. Darum kann die Natur uns auch keine Richtlinien für unser Verhalten geben. Diese Einsicht ist aber keineswegs selbstverständlich. Es gibt immer wieder Versuche, das menschliche Verhalten von der Natur her regeln zu wollen. Man erklärt, daß die biologische Verhaltensforschung die *Grundlage* der Ethik sei. Diese Interpretation begegnet immer wieder. Wir weisen zur Verdeutlichung kurz auf das Buch von Gerhard Szczesny *»Das sogenannte Gute«* hin.[2]

Szczesny kritisiert die abstrakten Idealforderungen der traditionellen Ethik, weil sie den Menschen als reines Geistwesen verstehen. Der Mensch *ist* aber nicht Geist, sondern er *hat* nur Geist. Das besagt: er ist ein Geistwesen, das durch vitale Bedürfnisse bestimmt ist. Kein vernünftiger Mensch wird heute dieser Aussage widersprechen. Szczesny zieht aber aus dieser Einsicht den Schluß, daß die Verhaltenswissenschaft die *Basis* der Ethik darstellen müsse, nur auf ihrer Grundlage könne eine angemessene Ethik und Politik praktiziert werden.

Szczesny bekundet hier einen dogmatischen Wissenschaftsglauben. Er ist offenbar der Meinung, daß die Verhaltensforscher herausgebracht hätten, bezugsweise in naher Zukunft eindeutig herausbringen werden, was der Mensch ist. Daß die Aussagen der Verhaltensforscher bereits Interpretationen des nicht festgelegten »Tatbestandes Mensch« darstellen, entgeht ihm. Vor allem aber: wenn man die Ergebnisse der Wissenschaft als für die Handlungshorizonte des Menschen aufschlußreich ansetzen will, muß man sich klarmachen, daß keine Wissenschaft dem einzelnen den *Entschluß* zum ethischen Selbsteinsatz abnehmen kann. Diesen muß ich selbst leisten. Nur wenn ich dies tue, ist die Möglichkeit gegeben, mit Hilfe der Wissenschaft die Dialektik von Freiheit und Unfreiheit, durch die der Mensch in concreto durchgängig bestimmt ist, verantwortlich zu durchdenken und zu praktizieren.

Szczesny – dies sei hier angemerkt – macht seinen Wissenschaftsglauben in seinen konkreten Analysen selbst fraglich. Das zeigt zum Beispiel die folgende Argumentation: Szczesny legt dar, daß nicht die traditionelle Ethik, sondern die technische Entwicklung einen gewissen Fortschritt zur Humanisierung – etwa Abschaffung der Sklaverei und allgemeine Anerkenntnis der Menschenrechte – bewirkt habe. Er interpretiert diesen unbestreitbaren Sachverhalt durchaus angemessen, indem er erklärt, daß Sein und Bewußtsein sich im Regelkreisverfahren beständig *gegenseitig* bedingen. In diesem Zusammenhang heißt es, daß der Mensch durch seine *Geschichte* definiert, was für ihn gut ist. Diese Aussage erscheint uns legitim. Der Mensch bringt sich durch die von ihm selbst hergestellten kulturellen Bedingungen in die Lage, sein ethisches Selbstverständnis zu revidieren. Aber er kann dies nur, weil diese kulturellen Bedingungen eben keine festen Grundlagen sind, die die Wissenschaft als Basisbedingungen ein für allemal herausstellt, sondern sich geschichtlich wandelnde Manifestationen von Handlungen, hinter denen schon immer ein bestimmtes Bild steht, das der Mensch von sich selbst entwirft.

Will man den Sachverhalt der Bedingtheit adäquat verstehen, so ist es nicht nur notwendig, dialektisch vorzugehen, das heißt, die natürliche Vorgegebenheit zu bedenken bis zu den naturalen Grundlagen der Gene hin, von denen das Verhalten abhängt und gesteuert wird. Es ist auch in Rechnung zu stellen, daß der Mensch es ja ist, der die *Maßstäbe* für die Veränderung setzt, und daß er solchermaßen das Vorgegebene gerade übersteigt. Wir haben diesen Sachverhalt oben dargelegt, um zu zeigen, wie Freiheit und Unfreiheit ineinander eingreifen.

Auch in bezug auf das Verhältnis des Subjekts zur Natur gilt das Gesetz der dialektischen Wirklichkeit, das heißt die Einsicht in die *doppelte Vermittlung*. Auch dort, wo der Gedanke der Ordnung als Orientierungsprinzip maßgebend ist und wo Ordnung primär in der Natur gesehen wird, wird der Mensch nie als ganzer der Natur untergeordnet und als von ihr vermittelt bestimmt, und umgekehrt: auch dort, wo Freiheit Orientierungsprinzip ist, wird Natur nie ganz und gar »vermenschlicht«, sie bleibt das Fremde, das zu bewältigen gerade die Aufgabe ist. Und wenn, wie in der Gegenwart, sich das dialektische Prinzip in der Weise durchsetzt, daß weder Freiheit noch Ordnung als Orientierungsfaktoren anerkannt werden, bleibt der Bezug zur Natur *zweideutig*, er wird in gewisser Weise sogar noch undurchsichtiger und unfundierter. Gleichwohl: wenn die Idee der Freiheit als absoluter Herrschaft fraglich wird, wirkt sich das dahin aus, *daß die Natur zum Gegenstand der Ethik wird*. Der Mensch weiß sich nun für den *Umgang* mit der Natur verantwortlich. Verglichen mit der neuzeitlichen Tradition hat sich die Lage umgekehrt. Natur ist nicht, jedenfalls nicht primär, eine Dimension, die der Mensch sich unterwerfen soll, sondern eine Dimension, für die er um seiner selbst willen Sorge zu tragen hat. –

Geschichte umgreift als zeitliches Geschehen alle Gebiete und alles Verhalten. Dies geschieht zumeist so, daß hier das Vermitteltwerden unbewußt bleibt. Wir leben mit der Zeit und zwar in der Weise eines Wechselbezuges. Die *Zeit* bedingt uns. Wir sind dem Vergehen unterworfen, das alles Seiende betrifft. Aber wir können, obwohl wir diesen Verlauf nicht aufzuheben vermögen, mit der Zeit rechnen und zwar in differenten Formen. Die primäre Zeiterfahrung ist zuerst Erfahrung der *Naturzeit*. Diese bestimmt den Umlauf des Himmels, den Wechsel von Tag und Nacht und den Wechsel der Jahreszeiten. Die Vergänglichkeit scheint durch diese Rhythmik der Natur gemildert. Die Naturzeit ist für uns verwissenschaftlicht, wenn nicht aufgehoben in der *Uhrzeit*, gleichwohl ist und bleibt sie die Grundlage.

Die Möglichkeit, mit der Zeit zu rechnen, setzt die objektive Zeit voraus. Das »Zeithaben« ist die Bedingung, die als solche im Alltag zumeist nicht eigens thematisiert wird. Aber das Zeit-haben wird als Horizont meines Tuns und Lassens »mitbewußt«.

Das Bedenken von Zeit vollzieht sich von der *Gegenwart* aus als der »Mitte« der Zeit. Zukunfts- oder Vergangenheitsbezug geschehen in »der Gegenwart«. Es ist immer Gegenwart, wo ich bin, und: ich bin mir stets präsent. Der Gegenwartsbezug ist es, der die grundgebende Wechselbedingung von Ich und Zeit anzeigt. Im Bild: Ich als Gegenwart stehe fest, und die Zeit geht durch mich durch, von der Zukunft zur

Vergangenheit umschlagend; oder: ich gehe auf der objektiven Zeitstrecke – wo ich bin, ist Gegenwart – bis zum Punkt meines Todes die mir zustehende Strecke ab. Aber dies sind Bilder. Sie klären das Rätsel der Dialektik von Ich und Zeit nicht auf.

Subjektivität und *Zeitlichkeit* sind Wechselbegriffe im Sinne des Gegen- und Miteinanders. Die Subjektivität ist um *Ständigkeit* bemüht. Sie sucht ihre Identität in der Zeit herzustellen, indem sie die Zeit übergreift durch Akte, die das Selbstverständnis auch in ethischer Hinsicht konstituieren. Hier kommen Phänomene in den Blick, die zwar zeitbezogen sind, wie Liebe, Schuld, Versagen oder Erfolg, die aber nicht »in der Zeit aufgehen«. Das Ich erfährt, daß es zeitlich und überzeitlich zugleich ist.

Das *Zeitübergreifen der Subjektivität* geschieht in der Zeit als Bedenken der Vergangenheit und der Zukunft. Dieser Zeitbezug kennzeichnet das Dasein von Grund aus als *geschichtlich*. Dies gilt für jeden Menschen, insofern jeder auf Vergangenheit und Zukunft bezogen lebt; sicher geschieht dies in unterschiedlichem Maße, aber doch so, daß keiner diesen Bezügen entrinnen kann. Entscheidend ist, daß man sie aktivieren kann, so daß sich Vermitteltwerden und Vermitteln in der Weise der *Aneignung der Vergangenheit* verbinden. Der Zurückblickende, der das Vergangene vergegenwärtigt, setzt das Schon-Vermittelt-Sein voraus, aber er vermag es kritisch zu durchleuchten und im Blick auf die Zukunft auszurichten. Die »Transzendenz nach vorn hin« kann als das Nein zum Vergangenen einen *relativen Neuanfang* setzen, sie ist aber nie Beginn aus dem Nichts.

Überdenkt man diese Situation, dann erfährt man eine sich verschärfende Dialektik der Wirklichkeit. Alles Vermitteln bleibt trotz aller Bemühungen eigentümlich undurchsichtig, *weil wir ja selbst im Zeitstrom bewegt werden* und keinen Überblick von außen über den Zeitenwandel gewinnen können. Wir können dies Thema der Zeitlichkeit und der Geschichtlichkeit hier nicht weiter verfolgen und heben nur das für die Ethik Wesentliche heraus. Es zeigt sich unter drei Aspekten.

Einmal: wie alles Geschehen, so wird auch die Ethik von der Geschichte her bestimmt und bestimmt diese im Zirkelverfahren. *Sein* und *Bewußtsein* bedingen sich gegenseitig und bewirken solchermaßen Veränderungen und Wandlungen im einzelnen, aber auch in bezug auf die Gesamtentwicklung und die grundgebenden Weltorientierungen. Das bedeutet – wir haben mehrfach darauf hingewiesen –, daß gewisse frühere Positionen nicht wiederholbar sind, weil sich die Gesamtkonstellation geändert hat. So ist eine Ethik, die von einem geschlossenen Weltbild getragen wird, für uns eine verlorene Möglichkeit.

Zweitens: Ethik als solche *transzendiert* die Geschichte. Ihre Gebote erfordern Anerkennung, ob im Sinne ewiger Wahrheit oder zeitbedingter Geltung, das ist sekundär. Die Forderungen der Ethik, sich konstituierend als Anspruch der anderen an mich, verlangen Antwort. Die Wahl zwischen den Möglichkeiten aber ist *sachlich* und *personell* gebunden, auch wenn die zeitlichen Folgen zu bedenken sind, bleibt die Wahl »zeitüberlegen«. Diese Bestimmung: die Zeitüberlegenheit auf Grund sachlicher Geltung in der Zeit bedeutet nicht, daß die Inhalte von der Zeit gänzlich abgetrennt in eine zeitunabhängige Dimension versetzt werden. Sie unterstehen dem Zeitwandel, das heißt, sie sind trotz ihres Gehaltes auf vergangene und zukünftige Ereignisse bezogen. All dies bedeutet zugleich, daß das Geschehen wesentlich wird nur durch unsere Vermittlung. Und diese Vermittlung unterliegt immer einer Wertung. Rekonstruktion und Wertung des Geschehens sind nicht voneinander abzulösen.

Damit sind wir bei dem dritten Faktor. Wenn Geschichte Vermittlung durch wertende

Rekonstruktion ist, dann unterliegt sie immer schon der *Vielfalt differenter Deutungen.* Diese Deutungen müssen sich um Objektivität bemühen. So ist eine allseitige Erforschung früherer ethischer Systeme notwendig, die zwar von der Gegenwart ausgeht, aber das Anliegen der früheren Systeme zu verstehen sucht. Die Deutungen können sich aber auch verallgemeinern und zu der systematisch-historischen Frage erheben, wie Normen überhaupt entstehen, ob sie auf göttlichem Gebot oder Machtanspruch der Herrschenden beruhen oder auf Gewohnheit, die sich institutionalisieren läßt. Wir haben diese Probleme mehrfach erörtert. Es zeigt sich hier ein Zirkel: die Antwort auf diese Fragen hängt nicht nur vom einzelnen Subjekt ab, sondern vom Wandel der Grundanschauungen, und dieser ist eben selbst geschichtlich bedingt. Es ist offensichtlich: die Frage, *wie* sich Geschichte und Ethik gegenseitig bedingen, untersteht dem *geschichtlichen Wandel.*

Diese beiden Sachverhalte: Geschichte bedingt uns und vermittelt uns, wir kommen zu spät, es ist über unser Schicksal schon entschieden, und: Geschichte wird von inhaltlichen und moralischen Aspekten übergriffen, wir sind in der Zeit doch der Zeit überlegen – diese beiden Sachverhalte können verschieden gewertet werden. Die zweite Möglichkeit radikalisiert sich, indem sie die Unwandelbarkeit der Menschennatur voraussetzt und ewige Werte deklariert. Sie ist für bestimmte Ansätze der Tradition wesentlich. Eine Änderung tritt erst in der nachmetaphysischen Epoche ein. Der historische Relativismus verkündet, daß Geschichte keine Einheit darstellt und daß es nichts gibt, was nicht dem geschichtlichen Wandel unterworfen ist. Es ist durchaus möglich, daß eine solche Auskunft nicht als negativ empfunden wird, sondern als nicht zu verleugnendes Gesetz des sich wandelnden Lebens anerkannt wird. Es zeigt sich aber auch die Möglichkeit, in der Geschichte die Vergangenheit überwinden zu wollen, indem man das Geschehen umzudeuten versucht.

Dieser Ansatz stellt eine radikale Form des Vermittelnwollens dar. Wir suchen dies durch einen kurzen Hinweis auf Nietzsche zu illustrieren. Nietzsche stellt in seiner berühmten Abhandlung »Über Nutzen und Nachteil der Historie für das Leben« neben die monumentale Deutung der Geschichte, die sich an Vorbilder der Vergangenheit hält, und neben die antiquarische Deutung, die das Erbe der vergangenen Zeiten bewahren will, die kritische Deutung der Geschichte. Kritik ist hier nicht in wissenschaftstheoretischem und methodischem Sinne als das prüfende Verfahren zu verstehen, dem es um die Erfassung der »wirklichen Fakten« geht. Es gibt für Nietzsche keine solchen wirklichen Fakten, sondern immer nur Auslegungen – wir haben diesen Sachverhalt früher bereits erwähnt. Kritische Geschichtsbetrachtung bedeutet daher diesem Ansatz gemäß: es ergeben sich Konstellationen, in denen es *lebensnotwendig* ist, die gültigen und gängigen Auslegungen zu negieren, und das besagt: Geschichte »umzuschreiben«. Nietzsche erklärt grundsätzlich: Der Mensch »muß die Kraft haben und von Zeit zu Zeit anwenden, eine Vergangenheit zu zerbrechen und aufzulösen, um leben zu können: dies erreicht er dadurch, daß er sie vor Gericht zieht, peinlich inquiriert, und endlich verurteilt«.[3] Er fährt fort: »Es ist nicht die Gerechtigkeit, die hier zu Gericht sitzt; es ist noch weniger die Gnade, die hier das Urteil verkündet: sondern das Leben allein, jene dunkle, treibende, unersättlich sich selbst begehrende Macht«.[4]

Es ist wesentlich zu begreifen, daß hier der Rückzug auf das Leben gerade keinen Rückzug auf ein auslegungsfreies Faktum bedeutet. Das Leben bestimmt mich ja nur deswegen immer wieder zum Umschreiben, *weil es keine an sich wahre Natur gibt, die vor aller Interpretation läge.* Nietzsche sagt daher, diese Geschichtsbetrachtung sei der

»Versuch, sich gleichsam aposteriori eine Vergangenheit zu geben, aus der man stammen möchte, im Gegensatz zu der, aus der man stammt: – immer ein gefährlicher Versuch, weil es so schwer ist, eine Grenze im Verneinen des Vergangenen zu finden«.[5] Aber es gibt, so fährt er fort, für den kritischen Historiker »einen merkwürdigen Trost: nämlich zu wissen, daß auch jene erste Natur irgendwann einmal eine zweite Natur war und daß jede siegende zweite Natur zu einer ersten wird«.[6]

Das *Problematische* dieser Umschreibung ist Nietzsche nicht verborgen geblieben, genauer: Nietzsche schwankt in der Analyse dieser Geschichtsbetrachtung. Auf der einen Seite behauptet er, daß das Leben, genauer: die Geschichte des Lebens, der Maßstab der Umschreibungen sei; hier kommt die bei ihm zweifellos vorhandene Grundtendenz, das Leben aus der Geschichte herauszunehmen und es als unhistorische, das heißt *unmittelbare* Macht für sich zu setzen, ins Spiel. Aber auf der anderen Seite macht er diese Tendenz ja selbst fraglich, wenn er erklärt, daß das Leben nie als Urtext zu erfassen sei. Wenn aber das Leben immer nur in seinen Vermittlungen zugänglich ist, dann ist jede Auslegung eben ein Umschreiben früherer Interpretationen. Und das besagt: keine Auslegung ist absolut im Recht, alle sind relativ.

Nietzsche steht in seiner Ablehnung ewiger Werte dem Historismus nahe, und zwar insbesondere dem Historismus, der von der Philosophie des Lebens als der tragenden Macht bestimmt ist. Diese Anerkenntnis des vergangenen Lebens bestimmt, wie wir sehen, auch die Wirkungsgeschichte. Diese geht davon aus, daß die Vergangenheit uns immer noch oder immer schon bedingt. Wir erinnern an Gadamer, der erklärt: »Wir sind als Verstehende in ein Wahrheitsgeschehen einbezogen und kommen gleichsam zu spät, wenn wir wissen wollen, was wir glauben sollen«.

In beiden Ansätzen, der Lebensphilosophie und der historisierenden Wirkungsgeschichte, wird das Problem »Moral und Geschichte« nicht als solches behandelt, im Falle Nietzsches wird es überhaupt in eins mit der grundsätzlichen Ablehnung der Tradition zur Seite geschoben.

Wenn man das Problem »Geschichte und Moral« adäquat behandeln will, kann die Antwort nur zwiespältig sein. Es bleibt ein Hin und Her zwischen Rückzug aus der Geschichte und Engagement, das dazu neigt, sich durch geschichtsphilosophische Überlegungen abzustützen. Aber diese werden wiederum problematisiert durch die Einsicht, daß es eine umgreifende Geschichtsphilosophie, die den Sinn des Geschehens zu kennen glaubt, nicht gibt.

Gleichwohl: Geschichte und Moral sind und bleiben dialektisch aufeinander bezogen. Der Mensch wird immer wieder versuchen, Geschichte moralisch zu gestalten, und er wird das insbesondere tun im Blick auf geschichtliche Tendenzen, denen moralische Bedeutung nicht abzusprechen ist. Zudem – und dies ist für die Ethik wesentlich – muß man ja immer bedenken, daß die Vorgängigkeit allgemeiner geschichtlicher Bedingungen nicht absolut ist. Ein *gewisser Freiraum* bleibt offen, der zwar immer zeitbedingt sein wird, aber doch die Möglichkeit einer relativen Transzendenz vorgibt. Ein solches Überschreiten der Geschichte kann sich aber nur dann sinnvoll vollziehen, wenn man nicht die Vergangenheit einfach zur Seite schiebt, sondern sich mit ihr auseinandersetzt. Eine entsprechende Auseinandersetzung muß vom ethischen Aspekt her sich insbesondere die Frage vorlegen, ob die überlieferten Normen zur Lösung der Probleme, die uns bedrängen, noch ausreichen oder ob wir neue Maßstäbe zu setzen haben. Daß die Normen geschichtlichem Wandel unterworfen sind, ist ja offensichtlich. Wir haben insbesondere in bezug auf das Verhalten zur Natur herausgestellt, daß die Devise der

Herrschaft heute nicht mehr gültig ist. Das Subjekt ist gerade in Krisenzeiten verpflichtet, sich dem Prinzip einer *reflektierenden Ethik* zu unterstellen, wenn es die Chancen, die die Gegenwart eröffnet, verantwortlich verwirklichen will.

II. Das Ich und die anderen. Zum Wechselbezug unter dem Aspekt der Gleichheit und Ungleichheit

Daß die zwischenmenschliche Welt seit jeher als der eigentliche Ort der Ethik angesehen wurde, haben wir im vorausgehenden herausgestellt. Jetzt soll unter dem Aspekt der dialektischen Wirklichkeit die *Wechselwirkung* zwischen Bedingen und Bedingtwerden im Blick auf die Verhaltensmöglichkeiten der Subjektivität erörtert werden.

Daß die zwischenmenschliche Welt wesentlich eine Welt ist, die auf Wechselwirkung oder, modern gesprochen, auf *Kommunikation* beruht, wird heute nicht angezweifelt. Die *Ansätze der neuzeitlichen Philosophie der Subjektivität,* die von Descartes bis Husserl maßgebend war, gehören der Vergangenheit an. Sie sind jedoch zur Abhebung im positiven und negativen Sinn und zum Verständnis der Entwicklung aufschlußreich, daher sei kurz auf sie hingewiesen.

Descartes hat das denkende Selbstbewußtsein als Basis der Existenz herausgestellt und zwar für den Moment des gegenwärtigen Denkvollzuges, also ohne übergreifenden Zeitbezug. Ebenso entfällt der Naturbezug, der Körper gehört in eine andere Dimension als die res cogitans. Vor allem aber: die denkende Subjektivität ist nicht auf andere Menschen angewiesen. Descartes erwägt ja die Möglichkeit, daß die anderen nur Puppen sein könnten. An Descartes' Ansatz ist ein Zweifaches lehrreich: einmal die Intention, einen unbedingt festen Grund zu fordern, der zweifelsfrei ist – das ist das Anliegen der traditionellen Metaphysik –, sodann: wenn das Ich sich als diesen Grund versteht, wenn es sich von der Mitwelt und der Natur isoliert und diese als Außenwelt deklariert, die dem Ich von sich aus nicht zugänglich ist, dann muß ein Tertium gefunden werden, das den Zusammenhang wiederherstellt. Dies ist Gott, aber dieser Gott ist nur eine metaphysische Größe: ein Nothelfer. Descartes' Ansatz, heute viel gescholten, ist aber nicht aus der Hybris entstanden, *er entspringt einer Übersteigerung der einfachen Tatsache, daß das Ich sich am nächsten ist und bleibt.*

Descartes' Ansatz hat die Philosophie der Subjektivität maßgebend geprägt, freilich in sehr differenten Formen. Schließlich wurde im *Deutschen Idealismus* das Ich zum absoluten Ich erhöht und übernahm solchermaßen die Vermittlerfunktion zwischen empirischem Ich und Nicht-Ich.

Im *19. Jahrhundert,* als die Metaphysik fraglich wurde, ging man vorsichtiger vor. Die Tatsache der anderen konnte nicht geleugnet werden. Wenn man aber doch daran festhielt, daß nur das eigene Ich der sichere Ausgangspunkt der Philosophie sei, dann mußte man versuchen, eben in diesem Ich Vermittlungsmöglichkeiten zum Mitmenschen zu finden.

Husserl ist ein aufschlußreiches Beispiel. Ausgangspunkt der Philosophie kann nur mein Ich sein, das sich des Weltglaubens enthält und seine Akte beobachtet. Dort aber wird der andere *appräsentiert.* Das Subjekt nimmt den anderen wahr und beim Wahrnehmen macht es sich bewußt, daß auch der andere ein Ich ist. »Die eigene Selbsterfassung eines anderen wird als dessen reale Möglichkeit in den anderen gleichsam durch ›Einfühlung‹ übertragen«.[7] Die Einfühlung spielt in der Phänomenologie eine große Rolle. Sie wird aber sehr verschieden interpretiert. Husserl glaubt, daß es eine Erfassung des anderen in seiner individuellen Historizität, die zugleich seine genetische Selbstkonstitution einschließt, nicht geben könne. Andere Denker, so Alfred *Schütz*, gehen über die analogisierende Appräsentation hinaus und zwar in Betonung einer Wirbeziehung, »die in der Intentionalität und Sinnstruktur des natürlichen Bewußtseins immer schon enthalten ist; denn der Mensch kann sich an keinen Zeitpunkt entsinnen, an dem ihm jedes Aussein auf Kontakte mit anderen abging«.[8]

Überblickt man diese Philosophie der Subjektivität, so zeigt sich, daß empirisch und faktisch gesehen das Dasein des anderen natürlich nicht geleugnet wird. Wenn aber das einzelne Subjekt der absolute Ausgangspunkt der Philosophie ist, dann gelingt es nicht, den Anderen so adäquat zu begreifen wie die Dinge, die als reine Objekte *Nicht*-Ich sind. Der Andere ist ja im Gegensatz zum Ding mir als Ich irgendwie gleich, *aber ein Ich außer dem sich selbst vergewissernden Ich ist schwer vorstellbar*.

Die Ausklammerung des Anderen in der Philosophie wird im späteren 19. Jahrhundert unterlaufen durch die Betonung des *Ich-Du-Bezuges*, den *Feuerbach* als zentral herausgestellt hat. Entscheidend ist hier ein Zweifaches. Die Degradierung des Geistes bedeutet eine Aufwertung der *Sinnlichkeit* und diese geht in eins mit der Entdeckung des *zwischenmenschlichen Bezuges*. Feuerbach erklärt: »Der Philosoph muß das im Menschen, was *nicht* philosophiert, was vielmehr *gegen* die Philosophie ist, dem abstrakten Denken *opponiert*, das also, was bei Hegel nur zur Anmerkung herabgesetzt ist, in den Text der Philosophie aufnehmen«.[9] Die Sinnlichkeit zeigt sich in der Zweigeschlechtlichkeit. Diese ist ein unaufhebbares Faktum. »Daß du eine Frau bist und ich ein Mann«, ist keine geistig zu bewältigende Tatsache. Im Gegenteil: die Geschlechtlichkeit durchdringt den Menschen im Ganzen seines Seins. Feuerbach geht nun vom Ich-Du-Bezug direkt zum Gedanken der *Gattung* weiter. Er propagiert eine Gemeinsamkeit, die nicht von den Menschen hergestellt werden muß, weil sie schon immer wirksam ist: dies ist die Einheit der Gattung. Wenn Feuerbach von der Gattung redet, dann mischen sich geradezu religiöse Töne ein. Die Gattung ist der Träger aller positiven Prädikate der Menschlichkeit. Diese Bestimmung der Gattung bleibt aber unmittelbar, das heißt, sie wird nicht mit den konkreten Formen des menschlichen Zusammenlebens vermittelt. Daß aber gerade hier ein Problem liegt, hat *Marx* erkannt, der herausstellt, daß die Menschen in Klassen eingeteilt sind, die sich bekämpfen.

Der Ich-Du-Bezug als die eigentliche Dimension des mitmenschlichen Bezuges wurde insbesondere von *Martin Buber* thematisiert. Buber hebt den Ich-Du-Bezug gegen den Ich-Es-Bezug ab und betont, daß für den Ich-Du-Bezug das *Zwischen* entscheidend sei. Das Zwischen ist mehr als die Partner. Buber redet von ihm als dem Geist – Geist ist das verbindende Medium. Das Gespräch ist als vom Zwischen getragen ein existentielles unwiederholbares Geschehen, das nicht von den Partnern inszeniert werden kann. Der echte Dialog muß also von dem alltäglichen Reden streng unterschieden werden. Diese Ausführungen erinnern an Jaspers' Unterscheidung von Dasein und Existenz; bei beiden Denkern werden existentielles Geschehen und welthaft bedingte Vorgänge undialektisch gegeneinander gesetzt.

In der Gegenwart ist auf den französischen Philosophen *Emmanuel Lévinas* zu verweisen, in dessen Werken die Bedeutung des Anderen in radikaler Form herausgestellt wird. Lévinas wendet sich ausdrücklich gegen den Gedanken des Wir; im Wir sind der Andere und Ich eingeebnet von übergreifenden Mächten, etwa der Vernunft. Der

Andere ist aber von mir getrennt, er begegnet mir als ein absolut Anderer in *Exteriorität*. Gerade als solcher stellt er mich in Frage und befreit mich von mir selbst. Das Selbst ist auf sich konzentriert, seine Tendenz ist es, sich alles anzueignen. Lévinas kritisiert dies Verhalten keineswegs, wenn er betont, daß es vom Anderen durchkreuzt wird. Lévinas erklärt zunächst: »Das ›Für-sich‹ als Existenzweise bezeichnet eine Bindung an sich, die ebenso radikal ist, wie ein naiver Lebenswille«.[10] Lévinas fährt dann aber fort: »Der Andere zwingt sich mir auf als eine Forderung, die diese Freiheit dominiert, und von daher als etwas, das ursprünglicher ist als alles, was in mir vorgeht . . . Ich kann ihm gegenüber keine Macht mehr haben, weil er jede *Idee*, die ich von ihm haben kann, absolut überschreitet«.[11]

Hier wird die Bedeutung der Subjektivität durchaus erkannt und nicht durch den Bezug zum Anderen eingeklammert. Freilich: dieser Bezug wird überbewertet. Er ist nach dem Vorbild der *Begegnung Gottes mit dem Menschen* bestimmt, einer Begegnung, in der Gott immer der Überlegene ist. Die positive Funktion übergreifender Ordnungen wird nicht gesehen. Daß solche Ordnungen, sich aussagend in der Anerkennungsformel der Gleichberechtigung, *notwendig* sind, ergibt sich aus der Tatsache, daß ich von mir aus durchaus die Tendenz habe, den anderen zu unterwerfen, wie ich es mit den Dingen tue. Ja noch mehr: gerade weil der andere eine mir gleiche Person ist, kommt es zum Kampf auf Leben und Tod. Das *Tötungsverbot* ist Gegenzug zum Freund-Feind-Bezug, ein Gegenzug, den ich und der andere ausdrücklich zu leisten haben.

Im Gegensatz zum Ich-Du-Bezug wird bereits im *nachidealistischen 19. Jahrhundert* der zwischenmenschliche Bezug als allgemeiner *Wir-Bezug* herausgestellt: der Mensch steht in Bezügen, denen er nicht entrinnen kann und die für ihn als Menschen konstitutiv sind. Diese Bezüge werden nun aber nicht philosophisch konstruiert, sondern unter *soziologischen* und *politischen* Aspekten untersucht, vor allem gilt es, das Wesen der *gesellschaftlichen Institutionen* zu erfassen, durch die die einzelnen zusammengeschlossen werden. Wir haben diese Ansätze ausführlich dargelegt, insbesondere unter dem Aspekt der Abwendung von der Metaphysik zugunsten der empirischen Humanwissenschaften. Von dem Wir-Bezug her aber wird in der Gegenwart auch die *Ethik* maßgeblich bestimmt. Dies zeigt sich in der »Praktischen Philosophie« und in der Diskurstheorie. Gegner ist die Bewußtseinsphilosophie und die Philosophie der Innerlichkeit. –

Um die ethische Problematik des zwischenmenschlichen Bereiches, genauer: Macht und Ohnmacht des ethischen Verhaltens im menschlichen Bereich von der grundsätzlichen Struktur des gebrochenen Weltbezuges her zu untersuchen, sei noch einmal auf die *Dialektik* hingewiesen, die zwischen dem Ich und den anderen waltet. Es gilt – dies ist unsere Absicht – das abstrakte Entweder-Oder zu vermeiden, in dem die Philosophie der Subjektivität und die Kommunikationstheorie gegeneinander stehen. Es ist notwendig, im Gegenzug zur Philosophie der Subjektivität den Bezug zum anderen als Konstituens des Menschseins anzuerkennen, aber zugleich doch nicht das Ich zu vergessen. Es ist davon auszugehen, daß die Bezüge des Ich zu den anderen außerordentlich *different* sind, und daß sie nicht nur unter ethischen Aspekten stehen. Das Miteinander ist unter formalen und inhaltlichen Gesichtspunkten vielfältig konstituiert. So spielt hier die Unterscheidung von Nahhorizont und Fernhorizont eine wesentliche Rolle.

Legt man den Gedanken der dialektischen Wirklichkeit der Analyse zugrunde, das heißt, beachtet man die Tatsache des Vermittelns und Vermitteltwerdens, so ist es offensichtlich, daß im menschlichen Bereich ganz anders als in bezug auf Natur und Geschichte die Kategorie der *Wechselwirkung* bestimmend ist. Geht man von psychologischen und soziologischen Untersuchungen aus, insbesondere von Studien zur Entwicklung des Individuums, so zeigt sich, daß auf den frühen Stufen die Rollen *verschieden* verteilt sind. Man denke an den *Eltern-Kind-Bezug*. Selbstverständlich ist auch hier die Wechselbestimmung von Geben und Nehmen da. Aber der Bezug wird doch weitgehend von den Erwachsenen gelenkt. Das Hin und Her ist *gefühlsbetont*, Störungen sind nicht moralisch zu verdächtigen. Wichtig ist die Einsicht, *daß die Ungleichheit in modifizierter Form auch im späteren Leben bestimmend bleibt*, auch wenn das Individuum entwicklungspsychologisch gesehen die Stufe des Selbstbewußtseins und der Verantwortlichkeit erreicht hat.

Dies ist ein ganz wesentlicher Sachverhalt, den wir betonen müssen, um zu zeigen, daß Wechselwirkung weithin nicht unter dem Prinzip der Gleichheit steht. *Die Ungleichheit ist ein Zeichen der naturalen und geschichtlichen Bedingtheit.* Die Ungleichheit wird durch Heraklit als das maßgebende Weltprinzip erkannt. Heraklit erklärt: »Krieg ist aller Dinge Vater, aller Dinge König. Die einen erweist er als Götter, die anderen als Menschen, die einen macht er zu Sklaven, die anderen zu Freien«,[12] und: »Man soll aber wissen, daß der Krieg gemeinsam ist und das Recht der Zwist und das alles geschieht auf Grund von Zwist und Schuldigkeit«.[13] Wenn Krieg und die durch ihn bewirkte Ungleichheit das *Weltprinzip* sind, so besagt dies nicht, daß die Menschen böse sind: die Ungleichheit ist gar nicht primär moralisch zu beurteilen.

Die Ungleichheit zeigt sich in vielfältigen Formen, so in *sozialer* und *ökonomischer* Hinsicht. Man ist an eine bestimmte Stelle in einem bestimmten Zusammenhang durch *Geburt* und *Abkunft* eingeordnet. Es gibt eben *Oben* und *Unten*, *Führer* und *Geführte*. Bedenkt man diese Tatsache, so erkennt man, *daß die Ungleichheit das Grundgesetz des Miteinanders in allen Bereichen ist*, sie bestimmt das Leben im Nahhorizont und im Fernhorizont.

Es ist sehr schwer, diesen Sachverhalt in seiner Bedeutung für die Ethik adäquat zu erfassen, denn es gibt nicht nur sehr differente Ausprägungen des Oben und Unten, sondern auch sehr differente Einstellungen zu diesen Ausprägungen. Das Verhältnis von Führer und Geführten kann vom Aspekt bestimmter Aufgaben her begründet werden, man denke an *Platos* »Politeia«, dort übernehmen die Oberen die Fürsorge für das Ganze. Ein anderes Beispiel: *Hegel* lehrt, daß die Monarchie als »die Spitze und der Anfang des Ganzen« die unterschiedlichen Gewalten zu einer individuellen Einheit zusammenfasse, die Unteren haben dies anzuerkennen, denn ihr Bedürfnis, beschützt zu werden, wird solchermaßen erfüllt. Die *Lebensweltethik* schließlich zeigt deutlich, daß zwischen Oben und Unten die Wechselwirkung von Geben und Nehmen besteht, die Verhältnisse haben sich konstituiert und sind keineswegs bedrückend.

Nun kommt aber eine Verschärfung hinzu: die Labilität dieser Ordnungen ist offensichtlich, und zwar in vielfacher Hinsicht. Nicht nur die Unteren können zum Bewußtsein der Selbständigkeit erwachen und revoltieren – es gibt bereits im alten Rom *Sklavenaufstände* –, auch die Oberen können »ausarten« – Plato schildert den *Tyrannen*.

Hier eröffnet sich eine Problematik, die nicht leicht zu bewältigen ist, *weil der Begriff der Gleichheit vieldeutig ist und insbesondere in seinem Gebrauch ständig zwischen juristischer Legalität und moralischer Verpflichtung, zwischen äußerer Formalität und ethischer und anthropologischer Inhaltlichkeit hin und her schwankt.* Diese Sichten aber müssen einerseits getrennt werden und können andererseits doch nicht gegeneinander isoliert werden. Wir formulieren, um auf die ethischen Aspekte hinzuführen, ein sehr allgemeines Gesetz: es ist in allen Menschen die Tendenz zur Freiheit im Sinn der *Unabhängigkeit* anzutreffen. Naiver ausgedrückt: man will oben stehen, das heißt noch nicht: man will andere bewußt unterdrücken, sondern man will eben nur *überlegen* sein. Das Ideal zeigt sich in der äußeren und inneren *Autarkie*. Man denke an die berühmte Schilderung des *Großgesinnten*, die *Aristoteles* gibt, oder an die Hervorhebung der *générosité* durch *Descartes*.

Aber – und hier setzt »das Moralische« an – der *Machttrieb* steht im Hintergrund. *Nietzsche* hat dies in seiner Schilderung des *Adels* in »Die Genealogie der Moral« sehr eindrücklich dargelegt. Nietzsche deckt hier ganz zweifellos einen Grundzug in der menschlichen Psyche auf, wenn er den Willen zur Herrschaft als Wesensmerkmal der Egoität herausstellt, dem gegenüber die christlichen Tugenden sekundär, das heißt, nicht ursprünglich und unnatürlich sind.

Überdenkt man diese Sachverhalte auf ihre möglichen Extreme hin, so gerät man ins Hin- und Herreflektieren. *Sind die anderen meine Feinde, sind sie die Hölle, wie Sartre meint? Oder ist der andere der Befreier aus meiner Ichbefangenheit, wie Lévinas meint?* Man kann Sartres Ansatz nicht dadurch abwerten, daß man erklärt, Sartre sei noch ein Vertreter der Philosophie der Subjektivität: der Andere ist ja für Sartre gerade nicht im Ich begründet, sondern eine sehr reale Größe, aber als solche Verneinung meiner Freiheit zugunsten seiner Freiheit. Und man kann Lévinas nicht abwerten durch die Auskunft, seine hohe Betonung des Anderen gehe eben auf jüdisches Gedankengut zurück: daß der Andere fordernd und fördernd mir gegenübertritt, ist eine Tatsache.

Es gibt keine eindeutige Entscheidung für das eine oder andere Extrem. Empirisch gesehen wird man eine *Mitte* ansetzen zwischen Negativität und Positivität im personalen Verhalten, wobei aber zu bedenken ist, daß im Subjekt immer die Möglichkeit zur Aufhebung der labilen Ausgeglichenheit besteht.

Das ethische Problem im engeren Sinn liegt eben in der *Zweideutigkeit meiner selbst*, mein Anspruch auf Freiheit ist immer schon mehr oder weniger von der Nichtanerkennung der anderen bestimmt, insofern er vom Machttrieb gespeist wird. Sicher: es gibt auch die Gegentendenz. Aber welche Tendenz wird siegen?

Erinnern wir uns in diesem Zusammenhang noch einmal an *Hegel*. Hegel hat gezeigt, daß die Anerkennung als Unterwerfung des Knechtes unter den Herrn notwendig ist, wenn der Unterlegene nicht im Kampf auf der Strecke bleiben will. Es gilt aber *Abschlüsse* herbeizuführen im Sinne von gegenseitigen Eingrenzungen. Sie werden letztlich von der Vernunft als einem Tertium getragen – wir haben dies oben dargelegt. Wichtig ist aber, daß die mögliche Verträglichkeit für Hegel weder die Natur noch die Geschichte verändert; sie ist auch kein Prinzip der Moral, sondern ein Prinzip der *innerstaatlichen Gerechtigkeit*. Es ist die Idee der bürgerlichen Freiheit, die sich hier durchsetzt. Der Sinn der Entwicklung ist es, von der religiös innerlichen Freiheit, die das Christentum lehrt, zu einer »Anwendung« der Freiheit in der Welt fortzuschreiten.

Im Ansatz Hegels kommt eine Grundtendenz der Tradition zur klaren Aussage. *Die Frage der Gleichheit wird zum politisch-legalen Problem und am Ende zur juristischen Frage der Gleichheit vor dem Gesetz*; die Unterschiede in anthropologischer und gesellschaftlicher Hinsicht zu bedenken, ist nicht Sache des formalen Rechts. Diese Unterschiede werden mehr oder weniger anerkannt. Man muß ja zugleich bedenken, daß die Ethik, von der Politik abgetrennt, wesentlich das Verhalten im Nahhorizont bestimmt. Dieses Verhalten aber setzt die Ungleichheit voraus und kann nicht durch allgemeine Regelungen formalisiert werden.

Es gilt nun aber gerade die vielfältige Dialektik unter *anthropologischem Aspekt* zu beachten, die zwischen dem Ich und den anderen besteht, wenn anders man über den Ansatz der Lebensweltethik und den Ansatz der Legalität hinausgehend die Möglichkeiten der Ethik im ganzen adäquat erfassen will.

Wir wollen nicht die Bedeutung der *Legalität* verkürzen. Daß ihr in bezug auf das Zusammenleben neben der *Moralität* eine hohe Bedeutung zukommt, hat *Kant* mit Recht herausgestellt. Aber Kant hat gesehen, daß beide Bestimmungen aufeinander zu beziehen sind. Beide weisen auf Maximen zurück, die Kant als das subjektive Prinzip des Handelns bestimmt, weil sie aufzeigen, »was sich das Subjekt zur Regel macht«. Es ist aber Pflicht, so erklärt Kant, *bei sich selbst* den Wert einer Handlung nicht nur nach der Legalität, sondern auch nach der Moralität zu beurteilen. Auch für *Hegel* steht die Legalität im Zusammenhang der Ethik. Das zeigt der Aufbau der Rechtsphilosophie Hegels. Recht, Moralität und Sittlichkeit unterstehen dem Gedanken einer *dialektischen Überhöhung*. Der Zusammenhang aller dieser Gebiete ist getragen von der Vernunft, die alles durchwaltet und nur auf Grund dieses Zusammenhanges können die einzelnen Dimensionen überhaupt konstituiert werden.

Sicher: diese Ansätze sind nicht wiederholbar. Es kommt aber darauf an zu erkennen, daß vom Aspekt der Subjektivität her legales und moralisches Verhalten nicht voneinander abzutrennen sind. Das besagt: es ist notwendig, sich dem Problem zu stellen, ob und wie der Mensch *sich in sich selbst* zur Anerkennung des anderen entschließt, zu einer Anerkennung, die auf der Einschränkung der eigenen Egoität beruht.

Ein solcher Entschluß aber ist in theoretischer und in praktischer Hinsicht ein wesentlicher *Gegenzug zur Philosophie der Subjektivität.* Er konstituiert sich in der Erkenntnis, daß der Andere die eigentliche Grenze meiner selbst ist und daß ich ihn anzuerkennen habe in der Weise des *Freilassens.* Wir haben oben auf diese Zusammenhänge in einer Interpretation Fichtes hingewiesen, *denn Fichte ist als der Denker anzusehen, der auf dem Höhepunkt der Philosophie der Subjektivität die Macht der absoluten Subjektivität einschränkt und die Philosophie der Kommunikation eröffnet, ohne die Subjektivität als solche auszuschalten.* Wir wollen noch einmal an Fichtes Ausführung erinnern, um die vielfältige Dialektik aufzuweisen, die vom Prinzip der Gleichheit her gesehen den Bezug des Ich zu den anderen bestimmt.

Wesentlich ist, daß Fichte von einem Zustand ausgeht, der durch *negative Differenzen* bestimmt ist. Fichte erklärt: »Die Vernunft liegt mit der Natur in einem stets dauernden Kampfe; dieser Krieg kann nie enden, wenn wir nicht Götter werden sollen«.[14] Intendiert aber wird trotzdem eine Gesellschaft, die durch Vernunft bestimmt ist und zwar in der Weise, daß sich die einzelnen Individuen zur Vernunft heranbilden. Wenn sie die Vernunft vermitteln, so werden sie aber gleichzeitig schon von ihr als einem übergreifenden Prinzip getragen. Wesentlich ist es nun, daß Fichte vom Aspekt der *Vernunftgemäßheit* der Gesellschaft her auch die *Probleme der Unterschiede und der Ungleichheit* bedenkt und zwar auf dialektische Weise. Der Mensch findet sich in die Gesellschaft hineingeboren, die schon mannigfaltig strukturiert ist, insbesondere hat sie die Natur schon kultiviert und für mögliche Zwecke vorbereitet. Der einzelne muß sich nun in diesen Prozeß einordnen und zwar unter dem *Gesichtspunkt seiner individuellen Veranlagung und Ausbildung*, das heißt, er muß auch den anderen bestimmte Tätigkeitsfelder einräumen. Entscheidend ist nun, daß Fichte erklärt: »Die Wahl eines

Standes ist eine Wahl durch Freiheit; mithin darf kein Mensch irgend zu einem Stande gezwungen, oder von irgend einem Stande ausgeschlossen werden. Jede einzelne Handlung, so wie jede allgemeine Veranstaltung, die auf einen solchen Zwang ausgeht, ist unrechtmäßig; abgerechnet, daß es unklug ist, einen Menschen zu diesem Stande zu zwingen oder von einem anderen abzuhalten, weil keiner die besonderen Talente des anderen vollkommen kennen kann, und dadurch oft ein Glied für die Gesellschaft vollkommen verloren geht, daß es an den unrechten Platz gestellt wird«.[15] Die Aufnahme der eigenen Tätigkeit geschieht vom einzelnen in der Erwartung, daß die anderen Mitglieder »an dem Vorteil *ihrer* Bildung *ihn* werden Anteil nehmen lassen, so wie er an der *seinigen* sie Anteil nehmen läßt; und das ist der Ursprung und der Rechtsgrund der Verschiedenheit der Stände in der Gesellschaft«.[16]

Das von Fichte entworfene Bild ist sicher eine Utopie. Was an ihm aber instruktiv ist, ist der Versuch, keine absolute Gleichheit zu erreichen – die Differenzen werden beibehalten –, und zugleich doch über die juristische Sphäre hinauszugehen. Im Sinne der freien Entwicklung sollen, modern formuliert, jedem Individuum die Chancen gegeben werden, sich für sich selbst und für die Gesellschaft zu betätigen. Anders: Fichte will Rechts- und Sittenlehre verbinden. Gleichheit soll verwirklicht werden im Sinne der Selbstbestimmung jedes einzelnen, wobei Selbstbestimmung nicht nur Nichteingeschränktheit im Sinne formaler Freiheit meint, sondern auch Selbständigkeit und Selbstverantwortung im Blick auf die eigene Vervollkommnung *und* die Vervollkommnung der Gesellschaft.

Sicher: Fichtes Ideal ist für uns nicht wiederholbar. Gleichwohl bleibt sein Entwurf lehrreich, wenn man ihn mit den Entwürfen formaler Gleichheit im Sinn der Legalität vergleicht. Zwischen diesen Entwürfen und Fichtes Ansatz bestehen Gemeinsamkeiten und Unterschiede. Die Gemeinsamkeiten zeigen sich darin, soziale Stufungen nicht einzuebnen im Sinne einer abstrakten Gleichheitsideologie, sondern Freiheit für den einzelnen walten zu lassen. Zugleich aber – und hier treten die Unterschiede hervor – wird die Dialektik, die zwischen Einzelnem und Gesellschaft besteht, bei Fichte weit stärker als in den formalen Entwürfen beachtet: der einzelne ist auf die Gesellschaft bezogen im Sinn der Selbsterziehung zur Freiheit, die sich einordnet. Wenn er sich nicht in innerer Selbstbestimmung, die ihm keiner abnehmen kann, zur Freiheit bildet, und dazu gehört *Selbsteinschränkung* in moralischer Hinsicht, so kommt die *Gesellschaft* nicht zustande.

Wir wollen in diesem Zusammenhang noch einmal auf die Goldene Regel zurückgreifen. Diese Regel geht mit Recht von der Tatsache aus, daß das Zusammenleben eine Wechselwirkung darstellt. Sie legt diese Wechselwirkung aber sicher stärker in bezug auf das Verhalten im Nahhorizont als im Fernhorizont aus. Sie geht auf das unmittelbare Antwortverhalten zurück: wie Du mir, so ich Dir. Aber gleichzeitig werden Ich und die anderen »entpersönlicht«. Wir sollen ja nicht unter dem Aspekt der eigenen Individualität betrachtet werden, *sondern nur im Verhalten zueinander.*

Angelsächsische Forscher bringen die Goldene Regel und Kants moralischen Ansatz in einen engen Zusammenhang. Für *Kant* aber ist die Goldene Regel eigentlich nicht maßgebend. Kant denkt ja vom metaphysischen Reich der Zwecke her als einem Bereich autonomer und vernünftiger Wesen. Als Vernunftträger aber – das ist entscheidend – sind alle Menschen gleich. Für Kant ist der Rückgriff auf die Regeln der Lebenswelt nicht nötig, weil die Vernunft nach dem Gesetz strikter Allgemeinheit gebietet. Die Gültigkeit ihrer Vorschläge untersteht dem Gesetz des Widerspruches und ist einsichtig.

Kant weiß nun aber, daß wir keine reinen Vernunftwesen sind, sondern von Wünschen und Trieben beherrscht hin- und herschwankende Figuren, mit dem Hang zum Bösen ausgestattet. Darum ist die *Pflicht* für Kant das leitende Prinzip. Sie hebt uns über den empirischen Bereich hinaus, indem sie uns auffordert, uns an der Vernunftordnung zu orientieren. Daß dies faktisch weithin nicht geschieht, und die Welt sich nicht zum Guten wendet, ist Kant aber klar.

Fichte baut auf Kants Ansatz auf. Er will aber die strikte Zweiweltenordnung unterlaufen, indem er die Verwirklichung des Vernunftreiches anstrebt. Fichte fordert eine vernünftige Gesinnung, deren Indiz die Selbstbestimmung des Einzelnen zu und aus der Vernunft ist. Entscheidend ist nun, zu begreifen, unabhängig von der Frage, ob dieser Aufschwung gelingt – dies ist angesichts der Negativität der Welt unwahrscheinlich –, daß die Vernunftordnung nicht gegeben, sondern *aufgegeben* ist. Sie ist nicht durch Verrechnung zu gewinnen, sondern fordert die innere moralische Umstellung des Einzelnen in und durch sich selbst. Indem er von sich als absolutem Maß absieht, *stellt er sich und die anderen unter das Allgemeine,* im Wissen, daß dies für ihn und für die anderen eine Sinneswandlung erfordert. *Für ihn selbst aber ist die eigene Umwandlung vordringlich.* Das ist der entscheidende Punkt: Ethik als *Moral* geht über die Lebenswelt hinaus. Sie verläßt sich nicht auf das Geschehen, sondern fordert den Einzelnen zur Allgemeinheit hin auf. Diese Wandlung schließt in sich die formale Anerkenntnis des anderen ein. Diese habe ich aber für mich zu vollziehen *ohne Rücksicht darauf, ob der andere es auch tut!*

Macht man sich diesen Ansatz klar, daß der Einzelne für sich die moralische Instanz ist, aber im Blick auf die Allgemeinheit, *dann wird auch der Gegensatz von juristischer Gleichheit und idealer Gesellschaft unterlaufen.* Er wird nicht aufgehoben. Im Blick auf die Realität ist die Wende zur legalen Freiheitsidee bereits ein Fortschritt. Aber es gilt, sie zu erweitern im Blick auf die *Förderung der Grundrechte aller Menschen,* bei denen der Wille zum Leben und die Möglichkeit zur Selbstbestimmung obenan stehen. Anders: die Erweiterung soll die Schranke zwischen Legalität und Moralität lockern durch die *moralische Verpflichtung des Einzelnen, die Verbesserungsmöglichkeiten des Zusammenlebens* unter dem Aspekt des Einsatzes für die Grundrechte aller Menschen und Völker *voranzutreiben* – im Blick auf den geschichtlichen Trend zur Einheit hin, von dem in bezug auf das politische Verhalten im Fernhorizont schon die Rede war.

Bedenkt man diesen Ansatz, dann sieht man die Grenzen und die Notwendigkeit der Ethik. Ethik im strengen Sinn der *Moral* ist notwendig nur für die Menschen, wenn sie nicht im Sinne des *Ethos* einer Lebenswelt handeln. Wo dies geschieht, kann Ethik mehr oder weniger deskriptiv vorgehen, jedenfalls braucht sie keine Forderungen aufzustellen, die im Gegenzug zur Wirklichkeit stehen. Da aber weder im Nahhorizont noch im Fernhorizont die Garantie dieses Ethos gewährleistet ist, anders: da die Negativität in beiden Bereichen *vorherrscht,* ist Ethik im Sinn der Moral not-wendig, und als solche muß sie das Gegebene transzendieren. Der einzelne wird – das ist durchaus legitim – zwischen den Ansätzen der Lebensweltethik und der Moral oft hin- und herschwanken. Aber die Aufforderung zur moralischen Transzendenz bleibt bestehen.

Man muß sich ja immer wieder vor Augen führen, daß das Verhalten zum anderen vieldeutig ist. Einmal: die anderen sind das Maß, ich richte mich nach ihnen und gleiche mich ihnen an, oder: die anderen sind mir im Grunde gleichgültig, ich bin mir selbst der Nächste – man denke an Max Stirners Werk »Der Einzige und sein Eigentum«. Sicher: diese Extreme sind als solche abstrakt, denn der andere geht mich faktisch an. Aber – und dies ist eben störend und beunruhigend –: *ich und die anderen sind nicht festgelegt. Ich und die anderen »können auch anders«.*

Überdenkt man diese Sachverhalte und macht man sich klar, daß es neben der positiven Tendenz der Offenheit für den Anderen im Sinne der Gleichberechtigung auch die Tendenz zur Beherrschung des Anderen in Gedanken, Worten und Werken gibt, dann muß man davon ausgehen, daß die echte Anerkennung des Anderen nicht auf *Berechnung* beruhen kann, wie die Goldene Regel es nahezulegen scheint. Die Anerkennung erfordert vielmehr von mir das Freilassen des Anderen und ein Ernstnehmen seiner Ansprüche. Um vom Ich-Du-Bezug auszugehen: der echte Sinn der Begegnung – das hat Buber gut gesehen – schließt ein *Hörenkönnen* ein, das ein Sicheinstellen auf den Anderen erfordert. Hier geht es gerade nicht um ein Absehen von der anderen Person, sondern um ein *Verständnis ihrer Einstellungen*. Erst durch solche Bereitschaft kann die Vernunft, die alle übergreift, zustande kommen. Hier zeigt sich die Dialektik: die *Entpersönlichung* ist vom Wechselbezug her zu verstehen, der alle Partner übergreift und darum allgemein sein kann. Dies setzt aber voraus, daß man *zuerst* auf den Anderen hört im Sinn einer Freigabe, die sich nicht nur auf persönliche Anliegen bezieht, sondern auch auf sachliche Probleme. Es könnte ja sein, daß der Andere mir neue Sichten eröffnet, Wege zeigt und Möglichkeiten erschließt, »auf die ich selbst nicht gekommen wäre«, wie man so schön sagt.

Es ist bei dem zwischenmenschlichen Bezug immer zu beachten, daß dieser Bezug nicht von den sachlichen Problemen abgelöst werden kann. Die dialektische Wirklichkeit zeigt sich ja gerade darin, daß sich im zwischenmenschlichen Bereich die verschiedenen Dimensionen miteinander verbinden und gegenseitig bedingen. Daß dies heute in außerordentlichem Maße der Fall ist und sich insbesondere in bezug auf die das Verhalten im Fernhorizont bestimmenden Superstrukturen zeigt, wurde mehrfach betont.

Hier zeigt sich noch einmal die Tatsache der Ungleichheit. Das Wissen um das Geschehen ist bedingt durch die Zuständigkeit der in differenten Gebieten Tätigen, und der Blick auf das Ganze im Sinn der Rücksicht auf die anderen Gebiete ist eigens zu leisten. Die Ethik kann – hier zeigt sich ihre Grenze – die *Sachfragen* als solche vom ethischen Aspekt her oft nicht eindeutig beantworten, und sie muß doch – das ist die andere Seite – herausstellen, daß diese Sachfragen und die menschlichen Bezüge miteinander verbunden sind und sich wechselseitig bedingen. Hier versagen allgemeine ethische Regeln und Richtlinien. So mag die Goldene Regel im Hintergrund als Leitlinie für alles Handeln gültig bleiben, die Überlegung dessen, was *hic et nunc* am besten zu tun ist, wird durch sie nicht abgedeckt. Hier ist ein vielfältiges Reflektieren erfordert, das sich als Reflexion aber nicht ins Unendliche problematisierend verlieren darf, sondern zu Entschlüssen kommen muß.

III. Zwischen Resignation und Engagement. Die Endlichkeit der Subjektivität

Vorbemerkung

Der folgende Abschnitt sucht die vorausgehenden Analysen zusammenzufassen, und zwar unter totalphilosophischem Aspekt. Diese Analysen erheben nicht den Anspruch, verbindliche Aussagen zu geben, von denen her Anweisungen zum richtigen Leben möglich wären, sie sind selbst der problematisierenden Reflexion entsprungen und bleiben insofern *aporetisch*. Die Aufgabe der Philosophie hat sich, wie in der Einleitung dargelegt, gewandelt. Philosophie glaubte sich früher unter dem Zeichen der Metaphysik in der Lage, die Ethik zu begründen und das Verhalten auszurichten, und zwar von Grund aus durch Rückgriff auf intakte Weltstrukturen. Diese Möglichkeit ist dahin. Das besagt aber nicht, daß nun Philosophie im positivistischen Geist sich aller grundsätzlichen Fragen zu enthalten und sich auf formale Argumentationen im Anschluß an die Wissenschaft zu beschränken habe, in der Meinung, daß die Abwendung von den großen Fragen als ein Fortschritt zu werten sei. Philosophie kann und muß sich auf grundsätzliche Probleme einlassen, auch wenn sie keine Lösung hat. Philosophie entspringt der Grundmöglichkeit der Reflexion; diese zu *radikalisieren*, ist Sache der Freiheit. Wieweit Philosophie, wenn sie sich zugleich bemüht, *konkrete Fragen* zu erörtern, nützlich sein kann, ist im vorhinein nicht zu entscheiden.

Die folgenden Zusammenfassungen stellen verschiedene Aspekte des gebrochenen Weltbezuges heraus und suchen sie gegeneinander abzuwägen. Wir legen zunächst noch einmal dar, um die grundsätzliche Möglichkeit des *Überschreitens* zu verdeutlichen, daß der Mensch zum Nichts hin zu tendieren vermag, insofern er dem *Tod* unter die Augen geht. Sodann weisen wir darauf hin, daß das Ich der letzte Bezugspunkt in allem Denken und Handeln ist und bleibt, daß das Ich aber solchermaßen *Distanz zur Welt und sich selbst* zu gewinnen vermag bis zum Gedanken der *Selbstauflösung*. Die Aporien, durch die das In-der-Welt-sein bestimmt ist, nach Möglichkeit zu beheben, ist Aufgabe der *Ethik*. Deren Notwendigkeit wird im folgenden Abschnitt untersucht. Hier wird noch einmal auf die Vielfältigkeit der ethischen Ansätze hingewiesen; insbesondere wird der *Zwiespalt zwischen Resignation und Engagement* herausgestellt, der die Ethik von Grund aus bestimmt und zu einem absurden Unternehmen macht.

1. Das Transzendieren in das Nichts. Der Tod

Das Problematisieren und das Transzendieren setzen die Subjektivität und ihr Selbstverständnis als *Bezugspunkt* an, aber sie können in unterschiedlicher Weise diesen Bezugspunkt selbst unterlaufen, ohne ihn jedoch aufzuheben. Die Auseinandersetzung mit dem Seienden wird erst dann fruchtbar, wenn man nicht nur das Vorgegebene, sondern *auch sich selbst* in Frage stellt, auch auf die Gefahr hin, daß man die Festigkeit und Selbstsicherheit verliert. Aber auch in dieser Negation bleibt das Ich der Bezugspunkt, denn in allen meinen Überlegungen werde ich auf mich *zurückgeworfen*.

Das *Sichverstehen* ist die Grundstruktur des menschlichen Lebens und als solches ist es schon immer Transzendenz der Gegenwart in der Weise eines in der Zeit die Zeit übergreifenden *Erinnerns* und *Vorlaufens*, wobei es um den Entwurf von Möglichkeiten meiner selbst geht. Das ist es, was es in seiner Paradoxie festzuhalten gilt: daß die eigene einzelne Subjektivität in der Zeit steht und doch die Zeit übergreift, aber in der Weise, daß sie durch die Zeit verändert und schließlich ausgelöscht wird.

Meine *Lebenszeit* ist begrenzt. Ich unterstehe dem Gesetz der allgemeinen Vergänglichkeit, das für mich doch nur aktuell ist als *mein Tod*, der mich aus allen Verhältnissen löst. Das bedeutet aber, ob man es sich ausspricht oder nicht, daß der Tod ständig droht als der *Abschied von der Welt* und der Gang ins Nichts. In der Tradition hat die Metaphysik den Tod relativiert: er bringt mich in die eigentliche Welt als die Heimat der Seele zurück. Wenn diese Hoffnung fraglich wird, das heißt, wenn die jenseitige Welt mich nicht mehr über meinen Tod hinausträgt, dann wird das Todesbewußtsein radikalisiert.

Vom Tod als der absoluten Transzendenz über die Welt her gesehen wird das Bewußtsein der *Distanz* aktualisiert. Ich bin in die Welt geworfen und werde sie verlassen. Von der Zeit her argumentiert sind Geburt und Tod welthafte Ereignisse, die zu einem bestimmten Zeitpunkt passieren, und zwar auf einer vorhandenen Zeitstrecke, die unabhängig von mir da ist, die ich aber vom Moment der Geburt an durchlaufe bis zu einem im Jetzt-Moment noch nicht bekannten Punkt hin. Je weiter ich gehe, desto kürzer wird die Zeitstrecke vor mir. Die Vorstellung der Objektivität der Weltzeit ist hier maßgebend. Ob die Weltzeit unendlich oder endlich ist, sie ist länger als meine Lebenszeit. Meine Lebenszeit ist das winzige und kurze Stück einer Wegstrecke, die mir zugeteilt ist.

Die objektive Tatsache des Ausscheidens, durch die das Distanzbewußtsein vermittelt wird, ist aber nicht die einzige Einsicht, die mir das Todesbewußtsein gewährt. Ebenso wesentlich ist die *Trennungsangst*. Trennung als Abschiednehmen von der Welt besagt – und darin liegt eine radikale Verendlichung meiner selbst als des einzelnen unvertretbaren Individuums –, daß ich zwar für mich, aber nie für die anderen oder gar für die Welt selbst der Mittelpunkt bin. Die Welt bleibt, und das Weltgeschehen wird ohne mich weitergehen. Das an dieser Feststellung Bedrückende ist aber nicht primär die Einsicht in meine Unbedeutendheit, und daß mein Stolz verletzt würde – die Welt nahm ja auch vor meiner Geburt ihren Lauf –, sondern *das Wissen um mein Ausgeschlossenwerden vom weiteren Geschehen*. Ich würde gern noch eine Weile weitermachen, besser: »mitmachen« in den begonnenen Unternehmungen und zwar mit den anderen, insbesondere denen, die mir nahestehen.

Das Hereinstehen von Negativität ins Leben kommt immer vom Tod als der letzten nicht mehr aufzuhebenden Negation des Seins. Dieses Wissen ist existent im mitbegleitenden Bewußtsein der Vorläufigkeit und letzten Ungültigkeit aller Bezüge. Es kann sich zu verdeutlichen und zu fundieren suchen im Rückgriff auf das Indiz der *Vergänglichkeit*. Aber die Vergänglichkeit erklärt nicht, was der Tod an und für sich ist, oder gar, was »hinter dem Tod steht«. Sie besagt auch nicht unmittelbar, wie man sich zum Tod verhalten soll. Die Idee der Vergänglichkeit ist lediglich der Hinweis auf eine unbezweifelbare Faktizität. Gerade dies weist auf den nicht-metaphysischen Sinn des Todes hin. Während die Metaphysik genau über den Tod Bescheid weiß und das gültige Verhalten zu ihm vorschreibt, ist die nichtmetaphysische Haltung sich darüber im klaren, daß letztlich über den Tod gar nicht sehr viel zu sagen ist, – man hat ihn hinzunehmen, ob man will oder nicht.

Das Bewußtsein des drohenden Todes ist natürlicherweise im alltäglichen Leben nicht ständig präsent. Die Lebensrealität verlangt ihr Recht; nichts wäre verfehlter als die

Forderung, ständig des Todes zu gedenken. So merkwürdig es ist: fast kann der Gedanke tröstlich sein, daß das Sterben ein Transzendieren ist, das nicht mehr von mir zu leisten ist, sondern das *geschieht*. Ich werde vermittelt in der Weise eines Übergangs in ein Nichts, indem sich die Tendenz zur Transzendenz vollendet. Im Sterben und im Tod wird die Paradoxie der Subjektivität sichtbar: die in Gedanken angestrebte Absolutheit erreicht die Subjektivität einzig und allein im Tod; sie wird im Tod und durch den Tod »wirklich« von der Welt abgelöst, weil sie selbst zunichte wird.

Hier zeigt sich die Tatsache meiner Endlichkeit im Sinn einer *Belastung*, aber auch einer *Entlastung*. Wenn ich im Tode absolut frei werde, diese absolute Freiheit aber eben die Aufhebung jeder Möglichkeit für mich ist, werde ich auf die Gegenwart und meine Weltgebundenheit zurückgeworfen. Ich erfahre zugleich, daß ich für das Jetzt in die Welt eingebunden bin und verwiesen auf mich selbst. Das Distanzbewußtsein, durch den Tod vermittelt, und das Bewußtsein meiner Gebundenheit an die Welt bedingen sich gegenseitig im Sinn von Belastung und Entlastung.

2. Die Problematik des Selbstbezuges. Ichauflösung und Weltverlust

Ich kann mich nicht der Einsicht verschließen, daß ich weit mehr *vermittelt werde*, als ich mich vermittle. Dies zeigt sich nicht nur in der Tatsache, daß ich den Naturgesetzen unterstehe, durch die alles Lebendige als »Sein zum Tode« bestimmt ist, sondern auch im Blick auf meine Geschichte. Das Selbst ist – wie oben dargelegt – durch die Zeitlichkeit bestimmt. Es erinnert sich und blickt nach vorn, zumeist von praktischen und pragmatischen Vorhaben und deren Zielen bestimmt. Aber man kann die Erinnerung ausweiten, auf das Geschehen im Ganzen des Lebenszusammenhanges reflektieren und über »sich und sein Leben« nachdenken. Ein solches Sichbesinnen untersteht jeweilig den allgemeinen Zeittendenzen. Und hier zeigt sich nun, daß die heutige Tendenz, *Geschichte in Geschichten* aufzulösen und sich auf das Narrative zu beschränken, auch in bezug auf die eigene Lebensgeschichte wesentlich ist. Das aber bedeutet: es gibt keinen einheitlich übergreifenden Sinn, durch den ich mein Leben gestalte. Das Leben geschieht; wichtiger als mein Tun ist die Tatsache der *vielfältigen Faktoren*, durch die der Vollzug gelenkt und bestimmt wird.

Der amerikanische Philosoph *Alasdair MacIntyre* erklärt: »Der Mensch ist in seinen Handlungen und in seiner Praxis ebenso wie in seinen Fiktionen im wesentlichen ein Geschichten erzählendes Tier. Er ist im wesentlichen kein Erzähler von Geschichten, die nach der Wahrheit streben, aber er wird es durch seine Geschichte. Aber die Schlüsselfrage für die Menschen ist nicht die ihrer eigenen Autorschaft; ich kann die Frage ›Was soll ich tun?‹ nur beantworten, wenn ich die vorgängige Frage beantworten kann: ›Als Teil welcher Geschichte oder welcher Geschichten sehe ich mich?‹ Wir kommen mit einem oder mehreren zugeschriebenen Charakteren in die bestehende menschliche Gesellschaft, und wir haben zu lernen, was sie sind, damit wir verstehen können, wie andere auf uns reagieren und wie unsere Reaktionen auf sie erklärt werden können«.[17] Man kann die eigene Identität nicht begründen. Der Begriff einer Person besteht aus einem Charakter, »der von seiner Geschichte abstrahiert ist«.[18]

Was MacIntyre nicht sieht, ist die Tatsache, daß heute das Problem der Identität nicht durch Rückgriff auf die Erzählkunst der Tradition erklärt werden kann. Es ist nicht mehr möglich in der Weise antiker Schriftsteller einzelne Menschen als Träger sich herausbildender und auffallender Charaktere zu deuten. Im Leben des einzelnen ist das Gefühl des Vermitteltwerdens maßgebend geworden bis zum Gefühl der Ichauflösung hin. Wir haben auf diesen Sachverhalt hingewiesen, der in der zeitgenössischen großen Dichtung von *Musil, Joyce* und *Beckett* dargelegt wird.

Sicher: diese dichterischen Darstellungen stellen sich radikalisierende Extreme dar. Sie treffen nicht das *Durchschnittsbewußtsein*, für das der ungeklärte Bezug von Vermitteln und Vermitteltwerden charakteristisch ist. Dies Durchschnittsbewußtsein – das sei ausdrücklich gesagt – ist nicht zu verdächtigen. Wir sind alle irgendwo und irgendwann »Durchschnittsmenschen«. Gleichwohl zeigt sich in diesen Dichtungen eben eine Grundwendung gegenüber der Tradition an, die in verborgener Weise die Struktur unseres Selbstbewußtseins durchstimmt, oder vorsichtiger: eine *Sinnentleerung* anzeigt, die noch gleichsam vor der ethisch zu beurteilenden Negation liegt.

Diesen dichterischen Ausführungen entspricht die sich *radikalisierende Reflexion*, durch die das Subjekt gegen seine konkreten und eingewöhnten Lebensvollzüge denkt. Es vermag sich über seinen Weltbezug zu erheben in der Weise des Wegdenkens der Welt. Wegdenken ist kein reales Wegschaffen. Das, was im Reflektieren in eine problematisierte Existenzform umgesetzt wird, geht nicht in ein reales Nichtsein über. Gleichwohl: das Gedankenexperiment des Wegdenkens ist die Grundbedingung des Einstieges in die Philosophie der Subjektivität. Die Weltgebundenheit wird ja als Problem nur dann ausdrücklich, wenn man sich von der Welt zu lösen sucht und begreift, daß es keine Chance der realen Ablösung gibt. Was es heißt, faktisch in der Welt zu sein, wird nur durchsichtig, wenn man die reale Weltzugehörigkeit in und durch das Denken *fraglich* macht.

Im Zuge dieser philosophischen Fragestellung wird das individuelle Ich verallgemeinert und formalisiert. Dies ist ein sehr einfacher und doch wesentlicher Schritt. Ich frage nicht mehr nach meinen Möglichkeiten in concreto, sondern frage nach der *Möglichkeit der Subjektivität überhaupt* und als solcher.

Aber gerade, wenn das Ich sich selbst zu erfassen sucht, erfährt es, daß es sich nicht feststellen kann. Es setzt sich faktisch als sich setzend immer schon voraus. Das Zirkelgeschehen, das das Ich darstellt, haben *Kant* und die *frühen Idealisten* eindeutig herausgestellt. Mit *Schelling* gesprochen: das Ich ist an sein Daß gebunden; daß es ist und zu sein hat, hängt nicht von ihm ab. Das Ich ist sich in seinem Sosein und Dasein vorgegeben.

Man sieht: das, was der Deutsche Idealismus auf seinem Höhepunkt streng philosophisch durchdenkt, das wird in der modernen Dichtung wiederholt. Das Ich entdeckt seine Haltlosigkeit. Es fällt – das ist das Ergebnis der sich auf sich selbst versteifenden absoluten Freiheit – auf die Welt zurück. Aber der Rückfall in die Welt, von der man sich faktisch ja gar nicht gelöst hat, bedeutet keinen Halt, denn die Welt erscheint ja nicht mehr als bergende und mich umgreifende Ordnung.

Wenn weder Welt noch Ich Sicherheit gewähren, so zeigt sich, daß der Versuch des Menschen, sein In-der-Welt-sein zu bewältigen, sei es durch Einfügung in die Welt oder als Herausstellen der Freiheit zur Weltgestaltung, nicht gelungen ist, oder vorsichtiger gesagt: er hat nicht zu einem glücklichen Dauerzustand, einer neuen vermittelten Unmittelbarkeit, geführt. Von diesem Sachverhalt hat eine zeitgemäße Ethik, die sich unter den Leitgedanken der *Bescheidung* stellt, auszugehen.

Bedenkt man diese Situation, dann scheint die *Resignation* das letzte Wort zu sein: die Welt liegt ihrer Struktur nach und dem Verhalten des Menschen nach im argen. Das ist der Tatbestand, auf den hinzuweisen Aufgabe der Philosophie ist. *Schopenhauer* erklärt mit Recht, daß die Philosophie keinen anderen Maßstab habe als die Wahrheit zu ergründen, und diese Wahrheit zeige sich eben im Durchschauen der Empirie.[19]

Die Erkenntnis der Sachlage kann aber nicht, oder vorsichtiger: sie muß nicht ein Aussetzen des Handelns bedeuten. Ein radikales Nichthandelnwollen weist in letzter Konsequenz auf den Selbstmord hin, dessen innere Berechtigung, wie die Stoa lehrt, nicht in Zweifel zu ziehen ist. Die Transzendenz des Ich über die Welt vollendet sich hier allerdings in der paradoxen Form der Selbstauslöschung.

Wer diesen Weg nicht geht, sondern bis zum Ende ausharrt, der muß sich dem Gesetz des Lebens unterstellen, das heißt, den *Willen zum Leben* als oberstes Gebot für sich und die anderen anerkennen. Das bedeutet aber zugleich, daß er die Ethik als eine Möglichkeit des Vermittelns anerkennt, im Bewußtsein, daß das menschliche Leben nicht nur in reiner Passivität gelebt werden kann. Dagegen spricht schon der Anspruch meiner selbst als eines natürlichen und geschichtlichen Wesens, das heißt eines Wesens, das seine Bedürfnisse erfüllen will und dabei erfährt, daß es sich mit anderen *auseinandersetzen* muß. Die Auseinandersetzung ist nicht zu vermeiden, vor allem aber: sie ist nicht ohne *Ausrichtung* möglich: nur im Blick auf Normen läßt sich menschliches Leben führen.

Hier kommt nun wieder die *Reflexion* zum Zuge, und zwar in durchaus zweideutiger Form. Einerseits gilt, oder besser: es muß gefordert werden, daß die Reflexion von der Ethik eingesetzt und von dieser her gesteuert wird. Wenn die Reflexion in den *Dienst des Lebens* unter ethischem Aspekt genommen wird, dann bedeutet dies eine Einschränkung des Reflektierens. Niemand kann diese Einschränkung garantieren. Hier zeigt sich, wie schwankend der Boden ist, auf dem die Ethik aufbaut, und zwar bereits in bezug auf ihren Ansatz. Die problematisierende Reflexion kann sich mit der Resignation verbinden im Bewußtsein der Vergeblichkeit allen Tuns angesichts der Weltstruktur: »Alles ist eitel«. Aber auch wenn die Reflexion nicht mit der Resignation zusammengeht, so besteht doch die Gefahr, daß sie das Handeln lähmt. Man bleibt im *Erwägen des Für und Wider* stecken, es gibt keine Ergebnisse – Kierkegaard hat diese Möglichkeit des endlosen Reflektierens glänzend dargestellt.

Am bedrückendsten aber wird die Reflexion in bezug auf die Ungesichertheit der Ethik, wenn sie sich die *Erfolglosigkeit des ethischen Tuns* ausspricht. Man muß sich die Intention der Ethik im Vergleich zu anderen Tätigkeiten klarmachen. Alle Tätigkeit ist zweckgebunden und insofern instrumentell ausgerichtet, auch die Praxis: sie stellt kein Werk her, aber sie will Konsolidierung und Verbesserung eben der Praxis selbst.

Der *Zweck* der Ethik ist eine *Verbesserung der Welt im Sinne der Verminderung der Negativität*. Wer dies versucht, der muß aber ständig erfahren, daß der Erfolg solcher Unternehmung unwahrscheinlich ist angesichts der sich gleichbleibenden Zweideutigkeit der menschlichen Natur. Die Möglichkeit, sich als Gesinnungsethiker zu etablieren, ist kein Ausweg, einerseits, weil alle Ethik auf Erfolg, das heißt, Verwirklichung ihres Zieles aus ist, wenn sie *verantwortlich* vorgehen will, und andererseits, weil die Reinheit des Herzens Zeichen eines unglücklichen Bewußtseins ist, das der Resignation Tor und Tür öffnet.

Der Ausweg ist, wie schon angedeutet, das Bewußtsein der *Absurdität* des ethischen Tuns. Hier kommt das Wissen um die Ungesichertheit zu Wort und zugleich wird doch die *Not-wendigkeit des ethischen Handelns* vorausgesetzt. Ethik gehört – so läßt sich der entscheidende Sachverhalt darlegen – zum Menschen als einem Wesen der Transzendenz. Transzendenz geht nicht nur auf das Nichts, *Transzendenz geht auch auf ein besseres Sein*: das Niemandsland. Wieweit es verfehlt ist, Unerreichbarem nachzustreben, muß die ethische Reflexion im einzelnen und konkreten zeigen. Aber ihrem Ansatz nach strebt die Ethik, wenigstens in der Form der *Moral*, immer auf eine bessere Welt hin. Anders: der ethische Selbsteinsatz muß sich, wenn er über die Welt im ganzen nachdenkt und ihre Negativität erkennt, gegen die Resignation konsolidieren. Diese Aufgabe wird nicht in einem Akt bewältigt, sondern läuft bei den sachlichen Entscheidungen mit, in der Weise einer Aufforderung zur Transformation, jedenfalls bei den Entscheidungen, die das Tunliche und Übliche der Lebenswelt überschreiten und überschreiten müssen, weil die Lebenswelt keine eindeutige Ausrichtung gewährt. Die Lebenswelt unterscheidet sich strukturell von der Umwelt, in die das Tier eingepaßt ist: der Mensch ist das nicht festgestellte Tier und als solches braucht er die Ethik.

4. Die Zweideutigkeit der menschlichen Situation und die Ethik. Die Grenze der philosophischen Reflexion

Bedenkt man die Stellung der Ethik in bezug zum Selbstbewußtsein und Weltbewußtsein, so zeigt sich eine merkwürdige Dialektik. *Einerseits ist die Ethik im Leben verwurzelt.* Das gilt insbesondere für die Lebensweltethik, deren Normen weithin aus Sitten und Gewohnheiten entstanden sind. Aber auch die Moral bleibt ja weltgebunden, auch ihr Tun richtet sich auf die Welt, wenn man diese transformieren will. *Andererseits gilt*: mag die Ethik wie die Lebensweltethik deskriptiv oder wie die Moral präskriptiv vorgehen, sie ist in beiden Fällen durch eine *Spannung und Distanz zum Gegebenen* bestimmt. Ethik beurteilt und bewertet, wobei die Normen, selbst wenn sie aus dem Leben erwachsen sind, doch immer als solche Maßstäbe und Vorschriften sind, die nicht ohne weiteres mit dem Tun geglichen werden können: man kann sie auch nicht befolgen. Der Mensch ist jedenfalls nicht für das ethische Tun, so scheint es, eindeutig prädestiniert, er ist auch ein *anarchisches* Wesen, wie Nietzsche behauptet.

Die Normen wechseln in bezug auf ihre konkrete Gestalt im Lauf der Geschichte. Der zwischenmenschliche Bereich, insbesondere im Nahhorizont, untersteht zwar einfachen Regeln, die sich relativ gleich bleiben. Aber ihre Begründung und die Begründung des ethischen Tuns überhaupt ist schwankend. Dies Tun kann *grundsätzlich* in Frage gestellt werden. Die Subjektivität ist der Träger der *Freiheit* nicht nur im negativen Tun, sondern im Verneinen der Ethik überhaupt. Dies gründet letztlich in der gebrochenen Weltstellung: weder die Welt noch das Ich können, wie wir sahen, ihrer Struktur nach ethisches Tun *zureichend* begründen. Die Subjektivität ist in ihren Orientierungsintentionen, grundsätzlich gesehen, nicht auf die Welt oder das Ich eindeutig ausgerichtet, auch wenn geschichtlich gesehen der eine oder der andere Faktor überwiegt. Die Dialektik, die zwischen beiden Faktoren waltet, zeigt eben auf die *Zweideutigkeit der menschlichen Natur* hin, die alles Verhalten, auch das ethische Verhalten, durchstimmt und die zu Zeiten, wenn die Verbindung beider Strukturen nicht mehr einsichtig ist, als besonders drückend erscheint. Die Wirklichkeit läßt sich dann nicht mehr in ihren Strukturen durchschauen, geschweige denn steuern.

Die Paradoxie des In-der-Welt-seins stellt für die Ethik eine Belastung dar. Ethik soll sichern und festlegen, aber dies gelingt nicht. Das Bewußtsein der Vergeblichkeit meldet sich.

Sicher: man gibt sich einer solchen grundsätzlichen Reflexion nur selten frei. Im allgemeinen bleibt das Bewußtsein der Paradoxie im Hintergrund oder wird verdrängt. Das Verdrängen aber gehört zum Leben. Hier zeigt sich deutlich eine *faktische Grenze der Philosophie*. Zwischen Philosophie und Leben besteht ein Gegensatz. Man denkt an Fichte zurück, der erklärt: »Worin man befangen ist, was man selbst ist, das kann man nicht erkennen. Man muß aus ihm herausgehen, auf einen Standpunkt außerhalb desselben sich versetzen ... *Leben* ist ganz eigentlich *Nicht-Philosophieren; Philosophieren* ist ganz eigentlich *Nicht-Leben*«.[20] Zum Lebensvollzug gehört die Befangenheit im Leben. Sie ist zu allen Zeiten lebendig gewesen.

In bezug auf die *Ethik* kann die Befangenheit sich in verschiedenen Formen und aus verschiedenen Gründen aktualisieren. So wird im Leben das Bewußtsein sich immer wieder durchsetzen, es sei gut, sich an das *Übliche* zu halten, ohne es zu hinterfragen, ein solches Hinterfragen führe nicht weiter, es sei zudem im äußeren und inneren Sinne *gefährlich*, eingespielte und allgemein anerkannte Geltungen anzuzweifeln. Man muß sich in diesem Zusammenhang auch daran erinnern, daß Ethik, insbesondere die Lebensweltethik, weithin institutionalisiert und damit an ihr selbst gefestigt und stabilisiert wird. Die Institutionalisierung bringt eine Entpersönlichung und Veräußerlichung der Ethik mit sich, die sicher für das alltägliche Leben von Vorteil ist.

Man denke schließlich, um die Wesentlichkeit des Verdeckens der Fraglichkeit der Ethik angemessen zu begreifen, an die *Scheidung von Legalität und Moralität, innerer Gesinnung und äußerem Recht*. Der Gedanke der äußeren Ordnung wird zum Maßstab, von dem her das Tun zu regulieren und zu beurteilen ist. Der Innerlichkeit kann hier durchaus ein Raum zugebilligt werden, in dem sie ihre Probleme bedenken kann. Aber das äußere Tun darf davon nicht betroffen werden. Es muß seinen legalen Verhaltensvorschriften folgen. Daß diese reinliche Scheidung von Innerlichkeit und Äußerlichkeit problematisch werden kann, weil diese Sphären nicht so eindeutig voneinander zu trennen sind, ist freilich nicht zu leugnen.

Eine Überlegung, die auf die Grundstruktur des Lebens zurückgeht und von dieser her die Möglichkeit der Ethik zu bedenken sucht, muß es sich angelegen sein lassen, diese Struktur in ihren *geschichtlichen Ausprägungen* aufzuweisen, um herauszustellen, daß und wie die Grundstruktur vermittels dieser geschichtlichen Ausprägungen *das Leben bestimmt*. Aber auch wenn die totalphilosophische Überlegung in Richtung auf praktische Lösungen der Probleme hin denkt – das muß sie, insofern sie die Ethik als unabdingbar zum Menschen gehörend erkennt und anerkennt –, so bleibt ihre eigentliche Funktion doch, die Widersprüchlichkeit des Menschseins unter grundsätzlichen Aspekten aufzuweisen. *Die totalphilosophische Reflexion vermag keine unbedingten Lösungen bereitzustellen*, sie versteht sich als Einübung in eine Position, die eigentlich gar keine Position ist, von der man ausgehen kann, in der Weise, daß man von ihr her Richtlinien deduziert. Auch und gerade dann, wenn die totalphilosophische Reflexion die Notwendigkeit des Engagements erkennt, *gibt sie keine Sicherheit*.

Philosophie hat als totalphilosophische Reflexion in die *Schwebe zu bringen*. Das ist von *Sokrates* an ihre Aufgabe, denn sie weiß sich als ein Unternehmen der *endlichen*

Subjektivität. Sie hat dabei ihren eigenen Gesetzen zu folgen. Das heißt, sie ist zur *Rechenschaftsabgabe* verpflichtet; ihre Reflexionen vollziehen sich als begriffliches Denken und dementsprechend sind sie auf ihre Verbindlichkeit hin zu prüfen.

Man kann sich den *philosophischen* Ansatz verdeutlichen durch *Abhebung gegen die Religion und gegen die Kunst*, wie dies bereits Hegel von seinen Voraussetzungen her getan hat. *Religion*, jedenfalls Offenbarungsreligion, fordert Anerkennung in der Form des Glaubens an die grundlegenden Gehalte, die auf die Tathandlungen Gottes zurückgehen und als Tatsachen anzuerkennen sind. Mit der *Kunst* steht es anders. Als metaphysisch gebunden ist die Kunst von den Ideen geleitet, so lehrt die Tradition. Die moderne Kunst dagegen bezieht sich nicht auf die Darstellung der wahren Welt im Medium der schönen Erscheinung. Die Kunst bringt Entlastung vom Wirklichkeitsdruck. *Schopenhauer* hat dies eindrücklich dargelegt. In der Kunstbetrachtung, so erklärt er, hält man sich nicht mehr an den Leitfaden des Willens, das heißt, man fragt nicht mehr nach dem Wo, Wann, Wozu und Warum, sondern ist nur auf das Was bezogen. Die Kunst zeigt das zweideutige Ineinander und Gegeneinander von Sein und Schein, Wahrheit und Täuschung, Sinnlichkeit und Reflexion. Sie bewirkt in ihrer Synthese von Vermittlung und Unmittelbarkeit eine Vergleichgültigung der Welt und erwirkt dadurch eine Enthobenheit, aber ohne einen sicheren Halt geben zu wollen. Auch wenn die Kunst sich in kritischer Weise mit der Zeitsituation auseinandersetzt, so ist es nicht ihre Aufgabe, Anweisungen zu geben, die sich unmittelbar in Handlungen umsetzen lassen.

Der Weg der Philosophie ist anders: er ist radikaler. Ihre Leistung ist das *Gewinnen des Distanzbewußtseins zur Welt* auf Grund des Transzendierens und Problematisierens als Ganges in eine Dimension, in der Nichts und Sein ineinander umschlagen. Aber die Entlastung ist verglichen mit der Entlastung der Kunst von der *Resignation* bestimmt, daß man nichts ändern kann. *Schelling*, einer der ersten Denker, der die Vernunft der Welt in Frage stellt, erklärt, daß der Existierende angesichts der Vergeblichkeit aller Bemühungen anfinge, »das Nichts, den Unwert seines ganzen Daseins einzusehen«.[21]

Aus dieser Einsicht kann für den einzelnen die Tendenz maßgebend werden, das Nichts nicht mehr zu negieren. Dieser Entschluß kann sich in der *egozentrischen* Vorwegnahme verfestigen, daß die Probleme der Welt für mich gleichgültig wären, weil ich darauf doch keinen Einfluß nehmen kann.

Aber welche Konsequenz der einzelne aus der Einsicht in die Negativität der Weltstruktur auch zieht, wesentlich ist, daß er Distanz gewinnt. Das Distanzbewußtsein ist die philosophisch angemessene Haltung, durch die das Problem des In-der-Welt-seins als ganzes thematisiert werden kann.

Das insbesondere im Blick auf den Tod sich konstituierende Distanzbewußtsein ist durchstimmt vom Bewußtsein des Abschiednehmens. Aber hier meldet sich die *andere Seite*, daß das Leben doch auch *Heimat* bedeutet und daß gerade im Blick auf den drohenden Tod die *Angst des Ausgeschlossenwerdens* erwacht.

Die Philosophie kann in bezug auf diesen *Zwiespalt* dem einzelnen keine bindenden Vorschriften machen. Sie darf sich nicht auf das Sein zum Tode allein einstellen. Sie kann und muß sich auch als Wille zum Sein dem Willen zum Leben unterstellen, und zwar nicht nur für mich selbst, sondern – dies ist unter ethischem Aspekt entscheidend – auch für die *anderen*. Was die Philosophie dazu treibt, sich für das Leben und die Ethik einzusetzen gegen den Entschluß, dem Nichts sich zu beugen, und gegen das endlose Problematisieren, ist die Erkenntnis *des Elends der Welt*, die das *Mit-leiden* vermittelt.

Mitleid ist wohl stärker noch als Vernunft Aufforderung zum Handeln, gerade weil es unmittelbar einsetzt und nicht spekulativ vermittelt ist. *Vernunft* ist, immer noch der traditionellen Ontologie nahestehend, durch die von der Vorstellung des Primats des Geistes ausgehende Hoffnung bestimmt: es könne und müsse eines Tages doch die bessere, das heißt die vernünftigere Welt Wirklichkeit werden. Es wäre verkehrt, dies dogmatisch in Frage zu stellen. Das Handeln gegen die Negativität muß sich ausrichten auf das, was in Richtung auf Verbesserung liegt für den einzelnen und alle insgesamt. Die Vernunft, die hier erfordert ist, muß sich hypothetisch darauf stützen, daß ontologisch und anthropologisch betrachtet nicht nur das Nichts, sondern auch das Sein, nicht nur Negativität, sondern auch Positivität, nicht nur Tod, sondern auch Leben das In-der-Welt-sein bestimmen.

Philosophie kann der Vernunft und dem Mitleid nicht entsagen. Sie kann beides vom Aspekt der Negativität her sogar *»begründen«*. Mitleid ist die Möglichkeit der Aufhebung der Egoität, die, wenn sie einziges Prinzip des Handelns ist, Quelle der Negation ist, die durch den Menschen bewirkt ist. Und Mitleid kann sich mit der Vernunft verbinden, das heißt zur Ferntugend erweitert werden, durch die sich die Vernunft als Überlegung möglicher Abhilfe des allgemeinen Elends zugunsten aller konstituiert. Vernunft ist hier im konkreten auch erfordert, weil die Philosophie nicht die Lösungen anbieten kann, die in der *heutigen Situation* angesichts ihrer Bestimmtheit durch *Wissenschaft* und *Technik* erfordert sind. Hier ist, wie wir schon mehrfach herausstellten, ethisches Engagement und *sachliche* Vernunftüberlegung gleichermaßen erfordert.

Die Begründung des ethischen Handelns aus der Negativität weist noch einmal auf die zweideutige Struktur der dialektischen Wirklichkeit zurück, der die Dialektik von Resignation und Engagement entspricht. *Resignation* sucht diese Dialektik aufzuheben durch die Einsicht in die Tatsache des Vermitteltwerdens. Das Nichthandeln zum Leitprinzip zu erheben, ist aber abwegig. Schelling erklärt mit Recht: »Das Aufgeben des Handelns läßt sich nicht durchsetzen; es muß gehandelt werden«.[22] Das *Engagement* ist von dieser Notwendigkeit bestimmt. Der Druck der Wirklichkeit, der unseren Weltbezug von Grund aus prägt, ist aber vom Bewußtsein der *relativen Transzendenz*, des Auch-anders-könnens begleitet. In der relativen Transzendenz, das heißt, dem nicht festgelegten Umgang mit dem Seienden, ist das reine Schweben ebenso aufgehoben wie das Gefühl absoluter Gebundenheit. Man lebt und handelt in der Welt in der Weise des *Als-ob*. Das Haben, als hätte man nicht, vermittelt *innere* Distanz. Es ist dies die einzig legitime Weise, in der die konkreten Negativitäten der Welt nicht nur ertragen, sondern verändert werden können. Das Wissen um die Unzulänglichkeit des Tuns und das Gefühl einer letzten Vergeblichkeit bleibt. Es wird jedoch, durch das Distanzbewußtsein bestimmt, den Raum einer *Gelassenheit* eröffnen, die, soweit dies einer in der Welt verstrickten Subjektivität überhaupt gegeben ist, den Erfolg nicht als letzten Maßstab anerkennt.

Anmerkungen

Vorwort Seite 11

1 Kant, Akademie-Textausgabe, Berlin 1968, Bd. 6, S. 19 f.
2 ebd., S. 22.
3 Plato, Phaidros 230 a.

Einleitung Seite 15

1 Vgl. W. Fuchs, Todesbilder in der modernen Gesellschaft, Frankfurt 1973.
2 Vgl. A. Gehlen, Urmensch und Spätkultur, Bonn 1956, S. 202 f.
3 S. Freud, Ges. Werke, London 1972 ff., Bd. 7, S. 413.
4 Vgl. A. Gehlen, Der Mensch. Seine Natur und seine Stellung in der Welt, 3. Aufl., Berlin 1944.
5 Vgl. H. Plessner, Die Stufen des Organischen und der Mensch, 2. Aufl., Berlin 1965.
6 Vgl. M. Heidegger, Sein und Zeit, 11. Aufl., Tübingen 1967.
7 Vgl. A. Gehlen, Zeit-Bilder, Bonn 1960, S. 165 ff.
8 H. Plessner, Die Frage nach der Conditio humana, Frankfurt 1976, S. 141 f.
9 G. Schmidt, Subjektivität und Sein, Bonn 1979, S. 99.
10 ebd., S. 122.
11 Pascal, Pensées, Erste Abteilung, 4. Artikel, Nr. 6.
12 Vgl. E. Husserl, Die Krisis der europäischen Wissenschaften und die transzendentale Phänomenologie (Husserliana Bd. 6), Den Haag 1962, S. 105 ff.
13 Hegel, Phänomenologie des Geistes, hrsg. von J. Hoffmeister, Hamburg 1952, S. 517.

Erster Teil. Rekonstruktion ethischer Positionen von der Antike bis zur Gegenwart Seite 49

Erstes Kapitel. Die Welt als Ordnungszusammenhang Seite 51

1 W. Bröcker, Aristoteles, 3. Aufl., Frankfurt 1964, S. 39.
2 H. G. Gadamer, Ges. Werke, Bd. 4, Tübingen 1987, S. 185.
3 Aristoteles, Nikomachische Ethik 1106 b.
4 H. Kuhn, Der Begriff der Prohairesis in der nikomachischen Ethik, in: Die Gegenwart der Griechen im neueren Denken, Tübingen 1969, S. 126.
5 J. Derbolaw, Freiheit und Naturordnung im Rahmen der aristotelischen Ethik, Kantstudien, 57. Jahrgang (1966), S. 40.
6 ebd. S. 44.
7 W. Bröcker, a. a. O., S. 216 f.
8 H. Fleischer, Ethik ohne Imperativ, Frankfurt 1987, S. 113.
9 Vgl. W. Schulz, Ich und Welt, Pfullingen 1979, S. 206 ff.
10 Paul Yorck von Wartenburg, Bewußtseinswandel und Geschichte, Tübingen 1956, S. 130.
11 Aristoteles, Nikomachische Ethik, 1096 b.
12 Plato, Politeia 617 e.
13 Aristoteles, Politik 1278 d.
14 ebd., 1294 d f.
15 Plato, Siebenter Brief 324 b ff.
16 Vgl. W. Schulz, Anmerkung zu Platos »Politeia«, in: Sein und Geschichtlichkeit, hrsg. von W. Janke, Frankfurt 1974, S. 15 ff.
17 Plato, Apologie 21 a ff.
18 Vgl. H. Kuhn, Sokrates, 2. Aufl., München 1959, S. 15 ff.
19 Plato, Politeia 490 a f.
20 Vgl. W. Schulz, Philosophie in der veränderten Welt, 5. Aufl., Pfullingen 1984, S. 206 ff.
21 Plato, Apologie 40 c ff.
22 ebd. 36 c.
23 Hegel, Vorlesungen über die Geschichte der Philosophie, hrsg. von G. Bolland, Leiden 1908, S. 307 f.
24 Plato, Kriton 471 ff.
25 Plato, Protagoras 312 b ff.
26 Plato, Politeia 617 e.
27 ebd. 496 d f.
28 S. Kierkegaard, Unwissenschaftliche Nachschrift, übersetzt von W. Rest, München 1976, S. 346.
29 S. Kierkegaard, Über den Begriff der Ironie, übersetzt von H. Schaeder, München 1929, S. 196.
30 ebd., S. 182.

Zweites Kapitel. Personalisierung und Ontologisierung Seite 80

1 A. T. Jeremias 17,8.
2 A. Schweitzer, Reich Gottes und Christentum, in: A. Schweitzer, Ges. Werke, München, Bd. 4, S. 607.
3 N. T. Matthäus 6,33.
4 M. Heidegger, Vom Wesen des Grundes, in: Wegmarken, Frankfurt 1967, S. 39 f.
5 R. Berlinger, Augustins dialogische Metaphysik, Frankfurt 1972, S. 135 f.
6 Augustin, Conf. X, 24.
7 Augustin, Serm. 175, 10.
8 Augustin, De civ. dei, 11,26.

9 ebd., 11, 26.
10 ebd., 11, 26.
11 R. Berlinger, a. a. O., S. 140.
12 W. Kamlah, Christentum und Selbstbehauptung, Frankfurt 1940, S. 395.
13 Augustin, Serm. 330,3.
14 Zu M. Weber vgl. W. Schulz, Ich und Welt, S. 187 f.
15 Thomas von Aquin, Summa theol. I. qu. 26, art. 2.
16 Thomas von Aquin, Summa contra gentiles, IV, 12.
17 Thomas von Aquin, Summa theol. II. qu. 110, art. 4.
18 Thomas von Aquin, Summa contra gentiles, II, 48.
19 M. Luther, Vom unfreien Willen, hrsg. von Fr. W. Schmidt, München 1934, S. 51 ff.
20 M. Luther, Die reformatorischen Grundschriften, Darmstadt 1983, Bd. IV, S. 59.
21 M. Luther, a. a. O., Bd. III, S. 25.
22 M. Luther, a. a. O., Bd. IV, S. 9.
23 ebd., S. 41.
24 ebd., S. 22.
25 H. Dempf, Sacrum imperium, Darmstadt 1954, S. 395.
26 M. Luther, a. a. O., Bd. IV, S. 26.
27 M. Luther, a. a. O., Bd. II, S. 85.

Drittes Kapitel. Rationalisierung des Weltbezuges Seite 100

1 Hegel, Vorlesung über die Geschichte der Philosophie, hrsg. von G. Bolland, Leiden 1908, S. 843.
2 Descartes' Briefe, übersetzt von F. Baumgart, Köln 1949, S. 49.
3 Descartes, Meditationen, hrsg. von E. Schröder, Hamburg 1959, S. 17.
4 Descartes, Über die Leidenschaften der Seele, 2. Teil, Artikel 105.
5 G. Krüger, Die Herkunft des philosophischen Selbstbewußtseins, in: G. Krüger, Freiheit und Weltverwaltung, Freiburg 1958, S. 45.
6 Descartes, Meditationen, S. 101.
7 Descartes, Über die Leidenschaften der Seele, 3. Teil, Art. 151.
8 Descartes, Meditationen, S. 104 f.
9 ebd., S. 159.
10 Descartes, Abhandlung von der Methode, hrsg. von L. Gäbe, Hamburg 1960, S. 27.
11 ebd., S. 37 f.
12 vgl. G. Schmidt, Aufklärung und Metaphysik, Tübingen 1965, S. 51.
13 Descartes, Abhandlung von der Methode, S. 41.
14 ebd., S. 43.
15 ebd., S. 43.
16 ebd., S. 45.
17 Spinoza, Ethik III, propos. 6.
18 Vgl. H. Ebeling, Subjektivität und Selbsterhaltung, Frankfurt 1976, S. 102.
19 Spinoza, Ethik II, def. 2.
20 Spinoza, Ethik V, propos. 36.
21 Spinoza, Theologisch-politischer Traktat, übersetzt von C. Gebhardt, Leipzig 1922, S. 353.
22 Leibniz, Philosophische Schriften, ed. J. Gerhardt, Bd. 7, Berlin 1875, S. 303.
23 Leibniz, Die Theodizee, übers. von A. Buchenau, Hamburg 1968, S. 211.
24 Vgl. W. Schulz, Der Gott der neuzeitlichen Metaphysik, 7. Aufl., Pfullingen 1982, S. 76 ff.
25 ebd., S. 80.
26 Vgl. J. Ritter, Metaphysik und Politik, Frankfurt 1977, S. 298 f.
27 Vgl. W. Schulz, Ich und Welt, S. 199 ff.
28 Vgl. M. Heidegger, Die Zeit des Weltbildes, in: M. Heidegger, Holzwege, Frankfurt 1959, S. 69 ff.
29 Thukydides, Pelop. Krieg, 5, 85 ff.
30 W. Dilthey, Ges. Schriften, Leipzig 1940, Bd. 2, S. 269.
31 G. Ritter, Machtstaat und Utopie, München 1948, S. 134 f.
32 Macchiavelli, Der Fürst, übersetzt von R. Zorn, Stuttgart 1955, S. 37.
33 Leviathan, übersetzt von D. Tidow, Hamburg 1965, S. 122.
34 I. Fetscher, Der gesellschaftliche Naturzustand und das Menschenbild bei Hobbes, in: Schmollers Jahrbuch für Gesetzgebung und Verwaltung, 80. Jahrgang (1961), S. 683.
35 Spinoza, Theol.-pol. Traktat I, 6.
36 ebd. II, 14.
37 Spinoza, Epistolae 50.
38 I. Fetscher, Rousseaus politische Philosophie, Neuwied 1960, S. 87.
39 I. Fetscher, Rousseaus Freiheitsvorstellung, in: Pol. Vierteljahrsschrift, 1. Jahrgang (1960), S. 140.

Viertes Kapitel. Moralische Gesetzgebung durch praktische Vernunft. Kant Seite 128

1 Kant, Akademie-Textausgabe, Bd. 4, S. 388.
2 ebd., S. 410 f.
3 ebd., S. 414.
4 ebd., S. 421.
5 ebd., S. 412.
6 ebd., S. 427.
7 ebd., S. 452.
8 Kant, Kritik der reinen Vernunft, B 21.
9 Kant, Akademie-Textausgabe, Bd. 7, S. 128.
10 Kant a. a. O., Bd. 4, S. 400.
11 ebd., S. 401.

12 ebd., S. 401.
13 Kant, a. a. O., Bd. 8, S. 330.
14 ebd., S. 370.
15 ebd., S. 379.
16 Kant, a. a. O., Bd. 6, S. 230.
17 ebd., S. 219.
18 Kant, a. a. O., Bd. 8, S. 354.
19 ebd., S. 368.
20 Kant, a. a. O., Bd. 5, S. 122.

Fünftes Kapitel. Die Fundierung der Welt durch die absolute Subjektivität. Der Deutsche Idealismus Seite 137

1 Fichte, Sämtliche Werke, hrsg. von I. H. Fichte, Leipzig 1844 f., Bd. 1, S. 433.
2 ebd., S. 429.
3 Fichte, a. a. O., Bd. 2, S. 245.
4 ebd. S. 259 f.
5 Fichte, a. a. O., Bd. 10, S. 634.
6 Fichte, a. a. O., Bd. 7, S. 11 f.
7 Fichte, a. a. O., Bd. 5, S. 540 ff.
8 ebd., S. 544.
9 ebd., S. 403.
10 Fichte, a. a. O., Bd. 6, S. 302.
11 Fichte, a. a. O., Bd. 1, S. 440.
12 Fichte, a. a. O., Bd. 7, S. 17.
13 Fichte, a. a. O., Bd. 2, S. 319.
14 Hegel, Theologische Jugendschriften, Hrsg. von H. Nohl, Tübingen, 1907, S. 348.
15 ebd., S. 348.
16 Hegel, Phänomenologie des Geistes, hrsg. von J. Hoffmeister, Hamburg 1952, S. 143.
17 ebd., S. 280.
18 ebd., S. 415.
19 ebd., S. 462.
20 Hegel, Grundlinien der Philosophie des Rechts, hrsg. von G. Lasson, Leipzig 1930, S. 15.
21 ebd., S. 27.
22 ebd., S. 30.
23 ebd., S. 42.
24 ebd., S. 49.
25 ebd., S. 93.
26 ebd., S. 110.
27 ebd., S. 130 f.
28 ebd., S. 117.
29 ebd., S. 163.
30 ebd., S. 193 f.
31 ebd., S. 195.
32 Vgl. M. Riedel, Materialien zu Hegels Rechtsphilosophie, Bd. 2, Frankfurt 1975, S. 122.
33 Hegel, Grundlinien der Philosophie des Rechts, S. 199 ff.
34 Hegel, Die Vernunft in der Geschichte, 5. Aufl., hrsg. von J. Hoffmeister, Hamburg 1955, S. 60.
35 ebd., S. 59.
36 Hegel, Grundlinien der Philosophie des Rechts, S. 263.
37 ebd., S. 271.
38 Hegel, Die Vernunft in der Geschichte, S. 62.
39 ebd., S. 92 f.
40 ebd., S. 105.
41 ebd., S. 22.
42 ebd., S. 109.
43 Hegel, Enzyklopädie der philosophischen Wissenschaften, hrsg. von F. Nicolin, Hamburg 1958, S. 39.
44 Hegel, Die Wissenschaft der Logik, hrsg. von A. Lasson, Hamburg 1957, Bd. 2, S. 480.

Sechstes Kapitel. Die Aufhebung der traditionellen Metaphysik und die Wende zur realen Welt Seite 160

1 Schopenhauer, Sämtliche Werke, hrsg. von A. Hübscher, 3. Aufl., Wiesbaden 1972, Bd. 2, S. 119 f.
2 ebd., S. 129.
3 ebd., S. 179.
4 Schopenhauer, a. a. O., Bd. 4, 2, S. 196.
5 Schopenhauer, a. a. O., Bd. 2, S. 430.
6 ebd., S. 181.
7 Schopenhauer, a. a. O., Bd. 4, 2, S. 208.
8 Schopenhauer, a. a. O., Bd. 2, S. 487.
9 Schopenhauer, a. a. O., Bd. 4, 2, S. 137.
10 ebd., S. 137.
11 ebd., S. 209.
12 ebd., S. 229.
13 ebd., S. 245 f.
14 ebd., S. 271.
15 Nietzsche, Kritische Gesamtausgabe, hrsg. von G. Colli und M. Montinari, Berlin 1966 ff., zitiert als KGW; KGW IV 2, 20.
16 KGW V 1, 111.
17 ebd., 113.
18 KGW VI 1, 8.
19 ebd., 32.
20 ebd., 35.
21 ebd., 27.
22 KGW VI 3, 75.
23 KGW VI 2, 203.
24 ebd., 338.
25 ebd., 293.
26 Vgl. Nietzsche aus Frankreich, hrsg. von W. Hamacher, Berlin 1986, S. 47 ff.
27 S. Freud, a. a. O., Bd. 14, S. 482 f.
28 M. Planck, Vorträge und Erinnerungen, Darmstadt 1965, S. 311 f.
29 R. Carnap, in: Erkenntnis, Bd. 2 (1931), S. 219 ff.
30 K. Marx, Werke, hrsg. von H. J. Lieber und P. Furth, Berlin 1962 ff., Bd. 2, S. 4.
31 ebd. S. 1.
32 ebd., S. 649 f.
33 ebd., S. 650.
34 ebd., S. 652.

35 K. Marx, Das Kapital, Berlin 1957, Bd. 1, S. 185.
36 ebd., S. 186.
37 K. Marx, Werke, Bd. 1, S. 631.
38 ebd., S. 631.
39 ebd., S. 576.
40 ebd., S. 593 f.
41 R. E. Schulz-Seitz, Geschichte und teleologisches System bei Karl Marx, in: Wesen und Wirklichkeit des Menschen. Festschrift für H. Plessner, Göttingen 1957, S. 191.
42 I. Fetscher, Der Marxismus. Seine Geschichte in Dokumenten, München 1962, Bd. 1, S. 455 ff.
43 M. Marković, Dialektik der Praxis, Frankfurt 1968, S. 76.
44 ebd., S. 76 ff.
45 H. Marcuse, Triebstruktur und Gesellschaft, Frankfurt 1965, insb. S. 140 ff.
46 ebd., S. 194 ff.
47 Th. W. Adorno, Negative Dialektik, Frankfurt 1966, S. 13.
48 ebd., S. 15.
49 ebd., S. 292.
50 ebd., S. 228.
51 Vgl. W. Schulz, Philosophie des Schwebens, S. 354 ff.
52 A. Camus, Der Mensch in der Revolte, Hamburg 1953, S. 326.
53 Charles Darwin, Die Entstehung der Arten, Stuttgart 1903, S. 21 f.
54 Ch. Darwin, Die Abstammung des Menschen, Stuttgart 1966, S. 151 ff.
55 S. Freud, Ges. Werke, Bd. 10, S. 211.
56 ebd., S. 215.
57 ebd., S. 215.
58 ebd., S. 285.
59 ebd., S. 286.
60 S. Freud, a. a. O., Bd. 14, S. 481.
61 ebd., S. 502.
62 S. Freud, a. a. O., Bd. 13, S. 147.
63 S. Freud, a. a. O., Bd. 10, S. 331 f.
64 S. Freud, a. a. O., Bd. 14, S. 482 f.
65 ebd., S. 506.
66 S. Kierkegaard, Die Wiederholung, übersetzt von L. Richter, Hamburg 1961, S. 62 ff.
67 Vgl. W. Schulz, Metaphysik des Schwebens, S. 270 ff.
68 S. Kierkegaard, Werke, hrsg. von Ch. Schrempf, Jena 1911, Bd. 2, S. 149.
69 ebd., S. 182.
70 Vgl. W. Schulz, Die Dialektik von Geist und Leib bei Kierkegaard. Bemerkungen zum Begriff Angst, in: Materialien zur Philosophie Sören Kierkegaards, hrsg. von M. Theunissen, Frankfurt 1979, S. 347 ff.
71 S. Kierkegaard, Die Krankheit zum Tode, übersetzt von L. Richter, Hamburg 1962, S. 32.
72 ebd., S. 26.

Siebentes Kapitel. Transformationen der Tradition und Neuansätze in der gegenwärtigen Ethik Seite 201

1 M. Heidegger, Sein und Zeit, 11. Aufl., Tübingen 1967, S. 121.
2 ebd., S. 127.
3 ebd., S. 287.
4 ebd., S. 266.
5 ebd., S. 122.
6 J. P. Sartre, Die Wörter, Hamburg 1963, S. 180.
7 J. P. Sartre, Das Sein und das Nichts, Hamburg 1962, S. 77.
8 ebd., S. 140.
9 ebd., S. 783.
10 ebd., S. 783.
11 J. P. Sartre, Ist der Existenzialismus ein Humanismus? in: Drei Essays, Hamburg 1960, S. 12.
12 ebd., S. 31 f.
13 J. P. Sartre in: Das Kursbuch, hrsg. von H. M. Enzensberger, Nr. 1, S. 120 ff.
14 J. P. Sartre, Kritik der dialektischen Vernunft, 1. Bd., Hamburg 1967, S. 403.
15 K. Jaspers, Philosophie, 3. Aufl., Berlin 1956, Bd. I, S. 15.
16 K. Jaspers, a. a. O., Bd. II, S. 35 f.
17 K. Jaspers, Die geistige Situation der Zeit, 10. Aufl., Berlin 1960, S. 179 f.
18 K. Jaspers, Die Atombombe und die Zukunft des Menschen, 4. Aufl., München 1960, S. 43.
19 ebd., S. 321.
20 ebd., S. 51.
21 K. Jaspers in: Wo stehen wir heute?, hrsg. von H. W. Bähr, Gütersloh 1960, S. 47.
22 M. Heidegger, Wegmarken, Frankfurt 1967, S. 183 ff.
23 O. Fr. Bollnow, Einfache Sittlichkeit, Göttingen 1947, S. 25 f.
24 O. Fr. Bollnow, Wesen und Wandel der Tugenden, Frankfurt 1958, S. 31.
25 ebd., S. 31.
26 ebd., S. 41.
27 ebd., S. 120.
28 W. Marx, Gibt es auf Erden ein Maß?, Frankfurt 1986, S. 55.
29 ebd., S. 57 f.
30 W. Marx, Ethos und Lebenswelt, Hamburg 1986, S. 97.
31 ebd., S. 103.
32 R. Spaemann, Moralische Grundbegriffe, München 1983, S. 101.
33 ebd., S. 107.
34 M. Riedel, in: Praktische Philosophie und Ethik, Funkkolleg. Studientexte 1, Weinheim 1984, S. 183 f.
35 ebd., S. 183 f.
36 H. Bausinger, Alltag, Technik, Medien, in:

Sprache im technischen Zeitalter, Nr. 89 (1984) S. 60 ff.
37 L. Landgrebe, Lebenswelt und Geschichtlichkeit des menschlichen Daseins, in: Phänomenologie und Marxismus, hrsg. von B. Waldenfels, Bd. 2, Frankfurt 1977, S. 40.
38 ebd., S. 52.
39 E. Husserl, Die Krisis der europäischen Wissenschaften, S. 109.
40 ebd., S. 111.
41 ebd., S. 111.
42 ebd., S. 508.
43 H. Blumenberg, Lebenszeit und Weltzeit, Frankfurt 1986, S. 350.
44 E. Düsing, Intersubjektivität und Selbstbewußtsein, Köln 1986, S. 111.
45 Vgl. ebd., S. 110 ff.
46 P. Berger, Th. Luckmann, Die gesellschaftliche Konstruktion der Wirklichkeit, Frankfurt 1971, S. 26.
47 A. Schütz, Der Aufbau der sozialen Welt, Frankfurt 1974, S. 16.
48 ebd., S. 73 f.
49 E. Düsing, a. a. O., S. 131.
50 B. Waldenfels, In den Netzen der Lebenswelt, Frankfurt 1985 S. 69.
51 ebd., S. 58.
52 M. Merleau-Ponty, Phänomenologie der Wahrnehmung, Berlin 1966, S. 234.
53 ebd., S. 456.
54 ebd., S. 460.
55 ebd., S. 348.
56 ebd., S. 404.
57 ebd., S. 412.
58 ebd., S. 414.
59 ebd., S. 416.
60 Vgl. B. Waldenfels, a. a. O., S. 64 f.
61 ebd., S. 64.
62 M. Merleau-Ponty, Das Sichtbare und das Unsichtbare, München 1986, S. 313 f.
63 ebd., S. 333 f.
64 ebd., S. 300.
65 ebd., S. 190.
66 ebd., S. 310.
67 B. Waldenfels, a. a. O., S. 35 ff.
68 ebd., S. 54.
69 B. Waldenfels, Der Spielraum des Verhaltens, Frankfurt 1980, S. 279.
70 B. Waldenfels, Ordnung im Zwielicht, Frankfurt 1987, S. 150.
71 ebd., S. 159.
72 ebd., S. 197.
73 ebd., S. 190.
74 ebd., S. 197 f.
75 H. Fleischer, Ethik ohne Imperativ, Frankfurt 1987, S. 236.
76 ebd., S. 237.
77 ebd., S. 215.
78 ebd., S. 84.
79 ebd., S. 89.
80 J. Ritter, Die Aufgabe der Geisteswissenschaften in der modernen Gesellschaft, Münster 1963, S. 28.
81 J. Ritter, Metaphysik und Politik, Frankfurt 1977, S. 110.
82 J. Ritter, in: Rehabilitierung der praktischen Philosophie, hrsg. von M. Riedel, Bd. 2, Freiburg 1972, S. 484.
83 ebd., S. 498.
84 J. Ritter, Metaphysik und Politik, S. 128.
85 H. G. Gadamer, Über die Möglichkeit einer philosophischen Ethik, in: Ges. Werke, Bd. 4, Tübingen 1987, S. 187.
86 ebd., S. 187.
87 ebd., S. 188.
88 M. Riedel, in: Rehabilitierung der praktischen Philosophie, Bd. 1, S. 79 ff.
89 M. Riedel, in: Praktische Philosophie, Funkkolleg, S. 183 f.
90 M. Riedel, Norm und Werturteil, Stuttgart 1979, S. 77.
91 ebd., S. 80.
92 M. Riedel, in: Prinzip Freiheit, Freiburg 1979, S. 227.
93 H. Lenk, Philosophie im technologischen Zeitalter, Stuttgart 1971, S. 28 f.
94 D. Böhler, Rekonstruktive Pragmatik, Frankfurt 1985, S. 315.
95 R. Bubner, Norm und Geschichte, in: Neue Hefte für Philosophie, Heft 17 (1979), S. 193.
96 R. Bubner, Geschichtsprozesse und Handlungsnormen, Frankfurt 1984, S. 298.
97 ebd., S. 177.
98 ebd., S. 174.
99 ebd., S. 223.
100 ebd., S. 233.
101 ebd., S. 241 f.
102 ebd., S. 249 f.
103 ebd., S. 280.
104 ebd., S. 290.
105 ebd., S. 293.
106 O. Schwemmer, Ethische Untersuchungen, Frankfurt 1986, S. 153 ff.
107 ebd., S. 148.
108 ebd., S. 217.
109 ebd., S. 177.
110 ebd., S. 133.
111 ebd., S. 120.
112 ebd., S. 53.
113 ebd., S. 27.
114 R. Bubner, Handlung, Sprache und Vernunft, Frankfurt 1976, S. 283.
115 O. Marquard, Apologie des Zufälligen, Ditzingen 1986, S. 125.

116 H. Lübbe, in: Praktische Philosophie, Funkkolleg, S. 559.
117 H. Lübbe, Praxis der Philosophie, Stuttgart 1978, S. 130.
118 H. Lübbe, in: Normenbegründung und Normendurchsetzung, hrsg. von W. Oelmüller, Paderborn 1978, S. 118 ff.
119 H. Lübbe, in: Praktische Philosophie, Funkkolleg, S. 565.
120 H. Lübbe, Praxis der Philosophie, S. 76.
121 ebd., S. 131.
122 H. Lübbe, in: Transzendentalphilosophische Normenbegründungen, hrsg. von W. Oelmüller, Paderborn 1978, S. 49.
123 L. Wittgenstein, Philosophische Untersuchungen, § 199, in: Schriften Bd. 1, Frankfurt 1960, S. 381.
124 D. Böhler, Rekonstruktive Pragmatik, S. 211.
125 J. Habermas, Technik und Wissenschaft als »Ideologie«, Frankfurt 1968, S. 62.
126 J. Habermas, Theorie des kommunikativen Handelns, Frankfurt 1981, Bd. 2, S. 488.
127 ebd., S. 180.
128 J. Habermas, a. a. O., Bd. 1, S. 449.
129 ebd., S. 128.
130 J. Habermas, a. a. O., Bd. 2, S. 192.
131 J. Habermas, a. a. O., Bd. 1, S. 523.
132 D. Böhler, a. a. O., S. 24.
133 J. Habermas, a. a. O., Bd. 1, S. 460.
134 J. Habermas, a. a. O., Bd. 2, S. 132.
135 K. O. Apel, in: Praktische Philosophie, Funkkolleg, S. 1038.
136 ebd., S. 970.
137 ebd., S. 858.
138 Böhler, a. a. O., S. 389.
139 W. Kuhlmann, in: Praktische Philosophie, Funkkolleg, S. 593.
140 J. Habermas, a. a. O., Bd. 2, S. 604.
141 J. Habermas, a. a. O., Bd. 1, S. 374.
142 R. Bubner, Rationalität als Lebensform – zu Habermas' Theorie des kommunikativen Handelns, in: Merkur, 406 (1982), S. 352.
143 J. Habermas, Der philosophische Diskurs der Moderne, Frankfurt 1985, S. 33.
144 K. O. Apel, in: Praktische Philosophie, Funkkolleg, S. 623.
145 ebd., S. 623.
146 ebd., S. 633.
147 J. Habermas, Kultur und Kritik, Frankfurt 1973, S. 298.
148 B. Waldenfels, In den Netzen der Lebenswelt, S. 111.
149 K. O. Apel, in: Praktische Philosophie, Funkkolleg, S. 60.
150 ebd., S. 61.
151 J. Habermas, Zur Rekonstruktion des historischen Materialismus, Frankfurt 1977, S. 80.
152 J. Habermas, in: Entwicklung des Ichs, hrsg. von R. Döhl, G. Nunner-Winkler u. J. Habermas, Köln 1977, S. 11.
153 K. O. Apel, in: Praktische Philosophie, Funkkolleg, S. 62 f.
154 J. Habermas, Theorie des kommunikativen Handelns, Bd. 1, S. 149.
155 R. Bubner, Rationalität als Lebensform, in: Merkur 406, S. 350.
156 J. Habermas, Theorie des kommunikativen Handelns, Bd. 2, S. 219 f.
157 H. Schnädelbach, in: Moralität und Sittlichkeit, hrsg. von W. Kuhlmann, Frankfurt 1986, S. 56 f.
158 A. Honneth, ebd., S. 192.
159 H. Schnädelbach, ebd., S. 59.
160 J. Habermas, ebd., S. 33.
161 K. O. Apel, ebd., S. 242.
162 K. O. Apel, ebd., S. 242.

Zweiter Teil. Ethik unter dem Aspekt der dialektischen Wirklichkeit Seite 251

Vorbemerkung Seite 252

1 Schelling, S. W., Bd. 11, S. 560.
2 A. Schweitzer, Ges. Werke, München o. J., Bd. 2, S. 381.
3 ebd., S. 383.

Erstes Kapitel. Konstruktion und Dekonstruktion der Subjektivität Seite 256

1 Kant, Kritik der reinen Vernunft, B. 641.
2 ebd., B. 404.
3 Fichte, S. W., Bd. 1, S. 525.
4 Vgl. dazu W. Schulz, Ich und Welt, S. 15 ff.
5 J. Derrida, Die Stimme und das Phänomen, Frankfurt 1976, S. 140.
6 Vgl. W. Schulz, Metaphysik des Schwebens, S. 483 ff.
7 J. P. Sartre, Das Sein und das Nichts, S. 783.
8 Vgl. dazu oben die Einleitung, insbesondere den Abschnitt über Ethik und reflektierende Subjektivität.
9 J. C. Eccles, Das Gehirn des Menschen, München 1975.
10 Schopenhauer, S. W., Bd. 2, S. 119 f.
11 ebd., S. 129.
12 J. P. Sartre, Das Sein und das Nichts, S. 398 ff.
13 H. Plessner, Die Stufen des Organischen und der Mensch, 2. Aufl., Berlin 1965, S. 294 f.
14 H. Plessner, Ausdruck und menschliche Existenz, in: Wissenschaft und Weltbild, 10. Jg. (1956), S. 172.
15 Kant, Akademie-Textausgabe, Bd. 5, S. 205.
16 Hegel, Enzyklopädie, S. 327.

17 ebd., S. 325.
18 ebd., S. 354.
19 Kant, a.a.O., Bd. 7, S. 127 f.
20 Nietzsche, KGW VII, 3, 339.
21 Freud, Ges. Werke, Bd. 8, S. 211.
22 ebd., S. 215.
23 Nietzsche, KGW V, 1, 105 f.
24 Hegel, Grundlinien der Philosophie des Rechts, S. 19.
25 ebd., S. 34.
26 Schelling, S. W., Bd. 7, S. 359.
27 ebd., S. 363.
28 ebd., S. 433.
29 ebd., S. 468.
30 Kant, a.a.O., Bd. 4, S. 329.
31 Kant, a.a.O., Bd. 6, S. 451.
32 H., Blumenberg, Der Prozeß der theoretischen Neugierde, Frankfurt 1973.
33 Kierkegaard, Die Krankheit zum Tode, S. 28.
34 Goethes Werke, hrsg. von H. Schrimpf, Bd. 12, Hamburg 1958, S. 516.
35 W. Schapp, In Geschichten verstrickt, Hamburg 1953.
36 Schelling, a.a.O., Bd. 7, S. 388.
37 Schopenhauer, a.a.O., Bd. 4, 2, S. 177.
38 Vgl. W. Schulz, Metaphysik des Schwebens, S. 495 ff.
39 Fichte, a.a.O., Bd. 6, S. 294 ff.
40 K. Jaspers, Philosophie, Bd. II, S. 267.
41 Vgl. W. Schulz, Philosophie in der veränderten Welt, S. 714 ff.
42 Vgl. H. Jonas, Das Prinzip Verantwortung, Frankfurt 1979, S. 186 ff.
43 Vgl. H. Lenk, Zum Verantwortungsproblem in Wissenschaft und Technik, in: Ethik der Wissenschaften, Bd. 1, Paderborn 1984, S. 87 ff.
44 A. Gehlen, Moral und Hypermoral, Frankfurt 1969.
45 Schopenhauer, a.a.O., Bd. 2, S. 210.
46 Vgl. W. Schulz, Metaphysik des Schwebens, S. 415 ff.
47 M. Musil, Der Mann ohne Eigenschaften, Reinbek 1978, S. 202.
48 ebd., S. 202.
49 ebd., S. 902.

Zweites Kapitel. Die Menschenwelt als Ort der Ethik Seite 317

1 H. G. Gadamer, Wahrheit und Methode, S. 286.
2 Vgl. B. Waldenfels, Die verachtete Doxa, in: In den Netzen der Lebenswelt, S. 34 ff.
3 Vgl. B. Waldenfels, Der Spielraum des Verhaltens, S. 259.
4 Vgl. zum Begriff der Rolle W. Schulz, Philosophie in der veränderten Welt, S. 194 ff.
5 Freud, a.a.O., Bd. 7, S. 413.
6 A. Gehlen, Studien zur Anthropologie und Soziologie, Neuwied 1963, S. 327 f.
7 H. E. Richter, Der Gotteskomplex, Reinbek 1979, S. 241.
8 Vgl. oben die Ausführungen über das Phänomen des Willens.
9 C. Fr. v. Weizsäcker, Der Garten des Menschlichen, München 1977, S. 475.
10 ebd., S. 518.
11 C. Fr. v. Weizsäcker, Die Zeit drängt, München 1986, S. 67.
12 Vgl. F. Alt, Frieden ist möglich, München 1983, S. 17.
13 G. Krüger, Die Herkunft des philosophischen Selbstbewußtseins, in: G. Krüger, Freiheit und Weltverwaltung, Freiburg 1958, S. 11 ff.
14 Aristoteles, Nik. Ethik, 1123 a ff.
15 G. Krüger, a.a.O., S. 60.
16 N. Luhmann, Ökologische Kommunikation, Opladen, 1986, S. 124 ff.
17 Vgl. G. Szczesny, Das sogenannte Gute, Reinbeck 1971, ders. in: Süddeutsche Zeitung, 16. Januar 1988.
18 A. Gehlen, Studien zur Anthropologie und Soziologie, S. 320 f.
19 K. Jaspers, Vom Ursprung und Ziel der Geschichte, Frankfurt 1955, S. 136.
20 ebd., S. 194.
21 Vgl., W. Schulz, Anmerkungen zu Platos »Politeia«, in: Sein und Geschichtlichkeit, hrsg. von W. Janke, Frankfurt 1974, S. 15 ff.
22 Vgl. den oben (S. 120) zitierten Text: Thukydides, Pelop. Krieg 5, 85 f.
23 J. Habermas, Moralität und Sittlichkeit, S. 32 f.
24 E. Kogon, Der SS-Staat, 9. Aufl., München 1974.
25 Vgl. Der Spiegel, 1979, Nr. 5, S. 26 f.
26 Kogon, a.a.O., S. 360 f.
27 Freud, a.a.O., Bd. 10, S. 330.
28 ebd., S. 331 f.
29 Kant, a.a.O., Bd. 6, S. 21 f.
30 Th. W. Adorno, in: Hessische Hochschulwochen, 17. Bd., Bad Homburg 1968, S. 184.
31 A. MacIntyre, Der Verlust der Tugend, Frankfurt 1987, S. 313 f.
32 Plato, Pol. 335 e.
33 C. Fr. v. Weizsäcker, Die Zeit drängt, S. 67.
34 L. Kohlberg, in: Bestimmung der Moral, S. 213.
35 ebd., S. 213.
36 ebd., S. 220.
37 ebd., S. 223.
38 ebd., S. 224.
39 ebd., S. 229.
40 ebd., S. 293.
41 ebd., S. 211.
42 Vgl. W. Schulz, Der Wille zum Leben. Ethik angesichts der atomaren Gefahr, in: Kindlers

Enzyklopädie Der Mensch, 1985, Bd. 10, S. 625 ff.
43 Vgl. F. Alt, Frieden ist möglich. Die Politik der Bergpredigt, München 1983.
44 Kant, a. a. O., Bd. 4, S. 413.
45 Nietzsche, KGW VI 3, 128 f.

Drittes Kapitel. Zum Verhältnis des Menschen zur Natur unter anthropologischem und ethischem Aspekt Seite 359

1 M. Planck, Vorträge und Erinnerungen, Darmstadt 1973, S. 207 f.
2 St. Weinberg, Die ersten drei Minuten, München 1977, S. 269.
3 Vgl. Heinz Meyer-Abich, Wege zum Frieden mit der Natur, München 1984.
4 F. M. Wuketis, Evolution, Erkenntnis, Ethik, Darmstadt 1984, S. 65.
5 H. v. Ditfurth, So laßt uns denn ein Apfelbäumchen pflanzen, Hamburg 1985, S. 321.
6 ebd., S. 321.
7 ebd., S. 321.
8 H. Mohr, Biologische Erkenntnis, Stuttgart 1981, S. 23.
9 H. Mohr, in: Das Übel in der Evolution, hrsg. von H. Böhme, Karlsruhe 1983, S. 23 f.
10 H. v. Ditfurth, a. a. O., S. 311.
11 K. Lorenz, Das sogenannte Böse, Wien 1963, S. 47.
12 I. Eibl-Eibesfeldt, Der vorprogrammierte Mensch, München 1976, S. 144.
13 K. Popper in: Mensch, Natur, Gesellschaft, Heft I. 1984, Innsbruck, S. 38 f.
14 K. Lorenz, Der Abbau des Menschlichen, München 1983, S. 84.
15 W. Wickler, Das Prinzip Eigennutz, Hamburg 1977, S. 49.
16 H. Mohr, in: Das Übel in der Evolution, S. 24.
17 D. Zimmer, Unsere zweite Natur, München 1979, S. 278.
18 ebd., S. 279.
19 ebd., S. 279.
20 W. Wickler, Das Prinzip Eigennutz, insbes. S. 347 ff.
21 E. Fromm, Über die Liebe zum Leben, Gütersloh, S. 69.
22 ebd., S. 70 ff.
23 A. Mitscherlich. Die Idee des Friedens und die menschliche Aggressivität, Frankfurt 1969, insbes. S. 49 ff.
24 H. Kunz, in: Bis hierher und nicht weiter. Ist die menschliche Aggression unbefriedbar?, hrsg. v. A. Mitscherlich, München 1969, S. 260.
25 D. Zimmer, a. a. O., S. 283.
26 N. Luhmann, Ökologische Kommunikation, S. 202 ff.
27 Kl. M. Meyer-Abich, Wege zum Frieden mit der Natur, S. 190.
28 H. Lenk, Zum Verantwortungsproblem in Wissenschaft und Technik, in: Ethik der Wissenschaften, Bd. 1, hrsg. von E. Ströker, Paderborn 1984, S. 90.
29 ebd., S. 90.
30 H. Maier-Leibnitz, Forschung – Verantwortung – Anwendung – Innovation, in: Sinn im Wissenschaftshorizont, Mainzer Universitätsgespräche 1983, S. 23.
31 ebd., S. 24.
32 ebd., S. 25 ff.
33 ebd., S. 26 ff.
34 L. Krüger, Ethik der Wissenschaft – was könnte das sein? Ein Plädoyer für einige Unterscheidungen, in: Ethik der Wissenschaften, Bd. 2, hrsg. von H. M. Baumgarten, Paderborn 1985, S. 88 f.
35 H. Eppler in: Ende der Geduld, München 1987, S. 22.
36 ebd., S. 22.
37 ebd., S. 22.
38 Kl. Hartmann, Was ist und was will Ethik? Ihre Herausforderung durch das naturwissenschaftlich und medizinisch Machbare, in: Philosophisches Jahrbuch 1986, S. 8.
39 ebd., S. 9.
40 ebd., S. 10.
41 ebd., S. 13.
42 H. Jonas, Das Prinzip Verantwortung, Frankfurt 1984.

Viertes Kapitel. Geschichte als Dialektik von Vermitteln und Vermitteltwerden unter anthropologischem und ethischem Aspekt Seite 382

1 Vgl. W. Schulz, Philosophie in der veränderten Welt, S. 470 ff.
2 Kant, a. a. O., Bd. 7, S. 19.
3 Hegel, Phänomenologie des Geistes, S. 558.
4 Hegel, Die Vernunft in der Geschichte, S. 105.
5 H. G. Gadamer, Wahrheit und Methode, S. 465.
6 H. G. Gadamer, Kleine Schriften, Bd. 1, Tübingen 1967, S. 127.
7 M. Heidegger, Sein und Zeit, S. 19 f.
8 M. Heidegger, Nietzsche, Pfullingen 1961, Bd. 2, S. 489.
9 J. Lacan, Die vier Grundbegriffe der Psychoanalyse, Olten 1978.
10 J. Derrida, Die Stimme und das Phänomen, Frankfurt 1976, S. 142.
11 G. Deleuze, F. Guttari, Kafka, Frankfurt 1976, S. 76 f.
12 ebd., S. 77 f.
13 ebd., S. 83.

14 O. Marquard, Apologie des Zufälligen, Stuttgart 1986, S. 54 ff.
15 ebd., S. 105 f.
16 J. Fr. Lyotard in: Philosophien, hrsg. von P. Engelmann, Wien 1985, S. 122.
17 ebd., S. 125.
18 ebd., S. 121.
19 ebd., S. 126.
20 J. Rüsen in: Normen und Geschichte, hrsg. von W. Oelmüller, Paderborn 1979, S. 135 f.
21 R. Koselleck, Vergangene Zukunft, Frankfurt 1984, S. 9 ff.
22 K. Jaspers, Philosophie, Bd. 2, S. 35.
23 ebd., S. 39 f.

Fünftes Kapitel. Dialektische Wirklichkeit und reflektierende Subjektivität Seite 402

1 Kant, Kritik der reinen Vernunft, B XIII.
2 G. Szczesny, Das sogenannte Gute.
3 Nietzsche, KGW III 1, 265.
4 ebd., S. 265.
5 ebd., S. 266.
6 ebd., S. 266.
7 E. Düsing, Intersubjektivität und Selbstbewußtsein, S. 111.
8 ebd., S. 116.
9 Feuerbach, Sämtliche Schriften, Stuttgart 1963, Bd. 2, S. 257.
10 E. Lévinas, Totalität und Unendlichkeit, Freiburg 1987, S. 120.
11 ebd., S. 120.
12 Fragmente der Vorsokratiker, hrsg. von W. Kranz, Bd. 1, Berlin 1951, S. 162.
13 ebd., S. 169.
14 Fichte, Von den Pflichten der Gelehrten, hrsg. von R. Lauth, Hamburg 1971, S. 25.
15 ebd., S. 29 f.
16 ebd., S. 33.
17 A. MacIntyre, a. a. O., S. 288.
18 ebd., S. 290.
19 Schopenhauer, a. a. O., Bd. 3, S. 209.
20 Fichte, S. W., Bd. 5, S. 342.
21 Schelling, S. W., Bd. 11, S. 556.
22 ebd., S. 560.

Namenregister